I0593118

28850

OEUVRES

DE

CONDORCET.

PARIS. — TYPOGRAPHIE DE FIRMIN DIDOT FRÈRES, RUE JACOB 56.

OEUVRES

DE

CONDORCET

publiées par

A. CONDORCET O'CONNOR,

Lieutenant-Général,

ET M. F. ARAGO,

Secrétaire perpétuel de l'Académie des Sciences.

—

TOME PREMIER.

PARIS,

FIRMIN DIDOT FRÈRES, LIBRAIRES,

IMPRIMEURS DE L'INSTITUT,

RUE JACOB, Nº 56.

—

1847-1849.

BIOGRAPHIE DE CONDORCET[1],

CORRESPONDANCE,

ET

OEUVRES DIVERSES.

[1] La Biographie et les remarques sur divers passages de l'*Histoire des Girondi*
ont été imprimées en 1842. L'impression de la Correspondance et des œuvres divers
était achevée en 1847.

BIOGRAPHIE

DE

JEAN-ANTOINE-NICOLAS

CARITAT DE CONDORCET,

SECRÉTAIRE PERPÉTUEL DE L'ANCIENNE ACADÉMIE DES SCIENCES,

Par M. ARAGO.

(Lue à la séance publique de l'Académie des sciences le 28 décembre 1841.)

Introduction.

Dans les dernières années de sa vie, Georges Cuvier daignait dérober de courts moments à d'immortelles recherches, pour rédiger quelques notes destinées à ses futurs biographes. Une de ces notes est ainsi conçue : « J'ai tant « fait d'éloges, qu'il n'y a rien de présomp- « tueux à croire qu'on fera le mien. » Cette remarque de l'illustre naturaliste m'a rappelé

I.   A que le dernier secrétaire de l'ancienne Académie des sciences, que l'auteur de cinquante-quatre biographies d'académiciens, également remarquables par la finesse et par la profondeur, n'a pas encore reçu ici le juste tribut qui lui est dû à tant de titres. La dette remonte à près d'un demi-siècle; cela même était une raison puissante de s'acquitter sans plus de retard. Nos éloges, comme nos mémoires, doivent avoir la vérité pour base et pour objet. La vérité, en ce qui touche les hommes publics, est difficile à trouver, difficile à saisir, surtout quand leur vie s'est passée au milieu des orages de la politique. Je fais donc un appel sincère aux rares contemporains de Condorcet que la mort n'a pas encore moissonnés. Si, malgré tous mes soins, je me suis quelquefois égaré, je recevrai les rectifications (bien entendu les rectifications *motivées*) avec une profonde reconnaissance.

On a peut-être remarqué que j'ai intitulé mon travail *Biographie*, et non pas, comme d'habitude, *Éloge historique*. C'est, en effet, une biographie minutieuse, détaillée que j'ai l'honneur de soumettre à l'Académie. Sans examiner, en thèse générale, ce que la direction des idées, les

besoins de la science pourront exiger des secrétaires perpétuels dans un avenir plus ou moins
éloigné, j'expliquerai comment, dans cette circonstance spéciale, l'ancienne forme ne m'aurait
pas conduit au but que je voulais, que je devais
atteindre à tout prix.

Condorcet n'a pas été un académicien ordinaire, voué aux seuls travaux de cabinet; un
philosophe spéculatif, un citoyen sans entrailles;
les coteries littéraires, économiques, politiques,
se sont emparées depuis longtemps de sa vie,
de ses actes publics et privés, de ses ouvrages.
Personne n'a eu plus à souffrir de la légèreté,
de la jalousie et du fanatisme, ces trois redoutables fléaux des réputations. En traçant un portrait que je me suis efforcé de rendre ressemblant, je ne pouvais avoir la prétention d'être
cru sur parole. Si pour chaque trait caractéristique je m'étais borné à réunir, à conserver
soigneusement pour moi seul, tout ce qui établissait la vérité de mes impressions, je n'aurais
pas fait assez : il fallait mettre le public à même
de prononcer en connaissance de cause entre la
plupart de mes prédécesseurs et moi; il fallait
donc combattre, visière levée, les vues fausses,

mensongères, passionnées de ceux qui, d'après ma conviction intime, n'ont rien saisi de vrai et d'exact dans la grande, dans la majestueuse figure de Condorcet.

Si j'ose concevoir quelque espérance d'avoir trouvé la vérité, là où de plus habiles étaient tombés dans l'erreur, c'est que j'ai pu consulter de nombreuses pièces inédites. La fille, si distinguée, de notre ancien secrétaire ; son mari, l'illustre général O'Connor, ont mis leurs riches archives à ma disposition, avec une bonté, un abandon, une libéralité dont je ne saurais assez les remercier. Beaucoup de manuscrits complets ou inachevés de Condorcet ; ses lettres à Turgot ; les réponses de l'intendant de Limoges, du contrôleur général des finances et du ministre disgracié ; cinquante-deux lettres inédites de Voltaire ; la correspondance de Lagrange avec le secrétaire de l'Académie des sciences et avec d'Alembert ; des lettres du grand Frédéric, de Franklin, de mademoiselle de l'Espinasse, de Borda, de Monge, etc., tels sont les trésors que j'ai reçus de l'honorable famille de Condorcet. Voilà ce qui m'a conduit à des idées nettes et précises sur le rôle de notre confrère dans le mouvement politique, social et intellectuel de la seconde moitié du XVIIIe siècle.

J'ai quelque soupçon de n'avoir pas su éviter un écueil qu'ont fait naître les bontés de M. et de madame O'Connor. En parcourant les pièces qu'ils m'avaient confiées, mon esprit se reportait involontairement sur les mille accidents qui pourraient anéantir de si précieuses pages. De là est résulté, dans cette biographie, un luxe de citations inaccoutumé; de là, des développements étendus sur des points qui auraient pu n'être qu'indiqués. Ces inconvénients, je les ai aperçus; mais ils ont perdu de leur importance devant la pensée que j'arrachais peut-être à l'oubli, des faits, des appréciations, des jugements littéraires d'une grande valeur; ils m'ont paru, surtout, plus que compensés, par l'avantage que je trouvais à faire parler à ma place plusieurs personnages éminents du siècle dernier.

Un mot, encore, sur la longueur peu ordinaire qu'aura cette lecture, et j'aborde mon sujet.

Je ne me fais pas illusion sur l'intérêt que j'aurais à ménager davantage la bienveillante attention de mes auditeurs. Tout me disait de beaucoup retrancher, même après les nombreuses coupures que les exigences d'une lecture publique m'avaient impérieusement commandées; mais j'ai considéré que ma mission a quelque chose d'inusité, de plus solennel que de coutume : à vrai dire, je vais procéder à la réhabilitation d'un confrère, sous le rapport scientifique, littéraire, philosophique et politique. Tout calcul d'amour-propre qui m'écarterait de ce but, serait évidemment indigne de l'assemblée devant laquelle je parle et de moi.

Enfance et jeunesse de Condorcet. Ses études, son caractère, ses travaux mathématiques.

Jean-Antoine-Nicolas CARITAT *de Condorcet*, ancien secrétaire perpétuel de l'Académie des sciences, naquit le 17 septembre 1743, en Picardie, dans la petite ville de *Ribemont*, qui déjà avait donné à l'Académie l'ingénieur Blondel, à jamais célèbre par la construction de la porte Saint-Denis. Le père de Condorcet, M. Caritat, capitaine de cavalerie, originaire du Dauphiné, était le frère cadet du prélat qu'on vit successivement, à partir de 1741, évêque de Gap, d'Auxerre et de Lisieux. Il avait aussi d'étroites liaisons de parenté avec le cardinal de Bernis et le fameux archevêque de Vienne, M. d'Yse de Saléon, celui-là même qui, encore évêque de Rhodès, fit tant parler de lui pendant le concile d'Embrun, à cause de son très-vif attachement pour les jésuites.

Condorcet atteignait à peine sa quatrième année, quand il perdit son père. La veuve du capitaine Caritat, Mlle de Gaudry, était d'une dévotion très-ardente. Elle imagina qu'un moyen infaillible de soustraire son fils unique aux premiers dangers de l'enfance, serait de le vouer à la Vierge et au blanc. Condorcet porta donc durant huit années le costume de jeune fille. Cette circonstance bizarre, en lui interdisant les plus efficaces des exercices gymastiques, nuisit beaucoup au développement de sa force physique; elle l'empêcha aussi de suivre les cours publics, où des écoliers n'eussent pas manqué de prendre le camarade en jupes pour point de mire habituel de leurs espiégleries.

Quand la onzième année fut venue, l'évêque de Lisieux confia son jeune neveu aux soins d'un des membres de la société célèbre autour de laquelle commençait déjà à gronder l'orage.

Sans vouloir empiéter sur l'ordre des temps et des idées, qu'on me permette ici une réflexion :

Mme Caritat de Condorcet, dans son amour maternel poussé jusqu'à l'exaltation, assujettit l'enfance du futur secrétaire de l'Académie à des pratiques qui, sur plus d'un point, touchaient à la superstition. Le jeune Condorcet, dès qu'il ouvrit les yeux, se vit entouré d'une famille composée des plus hauts dignitaires de l'Église et d'hommes d'épée parmi lesquels les idées nobiliaires régnaient sans partage; ses premiers guides, ses premiers instituteurs furent des jésuites. Quel fut le fruit d'un concours de circonstances si peu ordinaires? En matière politique, le détachement le plus complet de toute idée de prérogative héréditaire; en matière religieuse, le scepticisme poussé jusqu'à ses dernières limites.

Cette remarque, ajoutée à tant d'autres que l'histoire nous fournira au besoin, ne devrait-elle pas calmer un peu l'ardeur avec laquelle les partis politiques et religieux, mettant toujours en oubli les droits des familles, se disputent tour à tour le monopole de l'instruction publique ? Le monopole n'aurait un côté vraiment dangereux, que dans un pays où la pensée serait enchaînée : avec la liberté de la presse, la raison, quoi qu'on puisse faire, doit finir par avoir raison.

Au mois d'août 1756, Condorcet, âgé alors de treize ans, remportait le prix de seconde dans l'établissement que les jésuites avaient formé à Reims. En 1758, il commençait, à Paris, ses études mathématiques au collége de Navarre. Ses succès furent brillants et rapides, car au bout de dix mois il soutint avec tant de distinction une thèse d'analyse très-difficile, que Clairaut, d'Alembert et Fontaine, qui l'interrogeaient, le saluèrent comme un de leurs futurs confrères à l'Académie.

Un pareil horoscope émanant de personnages si éminents, décida de l'avenir du jeune mathématicien. Malgré tout ce qu'il prévoyait de résistances de la part de sa famille, il résolut de se consacrer à la culture des sciences, et vint s'é-

tablir à Paris chez son ancien maître, M. Giraud
de Kéroudou.

En sortant du collége, Condorcet était déjà
un penseur profond. Je trouve dans une lettre
de 1775, adressée à Turgot et intitulée *Ma profession de foi*, qu'à l'âge de dix-sept ans le
jeune écolier avait porté ses réflexions sur les
idées de justice, de vertu, et cherché (en laissant de côté des considérations d'un autre
ordre) comment notre propre intérêt nous prescrit d'être justes et vertueux. Je développe-
rai la solution pour la rendre intelligible, mais
sans assurer qu'elle était inconnue lorsque
Condorcet s'y arrêta. Je ne craindrais pas d'être
au contraire affirmatif, s'il fallait se prononcer
sur la nouveauté de la résolution extrême dont
elle devint l'origine.

Un être sensible souffre du mal qu'éprouve
un autre être sensible. Il est impossible que,
dans la société, un acte injuste ou criminel ne
blesse pas quelqu'un. L'auteur d'un pareil acte
a donc la conscience d'avoir fait souffrir un de
ses semblables. Si la sensibilité dont la nature l'a
doué est restée intacte, il doit donc souffrir lui-
même.

Ne pas émousser sa sensibilité naturelle doit être, au point de vue de l'intérêt, le moyen de fortifier en soi les idées de vertu et de justice.

Cette conséquence découlait rigoureusement des prémisses. Elle conduisit le jeune Condorcet à renoncer entièrement à la chasse, pour laquelle il avait une vive passion, et même à ne pas tuer des insectes, à moins, cependant, qu'ils ne lui fissent beaucoup de mal.

Il est bien peu de matières sur lesquelles, même dans sa première jeunesse, Condorcet se soit abandonné à des opinions vagues et non étudiées. Aussi règne-t-il une grande harmonie entre les diverses périodes de la carrière laborieuse et agitée que nous devons parcourir. Vous venez de le voir, au sortir de l'enfance, notre confrère plaçait la douceur envers les animaux au nombre des moyens les plus efficaces de conserver sa sensibilité naturelle, suivant lui principale source de toute vertu. Cette idée l'a toujours dominé. Encore l'avant-veille de sa mort, dans l'admirable opuscule intitulé *Avis d'un proscrit à sa fille*, Condorcet écrivait ces recommandations touchantes :

« Ma chère fille,

« Conserve dans toute sa pureté, dans toute
« sa force, le sentiment qui nous fait partager
« la douleur de tout être sensible. Qu'il ne se
« borne pas aux souffrances des hommes; que
« ton humanité s'étende même sur les animaux.
« Ne rends point malheureux ceux qui t'ap-
« partiendront; ne dédaigne pas de t'occuper
« de leur bien-être; ne sois pas insensible à
« leur naïve et sincère reconnaissance; ne cause
« à aucun des douleurs inutiles........ Le dé-
« faut de prévoyance dans les animaux est la
« seule excuse de cette loi barbare qui les con-
« damne à se servir mutuellement de nourri-
« ture. »

Je devais saisir la première occasion qui
s'offrait à moi, de montrer Condorcet obéissant résolument à de nobles idées. Tel nous
le voyons ici en morale, tel nous le trouve-
rons plus tard en politique. En applaudissant
dès à présent à cette rare *constance*, je n'entends pas insinuer, Dieu m'en garde, que les
nombreux changements de bannière auxquels

nous avons assisté, que même les plus subits, n'étaient pas consciencieux. Je sais seulement que, par une déplorable fatalité, le public les a vus presque constamment marcher de compagnie avec des faveurs de toute nature, en sorte que des esprits soupçonneux, ont eu un prétexte pour parler de cause et d'effet.

Le premier fruit des méditations auxquelles Condorcet se livra chez M. Giraud de Kéroudou, fut un ouvrage intitulé *Essai sur le calcul intégral*. L'auteur n'avait pas encore vingt-deux ans quand il le présenta à l'Académie.

Permettez que je fasse précéder de quelques réflexions générales ce que j'ai à dire de ce traité et des autres travaux mathématiques de Condorcet.

On citerait à peine, dans le vaste domaine des sciences, huit à dix découvertes importantes qui, pour arriver à maturité, n'aient pas exigé les efforts successifs de plusieurs générations de savants. Malheureusement, par un amour-propre mal entendu, les derniers inventeurs mettent rarement les historiens de la science dans la confidence de leurs emprunts ; ils aiment mieux étonner qu'instruire ; ils ne voient pas assez combien le rôle de débiteur loyal est doux, en regard de celui qui peut soulever des soupçons de mauvaise foi.

Ici se place une distinction essentielle :

Dans les sciences d'observation, toutes les assises dont se compose l'édifice final sont plus ou moins apparentes. Les livres, les collections académiques disent quand et par qui ces assises ont été posées. Le public peut compter les échelons qu'a dû suivre celui à qui était réservé le bonheur d'atteindre le sommet. Chacun a sa légitime quote-part de gloire dans l'œuvre des siècles.

Il n'en est pas tout à fait de même des mathématiques pures. La filiation des méthodes échappe souvent aux yeux les plus exercés ; on y rencontre, à chaque pas, des procédés, des théories sans liaison apparente avec ce qui précède. Certains géomètres planent majestueusement dans les hautes régions de l'espace, sans qu'il soit aisé de dire qui leur a frayé le chemin. Ajoutons que ce chemin était ordinairement établi sur un échafaudage dont personne n'a pris soin quand l'œuvre a été accomplie. En rechercher les débris épars est un labeur pénible, ingrat, sans gloire et par cette triple raison très-rarement entrepris.

Les savants qui cultivent les mathématiques pures sans arriver aux premiers rangs, doivent se résigner à tous ces désavantages. Je n'ai pas encore cité le plus grave : il résulte, suivant moi, de la nécessité qu'éprouve l'historien des mathématiques, de se dépouiller entièrement des lumières de son siècle, quand il est appelé à juger les travaux des siècles antérieurs. Voilà, au fond, pourquoi Condorcet n'a pas encore pris son véritable rang parmi les géomètres. Voilà surtout ce qui m'aurait fait reculer devant l'obligation de caractériser nettement, et en quelques lignes, les nombreux travaux mathématiques de notre ancien secrétaire. Heureusement, ainsi qu'on le sait déjà, j'ai dans les mains des pièces inédites de Lagrange, de d'Alembert où les mémoires de Condorcet étaient appréciés au moment même de leur publication. Ce sont ces appréciations que je mentionnerai. Condorcet se trouvera ainsi jugé par les hommes les plus compétents, et, ce qui en fait de mathématiques n'est pas une moindre garantie, par des contemporains.

Le premier ouvrage de Condorcet, son *Calcul intégral,* fut examiné par une commission académique, en mai 1765. Le rapport, rédigé par d'Alembert, se terminait ainsi :

« L'ouvrage annonce les plus grands talents, « et les plus dignes d'être excités par l'approba- « tion de l'Académie. »

Les esprits légers, superficiels, qui, sans avoir jamais jeté les yeux sur le travail de Condorcet, en parlent avec un risible dédain, pensent, sans doute, que le rapporteur de l'Académie le traita avec une coupable indulgence. Il faudra, je les en avertis, qu'ils étendent le reproche à Lagrange, car ce grand géomètre écrivait à d'Alembert, à la date du 6 juillet 1765 : « Le *Calcul intégral* de Condorcet m'a paru « bien digne des éloges dont vous l'avez ho- « noré. »

Mettons, d'ailleurs, les autorités de côté ; il n'en restera pas moins établi que cet ouvrage renferme les premières tentatives sérieuses, approfondies qu'on ait faites sur les conditions d'intégrabilité des équations différentielles ordinaires de tous les ordres, soit relativement à l'intégrale d'un ordre immédiatement inférieur, soit même relativement à l'intégrale définitive. N'est-ce pas là aussi qu'on trouve les germes de plusieurs importants travaux exécutés depuis sur les équations aux différences finies ?

Le volume de l'Académie des sciences de 1772 renferme le mémoire dans lequel l'esprit inventif de Condorcet s'est manifesté avec le plus d'éclat. Les détracteurs aveugles ou systématiques du mérite mathématique de notre ancien secrétaire seront soumis encore ici à une bien rude épreuve, car je vais rapporter le jugement de Lagrange sur cette production :

« Le mémoire est rempli d'idées sublimes et « fécondes qui auraient pu fournir la matière de « plusieurs ouvrages. .... Le dernier article m'a « singulièrement plu par son élégance et par son « utilité...... Les séries récurrentes avaient déjà « été si souvent traitées, qu'on eût dit cette « matière épuisée. Cependant, voilà une nou- « velle application de ces séries, plus impor- « tante, à mon avis, qu'aucune de celles qu'on « en a déjà faites. Elle nous ouvre, pour ainsi

« dire, un nouveau champ pour la perfection
« du *Calcul intégral.* »

Sans sortir du cadre des mathématiques pures,
je trouverais encore dans les collections académiques de Paris, de Berlin, de Bologne, de
Pétersbourg, des travaux portant toujours sur
les questions les plus difficiles de la science, et
qui déposeraient également du talent distingué
de notre ancien secrétaire; mais je dois me
hâter de signaler quelques *applications de
l'analyse*, qui ne lui font pas moins d'honneur.
J'avertis que, pour épuiser tout d'un coup ce
sujet, je ne m'astreins pas à l'ordre des dates.

Quand on a réfléchi sur les difficultés de tout
genre que les astronomes ont dû vaincre pour
déterminer avec précision les orbites des planètes; quand on a remarqué, de plus, que,
les planètes étant constamment observables, il
a été possible de faire concourir à cette recherche
des positions prises à l'apogée, au périgée et
dans tous les points intermédiaires, on n'ose
seulement pas concevoir l'espérance de jamais
tracer dans l'espace la course de la plupart des
comètes. Ces astres chevelus, après s'être montrés seulement quelques jours, vont, en effet,

pour la plupart, se perdre pendant des siècles dans l'immensité.

Un calcul analytique très-simple dissipe bien tôt ces doutes. Il montre que, théoriquement parlant, trois observations sont plus que suffisantes pour déterminer l'orbite cométaire, supposée parabolique; mais les éléments de cette orbite se trouvent tellement enlacés dans les équations, qu'il paraissait très-difficile de les en faire jaillir, sans des calculs d'une longueur rebutante.

Le problème, envisagé de ce point de vue, n'était pas convenablement résolu, même après que Newton, Fontaine, Euler, etc., en eurent fait le sujet de leurs recherches assidues. Quand l'Académie de Berlin le proposa comme sujet de prix, les astronomes, au lieu d'employer les calculs de ces grands géomètres, se servaient encore de méthodes graphiques dans lesquelles figuraient des paraboles de carton de divers paramètres. Le but de l'Académie était clairement exprimé : elle voulait des procédés à la fois *directs et faciles*. Le prix devait être donné en 1774; il fut remis. En 1778, Condorcet le partagea avec M. Tempelhoff. « Votre belle « pièce, écrivait Lagrange à notre confrère (le

« 8 juin 1778), aurait eu le prix tout entier, si
« elle avait contenu l'application de votre théo-
« rie à quelque comète particulière. Cette con-
« dition était dans le programme. » La condition y était effectivement, mais Condorcet avait
une répugnance extrême pour les calculs, comme
il le disait lui-même, « qui exigent beaucoup
« d'attention sans la captiver. » Chacun a déjà
compris que j'ai voulu désigner les calculs numériques.

Dans le glorieux contingent de découvertes
mathématiques dont le monde est redevable à
la France, figure une branche de calcul, encore
très-mal appréciée, malgré les services qu'elle a
déjà rendus, malgré tous ceux qu'elle promet
encore : c'est le *calcul des probabilités*.

Je n'hésite pas à placer la découverte du
calcul des probabilités parmi les titres scientifiques de notre pays, nonobstant les tentatives
qu'on paraît vouloir faire pour l'en dépouiller.
Ériger en inventeurs de ce calcul les auteurs de
quelques remarques numériques, sans exactitude, sur les diverses manières d'amener une
certaine somme de points dans le jet simultané
de trois dés, serait une prétention sans base;

des préjugés nationaux invétérés pourraient à peine l'excuser.

Malherbe, à soixante-treize ans, voulait se battre contre le jeune meurtrier de son fils. « Vous êtes trop vieux, lui disait-on. — Ne « voyez-vous pas, répondit le poëte, que la « partie est tout entière à mon avantage : je « ne hasarde qu'un denier contre une pistole. » Cette repartie était plus fortement imprégnée des principes du futur calcul que les remarques dont on a voulu s'étayer en faveur d'un pays voisin. Cependant, quelqu'un s'avisa-t-il jamais de dire : *Enfin Malherbe vint*, et ouvrit de nouvelles voies aux mathématiques? Les vrais, les incontestables inventeurs du calcul des probabilités, sont Pascal et Fermat.

Dans le nombre d'éminents services que ce calcul a déjà rendus à l'humanité, il faut citer en première ligne l'abolition de la loterie et de plusieurs autres jeux qui, eux aussi, étaient de déplorables piéges tendus à la cupidité, à la crédulité et à l'ignorance. Grâce aux principes évidents et simples sur lesquels la nouvelle analyse se fonde, il n'est pas aujourd'hui de moyens de déguiser la fraude dont les combinaisons financières seraient entachées. Les escomptes, les annuités, les tontines, les assurances de toute nature, n'ont plus rien d'obscur, de mystérieux.

Sur ce terrain, les applications des probabilités ont été admises sans trop de résistance. Mais lorsque Condorcet, à la suite de quelques essais de Nicolas Bernoulli, fit incursion, à l'aide du nouveau calcul, dans le domaine de la jurisprudence et des sciences morales ou politiques, un soulèvement presque général dut l'avertir que sa prise de possession n'aurait pas lieu sans un combat animé. A vrai dire, le combat dure encore. Pour le faire cesser, il faudrait, d'une part, que les géomètres consentissent à exposer les principes du calcul des probabilités en termes clairs, précis, dégagés autant que possible d'expressions techniques ; il faudrait, d'autre part, et ceci est bien plus difficile, amener la masse du public à reconnaître que l'appréciation de certaines matières très-complexes ne saurait être du domaine d'un premier aperçu ; qu'on ne doit pas se flatter de parler pertinemment de chiffres sans avoir au moins approfondi les principes de la numération ; enfin, qu'il existe des vérités, des connexions légitimes, en dehors de celles dont on a puisé les rudiments dans des impressions de jeunesse ou dans la lecture des ouvrages classiques. Pour comprendre que les tribunaux civils et criminels doivent être constitués de manière qu'un innocent coure très-peu de risques d'être condamné; pour comprendre aussi que les chances d'une condamnation injuste seront d'autant moindres que le jugement devra être rendu à une plus grande majorité, il suffit des sentiments d'humanité les plus ordinaires et des simples lumières naturelles. Le problème devient plus compliqué, s'il s'agit de concilier la juste garantie qu'il faut assurer aux innocents, avec le besoin qu'éprouve la société de ne pas laisser échapper trop de coupables; alors la simple raison ne conduit plus qu'à des résultats vagues; le calcul seul peut leur donner de la précision.

Répétons-le, il y a, dans les décisions judiciaires, certaines faces, certains points de vue du ressort du calcul. En portant dans ce dédale le flambeau de l'analyse mathématique, Condorcet n'a pas seulement fait preuve de hardiesse : il a de plus ouvert une route entièrement nouvelle. En la parcourant d'un pas ferme, mais avec précaution, les géomètres doivent découvrir dans l'organisation sociale, judiciaire et politique des sociétés modernes, des anomalies qu'on n'a pas même soupçonnées jusqu'ici.

Il est de toute évidence que, dans ses incursions sur le domaine de la jurisprudence, le calcul des probabilités a uniquement pour objet de *comparer numériquement* les décisions obtenues à telle ou telle majorité; de trouver les *valeurs relatives de tel ou tel nombre de témoignages;* je puis donc signaler avec sévérité à la conscience publique les passages que la Harpe, dans sa *Philosophie du XVIIIe siècle,* a consacrés à ces applications des mathématiques. On y verra, j'ose le dire, avec stupéfaction, le rhéteur accuser notre confrère de vouloir toujours se passer de témoins, et même de preuves écrites; de prétendre les remplacer avantageusement par des formules analytiques. Au lieu de lui renvoyer ces expressions si peu académiques : c'est un emploi *souverainement ridicule de la science;* c'est une conquête *extravagante de la philosophie révolutionnaire;* cela démontre *qu'on peut délirer en mathématiques,* chacun s'affligera de voir qu'un homme d'un talent réel soit tombé dans de si incroyables erreurs. Ce sera, au reste, une nouvelle preuve qu'il n'est permis à personne, pas même aux académiciens, de parler impunément de ce qu'ils n'ont pas étudié.

Je l'avouerai, les écrits mathématiques de Condorcet manquent de cette clarté élégante qui distingue à un si haut degré les mémoires d'Euler et de Lagrange. D'Alembert, qui, lui-même, sous ce rapport, n'était pas entièrement irréprochable, avait vivement engagé notre ancien secrétaire, mais sans grand succès, à songer un peu plus à ses lecteurs. En mars 1772, il écrivait à Lagrange : « Je voudrais bien que « notre ami Condorcet, qui a de la sagacité, du « génie, eût une autre manière de faire ; appa-« remment, il est dans la nature de son esprit « de travailler dans ce genre. »

Une pareille excuse a plus de fondement qu'on ne serait peut-être disposé à le croire. Euler, d'Alembert, Lagrange, avec un égal génie mathématique, avaient, en effet, *des manières* de travailler entièrement différentes.

Euler calculait sans aucun effort apparent,

comme les hommes respirent, comme les aigles se soutiennent dans les airs.

Dans une lettre que j'ai sous les yeux, datée de 1769, d'Alembert se dépeignait à Lagrange en ces termes : « Il n'est pas trop dans ma na- « ture de m'occuper de la même chose fort long- « temps de suite. Je la laisse et je la reprends, « autant de fois qu'il me vient en fantaisie, sans « me rebuter, et pour l'ordinaire cette *opiniâ- « treté éparpillée* me réussit. »

Une troisième *manière* du génie me semble bien caractérisée par ce passage que je copie dans une note manuscrite de l'auteur de la *Mé- canique analytique* :

« Mes occupations se réduisent à cultiver la « géométrie, tranquillement, et dans le silence. « Comme je ne suis pas pressé, et que je tra- « vaille plutôt pour mon plaisir que par devoir, « je ressemble aux grands seigneurs qui bâtis- « sent : je fais, défais et refais, jusqu'à ce que « je sois passablement content de mes résultats, « ce qui néanmoins arrive très-rarement. »

Il était bon, peut-être, de montrer que la variété, que l'individualité existent dans les re- cherches mathématiques comme en toute autre chose; que les voies les plus diverses peuvent également conduire un homme supérieur à trouver, dans les attractions mutuelles des corps célestes, la cause du changement d'obliquité de l'écliptique, la cause de la précession des équinoxes, et celle des mouvements de libration de la lune.

On s'est demandé, avec un sentiment de surprise bien naturel, comment Condorcet renonça si facilement aux succès que la carrière scientifique lui promettait, pour se jeter dans les discussions d'un intérêt souvent très-problématique de l'économie sociale, et dans l'arène ardente de la politique! Si ce fut une faute, bien d'autres, hélas! s'en sont aussi rendus coupables. En voici, au surplus, l'explication :

Convaincu de bonne heure que l'espèce humaine est indéfiniment perfectible, Condorcet (je copie) « regardait le soin de hâter ses pro-« grès, comme une des plus douces occupations, « comme un des premiers devoirs de l'homme « qui a fortifié sa raison par l'étude et par la « méditation. »

Condorcet exprimait la même pensée en d'autres termes, lorsqu'après la destitution de Tur-

got il écrivait à Voltaire : « Nous avons fait un
« bien beau rêve, mais il a été trop court. Je vais
« me remettre à la géométrie. C'est bien froid
« de ne plus travailler que pour la *gloriole*,
« quand on s'est flatté quelque temps de tra-
« vailler pour le bien public. »

J'oserai ne pas admettre cette distinction. La
gloriole dont parle Condorcet, va tout aussi
directement au bénéfice de l'humanité que les
recherches philosophiques, économiques auxquelles notre confrère avait pris tant de goût
dans la société de Turgot. Le bien qu'on fait
par les sciences a même des racines plus profondes, plus vigoureuses, plus étendues que
celui qui nous vient de toute autre source. Il
n'est pas sujet à ces fluctuations, à ces caprices
soudains, à ces mouvements rétrogrades qui
portent si souvent la perturbation dans la société. C'est devant le flambeau des sciences que
se sont dissipés cent préjugés anciens et abrutis-
sants, maladies invétérées du monde moral et
intellectuel. Si, entraîné jusqu'au paradoxe par
une très-légitime douleur, Condorcet a voulu
insinuer que les découvertes scientifiques n'ont
jamais une influence directe et immédiate sur les

événements du monde politique, je combattrai
aussi cette thèse, sans même avoir besoin d'évoquer les noms retentissants de boussole, de poudre à canon, de machine à vapeur. Je prendrai
un fait entre mille, pour montrer l'immense rôle
qu'ont souvent joué les plus modestes inventions.

C'était dans l'année 1746. Le prétendant avait
débarqué en Écosse, et la France lui envoyait
de puissants secours. Le convoi français et l'es-
cadre anglaise se croisent pendant une nuit
très-obscure. Les vigies les plus exercées sont
muettes; elles ne voient, ne signalent absolument rien; mais en quittant Londres, l'amiral
Knowles, malheureusement pour la France et
pour son allié, s'était muni d'une lunette de
construction récente et fort simple, connue depuis sous le nom de *lunette de nuit;* d'une lunette dans laquelle l'artiste avait complétement
sacrifié le grossissement à la clarté. Ce nouvel
instrument lui dessine vers l'horizon les sil-
houettes de nombreux navires; il les poursuit,
les atteint, les enlève : l'humble lunette de nuit
vient de décider à jamais de la destinée des
Stuarts.

Je ne sais, mais n'aurons-nous pas donné une explication assez naturelle de la tristesse qu'éprouvait Condorcet en revenant aux mathématiques, si nous remarquons que les géomètres les plus illustres eux-mêmes se montraient alors découragés. Ils se croyaient arrivés aux dernières limites de ces sciences. Jugez-en par ce passage que je copie dans une lettre de Lagrange à d'Alembert : « Il me semble que la « mine est déjà trop profonde, et qu'à moins « qu'on ne découvre de nouveaux filons, il fau- « dra tôt ou tard l'abandonner. La chimie et « la physique offrent maintenant des richesses « plus brillantes et d'une exploitation plus fa- « cile. Aussi le goût du siècle paraît-il entière- « ment tourné de ce côté-là. Il n'est pas impos- « sible que les places de géométrie, dans les « académies, deviennent un jour ce que sont « actuellement les chaires d'arabe dans les uni- « versités. »

Nomination de Condorcet à l'Académie des sciences. Son voyage à Ferney. Ses relations avec Voltaire.

J'apprends, par une lettre de d'Alembert à Lagrange, que Condorcet aurait pu entrer à l'Académie en 1768, à l'âge de vingt-cinq ans; ses parents ne le voulurent point. Faire des sciences son occupation officielle, son occupation principale, c'était à leurs yeux déroger.

Condorcet fut reçu en 1769. Sa famille s'était rendue, plutôt par lassitude que par conviction, car six ans après, Condorcet, déjà secrétaire perpétuel de l'Académie, écrivait à Turgot : « Soyez favorable à M. Thouvenel; « c'est le seul de mes parents qui me pardonne « de ne pas être capitaine de cavalerie. »

Je dois ranger, parmi les premiers travaux académiques de Condorcet, un mémoire inédit sur la meilleure organisation des sociétés savantes. Ce travail était destiné au gouvernement espagnol. Dominé par le besoin de calmer les susceptibilités de la cour de Madrid, l'auteur a rétréci outre mesure certaines faces de la question; mais on y trouve des vues générales, fruit d'une expérience éclairée, et quelques anecdotes curieuses qui donnent la clef, jusqu'ici ignorée, de diverses prescriptions de nos anciens règlements académiques.

Il aurait fallu méconnaître entièrement l'Espagne du XVIIIe siècle pour songer à y établir une académie où les Mœdina Celli, les d'Osuna, etc., considérés uniquement comme partie de la *grandessa*, n'auraient pas trouvé leur place. Condorcet faisait cette concession : il créait des membres honoraires, mais en stipulant une égalité de droits, de prérogatives, qui pouvait, suivant notre confrère, « relever les académi-« ciens aux yeux du public, et peut-être à leurs « propres yeux, car les savants eux-mêmes ne « sont pas toujours philosophes. » Enfin, disait Condorcet, « pour que ce mélange de gens de « qualité qui aiment les sciences, et de savants « voués à leurs progrès, soit agréable aux uns « et aux autres, il doit rappeler ce mot de « Louis XIV : Savez-vous pourquoi Racine et « M. de Cavoye, que vous voyez là-bas, se trou-« vent si bien ensemble? Racine avec Cavoye

« se croit homme de cour; Cavoye avec Racine
« se croit homme d'esprit. »

Peut-être me saura-t-on quelque gré si je
divulgue ici, d'après le manuscrit de Condorcet, l'origine d'un article de la première charte
de notre compagnie, qui est relatif aussi à la
nomination des grands seigneurs.

« Lorsqu'on introduisit, » dit notre confrère,
« des honoraires dans l'Académie des sciences,
« Fontenelle, voulant éviter qu'ils ne dégoûtas-
« sent les vrais savants par des hauteurs, par
« l'abus du crédit, imagina, comme une sorte
« de compensation, de faire mettre dans les
« règlements que la classe des honoraires serait
« la seule où les moines pourraient être admis. »

Dans l'espoir de décider les autorités espa-
gnoles à ne jamais consulter, pour les choix,
les principes religieux des candidats, Condorcet leur posait cette question : « Croyez-vous
« qu'une académie composée de l'athée Aristote,
« du brahme Pythagore, du musulman Alhasen,
« du catholique Descartes, du janséniste Pascal,
« de l'ultramontain Cassini, du calviniste Huy-
« gens, de l'anglican Bacon, de l'arien Newton,
« du déiste Leibnitz, n'en eût point valu une

« autre? Pensez-vous qu'en pareille compagnie
« on ne se serait pas entendu parfaitement en
« géométrie, en physique, et que personne s'y
« fût amusé à parler d'autre chose? »

Condorcet ne songeait pas à Madrid seulement en demandant, pour le directeur de
l'Académie, une grande autorité et de larges
prérogatives. Il voulait, ce sont ses propres
expressions, « délivrer les savants de l'affront
« le plus propre à les dégoûter : celui d'être
« protégés par des subalternes. » C'est là, en
effet, une plaie de tous les temps et de tous les
pays.

Si le mémoire de Condorcet voit jamais le
jour, peut-être trouvera-t-on qu'il s'est prononcé d'une manière trop absolue contre l'admission des étrangers parmi les membres rési-
dents des académies. En pareil cas, l'histoire
dira, à la décharge de notre confrère, qu'au
moment où il écrivait, le gouvernement français prodiguait ses faveurs à des étrangers médiocres, et négligeait des hommes supérieurs
nés dans le pays. Elle montrera, par exemple,
un Italien, Boscowich, pourvu d'une immense
pension par les mêmes ministres qui refusaient

à d'Alembert, malgré son génie et l'autorité des règlements, la réversibilité de 1200 livres de rente provenant de la succession de Clairaut. On verra, enfin, chose incroyable, ce même personnage que Lagrange et d'Alembert traitaient avec le plus grand dédain dans des lettres que j'ai sous les yeux, vouloir entrer à l'Académie sans attendre une vacance, et être sur le point de réussir, grâce à l'admiration niaise qu'on a constamment professée dans cette capitale, pour tout homme dont le nom a une terminaison étrangère.

Jusqu'en 1770, Condorcet avait paru vouloir se borner exclusivement aux études mathématiques et économiques. A partir de cette année, il se jeta aussi dans le tourbillon littéraire. Personne n'hésitera sur la cause de cette résolution, quand on aura remarqué qu'elle suivit de très-près, par la date, le voyage que d'Alembert et Condorcet firent à Ferney.

A son retour, le jeune académicien de vingt-sept ans écrivait à Turgot, intendant du Limousin : « J'ai trouvé Voltaire si plein d'activité et « d'esprit qu'on serait tenté de le croire immor-

« tel, si un peu d'injustice envers Rousseau, et
« trop de sensibilité au sujet des sottises de
« Fréron, ne faisaient apercevoir qu'il est
« homme.... » A l'occasion de quelques articles
du Dictionnaire philosophique, alors inédits,
articles dont l'importance ou l'originalité pouvaient être l'objet d'un doute, Condorcet disait
dans une autre lettre : « Voltaire travaille
« moins pour sa gloire que pour sa cause. Il ne
« faut pas le juger comme philosophe, mais
« comme apôtre. »

Certains travaux de Voltaire pouvaient-ils
être appréciés avec plus de mesure, de goût, de
délicatesse ?

Le malheureux Gilbert disait dans sa célèbre
épître :

Saint-Lambert, noble auteur dont la muse pédante
Fait des vers fort vantés par Voltaire qu'il vante.

Le poëte avait circonscrit son accusation ;
cent prosateurs se chargèrent de la généraliser.
Voltaire devint une sorte de Dalaï-Lama du
monde intellectuel. Ses amis furent des courtisans dépourvus de dignité, dévoués aveuglé-

ment aux caprices du maître, et quêtant par des éloges outrés, par des complaisances sans bornes, une de ces lettres datées de Ferney, qui semblaient dans le monde un gage certain d'immortalité. En ce qui touche Condorcet, il suffira de quelques guillemets pour renverser tout cet échafaudage d'accusations flétrissantes.

Madame Necker reçut en 1776 des vers très-louangeurs de Voltaire. Son mari, successeur de Turgot au contrôle général des finances, avait aussi dans ces vers une large part d'éloges. Tout cela était assurément sans conséquence; mais le rigorisme de Condorcet s'en émut; il crut y voir un acte de faiblesse, dont la réputation du célèbre philosophe devait souffrir ; son inquiétude, son déplaisir débordèrent alors en termes d'une incroyable amertume :

« Je suis fâché de ces vers. Vous ne savez pas
« assez quel est le poids de votre nom..... Vous
« ressemblez aux gens qui vont applaudir Arle-
« quin quand il y a relâche à Zaïre..... Je ne
« connais votre pièce que par ouï-dire ; mais
« ceux qui l'ont lue m'assurent qu'à propos de
« M. et Mme L'Enveloppe (M. et Mme Necker)
« vous parlez de *Caton.* Cela me rappelle un

« jeune étranger qui me disait : J'ai vu trois
« grands hommes en France; *M. de Voltaire,*
« *M. d'Alembert* et M. l'abbé de *Voisenon.* »

Un seul exemple d'indépendance, de loyale
franchise, ne suffirait pas ; qu'on me permette
d'autres citations.

Voltaire voulait faire jouer à Paris la tragédie
qu'il avait composée dans son extrême vieillesse :
Irène. Condorcet, craignant un échec, résistait
aux instances pressantes qui lui arrivaient de
Ferney, en s'appuyant sur des critiques judi-
cieuses et fermes, tempérées par des paroles
respectueuses à travers lesquelles on découvre
toujours le disciple s'adressant à son maître.
Voici, par exemple, ce que je lis dans une lettre
de la fin de 1777 : ... « Songez, Monsieur, songez
« que vous nous avez accoutumés à la perfec-
« tion dans les mouvements, dans les caractères,
« comme Racine nous avait accoutumés à la
« perfection dans le style... Si nous sommes sé-
« vères, c'est votre faute. »

Condorcet était un profond géomètre. Il appartenait à cette classe d'hommes d'études qui,
sur la foi de quelques *ana,* n'assistent à la représentation des plus belles tragédies de Cor-

neille, de Racine, que pour s'écrier à chaque scène : Qu'est-ce que cela prouve ? Voltaire devait donc tenir peu de compte des remarques d'un critique si incompétent. Écoutez, et jugez :

« Ferney, le 12 janvier 1778.

« Mon philosophe universel, vos lumières
« m'étonnent, et votre amitié m'est de jour en
« jour plus chère. Je suis affligé et honteux d'a-
« voir été d'un autre avis que vous, sur la der-
« nière tentative d'un vieillard de quatre-vingt-
« quatre ans. J'avais cru, sur la foi de quelques
« pleurs que j'ai vu répandre à des personnes
« qui savent lire et se passionner sans chercher
« la passion, que si *mon esquisse* était avec le
« temps bien peinte et bien coloriée, elle pour-
« rait produire à Paris un effet heureux. Je me
« suis malheureusement trompé. Je conviens
« d'une grande partie des vérités que vous
« avez la bonté de me dire, et je m'en dis bien
« d'autres à moi-même. Je travaillais à faire un
« tableau de ce croquis, lorsque vos critiques,
« dictées par l'amitié et par la raison, sont ve-
« nues augmenter mes doutes. On ne fait rien

« de bien dans les arts d'imagination et de
« goût, sans le secours d'un ami éclairé. »

Je sens que j'insiste peut-être trop sur un
point de la vie de Condorcet qui déjà doit vous
paraître suffisamment éclairci. Cependant, j'é-
prouve l'invincible besoin de faire une troisième
et dernière citation : c'est que, dans ce nouveau
cas, la franchise de Condorcet s'éleva à la hauteur d'une belle et noble action.

Voltaire et Montesquieu ne s'étaient point
aimés. Montesquieu l'avait même trop laissé
paraître. Voltaire s'irrite de quelques brochures
qu'on publie à ce sujet et rédige à Ferney,
contre l'*Esprit des Lois*, des articles qu'il
adresse à ses amis de Paris, en leur demandant
de les publier. Condorcet ne cède point aux
instances, quelque impérieuses qu'elles soient,
de l'illustre vieillard. « Ne voyez-vous pas, lui
« mande-t-il, qu'on rapprocherait ce que vous
« dites aujourd'hui de Montesquieu, des éloges
« que vous lui avez donnés autrefois ? Ses ad-
« mirateurs, blessés de la manière dont vous
« relevez quelques citations erronées, iraient
« chercher dans vos ouvrages des inadvertan-

« ces semblables, et il serait impossible qu'on
« n'en découvrît pas. César, racontant ses pro-
« pres campagnes dans les Commentaires, a
« bien commis lui-même des inexactitudes......
« Vous me pardonnerez, je l'espère, de ne pas
« adopter un avis auquel vous paraissez tenir
« beaucoup. Mon attachement me commande
« de vous dire ce qui sera avantageux, et non
« ce qui pourrait vous plaire. Si je vous aimais
« moins, je n'aurais pas le courage de vous
« contredire. Je sais les torts de Montesquieu;
« il est digne de vous de les oublier. »

Ce langage loyal et noble redressera bien de
fausses idées. Qui maintenant oserait dire que
les philosophes du XVIIIe siècle s'étaient faits,
en quelque sorte, *les hommes liges de Voltaire?*
La courte réponse de l'illustre vieillard aux remontrances de Condorcet, ne sera pas un do-
cument moins précieux dans l'histoire de notre
littérature. Je ne commettrai pas la faute de la
laisser enfouie dans mon portefeuille ; la voici :

« Il n'y a pas un mot à répondre à ce qu'un
« vrai philosophe m'a écrit le 20 juin. Je l'en
« remercie très-sincèrement. On voit toujours
« mal les choses quand on les voit de trop loin.

« Il ne faut jamais rougir d'aller à l'école, eût-
« on l'âge de *Matussalem*..... Je vous renouvelle
« ma reconnaissance. »

*Condorcet successeur de Grandjean de Fouchy
comme secrétaire de l'Académie des sciences.
Appréciation de ses Éloges des académiciens.*

Fontenelle avait jeté tant d'éclat sur la place
de secrétaire de l'Académie des sciences, qu'à
sa mort personne ne voulut lui succéder. Après
bien des sollicitations, Mairan consentit à
remplir provisoirement ces fonctions, pour laisser à la compagnie savante le temps de faire un
choix dont elle n'eût pas après coup à se repentir.
On comprit enfin que le seul moyen d'éviter
toute comparaison écrasante, serait de donner
au neveu de Corneille un successeur résigné à ne
pas l'imiter, et qui pût désarmer la critique par
son extrême modestie. C'est dans ces circonstances qu'en 1743 Grandjean de Fouchy devint
l'organe officiel de l'ancienne Académie.

Fouchy occupait cette place depuis plus de
trente années, lorsque Condorcet entra dans
la compagnie savante. Les infirmités du secré-

taire perpétuel, son âge, lui faisaient désirer
d'avoir un collaborateur, et il jeta les yeux sur
son plus jeune confrère. C'était créer une sorte
de survivance. Cela révolta la portion de l'Académie qui s'associait ordinairement aux inspirations de Buffon. Les amis de d'Alembert ne
montrèrent pas moins d'ardeur en sens inverse.

Il est rare que des principes abstraits passionnent les hommes à ce degré; aussi, pour
tout le monde, la question bien posée était celle-
ci : Le successeur de Fontenelle s'appellera-t-il
Bailly ou Condorcet?

Entre de tels concurrents la lutte ne pouvait
manquer d'être noble et loyale, en ce qui dépendait seulement d'eux. Condorcet, toute sa
vie profondément modeste, crut qu'il avait à
donner la mesure de son expérience, de son
habileté dans l'art d'écrire, et se mit à composer des éloges académiques.

Les règlements de 1699 imposaient au secrétaire perpétuel l'obligation de payer un tribut
de regrets à la mémoire des académiciens que
la mort moissonnait. Telle est l'origine de tant

de biographies souvent éloquentes, toujours ingénieuses, que Fontenelle a laissées et qui se
rapportent toutes à l'intervalle compris entre la
dernière année du XVIIe siècle et 1740.
L'homme amoureux de sa tranquillité fait ce
que le devoir lui prescrit, et jamais davantage.
C'est dire que Fontenelle se garda bien de remonter, dans les annales de la compagnie, au
delà du moment de son entrée en fonctions.
L'admirable collection qu'il nous a laissée, présentait ainsi une lacune de trente-trois ans. Les
académiciens décédés entre 1666 et 1699 n'a-
vaient point eu de biographies. C'est dans ce
tiers de siècle que Condorcet trouva les sujets
de ce qu'il appelait ses exercices, et parmi eux,
des savants tels que Huygens, Roberval, Picard,
Mariotte, Perrault, Roëmer, etc.

Ces premiers éloges sont écrits avec une
connaissance parfaite des matières traitées par
les académiciens, et d'un style simple, clair,
précis. Condorcet disait en les adressant à Turgot : « Si j'avais pu y mettre un peu de clin-
« quant, ils seraient plus à la mode ; mais la
« nature m'a refusé le talent de rassembler des
« mots, l'un de l'autre étonnés, hurlant d'effroi

« de se voir accouplés. Je m'humilie devant
« ceux qu'elle a mieux traités que moi. »

Condorcet se trompait en montrant tant de
défiance pour un travail qui lui donna dans
l'Académie une imposante majorité, et dont
Voltaire, d'Alembert et Lagrange ne parlaient
jamais qu'avec une grande estime.

Le 9 avril 1773, d'Alembert écrivait à Lagrange : « Condorcet méritait bien la survi-
« vance de la place de secrétaire, par les ex-
« cellents éloges qu'il vient de publier, des
« académiciens morts depuis 1699..... Ils ont eu
« ici un succès unanime. »

« Cet ouvrage, disait Voltaire à la date du
« 1er mars 1774, est un monument bien pré-
« cieux. Vous paraissez partout le maître de
« ceux dont vous parlez, mais un maître doux
« et modeste. C'est un roi qui fait l'histoire de
« ses sujets. »

Un pareil suffrage assignait aux premiers
essais de Condorcet, sous le double rapport du
fond et de la forme, un rang d'où la malveil-
lance a vainement tenté de les faire descendre.

Condorcet était à peine entré en relation avec
M. de Fouchy, qu'il en reçut la mission d'écrire

plusieurs éloges, entre autres celui du géomètre Fontaine, mort le 21 août 1771. Des difficultés imprévues vinrent aussitôt l'assaillir. Lorsque Condorcet traçait les biographies des premiers membres de l'Académie des sciences, un siècle avait mis toutes choses à leur véritable place : personnes, travaux et découvertes; alors, il ne s'agissait guère, pour l'écrivain, que de promulguer, en termes plus ou moins heureux, les arrêts irrévocables et déjà connus de la postérité.

Dorénavant il allait se trouver aux prises avec les exigences presque toujours aveugles des familles, avec des susceptibilités contemporaines, quelquefois amies, habituellement rivales; enfin, avec des opinions basées sur des préjugés et des haines personnelles, autant dire avec ce qu'il y a dans le monde intellectuel de plus difficile à déraciner.

Je soupçonne que Condorcet s'exagéra outre mesure les embarras, assurément réels, dont je viens de donner l'aperçu. Je suis, du moins, certain que la composition de son premier éloge d'un académicien contemporain fut extrêmement laborieuse. Dans la correspondance avec Turgot, je le vois déjà très-occupé de

Fontaine vers le milieu de 1772. Au commencement de septembre, il adressait à l'illustre intendant une première copie de son travail. Le même éloge retouché, remanié reprenait un an plus tard, en septembre 1773, le chemin de Limoges.

Ce fut, on doit en convenir, pour un écrit de vingt-cinq pages in-8°, bien du temps, de l'hésitation, du scrupule. Du moins, la maxime de Boileau n'avait pas été cette fois infructueuse. D'Alembert, écrivant à Lagrange, appelait l'éloge de Fontaine un chef-d'œuvre. Voltaire disait dans une lettre du 24 décembre 1773 : « Vous m'avez fait passer, Monsieur, une demi-« heure bien agréable..... Vous avez embelli la « sécheresse du sujet, par une morale noble et « profonde..... qui enchantera tous les honnêtes « gens.... Si vous avez besoin de votre copie, « je vous la renverrai en vous demandant la « permission d'en faire une pour moi. »

Voltaire demandant, pour son usage personnel, la permission de copier l'éloge de Fontaine ! connaît-on un hommage au-dessus de celui-là ?

A l'éloge de Fontaine succéda celui non moins piquant, non moins ingénieux, non moins philosophique de la Condamine. L'Académie et le public le reçurent avec des applaudissements unanimes.

Enfin, avec les seules exceptions des années 1775 et 1776, pendant lesquelles l'Académie n'éprouva aucune perte, le secrétaire eut à pourvoir annuellement, jusqu'en 1788, à trois, à quatre, et même à huit compositions analogues.

Le style de ces derniers éloges de Condorcet est grave et noble. On n'y aperçoit aucune trace de manière, de recherche; aucun désir de faire effet par l'expression; de couvrir sous la pompe, sous la bizarrerie du langage, la faiblesse, la fausseté de la pensée.

Notre confrère résista avec d'autant plus d'assurance à l'invasion du mauvais goût, à la confusion des genres, aux tendances dithyrambiques dont une certaine école commençait à faire l'essai, que Voltaire l'encourageait, qu'il lui écrivait de Ferney, à la date du 18 juillet 1774 : « C'est sans doute un malheur d'être né « dans un siècle dégoûté ; mais, que voulez-« vous : le public est à table depuis quatre-« vingts ans ; il boit de mauvaise eau-de-vie « sur la fin du repas. »

C'est aujourd'hui chose assez généralement convenue, et propagée par ouï - dire, que Condorcet manque, dans ses éloges, de force, de chaleur, d'élégance, de sensibilité. J'oserai ne pas être de cet avis, sans même trop m'effrayer de mon isolement.

Que répondraient, en effet, ceux qui parlent de manque de force, si je leur citais ce portrait des académiciens, heureusement très-peu nombreux, dont les noms se sont trouvés mêlés à des brigues sourdes :

« De pareilles brigues ont toujours été l'ou-
« vrage de ces hommes que poursuit le senti-
« ment de leur impuissance; qui cherchent à
« faire du bruit, parce qu'ils ne peuvent mé-
« riter la gloire; qui, n'ayant aucun droit à la
« réputation, voudraient détruire toute répu-
« tation méritée, et fatiguent, par de petites
« méchancetés, l'homme de génie qui les ac-
« cable du poids de sa renommée. »

J'oserai renvoyer les critiques qui ont reproché à Condorcet de manquer de sensibilité, aux passages suivants de l'éloge inédit des pères Jacquier et le Seur :

. . . . . . « Leur amitié n'était pas de ces ami-

D

« tiés vulgaires que fait naître la conformité des
« goûts et des intérêts. La leur devait son ori-
« gine à un attrait naturel et irrésistible. Dans
« ces amitiés profondes et délicieuses, chacun
« souffre toutes les souffrances de son ami, et
« sent tous ses plaisirs. On n'éprouve pas un
« sentiment, on n'a pas une pensée où son ami
« ne soit mêlé; et si on s'aperçoit qu'on n'est
« pas un avec lui, c'est uniquement par la préfé-
« rence qu'on lui donne sur soi-même. Cet ami
« n'est pas un homme que l'on aime, que l'on
« préfère aux autres hommes; c'est un être à
« part et à qui rien ne ressemble : ce ne sont
« ni ses qualités, ni ses vertus qu'on aime en
« lui, puisqu'un autre aurait pu les avoir et
« qu'on ne l'aurait pas aimé de même; c'est lui
« qu'on aime, et parce que c'est lui. Ceux qui
« n'ont point goûté ce sentiment peuvent seuls
« nier qu'il existe; il faut les plaindre. . . .

. . . . . . « Dès l'instant où ils se furent
« rencontrés à Rome, tout fut commun entre
« eux : peines, plaisirs, travaux, la gloire même,
« celui de tous les biens peut-être qu'il est plus
« rare que deux hommes aient partagé de bonne

« foi. Cependant, chacun d'eux publia à part
« quelques morceaux, mais peu importants, et
« qui, selon le jugement de celui à qui ils ap-
« partenaient, n'auraient pas mérité de paraître
« avec le nom de son ami. Ils voulurent qu'il y
« eût dans les places qu'ils occupaient une éga-
« lité parfaite; si l'un des deux obtenait une
« distinction, il ne songeait plus qu'à procurer
« à son ami une distinction égale. Un jour, dans
« un besoin d'argent, le père le Seur s'adressa à
« un autre qu'à son ami. Le père Jacquier lui
« en fit des reproches : Je savais que vous n'en
« aviez pas, lui dit le père le Seur, et vous en
« auriez emprunté pour moi à la même per-
« sonne.   .

.   .   .   .

.   .   .   . « Le père Jacquier eut le
« malheur de survivre à son ami. Le père le
« Seur succomba à ses infirmités en 1770. Deux
« jours avant de mourir, il paraissait avoir
« perdu toute connaissance. « Me reconnaissez-
« vous ? » lui dit le père Jacquier, peu d'instants avant sa mort. « Oui, répondit le mou-
« rant; vous êtes celui avec qui je viens de
« résoudre une équation très-difficile. » Ainsi

D.

« au milieu de la destruction de ses organes, il
« n'avait pas oublié quels furent les objets de
« ses études, et il se rappelait un ami avec qui
« tout lui avait été commun.

   « Le père Jacquier fut arraché des bras de son
« ami mourant, par des amis qui, pour me ser-
« vir des expressions du père Jacquier lui-
« même, *ne voulaient pas avoir à les regretter*
« *tous deux.*

   « Il a repris une chaire que sa santé l'avait
« obligé de quitter. Moins occupé de prolonger
« des jours que l'amitié ne console plus, il veut
« du moins les remplir par des travaux utiles,
« et suspendre le sentiment d'une douleur dont
« rien ne peut le guérir. Il sait qu'il ne faut pas
« ajouter le poids du temps à celui du malheur,
« et que, pour les âmes qui souffrent, le loisir
« est la plus cruelle des tortures. »

L'appréciation que Condorcet a donnée des
mérites divers de la Condamine pourrait, si je
ne me trompe, être placée sans désavantage,
à côté de l'éloquente allocution que Buffon
adressait à l'illustre voyageur, le jour de sa réception à l'Académie française. Elle soutien-

drait aussi le parallèle avec tout ce que l'éloge du même académicien, prononcé par l'abbé Delille, son successeur, renferme de plus élégant.

Les compositions biographiques de Condorcet brillent par ce qui devait naturellement en faire l'essence. L'histoire de l'esprit humain y est envisagée de très-haut. Dans le choix des détails, l'auteur a constamment en vue l'instruction et l'utilité, plus encore que l'agrément. Sans trahir la vérité dont les prérogatives doivent primer tout autre intérêt, toute autre considération, Condorcet est sans cesse dominé par cette pensée, que la dignité du savant se confond, à un certain degré, avec celle de la science ; que les applaudissements accordés à la peinture spirituelle de tel ou tel ridicule, sont de pauvres dédommagements du tort, pour léger qu'il soit, qu'on a pu faire à la plus modeste branche des connaissances humaines.

On a trop attendu de *Monsieur plus que Fontenelle,* comme Voltaire appelait notre confrère sur l'adresse de plusieurs lettres inédites que j'ai dans les mains, en espérant trouver dans ses éloges des chapitres complétement rédigés d'une future histoire des sciences. Condorcet ne commit pas la faute de présenter à son auditoire des aliments trop savoureux, des aliments qui n'auraient pas été acceptés.

Notre ancien secrétaire se distingue, surtout, par la plus éclatante impartialité, par les pensées philosophiques et d'un intérêt général qu'il jette à pleines mains au milieu des plus simples circonstances biographiques; par son abnégation constante de tout ressentiment personnel, de tout esprit de coterie, de toute pensée d'amour-propre. Condorcet caractérisait aussi bien ses propres ouvrages que ceux de Franklin, quand il disait de ces derniers : « On « y chercherait vainement une ligne qu'on « puisse le soupçonner d'avoir écrite pour sa « gloire. »

La longue carrière de Franklin elle-même n'offre certainement pas un trait de modestie plus franc, plus net, plus explicite que celui qui est contenu dans ce passage de l'éloge de Fontaine : « J'ai cru un moment, disait ce géomè- « tre, qu'un jeune homme avec qui on m'avait « mis en relation valait mieux que moi ; j'en « étais jaloux, mais il m'a rassuré depuis. »

Le jeune homme en question, ajoute Condorcet, est l'auteur de cet éloge.

La secte toujours si nombreuse et si active des envieux que la concorde importune, reçut un jour, par la bouche de Fontenelle, une leçon de bon sens, de sagesse dont malheureusement elle a peu profité. La première édition du Siècle de Louis XIV venait de paraître. C'était une trop belle occasion d'irriter deux grands hommes l'un contre l'autre, pour qu'on négligeât d'en profiter. « Comment suis-je donc traité « dans cet ouvrage? demanda Fontenelle. — « Voltaire, répondit-on, commence par déclarer « que vous êtes le seul personnage vivant pour « lequel il se soit écarté de la loi qu'il s'était « faite de ne parler que des morts. — Je n'en « veux pas savoir davantage, repartit le secré- « taire de l'Académie. Quelque chose que Vol- « taire ait pu ajouter, je dois être content. »

Malgré quelques légères critiques, l'immortel auteur de l'histoire naturelle, *Buffon,* n'aurait-il pas de même été content, s'il eût pu entendre ces magnifiques appréciations de son éloquence, sorties de la plume de Condorcet!

« Des traits qui semblent échapper à Buffon,

« caractérisent la sensibilité et la fierté de son
« âme; mais elle paraît toujours dominée par
« une raison supérieure; on croit, pour ainsi
« dire, converser avec *une pure intelligence,*
« qui n'aurait de la sensibilité humaine que ce
« qu'il en faut pour se faire entendre de nous
« et intéresser notre faiblesse...., La postérité
« placera les ouvrages du grand naturaliste à
« côté des dialogues du disciple de Socrate et
« des entretiens du philosophe de Tusculum....
    « M. de Buffon, plus varié, plus brillant, plus
« prodigue d'images que les deux grands natu-
« ralistes de la Grèce et de Rome, joint la fa-
« cilité à l'énergie, les grâces à la majesté. Sa
« philosophie, avec un caractère moins pro-
« noncé, est plus vraie et moins affligeante.
« Aristote semble n'avoir écrit que pour les sa-
« vants, Pline pour les philosophes, M. de Buf-
« fon pour tous les hommes éclairés. »
    Après cette citation, je le demande, ferai-je
tort à Condorcet si j'avoue que Buffon ne lui
témoigna jamais aucune bienveillance; qu'il fut
le protecteur le plus actif de ses concurrents
pour la place de secrétaire perpétuel de l'Académie des sciences, et pour celle de membre de

l'Académie française ; que l'idée vivement soutenue auprès des ministres de Louis XVI, d'une censure académique qui eût sans cesse entravé dans sa marche l'historien de nos travaux, appartenait à Buffon ; que d'Alembert enfin, lorsqu'il mandait à Lagrange, en date du 15 avril 1775 : « Nous essuyons à l'Académie des scien- « ces, M. Condorcet et moi, des tracasseries « qui nous dégoûtent de toute étude sérieuse, » désignait catégoriquement l'illustre naturaliste. Ces divisions déplorables, sur lesquelles je n'entends, au surplus, émettre aucune opinion, nous ont été révélées par la correspondance de la Harpe et une foule de pièces inédites ; mais on en chercherait vainement des traces, et cette remarque a bien son prix, dans les éloges du loyal secrétaire de l'ancienne Académie.

Fontenelle a laissé quelques lacunes dans ses éloges des académiciens morts de 1699 à 1740. Est-ce à dessein ? On serait tenté de le croire en remarquant parmi les noms oubliés ceux du duc d'Escalonne, du fameux Law et du père Gouye. Je ne léguerai pas, en ce qui concerne Condorcet, un pareil doute à nos successeurs. S'il ne fit point l'éloge du duc de la Vrillière, c'est qu'à ses yeux, le titre d'honoraire de l'Académie n'avait pas eu le privilége de rendre honorable le ministre qui, toute sa vie, s'était fait un jeu cruel et scandaleux des lettres de cachet. Des amis timides calculaient-ils avec inquiétude le danger d'irriter M. de Maurepas, premier ministre et beau-frère de M. de la Vrillière, Condorcet répondait : « Aimeriez-vous mieux que je « fusse persécuté pour une sottise que pour une « chose juste et morale ? Songez-y bien, d'ail- « leurs : on me pardonnera plus facilement « mon silence que mes paroles, car je suis bien « résolu à ne point trahir la vérité. »

L'homme qui agit ainsi, Messieurs, court le risque de troubler sa vie, mais il honore les sciences et les lettres.

Éloge de Michel de l'Hôpital. Lettre d'un théologien à l'auteur du Dictionnaire des trois siècles. Lettre d'un laboureur de Picardie à M. Necker, prohibitif. Réflexions sur le commerce des blés. Nouvelle édition des Pensées de Pascal. Entrée de Condorcet à l'Académie française.

Nous avons suivi pas à pas, jusqu'ici, le géomètre, le secrétaire perpétuel de l'Académie des sciences. Maintenant nous verrons notre confrère se jeter dans la polémique ardente des partis littéraires et philosophiques. Plusieurs fois il y paraîtra sans se nommer, pour ne pas augmenter, disait-il, les ennemis de sa cause de tous les ennemis de sa personne.

Condorcet était déjà secrétaire en titre de notre compagnie, lorsque l'Académie française mit au concours l'éloge de Michel de l'Hôpital. Entraîné par la beauté, par la grandeur du sujet, notre confrère se jeta étourdiment dans la lice, comme aurait pu le faire un jeune homme sans antécédents connus, sans réputation acquise. Il n'obtint pas le prix. On accorda la préférence à la pièce, aujourd'hui complétement oubliée, de l'abbé Rémi.

Il m'a été donné de retrouver quelques-unes des causes qui amenèrent cet échec. Peut-être méritent-elles de nous arrêter un instant.

Que désirait l'Académie française en proposant l'éloge de l'Hôpital pour sujet de prix ? Un aperçu sur les œuvres littéraires de l'illustre chancelier, une appréciation générale de ses actes politiques et administratifs ; un hommage à sa mémoire, écrit d'un style noble et soutenu. Aujourd'hui, ce genre de composition est peu goûté du public ; aussi on se hasarderait presque à qualifier de discours à effet, d'amplification, ce que voulait la célèbre assemblée.

Ce n'est pas ainsi que Condorcet envisagera le thème qu'on lui présente. Dans son esprit, l'utilité prime tout autre genre de mérite. La *vie* de l'Hôpital lui semble pouvoir être offerte en exemple « à ceux qui, se trouvant placés dans « des circonstances difficiles, auraient à choisir « entre leur repos et le bonheur public. » Il n'hésite plus, c'est la *vie* de l'Hôpital qu'il écrira.

La vie de l'Hôpital ! mais c'est l'histoire d'un

siècle affreux, d'une longue suite de concussions éhontées, de désordres, d'événements barbares, d'actes cruels d'intolérance, de fanatisme. Le cadre devient immense ; il ne dépasse, toutefois, ni les forces, ni le savoir, ni le zèle de l'écrivain.

Dans son bel ouvrage, Condorcet nous montre d'abord l'Hôpital en Italie, chez le connétable de Bourbon, au parlement et au concile de Bologne. On le voit ensuite à la tête des finances. Plus tard, c'est le chancelier, le ministre, l'homme d'État, dont les actes se déroulent devant le lecteur.

Une vie si pleine, si glorieuse, ne pouvait être convenablement appréciée dans un écrit de soixante minutes de lecture, comme le demandait l'Académie. Aussi, Condorcet ne tint aucun compte de la prescription : son éloge avait trois fois plus d'étendue que ne le voulait le programme. La mise hors de concours était donc pour notre confrère un événement prévu. Je ne pense pas que nous devions nous montrer aussi faciles au sujet des critiques que l'ouvrage fit naître dans l'aréopage littéraire, et dont l'auteur du Lycée a conservé divers échantillons.

Suivant la Harpe, le *style* de l'éloge de l'Hôpital *manque de nombre*. Le reproche me paraîtrait plus grave si on avait dit, si surtout on avait pu dire : Le style manque de trait, de nerf et de correction ; les idées n'ont ni nouveauté ni profondeur. Il est vrai qu'en ce cas la réfutation eût été très-facile, et qu'elle se serait réduite à de courtes citations ; à celles-ci, par exemple :

« Si Bertrandi (garde des sceaux d'Henri II)
« a échappé à l'exécration des siècles suivants,
« c'est que, toujours vil au sein de la puissance ;
« toujours subalterne, même en occupant les
« premières places, il fut trop petit pour attirer
« les regards.

« Tous les citoyens pleuraient la ruine de
« leur patrie ; l'Hôpital seul espérait encore. Ja-
« mais l'espérance n'abandonne les grandes pas-
« sions. L'amour du bien public était chez le
« chancelier une passion véritable ; il en avait
« tous les caractères, même les illusions. L'Hô-
« pital jugeait les obstacles, mais il sentait ses
« forces. »

Le style a de l'obscurité ! C'est, ce me semble, un devoir rigoureux de formuler de pareilles critiques avec une incontestable clarté ; or, je

ne sais ce que la Harpe entend par des « phrases qui se redoublent les unes dans les autres. »
Je le comprends parfaitement, au contraire,
lorsqu'il nous dit : « Le ton (de Condorcet) est
« souvent au-dessous d'une narration noble. Il
« parle d'*échalas carrés*, de *bûches* et de *petits*
« *pâtés* dans l'éloge d'un chancelier : Bossuet en
« aurait été un peu étonné. »

Nous devons nous persuader ici, par esprit
de corps, que la remarque de la Harpe n'exerça
pas d'influence sur la décision de l'Académie.
Savez-vous, en effet, où figurent les termes que
vous venez d'entendre ; ces termes dont le critique se montre si indigné, que, par voie de contraste, ils reportent ses idées sur l'éloquence
majestueuse de l'aigle de Meaux ? C'est dans
une citation, dans une note où Condorcet si-
gnale avec raison les étranges, disons mieux,
les déplorables règlements que le *système prohibitif* inspira jadis à l'esprit, cependant, si
droit, si élevé, de Michel de l'Hôpital.

Oui, Messieurs, le fait est vrai : le vertueux
chancelier défendit de crier des *petits pâtés*
dans les rues, et cela, il faut bien l'avouer, car
ses expressions n'admettent pas d'équivoque,

pour ne pas exposer les pâtissiers à l'*oisiveté,*
et le public à des *indigestions.* Qu'on en rie aujourd'hui, qu'on s'en étonne tant qu'on voudra,
les *bûches* et les *échalas carrés* n'en étaient pas
moins proscrits. Les lois de l'époque allaient
jusqu'à déterminer la forme des hauts-de-
chausse et des vertugadins. De telles citations
montrent clairement à quel point les hommes
de génie eux-mêmes subissent l'influence de
leur siècle; mais je ne saurais, en vérité, à quelle
influence Condorcet aurait obéi, s'il eût substitué des périphrases aux expressions techniques
que l'Hôpital, de sa main de poëte, consigna
dans les lois; s'il avait essayé du style descriptif
à propos de vertugadins, d'échalas et de petits
pâtés.

Voltaire, en tous cas, était loin de s'associer
aux demandes, aux désirs de la Harpe et de ses
confrères; car, le 3 octobre 1777, il mandait à
M. de Vaines : « Je viens de lire avec une ex-
« trême satisfaction, le l'Hôpital de M. de Con-
« dorcet : tout ce qu'il fait est marqué au coin
« d'un homme supérieur. »

Je trouve ces paroles, non moins significati-
ves, dans une lettre inédite de Franklin : « J'ai

« lu avec le plus grand plaisir votre excellent
« éloge de l'Hôpital. Je savais déjà que vous
« étiez un grand mathématicien ; maintenant, je
« vous considère comme un des premiers hom-
« mes d'État de l'Europe. »

De pareils suffrages ont la valeur d'une décision académique.

« La Lettre d'*un théologien à l'auteur du*
« *Dictionnaire des trois siècles*, est un des écrits
« les plus piquants qu'on ait publiés depuis
« quelques années. Cette brochure, sans nom
« d'auteur, a été attribuée, généralement, à
« l'illustre patriarche de Ferney. Jamais il n'a
« été trouvé plus gai dans sa critique et plus
« malignement bonhomme. »

C'est en ces termes qu'une correspondance
privée devenue depuis publique et célèbre, annonçait, en 1774, l'apparition de l'opuscule *ano-*
nyme de Condorcet.

Voltaire, à qui le secret n'avait pas été divul-
gué, écrivait à notre confrère, le 20 août 1774 :
« Il y a dans la *Lettre d'un théologien* des plai-
« santeries et des morceaux d'éloquence dignes
« de Pascal. » Le patriarche prouvait ensuite

I.

sans peine que, malgré le bruit public, l'abbé de Voisenon ne pouvait être l'auteur d'une pièce si remarquable. Quant à lui, Voltaire, il espérait échapper au soupçon, car la lettre supposait des connaissances mathématiques profondes, et, ajoutait-il : « Depuis les injustices que « j'essuyai sur les éléments de Newton, j'ai re- « noncé, il y a quarante ans, à ce genre d'étu- « des. »

Les hardiesses de la *Lettre d'un théologien* causèrent à Voltaire de très-vives inquiétudes. Il s'en expliquait avec tout le monde. Je ne veux pas, disait-il, à quatre-vingt-trois ans mourir ailleurs que dans mon lit. En écrivant à M. d'Argental (17 août 1774), il caractérisait ainsi l'auteur de l'opuscule : « On ne peut être, ni plus « éloquent, ni plus maladroit. Cet ouvrage, « aussi dangereux qu'admirable, armera sans « doute les ennemis de la philosophie... Je ne « veux ni de la gloire d'avoir fait la Lettre d'un « théologien, ni du châtiment qui la suivra... Je « suis fâché qu'on ait gâté une si bonne cause, « en la défendant avec tant d'esprit. » Ailleurs, Voltaire s'écriait : « Fallait-il donc se permettre « de publier un ouvrage aussi audacieux, quand

« on ne commandait pas à deux cent mille sol-
« dats. » Il déclarait, enfin, à toute occasion,
sous toutes les formes, ne pas être l'auteur de
la Lettre du théologien; mais, qu'on le remarque
bien, c'était toujours dans un besoin de repos,
dans la crainte de persécutions; jamais dans un
intérêt d'amour-propre.

Voyez, au contraire, si, lorsque M. de Tressan
attribuait, très-imprudemment, à Voltaire l'épître médiocre d'un prétendu chevalier de Morton, Écossais, le patriarche ne réclamait pas à
la fois, et avec une égale vigueur, dans l'intérêt
de l'homme et dans celui du poëte : « Je suis,
« écrivait-il à Condorcet, le Marphorio à qui
« l'on attribue toutes les pasquinades..... Je ne
« fais pas des vers tels que ceux-ci;... tels que
« ceux-là;.... c'est une honte de me les attri-
« buer. Je me déciderai à prouver par écrit que
« ma prétendue épître ne vaut pas grand'-
« chose. »

Rien de semblable, je le répète, ne se remarque dans les plaintes de Voltaire sur la Lettre
d'un théologien. La paternité qu'on lui impute
le contrarie vivement, mais c'est seulement à
cause des tracasseries qui peuvent en être la

suite. Nulle part il ne dit, nulle part il n'insinue même que les suppositions du public aient blessé l'homme de lettres.

Je livre ces réflexions à tous ceux qui, dans leur aveugle passion, ont refusé à Condorcet de la finesse, de la gaieté, du style.

Dans la société de d'Alembert, notre ancien confrère était devenu géomètre. Turgot lui inspira à son tour le goût de l'économie sociale. Leurs idées, leurs espérances, leurs sentiments s'étaient complétement identifiés. Il serait vraiment impossible de citer un seul point d'une science, si ouverte aujourd'hui à la controverse, sur lequel Turgot et Condorcet aient différé, même par d'imperceptibles nuances.

Ils étaient persuadés l'un et l'autre qu'en matière de commerce, « une liberté entière et ab-« solue est la seule loi utile et même juste; » ils croyaient que « la protection accordée à un « genre particulier d'industrie nuit à leur en-« semble; »... que les précautions minutieuses dont les législateurs avaient cru devoir surcharger leurs règlements, fruits de la timidité et de l'ignorance, étaient, sans compensation aucune, la source de gênes, de vexations intolérables et de pertes réelles.

Turgot et Condorcet s'unirent plus étroitement encore, si j'ose dire, sur la question spéciale du commerce des grains. Ils soutinrent que l'entière liberté de ce commerce était également utile aux propriétaires, aux cultivateurs, aux consommateurs, aux salariés ; que d'aucune autre manière on ne pouvait réparer l'effet des disettes locales, faire baisser les prix moyens et diminuer l'échelle des variations, objet plus important encore, car les prix moyens servent à régler les salaires des ouvriers. Si ces principes rigoureux étaient une invitation formelle à ne jamais céder aux clameurs désordonnées, aux préjugés populaires, d'une autre part, les deux économistes proclamaient hautement que, dans les temps de disette, le gouvernement doit des secours aux pauvres. Ces secours, ils ne voulaient pas les accorder en aveugle : ils auraient été le prix d'un travail.

Turgot et son ami professaient la maxime qu'il existe pour tous les hommes, des droits naturels qu'aucune loi ne peut légitimement leur enlever. Parmi ces droits imprescriptibles, ils plaçaient en première ligne celui de disposer de son intelligence, de ses bras et de son travail. Nos philosophes voulaient donc l'abolition d'un grand nombre de formalités souvent bizarres et toujours coûteuses, qui avaient fait de l'état d'ouvrier un odieux esclavage.

Si les maîtrises, si les jurandes étaient le désespoir des artisans, des ouvriers des villes, les corvées frappaient tout aussi sévèrement les ouvriers des campagnes.

Les *corvées* condamnaient à travailler sans salaire, des hommes qui n'avaient que leur salaire pour vivre; elles permettaient de prodiguer le travail, parce qu'il ne coûtait rien au trésor royal. La forme des réquisitions, la dureté du commandement, la rigueur des amendes joignaient l'humiliation à la misère. Turgot et Condorcet s'étaient déclarés les plus ardents adversaires de cette cruelle servitude.

Les deux philosophes n'étaient pas de ces hommes qui deviennent tolérants pour le crime, à force de le voir commettre. L'infâme trafic de la traite des nègres avait excité toutes leurs antipathies. Si le temps et l'espace me le permettaient, je pourrais transcrire ici une lettre toute récente de M. Clarckson, dans laquelle ce vénérable vieillard rend un hommage touchant aux efforts actifs de Condorcet en faveur de la sainte croisade qui a rempli sa longue vie. C'est donc très-légitimement que notre David a placé sur les bas-reliefs de sa belle statue de Gütenberg, la noble figure de l'ancien secrétaire de l'Académie, parmi celles des premiers, des plus ardents ennemis du « honteux brigan- « dage qui, depuis deux siècles, dépeuplait, en « le corrompant, le continent africain. »

A la mort de Louis XV, la voix publique appela Turgot au ministère. On lui confia d'abord la marine ; un mois après (le 24 août 1774), les finances.

Dans sa nouvelle et brillante position, Turgot n'oublia pas le confident intime de ses pensées économiques et philosophiques ; il nomma Condorcet inspecteur des monnaies.

Condorcet accepta cette faveur en des termes qui me semblent mériter d'être conservés. Les voici :

« On dit, dans un certain public, que l'argent « ne vous coûte pas quand il s'agit d'obliger vos « amis. Je serais désolé de donner à ces propos

« ridicules quelque apparence de fondement.
« Je vous prie donc de ne rien faire pour moi
« dans ce moment. Quoique peu riche, je ne
« suis pas pressé. Laissez-moi remplir la place
« de M. de Forbonnais. Chargez-moi d'un tra-
« vail important : de la réduction des mesures,
« par exemple ; attendez enfin que mes efforts
« aient vraiment mérité une récompense. »

Turgot, pendant son ministère, conçut, en
1775, un plan général de navigation intérieure
du royaume. Ce plan embrassait un vaste système de travaux pour le perfectionnement des
petites et des grandes rivières; pour le creuse-
ment des canaux destinés à relier entre elles ces
voies naturelles de communication. Le célèbre
ministre avait à se défier également des ama-
teurs du grandiose; de ceux qui, voyant certaines rivières seulement séparées sur la carte
par un peu de papier blanc, tiraient des traits
des unes aux autres et appelaient cela leurs
projets; de ceux, enfin, qui ne savaient ni jau-
ger les eaux courantes, ni calculer leurs effets.
Aussi s'empressa-t-il d'attacher à son administration trois géomètres de l'Académie des

sciences : d'Alembert, Condorcet et Bossut. Leur mission était d'examiner les projets et, plus encore, de remplir les lacunes de l'hydrodynamique qui, souvent, empêchaient de prononcer en connaissance de cause.

Cette création ne survécut pas à la destitution de Turgot. Malgré sa très-courte durée, elle a laissé dans la science des traces durables. Peut-être, cependant, ne s'est-on pas assez souvenu, dans plus d'une circonstance, de ce conseil contenu dans un mémoire de Condorcet au ministre :

« Ne vous fiez qu'aux gens qui, eussent-ils
« joint la Loire au fleuve Jaune de la Chine,
« n'en auraient pas plus de vanité pour cela, et
« ne croiraient avoir eu besoin que de zèle et de
« quelques connaissances. »

L'extrait suivant d'une lettre de d'Alembert à Lagrange terminera dignement la courte notice que je viens de donner des travaux exécutés par les trois géomètres amis de Turgot :

« On vous dira que je suis directeur des
« canaux de navigation avec 6,000 fr. d'appoin-
« tements. Fausseté ! Nous nous sommes char-
« gés, MM. Condorcet, Bossut et moi, par amitié

« pour M. Turgot, de lui donner notre avis sur
« ces canaux ; mais nous avons *refusé* les appoin-
« tements que monsieur le contrôleur des finan-
« ces nous offrait pour cela. »

Lorsque Turgot, devenu ministre, voulut
réaliser les améliorations qu'il avait conçues
comme simple citoyen ; lorsque le contrôleur
général des finances se trouva en face de la
cupidité des courtisans, de la morgue des parlements et de l'esprit de routine de presque tout
le monde ; lorsque des soulèvements redoutables
eurent fait naître des doutes sur la bonté de
ses plans, Condorcet ne resta pas simple spec-
tateur de la lutte ; il s'y mêla, au contraire, avec
courage, avec une ardeur extrême.

C'est à la réfutation de l'ouvrage de Necker
contre la libre circulation des grains qu'il consacra plus spécialement sa plume. Une première
fois, il adopta la forme ironique, dans la prétendue *Lettre d'un laboureur de Picardie à
M. Necker prohibitif.* Voltaire, à cette occasion,
écrivait à notre confrère, le 7 août 1775 :

« Ah ! la bonne chose, la raisonnable chose,
« et même la jolie chose que la *Lettre au pro-*

« *hibitif*. Cela doit ramener tous les esprits,
« pour peu qu'il y ait encore à Paris du bon
« sens et du bon goût. »

Je n'oserais pas dire que le bon goût et le bon
sens avaient déserté la capitale ; mais je sais que
la spirituelle *Lettre au prohibitif* ramena peu de
monde, et que Condorcet se crut obligé de
publier une nouvelle réfutation plus détaillée,
plus méthodique, plus complète de l'ouvrage
du célèbre et riche banquier genevois.

Ce second écrit était modestement intitulé :
Réflexions sur le commerce des blés. L'auteur y
étudiait successivement, comment les subsis-
tances se reproduisent, et comment on peut
réparer la différence qui se manifeste quelquefois dans les récoltes d'un lieu à l'autre ; la manière dont se règlent, dont se proportionnent
les salaires. Il traitait du prix moyen et de son
influence, de l'égalisation des prix, des effets de
la liberté indéfinie du commerce, des avantages
politiques de cette liberté. Condorcet exami-
nait ensuite les prohibitions, soit d'une manière
générale, soit dans leurs rapports avec le droit
de propriété et avec la législation. Descendant
enfin de ces abstractions à des questions un tant

soit peu personnelles, quoique dégagées de noms propres, il se demandait comment les auteurs prohibitifs avaient acquis de la popularité ; il cherchait l'origine des préjugés du peuple proprement dit, et de ceux qui, au sujet du commerce des blés, étaient peuple sans s'en apercevoir ; il complétait enfin son œuvre par des réflexions critiques touchant certaines lois prohibitives, et les obstacles qui s'opposaient alors au bien que la liberté pouvait produire.

Toutes les faces d'un très-difficile problème avaient été ainsi franchement abordées, d'un style mâle et sévère. L'ouvrage n'était pas une simple brochure : il embrassait plus de 200 pages d'impression. Sa publication excita un soulèvement général parmi les nombreux clients de Necker. Des personnages du plus haut rang dans les lettres, devinrent aussi, à partir de cette époque, les implacables ennemis de Condorcet. L'Académie des sciences et l'Académie française, elles-mêmes, ressentirent d'une manière fâcheuse, et pendant de longues années, l'effet de ces tristes discordes.

L'esprit dégagé de toute prévention, je me suis demandé si notre confrère outre-passa, en cette circonstance, les bornes d'une critique légitime. Je ne suppose pas qu'on ait voulu lui contester la faculté, dont il usa suivant sa conscience, de présenter l'écrit de Necker comme une simple traduction, en langage grave, pompeux, des célèbres dialogues de l'abbé Galiani. Je crois que Condorcet était aussi dans son droit en rappelant, à cette occasion, « une statue grecque élégante et svelte, qu'un « empereur romain fit dorer, et qui perdit « toutes ses grâces. » Ceci écarté, en parcourant l'ouvrage de l'ancien secrétaire de l'Académie, je n'y trouve plus qu'une note qui ait pu exciter l'irritabilité des plus chauds partisans de Necker. Cette note fait mention d'un grand seigneur, désigné seulement par des initiales, qui avait fait une mauvaise traduction de Tibulle. Ses amis, inquiets, voyaient d'avance les critiques troubler son bonheur, et cherchaient à le consoler. « Ne craignez rien « pour ma réputation d'auteur, leur dit-il, je « viens de prendre un meilleur cuisinier. »

La voilà donc connue la terrible épigramme qui troubla la cour et la ville; qui porta la discorde au sein de deux Académies, qui mit en danger la liberté de notre confrère. J'étais très-disposé à la blâmer. J'y mettais pour unique condition que Condorcet ne se trouvait pas en état de légitime défense ; que Necker et ses adhérents n'avaient dirigé contre lui et contre Turgot aucune parole blessante : or, tel n'était pas, à beaucoup près, l'état des choses.

Buffon écrivait au célèbre banquier : « Je n'a-« vais rien compris à ce *jargon d'hôpital* de ces « demandeurs d'aumônes, que nous appelons « économistes. »

Necker accusait les mêmes écrivains « de « chercher à tromper les autres, et de s'en « imposer à eux-mêmes. » Il les peignait comme des imbéciles, et s'oubliait même au point de les comparer à des bêtes féroces. Sa brochure contre la libre circulation des grains avait d'ailleurs été publiée, d'une manière fort inopportune, entre les émeutes sanglantes de Dijon et de Paris.

C'est au lecteur à décider si celui-là avait bien le droit de se plaindre, qui, après s'être servi d'une dague, n'avait reçu de son adversaire qu'une piqûre d'épingle.

Je disais tout à l'heure comment Condorcet entra dans l'administration des monnaies ; il en sortit avec non moins de noblesse. Dès que Necker devint contrôleur général des finances , notre confrère écrivit à M. de Maurepas :

« Je me suis prononcé trop hautement sur
« les ouvrages de M. Necker et sur sa personne,
« pour que je puisse garder une place qui dé-
« pend de lui. Je serais fâché d'être dépouillé,
« et encore plus d'être épargné, par un homme
« dont j'aurais dit ce que ma conscience m'a
« forcé de dire de M. Necker. Permettez-donc
« que ce soit entre vos mains que je remette
« ma démission. »

Condorcet n'épuisait pas tellement sa verve sur les hérésies contemporaines, qu'il ne lui en restât encore une bonne part pour combattre les erreurs des anciens auteurs, même des plus illustres.

Personne n'ignore que Pascal s'occupait, peu d'années avant sa mort, d'un ouvrage destiné à prouver la vérité de la religion chré-tienne. Cet ouvrage ne fut pas achevé. D'Arnaud et Nicole en publièrent des extraits, sous le titre de : *Pensées de M. Pascal sur la religion et sur quelques autres sujets*. Condorcet, soupçonnant que ce recueil avait été mis au jour dans les intérêts d'un parti et de certains systèmes mystiques, beaucoup plus qu'en vue de la gloire de l'auteur, se procura, au commencement de 1776, une copie complète des manuscrits de Pascal, y puisa divers passages que les solitaires de Port-Royal, dans leurs consciences de jansénistes, s'étaient crus obligés de sacrifier, les coordonna méthodiquement, et composa de l'ensemble un volume de 507 pages in-8°, dont tous les amis de l'auteur reçurent des exemplaires, mais qui ne fut pas mis en vente. Avouons-le franchement, cette nouvelle édition des *Pensées* pêche comme celle de d'Arnaud, quoique dans un esprit tout opposé, par des suppressions systématiques. Hâtons-nous d'ajouter qu'on y trouve un éloge de Pascal, dans lequel le géomètre puissant, le physicien ingénieux , le penseur profond, l'écrivain éloquent sont appréciés de haut, et avec la plus noble impartialité. Condorcet joignit des commentaires critiques à plusieurs pensées de l'illustre auteur. Cette hardiesse, dont Voltaire lui avait déjà donné l'exemple, provoqua d'amers reproches : on la traita comme un sacrilége. Aujourd'hui, le public serait plus indulgent; aujourd'hui, les admirations passionnées sont bien passées de mode, et, si je ne me trompe, il y aurait plutôt à redouter l'excès contraire; aujourd'hui, on ne se demande plus, toutes réserves faites quant à la forme, si telle ou telle critique d'un auteur célèbre est irrévérente, mais si elle est juste. Examinées de ce point de vue, les remarques de Condorcet peuvent être approuvées presque sans restrictions.

Lorsque l'auteur des *Pensées*, poussant la misanthropie jusqu'à ses dernières limites, « met en fait que si tous les hommes savaient « ce qu'ils disent les uns des autres, il n'y aurait « pas quatre amis dans le monde, » j'aime à voir le commentateur protester contre cette décision antisociale, et blâmer Pascal de donner une si mauvaise idée de ses amis.

Quand l'illustre écrivain recommande « aux « sages de parler comme le peuple, en conser- « vant cependant une *pensée de derrière*, » Condorcet, ce me semble, accomplit un devoir en rangeant la *pensée de derrière* parmi celles dont les *Provinciales* avaient fait une éclatante justice.

Lorsque, dans son ardente guerre contre le sentiment que l'homme nourrit de sa grandeur, Pascal insinue que nos actions les plus belles sont toujours obscurcies par des pensées d'amour-propre, par l'espérance de la publicité et des applaudissements qu'elle amène à sa suite, je lis avec délices, dans une note du commentateur, cette anecdote touchante empruntée à nos annales maritimes, et qui dément la triste réflexion de Pascal :

« Le vaisseau que montait le chevalier de Lordat était prêt à couler à fond à la vue des côtes de France. Le chevalier ne savait pas nager ; un soldat, excellent nageur, lui dit de se jeter avec lui dans la mer, de le tenir par la jambe, et qu'il espère le sauver par ce moyen. Après avoir longtemps nagé, les forces du soldat s'épuisent. M. de Lordat s'en aperçoit, l'encourage ; mais enfin le soldat lui déclare qu'ils vont périr tous deux. — Et si tu étais seul ? — Peut-être pourrais-je encore me sauver. Le chevalier de Lordat lâche la jambe et tombe au fond de la mer. »

Voltaire fit réimprimer à ses frais, en 1778, le livre qui a fait naître ces remarques. Jusque-là, il n'avait reçu qu'une demi-publicité. Voltaire, au faîte de la gloire, devint l'éditeur et le commentateur du jeune secrétaire de l'Académie des sciences ! C'était pour Condorcet un honneur infini, justifié d'ailleurs par le mérite de son opuscule. Me tromperais-je, cependant, si je supposais qu'il se mêlait, à ces légitimes hommages de l'auteur du *Dictionnaire philosophique*, un peu d'animosité contre l'écrivain janséniste ; que l'auteur de la *Henriade*, de *Mérope* et de tant d'admirables poésies légères, voyait avec une secrète joie attaquer l'infaillibilité de l'homme qui, placé aux premiers rangs parmi les prosateurs, avait osé dire, même après la publication du *Cid* et de *Cinna*, que toute poésie n'était en réalité qu'un *jargon* ?

Un peu de passion devait conduire la plume de l'illustre poëte, lorsque, dans son appréciation d'un ouvrage où l'éloge est toujours si franc, et la critique toujours si modérée, il disait à Condorcet : « Vous avez montré le dedans de « la tête de Sérapis, et on y a vu des rats et des « toiles d'araignées. »

Dans l'édition que Condorcet a donnée de Pascal, on lit cette pensée si souvent reproduite :

« Parlons selon les lumières naturelles. S'il y
« a un Dieu, il est infiniment incompréhensible,
« puisque n'ayant ni principes, ni bornes, il
« n'a nul rapport à nous ; nous sommes donc
« incapables de connaître ni ce qu'il est, *ni s'il*
« *est.* »

Le membre de phrase, *ni s'il est,* ne se trouvait pas dans les plus anciennes éditions des
œuvres de l'illustre penseur. Condorcet semblait
donc s'être permis une inexcusable interpola-
tion, une blâmable addition au texte de l'auteur.
Cette grave conjecture acquit un poids immense,
lorsqu'en 1803, M. Renouard, célèbre biblio-
graphe, déclara (ce sont ses propres expressions) qu'une *recherche obstinée* dans les manuscrits de Pascal, conservés à la Bibliothèque
royale, ne lui avait point fait découvrir les trois
mots contestés.

L'autorité de M. Renouard en pareille matière devait au moins laisser en suspens ceux-là
même qui n'avaient jamais douté de la parfaite
droiture de Condorcet ; mais est-il permis aujourd'hui d'invoquer le témoignage du célèbre

libraire? Ne sait-on pas qu'en 1812 , M. Renouard , rendant compte de ses recherches,
reconnaissait loyalement que la page 4 du
manuscrit presque indéchiffrable de la Bibliothèque, contient la pensée de Pascal telle que
Condorcet l'a imprimée? Pour couper court à
toute supposition gratuite sur des surcharges
du précieux manuscrit , exécutées par la *secte
philosophique,* j'ajouterai que les mots contestés
se trouvaient déjà dans une édition des *Pensées*, antérieure à celle de Condorcet, et publiée
par le père Desmolets.

Je ne laisserai pas échapper l'occasion de justifier Condorcet d'une imputation de même nature, également choquante par sa violence et sa
légèreté.

Lisez l'article *Vauvenargues*, dans l'ouvrage de la Harpe intitulé *Philosophie du
XVIIIe siècle.* L'irascible critique vous rappellera d'abord l'éloquente *prière* qui termine
le livre du moraliste provençal ; aussitôt après,
il accusera Condorcet d'avoir affirmé, dans des
vues antireligieuses, que la prière n'était pas de
Vauvenargues. C'est dans le *Commentaire sur
les œuvres de Voltaire* que devait se trouver (les

termes sont de la Harpe), que devait se trouver le *mensonge philosophique.*

Jamais, assurément, reproche de cette gravité n'a été articulé en termes moins mesurés et moins équivoques. Quelle sera maintenant ma réponse? La dénégation la plus formelle : Condorcet n'a jamais prétendu que la prière ne fût pas de Vauvenargues : il dit positivement, il dit très-catégoriquement le contraire. Serait-il vrai par hasard qu'il existât un *mensonge antiphilosophique ?*

En terminant un de ses meilleurs éloges, celui de Franklin, notre confrère frappait d'un blâme très-sévère les personnages qui règlent leur conduite sur cette maxime ancienne, et d'une morale si relâchée, *La fin légitime les moyens.* Il repoussait avec indignation tout succès obtenu par le mensonge ou la perfidie. Les actions de Condorcet n'ont point démenti ces nobles préceptes; sa vie a été un long combat, mais il n'a jamais eu recours à des armes déloyales.

Jadis toute nomination à l'Académie française était un événement, particulièrement quand des hommes de cour se mettaient sur les rangs. Condorcet prit part plus d'une fois à ces luttes, mais sans jamais mettre rien en balance avec de vrais titres littéraires.

Saint-Lambert le prie d'écrire à Turgot que l'Académie française serait heureuse de lui donner une marque de sa vénération en le nommant à la place du duc de Saint-Aignan. Condorcet désirait fort que son ami acceptât, mais *à la condition*, bien nettement exprimée, qu'aucun littérateur de profession ne serait agréé par la cour, qui alors était toujours consultée d'avance. Chez notre confrère, l'amour éclairé des lettres primait ainsi l'attachement le plus vrai, le respect le plus profond, une reconnaissance sans bornes.

Ces nobles conseils, il faut le dire, s'adressaient à un homme digne de les apprécier. Turgot fit même plus que son ami ne désirait. Voici sa réponse :

« Remerciez pour moi M. de Saint-Lambert.
« Ce n'est pas dans ce moment qu'il convien-
« drait de fixer les yeux du public sur moi pour
« tout autre objet que les affaires de mon minis-
« tère. Je crois qu'il faut tâcher de faire nommer

« la Harpe. Si on ne peut pas y réussir, pour
« quoi l'Académie ne prendrait-elle pas l'abbé,
« Barthélemy? Je trouve que M. Chabanon est
« traité trop sévèrement. Il n'est point, quoi
« qu'on en dise, sans talent. On n'a pas toujours été aussi sévère. »

Peut-être de notre temps les choses se passent
aussi noblement. Même dans cette supposition
je n'aurais pas à regretter mes citations, car elles
prouveraient que nos pères valaient autant que
nous.

Condorcet se mit sur les rangs, en 1782, pour
remplacer Saurin à l'Académie française ; il ne
l'emporta sur Bailly, son concurrent, que d'une
seule voix.

« C'est une des plus grandes batailles que
« d'Alembert ait gagnées contre Buffon, » mandait Grimm à son correspondant d'outre-Rhin.
Je lis ailleurs que, ce jour-là, on fit assaut de finesse à l'Académie comme dans un conclave.
La Harpe ne donnait pas une moindre idée du
zèle dévorant qu'on avait montré de part et
d'autre, quand il rapportait qu'à l'issue du scrutin, d'Alembert s'était écrié en pleine Acadé-

mie : *Je suis plus content d'avoir gagné cette victoire que je ne le serais d'avoir trouvé la quadrature du cercle.*

La défaveur que cette nomination fit rejaillir
sur Condorcet (l'expression non déguisée de
cette défaveur se lit dans la plupart des écrits
de l'époque), m'a paru vraiment inexplicable.
Les titres littéraires de Bailly avaient-ils donc une
supériorité tellement évidente, qu'on ne pût
consciencieusement leur préférer ceux du secrétaire de l'Académie des sciences? Des rêveries
relatives à un ancien peuple qui nous aurait tout
appris, disait malicieusement d'Alembert, excepté son nom et celui du lieu qu'il habitait,
primaient-elles de haute lutte des appréciations
savantes, ingénieuses, souvent élégantes, des
œuvres de nos contemporains?

En tout cas, s'il était vrai que Condorcet se
fût trompé sur ses droits au fauteuil académique, il aurait cédé à une illusion bien naturelle.
Dans la *Correspondance inédite* de Voltaire, que
j'ai si souvent citée, je lis à la date de 1771 :
« Il faut que vous nous fassiez l'honneur d'être
« de l'Académie française. Nous avons besoin
« d'hommes qui pensent comme vous. »

Regarde-t-on cette invitation comme une politesse sans conséquence ? Je franchis un intervalle de cinq années, et le 26 février 1776, je trouve dans une autre lettre de l'illustre poëte :

« Soyez de notre Académie. Votre nom et vo-
« tre éloquence imposeront du moins à la secte
« des sicaires qui s'établit dans Paris. »

Le même désir se reproduit, avec quelques variantes, dans plusieurs lettres du mois de mars. Celle du 16 contient ce passage :

« Je vous répète que si vous ne me faites pas
« l'honneur d'être des nôtres cette fois-ci, je
« m'en vais passer le reste de ma jeunesse à
« l'Académie de Berlin ou à celle de Péters-
« bourg. »

Le vieillard devenait ensuite plus pressant :
« Je veux que vous me promettiez, écrivait-il
« le 9 avril 1776, pour ma consolation, de dai-
« gner prendre ma place à l'Académie des pa-
« roles, quoique vous soyez le soutien de l'Aca-
« démie des choses, et d'être reçu par M. d'A-
« lembert. J'irai me présenter là-haut, là-bas,
« ou nulle part avec plus de confiance. »

Voltaire doute de tout, excepté du mérite, de

l'attachement et de la reconnaissance de notre confrère.

Nous sommes au commencement de 1776. A la fin de l'année suivante, le 24 novembre 1777, l'auteur de *Mérope* écrivait encore à notre ancien secrétaire :

« Je serai tendrement attaché, tant que je  « respirerai, à celui qui fait la gloire de l'Aca- « démie des sciences, et je souhaite qu'il daigne « un jour faire la nôtre. »

Lorsque l'histoire littéraire fait tristement mention de tant de candidats qui n'arrivèrent à l'Académie qu'après avoir été longtemps solliciteurs, il devait m'être permis de montrer un homme de lettres devenant académicien après avoir été longtemps sollicité.

Condorcet exécuteur testamentaire de d'Alembert. Son mariage avec mademoiselle de Grouchy.

Le cours ordinaire, le cours régulier des choses de ce monde, jette des jours de deuil, de larmes, de profonde douleur, même au milieu de la vie la moins troublée. Condorcet l'éprouva en 1783. Cette année, le 29 octobre, la mort lui ravit le géomètre illustre qui, dans toutes les circonstances, fut son guide, son appui, son père d'adoption.

Le grand homme qui venait de succomber dans la plénitude de son génie mathématique, avait pris pour règle de conduite cette maxime que beaucoup trouveront sans doute bien puritaine : « L'usage de son superflu n'est pas légi-« time, lorsque d'autres hommes sont privés du « nécessaire. »

D'Alembert mourut donc sans aucune fortune. Dans ses derniers jours, il ne fut pas seulement en proie à de cruelles douleurs physiques, conséquences d'une horrible maladie (de la pierre); peut-être ressentait-il plus vivement encore l'impossibilité où sa générosité constante l'avait réduit, de reconnaître convenablement les soins de deux vieux serviteurs. Un souvenir de l'antiquité traverse tout à coup l'esprit du célèbre académicien et y porte la sérénité : Eudamidas légua jadis à deux de ses amis le soin de nourrir sa mère, de marier sa fille; une disposition testamentaire léguera à Condorcet la mission de pourvoir annuellement aux besoins de deux malheureux domestiques. La mission dura long-temps : Condorcet l'avait mise au nombre de ses premiers devoirs ; il la remplit toujours avec un scrupule religieux. Le général et Madame O'Connor ont suivi son exemple.

Vous le savez, c'est à l'école philosophique du XVIIIe siècle que nous devons l'expression si heureuse de *bienfaisance*. Peut-être consen-tira-t-on maintenant à reconnaître qu'en en-richissant la langue, cette école n'entendait pas créer seulement un vain mot (1).

Les devoirs de secrétaire perpétuel de l'Aca-démie des sciences ; l'obligation d'entretenir une correspondance active avec les hommes ins-truits de tous les pays civilisés ; un penchant irrésistible à prendre part aux débats dont l'or-ganisation politique et sociale du pays était cha-

---

(1) Au moment de mettre sous presse, un ami m'assure que le mot *bienfaisance* se trouve déjà dans Balzac. Je n'ai pas le temps de vérifier le fait. En tout cas, je dirai avec d'Alembert : « L'abbé de Saint-Pierre est bien le véri-« table créateur du mot *bienfaisance*, puisque ce mot était « resté enseveli chez ses prédécesseurs, et que lui l'a res-« suscité et naturalisé. »

que jour l'objet, décidèrent Condorcet, de très-
bonne heure, à renoncer au grand monde. Le
sacrifice ne dut pas lui coûter beaucoup, car
dans l'éloge de Courtanvaux il avait défini ce
tourbillon : *la dissipation sans plaisir, la vanité sans motif, et l'oisiveté sans repos.* En
dehors de ses relations scientifiques, notre confrère ne fréquentait qu'un très-petit nombre de
sociétés choisies, où, en contact avec les hommes
éminents de l'époque, les jeunes gens appre-
naient à discuter les questions les plus ardues,
avec mesure, avec délicatesse, avec modestie.
C'est dans une de ces réunions de famille que
Condorcet rencontra, pour la première fois, en
1786, mademoiselle Sophie de Grouchy, nièce
par sa mère de MM. Fréteau et Dupaty, présidents au Parlement. Comme tout le monde, notre confrère admira d'abord la rare beauté,
les manières distinguées, l'esprit brillant et
cultivé de cette jeune personne. Bientôt après,
il découvrit que ces agréments s'alliaient au caractère le plus élevé, au cœur le plus droit, à
une âme forte, à des sentiments inépuisables
de charité. Condorcet devint alors vivement
épris de mademoiselle de Grouchy et la de-

manda en mariage. Notre confrère avait 43 ans, et des revenus assez médiocres ; mais telle était la vivacité de sa passion, qu'il ne stipula rien par écrit avec ses futurs parents sur la dot de sa femme ; qu'il n'y eut qu'un contrat verbal.

Nous voilà bien loin du caractère calculateur, glacial qu'on a prêté à Condorcet. Eh ! c'est que ce caractère supposé, dont j'aurai l'occasion de parler plus d'une fois, avait été modelé sur celui de divers académiciens pour qui notre confrère professait une amitié, une admiration sans limites, et avec lesquels on supposa à tort qu'il sympathisait de toute manière, et sur tous les sujets.

Dans ce temps-là, sauf de rares exceptions, les savants, les mathématiciens, surtout, étaient regardés dans le monde comme des êtres d'une nature à part. On aurait voulu leur interdire le concert, le bal, le spectacle, comme à des ecclésiastiques. Un géomètre qui se mariait semblait enfreindre un principe de droit. Le célibat paraissait la condition obligée de quiconque s'adonnait aux sublimes théories de l'analyse. Le tort était-il tout entier du côté du public?

Les géomètres ne l'avaient-ils pas eux-mêmes excité à voir la question sous ce jour-là? Écoutez et jugez :

D'Alembert reçoit indirectement de Berlin la nouvelle que Lagrange vient de donner son nom à une de ses jeunes parentes. Il est quelque peu étonné qu'un ami, avec lequel il entretient une correspondance suivie, ne lui en ait rien dit. Cela même ne le détourne pas d'en parler avec moquerie : « J'apprends, lui écrit-il « le 21 septembre 1767, j'apprends que vous « avez fait ce qu'entre nous philosophes nous « appelons le *saut périlleux*..... Un grand ma- « thématicien doit, avant toutes choses, savoir « calculer son bonheur. Je ne doute donc pas « qu'après avoir fait ce calcul, vous n'ayez « trouvé pour solution le *mariage*.»

Lagrange répond de cette étrange manière : « Je ne sais si j'ai bien ou mal calculé, ou, plu- « tôt, je crois n'avoir pas calculé du tout; car « j'aurais peut-être fait comme Leibnitz qui, à « force de réfléchir, ne put jamais se détermi- « ner. Je vous avouerai que je n'ai jamais eu du « goût pour le mariage,..... mais les circons- « tances m'ont décidé..... à engager une de

« mes parentes . . . . à venir prendre soin de
« moi et de tout ce qui me regarde. Si je ne
« vous en ai pas fait part, c'est qu'il m'a paru
« que la chose était si indifférente d'elle-même,
« qu'elle ne valait pas la peine de vous en en-
« tretenir. »

Le mariage de Condorcet m'aurait paru, aussi,
une chose parfaitement indifférente et ne point
mériter de mention dans cette biographie, si,
comme le voulait d'Alembert, il avait été le résultat d'un calcul; j'ai dû, au contraire, faire
remarquer que, sans calcul d'aucune sorte, en
obéissant aux inspirations d'un cœur sensible,
Condorcet eut le bonheur de trouver une compagne digne de lui.

La beauté, les grâces, l'esprit de madame de
Condorcet produisirent une sorte de miracle.
Les adversaires les plus décidés du mariage des
savants, entre autres, la mère du duc de la Rochefoucauld, la respectable duchesse d'Enville,
allèrent en effet jusqu'à dire à notre ancien secrétaire : *Nous vous pardonnons!*

Condorcet homme politique : membre de la mu-
nicipalité de Paris; commissaire de la tréso-

rerie nationale; membre de l'Assemblée légis-
lative ; membre de la Convention ; son vote
dans le procès de Louis XVI.

Nous allons maintenant entrer dans une série
de considérations et d'événements d'une tout
autre nature. Condorcet va jouer un rôle dans
les événements les plus graves de notre révolution.

S'il est vrai, comme le disait un diplomate
célèbre, que la parole serve souvent à déguiser sa pensée, on peut ajouter qu'en certaines
circonstances le silence est un moyen fort
peu équivoque de la faire deviner. Supposons,
par exemple, que je me taise aujourd'hui sur
la vie politique de Condorcet ; qui ne croira
qu'elle s'est exclusivement composée d'actes
blâmables? Dieu me préserve de donner lieu
volontairement à une conjecture si contraire à
la vérité. Je ne puis consentir à devenir taci-
tement l'auxiliaire des pamphlétaires nombreux
qui se ruèrent jadis avec une sorte de fureur
contre l'ancien secrétaire de l'Académie. Chacun, dans sa propre cause, est assurément le
maître de répondre par le mépris à de mé-

prisables adversaires ; mais le mépris *implicite* ne suffit pas à celui dont la mission est de défendre un citoyen honorable, un confrère illustre, victime des plus basses calomnies.

Dans la société de Turgot, notre confrère était devenu un homme de progrès, non-seulement en économie sociale, mais aussi en politique. Placé très-près du pouvoir pendant dix-huit mois, il vit, jusque dans les détails les plus secrets, le jeu des rouages vermoulus de l'ancienne monarchie. Condorcet apprécia leur insuffisance, et quoique des changements dussent lui être personnellement préjudiciables, il ne laissa jamais échapper l'occasion d'en proclamer la nécessité. Je ne sais si ce noble désintéressement est aujourd'hui commun ; il ne l'était pas, du moins, au temps dont je parle : témoin le fermier général jouissant à ce titre de deux à trois cent mille livres de rente , lequel, s'adressant à Condorcet, lui disait naïvement : *Pourquoi donc innover, Monsieur? Est-ce que nous ne sommes pas bien?*

Non, assurément, les honnêtes gens n'étaient pas bien dans un temps où Turgot, ministre,

G.

mandait à notre confrère : « Vous avez grand
« tort de m'écrire par la poste ; vous nuirez ainsi
« à vous et à vos amis. Ne m'écrivez donc rien,
« je vous en prie, que par des occasions ou par
« mes courriers. »

Le cabinet noir décachetant les lettres adressées à un ministre ! En faut-il davantage pour
caractériser une époque ?

Pour connaître les améliorations dont la
France était avide, Condorcet n'eut pas besoin,
en 1789, de consulter les instructions que les
membres de l'Assemblée constituante appor-
taient de tous les points du royaume. Son programme, parfaitement conforme d'ailleurs aux
cahiers les mieux conçus des assemblées provinciales, était rédigé d'avance ; il en avait
trouvé les éléments dans une étude philosophique et approfondie des droits naturels dont
une société bien organisée ne doit pas, ne peut
pas priver le plus humble citoyen. Les idées, les
vœux, les espérances de notre confrère formaient le couronnement de la *Vie de Turgot*,
publiée en 1786. Aujourd'hui même que la plupart des institutions réclamées par Condorcet,
au nom de la raison et de l'humanité, ont été

définitivement conquises, les publicistes pourront encore beaucoup apprendre en lisant le travail de notre confrère. Ils y verront avec étonnement peut-être, mais aussi avec une entière évidence, que le principe vague du *plus grand bien de la société* a souvent été une source féconde de mauvaises lois, tandis qu'on arriverait, sur toute question, à des règlements, à des prescriptions dont la raison publique proclamerait hautement la nécessité et la justice, en visant sans relâche au maintien de la jouissance des droits naturels.

Je ne sais si, dans la disposition actuelle des esprits, mon appréciation de l'œuvre de l'illustre philosophe aurait l'assentiment général; j'ose affirmer, du moins, que tout homme loyal n'éprouverait qu'un sentiment de respect, en voyant avec quelle vigueur, dès l'année 1786, le marquis Caritat de Condorcet attaquait les priviléges nobiliaires.

Condorcet, après de fortes études, avait écrit, sous la dictée de sa conscience, le mandat impératif qu'il s'imposerait si jamais les circonstances lui donnaient quelque pouvoir politique. J'aperçois, dans ce programme, divers points sur lesquels notre confrère ne croyait pouvoir admettre aucune transaction, et qui cependant n'ont été résolus conformément à ses vues, ni en fait par la plupart de nos assemblées, ni théoriquement par la majorité des publicistes.

Condorcet ne voulait pas deux chambres. Ce qu'il demandait surtout, ce qui lui semblait devoir être la base d'une organisation sociale bien entendue, c'était un moyen légal et périodique de reviser la constitution, d'en modifier pacifiquement les parties défectueuses.

La combinaison de deux chambres paraissait à notre confrère une complication inutile, et qui, dans certains cas, devait conduire à des décisions évidemment contraires au vœu de la majorité. Il croyait avoir prouvé qu'on peut trouver, « dans *la forme des délibérations* d'une « seule assemblée, tout ce qui est nécessaire pour « donner à ses décisions la lenteur, la maturité « qui répondraient de leur vérité, de leur sa- « gesse. » Franklin, partisan décidé d'une seule chambre, fortifia Condorcet dans ses idées. L'éloge de ce grand homme fournit plus tard à notre confrère une occasion naturelle, dont il se

saisit avec empressement, de les développer devant l'Académie.

Déjà aussi, dans ce même éloge, le savant secrétaire signalait, comme une source inévitable
de désordres et de maux, toute constitution prétendue éternelle, toute constitution qui n'aurait rien prévu sur les moyens de changer celles
de ses dispositions qui cesseraient d'être en harmonie avec l'état de la société.

Chez Condorcet, simple citoyen ou membre
de nos assemblées, l'homme politique s'est réellement concentré dans ces deux idées : il est des
droits naturels, des droits imprescriptibles,
qu'aucune loi ne peut enfreindre sans injustice ;
les constitutions politiques doivent renfermer
en elles-mêmes un moyen légal d'en réformer
les abus. C'était là son évangile. Partout où ses
principes favoris sont combattus ou simplement
mis en question, il accourt. Son langage alors
se colore, s'anime, se passionne ; lisez, par exemple, ce passage d'une lettre que Condorcet écrivit le 30 août 1789, au moment où l'Assemblée
constituante venait de repousser la proposition
faite par Mathieu de Montmorency, d'aviser, à
l'aide d'une disposition expresse, aux perfec-

tionnements futurs du pacte fondamental :

« Si nos législateurs prétendent travailler
« pour l'éternité, il faut faire descendre la cons-
« titution du ciel, auquel on a seul accordé jus-
« qu'ici le droit de donner des lois immuables ;
« or, nous avons perdu cet art des anciens lé-
« gislateurs d'opérer des prodiges et de faire
« parler des oracles. La Pythie de Delphes et les
« tonnerres du Sinaï sont depuis longtemps
« réduits au silence. Les législateurs d'aujour-
« d'hui ne sont que des hommes qui ne peuvent
« donner à des hommes, leurs égaux, que des
« lois passagères comme eux. »

Les premières fonctions que Condorcet ait remplies dans l'ordre politique sont celles de membre de la municipalité de Paris. A ce titre, il fut le rédacteur de l'adresse célèbre que la ville présenta à l'Assemblée constituante pour demander la réforme d'une loi très-importante, de la loi qu'on venait de voter, et qui faisait dépendre le droit de cité et les autres droits politiques de la quotité des contributions. Les réclamations de Condorcet et de ses collègues ne restèrent pas sans effet.

Condorcet exerçait encore ses fonctions municipales lorsqu'il demanda, mais cette fois en son nom personnel, que le roi fût toujours tenu de prendre ses ministres dans une liste d'éligibles dont la formation eût figuré parmi les principales prérogatives de l'Assemblée représentative. Une pareille méthode empêcherait-elle de mauvais choix? En vérité, je n'oserais pas l'affirmer. Je suis plus certain que la liste de candidats serait très-difficile à faire, et qu'elle donnerait lieu à de laborieux scrutins.

Condorcet était beaucoup plus dans le monde réel quand il signalait les dangers attachés à la création des assignats, quand il indiquait des moyens à peu près infaillibles de parer à tous les inconvénients de ce papier-monnaie.

La fuite du roi et les circonstances de son retour jetèrent le découragement dans l'esprit des partisans les plus décidés du système monarchique. Les la Rochefoucauld, les Dupont de Nemours, etc., tinrent même des réunions où les moyens d'établir la république sans de trop violentes secousses, étaient très-sérieusement discutés. Ce projet fut ensuite complétement abandonné. Condorcet, membre actif de ces débats extra-parlementaires, ne se crùt pas lié par les décisions de la majorité à garder le secret sur les opinions qu'il avait émises. Il laissa lire ses discours au *Cercle social.* Cette assemblée les fit imprimer. De ce moment date la malheureuse rupture qui, brusquement et sans retour, sépara notre confrère de ses meilleurs, de ses plus anciens amis, et en particulier du duc de la Rochefoucauld.

Quand les questions que l'arrestation de Varennes devait inévitablement soulever arrivèrent à la tribune nationale, Condorcet, quoiqu'il ne fût pas membre de l'Assemblée, y devint l'objet d'attaques, d'injures personnelles les plus violentes. L'illustre publiciste admettait sans difficulté que ses opinions pussent être entachées d'erreur ; mais en interrogeant la vie de ceux qui lui faisaient une guerre si acharnée, leurs superbes dédains excitaient sa surprise. « Il se « demandait (je copie ici un passage manuscrit) « s'il était excessivement ridicule qu'un géomè- « tre de quarante-huit ans, qui depuis près d'un « tiers de siècle cultivait les sciences politiques ; « qui le premier, peut-être, avait appliqué le « calcul à ces sciences, se fût permis d'avoir une

« opinion personnelle sur les questions débat-
« tues à l'Assemblée constituante. »

Les mœurs parlementaires ne s'étaient pas
encore développées. Condorcet ne pouvait deviner qu'un jour viendrait où, pour être admis
à discourir sur toute chose, il faudrait impérieusement n'avoir fait ses preuves en aucun
genre.

En 1791, après avoir quitté la municipalité
de Paris, Condorcet devint un des six commissaires de la trésorerie nationale.

Les mémoires qu'il publia à cette époque
occuperaient une grande place dans l'éloge d'un
auteur moins fécond et moins célèbre. Pressé
par le temps et par les matières, je ne puis pas
même en faire connaître les titres.

Condorcet ayant renoncé, vers les derniers
mois de 1791, à la place de commissaire de la
trésorerie, se porta à Paris comme candidat
pour l'Assemblée législative. Jamais candidature
ne fut plus vivement combattue ; jamais la
presse salariée n'enfanta plus de libelles. Il était
de mon devoir de rechercher ces productions

de l'esprit de parti et de les apprécier ; mais je
ferais injure à l'auditoire qui m'écoute si j'en-
treprenais d'en donner ici l'analyse. Je l'avouerai, toutefois, au milieu d'un torrent d'accusations calomnieuses et absurdes, j'avais aperçu
une assertion tellement nette, tellement catégo-
rique, qu'en l'absence d'une dénégation également formelle, que je ne trouvais nulle part,
le fait imputé à notre confrère m'inspirait un
véritable malaise. Grâce au respectable M. Cardot, longtemps secrétaire de Condorcet, tous
les nuages ont disparu. Condorcet, disait le
pamphlétaire, fréquentait nuitamment la cour,
et surtout *Monsieur*, à l'instant même où il les
attaquait par ses écrits ; voici les noms des personnes qui témoigneront de la réalité de ces
communications clandestines. « Oui ! oui ! s'est
écrié quand je l'ai consulté, le chef de notre
secrétariat ; oui, j'ai eu connaissance de cette
grave imputation ; mais je me souviens que,
toute vérification faite, il fut constaté que le
visiteur mystérieux était, non Condorcet, secrétaire perpétuel de l'Académie, mais le comte
d'Orsay, premier maréchal des logis dans la
maison de Monsieur, frère du roi. »

Vous le voyez, en temps de haines politiques, la réputation du plus honnête homme peut être compromise, même par une équivoque.

A peine nommé à l'Assemblée législative, Condorcet en devint un des secrétaires. Plus tard, il fut élevé à la présidence. De la timidité, une grande faiblesse de poumons, l'impossibilité de garder du sang-froid, de la présence d'esprit au milieu du bruit, des agitations, des mouvements tumultueux d'une nombreuse réunion, le tinrent éloigné de la tribune; il n'y monta que dans des circonstances fort rares : mais quand l'Assemblée voulait adresser au peuple français, aux armées, aux factions intérieures, aux nations étrangères, des paroles graves et nobles, c'était presque toujours Condorcet qui devenait son organe officiel.

Pendant sa carrière législative, Condorcet s'occupa de l'organisation de l'instruction publique avec une attention toute particulière. Le fruit de ses réflexions sur cet objet capital a été consigné dans cinq mémoires qui furent publiés par la *Bibliothèque de l'homme public*, et dans l'exposé des motifs du projet de loi présenté plus tard à l'Assemblée législative.

Condorcet s'est écarté entièrement des routes battues ; il a soumis à un examen approfondi jusqu'à ces institutions, à ces méthodes qui par l'universalité de leur adoption semblaient en dehors de tout débat ; il en a fait jaillir des lumières nouvelles, des points de vue séduisants, inattendus, dignes de l'attention du législateur ami éclairé de son pays. Quelle que soit l'opinion qu'on adopte sur le fond des choses, tout lecteur impartial sera forcé de rendre hommage à la sûreté de vues et à la largeur de conception dont Condorcet a fait preuve dans les diverses parties de son travail.

Ici vient se placer, par sa date, une motion de Condorcet dont je ne puis me dispenser de parler. Cette motion, je suis certain qu'on en a singulièrement exagéré la portée. De telles paroles, je ne les ai tracées qu'après y avoir mûrement réfléchi, car elles me mettent en opposition directe avec un des hommes les plus illustres de notre temps. Il faut une vive confiance dans la puissance de la vérité pour oser l'opposer toute nue à une erreur certainement involontaire, mais appuyée des prestiges de la plus haute éloquence.

L'histoire parlementaire n'offre peut-être rien de plus émouvant, de plus curieux, que l'analyse de la séance de l'Assemblée constituante du 19 juin 1790. Ce jour-là, pendant qu'Alexandre Lameth sollicitait la suppression de quatre figures enchaînées qui se voyaient alors, place des Victoires, aux pieds de la statue de Louis XIV, un obscur député du Rouergue, M. Lambel, s'écria de sa place : « C'est aujourd'hui le tombeau de la vanité ; je demande qu'il soit fait défense à toutes personnes de prendre les titres de duc, de marquis, de comte, de baron, etc. » Charles Lameth enchérit aussitôt sur la proposition de son collègue ; il veut que personne ne puisse à l'avenir s'appeler *noble*. Lafayette trouve les deux demandes tellement nécessaires, qu'il juge superflu de les appuyer par de longs développements. Alexis de Noailles vote comme les préopinants, mais il croit la suppression des livrées également urgente. M. de Saint-Fargeau désire qu'on ne porte plus d'autre nom que celui de sa famille, et signe incontinent sa motion : Michel-Louis le Pelletier. Enfin, Mathieu de Montmorency ne veut pas qu'on épargne une des marques les plus apparentes du système féodal, les armoiries; il en réclame l'abolition immédiate.

Ces propositions sont présentées, discutées, adoptées presque en aussi peu de temps que j'en ai mis à les rappeler.

En tout ceci, le nom de notre confrère n'a pas été prononcé, par la raison très-simple que Condorcet n'était pas membre de l'Assemblée constituante. Dans l'opinion, d'ailleurs très-problématique, où ce fût une faute de rompre ainsi brusquement toute liaison entre le passé et le présent, ce ne serait pas à notre ancien secrétaire qu'il faudrait l'imputer. On a même su depuis peu, par les mémoires de Lafayette, que, sur la question des armoiries, le savant philosophe n'adoptait pas le système de Montmorency. Il lui eût paru plus conforme aux vrais principes de la liberté, de permettre à chacun, ancien noble, roturier, artisan, prolétaire de prendre des armes à sa fantaisie, que de procéder par voie de suppression.

La loi sur l'abolition des titres nobiliaires

n'avait rien spécifié concernant les peines qui seraient attachées aux infractions. Une pareille loi, une loi dépourvue de sanction, n'est observée dans aucun pays et tombe bientôt en désuétude. Ce fut sans doute pour rappeler son existence que le jour anniversaire de la séance où l'Assemblée constituante la vota, que le 19 juin 1792, l'Assemblée législative fit brûler à Paris une immense quantité de brevets ou diplômes de ducs, de marquis, de vidames, etc. La flamme pétillait encore au pied de la statue de Louis XIV; le dernier aliment qu'on lui fournissait était peut-être le titre original des marquis Caritat de Condorcet, lorsqu'à la tribune nationale l'héritier de cette famille demanda qu'on étendît la même mesure à toute la France. La proposition fut adoptée *à l'unanimité.*

Cette proposition a été textuellement recueillie et insérée au *Moniteur* (1). Elle n'est évidemment relative qu'aux *titres* nobiliaires. Partisan décidé de l'unité dans le pouvoir législatif, Condorcet espérait dérouter ses adversaires, ceux qui méditaient alors la création de deux

––––––––––––––––

(1) Voir le discours de Condorcet du 19 juin 1792.

chambres, en faisant disparaître les parchemins qu'ils semblaient vouloir consulter pour composer le personnel de leur sénat. L'artifice était peut-être mesquin, puéril; toutefois, cela n'autorisait pas un écrivain illustre, l'honneur de notre littérature, à le présenter comme la cause immédiate de l'abandon de plusieurs travaux historiques, car ces travaux avaient entièrement cessé une année auparavant, en 1791. Cela autorisait encore moins un journal grave et d'une date récente, à nous dire que, nouvel Omar, Condorcet *fit brûler les immenses travaux des congrégations savantes*, car ces travaux ne furent point brûlés; car, le discours est là, notre confrère n'avait absolument parlé que de titres, que de diplômes nobiliaires; car, enfin, et cet argument moral est à mes yeux plus fort encore que des faits positifs et des dates, il n'a jamais pu exister une chambre française, produit du monopole ou du droit commun, avec des élections à un, à deux, à mille degrés, qui eût voulu sanctionner par un vote *unanime* la proposition barbare, anti-littéraire, anti-historique, anti-nationale, si légèrement attribuée à l'ancien secrétaire de l'Académie.

C'est vers cette époque, et non postérieurement à la condamnation de Louis XVI, comme
on l'a supposé par erreur, que, sur les ordres
formels de Catherine et de Frédéric Guillaume,
le nom de Condorcet fut effacé de la liste des
membres composant les Académies de Pétersbourg et de Berlin. Malgré toutes mes recherches, je n'ai pas pu découvrir si ces deux actes
de mécontentement affligèrent beaucoup notre
ancien secrétaire. Pas une ligne, pas un seul
mot de ses nombreux manuscrits, de ses ouvrages imprimés, n'a trait à cet événement.
Condorcet imagina, peut-être, que les confirmations impériales et royales ayant peu ajouté
à la valeur réelle des titres littéraires dont on
l'avait revêtu, il pouvait regarder le retrait de
ces confirmations comme un fait sans portée et
peu digne de son attention.

Condorcet avait vu naître, dans l'Assemblée
législative, les dissensions personnelles qui,
après s'être envenimées, devaient ensanglanter
la Convention et conduire le pays sur le bord
d'un abîme. Il ne voulut jamais prendre part à
tous ces combats, lorsqu'ils semblaient se don-

ner pour des noms propres. Si ses amis lui dé-
peignaient l'exaltation frénétique de quelques
députés de la Montagne : « Il vaudrait mieux,
« répondait-il, essayer de les modérer que de
« se brouiller avec eux. » Plusieurs fois il fit
retentir aux oreilles des factions ces paroles
pleines de sagesse : « Occupez-vous un peu
« moins de vous-mêmes, et un peu plus de la
« chose publique. »

En temps d'agitations révolutionnaires, celui
que les principes seuls passionnent, est bientôt
accusé de faiblesse par tous les partis. Tel fut
le sort de Condorcet. Voyez, d'une part, ce
passage de madame Rolland : « On peut dire
« de l'intelligence de Condorcet, en rapport
« avec sa personne, que c'est une liqueur fine
« imbibée dans du coton. » Voyez, de l'autre,
le corps électoral de Paris, alors complétement
jacobin, appelé à nommer ses représentants à
la Convention; il retire à Condorcet le mandat
dont il l'avait investi pour l'Assemblée législative.

Bientôt, dans cette même Convention où
cinq départements, à défaut de celui de la
Seine, appelèrent Condorcet, nous verrons si

on ne peut pas être à la fois de *coton* pour les
questions de personnes, et de bronze pour les
questions de principes.

Condorcet figura parmi les juges de
Louis XVI. Je sais que, par une sorte de convention tacite, il est d'usage de considérer
cette période de notre histoire comme un terrain brûlant sur lequel on ne saurait s'arrêter
sans imprudence. Je crois une pareille réserve
fâcheuse. Le mystère dans lequel on s'enveloppe
tend à faire penser qu'à l'éternelle honte du
caractère national, aucune vue patriotique, aucun acte de courage, aucune idée élevée, aucun sentiment de justice ne se firent jour pendant la longue durée du drame lugubre.

La portion nombreuse du public à qui le
Moniteur et les autres sources officielles sont
interdits, à cause de leur haut prix ou de leur
rareté, ne connaît déjà plus cette partie de nos
annales que par quelques phrases barbares,
dont plusieurs vont se répétant de génération
en génération, sans être pour cela moins contraires à la vérité. La pruderie, qui, en pareilles
circonstances, détournerait l'historien d'attri-

buer à chaque personnage sa part réelle de responsabilité, serait, suivant moi, inexcusable. Je vous dirai donc fidèlement, et sans réticence, ce que fut Condorcet dans le célèbre procès.

Le roi pouvait-il être jugé? Son inviolabilité n'était-elle pas absolue aux termes de la constitution? La liberté serait-elle possible dans un pays où la loi positive cesserait d'être la règle des jugements? Ne violerait-on pas un axiome éternel, fondé sur l'humanité et sur la raison, en poursuivant des actes qu'aucune loi *antérieure* à leur perpétration n'aurait qualifiés de délit ou de crime? Ne serait-il pas aussi d'une stricte justice que le mode de jugement eût été réglé avant l'époque du crime ou du délit? Devait-on espérer qu'un souverain déchu trouverait des juges impartiaux parmi ceux qu'il appelait naguère ses sujets? Si Louis XVI n'avait pas compté sur une inviolabilité absolue, pouvait-on assurer qu'il aurait accepté la couronne?

Voilà la série de questions, assurément bien naturelles, que Condorcet porta à la tribune de la Convention, et qu'il soumit à une discussion sévère avant le commencement du procès de Louis XVI. Ne devais-je pas les énumérer, ne fût-ce que pour montrer à quel point se trompent ceux à qui l'histoire de notre révolution étant seulement connue par une sorte de tradition orale, se représentent *tous* les conventionnels comme des tigres altérés de sang, ne prenant même aucun souci de couvrir leurs fureurs des simples apparences du droit ou de la légalité.

Condorcet reconnaissait que le roi était inviolable, que le pacte constitutionnel le couvrait sans réserve pour tous les actes du pouvoir qui lui était délégué.

Il ne croyait pas, en thèse générale, que la même garantie dût s'étendre à des délits personnels, s'ils étaient sans liaison nécessaire avec les fonctions royales. Les codes les plus parfaits, disait encore Condorcet, renferment des lacunes. Celui de Solon, par exemple, ne faisait aucune mention du parricide. Le monstre coupable d'un tel crime serait-il resté impuni? Non, sans doute : on lui eût appliqué la peine des meurtriers.

En admettant des condamnations par analogie, Condorcet voulait, du moins, que le tribunal, constitué en dehors du droit commun, reposât sur des dispositions favorables à l'inculpé : ainsi, le droit de récusation plus étendu; ainsi, la nécessité d'une plus grande majorité pour la condamnation, etc. Suivant lui, le jugement du roi devait être confié à un jury spécial, nommé dans la France entière, par les colléges électoraux.

Le droit de punir ne paraissait pas aussi incontestable à notre confrère que le droit de juger. L'idée d'une sentence, en quelque sorte morale, semblera peut-être bizarre. Condorcet y voyait l'occasion de montrer à l'Europe, par une discussion juridique et contradictoire, que le changement de la constitution française n'avait pas été l'effet du simple caprice de quelques individus.

Après avoir développé les opinions vraies, fausses ou controversables que vous venez d'entendre, Condorcet déclarait, avec non moins de sincérité, que, sous peine de violer les premiers principes de la jurisprudence, la Convention ne pouvait pas juger le roi. La justice politique était à ses yeux une véritable chimère. Une même assemblée à la fois législatrice, accusatrice et juge, s'offrait à ses yeux comme une monstruosité de l'exemple le plus dangereux. Dans tous les temps, ajoutait-il, et dans tous les pays, on a regardé comme légitimement récusable le juge qui, d'avance, avait manifesté son opinion sur l'innocence ou sur la culpabilité d'un accusé. En effet, on ne peut pas attendre une bonne justice des hommes qui, forcés de renoncer à une opinion énoncée publiquement, encourraient, au moins, le reproche de légèreté ; or, disait Condorcet, dans une déclaration solennelle adressée à la nation suisse, la Convention s'est déjà prononcée sur la culpabilité du roi. Condorcet demandait, au reste, que, dans le cas de la condamnation, on se réservât le droit d'atténuer la peine : « Pardonner au « roi, disait-il, peut devenir un acte de pru- « dence ; en conserver la possibilité sera un acte « de sagesse. »

C'est dans le même discours que je lis ces paroles, dont la beauté dut être rehaussée par les circonstances solennelles où se trouvait l'orateur :

« Je crois la peine de mort injuste..... la sup-  « pression de la peine de mort sera un des

« moyens les plus efficaces de perfectionner
« l'espèce humaine, en détruisant le penchant à
« la férocité qui l'a longtemps déshonorée... Des
« peines qui permettent la correction et le re-
« pentir, sont les seules qui puissent convenir
« à l'espèce humaine régénérée. »

La Convention, dédaignant tous les scrupules
que Condorcet avait soulevés, se constitua tribunal souverain pour le jugement de Louis XVI.
Notre confrère ne se récusa point !

Était-ce là, cependant, je me le demande, un
de ces cas où, dans les corps politiques, les
minorités doivent se courber aveuglément sous
le joug des majorités ? La plus criminelle des
usurpations est, sans contredit, celle du pouvoir
judiciaire ; elle blesse à la fois l'intelligence et le
cœur ; sur un pareil sujet, le témoignage de sa
propre conscience peut-il être mis en balance
avec le résultat matériel d'un scrutin ?

Ne portons pas, toutefois, notre sévérité à
l'extrême : songeons qu'en pleine mer, au milieu de la tourmente, le plus intrépide matelot
est quelquefois saisi de vertiges que le citadin
timide, assis sur le rivage, n'a jamais éprouvés.
Il eût été certainement plus *romain* de refuser

les fonctions de juge; il était plus *humain*, dans les idées de Condorcet, de les accepter.

Condorcet refusa de voter la peine de mort. — Toute autre peine lui semblait pouvoir être appliquée. Il se prononça pour l'appel au peuple.

Discussion sur la constitution de l'an 11. — Condorcet hors la loi; sa retraite chez madame Vernet; son Esquisse d'un tableau historique des progrès de l'esprit humain; fuite de Condorcet; sa mort.

De tous les écrits de Condorcet, aucun n'exerça sur sa destinée une plus fatale influence que le projet de constitution de l'an II.

Au milieu des efforts incomparables que faisait la Convention pour repousser les armées ennemies, pour étouffer la guerre civile, créer des ressources financières, remplir nos arsenaux, elle ne négligeait pas entièrement l'organisation politique du pays. Une commission, composée de neuf de ses membres, reçut le mandat de préparer une nouvelle constitution. Condorcet en faisait partie. Après plusieurs mois du travail le plus assidu et de discussions très-approfondies, cette commission présenta son projet les 15 et 16 février 1793.

Le nouveau plan de constitution ne renfermait pas moins de 13 titres, subdivisés en un grand nombre d'articles. Une introduction de 115 pages, rédigée par Condorcet, exposait en détail les motifs qui avaient décidé la commission. La Convention accorda au projet de notre ancien confrère la priorité sur tous ceux qui lui étaient arrivés par d'autres voies, et décida qu'elle passerait sans retard à la discussion publique. De violents débats excités chaque jour par des haines personnelles, les fureurs des partis, les difficultés inouïes des circonstances, les usurpations incessantes de la commune de Paris absorbaient presque tout le temps des séances. Condorcet, étranger à ce qui, de son point de vue, n'allait pas directement au triomphe, à la gloire, au bonheur de la France, gémissait de voir la constitution sans cesse ajournée. Dans son impatience, il demanda la fixation d'un délai à l'expiration duquel une nouvelle Convention serait convoquée. A Paris, la proposition passa presque inaperçue; les départements, au contraire, l'accueillirent avec faveur. Elle y porta, elle y fit naître des idées qui devinrent une puissance dont il eût été im-politique de ne pas tenir compte. Aussi, après les événements du 31 mai et du 2 juin, le parti conventionnel qui venait de triompher, jugea-t-il opportun de déférer sans retard au vœu de la population; de doter le pays de la constitution depuis si longtemps promise; mais il refusa de reprendre le plan de Condorcet. Cinq commissaires désignés par le comité de salut public, en tête desquels était Hérault de Séchelles, firent un plan nouveau. Le comité l'amenda et l'accepta en une seule séance. La Convention ne se montra guère moins expéditive. La constitution, présentée le 10 juin 1793, fut décrétée le 24. Les cris d'allégresse des habitants de Paris et le bruit du canon fêtèrent ce grand événement.

La constitution, aux termes du décret, devait être sanctionnée ou rejetée par les assemblées primaires, dans le court délai de trois jours à partir de celui de la notification.

C'est ici que se place un acte de Condorcet dont on n'appréciera la hardiesse qu'en reportant ses pensées sur la terrible période de nos annales qui suivit le 31 mai.

Sieyès, dans son intimité, appelait l'œuvre d'Hérault de Séchelles une mauvaise table de matières. Ce que Sieyès disait en secret, Condorcet osa l'écrire à ses commettants. Il fit plus : dans une lettre rendue publique, le savant célèbre proposa ouvertement au peuple de ne pas sanctionner la nouvelle constitution. Ses motifs étaient nombreux et nettement exprimés :

« L'intégrité de la représentation nationale,
« disait Condorcet, venait d'être détruite par
« l'arrestation de vingt-sept membres girondins.
« La discussion n'avait pas pu s'établir libre-
« ment. Une censure inquisitoriale, le pillage
« des imprimeries, la violation du secret des
« lettres, devaient être considérés comme ayant
« présenté des obstacles insurmontables à la
« manifestation du sentiment populaire. La
« nouvelle constitution, ajoutait Condorcet, ne
« parlant pas de l'indemnité des députés, donne
« à penser qu'on désire toujours composer la
« représentation nationale de riches, ou de
« ceux qui ont d'heureuses dispositions pour
« le devenir. Les élections trop morcelées sont
« une prime à l'intrigue et à la médiocrité. C'est
« calomnier le peuple que de le croire incapable

« de faire de bonnes élections immédiates.

« Composer le pouvoir exécutif de vingt-quatre

« personnes, c'est vouloir jeter toutes les affaires

« dans une incurable stagnation. Une constitu-

« tion qui ne donne pas de garanties à la liberté

« civile est radicalement défectueuse. Il y a dans

« quelques dispositions un premier pas vers le

« fédéralisme, vers la rupture de l'unité fran-

« çaise. Le plus grand défaut, cependant, c'est

« qu'on a rendu les moyens de réforme illu-

« soires. »

Une critique si vive, si détaillée, si juste, surtout, ne pouvait être bien accueillie des auteurs
du projet. Voici, cependant, ce qui les irrita
davantage, car l'amour-propre est toujours le
côté faible de notre espèce, même chez ceux
qui s'appellent des hommes d'État :

« Tout ce qui est bon dans le second projet, 
« disait Condorcet, est copié du premier. On
« n'a fait que pervertir et corrompre ce qu'on
« a voulu corriger. »

Chabot dénonça la lettre de Condorcet à la
Convention, dans la séance du 8 juillet 1793.
L'ex-capucin appelait la nouvelle constitution
d'Hérault de Séchelles une *œuvre sublime*. Sui-

vant lui (je rapporte les propos, quoique dans cette enceinte on ne doive pas les trouver polis); suivant Chabot, il fallait être *académicien* pour ne pas l'accueillir avec enthousiasme. La critiquer lui semblait une action *infâme*, que des *scélérats* pouvaient seuls se permettre. Après toutes ces aménités, Chabot ajoutait ingénument : « Condorcet prétend que sa constitution « est meilleure que la vôtre ; que les assemblées « primaires doivent l'accepter : je propose *donc* « qu'il soit mis en état d'arrestation et traduit « à la barre. »

L'assemblée décréta, sans autre information, que l'illustre député de l'Aisne serait arrêté, et qu'on apposerait les scellés sur ses papiers.

Condorcet, quoiqu'on le considérât généralement, mais à tort, comme girondin, ne figurait pas au nombre des vingt-deux députés dont le 31 mai amena l'arrestation. Le 3 octobre 1793, son nom se trouva cependant avec ceux de Brissot, de Vergniaud, de Gensonné, de Valazé, dans la liste des conventionnels traduits devant le tribunal révolutionnaire, accusés de conspiration contre l'*unité* de la république, et condamnés à mort.

Condorcet, contumace, fut mis hors la loi, et inscrit sur la liste des émigrés. On confisqua ses biens.

L'honneur s'était réfugié dans les camps ! C'est ainsi que des historiens prétendent caractériser les terribles années 1793 et 1794 de notre révolution. On ne parvient à apprécier en si peu de mots de grandes époques historiques qu'aux dépens de la vérité.

Oui, les armées de la république montrèrent un dévouement, une patience, un courage admirables ; oui, des soldats mal armés, mal vêtus, nu-pieds, étrangers aux plus simples évolutions militaires, sachant à peine se servir de leurs fusils, battirent à force de patriotisme les meilleures troupes de l'Europe et en poursuivirent les débris au delà de nos frontières ; oui, du sein de ce peuple auquel l'orgueil, la morgue nobiliaire, les préjugés de nos ancêtres faisaient une si mesquine part d'intelligence, surgirent, comme par enchantement, d'immortels capitaines ; oui, quand le salut ou l'honneur du pays l'exigea, le fils de l'humble gardien d'un chenil devint le chef illustre d'une de nos armées,

vainquit le maréchal Wurmser et pacifia la Ven-
dée ; oui , le fils d'un simple cabaretier, se pré-
cipitant comme une avalanche des hauteurs de
l'Albis, dispersa sous les murs de Zurich les
Russes de Korsakoff, à l'instant même où ils
croyaient marcher avec certitude à la conquête
de la France ; oui , le fils d'un terrassier et
quelques milliers de soldats donnèrent, à Hélio-
polis, de telles preuves d'habileté, de bravoure,
qu'il ne serait plus permis aujourd'hui de citer
la phalange macédonienne et les légions de César comme les plus vaillantes troupes qui aient
foulé le sol égyptien.

Conservons religieusement ces souvenirs. Nos
hommages, quelque vifs qu'ils puissent être,
pâliront à côté des hauts faits de ces immortelles armées républicaines qui sauvèrent la na-
tionalité française. Soyons justes, cependant,
et que notre enthousiasme pour d'étonnants
soldats ne nous empêche pas de payer un juste
tribut à tant de citoyens de l'ordre civil qui,
eux aussi, rendirent d'éminents, de périlleux,
d'honorables services à la patrie.

Pendant que les armées françaises combat-
taient courageusement aux frontières, n'était-ce

pas à l'intérieur qu'à travers d'incroyables difficultés, on créait, on improvisait, par des méthodes entièrement nouvelles, les armes, les
munitions indispensables ; n'était-ce pas à l'intérieur que se préparaient les plans de campagne ; que le télégraphe naissait à point nommé,
pour donner aux ordres venant de la capitale
un ensemble, une rapidité inespérés ; n'était-ce
pas de l'intérieur que partait jusqu'à ce projet,
réalisé à Fleurus, de faire servir les aérostats à
nos triomphes ; n'était-ce pas à l'intérieur, enfin,
que jaillissait la pensée de tant de brillantes
institutions, gloire du pays et base de notre
administration ; créations immortelles dont tous
les gouvernements se sont crus obligés de copier les noms, quand, faute d'éléments, il leur
a été impossible de reproduire les institutions
elles-mêmes?

Je déplore, je maudis autant que personne
au monde, les actes sanguinaires qui souillè-
rent les années 1793 et 1794 ; mais je ne saurais
me résoudre à n'envisager notre glorieuse révolution que sous ce douloureux aspect. Je
trouve, au contraire, beaucoup à admirer, même
au milieu des scènes les plus cruelles qui en ont

marqué les diverses phases. Citerait-on, par exemple, aucune nation ancienne ou moderne, chez laquelle des victimes des deux sexes et de tous les partis aient fait preuve, au pied de l'échafaud, d'autant de résignation, de force de caractère, de détachement de la vie qu'en ont montré nos malheureux compatriotes? Il ne faut pas non plus oublier l'empressement intrépide que mirent tant d'honorables citoyens à secourir, à sauver, à quêter même des proscrits. Cette dernière réflexion me ramène à Condorcet et à la femme admirable qui le cacha pendant plus de neuf mois.

On pouvait supposer que Condorcet n'avait pas exactement mesuré toute la gravité, toute la portée de l'écrit qu'il publia après l'adoption de la constitution de l'an II. Le doute, maintenant, ne serait plus permis. Ce qui s'était offert à l'esprit du député de l'Aisne comme un devoir, il l'accomplit en présence du plus imminent danger. J'en ai découvert une preuve irrécu sable : la publication de l'*Adresse aux citoyens français sur la nouvelle constitution* coïncida avec les démarches qui assurèrent une retraite à l'auteur.

Dans l'atmosphère politique, aussi bien que dans l'atmosphère terrestre, il y a des signes avant-coureurs des orages, que les personnes exercées saisissent du premier coup d'œil, malgré ce qu'ils offrent d'indécis.

Condorcet, son beau-frère Cabanis, leur ami commun Vic-d'Azir, ne pouvaient s'y tromper. Après sa manifestation publique au sujet de la constitution de l'an II, la mise en accusation de l'ancien secrétaire de l'Académie des sciences était inévitable; la foudre allait éclater sur sa tête; il fallait sans retard chercher un abri.

Deux jeunes amis de Cabanis et de Vic-d'Azir, qui, depuis, ont été l'un et l'autre des membres distingués de cette Académie, MM. Pinel et Boyer, songèrent au numéro 21 de la rue Servandoni, où ils avaient demeuré.

Cette maison, d'environ 2,500 francs de revenu, ordinairement occupée par des étudiants, appartenait à la veuve de Louis-François Vernet, sculpteur, et proche parent des grands peintres. Madame Vernet, comme son mari, était née en Provence. Elle avait le cœur chaud, l'imagination vive, le caractère franc et ouvert; sa bienfaisance touchait à l'exaltation. Ces qualités excluent les détours et les longues négociations. Madame, lui dirent MM. Boyer et Pinel, nous voudrions sauver un proscrit. — Est-il honnête homme, est-il vertueux? — Oui, madame. — En ce cas, qu'il vienne! — Nous allons vous confier son nom. — Vous me l'apprendrez plus tard; ne perdez pas une minute : pendant que nous discourons, votre ami peut être arrêté!

Le soir même, Condorcet confiait sans hésiter sa vie à une femme dont, peu d'heures auparavant, il ignorait l'existence.

Condorcet n'était pas le premier proscrit que recevait le n° 21; un autre l'y avait précédé. Madame Vernet ne consentit jamais, au sujet de cet inconnu, à satisfaire la bien légitime curiosité de la famille de notre confrère. Même en 1830, après un laps de temps de trente-sept années, ses réponses aux questions pressantes de madame O'Connor ne dépassaient pas de vagues généralités. Le proscrit, disait-elle, était grand ennemi de la révolution; il manquait de fermeté, s'effrayait des moindres bruits de la rue, et ne quitta sa retraite qu'après le 9 thermidor. L'excellente femme ajoutait, avec un sourire empreint de quelque tristesse : Depuis cette époque, je ne l'ai pas revu ; comment voulez-vous que je me rappelle son nom ?

A peine entré, au commencement de juillet 1793, dans sa cellule de la rue Servandoni, notre ancien confrère y éprouva des tortures morales cruelles. Ses revenus avaient été saisis ; il ne pouvait pas disposer d'une obole. Lui, personnellement, n'avait aucun besoin, car madame Vernet pourvoyait à tout ; car, pour cette femme incomparable, secourir un malheureux était si bien s'acquitter d'une dette, que la famille de l'illustre secrétaire, revenue à une grande aisance, échoua dans ses projets persévérants de lui faire accepter quelque cadeau.

Mais, se disait, dans sa préoccupation, le célèbre académicien : Où vivra celle qui a le malheur aujourd'hui de porter mon nom ? Toute femme noble, et, à plus forte raison, toute femme de proscrit, est exclue de la capitale. Laissez faire l'épouse dévouée : elle entrera chaque matin à Paris, à la suite des pourvoyeuses des halles. COMMENT vivra-t-elle ? se demandait encore notre confrère, dans son inquiète sollicitude. Il semble, en effet, impossible qu'une dame du grand monde, habituée à être servie et non à servir les autres, conquière à force de travail, de suffisantes ressources pour elle, sa jeune fille, sa sœur maladive et une vieille gouvernante. Ce qui paraissait impossible, ne tardera pas à se réaliser. Le besoin de se procurer l'image des traits de ses parents, de ses amis, n'est jamais plus vif qu'en temps de révolution. Madame de Condorcet passera ses journées à faire des portraits : tantôt dans les prisons (c'étaient les plus pressés); tantôt dans les silencieuses retraites que des âmes charitables procuraient à des condamnés; tantôt. enfin, dans les salons brillants ou dans les modestes habitations des citoyens de toutes les classes qui se croyaient menacés d'un danger prochain. L'habileté de madame Condorcet rendra beaucoup moins vexatoires, beaucoup moins périlleuses, les perquisitions souvent renouvelées que des détachements de l'armée révolutionnaire iront opérer dans sa demeure d'Auteuil. Sur la demande des soldats, elle reproduira leurs traits avec le crayon ou le pinceau; elle exercera sur eux la fascination du talent, et s'en fera presque des protecteurs. Dès que la peinture commencera à ne plus être lucrative, madame Condorcet, exempte de préjugés, n'hésitera pas à créer un magasin de lingerie dont les bénéfices seront exclusivement consacrés à d'anciens serviteurs. C'est là que, pour la première fois, depuis la révolution de 89, nous rencontrerons le nom du chef de notre secrétariat, de l'excellent M. Cardot. Plus tard, madame Condorcet sera l'habile traducteur de l'ouvrage d'Adam Smith sur les sentiments moraux, et publiera elle-même des lettres sur la sympathie, également dignes d'estime par la finesse des aperçus et par l'élégance du style.

Les premiers pas, les premiers succès de madame Condorcet dans la carrière d'abnégation personnelle, de sacrifices de tous les instants, de dévouement courageux dont je viens de tracer l'esquisse, devinrent un baume réparateur pour l'âme à demi anéantie du malheureux proscrit. Lui aussi, dès ce moment, se sentit capable d'un travail persévérant et sérieux. La force, la lucidité de son esprit ne furent pas moins entières, dans la cellule sur laquelle veillait l'humanité héroïque de madame Vernet, qu'elles ne l'étaient vingt années auparavant, au secrétariat de l'Académie des sciences.

Le premier écrit composé par Condorcet dans sa retraite de la rue Servandoni, n'a jamais été imprimé. J'en rapporterai les premières lignes : « Comme j'ignore, disait l'illustre « philosophe, si je survivrai à la crise actuelle, je « crois devoir à ma femme, à ma fille, à mes « amis, qui pourraient être victimes des ca- « lomnies répandues contre ma mémoire, un « exposé simple de mes principes et de ma « conduite pendant la révolution. »

Cabanis et Garat se trompaient, en affirmant dans l'avant-propos de l'Esquisse sur les progrès de l'esprit humain, que leur ami avait tracé seulement quelques lignes de cet exposé. Le manuscrit se compose de quarante et une pages très-serrées ; il embrasse la presque totalité de la carrière publique de Condorcet. Secrétaire de l'Académie des sciences morales et politiques, je transcrirais peut-être ici en totalité un écrit où la candeur, la bonne foi, la sincérité de notre confrère brillent du plus vif éclat. La spécialité de l'Académie des sciences m'interdit de pareils détails. Néanmoins, comme il est de devoir rigoureux, non-seulement pour toutes les académies, mais encore pour tous les citoyens, de purifier l'histoire nationale, notre patrimoine commun, des flétrissures calomnieuses que l'esprit de parti lui a trop souvent imprimées, je rapporterai le jugement de Condorcet sur les massacres de septembre :

« Les massacres du 2 septembre, dit-il, une
« des souillures de notre révolution, ont été
« l'ouvrage de la folie, de la férocité de quelques
« hommes, et non celui du peuple, qui, ne se
« croyant pas la force de les empêcher, en
« détourna les yeux. Le petit nombre de fac-
« tieux auxquels ces déplorables événements
« doivent être imputés eut l'art de paralyser la
« puissance publique, de tromper les citoyens
« et l'Assemblée nationale. On leur résista fai-
« blement et sans direction, parce que le véri-
« table état des choses ne fut pas connu. »

N'êtes-vous pas heureux de voir le peuple, le véritable peuple de Paris, déchargé de toute solidarité dans la plus odieuse boucherie, par un homme dont les lumières, le patriotisme et la haute position sont une triple garantie de véracité? Désormais, il ne sera plus permis de considérer comme l'expression d'une opinion individuelle, d'un sentiment isolé, cette apostrophe d'un ouvrier aux sbires de la commune, que j'ai recueillie dans les mémoires du temps :

« Vous prétendez massacrer des ennemis! Moi, je n'appelle jamais ainsi des hommes désarmés. Conduisez au Champ de Mars ceux de ces malheureux qui, dites-vous, se réjouissaient des défaites de la république; nous les combattrons en nombre égal, à armes égales, et leur mort n'aura rien alors qui puisse nous faire rougir. »

Condorcet supporta avec une grande résignation sa réclusion cellulaire, jusqu'au jour où il apprit la mort tragique des conventionnels girondins qui avaient été condamnés le même jour que lui. Cette sanglante catastrophe concentra toutes ses idées sur les dangers que courait madame Vernet. Il eut alors avec son héroïque gardienne, un entretien que, sous peine de sacrilége, je dois reproduire sans y changer un seul mot :

« Vos bontés, Madame, sont gravées dans mon
« cœur en traits ineffaçables. Plus j'admire votre
« courage, plus mon devoir d'honnête homme
« m'impose de ne point en abuser. *La loi est po-*
« *sitive : si on me découvrait dans votre de-*
« *meure, vous auriez la même triste fin que moi;*
« *je suis hors la loi, je ne puis plus rester.* »

« *La Convention*, Monsieur, *a le droit de*
« *mettre hors la loi : elle n'a pas le pouvoir de*
« *mettre hors de l'humanité;* VOUS RESTEREZ! »
Cette admirable réponse fut immédiatement
suivie, au n° 21 de la rue Servandoni, de l'organisation d'un système de surveillance, dans
lequel la plupart des habitants de la maison, et
particulièrement l'humble portière, avaient un
rôle. Madame Vernet savait imprégner de sa
vertu tous ceux qui l'entouraient. A partir de
ce jour, Condorcet ne faisait pas un mouvement
sans être observé.

Ici vient se placer un incident qui montrera
la haute intelligence de madame Vernet, sa
profonde connaissance du cœur humain.

Un jour, en montant l'escalier de la chambre
qu'il occupait, Condorcet fit la rencontre du
citoyen Marcos, député suppléant à la Con-

vention pour le département du Mont-Blanc. Marcos appartenait à la section des montagnards ; il logeait depuis quelques jours chez madame Vernet. Sous son déguisement, Condorcet n'avait pas été reconnu ; mais était-il possible de compter longtemps sur le même bonheur ? L'illustre proscrit fait part de ses inquiétudes à son hôte dévouée. Attendez, dit-elle aussitôt, je vais arranger cette affaire. Elle monte chez Marcos, et, sans aucun préambule, lui adresse ces paroles : « Citoyen, Condorcet demeure sous le même toit que vous ; si on l'arrête, ce sera vous qui l'aurez dénoncé ; s'il périt, ce sera vous qui aurez fait tomber sa tête. Vous êtes un honnête homme, je n'ai pas besoin de vous en dire davantage. » Cette noble confiance ne fut pas trahie. Marcos entra même, au péril de sa vie, en relations directes avec Condorcet. C'était lui qui le pourvoyait de romans dont notre confrère fesait une grande consommation.

Cependant, une distraction, un accident fortuit, pouvaient tout perdre. Madame Vernet comprit que ses efforts finiraient par être vains, si on n'occupait pas fortement la tête du prisonnier.

Par son intermédiaire, madame de Condorcet et les amis de son mari le supplièrent de se livrer à quelque grande composition. Condorcet se rendit à ces conseils, et commença son *Esquisse d'un tableau historique des progrès de l'esprit humain*.

Pendant que, sous l'égide tutélaire de madame Vernet, Condorcet enveloppait dans ses regards scrutateurs l'état passé et l'état futur des sociétés humaines, il réussit à détourner complétement ses pensées des convulsions terribles au milieu desquelles la France se débattait. Le *Tableau des progrès de l'esprit humain* n'offre pas, en effet, une seule ligne où l'acrimonie du proscrit ait pris la place de la raison froide du philosophe, et des nobles sentiments du promoteur de la civilisation. « Tout nous dit « que nous touchons à l'époque d'une des « grandes révolutions de l'espèce humaine..... « l'état actuel des lumières nous garantit qu'elle « sera heureuse. » Ainsi s'exprimait Condorcet, lorsque déjà il n'espérait plus échapper aux poursuites actives de ses implacables persécuteurs ; lorsque le glaive de mort n'aurait attendu,

pour frapper, que le temps de constater l'identité de la victime.

Ce fut au milieu de mars 1794 que Condorcet
écrivit les dernières lignes de son essai. Pousser
cet ouvrage plus loin, sans le secours d'aucun
livre, n'était pas au pouvoir d'une tête humaine.

Cet ouvrage ne vit le jour qu'en 1795, après
la mort de l'auteur. Le public le reçut avec
des applaudissements universels. Deux traductions, l'une anglaise, l'autre allemande, rendirent
l'*Esquisse* très-populaire chez nos voisins. La
Convention en acquit trois mille exemplaires, qui
furent répandus, par les soins du comité d'instruction publique, sur toute l'étendue du territoire de la République.

Dans le manuscrit autographe, l'ouvrage est
intitulé, non *Esquisse*, mais PROGRAMME *d'un
tableau historique des progrès de l'esprit humain*. Condorcet y indique son but en ces
termes :

« ..... Je me bornerai à choisir les traits géné-
« raux qui caractérisent les diverses phases par
« lesquelles l'espèce humaine a dû passer, qui
« attestent tantôt ses progrès, tantôt sa déca-
« dence, qui dévoilent les causes, qui en mon-

« trent les effets..... Ce n'est point la science de
« l'homme, prise en général, que j'ai entrepris
« de traiter : j'ai voulu montrer seulement com-
« ment, à force de temps et d'efforts, il avait
« pu enrichir son esprit de vérités nouvelles, per-
« fectionner son intelligence, étendre ses facul-
« tés, apprendre à les mieux employer, et pour
« son bien-être et pour la félicité commune. »

L'ouvrage de Condorcet est trop connu pour
que je puisse penser à en tracer l'analyse. Comment, d'ailleurs, analyser un *Programme?* Je
signalerai seulement aux esprits sans préjugés
le chapitre curieux où, saisissant du regard les
progrès futurs de l'esprit humain, l'auteur
arrive à reconnaître la nécessité, la justice (ce
sont ses expressions) d'établir une entière égalité
de droits civils et politiques entre les individus
des deux sexes, et proclame en outre la *perfectibilité indéfinie* de l'espèce humaine.

Cette idée philosophique fut combattue,
au commencement de ce siècle, avec une extrême
violence par les littérateurs à la mode. Suivant
eux, le système de la perfectibilité indéfinie ne
manquait pas seulement de vérité; il devait
avoir de désastreuses conséquences. Le *Journal*

des Débats le présentait « comme devant fa-
« voriser beaucoup les projets des factieux. »
Dans la critique acerbe qu'il en faisait dans le
Mercure, à l'occasion d'un ouvrage de madame
de Staël, Fontanes, caressant les passions de
Napoléon, allait jusqu'à soutenir que le *rêve*
de la perfectibilité menaçait les empires des
plus terribles fléaux. Enfin, on croyait amoin-
drir, suivant les idées du jour, les droits de ce
système philosophique à tout examen sérieux,
en présentant Voltaire comme son premier,
comme son véritable inventeur !

Sur ce dernier point la réponse était très-
facile. L'idée de perfectibilité indéfinie se
trouve, en effet, dans Bacon, dans Pascal, dans
Descartes. Nulle part, cependant, elle n'est exprimée en termes plus clairs que dans ce passage de Bossuet :

« Après six mille ans d'observations, l'esprit
« humain n'est pas épuisé ; il cherche, et il trouve
« encore, afin qu'il connaisse qu'il peut trouver
« jusqu'à l'infini, et que la seule paresse peut
« donner des bornes à ses connaissances et à ses
« inventions. »

Le mérite de Condorcet sur cet objet spécial

se borne donc à avoir étudié, à l'aide des données que lui fournissaient les sciences modernes
et par des rapprochements ingénieux, l'hypothèse d'une perfectibilité indéfinie, relativement
à la durée de la vie de l'homme et à ses facultés
intellectuelles. Mais c'est lui, je crois, qui, le premier, a étendu le système jusqu'à faire espérer
le perfectionnement indéfini des facultés morales. Ainsi, je lis, dans l'ouvrage, « qu'un jour
« viendra où nos intérêts et nos passions n'au-
« ront pas plus d'influence sur les jugements qui
« dirigent la volonté, que nous ne les voyons en
« avoir aujourd'hui sur nos opinions scientifi-
« ques. » Ici, sans me séparer entièrement de
l'auteur, j'ose affirmer qu'il vient de faire une
prédiction à bien long terme.

Le *Programme* que nous connaissons devait
être originairement suivi du *Tableau complet*
des progrès de l'esprit humain. Ce tableau,
composé principalement de faits, de documents
historiques et de dates, n'a pas été achevé. Les
éditeurs de 1804 en ont publié quelques fragments. D'autres existent dans les papiers de
M. et madame O'Connor. Espérons que la piété
filiale se hâtera d'en faire jouir le public. J'ose

assurer qu'ils confirmeront ce jugement que portait Daunou sur l'ensemble de l'Esquisse : « Je
« n'ai connu aucun érudit, ni parmi les natio-
« naux, ni parmi les étrangers, qui, privé de
« livres comme l'était Condorcet, qui, n'ayant
« d'autre guide que sa mémoire, eût été capable
« de composer un pareil ouvrage. »

Dès que l'état fébrile d'auteur eut cessé, notre confrère reporta de nouveau toutes ses pensées sur le danger que sa présence, rue Servandoni, faisait courir à madame Vernet. Il
résolut donc, j'emploie ici ses propres expressions, il résolut de quitter le réduit que le dévouement sans bornes de son ange tutélaire
avait transformé en *paradis*.

Condorcet s'abusait si peu sur la conséquence
probable du projet qu'il avait conçu ; les chances de salut, après son évasion, lui paraissaient
tellement faibles, qu'avant de se dérober aux
bienfaits de madame Vernet, il rédigea ses dernières dispositions.

Cet écrit, je l'ai tenu dans mes mains, et
j'y ai trouvé partout les vifs reflets d'un esprit
élevé, d'un cœur sensible et d'une belle âme.

J'oserai dire, en vérité, qu'il n'existe dans aucune langue rien de mieux pensé, de plus attendrissant, de plus suave dans la forme, que les passages du testament de notre confrère intitulés : *Avis d'un proscrit à sa fille.* Je regrette que le temps ne me permette pas d'en citer quelques fragments.

Ces lignes si limpides, si pleines de finesse et de naturel, furent écrites par Condorcet le jour même où il allait volontairement s'exposer à un immense danger. Le pressentiment d'une fin violente, presque inévitable, ne le troublait pas; sa main traçait ces terribles expressions : *Ma mort, ma mort prochaine!* avec une fermeté que les stoïciens de l'antiquité eussent enviée. La sensibilité dominait, au contraire, la force d'âme, quand l'illustre proscrit croyait entrevoir que madame de Condorcet pourrait aussi être entraînée dans la sanglante catastrophe qui le menaçait. Alors, il n'abordait plus les réalités de front; on dirait qu'il cherchait à voiler à ses propres yeux les horreurs de la situation par des artifices de style.

« Si ma fille était destinée *à tout perdre,* » voilà ce que l'époux insérera de plus explicite dans son dernier écrit. Cependant, comme si cet effort l'avait épuisé, il songe aussitôt à l'appui que son enfant de cinq ans, que sa chère Éliza, pourra trouver auprès de sa bienfaitrice; il prévoit, il règle tout; aucun détail ne lui semble indifférent. Éliza appellera madame Vernet sa seconde mère; elle apprendra, sous la direction de cette excellente amie, outre les ouvrages de femme, le dessin, la peinture, la gravure, et cela assez complétement pour gagner sa vie sans trop de peine et de dégoût. En cas de nécessité, Éliza trouverait de l'appui en Angleterre chez milord Stanhope et chez milord Dear; en Amérique, chez Bache, petit-fils de Franklin, et chez Jefferson. Elle devra donc se familiariser avec la langue anglaise; c'était, d'ailleurs, le vœu de sa mère, et cela dit tout. Quand le temps sera venu, madame Vernet fera lire à mademoiselle Condorcet les instructions de ses parents, sur le manuscrit (cette circonstance est particulièrement indiquée), *sur le manuscrit original.* On éloignera d'Éliza tout sentiment de vengeance; on lui apprendra à se défier de sa sensibilité filiale; c'est au nom de son père que ce sacrifice sera réclamé.

Le testament se termine par ces lignes : « Je
« ne dis rien de mes sentiments pour la géné-
« reuse amie (madame Vernet) à qui cet écrit
« est destiné; en interrogeant son cœur, en se
« mettant à ma place, elle les connaîtra tous. »

Voilà ce que Condorcet écrivait dans la ma-
tinée du 5 avril 1794. A dix heures, il quitta
sa cellule, en veste et en gros bonnet de laine,
son déguisement habituel, descendit dans une
petite pièce du rez-de-chaussée, et lia conversation avec un locataire (1) de madame Vernet qui
habitait aussi la maison. Notre confrère avait
vainement choisi un sujet dépourvu d'intérêt et
qui semblait devoir donner lieu à de très-longs
développements; vainement il mêlait à son discours force termes latins; madame Vernet restait là de pied ferme. Le proscrit désespérait
déjà de pouvoir se dérober à la surveillance

---

(1) Ce locataire, nommé Sarret, est auteur de plusieurs
ouvrages d'instruction élémentaire. Il avait épousé madame Vernet, mais le mariage était resté secret, la femme
n'ayant pas voulu renoncer à son premier nom.

dont il était l'objet, lorsque, par hasard ou par calcul, il se montra contrarié d'avoir oublié sa tabatière. Madame Vernet, toujours bonne, toujours empressée se leva et monta l'escalier pour aller la chercher. Condorcet saisit ce moment et s'élança dans la rue. Les cris déchirants de la portière avertirent aussitôt madame Vernet qu'elle venait de perdre le fruit de neuf mois d'un dévouement sans exemple. La pauvre femme tomba évanouie.

Tout entier au besoin d'éviter une poursuite qui aurait perdu sa bienfaitrice, Condorcet parcourut la rue Servandoni avec beaucoup de vitesse. En s'arrêtant pour prendre haleine au détour de la rue de Vaugirard, il vit à ses côtés M. Sarret, le cousin de madame Vernet. Le proscrit avait à peine eu le temps de laisser échapper quelques paroles où l'admiration se mêlait à la sensibilité, à la reconnaissance, que M. Sarret lui disait avec cette fermeté qui n'admet point de réplique : « Le costume que vous portez ne vous déguise pas suffisamment ; vous connaissez à peine votre chemin ; seul, vous ne réussiriez jamais à tromper l'active surveillance des argus que la Commune entretient à toutes les portes de Paris. Je suis donc décidé à ne vous point quitter. »

C'était à dix heures du matin, en plein soleil, dans une rue très-fréquentée, à la porte même de ces terribles prisons du Luxembourg et des Carmes d'où on ne sortait guère que pour aller à l'échafaud; c'était devant de lugubres affiches portant, en gros caractères, que la peine de mort serait infligée à quiconque prêterait assistance à des proscrits, que M. Sarret s'attachait aux pas du proscrit illustre. Ne trouvez-vous point qu'une pareille intrépidité va de pair, tout au moins, avec celle qui précipite des soldats sur l'artillerie tonnante d'une redoute?

Le petit nombre d'heures qui doit nous conduire à un dénoûment funeste, éveillera peut-être de bien pénibles sentiments; aussi, tout en respectant les droits imprescriptibles de l'histoire, serai-je bref.

Les deux fugitifs échappèrent par une sorte de miracle aux dangers qui les attendaient à la barrière du Maine, et se dirigèrent vers Fontenay-aux-Roses. Le voyage fut long : après neuf mois d'un repos absolu, notre confrère ne savait plus marcher. Enfin, sur les trois heures de l'après-midi, Condorcet et son compagnon arrivèrent sans fâcheuse rencontre, mais exténués de fatigue, à la porte d'une maison de campagne occupée par un heureux ménage, qui, depuis près de vingt années, avait reçu de Condorcet d'éclatants services et des marques sans nombre d'attachement. Là finissait la périlleuse mission que M. Sarret s'était donnée; il se retira et reprit la route de Paris.

Que se passa-t-il ensuite? Les relations ne sont point concordantes. D'après leur ensemble, je vois que Condorcet sollicita l'hospitalité seulement pour un jour; que des difficultés, dont je ne me fais pas juge, empêchèrent M. et Mme Suard d'accueillir sa prière; que, néanmoins, on convint qu'une petite porte de jardin donnant sur la campagne, et s'ouvrant en dehors, ne serait pas fermée la nuit; que Condorcet pourrait s'y présenter, à partir de dix heures; qu'enfin, au moment de congédier le malheureux proscrit, ses amis lui remirent les Épîtres d'Horace, triste ressource, en vérité, pour qui allait être obligé de chercher un refuge dans la profonde obscurité des carrières de Clamart.

Les anciens amis de Condorcet commirent,

sans doute, la faute irréparable de ne pas présider eux-mêmes aux arrangements convenus. Un ou deux jours après, madame Vernet parcourant en tout sens la campagne de Fontenay-aux-Roses, avec la pensée que sa présence pourrait y être utile, remarqua une motte de terre et une haute touffe de gazon, qui, adossées à la petite porte, prouvaient, hélas! avec trop d'évidence, que depuis bien longtemps elle n'avait tourné sur ses gonds. Pendant ces nuits néfastes, il n'y eut de portes ouvertes que dans la rue Servandoni. Là, au n° 21, pendant toute une semaine, porte cochère, porte de boutique, porte d'allée auraient cédé à la plus légère pression du doigt du fugitif. Dans la prévision, je ne dis pas assez, dans l'espérance d'un retour nocturne, madame Vernet ne songea même pas qu'il y eût dans une immense capitale des voleurs et des assassins.

Bien grande, hélas! fut la différence de conduite des deux familles que les relations du monde et le malheur rapprochèrent de Condorcet!

Le 5 avril, à deux heures, nous laissions Condorcet s'éloignant avec résignation, mais non sans tristesse, de la maison de campagne où il avait espéré passer vingt-quatre heures en sûreté. Personne ne saura jamais les souffrances qu'il endura pendant la journée du 6. Le 7, un peu tard, nous voyons notre confrère, blessé à la jambe et poussé par la faim, entrer dans un cabaret de Clamart et demander une omelette. Malheureusement, cet homme presque universel ne sait pas, même à peu près, combien un ouvrier mange d'œufs dans un de ses repas. A la question du cabaretier, il répond une douzaine. Ce nombre inusité excite la surprise; bientôt le soupçon se fait jour, se communique, grandit. Le nouveau venu est sommé d'exhiber ses papiers; il n'en a pas. Pressé de questions, il se dit charpentier; l'état de ses mains le dément. L'autorité municipale avertie le fait arrêter et le dirige sur Bourg-la-Reine. Dans la route un brave vigneron rencontre le prisonnier; il voit sa jambe malade, sa marche pénible, et lui prête généreusement son cheval. Je ne devais pas oublier la dernière marque de sympathie qu'ait reçu notre malheureux confrère.

Le 8 avril (1794) au matin, quand le geôlier

de Bourg-la-Reine ouvrit la porte de son cachot
pour remettre aux gendarmes le prisonnier encore inconnu qu'on devait conduire à Paris, il ne
trouva plus qu'un cadavre. Notre confrère s'é-
tait dérobé à l'échafaud par une forte dose de
poison concentré, qu'il portait depuis quelque
temps dans une bague (1).

Bochard de Saron, Lavoisier, la Rochefoucauld, Malesherbes, Bailly, Condorcet, tel fut le
lugubre contingent de l'Académie pendant nos
sanglantes discordes. Les cendres de ces hommes illustres ont eu des destinées bien diverses.
Les unes reposent en paix, justement entourées
des regrets universels ; les autres sont soumises
périodiquement au souffle empesté et trompeur
des passions politiques.

J'espère que les forces ne trahiront pas ma
volonté, et que bientôt, à cette même place,
je pourrai dire ce que fut Bailly. Aujourd'hui,
je n'aurais pas accompli ma tâche dans ce qu'elle

---

(1) Ce poison (on ignore sa nature) avait été préparé,
dit-on, par un médecin célèbre. Celui avec lequel Napoléon voulut se donner la mort à Fontainebleau, avait la
même origine et datait de la même époque.

a de plus sacré, même après tout ce que vous avez déjà entendu, si je n'écartais avec indignation de la mémoire de Condorcet une imputation calomnieuse. La forme du reproche adressé à notre confrère n'a pas calmé mes inquiétudes; j'ai très-bien remarqué qu'on n'a parlé que de faiblesse, mais il est des circonstances où la faiblesse devient un crime.

En rendant compte de la déplorable condamnation de Lavoisier, une plume savante, très-respectable et très-respectée, écrivait, il y a quelques années :

« *On se reposait* sur les instances que quel-
« ques-uns des *anciens confrères de Lavoisier*
« paraissaient à portée de faire en sa faveur;
« mais la terreur glaça tous les cœurs. » Partant de là, un certain public, cruellement frivole, dénombra sur ses doigts tous les académiciens qui siégèrent à la Convention, et, sans autre examen, le nom de notre ancien secrétaire se trouva fatalement impliqué dans la catastrophe stupidement féroce qui enleva à la France un excellent citoyen, au monde un homme de génie.

Deux dates, deux simples dates, et vous déciderez si s'abstenir de citer des noms propres quand on parle d'événements aussi graves; si rester dans des termes généraux, qui n'incriminant directement personne permettent à la calomnie d'inculper tout le monde, c'est vraiment de la sagesse.

Condorcet, dites-vous, aurait pu intervenir en faveur de Lavoisier. Est-ce au moment de l'arrestation ? Voici ma réponse :

Lavoisier fut arrêté dans le mois d'avril 1794.

Condorcet était proscrit et caché chez madame Vernet depuis le commencement de juillet 1793.

Parlez-vous d'une intervention qui aurait pu suivre la sentence du tribunal révolutionnaire? La réponse sera plus écrasante encore :

Lavoisier périt le 8 mai 1794.

Condorcet s'était empoisonné, à Bourg-la-Reine, un mois auparavant, le 8 avril.

Je n'ajouterai pas une syllabe à ces chiffres : ils resteront imprimés en traits ineffaçables sur les fronts des calomniateurs.

Portrait de Condorcet.

J'ai successivement présenté à vos yeux, et

dans le jour qui m'a paru le plus vrai, le savant, le littérateur, l'économiste et le membre de deux de nos assemblées politiques. Il me reste à faire le portrait de l'homme du monde, à vous parler de son extérieur, de ses manières.

Un moment, j'ai désespéré de pouvoir remplir cette partie de ma tâche, car je ne connus pas personnellement le secrétaire de l'Académie, car je ne le vis même jamais. Je ne devais pas oublier, en outre, combien les livres sont des guides infidèles ; combien les auteurs savent se parer quelquefois, dans ce qu'ils écrivent, d'un caractère peu en harmonie avec leurs actions habituelles ; combien il a été donné de démentis à la maxime de Buffon : le style, c'est tout l'homme. Heureusement, des correspondances inédites m'ont transporté, en quelque sorte, au milieu de la famille de Condorcet. Je l'y ai vu entouré de ses proches, de ses amis, de ses confrères, de ses subordonnés, de ses clients. Je suis devenu le témoin, j'ai presque dit le confident de toutes ses actions. Alors je me suis rassuré. Pouvais-je craindre de parler avec confiance des plus secrètes pensées de l'illustre académicien, de sa vie privée, de ses sentiments intimes, lorsque j'avais pour guides et pour garants Turgot, Voltaire, d'Alembert, Lagrange, et une femme, mademoiselle de Lespinasse, célèbre par l'étendue, la pénétration et la finesse de son esprit?

Condorcet était d'une haute stature. L'immense volume de sa tête, ses larges épaules, son corps robuste, contrastaient avec des jambes restées toujours grêles, à cause, croyait notre confrère, de l'immobilité presque absolue que le costume de jeune fille et les inquiétudes trop vives d'une mère tendre lui avaient imposée pendant ses huit premières années.

Condorcet avait, dans le maintien, de la simplicité, et même un tant soit peu de gaucherie. Qui ne l'eût vu qu'en passant, aurait dit, Voilà un bon homme, plutôt que, Voilà un homme d'esprit. Sa qualité principale, sa qualité vraiment caractéristique était une *extrême bonté*. Elle se reflétait harmonieusement dans une figure belle et douce.

Condorcet passait, parmi ses demi-connaissances, pour insensible et froid. C'était une immense erreur. Jamais, peut-être, il ne dit, en

I. K

face, des paroles affectueuses à aucun de ses parents ou de ses amis ; mais jamais aussi il ne laissa échapper l'occasion de leur donner des preuves d'attachement : il était malheureux de leurs malheurs ; il souffrait de leurs maux, au point que son repos et sa santé en furent plus d'une fois gravement altérés.

D'où provenaient donc les reproches d'insensibilité si souvent adressés à notre confrère? C'est qu'on prenait, je n'hésite pas à le redire, l'apparence pour la réalité; c'est que jamais les mouvements d'une âme aimante ne se peignirent ni dans la figure ni dans la contenance de Condorcet. Il écoutait avec l'air le plus indifférent le récit d'un malheur ; mais après, quand chacun se contentait d'exhaler sa douleur en de vaines paroles, lui s'éclipsait sans mot dire, et portait des secours, des consolations de toute nature à ceux dont les souffrances venaient de lui être révélées.

Vous savez maintenant le véritable sens de ces paroles de d'Alembert : « Condorcet est un *volcan couvert de neige.* » On s'est complétement mépris sur la pensée de l'immortel géomètre, en persistant à voir dans son assimilation pittoresque la *violence* de caractère, recouverte du masque de la froideur.

D'Alembert avait vu le volcan en complète action dans l'année 1771. Le géomètre, le métaphysicien, l'économiste, le philosophe Condorcet, dominé par des peines de cœur, était devenu pour toutes ses connaissances un objet de pitié. Il alla même jusqu'à projeter un suicide. Rien de plus curieux que la manière dont il repoussait les palliatifs que Turgot, son confident, lui recommandait : « Faites des vers, c'est un genre de composition auquel vous êtes peu habitué, il captivera votre esprit. — Je n'aime pas les mauvais vers ; je ne pourrais souffrir les miens ! — Attaquez quelque rude problème de géométrie. — Quand un goût dépravé nous a jetés sur des aliments à saveur forte, tous les autres aliments nous déplaisent. Les passions sont une dépravation de l'intelligence ; en dehors du sentiment qui m'absorbe, rien au monde ne saurait m'intéresser. » Pour essayer de tous les moyens, comme font les médecins dans les maladies désespérées, Turgot invoquait force exemples empruntés à l'histoire ancienne et moderne, même à la mythologie. Soins superflus ; le temps seul pouvait guérir, le temps seul guérit, en effet, la profonde blessure qui rendit notre confrère si malheureux.

Si le public avait grandement tort de refuser à Condorcet la sensibilité, il ne se trompait pas moins en l'accusant de sécheresse en matière d'art.

Lisait-on pour la première fois à l'Académie française, ou dans le monde, une de ces productions littéraires qui sont l'honneur et la gloire du dix-huitième siècle; Condorcet restait complétement impassible au milieu des bruyants transports d'admiration et d'attendrissement qui retentissaient autour de l'auteur. Il paraissait n'avoir pas écouté; mais, pour peu que les circonstances l'y amenassent, il faisait l'analyse minutieuse de l'ouvrage, il en appréciait les beautés, il en signalait les parties faibles avec une finesse de tact, avec une rectitude de jugement admirables, et récitait sans hésiter, à l'appui de ses remarques, de longues tirades de prose ou des centaines de vers qui venaient de se graver, comme par enchantement, dans une des plus étonnantes mémoires dont les annales littéraires aient jamais fait mention.

La réserve que Condorcet s'imposait devant des étrangers faisait place, dans sa société intime, à une gaieté de bon ton, spirituelle, doucement épigrammatique. C'est alors que l'immense variété de ses connaissances se révélait sous toutes les formes. Il parlait avec une égale netteté, avec une égale précision, sur la géométrie et les formules du palais; sur la philosophie et la généalogie des gens de cour, sur les mœurs des républiques de l'antiquité et les colifichets à la mode.

Le secrétaire de l'ancienne Académie des sciences ne descendit dans l'arène de la polémique que pour défendre ses amis contre les attaques de la médiocrité, de la haine et de l'envie. Mais son courageux dévouement ne l'entraîna point à partager les injustes préventions de ceux-là mêmes auxquels il était le plus tendrement attaché. Ce genre d'indépendance est assez rare pour que j'en cite quelques exemples.

D'Alembert, dominé à son insu par un sentiment indéfinissable de jalousie, ne rendait pas à Clairaut toute la justice désirable. Examinez, cependant, si dans deux de ses éloges, si, en citant presque sans nécessité les relations de M. de Trudaine et de M. d'Arci avec l'auteur du bel ouvrage sur la figure de la Terre, Condorcet hésite le moins du monde à appeler Clairaut un homme de génie, et à parler des *prodiges* de sa jeunesse !

Lagrange et d'Alembert n'accordaient aucune estime aux *Lettres d'Euler à une princesse d'Allemagne*. Ils en étaient venus, en les assimilant à une erreur de la vieillesse de Newton, jusqu'à les appeler « le Commentaire sur l'A-« pocalypse d'Euler. » D'un autre point de vue, Condorcet, trouvant les lettres utiles, ne se contenta pas de les louer; il s'en fit l'éditeur, sans même concevoir le soupçon qu'une opinion indépendante pût faire ombrage à ses meilleurs amis.

Le livre d'Helvétius avait irrité Turgot, qui s'en expliquait dans sa correspondance avec une vivacité extrême. Sur ce point, le célèbre intendant de Limoges supportait impatiemment la contradiction. Condorcet, néanmoins, soutenait la lutte avec la plus grande fermeté. Il était loin de prétendre que l'ouvrage fût irréprochable; suivant lui, seulement, on s'exagérait ses dangers. Je ne résiste pas au plaisir de citer cette conclusion si gaie d'un des plaidoyers de notre ancien secrétaire : « Le livre ne fera aucun mal « ni à moi ni à d'autres bonnes gens. L'auteur « a beau dire, il ne m'empêchera pas d'aimer « mes amis ; il ne me condamnera pas à l'ennui « mortel de penser sans cesse à mon mérite ou « à ma gloire ; il ne me fera pas accroire que, « si je résous des problèmes, c'est dans l'espé- « rance que les belles dames me rechercheront, « car je n'ai pas vu jusqu'ici qu'elles raffolas- « sent des géomètres. »

La vanité règne en souveraine dans toutes les classes de la société, et particulièrement, dit-on, parmi les gens de lettres. Nous pouvons affirmer, néanmoins, que ce mobile, que ce sti-mulant si ordinaire, si actif de nos actions, n'effleura jamais la belle âme de notre ancien confrère. Quelques faits ont déjà témoigné de ce phénomène. J'ajouterai ici qu'à la suite d'une vive controverse touchant cette question de morale, mademoiselle de l'Espinasse em-brassa le parti de ceux qui soutenaient que la nature, en ce genre, ne fait pas de miracles ; qu'elle promit de se livrer à un examen attentif dans le cercle très-étendu de sa société, et qu'après une longue épreuve elle s'avoua vaincue. Son esprit fin, pénétrant, n'était parvenu à saisir dans Condorcet ni un trait, ni un mouvement, ni même un symptôme de vanité, quoiqu'elle l'eût vu presque tous les jours pendant plusieurs années, et sans cesse en contact avec des littérateurs, des philosophes ou des mathématiciens.

La jalousie est la juste punition de la vanité; Condorcet n'éprouva donc jamais cette cruelle infirmité. Lorsque, absorbé par les devoirs impérieux de secrétaire de l'Académie, et, aussi, par une polémique littéraire ou politique de tous les jours, notre confrère se vit obligé de renoncer aux plaisirs vifs et purs que donnent les découvertes scientifiques, il n'en écrivait pas moins, comme d'Alembert malade, aux Euler, aux Lagrange, aux Lambert : « Donnez-« moi des nouvelles de vos travaux. Je suis « comme les vieux gourmands, qui, ne pouvant « plus digérer, ont encore du plaisir à voir « manger les autres. »

Condorcet avait poussé si loin le besoin de se rendre utile, qu'il ne fermait jamais sa porte à

personne; qu'il était constamment accessible;
qu'il recevait chaque jour, sans humeur, sans
même en paraître fatigué, les interminables visites des légions d'importuns, de désœuvrés,
dont regorgent toutes les grandes villes, et au
premier rang la ville de Paris. Donner ainsi son
temps au premier venu, c'est la bonté poussée
jusqu'à l'héroïsme.

Je ne parlerai pas du désintéressement de
Condorcet : personne ne l'a nié.

« En morale, disait-il dans une lettre à
« Turgot, je suis grand ennemi de l'indiffé-
« rence, et grand ami de l'indulgence. »

La phrase manquerait de vérité, si on la prenait dans un sens absolu : Condorcet était très-
indulgent pour les autres, et très-sévère pour
lui-même. Il portait quelquefois le rigorisme
jusqu'à se préoccuper sérieusement, jusqu'à
s'effaroucher de certaines formules de politesse
qui ont cours dans la société, comme des pièces
de monnaie dont on serait convenu de ne jamais
examiner le titre. Ainsi, M. de Maurepas se
montre très-irrité d'une lettre dirigée contre
Necker, et dans laquelle se trouvaient des

passages qui pouvaient nuire au crédit public.
Cette lettre n'était pas de Condorcet. Le duc de
Nivernais veut décider son confrère et ami à
l'écrire au ministre; il résiste avec une fermeté
qui paraît inexplicable. Aujourd'hui je trouve
l'explication dans une lettre inédite adressée à
Turgot : « Le secrétaire de l'Académie éprou-
« vait de la répugnance à assurer de son res-
« pect un homme qu'il était fort loin de res-
« pecter. »

Condorcet avouait les fautes, les erreurs qu'il
avait pu commettre, avec une loyauté, un abandon que cette courte citation fera apprécier :
« Connaissez-vous, lui disait-on un jour, les
« circonstances qui amenèrent la rupture de
« Jean-Jacques et de Diderot? — Non, répon-
« dit-il; je sais seulement combien Diderot
« était un excellent homme : celui qui se
« brouillait avec lui avait tort. — Mais vous-
« même? — J'avais tort! »

Dans l'édition donnée par l'auteur de *Mérope*
des *Pensées* de Pascal, se trouve cette note de
Condorcet : « L'expression *honnêtes gens* a si-
« gnifié, dans l'origine, les hommes qui avaient
« de la probité; du temps de Pascal, elle si-

« gnifiait les gens de bonne compagnie : main-
« tenant on l'applique à ceux qui ont de la
« naissance ou de l'argent. — Non, monsieur,
« dit Voltaire en s'adressant à l'annotateur, les
« honnêtes gens sont ceux à la tête desquels
« vous êtes ! »

Justifier cette exclamation, depuis qu'elle m'a
semblé l'expression de la vérité, tel a dû être
mon but principal en écrivant ces pages. Je
serai heureux, si le portrait que j'ai tracé
de l'illustre secrétaire perpétuel de l'ancienne
Académie des sciences a dissipé de bien cruelles préventions, neutralisé l'effet des plus hi-
deuses calomnies; si, d'accord avec tous ceux
qui jouirent de l'intimité de Condorcet, vous
voyez désormais en lui un homme qui honora les
sciences par ses travaux, la France par ses
hautes qualités, l'humanité par ses vertus.

REMARQUES

SUR DIVERS PASSAGES

DE

L'HISTOIRE DES GIRONDINS

RELATIFS A CONDORCET.

----o0o----

Lorsque les deux premiers volumes de l'*Histoire des Girondins*, de M. de Lamartine, parurent, madame O'Connor les parcourut avec la curiosité inquiète que devait lui inspirer la profonde vénération qu'elle a vouée à la mémoire de son père. Elle y trouva, avec un vif chagrin, de fausses appréciations et des erreurs manifestes. J'en parlai à mon confrère. M. de Lamartine reçut par ma bouche les remarques de la fille de Condorcet, avec cette bienveillance *fascinatrice* dont toutes ses connaissances ont éprouvé les effets. Il me fit même l'honneur de me demander communication de ma biographie de Condorcet, encore manuscrite à cette époque. Je n'ai sans doute pas besoin de dire que je souscrivis sans retard à une demande si flatteuse pour moi.

Ces circonstances m'avaient porté à penser, je l'avoue, que les inexactitudes échappées à l'auteur de l'*Histoire des Girondins* écrivant sur des documents erronés les deux premiers volumes de ce bel ouvrage, seraient rectifiées dans les éditions suivantes; que des inexactitudes nouvelles ne dépareraient pas les autres volumes. Cette espérance ne s'est pas réalisée; de nombreuses éditions se sont succédé avec rapidité, sans qu'on remarque aucun changement dans les jugements, souvent sévères, dont Condorcet avait été l'objet dans les deux premiers volumes; sans que, dans les volumes suivants, M. de Lamartine ait cru devoir tenir aucun compte des renseignements, puisés à des sources certaines, consignés dans ma biographie, ou de ceux que j'avais eu l'honneur de lui communiquer verbalement. Je n'ai donc plus d'autre ressource que de signaler nettement les points sur lesquels nous ne sommes pas d'accord, M. de Lamartine et moi, afin que le public puisse prononcer entre nous en connaissance de cause. Ainsi que je le disais (page cx de la biographie), dans un passage relatif à M. de Chateaubriand, je ne saurais prouver d'une manière plus éclatante ma confiance dans la force de la vérité, que d'oser l'opposer toute nue à des erreurs dont il est difficile de saisir le véritable caractère sous les traits brillants du plus beau langage.

Dans le premier volume de la première édition de son *Histoire des Girondins*, M. de Lamartine s'est occupé de Condorcet aux pages 233 et 403. La première fois, notre savant confrère est appelé *ambitieux*. A la page 403, l'imputation est aggravée : Condorcet n'est plus seulement un ambitieux ordinaire, il est qualifié d'*ambitieux sans scrupule*.

On éprouve généralement des difficultés réelles quand on se trouve dans l'obligation de repousser des accusations formulées en des termes aussi vagues. Les jésuites avaient appelé Pascal *Porte d'Enfer*. « Comment, disait gaiement l'auteur des *Provinciales*, démontrer que je ne suis pas une porte d'enfer ? » Heureusement je n'éprouverai pas, moi, dans cette circonstance, l'embarras de Pascal ; deux faits, deux faits incontestables, réduiront au néant le reproche d'ambition adressé à l'ancien secrétaire de l'Académie des sciences.

On propose à Condorcet d'être le précepteur du Dauphin ; il refuse.

On lui offre le ministère de la marine ; il refuse encore, et fait nommer Monge.

Prenez maintenant l'histoire de tous les temps et de tous les pays, et si vous y rencontrez un seul ambitieux qui n'ait point accepté avec empressement deux positions aussi élevées que la position de ministre et celle de gouverneur de l'héritier

présomptif d'une couronne, je passe condamnation
sur l'accusation blessante dont Condorcet a été l'objet de la part de M. de Lamartine.

Cette accusation porterait-elle sur l'amour de l'argent, la plus âpre, la plus vive, et je puis ajouter
la plus vile des ambitions? Toute réfutation à cet
égard serait superflue, après tant de traits de désintéressement que j'ai cités dans ma biographie.
Voudrait-on, enfin, car je dois tout prévoir, parler
de l'ambition si commune et cependant si puérile
qui consiste à accaparer des centaines de titres scientifiques et littéraires? Je ferai remarquer que personne ne les envisageait avec plus de philosophie
que Condorcet, lui qui avouait franchement que dans
le plus grand nombre de cas on obtenait ces titres
plutôt par l'exactitude que l'on mettait dans sa correspondance, que par le mérite réel de ses travaux.

Condorcet n'a été dans sa vie animé que d'une
seule ambition, celle de faire prévaloir ses idées :
lorsqu'on n'a été guidé que par l'inspiration de
sa conscience, une telle ambition n'a rien dont un
honnête homme doive rougir.

M. de Lamartine joue vraiment de malheur toutes les fois qu'il met Condorcet en scène. Les documents sur lesquels il écrit, qu'il s'agisse de grandes
comme de petites choses, sont constamment en-
tachés de légèreté ou d'erreur.

Voyez plutôt :

L'illustre écrivain est-il amené à parler de l'influence que Mme de Staël exerça sur quelques événements de notre première révolution, il nous dépeint Voltaire, Rousseau, Buffon, d'Alembert, etc., Condorcet, jouant avec cette enfant et *attisant ses premières pensées*. En ce qui concerne Condorcet, l'assertion manque de vérité : Condorcet, ami de Turgot, ne fréquenta jamais les salons de M. Necker, pour lequel il avait des sentiments qui, à quelques égards, n'étaient peut-être pas exempts de préventions.

M. de Lamartine commet une erreur du même genre, lorsqu'il fait du *girondin* Condorcet un des membres les plus assidus des conciliabules de M. et de Mme Rolland. L'ancien secrétaire de l'Académie ne rendit jamais que de simples visites de politesse au ministre de l'intérieur et à sa femme. Celui-là pouvait-il, d'autre part, être légitimement rangé parmi les Girondins, qui leur adressait sans cesse ces paroles pleines de bon sens, de patriotisme, et qui malheureusement ne furent pas écoutées : « Occu- « pez-vous un peu moins de vous-mêmes, et un « peu plus de la chose publique ? »

Dans le volume II, page 92, M. de Lamartine traite avec une grande sévérité les membres de la *Société des amis des noirs*, au nombre desquels il place avec raison Condorcet. Il les accuse « d'avoir lancé

« leurs principes sur les colonies comme une ven-
« geance plutôt que comme une justice. Ces principes,
« ajoute-t-il, avaient éclaté sans préparation et sans
« prévoyance dans cette société coloniale, où la vé-
« rité n'avait d'autre organe que l'insurrection. »

En écrivant ces lignes, M. de Lamartine savait-il
que déjà, en 1776, dans une note de l'éloge de
Pascal, Condorcet s'élevait contre l'esclavage des
noirs ; qu'en 1781 il publiait un mémoire intitulé
Réflexions sur l'esclavage des nègres ; qu'en février
1789 il adressait au corps électoral un écrit sur
cette plaie de la société ; qu'en juin de la même
année il faisait paraître un écrit remarquable sur
l'admission des députés des planteurs de Saint-Do-
mingue ? Les projets d'émancipation détaillés dans
ces deux derniers écrits ont cela de remarquable,
que plusieurs des dispositions qu'on y trouve figurent dans les lois anglaises rendues postérieurement.

Dans le portrait qu'il a tracé de Condorcet, vol. I,
page 230 et suivantes, M. de Lamartine dit que le
savant célèbre « *rédigeait depuis* 1789 *la Chronique*
« *de Paris*, journal où l'on sentait, ajoute l'auteur,
« les palpitations de la colère, sous la main polie et
« froide du philosophe. » Ce passage exige une explication. Condorcet ne rédigeait pas la *Chronique
de Paris* ; il écrivait dans ce journal, ce qui est fort
différent, des articles *signés de lui*, et particulière-

ment le compte rendu des séances de l'Assemblée nationale. Est-ce dans ces articles ou dans le corps du journal, dont Condorcet ne saurait être responsable, que l'auteur des *Girondins* a trouvé *des palpitations de la colère ?* La question mérite d'être éclaircie. Au reste, dans un autre passage du tome I, page 96, M. de Lamartine, mieux inspiré, s'était contenté de dire lui-même : « Condorcet écrivait dans la *Chronique de Paris.* »

« *Condorcet, haï de la cour*, dit M. de Lamartine, « *la haïssait de la haine des transfuges.* »

On est transfuge, suivant le Dictionnaire de l'Académie, quand on « abandonne son parti pour « passer dans le parti contraire » : il faudrait donc, pour justifier l'accusation, prouver que l'ami de Voltaire, de d'Alembert, fut, à une époque quelconque de sa vie, du parti de la cour. On chercherait vainement une pareille preuve; le contraire a dû frapper tous ceux qui connaissent en détail l'histoire politique et littéraire du dix-huitième siècle : le marquis de Condorcet n'a peut-être été à la cour qu'une seule fois dans sa vie, le jour où, suivant l'usage, il fut présenté au roi comme membre de l'Académie française.

J'ai attribué la fuite inopinée de Condorcet, son départ subit de la rue Servandoni, à la crainte honorable qu'éprouvait l'illustre proscrit, de compromettre par sa présence la femme qu'il appelait sa seconde mère, celle qui lui avait donné les plus admirables preuves de dévouement. M. de Lamartine l'explique, suivant moi, par des causes bien puériles. Voici le passage des *Girondins* qui a trait à la fuite de Condorcet :

« Condorcet aurait été heureux et sauvé, s'il eût su
« attendre ; mais l'impatience de son imagination ar-
« dente l'usait, et le perdit. Il fut saisi au retour du
« printemps, et à la réverbération du soleil d'avril
« contre les murs de sa chambre, d'un tel besoin de
« liberté et de mouvement, d'une telle passion de
« revoir la nature et le ciel, que Mme Vernet fut obli-
« gée de le surveiller comme un véritable prisonnier,
« de peur qu'il n'échappât à sa bienveillante surveil-
« lance. Il ne parlait que du bonheur de parcourir
« les champs, de s'asseoir à l'ombre d'un arbre, d'é-
« couter le chant des oiseaux, le bruit des feuilles,
« la fuite de l'eau. La première verdure des arbres du
« Luxembourg, qu'il entrevit de sa fenêtre, porta
« cette soif d'air et de mouvement jusqu'au délire. »

Voyons ce qu'il y a de vrai dans ces assertions. Si Condorcet était dominé par le désir de s'asseoir à l'ombre d'un arbre et d'entendre le bruit des feuilles, il pouvait se donner cette satisfaction sans quitter la maison de Mme Vernet, car il y avait dans la cour cinq gros tilleuls.

En tout cas, les arbres du Luxembourg, dont la première verdure, dit M. de Lamartine, donna le vertige à l'ancien secrétaire de l'Académie des sciences, doivent être mis hors de cause, car alors on ne les voyait pas, je crois, de la rue Servandoni; et je puis affirmer qu'ils étaient complétement invisibles des fenêtres de la maison de Mme Vernet. J'ajouterai que, dans son désir supposé et fort inopportun de jouir des plaisirs de la campagne, Condorcet aurait été bien mal inspiré en se dirigeant sur Fontenay-aux-Roses; vers un plateau où il n'existe ni rivière ni le plus petit ruisseau, où l'on ne peut écouter la fuite des eaux qu'au moment d'une forte averse.

Les inexactitudes dans lesquelles des personnes mal informées ont entraîné M. de Lamartine m'ont conduit, au surplus, à la découverte d'un passage authentique qui ne peut laisser aucun doute sur les honorables motifs qui déterminèrent l'évasion de Condorcet, le 4 germinal an II. Ce passage, je l'ai trouvé dans l'avertissement d'un *Traité d'arithmétique* publié par ce même M. Sarret, que j'ai pu citer si honorablement à la page clij. Le voici:

« La veille du jour où Condorcet quitta son asile, « un inconnu se présenta chez la propriétaire de la « maison, sous prétexte de voir un appartement qui « était à louer; il fit connaître, par nombre de questions singulières et étrangères à l'objet qu'il disait

« l'avoir amené, qu'il n'était pas, comme le dit en-
« suite Condorcet, qui, de son réduit, avait entendu
« tout le colloque, un chercheur d'appartements, et
« qu'il savait ou au moins soupçonnait que quelqu'un
« était caché dans la maison. Il parla des visites pour
« le salpêtre, et donna à entendre que vraisembla-
« blement on viendrait en faire; ajoutant, et il le ré-
« péta plusieurs fois avec une sorte d'affectation, que
« si l'on avait quelque chose de précieux, il fallait
« y bien prendre garde, vu que ceux qui étaient char-
« gés de ces visites n'étaient pas toujours des gens
« sur qui l'on pût compter.

« On doit juger que cet individu nous inquiéta
« beaucoup : nous ne pouvions deviner s'il était venu
« pour espionner, ou pour donner un avis généreux.
« (Je dois dire à sa louange qu'il était venu dans cette
« dernière intention : nous l'avons su depuis). Quoi
« qu'il en soit, le lendemain matin, Condorcet reçut
« une lettre qui lui annonçait qu'on devait peut-être
« le même jour faire une visite dans la maison, qu'on
« soupçonnait recéler des fugitifs du Midi. »

On ne trouve, comme on voit, dans cette relation,
aucune trace de l'impatience juvénile qui, suivant
M. de Lamartine, amena la fin déplorable de Condorcet.

J'ai rendu compte, à la page cvj, des principales
circonstances qui conduisirent à une séparation mal-

heureuse et définitive entre Condorcet et son illustre ami le duc de la Rochefoucauld. Quand la séparation éclata, les ennemis de Condorcet cherchèrent à l'envenimer; ils crièrent à l'ingratitude; ils prétendirent que la Rochefoucauld avait constitué de son plein gré une rente perpétuelle de 5,000 fr. en faveur du savant académicien, au moment de son mariage, et que la rupture fut suivie de la demande brutale et impérative du capital. M. de Lamartine a recueilli ces bruits; on ne peut lui en faire un reproche, ils étaient fort répandus. Pour moi qui ne devais pas m'en rapporter à la rumeur publique, j'accomplissais un devoir en prenant avec soin les informations qui pouvaient me conduire à la vérité. La vérité, j'ai eu l'avantage de la découvrir, et, je le dis avec bonheur, elle ne jettera aucune ombre sur la brillante figure de Condorcet; elle montrera qu'il est des hommes heureusement nés, qui, pendant une vie agitée, au milieu des circonstances les plus difficiles, trouvent le secret de ne pas payer leur tribut à la fragilité humaine.

Deux voies s'offraient à moi pour arriver à mon but : je pouvais consulter des contemporains et amis désintéressés du fils de la respectable duchesse d'Enville, et recourir ensuite à des documents écrits. M. Feuillet, bibliothécaire de l'Institut et membre de l'Académie des sciences morales et politiques, avait été secrétaire intime du duc de la Rochefoucauld, jusqu'à la catastrophe effroyable qui enleva ce bon citoyen à la France. Au moment où j'écrivais la biographie de Condorcet, je demandai à M. Feuillet de vouloir bien m'éclairer sur les bruits relatifs à la pension et à la demande du capital, qui étaient aussi venus à mes oreilles. Il me répondit sans hésiter qu'il n'en avait personnellement aucune connaissance. Ce renseignement négatif, et du plus haut prix, est corroboré par l'examen minutieux que j'ai fait du compte de tutelle de Mme O'Connor. Je trouve là des détails circonstanciés sur le passif et sur l'actif de la succession à diverses époques, sur la vente opérée par Condorcet, au moment de son mariage, d'une petite propriété située près de Mantes, nommée Denmont ; sur l'acquisition qu'il fit, avec une partie du prix de la vente, de fermes près Guise, provenant de l'abbaye de Corbie. Il est mention dans ce compte, à l'article du passif, de mémoires très-peu importants de menuiserie, de serrurerie, etc. Je cite cette circonstance pour montrer avec quel scrupule, avec quelle minutie cet acte est rédigé. J'y trouve aussi dans l'actif l'origine, j'ai presque dit la filiation de petites rentes de 3, de 4 et de 5 francs.

Je n'y vois au contraire aucune trace d'une augmentation de revenu correspondant à 1786, année du mariage de Condorcet, ni rien qui puisse faire croire à une augmentation de capital de cent mille francs, qui aurait eu lieu à l'époque de la rupture de mon confrère et du duc de la Rochefoucauld.

Il faudrait renoncer à toute logique pour supposer qu'après cette simple remarque il restera quelque chose de l'horrible calomnie qu'on a voulu faire peser sur la mémoire de Condorcet.

En parlant de la fuite de Condorcet, et de la tentative qu'il fit pour être admis à Fontenay-aux-Roses dans la petite maison habitée par M. et Mme Suard, M. de Lamartine a employé des termes qui seuls auraient rendu ces rectifications indispensables.

« Condorcet, dit l'auteur des *Girondins*, se refusa « généreusement aux instances qui lui furent faites, « de peur de traîner avec lui *son malheur* ET SON « CRIME sur le seuil qu'il aurait habité. »

Pour réprimer le mouvement d'humeur, j'ai presque dit de colère, que ce passage a soulevé chez moi, il n'a fallu rien moins que le souvenir des hautes qualités qui distinguent M. de Lamartine. De quel crime a-t-on voulu parler? Est-ce un crime privé, un crime public, un crime politique? Je ne trouve pas d'explication qui puisse atténuer la gravité de l'imputation odieuse, qui, dans son vague indéfini, n'est pas susceptible de réfutation. Je ne croirai jamais, par exemple, quoi qu'on en puisse dire,

que le culte de la forme ait dominé un homme
de conscience et de talent, au point de lui faire
tracer, dans l'unique but d'arrondir sa phrase,
une expression outrageante, et qui ne devait jamais
figurer à côté du nom glorieux de Condorcet. Cette
expression ne peut être qu'un *lapsus calami*, ou une
faute d'impression. Je laisserai à la loyauté de M. de
Lamartine le soin de la retirer.

CORRESPONDANCE

ET

OEUVRES DIVERSES.

CORRESPONDANCE

ENTRE

VOLTAIRE et CONDORCET.

1. A CONDORCET (1).

10 octobre 1770.

Le vieux malade de Ferney embrasse de ses deux maigres bras les deux voyageurs (2) philosophes qui ont adouci ses maux pendant quinze jours.

Un grand courtisan (3) m'a envoyé une singulière réfutation du *Système de la nature*, dans laquelle il dit que la nouvelle philosophie amènera une révolution horrible si on ne la prévient pas. Tous ces cris s'évanouiront, et la philosophie restera. Au bout du compte, elle est la consolatrice de la vie, et son

(1) Voltaire, t. LXVI, page 445.
(2) Condorcet et D'Alembert; voyez lettre 5956. B.
(3) Le marquis de Voyer-d'Argenson; voyez lettre 5970. B.

contraire en est le poison. Laissez faire, il est impossible d'empêcher de penser ; et plus on pensera, moins les hommes seront malheureux. Vous verrez de beaux jours ; vous les ferez : cette idée égaye la fin des miens.

Agréez, Messieurs, les regrets de l'oncle et de la nièce.

2. A CONDORCET (1).

5 décembre 1770.

Puisque M. le marquis de Condorcet tolère les vers, le roi de la Chine le prie de le tolérer (2). Il avait envoyé un exemplaire pour vous, Monsieur, et votre compagnon de voyage (3). Je ne sais si on oublie Pékin quand on est à Paris. Cet exemplaire français n'est imprimé que dans une sorte de caractères. Vous savez qu'à la Chine on en a employé soixante-quatre pour rendre l'impression et la lecture plus faciles. C'est de la pâture pour messieurs des inscriptions et belles-lettres. Au reste, je ne doute pas que le roi de la Chine n'aime aussi les mathématiques. Pour moi, Monsieur, j'aime passionnément les deux mathématiciens qui ont autant de justesse que de grâce dans l'esprit.

(1) Voltaire, t. LXVI, page 5o6.

(2) *Épître au roi de la Chine*, tome XIII des œuvres de Voltaire.

(3) D'Alembert, qui avait accompagné Condorcet dans sa visite à Ferney.

Je suis très-malade, et tout de bon, quoique l'hiver soit doux. La faculté digérante me quitte, et par conséquent la faculté pensante. Il me reste l'aimante ; j'en ferai usage pour vous tant que je serai dans l'état du président Hénault, dont j'approche fort (1) ; j'entends l'état où il était avant de finir : c'est peu de chose qu'un vieil académicien.

La faculté écrivante me quitte. Le vieil hermite vous assure de ses tendres respects.

3. A CONDORCET.

A Ferney, 6 janvier 1771.

J'ai été, Monsieur, bien malade et bien affligé. Ma pauvre colonie est aussi délabrée que moi ; j'ai bien peur que les maisons que j'ai bâties ne deviennent inutiles, et que mon pauvre petit pays ne retombe dans le néant dont je l'avais tiré.

Les vers que vous m'avez cités de M. de la Harpe sont très-beaux. Il faut qu'il soit de l'Académie française, et que vous nous fassiez le même honneur. Nous avons besoin d'hommes qui pensent comme vous.

Ma nièce et moi nous vous souhaitons la bonne année, et dans cette bonne année sont compris tous les plaisirs qu'un philosophe de votre âge peut goûter. Conservez un peu d'amitié au pauvre vieillard enterré dans les neiges.

(1) Le président venait de mourir, le 24 novembre 1770.

4. A CONDORCET (1).

A Ferney, 1ᵉʳ février 1772.

Le vieux malade de Ferney a eu l'honneur, Monsieur, de vous envoyer les fadaises du questionneur (2) par la voie que vous lui avez indiquée. Je ne sais si vous aurez des moments pour lire des choses si inutiles. Un homme qui ne sort pas de son lit, et qui dicte au hasard ses rêveries, n'est guère fait pour amuser.

Il me paraît que tous les honnêtes gens ont été d'autant plus sensibles à la perte d'Helvétius, que les marauds d'ex-jésuites et les marauds d'ex-convulsionnaires ont toujours aboyé contre lui jusqu'au dernier moment. Je n'aimais point son livre, mais j'aimais sa personne.

Vous avez grande raison, Monsieur, de dire qu'on a souvent exagéré la méchanceté de la nature humaine; mais il est bon de faire des caricatures des méchantes gens, et de leur présenter des miroirs qui les enlaidissent. Quand cela ne servirait qu'à en corriger un ou deux sur vingt mille, ce serait toujours un bien.

Pour les autres Welches qui se passionnent pour ou contre les parlements, cela passera, comme le jansénisme et le molinisme; mais ce qui ne passera

______

(1) Voltaire, t. LXVII, page 350.
(2) Les *Questions sur l'Encyclopédie*. B.

qu'après ma mort, c'est mon tendre et sincère attachement pour vous, Monsieur, qui méritez autant d'amitié que d'estime.

5. A VOLTAIRE.

10 avril 1772.

Pourquoi, mon illustre maître, ne m'avez-vous pas envoyé le neuvième volume de l'*Encyclopédie?* Croyez-vous que personne prenne plus de part que moi au sort de Gargantua? Je n'ai jamais aimé les mangeurs d'hommes, et depuis que j'ai vu dans vos ouvrages qu'il avait mangé six pèlerins en salade, je l'ai pris en aversion, lui, son abbaye et tous ceux qui en vivent.

Les Druides (1), dont je vous ai parlé, ne sont pas imprimés. Il y a eu des retranchements à faire après la première représentation. M. Watelet, M. Thomas, les ont faits en présence de l'auteur, à qui le mauvais succès de sa première représentation avait ôté le courage. J'étais avec eux. M. Bergier (2) a eu la bonté d'écrire que nous étions des encyclopédistes qui avaient, en une après-dînée, fait trois ou quatre cents vers impies pour assurer le succès de la pièce. Ce Bergier l'avait approuvée l'année dernière; mais

(1) Tragédie de l'abbé Leblanc.

(2) L'abbé Bergier, natif de Darney, dans les Vosges, auteur de quelques ouvrages de théologie et de critique, aujourd'hui fort oubliés et dignes de l'être. Il mourut confesseur de Mesdames.

toutes les bégueules titrées l'ayant trouvée irréligieuse lorsqu'on l'a jouée à Versailles, et lui en ayant fait des reproches, il a dit que ce n'était plus la même. Nous l'avons convaincu d'avoir menti, et voilà qu'il est regardé dans son parti comme un confesseur. On le compare aux saints pères qui mentaient si effrontément pour la foi, et il aura une grosse pension sur l'abbaye de Thélème à la première promotion. En attendant, on a défendu, à sa sollicitation, l'impression et la représentation du même ouvrage qu'il avait approuvé. Assurément cet homme aurait encore besoin qu'on lui donnât des conseils raisonnables (1).

Notre ami (2) est secrétaire perpétuel de l'Académie française. Les ennemis de la philosophie ont fait une belle défense ; mais les soldats de Gédéon vaincront toujours les Madianites en les éblouissant à force de lumière. Vous savez sans doute le détail de tout cela. On parle des *mœurs* et des *principes* que doivent avoir ceux qu'on recevra à l'avenir, et les gens qui ont sollicité cette lettre ou qui y applaudissent sont le maréchal de Richelieu, le Paulmy, le Séguier et l'abbé de Voisenon.

Quis tulerit Gracchos de seditione querentes (3).

Adieu, mon illustre maître ; envoyez-moi ce neuvième volume pour que je ne me croie pas oublié de vous.

(1) *Conseils raisonnables à M. Bergier pour la défense du Christianisme*, t. XLIV des œuvres de Voltaire.
(2) D'Alembert.
(3) Juvénal, sat. II, v. 24.

Présentez, je vous supplie, mon respect à madame Denis. Si le brave ennemi des tyrans du mont Jura(1) est à Ferney, rappelez-moi dans son souvenir. Les marchands de croquet azyme se plaignent que le commerce tombe tous les ans. Les femmes mêmes ont l'estomac trop faible pour faire un déjeuner aussi solide.

La lecture ne vaut assurément rien pour l'estomac, et il faut que d'ici à quelque temps le commerce des livres soit arrêté, ou que celui des croquets cesse absolument.

Voilà les nouvelles du temps. Je n'en ai point de meilleures à vous mander.

Ce mardi, dit vulgairement le mardi saint.

6. A CONDORCET (2).

11 mai 1772.

J'ai été tenté de me mettre dans une grosse colère à l'occasion de ce qui s'est passé à l'Académie française (3); mais quand je considère que M. D'Alembert a bien voulu être notre secrétaire perpétuel, je suis de bonne humeur, parce que je suis sûr

____

(1) M. Christin, avocat, défenseur des serfs du mont Jura contre les moines de Saint-Claude.

(2) Voltaire, t. LXVII, page 443.

(3) Delille et Suard avaient été élus dans la même séance (6 mars 1772). Le roi refusa de sanctionner ces deux choix. Delille fut repoussé comme trop jeune; Suard, comme disgracié de la cour, qui venait de lui ôter la *Gazette*.

qu'il mettra les choses sur un très-bon pied. Les ouragans passent, et la philosophie demeure.

Si le jeune auteur d'une tragédie nouvelle a l'honneur d'être connu de vous, Monsieur, et s'il y a, comme vous le dites, un grain de philosophie dans sa pièce, conseillez-lui de la garder quelque temps dans son portefeuille. La saison n'est pas favorable. Je vais faire venir, sur votre parole, l'*Histoire de l'établissement du commerce dans les Deux-Indes* (1). J'ai bien peur que ce ne soit un réchauffé avec de la déclamation. La plupart des livres nouveaux ne sont que cela.

Un barbare vient de m'envoyer, en six volumes, l'histoire du monde entier, qu'il a copiée, dit-il, fidèlement, d'après les meilleurs dictionnaires.

Embrassez pour moi, je vous prie, mon cher secrétaire. L'Académie n'en a point encore eu de pareil. Je mourrais bien gaiement si vous pouviez faire encore un petit voyage avec lui.

7. A CONDORCET (2).

1er septembre 1772.

L'abbé Pinzo (3), Monsieur, écrit trop bien en français ; il n'a point le style diffus et les longues

(1) Par l'abbé Raynal, dont la première édition en 6 volumes in-8°, imprimée à Nantes, venait de paraître. B.

(2) Voltaire, t. LXVII, page 517.

(3) Condamné à la prison perpétuelle par Clément XIV. Une lettre adressée au pape en son nom fut attribuée à Voltaire.

phrases des Italiens. J'ai grand'peur qu'il n'ait quelque ami encyclopédiste. Malheureusement sa position est celle de Pourceaugnac : « Il me donna un « soufflet, mais je lui dis bien son fait. »

A l'égard des *Systèmes*, il faut s'en prendre à M. le Roi, dont l'équipée est un peu ridicule (1).

A l'égard des athées, vous savez qu'il y a athée et athée, comme il y a fagots et fagots. Spinosa était trop intelligent pour ne pas admettre une intelligence dans la nature. L'auteur des *Systèmes* ne raisonne pas si bien que Spinosa, et déclame beaucoup trop.

Je suis fâché pour Leibnitz, qui sûrement était un grand génie, qu'il ait été un peu charlatan; ni Newton ni Locke ne l'étaient. Ajoutez à sa charlatanerie que ses idées sont presque toujours confuses. Puisque ces Messieurs veulent toujours imiter Dieu, qui créa, dit-on, le monde avec la parole, qu'ils disent donc comme lui : *Fiat lux*. Ce que j'aime passionnément de M. D'Alembert, c'est qu'il est clair dans ses écrits comme dans sa conversation, et qu'il a toujours le style de la chose. Il y a des gens de beaucoup d'esprit dont je ne pourrais en dire autant.

Adieu, Monsieur; faites provigner la vigne tant que vous pourrez; mais il me semble qu'on nous fait manger à présent des raisins un peu amers.

---

(1) *Les Systèmes*, pièce de vers de Voltaire. M. le Roi, auteur d'un pamphlet contre Voltaire, intitulé : *Réflexions sur la jalousie*.

8. A CONDORCET (1).

4 janvier 1773.

Je suppose, Monsieur, qu'une lettre de la rue Saint-Roch et du bureau de la *Gazette* est de vous, du moins je le présume par le style; car il y a bien des écritures qui se ressemblent, et personne ne signe. Vous devriez mettre un C, ou tel autre signe qu'il vous plaira, pour éviter les méprises.

Voici un petit paquet de ces marrons que Bertrand a commandés à Raton. S'ils ne valent rien, il n'y a qu'à les rejeter dans le feu d'où Raton les a tirés. Vous êtes obéi sur les autres points. Il s'est trouvé un honnête homme, nommé l'abbé Masan (2), qui rend aux assassins du chevalier d'Étallonde, et du chevalier de La Barre, la justice qui leur est due, dans des notes assez curieuses de l'édition qu'on fait à Francfort d'une tragédie nouvelle. C'est dommage que cet abbé Masan, cousin germain de l'abbé Bazin, n'ait pas su l'anecdote du sieur de Menneville de Beldat; mais ce qui est différé n'est pas perdu. L'ouvrage d'Helvétius (3) est celui d'un bon enfant qui court à tort et à travers sans savoir où; mais la

(1) Voltaire, t. LXVII, page 95.

(2) Ce n'est pas sous le nom de Masan, mais sous celui de Morza, que Voltaire donna les notes sur sa tragédie des *Lois de Minos*, tome IX. B.

(3) *De l'homme et de son éducation*, ouvrage posthume, 1772, 2 vol. in-8°. B.

persécution contre lui a été une des injustices les plus absurdes que j'aie jamais vues. Il y a un M. de Belguai, ou de Belleguerre, ou Belleguier (1), qui a composé pour le prix de l'université selon vos vues : c'est un ancien avocat retiré. J'ai lu quelque chose de son discours : cela est si terrible et si vrai, que j'en crains la publication.

Soyez sûr, Monsieur, que je ne mérite point du tout l'honneur qu'on m'a fait de me mettre au-dessus de Sophocle au physique : c'est une mauvaise plaisanterie qu'on a faite mal à propos sur une très-belle demoiselle, qui n'est pas assez sotte pour s'adresser à moi (2).

Mille respects.

9. A CONDORCET.

1er février 1773.

A mon secours les philosophes ! Vous savez, Monsieur, dans quel esprit j'ai fait les *Lois de Minos*. Cela m'avait coûté des peines infinies, car j'avais mis près de huit jours à faire cette pièce, et j'en mettais presque autant à la corriger. Voilà tout d'un coup qu'un

(1) Voltaire lui-même. Voyez *Discours de M. Belleguier*, tome XLVII de ses œuvres.

(2) Voltaire raconte cette aventure au duc de Richelieu, dans une lettre du 21 septembre 1772 : « On avait, dit M. Beuchot, « répandu le bruit à Paris qu'une Messaline de Genève avait ré- « chauffé les sens de Voltaire, et qu'à la suite de l'entrevue Vol- « taire avait eu des évanouissements. »

comédien, ou un souffleur, ou un ouvreur de loges (1), qui barbouille cette tragédie de vers de sa façon, qui supprime ce que j'ai fait de plus passable, qui gâte le reste, et qui vend le tout à un faquin de libraire nommé Valade. Le maraud imprime et débite hardiment la pièce sous mon nom, sans approbation, sans privilége. Ce brigandage est digne du tripot de la comédie, et de tous les petits tripots qui partagent votre ville. Pourriez-vous en dire ou faire dire un mot à M. de Sartine?

L'avocat Belleguier (2) me mande de Grenoble qu'il ne sait comment vous envoyer sa diatribe; ayez la bonté de lui donner une adresse, et mettez un C au bas de vos lettres, de peur de méprise. Allons, combattons jusqu'au dernier soupir.

V.

10. A CONDORCET.

1er mars 1773.

J'ai reçu, Monsieur, un petit ouvrage d'or (3), à mon vingt-deuxième accès de fièvre; je l'ai lu tout de suite. Je ne suis pas guéri, mais je suis en vie, et je crois que c'est à vous que je le dois. Cet ouvrage est un monument bien précieux : vous paraissez par-

(1) Point du tout; c'était Marin. Voltaire le sut plus tard, et le dit dans sa lettre à d'Argental du 25 février 1774.

(2) Voyez la lettre précédente.

(3) Les *Éloges des académiciens* de l'Académie royale des sciences, morts depuis l'an 1666 jusqu'en 1699, par Condorcet, vol. II, p. 1.

tout le maître de ceux dont vous parlez, mais un maître doux et modeste. C'est un roi qui fait l'histoire de ses sujets. Je parle des Français, car pour Huyghens et Roëmer, je les mets à part. Je n'ose vous remercier, parce que je n'ose me reconnaître dans un de vos portraits. Si vous voyez M. de Lalande, je vous supplie de lui dire que mon triste état m'a empêché jusqu'à présent à lui faire réponse sur *Cogé pécus* (1), mais que si j'en réchappe il aura bientôt de mes nouvelles.

Il est bien étrange que je sois obligé, la mort sur les lèvres, de répondre à un avocat (2), et que je sois en quelque façon partie dans le procès de M. de Morangiés.

Je soumets mes raisons à vos lumières. Il me semble que la cause de M. de Morangiés ne devrait être jugée que par des philosophes qui savent peser les probabilités.

Regardez, je vous prie, Monsieur, comme une démonstration les assurances de ma respectueuse estime et de mon tendre attachement.

Le vieux malade de Ferney.

1er mars 1773.

Je vous envoie ce chiffon par M. Marin. Si vous

(1) L'abbé Cogé, régent de rhétorique au collége Mazarin, qui avait donné à ses élèves, pour sujet de composition : *Non magis Deo infensa est quam regibus ista quæ vocatur hodie philosophia.*

(2) Falconnet, avocat des Véron, contre le comte de Morangiés, soutenu par Voltaire. Voyez, tome XLVII des œuvres de Voltaire, *Réponse à l'écrit d'un avocat.*

m'aviez donné votre adresse, je vous l'aurais adressé en droiture; mais dans votre dernière lettre (1) vous me dites des choses fort ingénieuses et fort agréables des dames de Paris, et vous ne m'avez point donné d'adresse.

11. A VOLTAIRE.

Paris, ce 16 mai 1773.

Je vous dois bien des remercîments, mon illustre maître, d'abord pour m'avoir procuré l'avantage de connaître M. l'abbé Mignot (2), qui m'a témoigné toutes sortes de bontés dans un procès pour ma mère que je viens de gagner, et ensuite pour m'avoir envoyé les *Lois de Minos* avec tout ce qui les accompagne. L'auteur des petites hardiesses a bien eu raison de s'élever contre le panégyrique de ce Louis, qui avait la morale d'un moine et la politique d'un tyran. C'est une chose digne de remarque, selon moi, que jamais la religion chrétienne n'ait placé dans le ciel que des rois persécuteurs, ou des princes qui déshonoraient le trône par des vertus de capucins.

La lettre de ce Clément est excellente (3). Voilà son opprobre écrit de sa propre main. Il n'en rougira

(1) Cette lettre ne s'est pas retrouvée.

(2) Neveu de Voltaire.

(3) *Quatrième lettre à M. de Voltaire*, par Clément (de Dijon). Voltaire en demande justice au chancelier Maupeou, dans une lettre du 20 décembre 1773.

pas, mais ses protecteurs rougiront ; et si , parmi les ennemis de la philosophie , il y a quelques honnêtes gens qui la craignent , comme des yeux trop délicats craignent la lumière , ils n'oseront plus rester dans un parti qui n'a pour chefs comme pour protecteurs que des hommes chargés du mépris ou de la haine publique.

Le bruit s'est répandu, il y a quelques semaines, que M. de Lalande avait dit qu'il n'était pas absolument impossible qu'une comète vînt choquer la terre. Aussitôt la frayeur s'est emparée des esprits. Les femmes de la cour et celles de la halle ont couru à confesse, et il s'est fait une grande consommation de pains azymes ; ce qui est un grand bien, car les marchands de cette espèce de denrée se plaignent que ce commerce tombe tous les jours. Il n'y en a pourtant point de meilleur selon tous les principes de l'économie politique , puisqu'on ne peut nier que la matière première ne soit bien peu de chose, et que la main-d'œuvre n'en fasse tout le mérite.

Avez-vous reçu, mon cher et illustre maître, une lettre où je vous mandais que j'avais été élu secrétaire de l'Académie des sciences en survivance ? Quand on n'est pas assez heureux pour demeurer au mont Krapack, et pouvoir dire de là tout ce qu'on pense, et qu'on n'a pas reçu une voix assez forte pour se faire entendre du fond de sa retraite aux tyrans de toutes les robes, et les faire trembler au milieu de leurs esclaves, alors on peut regarder une place de cette nature comme un moyen de faire sourdement le peu de bien que l'on peut faire.

Adieu, mon cher et illustre maître; croyez que personne n'est plus sensible à votre souvenir, ne vous aime, ne vous admire davantage du fond du cœur, et ne vous est plus inviolablement uni, non en Jésus-Christ, mais en Teucer (1), dans l'amour de la vérité, de l'humanité, et dans la haine pour leurs ridicules et atroces ennemis.

M. D'Alembert me charge de vous dire qu'il a reçu et distribué les exemplaires des *Lois de Minos*.

12. A CONDORCET.

23 mai 1773.

Vous êtes un vrai philosophe, Monsieur, c'est-à-dire un vrai sage, et vous rendez la philosophie bien aimable par les grâces de votre esprit. Il ne faut que deux hommes comme vous et M. D'Alembert pour conserver le dépôt du feu sacré que tant d'hypocrites veulent éteindre; et, Dieu merci! vous avez dans Paris un très-grand nombre d'honnêtes gens qui vous secondent. Ainsi, Monsieur, ne vous découragez jamais. Quand la raison a mis une fois le pied dans un pays, on peut la persécuter, on peut la faire taire pour quelque temps; mais on ne peut la chasser. Vous serez toujours à la tête des sages. C'est la plus belle place du monde à mon gré.

Je fais bien plus de cas des secrétaires que des fondateurs. Je me tais pour le présent sur le reste.

____

(1) Personnage des *Lois de Minos*.

Je m'en rapporte à M. D'Alembert comme à vous. Il y a dans le monde des gens plus dangereux que les comètes.

Comptez sur mon dévouement entier, Monsieur, pour le peu de temps qui me reste à vivre.

V.

13. A CONDORCET.

4 auguste 1773.

Je vous adresse, Monsieur, mes remercîments (1) en droiture, comme vous me l'ordonnez.

Je n'avais jamais entendu parler de cette illustre assemblée des oies qui ne sont pas ceux du Capitole. Je sais seulement que celui qui se moque d'eux n'était qu'un canard enroué qui croyait avoir la voix plus belle que celle d'Homère et de Sophocle. C'est de lui que nous sont venues les comédies de la Passion et les moralités de la Mère sotte.

Nous avons ici beaucoup de Languedochiens d'auprès de Toulouse ; mais personne ne connaît la fête des ânes et des mulets. Il faut qu'elle soit imitée de celle des chevaux, sur lesquels on jette de l'eau bénite à Rome, à la porte de l'église de Saint-Antoine.

Si Rome fait cet honneur aux chevaux, il est juste que Toulouse, qui n'est qu'une capitale de province, ne fête que des ânes. Il faut avouer que les vaches de M. Legentil (2) sont encore au-dessus des mulets et

______

(1) Pour l'envoi des *Éloges.*
(2) Legentil de la Galaisière, savant astronome, cité dans les

I.2*

des chevaux. M. Scrafton, qui a servi longtemps dans l'Inde, et surtout sur le Gange, est entièrement de l'avis de M. Legentil. Il est étonné de la facilité avec laquelle les Brames calculent les éclipses. Vous connaissez sans doute tout ce que dit M. Holwel (1) sur les anciens Bracmans, et sur le livre du *Shasta-Sid*, qui a cinq mille ans d'antiquité. Si M. Holwel ne nous a pas trompés, c'est, sans contredit, le plus ancien monument de la terre. On m'a envoyé depuis peu un petit extrait de l'ouvrage de M. Legentil, tiré du journal des savants. Cet extrait annonce des choses bien intéressantes. Je pourrais aussi vous faire tenir incessamment quelque chose d'assez curieux sur l'Inde (2).

Dieu veuille que ce petit ouvrage vous parvienne.

Je mettrai dans le paquet deux exemplaires, l'un pour vous, Monsieur, l'autre pour M. D'Alembert.

L'inclément Clément (3) n'aura pas beau jeu à désavouer les clémentines qu'il m'a écrites : j'ai tous les originaux de sa main. Je ne crois pas qu'il y ait d'êtres si méprisables dans le monde que toute cette petite canaille de la littérature. Ils avilissent les belles-lettres autant que vous honorez les sciences.

J'ai vu M. de Garville, mais je ne l'ai point assez vu, j'étais trop malade ; il m'a paru bien digne de votre amitié.

Fragments sur l'Inde, ainsi que M. Scrafton. Voyez tome XLVII, page 332, des œuvres de Voltaire.

(1) Gouverneur de Calcutta, qui, prisonnier au Bengale, y étudia vingt ans la langue sacrée des Brames, et publia des mémoires sur l'Inde, que Voltaire estimait très-précieux.

(2) Les *Fragments sur l'Inde* et *Le général Lally*.

(3) Clément (de Dijon.)

Ce qu'on vous a dit du capitaine Talonde (1) n'est malheureusement pas vrai; mais ce qui est assez vraisemblable, c'est qu'il peut venir un jour chez les Welches en grande compagnie.

Agréez, Monsieur, les sincères assurances de mon tendre et respectueux attachement.

V.

14. A CONDORCET (2).

16 novembre 1773.

Je ne sais quelles nouvelles à la main, Monsieur, m'avaient donné des alarmes sur une de vos amies. Je vois que je me suis trompé. A l'égard de Brama, ou du Chang-Ti, ou d'Oromase, ou d'Isis, je ne crois pas encore me tromper tout à fait. Il faut les admettre quand on a affaire avec des fripons, et crier plus haut qu'eux.

De plus, il m'est évident qu'il y a de l'intelligence dans la nature, et que les lois imposées aux planètes, à la lumière, aux animaux et aux végétaux, ne sont pas inventées par un sot.

Mens agitat molem (3).

(1) Ce nom est ainsi écrit dans l'original, qui, à la vérité, n'est pas de la main de Voltaire. Il s'agit de d'Étallonde de Morival, impliqué dans l'affaire de La Barre, et réfugié en Prusse, où Frédéric l'avait fait officier, sur la recommandation de Voltaire.

(2) Vol. LXVIII, page 370.

(3) Virg., *Æneid.*, lib. VI, v. 727.

Ce sont les Sabotiers (1) qui sont sots et méchants; mais je crois la nature bonne et sage; il est vrai qu'elle fait quelquefois des pas de clerc : je ne la crois ni impeccable ni infinie. Je pense que son intelligence a tout fait pour le mieux, et que dans ce mieux il y a encore bien du mal. Tout cela est une affaire de métaphysique qui n'a rien à faire avec la morale, et qui n'empêche pas que les Véron (2), les Clément, les Sabatier, etc., ne soient la plus méprisable canaille de Paris.

Comme je sais que vos mathématiques ne vous empêchent point de cultiver les belles-lettres, permettez-moi de vous demander si vous avez lu le *Connétable de Bourbon* (3), de M. de Guibert. Sa *Tactique* n'est pas un ouvrage de belles-lettres, mais elle m'a paru un ouvrage de génie. Il y a une autre sorte de génie dans le *Connétable*. Je ne sais si notre frivole Paris est digne de deux ouvrages excellents qui parurent l'année passée : c'est *la Tactique* et *la Félicité publique*. Je ne me connais ni à l'un ni à l'autre de ces sujets, mais je voudrais que ceux qui sont à la tête du gouvernement eussent le temps de bien examiner si M. de Chastellux et M. de Guibert ont raison.

(1) L'abbé Sabatier (de Castres), auteur des *Trois siècles de la littérature.*

(2) Adversaire du comte de Morangiés, de qui Voltaire avait embrassé la défense.

(3) Tragédie qui fit grand bruit, et avec *la Tactique*, dont il est question plus loin, mit M. de Guibert tout à fait à la mode.

Il m'est tombé entre les mains un petit manuscrit(1) sur le livre de M. de Guibert : ce n'est qu'une plaisanterie. J'aurai l'honneur de vous la faire tenir sous l'enveloppe de M. de Sartine. Vous la ferez lire à M. D'Alembert, ou je l'enverrai à M. D'Alembert afin que vous la lisiez, supposé que cela puisse vous amuser un moment. Vous êtes tous deux les vrais secrétaires d'État dans le royaume de la pensée : vos lettres sont plus assurément instructives et plus agréables que toutes les lettres de cachet.

Conservez toujours, Monsieur, un peu de bonté pour le vieux malade.

15. A CONDORCET (2).

5 décembre 1773.

C'est bien vous qui êtes mon maître, Monsieur le Marquis, et qui l'auriez été de Bernard de Fontenelle. C'est vous qui êtes un vrai philosophe et un philosophe éloquent. On m'a parlé d'un éloge de M. de Fontaine (3), qui est un chef-d'œuvre. Vous ne sauriez croire quel plaisir vous me ferez de me le faire parvenir.

Je ne connais guère que vous et M. D'Alembert qui sachiez présenter les objets dans leur jour et écrire toujours d'un style convenable au sujet. J'ai cherché

(1) *La Tactique.* Voy. Voltaire, tome XIV.
(2) Vol. LXVIII, page 379.
(3) Voyez tome II, p. 139.

dans mes paperasses la mauvaise plaisanterie sur les
comètes (1), je ne l'ai point trouvée. On dit qu'il y en
a deux; l'une de moi, l'autre que je ne connais pas :
mais, dans l'état où je suis, souffrant continuellement, et près de quitter ce petit globe, je dois prendre peu d'intérêt à ceux qui roulent comme nous dans
l'espace, et avec qui probablement je ne serai jamais
en liaison.

Il est vrai que, dans les intervalles que mes maladies me laissent quelquefois, je m'amuse à la poésie,
que j'aime toujours, quand ce ne serait que pour
donner un os à ronger à Clément et à Sabotier; mais
j'aime mieux votre prose que tous les vers du monde.
Ce que j'aime autant que votre prose, c'est votre personne. Jamais les belles-lettres et la philosophie n'ont
été si honorées que par vous.

Agréez, Monsieur, le tendre respect du vieux malade de Ferney.

16. A CONDORCET.

24 décembre 1773.

Vous m'avez fait passer, Monsieur, un quart d'heure
bien agréable; cela ne m'arrive pas souvent. J'aime
mieux voir Alexis Fontaine dans votre ouvrage (2)
qu'en original. Je l'ai entrevu autrefois; il fit un voyage
de sa terre à Paris sur un âne, comme les prophètes
juifs; son porte-manteau était tout chargé d'XX que

(1) *Lettre sur la prétendue comète;* Voltaire, tome XLVII.
(2) Voyez l'éloge de Fontaine, tome II, page 139.

ces prophètes ne connaissaient pas. Vous tirez *aurum ex stercore Ennii*. Bernard de Fontenelle en tirait quelquefois du clinquant. Vous nourrissez et vous embellissez la sécheresse du sujet par une morale noble et profonde qui doit faire une grande impression, qui ne corrigera ni Fréron, ni Clément, ni Sabatier, mais qui enchantera tous les honnêtes gens.

Ce qui m'étonne, c'est que Fontaine aimât Racine. C'est le plus bel éloge qu'on ait jamais donné à ce grand poëte. J'ai connu dans mon enfance un chimiste nommé La Ligerie; c'est de lui que nous vient la poudre des chartreux. On le mena un jour à *Phèdre;* il se mit à rire à la première scène, et il s'en alla à la seconde. L'aventure de Fontaine et de son avocat me paraît beaucoup plus plaisante. Si vous avez besoin de votre copie, Monsieur, je vous la renverrai en vous demandant la permission d'en faire une pour moi qui ne sortira pas de mes mains.

Je ne sais si vous avez fait de nouvelles découvertes en mathématiques; j'ignore même si on peut en faire de grandes; mais il me semble que vous en faites dans le cœur humain, ce qui me paraît tout aussi difficile.

Le mauvais plaisant de Grenoble, qui s'était un peu égayé sur les comètes (1), est bien obligé au grand philosophe, quel qu'il soit, d'avoir daigné prendre le parti de ses oreilles contre d'autres oreilles. Con-

_____

(1) Voltaire lui-même, *Lettre sur la prétendue comète;* voyez tome XLVII de ses œuvres. Une lecture de Lalande, à l'Académie des sciences, avait été l'occasion des bruits dont Voltaire se moque dans cet écrit.

tinuez, Monsieur, à protéger la raison, qui est toujours persécutée en plus d'un genre. Le petit troupeau des gens qui pensent n'en peut plus. Vous savez qu'il y a des gens puissants qui ressemblent au docteur Balouard. Ce docteur ne voulut jamais d'autre valet que le balourd Arlequin, parce qu'il s'imaginait qu'Arlequin ne pourrait jamais découvrir ses turpitudes, et il se trompa : des gens d'esprit l'auraient beaucoup mieux servi qu'un sot. Puissiez-vous, avec M. D'Alembert, détromper le docteur Balouard; peut-être à vous deux formerez-vous un nouveau siècle. Je quitterai bientôt le mien en vous regrettant tous deux, et en emportant dans le néant ma très respectueuse amitié pour vous.

V.

17. A CONDORCET.

A Ferney, 25 février 1774.

Le vieux malade, Monsieur, plus vieux et plus malade que jamais, presque aussi sourd que la Condamine, presque aussi aveugle que madame du Deffant, vous écrit tout uniment par la poste comme vous l'avez voulu, et comme vous avez eu raison de le vouloir. La voie dont il se servait (1) était trop dangereuse. Vous me l'avez dit, et je l'ai bien éprouvé.

Je vous dois mille remercîments. J'en ai dit quelque chose à votre digne confrère en secrétariat, mais je n'ai pas osé lui expliquer tout le problème. Je

(1) L'intermédiaire de Marin.

me flatte qu'il est aussi bien instruit que vous, et qu'il a trouvé l'équation tout d'un coup.

Voilà de ces choses qu'on ne devrait pas attendre dans la république des lettres. Que d'infamies dans cette république! Il faut espérer que les deux secrétaires unis mettront tout sur un meilleur pied. Je suis un peu victime des brigands soi-disant lettrés, mais je me console avec vous.

Le quatrième mémoire de Beaumarchais ne laisse pas de donner de grandes lumières sur des choses dont vous m'aviez déjà parlé (1), et dont je vous prierais de m'instruire si vos occupations vous le permettaient. Ce Beaumarchais justifie bien les défiances que vous aviez (2). Malheureusement j'ai eu trop de confiance. Pour surcroît de peine, il faut que je me taise (3). Cela gêne beaucoup quand on a de quoi parler et qu'on aime à parler.

Ne vous gênez pas, je vous en prie, avec moi, si

(1) Sur Marin, secrétaire de la librairie et censeur royal. Voltaire avait en lui toute confiance et faisait passer sa correspondance par ses mains. Il avait même voulu, en 1770, faire entrer Marin à l'Académie française. Il se trouva que ledit Marin décachetait la correspondance de Voltaire, et lui avait volé les *Lois de Minos*, dont il fit une édition subreptice. Voyez, ci-dessus, lettre 9.

(2) « M. le marquis de Condorcet m'avait averti qu'il ne vou- « lait plus recevoir de lettres par les bons offices d'un homme « qui était soupçonné de les ouvrir, soupçonné d'être espion, « soupçonné d'être, d'être, etc..... On s'est trop aperçu enfin que « cette défiance de M. de Condorcet était trop fondée. »

(A D'Alembert, 25 février 1774.)

(3) Parce que Marin avait retenu en main de quoi se venger.

vous savez quelque chose à m'apprendre touchant
l'homme dont vous vous êtes si justement défié. Il
me semble que la Condamine vous a laissé un beau
canevas à remplir. Son histoire philosophique sera
curieuse. On dit qu'il est mort d'une manière très-
anti-philosophique, en se mettant entre les mains
d'un charlatan qui l'a tué (1). Je sais bien que la plupart des hommes meurent entre les mains des charlatans, soit empiriques, soit autres.

Dieu me préserve de tous ces gens-là! Je serai
bientôt dans le cas.

Adieu, Monsieur; jouissez en paix de la vie, de
votre réputation et de votre vertu.

Si vous me faites l'honneur de m'écrire, je vous
prie d'adresser vos lettres à Gex.

RATON.

18. A VOLTAIRE.

6 mars 1774.

Je n'ai point de mémoires particuliers sur l'histoire de l'hippopotame (2). S'il vous a trahi, s'il a abusé
de votre confiance, c'est une infamie de plus, et une
infamie d'autant plus grande qu'il vous doit le peu
d'existence qu'il a eu dans la littérature. C'est un des
plus dégoûtants hypocrites de vertu que je connaisse,
et il deviendra hypocrite d'autre chose dès qu'il y
trouvera à gagner.

(1) Voyez la réponse à cet article dans la lettre suivante.
(2) Marin. Allusion au quolibet de Beaumarchais, *l'animal
marin.*

La Condamine est mort en héros d'une opération à laquelle il s'est soumis par zèle pour l'humanité (1). Elle était nouvelle, et il a voulu qu'on en fît l'épreuve sur lui. S'il en était revenu, il aurait été le plus beau soprano du monde. Trente-quatre jours après, il fit venir M. de Buffon chez lui, et lui fit confidence de son aventure en vers gaillards sur le peu de regret qu'il devait avoir de ce qu'il avait perdu. Il est mort trois ou quatre jours après. Comme il avait le malheur de ne pas croire à la révélation, qu'il ne voulait pas mentir, et que d'ailleurs on le pressait, comme de raison, de recevoir ce que vous savez, il écrivait de tous côtés pour avoir un confesseur qui le dispensât de croire.

Il n'a pas eu le temps d'en trouver, et à l'heure que je vous parle, l'âme du pauvre homme est à tous les diables, en attendant que son corps aille la rejoindre. Je ferai son éloge pour notre rentrée du 13 avril; et je vous enverrai une copie.

Voici maintenant, mon cher et illustre maître, une petite grâce que je vous prie de m'accorder. Quelques bonnes âmes ont imaginé d'ouvrir chez un notaire une souscription dont l'objet est de former un prix que l'Académie des sciences adjugera à la meilleure dissertation sur la manière de préserver les édifices et les individus de la foudre; et pour que cette souscription réussît, il faudrait que vous vinssiez à notre secours. Il n'y a que vous qui puissiez

_____

(1) L'opération de la pierre, par une nouvelle méthode dont il avait voulu qu'on fît l'essai sur lui-même, se proposant d'en rendre compte à l'Académie.

vaincre la résistance invincible qu'ont les Welches pour tout ce qui est raisonnable.

Je vous demande donc d'envoyer un louis et votre nom à M. Baron , notaire, rue de Condé , et , si vous n'y voyez pas d'inconvénient, à faire imprimer la lettre ci-jointe avec une réponse de quatre lignes, où vous diriez que vous avez souscrit. Si vous voulez la faire plus longue, ce serait une nouvelle grâce. Je crois qu'il faudrait se borner à mettre la lettre initiale des noms. Les Welches, tout sots qu'ils sont, ne se trompent jamais sur votre style, tant les passions donnent d'esprit!

Adieu, mon cher et illustre maître, conservez-moi une part dans votre souvenir, aimez-moi un peu. Ce sera pour moi la récompense la plus flatteuse du peu que je puis faire.

Beaumarchais a été blâmé par le parlement; on dit que c'est pour empêcher ceux qui leur ont donné de l'argent de le dire tout haut. On le déclare infâme pour les cas résultant du procès; comme si ce n'était pas le délit, mais l'opinion du tribunal qui pût faire l'infamie. Il n'y a rien de plus absurde, de plus lâche, de plus insolent et de plus maladroit en même temps, que cet arrêt. Sans celui de La Barre on serait tenté de regretter l'ancien parlement.

Savez-vous qu'il a été sérieusement question de rétablir les jésuites, c'est-à-dire de former une congrégation de prêtres chargés spécialement d'élever la jeunesse, et dont les ex-jésuites formeraient la plus grande partie? On leur aurait donné tous les petits colléges de province. Nos ministres ont eu la bonté

de ne pas rire au nez de ceux qui ont proposé ce
beau projet, mais après un examen sérieux ils l'ont
rejeté. On s'est rabattu à former une congrégation
d'éducation, dont les jésuites seraient exclus ; mais
ce seront toujours des fanatiques et des moines. C'est
comme si les Caraïbes changeaient l'habitude d'a-
platir en large la tête de leurs enfants, en celle de
l'aplatir en long : ils n'en resteraient pas moins imbéciles. Les dévots se sont réconciliés avec les athées
hypocrites pour faire cette belle œuvre, dont il ne
faut pourtant parler qu'avec des mitaines. L'agonie
de la superstition sera longue, et elle a quelquefois
des intervalles de vigueur qui font frémir !

Le comte Schouvalof (1) a fait des vers charmants
à Ferney, qui vaut mieux que le Parnasse. Vous ne
me les avez pas envoyés. Vous ne m'envoyez rien !

19. A CONDORCET (2).

4 mai 1774.

Le vieux malade ne peut écrire ni de ses mains, ni
de celle de son scribe, qui est malade aussi ; il se
sert d'une main étrangère pour vous dire, Monsieur

---

(1) C'est le comte André de Schouvalof, neveu du comte Jean
de Schouvalof, chambellan de l'impératrice de Russie. Voltaire
répondit à l'épître dont il est ici question par des vers qu'on peut
lire, t. XIV, p. 453 de ses œuvres. Le comte de Schouvalof faisait des vers français avec assez de facilité pour qu'une *Épître
à Ninon*, dont il est l'auteur, ait été attribuée à Voltaire.

(2) Voltaire, t. XLVIII, page 492.

le Marquis, que vous devenez l'homme le plus nécessaire à la France. Vous avez su tirer *aurum ex
stercore Condamini* (1). Votre ministère de secrétaire
fera une grande époque dans la nation.

Je vois, dans tout ce que vous faites, toutes les
fleurs de l'esprit et tous les fruits de la philosophie;
c'est la corne d'abondance. On courra à vos éloges
comme aux opéras de Rameau et de Gluck. La réputation que vous vous faites est bien au-dessus *des
honneurs obscurs de quelque légion* (2). Tout le monde
convient qu'une compagnie de cavalerie n'immorta-
lise personne; et je puis vous assurer que vos éloges
de l'Académie des sciences éterniseront l'Académie
et le secrétaire. Il n'y a qu'une chose de fâcheuse,
c'est que le public souhaitera qu'il meure un académicien chaque semaine pour vous en entendre
parler.

Je voudrais que le clergé eût un secrétaire comme
vous, et que vous pussiez, en enterrant tous les prêtres, faire leur oraison funèbre, et enseigner aux
hommes la raison, qu'on est fort loin de leur enseigner.

Vous rendez bien des services à cette malheureuse raison. Je vous en remercie de tout mon cœur,
comme attaché passionnément à vous et à elle.

(1) Dans l'éloge qu'il fit de la Condamine à la rentrée de l'A-
cadémie, le 13 avril 1774, vol. II, p. 156.

(2) Racine a dit dans *Britannicus*, acte I, scène 2 :

Dans les honneurs obscurs de quelque légion. B.

20. A VOLTAIRE.

Ce dimanche, 1774.

Bertrand n'a fait part qu'à moi des marrons que Raton lui a envoyés. Il faut que Raton vienne à notre secours contre le tonnerre et contre les moines, qui font beaucoup plus de mal et d'une manière moins noble (1). Les amis des jésuites ont déjà changé de projets trois ou quatre fois :

Et qui change aisément est faible ou veut tromper !

Il faut donc vous en défier; qu'il y ait une congréga-

(1) Il s'agit toujours de cette congrégation, mentionnée ci-dessus dans la lettre n° 18, et destinée à renverser l'Université et à s'emparer de l'instruction publique. Ce n'est pas d'aujourd'hui, comme l'on voit, que le clergé nourrit ce projet et s'évertue pour arriver à le faire réussir. Le retour des mêmes circonstances précisément nous engage à citer ici un fragment d'une lettre où D'Alembert trace à Voltaire le plan des jésuites :

« Voici le projet de la nouvelle forme qu'on prétend leur don-
« ner. Ils formeront une communauté de prêtres qui n'aura point
« de général à Rome, mais qui fera des vœux, *excepté celui de*
« *pauvreté*, afin qu'ils soient susceptibles de bénéfices. On recevra
« dans cette communauté d'autres prêtres que les ex-jésuites, et
« même ces prêtres seuls auront l'administration des biens. De
« plus, l'étude de la théologie sera interdite dans cette congréga-
« tion, et ils ne pourront jamais diriger les séminaires; mais ils
« serviront de pépinière pour donner des maîtres aux colléges de
« province, sans néanmoins être membres de l'Université.
« Vous sentez, mon cher maître, tout ce qu'il y a d'insidieux
« dans ce projet, et que, dès qu'une fois la canaille sera établie,

tion de moines chargés d'abrutir la jeunesse avec jésuites ou sans jésuites, cela est toujours également détestable. L'esprit est le même. Ainsi, quelque ridicule qu'il soit à moi de donner des avis à Raton, j'oserais lui conseiller d'arranger les marrons de manière qu'il puisse répondre à tous ces projets, et qu'il prouve que toutes ces congrégations ne peuvent être que des jésuites plus ou moins déguisés, mais toujours des jésuites. Ne trouvez-vous pas comme moi que, dans toutes les nations, la race d'hommes la plus méprisable et la plus odieuse est celle des prêtres catholiques? Aussi méchants que les tyrans, ils sont plus lâches et plus perfides.

Dans l'histoire de ce pauvre Samson, qui savait si bien deviner les énigmes et prendre des renards, Dalila n'est-elle pas plus coupable que les Philistins?

« elle se mettra bientôt en possession de tous les avantages aux-
« quels elle feint de renoncer dans ce moment, pour ne pas trop
« effaroucher les contradicteurs.................... Enfin il est
« clair que ces marauds ne demandent rien dans ce moment que
« d'obtenir un souffle de vie, qui deviendra bientôt, grâce à leurs
« intrigues, un état de vigueur et de santé. » (26 février 1774.)

Ne semble-t-il pas que cette lettre ait été écrite hier?

Voyez, sur le même sujet, une autre lettre de D'Alembert, du 22 mars 1774.

Voltaire avait promis de répondre au vœu exprimé par D'Alembert et Condorcet; d'autres occupations et sa mauvaise santé l'en empêchèrent. S'il eût tenu parole, c'est pour le coup que les aboyeurs du parti auraient beau jeu à nommer l'Université la fille aînée de Voltaire! Après tout, aux yeux des gens d'esprit et d'honneur, il vaudra toujours mieux être fils de Voltaire que de Fréron.

C'est l'emblême des prêtres ; ils traitent le genre humain comme elle traita Samson : ils lui ôtent sa force, l'aveuglent et le livrent à ses tyrans.

Adieu, mon cher et illustre maître. Conservez-vous bien. Vivez pour la bonne cause ; vous êtes comme le Jupiter d'Homère : seul dans un des plats de la balance, vous l'emporterez contre toute la foule des sots, des fripons, des intrigans, des fanatiques et même des athées. Ceux-là sont les plus détestables, et je les abhorre autant que je respecte les athées honnêtes gens dont la vertu est fondée sur la plus inébranlable de toutes les bases, l'amour de l'humanité.   C.

Liste de toutes les congrégations imaginées pour remplacer les ais des Caraïbes.

MAISON CHEF D'ORDRE ÉTABLIE A PARIS.

1. Composée entièrement d'ex-jésuites. 2. Mélée d'ex-jésuites et de prêtres. 3. Prêtres sans jésuites, mais employant les ex-jésuites dans les provinces. 4. Promettant même de ne pas employer de jésuites, mais le promettant parole de prêtres.

Autre liste très-incomplète des moines qui se mêlent déjà en France d'élever la jeunesse.

1. Bénédictins. 2. Barnabites. 3. Lazaristes. 4. Eudites. 5. Nicolaïtes ou calotins, parce qu'ils portent

de larges calottes. 6. Génovéfins. 7. Oratoriens.
8. Pères de Saint-Jean. 9. Pères de la doctrine chrétienne. 10. Petits frères ou frères ignorantins. (Ce
nom seul devrait les rendre chers aux fauteurs du
projet.) 11. Bourgachats.

21. A CONDORCET (1)

18 juillet 1774.

Je suis confus, Monsieur, et pénétré de reconnaissance. Ce n'est point par vanité que mon cœur
est si sensible à tout ce que vous avez bien voulu dire
en ma faveur dans le *Mercure* de juillet (2). C'est
qu'en effet rien n'est plus précieux pour moi qu'une
pareille marque d'amitié. Ce qui ajoute encore à
votre bienfait, c'est ce noble et juste mépris qu'il
vous sied si bien de témoigner à ces petits regrattiers
de la littérature, à cette canaille qui, en barbouil-
lant du papier pour vivre, ose avoir de l'amour-
propre, et qui juge avec tant d'insolence de ce
qu'elle n'entend pas. Il est juste d'écarter à coups
de fouet les chiens qui aboient sur notre passage.

J'aurais bien voulu lire *les Barmécides* de M. de
la Harpe. Il est le seul qui approche du style de Racine, et même d'assez près ; mais il a encore plus

(1) Voltaire, t. XLIX, p. 17.
(2) Le *Mercure*, tome I, de juillet 1774, contient, page 168,
une *Lettre de M. le marquis de Condorcet à M. de la Harpe*, qui
est une apologie de Voltaire. B. Voyez plus bas dans la *Correspondance générale*.

d'ennemis que n'en eut Racine. Dieu veuille qu'il trouve un Louis XIV! J'ai peur qu'il ne rencontre que des Pradons. Il a, de plus, un grand malheur; c'est d'être né dans un siècle dégoûté, qui ne veut plus que des drames et des doubles croches, et qui au fond ne sait ce qu'il veut. Le public est à table depuis quatre-vingts ans : il boit enfin de mauvaise eau-de-vie sur la fin du repas.

Les hommes de génie peuvent dire, dans ce temps, qu'ils sont nés mal à propos. Ce n'est pas pour vous que je parle, ni pour Bertrand, car vous êtes nés tous deux pour honorer votre siècle et pour nous défaire de la multitude d'insectes qui bourdonnent et qui voudraient piquer.

Je suis bien aise que l'insecte qui a voulu ressusciter le procès de M. de Morangiés ait été écrasé par la commission du conseil; cet insecte était dangereux : il donnait au mensonge l'air de la vérité. — J'ai lu une moitié de son mémoire, qu'on m'a envoyé. Il faut que le rapporteur du conseil ait un esprit bien fin et bien juste pour avoir démêlé toutes les petites fourberies dont ce mémoire atroce fourmille. Il me semble que M. de Sartine est très-outragé dans ce mémoire sous le nom général de *la Police*. Je ne sais rien de plus punissable.

On me console en m'assurant que les assassins du chevalier de La Barre ne reviendront point pour être nos tyrans, en faisant semblant d'être les protecteurs du pauvre peuple, qui n'est que le sot peuple.

On parle de prochains changements dans le mi-

nistère; mais il est dit dans la sainte Écriture : *No-
lite audire prophetas* (1).

Adieu, Monsieur, conservez-moi des bontés qui
font la consolation de ma vie.

22. A VOLTAIRE.

Ce 22 juillet 1774.

Vous savez sans doute la nomination de M. Turgot (2). Il ne pouvait rien arriver de plus heureux à
la France et à la raison humaine. Jamais il n'est
entré dans aucun conseil de monarque d'homme
qui réunît à ce point la vertu, le courage, le désintéressement, l'amour du bien public, les lumières et
le zèle pour les répandre. Depuis cet événement, je
dors et je me réveille aussi tranquillement que si
j'étais sous la protection de toutes les lois de l'Angleterre. J'ai presque cessé de m'intéresser pour les
choses publiques, tant je suis sûr qu'elles ne peuvent manquer de bien aller.

M. Turgot est un de vos admirateurs les plus pas-
sionnés et un de mes illustres amis ; ainsi nous aurions des raisons particulières d'être heureux, si les
raisons particulières pouvaient se faire entendre ici.

Je vous envoie, mon cher et illustre maître, un
exemplaire imprimé de l'Éloge de Fontaine, non pas

(1) Jérémie, chap. XXVII, vers. 9. B.

(2) Au ministère de la marine, sous M. de Maurepas. Cette nomination est du 20 juillet 1774.

que j'imagine que vous puissiez avoir le temps de le relire, mais comme un hommage. C'est beaucoup pour moi que vous daigniez lire une fois ce que j'écris.

Le choix de M. Turgot mérite d'être célébré par tous ceux qui s'intéressent à la bonne cause. On a pu nazillonner aux oreilles du roi quelques compliments sur les choix édifiants qu'il avait faits jusqu'ici : il est juste qu'il s'accoutume, en récompense de celui qu'il vient de faire, à entendre une autre mélodie.

Les princes d'Orléans ont eu ordre de ne point paraître à la cour, parce qu'ils n'ont pas voulu paraître au catafalque (1) et y saluer le parlement (2). C'est une tracasserie qui n'influera point sur les affaires publiques; ce parlement-ci est vil et méprisé, l'ancien était insolent et haï, tous deux étaient sots et fanatiques. Il en faut un troisième, et j'espère que c'est ce qui va arriver, et qu'on n'y souffrira ni les assassins de La Barre, ni leur esprit. L'infâme Pasquier est dans la dévotion et dans l'opprobre. Le Saint-Fargeau se pavane dans ses terres, admiré de ses valets. Michau n'est aux yeux du public qu'un brouillon sans courage et sans talents. Le reste ne vaut pas l'honneur d'être nommé.

C'est aujourd'hui la fête de sainte Madeleine. Croyez-vous que jamais il y ait rien eu d'aussi atroce et d'aussi bête que de punir de mort un homme

(1) De Louis XV.

(2) L'ancien parlement, exilé en 1771 pour faire place au par lement Maupeou, et rappelé à l'avénement de Louis XVI.

pour avoir dit qu'elle était une p....., et cela dix-huit siècles après qu'elle eut cessé de l'être, comme on avait exilé des gens pour avoir dit la même chose des maîtresses de quelques rois? On a cru devoir proportionner la peine à la dignité de l'amant, et que la mort n'était pas trop pour qui oserait médire de la maîtresse du bon Dieu.

Adieu, mon cher et illustre maître; vivez pour voir des jours heureux et pour les célébrer, car on espère que sainte Antoinette de Lorraine réparera l'énorme sottise de sainte Clotilde.

23. A CONDORCET.

12 auguste 1774.

Je ne vous écris aujourd'hui, Monsieur le Secrétaire, ni sur les sciences et les beaux-arts, qui commencent à vous devoir beaucoup, ni sur la liberté de conscience, dont on a voulu dépouiller ces beaux-arts, qui ne peuvent subsister sans elle.

Vous avez rempli mon cœur d'une sainte joie quand vous m'avez mandé que le roi avait répondu aux pervers qui lui disaient que M. Turgot est encyclopédiste : *Il est honnête homme et éclairé, cela me suffit.*

Savez-vous que les rois et les beaux esprits se rencontrent? Savez-vous, et M. Bertrand (1) sait-il que le poëte Kien-long, empereur de la Chine, en avait dit autant il y a quelques années? Avez-vous

____

(1) D'Alembert.

lu dans le trente-deuxième recueil des prétendues *Lettres édifiantes et curieuses*, la lettre d'un jésuite imbécile nommé Benoît à un fripon de jésuite nommé Dugad? Il y est dit en propres mots qu'un ministre d'État accusant un mandarin d'être chrétien, l'empereur Kien-long lui dit : « La province est-elle mécontente de lui? — Non.—Rend-il la justice avec impartialité?—Oui.—A-t-il manqué à quelque devoir de son état?— Non. — Est-il bon père de famille?— Oui.—Eh bien donc, pourquoi l'inquiéter pour une bagatelle ?

Si vous voyez M. Turgot, faites-lui ce conte. Je vous envoie la copie d'une requête que j'ai barbouillée pour tous les ministres. Il n'y a que le roi à qui je n'en ai pas envoyé. Je souhaite passionnément que cette requête soit présentée au conseil de commerce, dans lequel M. Turgot pourrait avoir une voix prépondérante. J'ai du moins la consolation de voir que, malgré les grands hommes, tels que Fréron, Clément et Sabotier, Ferney est devenu, depuis que vous ne l'avez vu, un lieu assez considérable, qui n'est pas indigne de l'attention du ministère. Il y a non-seulement d'assez grandes maisons de pierre de taille pour les manufactures, mais des maisons de plaisance très-jolies qui orneraient Saint-Cloud et Méudon : tout cela va rentrer dans le néant d'où je l'ai tiré, si le ministère nous abandonne. Je suis peut-être le seul fondateur de manufacture qui n'ait pas demandé de l'argent au gouvernement. Je ne lui demande que d'écouter son propre intérêt. Je vous en fais juges, vous et M. Bertrand.

Je voudrais bien venir vous consulter tous deux sur une affaire qui vous intéressera davantage, et que je vais entreprendre. J'invoque Dieu et vous pour réussir. Il s'agit de la bonne cause : vous la soutiendrez toujours avec Bertrand. Je m'incline devant vous, deux.   V.

24. A CONDORCET.

20 auguste 1774.

O tu major Fontanello et doctior.

On m'a envoyé la lettre du Théologien (1) à l'auteur du Dictionnaire des trois siècles (2). Il y a des plaisanteries et des morceaux d'éloquence dignes de Pascal. Il est impossible qu'un abbé qui s'est déjà signalé par plusieurs brochures contre les Cléments et les Sabotiers, ait fait seul ce singulier ouvrage. Je sais qu'il n'a nulle connaissance des mathématiques et qu'il ignore si M. D'Alembert a résolu le premier d'une manière générale et satisfaisante *le*

(1) Voltaire ne savait pas que cette lettre fût de Condorcet. Il censure cet écrit et se défend d'en être l'auteur avec une franchise et une bonne foi que le nom de son correspondant rend fort piquantes. Voyez cette lettre dans le tome V, page 277.

Voltaire attribua pendant quelque temps la *Lettre d'un théologien* à l'abbé Duvernet. Voyez sa lettre à Voisenon, du 10 octobre 1774.

(2) L'abbé Sabatier, de Castres, dont l'ouvrage n'est qu'un libelle contre Voltaire, son bienfaiteur Helvétius, et une foule d'autres.

problème des cordes vibrantes. J'avoue à ma honte que je l'ignorais aussi, et que depuis les injustices que j'essuyai sur les éléments de Newton, j'ai renoncé, il y a environ quarante ans, aux mathématiques.

Je ne sais ce que c'est que les Éléments de géométrie de l'abbé de la Chapelle. Il est donc évident que ni cet abbé, qui écrase Sabotier, ni moi, qui me suis moqué de lui avec Pégase (1), ne pouvons avoir fait ces morceaux de la lettre du Théologien qui fait tant de bruit à Paris.

Je ne serai point étonné que tout le clergé, dont on ne parle qu'avec horreur dans cette lettre, en demande justice à grands cris, et l'obtienne très-aisément. Il est, après tout, le premier ordre de l'État, et il est en droit de se plaindre. Le ministère peut se joindre au clergé, et trouver fort mauvais qu'on dise, à la page 82 (2), *que c'est du peuple que les princes ont reçu leur autorité.* Il dira que le roi a reçu sa couronne de soixante-cinq rois ses ancêtres, par là même loi que tout particulier hérite du bien de son père. Il ne fallait pas sans doute joindre la cause des évêques, et même des rois, à la cause d'un abbé Sabotier; il ne fallait pas donner de pareilles armes à ce polisson; il ne fallait pas le mettre en droit de dire: *On blasphème contre l'Église, contre le roi et contre moi.* L'abbé qui a fourni le canevas

____

(1) Dans le *Dialogue de Pégase et du vieillard,* qui est aussi de 1774.

(2) Tome V, page 334.

de cette brochure n'a fourni que des pierres avec lesquelles on lapidera les philosophes. Je veux bien être lapidé pour sauver d'honnêtes gens, mais je ne veux pas mourir injustement et inutilement. Il n'est pas juste qu'un abbé Sabotier, le plus vil des scélérats, compilateur du système de Spinosa (et non de la vie de Spinosa, comme le dit la lettre du Théologien), un soi-disant homme de lettres qui n'a fait que des vers aussi infâmes que plats, un domestique qui a volé ses maîtres, un fripon échappé des cachots où il avait été renfermé à Strasbourg ; il n'est pas juste, dis-je, qu'un tel homme puisse être, avec quelque apparence de raison, la cause du malheur des hommes les plus respectables et du mien. On doit me laisser mourir en repos. En un mot, je ne suis point l'auteur de la lettre d'un Théologien ; je ne dois pas passer pour l'être ; et je suis bien sûr que vous et vos amis vous me rendrez cette justice. Peut-être le gouvernement, occupé de choses plus importantes, ne fera-t-il nulle attention à cette brochure. Mais peut-être en recherchera-t-on l'auteur, et exercera-t-on la plus grande sévérité. Dans cette incertitude, je ne puis vous exprimer mon affliction et ma crainte. J'attends mon repos de la vérité et de votre amitié.

Ma fin est triste ; je souffre des tourments inexprimables dans mon pauvre corps qui va se dissoudre ; faut-il souffrir encore dans mon âme immortelle ?

Je vous supplie de conférer avec Bertrand et de m'éclairer tous deux.

V.

25. A CONDORCET.

23 novembre 1774.

J'ai reçu votre lettre du 15, Monsieur, qui m'a fait encore plus de plaisir que les éloges de Fontaine et de la Condamine.

Vous êtes bienfaisant comme M. Turgot, humain, hardi et sage. Je venais d'écrire à M. D'Alembert, ou à vous, une lettre que M. Turgot avait bien voulu permettre que je misse sous son enveloppe.

Dans cette lettre, je parlais d'un mémoire ci-devant envoyé par moi à l'un des deux Bertrands (1). Je craignais que ce mémoire ne fût point parvenu à son adresse. Je suis rassuré dans le moment présent : je sais que le mémoire a été reçu, que rien n'a été dérangé, et que tout va bien. Mais pour plus grande sûreté, je prie M. D'Alembert de me mander s'il a reçu ce mémoire en forme de lettre, dans lequel il y avait à la fin un petit mot sur un grand seigneur absolument étranger à cette affaire (2).

Vous pouvez prendre une entière confiance dans tout ce que j'ai l'honneur de vous mander. Je suis très-instruit depuis longtemps par madame de Brou,

(1) Un mémoire relatif à l'affaire de La Barre. Les deux Bertrands, D'Alembert et Condorcet.

(2) C'est la lettre à D'Alembert du 7 novembre 1774 (Voltaire, t. LXIX, p. 97). Le grand seigneur en question est le duc de Richelieu, qui devait de l'argent à Voltaire, et depuis cinq ans ne lui en avait point payé la rente.

abbesse de Villancour, dans Abbeville, tante de M. le chevalier de La Barre, qu'il n'y avait pas dans toutes les depositions de quoi mettre trois mois en pénitence un cordelier novice. Un intrigant barbare ameuta les sauvages d'Abbeville. Ces sauvages animèrent le jésuitique évêque d'Amiens (1), fanatique et diseur de bons mots; d'ailleurs bon homme, à ce qu'on dit, et qui s'est bien repenti de la catastrophe exécrable dont il a été la cause ridicule.

Mon neveu d'Hornoy, conseiller au parlement, Picard candide, très-accrédité dans son corps, et qui croit que le parlement a toujours raison, est pourtant persuadé que cette fois-ci le parlement s'est laissé entraîner, par le sieur Pasquier (2), à une cruauté qui jettera sur ce corps un opprobre éternel. Il est indigné que l'arrêt de ces cannibales n'ait passé que de deux voix, et cependant ait été exécuté.

J'ai vu dans la partie des procédures qui ont été entre mes mains, des charges qui feraient rire aux marionnettes de Nicolet, si la catastrophe ne faisait dresser les cheveux sur la tête.

Il faut que d'Étallonde commence par purger la contumace, ce que j'appelle faire revoir son procès. Mais pour purger cette contumace on n'a que cinq années, et il y en a plus de sept que cette abomina-

---

(1) D'Orléans de la Mothe, le même qui convertit Gresset, et lui fit brûler deux comédies manuscrites et un chant de Vertvert, intitulé : *L'ouvroir de nos sœurs.*

(2) Conseiller au parlement. Il dénonça les philosophes au sujet de l'affaire d'Abbeville, et détermina l'arrêt qui révolta l'Europe entière. Il fut aussi rapporteur dans le procès de Lally.

tion a été consommée. On a besoin de lettres du sceau pour obtenir la grâce de se mettre en prison, et peut-être de se faire pendre. C'est ainsi que j'en usai avec la pauvre Sirven et toute sa famille, condamnée par des barbares non moins imbéciles et non moins méchants que ceux d'Abbeville.

Mon avis a toujours été que d'Étallonde, condamné par coutumace dans le procès de La Barre, se présentât hardiment comme on va à l'assaut, et ne s'avilît point à demander une grâce qui suppose et qui constate un crime. Plus j'ai examiné ce que je sais de l'affaire, et plus il m'est évident qu'il n'y a de crime que dans les juges. Ce que je dis parut si manifeste à toute la province après l'assassinat du chevalier La Barre, que les juges d'Abbeville n'osèrent pas continuer le procès criminel commencé contre cinq jeunes gens prétendus complices de d'Étallonde et de La Barre, et dont Linguet avait pris généreusement la défense. Car si ce Linguet a d'ailleurs de très-grands torts, il faut avouer aussi qu'il a fait quelques bons ouvrages et quelques belles actions.

N. B. Je crois qu'il a entre les mains toutes les pièces du procès.

Ce que vous proposez, mon digne et respectable sage, est un trait de lumière admirable (1). Faire re-

___

(1) Ce passage et la suite de cette lettre établissent nettement que l'honneur d'avoir provoqué la révision du procès de La Barre appartient à Condorcet, et que ce fut lui qui poussa à cette démarche Voltaire, qui d'abord, de peur de gâter l'affaire, *ne voulait pas y paraître.*

voir hardiment au conseil le procès de La Barre, comme on y a revu celui des Calas, serait une chose digne du beau siècle où nous entrons, et il faudrait sans doute que M. d'Ormesson, M. de Marville, et les autres parents du chevalier de La Barre se chargeassent courageusement d'effacer l'opprobre de leur famille, du parlement et de la France.

Les Parisiens, qui ne connaissent que Paris, ne savent pas que depuis Archangel, Jassy, Belgrade et Rome, on nous reproche La Barre comme Rosbach; et qu'il est triste pour nos jolis Français de n'être plus regardés dans toute l'Europe que comme des assassins poltrons. J'ignore si on voudra remuer ce cloaque; si le conseil sera assez sage, assez hardi, et même assez instruit pour décider que la déclaration de 1682, faite à l'occasion de la Voisin et de deux prêtres sacriléges et empoisonneurs, ne regarde en aucune manière le chevalier de La Barre. Il fut convaincu, autant que je m'en souviens, d'avoir récité les litanies du ***, qui sont dans Rabelais, dédiées à un cardinal, et imprimées avec privilége du roi. Il avoua aussi qu'il avait récité l'*Ode à Priape*, de Piron, pour laquelle ce Piron avait eu, comme vous savez, une pension de quinze cents livres sur la cassette (1).

Je ne vois pas qu'il y ait dans tout cela de quoi donner la question ordinaire et extraordinaire à un jeune gentilhomme, petit-fils d'un lieutenant général, de quoi lui couper la main droite, de quoi lui

____

(1) Dans sa lettre du 7 septembre 1774 à madame du Deffant, Voltaire dit douze cents livres.

arracher la langue avec des tenailles, de quoi le brûler vif! Il se peut que chez les Welches, souvent aussi barbares que frivoles, on ait rendu autrefois quelques sentences qui aient servi de modèle à celle-ci; mais parce que la canaille de Paris a mangé autrefois le cœur du maréchal d'Ancre, faudrait-il s'occuper de nos jours du cœur d'un maréchal de France mis sur le gril? Enfin, mon sage, vous entreprendrez là un bel et difficile ouvrage; mais le succès en serait à jamais honorable.

Pour d'Étallonde, je le garderai chez moi tant que le roi de Prusse voudra bien me le confier. Il lui a donné un congé d'un an, ce qu'il n'a jamais fait encore pour aucun officier. L'année expirera dans peu de mois. C'est à M. D'Alembert à piquer d'honneur le roi de Prusse dans cette affaire, et à y intéresser son cœur et sa gloire; il faut que ce prince ne recule jamais, puisqu'il a tant fait que de recommander ce jeune homme.

Pour moi, je n'ai jamais eu dessein de gâter cette affaire en y paraissant, puisque je l'ai léguée à vous, à M. D'Alembert, à M. d'Argental et à mon neveu d'Hornoy, très-capable de vous servir avec un zèle infatigable dans le labyrinthe parlementaire.

C'est à moi de me taire, de me cacher, et à vous d'agir, suivant la bonne pensée qui vous est venue (1).

____

(1) L'équité nous oblige de remarquer que Condorcet n'a jamais réclamé de part dans cette affaire, dont l'honneur principal lui appartient. Dans sa biographie de Voltaire, il s'exprime là-dessus en termes généraux, dont on appréciera la modestie en les rapprochant du témoignage de Voltaire lui-même :

J'aimerais mieux mourir que de compromettre en rien l'ange tutélaire qui veut bien vous faire parvenir cette lettre (1). Ce serait, à mon avis, trahir la France, que de laisser échapper la moindre indiscrétion sur le compte d'un homme unique qui lui est si nécessaire. Enfin Raton, qui n'a plus de pattes, met tout entre les mains des Bertrands.

Mais encore un petit mot, je vous prie, sur cette étrange affaire. On présenterait requête au conseil pour casser l'arrêt du parlement contre La Barre, ou pour faire rejuger son procès par le parlement même. Proposer au conseil de casser l'arrêt du parlement au moment qu'il est rétabli, serait une démarche qui paraîtrait bien téméraire. Demander que ce même parlement rejugeât le procès serait encore plus infructueux : il ne cassera pas lui-même son arrêt.

Resterait donc à demander des lettres du sceau pour purger la contumace de d'Étallonde, et surtout pour la purger au parlement de Paris, car il ne veut point paraître devant les polissons ignorants et fanatiques d'Abbeville. En ce cas, il faudrait savoir si le parlement peut tirer à lui ce procès et l'ôter à la juridiction inférieure de plein droit, ou si l'on aurait besoin de lettres d'attributions.

« Pendant douze années que Voltaire survécut à cette injustice, « il ne perdit point de vue l'espérance d'en obtenir la réparation; « mais il ne put avoir la consolation de réussir : la crainte de « blesser le parlement de Paris l'emporta toujours sur l'amour de « la justice. » Voyez, dans la *Correspondance générale*, la lettre de Condorcet à Target.

(1) Turgot, ministre des finances, sous le couvert de qui Voltaire écrivait.

Je pense que le parlement a toujours été en droit d'évoquer à lui les affaires commencées dans son ressort. C'est probablement la seule ressource qui nous restera, et c'est en quoi M. d'Hornoy et ses amis nous serviront de tout leur pouvoir.

Cela posé, d'Étallonde ne paraîtra que quand il sera sûr qu'il n'y a point de déposition sérieuse contre lui, ou qu'on aura supprimé celles qui pourraient être dangereuses. Je n'en connais qu'une seule qui soit grave, et encore est-elle d'un enfant nommé Moisnel, à qui la tête avait tourné; il n'a déposé que sur un ouï-dire. *Unus testis, nullus testis.*

Je tourne cette affaire de tous les sens, et je finis par m'en rapporter à votre sens et à vos bontés.

26. A CONDORCET.

7 décembre 1774.

Le roi de Prusse prend à cœur beaucoup plus que je ne croyais l'affaire de ce jeune et très-estimable officier (1). Il m'en écrit du 18 novembre dans les termes les plus forts (2). Il m'envoie la lettre en original qu'il a reçue de son ambassadeur à ce sujet.

Les deux Bertrands, protecteurs de l'innocence et du mérite, peuvent être très-sûrs à présent que ce monarque n'abandonnera jamais une affaire si intéressante et à laquelle il semble attacher sa gloire.

(1) D'Étallonde, condamné par contumace dans l'affaire du chevalier de La Barre.

(2) Voyez cette lettre, t. XIX, p. 105, des œuvres de Voltaire.

Ce jeune gentilhomme est digne en effet de toute la
protection du roi son maître. Son éducation avait
été si négligée, qu'il ne savait pas même l'arithmétique. Il a appris chez moi (1) la géométrie, et surtout la
géométrie pratique, en très-peu de temps. Il sait lever
des plans avec une facilité surprenante. Il vient de
dessiner très-proprement tout le pays qui est entre
les Alpes et le mont Jura, le long du lac de Genève,
et j'envoie cet ouvrage au roi son maître dès aujour-
d'hui. Il sera certainement le meilleur ingénieur de
son armée. Quant aux pièces nécessaires, je les attends
depuis quatre mois, et je les attends encore. Tout ce
que je sais, c'est que son abominable affaire fut le
fruit d'une tracasserie de petite ville et d'une inimi-
tié de famille. Un des juges, avant de mourir, se fit
traîner chez un oncle du jeune homme, ancien chevalier de Saint-Louis, et lui demanda publiquement
pardon de son exécrable injustice.

Il est étrange qu'il soit si difficile de réparer le
crime absurde qu'il a été si facile aux juges de
commettre. Mais enfin il faut attendre les pièces;
rien ne presse. Je me recommande, en attendant, à
la sagesse, au génie et à la vertu; ce n'est pas Raton
qui écrit aux Bertrands, c'est Porphyre qui écrit aux
Epictètes.

---

(1) Frédéric, ayant pris d'Étallonde à son service, lui avait
accordé un congé d'un an, que ce jeune homme vint passer à
Ferney.

27. A CONDORCET.

11 décembre 1774.

Le voici enfin cet exécrable procès-verbal; le voici avec toutes ses contradictions, ses imbécillités et ses noirceurs, accumulées par une cabale de Hottentots Welches! Deux coquins suscitèrent ce procès horrible uniquement pour perdre madame l'abbesse de Villancour, qui n'avait pas voulu coucher avec eux.

J'envoie aux deux Bertrands l'extrait fidèle des dépositions, avec la réfutation en marge (1). Il faut espérer que la France se lavera de cet opprobre d'une façon ou d'une autre.

Je donne avis à M. d'Hornoy que j'ai entre les mains la procédure. Je pense qu'il faut absolument purger la contumace : les cinq ans sont passés, on a besoin de lettres du sceau ; mais elles ne sont jamais refusées, c'est une chose de droit.

Il serait plus difficile de réhabiliter le chevalier de La Barre au parlement même. Jamais les assassins ne voudront convenir qu'ils ont été des coupe-jarrets absurdes. On ne pourrait parvenir à cette réhabilitation qu'en cas que la famille obtînt la révision à un autre tribunal. Mais songez que la famille des de Thou n'a jamais pu parvenir à faire revoir le procès de son parent, juridiquement assassiné pour s'être conduit en honnête homme. D'ailleurs je crois qu'il y a eu

(1) On le trouvera à la suite de cette lettre.

quelques profanations prouvées contre le chevalier de La Barre. Ainsi, tout ce qu'on pourrait obtenir serait une condamnation à une moindre peine; à moins qu'on ne portât l'affaire à un tribunal tout à fait philosophe, ce qui n'arrivera pas sitôt.

Toute notre ressource est donc de purger la contumace de d'Étallonde. Le succès me paraît sûr et fera le même effet que si on cassait le jugement rendu contre La Barre. Car le public croira avec raison que La Barre était aussi innocent que son camarade; et en justifiant l'un, nous les justifions tous deux.

Pour parvenir à cette justification, nous écartons un ou deux témoins des Hottentots d'Abbeville. Personne ne paraissant plus pour l'accuser, il sera en ce cas absous infailliblement, et il pourra même obtenir la permission de procéder contre ses accusateurs. Voilà où nous en sommes.

La générosité du grand-duc de Russie envers M. de La Harpe est une belle leçon pour nos Welches. J'embrasse tendrement nos deux Ajax, qui combattent vaillamment pour la cause des Grecs.

J'allais faire partir cette lettre par la voie indiquée, lorsque M. le marquis de Villevieille a eu la bonté de s'en charger. Alors je l'ai mis dans la confidence; bien sûr qu'il nous gardera le secret, et qu'il pourra même nous aider de ses bons offices. Son cœur est digne du vôtre.

Il faut encore que je vous dise, et que l'avocat sache qu'il y a dans la déposition de Moinel, page 2, que ledit Moinel avait entendu dire *que d'Étallonde avait donné des coups de canne au crucifix du grand chemin.* J'ai mis *insulter*, pour ne pas effaroucher les Welches.

—

RÉSUMÉ DU PROCÈS D'ABBEVILLE

AVEC LES RÉPONSES (1).

Du 26 septembre 1765.	Le nommé Naturé, maître d'armes, dit que les sieurs d'Étallonde, La Barre et Moinel, s'étaient vantés dans sa salle de n'avoir pas salué une procession de capucins.	
	Et, à la confrontation, il avoue que le sieur d'Étallonde n'a jamais été dans sa salle.	Preuve que ce témoin fut induit par la cabale, puisqu'il se rétracte à la confrontation.
Du 28 septembre 1765.	Aliamet de Metigni, le cadet, dit que le sieur de La Barre lui raconta que le sieur d'Étallonde, ayant vu dans la chambre d'un nommé Beauvarlet un médaillon représentant plusieurs figures, voulut d'abord l'acheter ; mais qu'ayant remarqué que toutes ces figures, parmi lesquelles il y avait un Christ, étaient très-mal faites, le sieur d'Étallonde lui avait dit qu'il ne faudrait acheter ce médaillon que pour le briser, tant il était défectueux.	Un témoin de ouï-dire, et qui fait parler un mort, est nul. Si on voulait faire valoir ce témoignage, il justifierait l'accusé.
Même jour.	Antoine Watier, âgé de seize à dix-sept ans, dit avoir entendu le sieur d'Étallonde chanter seul et en marchant une chanson sur des saints.	Un témoin de seize ans n'est pas grave, et l'accusation ne l'est pas.
Du 1er octobre 1765.	Antoinette Leleu, femme de Pierre Raime, maîtresse de billard, dit	Si d'Étallonde a chanté une vieille chanson de soldat dans

(1) Ces réponses sont certainement de Voltaire ; on les retrouve à peu près textuellement dans sa correspondance, et il n'a fait qu'en développer la forme dans *Le cri du sang innocent*, t. XLVIII, p. 134 de ses œuvres. C'est ici le premier jet.

avoir entendu chanter plusieurs fois des chansons sur les saints au sieur d'Étallonde. Raime son mari dit la même chose.

laquelle il y ait des indécences, il ne s'en souvient pas. Son application au service du roi, son maître, et l'étude des fortifications lui ont fait oublier ces puérilités.

Ajoute qu'il a ouï dire au sieur Saveuse que ledit Saveuse avait entendu dire au sieur Moinel que le sieur d'Étallonde avait insulté un crucifix planté sur le Pont-Neuf.

Des ouï-dire ne sont rien.

Du 3 octobre 1765. 1er interrogatoire de Moinel.

Moinel, enfant de quatorze ou quinze ans, dit que le sieur d'Étallonde était fort loin d'une procession de capucins, quand il n'ôta pas son chapeau. Interrogé *malignement* si ce n'était pas bravade? A dit que non. Si d'Étallonde ne s'en était pas vanté? A dit que non.

Du 7 octobre 1765. 2e interrogatoire de Moinel.

Ledit Moinel se contredit ensuite. Il accuse d'Étallonde d'avoir dit sacre D.... pourquoi ôter son chapeau de si loin devant des capucins? Mais a confirmé que le sieur d'Étallonde ne s'en était pas vanté.

Ce Moinel, qui s'est tant contredit, fut regardé comme un enfant imbécile dont les juges n'osèrent achever le procès, lorsqu'on eut reconnu enfin dans Abbeville que cette abominable affaire n'avait été entamée que par une querelle de quelques familles. C'est une chose publique.

Ensuite interrogé si, dans la conversation, d'Étallonde ne lui a pas tenu des discours impies? Dit qu'un jour devant un nommé Blondin, le sieur d'Étallonde dit qu'il était bien difficile de prouver l'existence de Dieu, etc. Ajoute que d'Étallonde lui a chanté une fois une chanson sur la Madeleine; que le sieur Douville de Maillefeu a chanté la même chanson. Dit que d'Étallonde, pressé d'un besoin en passant par un cimetière, avait satisfait à ce besoin quoiqu'il y eût un crucifix. Il finit son interrogatoire par dire qu'il ne savait ce qu'il disait.

Du 26 octobre 1765. 3e interrogatoire de Moinel.

Interrogé si d'Étallonde ne lui avait pas parlé de quelques hosties qu'on disait autrefois avoir versé du sang? A dit que non.

Ce conte des hosties fut le premier prétexte que prit la cabale. Il n'a jamais été question d'hosties. Cela seul fait voir la source de ces délations horribles. On fit courir le bruit dans toute la France que les accusés avaient percé le saint sacrement à coups de couteau.

Interrogé si d'Étallonde n'a pas fait quelque expérience avec ces hosties? A dit que non. Interrogé s'il n'a pas chanté une ancienne chanson de corps de garde qu'on appelle la chanson de *Saint-Cyr*? A dit que d'Étallonde l'a chantée.

Tantôt on dit que les accusés ont mutilé un crucifix sur le grand chemin (lieu peu convenable à sa sainteté), tantôt on dit que non. Donc la cabale n'agissait que sur des bruits vagues et calomnieux.

Du 27 février 1766. 4e interrogatoire de Moinel.

Dit qu'il a vu le sieur d'Étallonde insulter une croix sur le grand chemin. Interrogé s'il n'a point entendu d'Étallonde traiter le Christ de J... F.....? A dit qu'il croyait que oui. Interrogé si quelqu'un n'avait pas gardé une hostie et ne l'avait pas percée pour voir s'il en sortirait du sang? A répondu que non; mais que cette histoire lui avait été contée par le sieur Douville.

On a déjà vu que Moinel était un pauvre enfant à qui on faisait dire tout ce qu'on voulait.

Le sieur d'Étallonde nie formellement qu'il ait jamais prononcé ces infâmes paroles, et ose en prendre Dieu même à témoin.

Interrogé s'il sait que d'Étallonde ait vidé ses entrailles dans un cimetière non loin d'un crucifix? A répondu qu'il l'avait entendu dire.

Toujours des ouï-dire! Et où serait le crime d'avoir été pressé de ses nécessités dans un cimetière dans lequel il y avait une croix?

Du 2 octobre 1765. 1er interrogatoire du chevalier de La Barre.

Le chevalier de La Barre dit qu'en effet d'Étallonde et lui avaient leur chapeau sur la tête pendant une petite pluie, assez loin d'une procession de capucins, le jour de la Fête-Dieu, et qu'ils allaient dîner à l'abbaye de Villancour.

On a déjà répondu à cette vaine accusation.

Interrogé s'il a dit qu'il ne com-

Le sieur d'Étallonde n'a ja-

prenait pas comment on pouvait adorer un dieu de pâte? A dit qu'il peut avoir exposé quelques doutes au sieur d'Étallonde, mais qu'il ne s'en souvient pas précisément. A dit que d'Étallonde, voyant en effet un mauvais médaillon de plâtre chez un nommé Beauvarlet, assura que ce plâtre ne méritait pas d'être conservé; mais qu'il y avait un Christ dans ce médaillon, et que ni lui ni d'Étallonde n'y avaient touché. Qu'il convient avoir chanté une vieille chanson de corps-de-garde avec le sieur d'Étallonde, et l'ode de Piron.

mais parlé d'un dieu de pâte. C'est une expression de l'église protestante. Quoiqu'il serve sous un très-grand roi protestant, il va souvent à la messe, et tout son régiment en est témoin.

Encore cette chanson! S'il l'a chantée, c'est si secrètement, que la cabale fut obligée d'employer la ressource funeste d'un monitoire.

Du 30 décembre 1765. 2e interrogatoire du chevalier de La Barre.

Dit que le sieur d'Étallonde s'est vanté d'avoir insulté le Christ qui est sur le grand chemin, et de lui avoir fait des égratignures; qu'il a souvent chanté des chansons sur des saints.

Tout ce qu'a pu dire le chevalier de La Barre est nul. On sent bien qu'il chargeait le fugitif auquel il ne pouvait nuire, et *unus testis, nullus testis.*

Du 27 février 1766. Interrogatoire de La Barre sur la sellette.

Interrogé si plusieurs jeunes gens ne s'assemblaient pas avec lui pour disputer sur la religion? s'ils n'avaient pas établi des avocats pour et contre; et si d'Étallonde n'était pas l'avocat plaidant contre le christianisme? A dit que non; mais qu'en effet d'Étallonde a chanté quelques chansons dans d'autres occasions. A dit qu'en effet le sieur d'Étallonde lui avait conté qu'il avait fait quelque égratignure à un crucifix placé sur le grand chemin, et qu'il croyait l'avoir entendu dire au sieur d'Étallonde. A dit qu'il a entendu conter à Dumaismel de Saveuse que le sieur d'Étallonde avait été plusieurs fois à la selle dans un cimetière où il y avait un crucifix.

On a déjà répondu à ces accusations.

Quant aux avocats pour et contre, il est évident que c'est une calomnie aussi ridicule qu'affreuse contre des enfants dont la cabale voulait écraser les familles.

Cette cabale parvint à persécuter madame l'abbesse de Villancour; mais le roi a rendu justice à son innocence. Le sieur d'Étallonde espère la même justice.

28. A CONDORCET.

23 décembre 1774.

Vous êtes deux belles âmes, vous et l'autre Bertrand. Je reçois et je lis avec transport votre lettre du 13. Vous viendrez certainement à bout de l'affaire que vous entreprenez avec tant de générosité (1). Vous montrerez enfin aux hommes à quoi servent la justesse de l'esprit et la bonté du cœur.

Je vous ai déjà dit que je pense absolument comme vous; je ne veux point de grâce, je veux justice complète. Nous n'avons qu'un seul obstacle, mais il est grand. Un enfant de quatorze ou quinze ans, imbécile et timide (2), a chargé cruellement celui pour qui nous nous intéressons. Il faut écarter ce pauvre garçon, qui serait très-dangereux, et c'est à quoi je travaille, quoique je sois à cent cinquante lieues de lui. Il serait incapable de répondre d'une manière satisfaisante s'il fallait qu'il comparût encore, et toute notre peine serait perdue.

Il est impossible et il serait très-dangereux de commencer par celui qui est mort (3). Sa famille n'entreprendra certainement pas une telle affaire. Il faut commencer par purger la contumace du vivant (4) au parlement même. Il n'a contre lui que les aveux du

(1) La révision du procès de La Barre. Voyez la lettre précédente.

(2) Moinel. Voyez l'extrait des dépositions joint à la lettre précédente.

(3) La Barre.

(4) D'Étallonde.

mort et les accusations de l'imbécile. Si nous pouvons parvenir à éclipser ce pauvre misérable accusateur, l'accusé n'a plus à craindre que l'achevêque de Paris ou l'abbé de Sainte-Geneviève ; son affaire devient la plus simple et la plus aisée, comme la plus juste.

Je ne connais que trop ce ridicule code pénal que chaque juge porte dans sa poche quand il va à la Tournelle ; mais je n'en ai que la première édition de 1752. Il est bien affreux que la vie des hommes dépende de cet impertinent ouvrage, selon lequel un juge est en droit de condamner aux galères quiconque aura été à Notre-Dame de Lorette sans une permission signée de M. le comte de Saint-Florentin. Tout est arbitraire dans notre abominable jurisprudence. Attendons que nous ayons mis le contumace en état de se justifier pleinement, faute d'accusateurs. C'est une justification pleine et entière que nous voulons obtenir, et rien autre chose. Si nous y parvenons, la famille du chevalier fera ce qu'elle voudra ; mais je doute que cette famille soit jamais aussi généreuse et aussi intrépide que vous.

Si nous ne pouvons parvenir à justifier légalement notre infortuné, je le renverrai au roi son maître, et j'espère que ce prince l'avancera dans le service autant par la connaissance de son mérite que par la juste indignation qu'il ressentira.

Je suis aussi outré, aussi bouleversé de cette exécrable aventure, que je le fus le premier jour. Je me trompe, je le suis davantage. Tous mes sentiments augmentent avec l'âge, et surtout celui qui m'attache à vous avec une très-tendre vénération.

29. A CONDORCET.

30 décembre 1774.

Le pauvre Raton souhaite aux deux Bertrands des années dignes d'eux. Il leur envoie et il leur soumet non-seulement un petit brinborion sur les blés (1), mais un projet de requête qu'un avocat au Conseil pourra réformer et mettre en langage de conseil. Il ne s'agit que de choisir cet avocat ; il n'y en a point dans le village de Raton. Ce sera à M. d'Hornoy à conduire l'affaire quand elle sera entamée. Prions Dieu qu'elle réussisse.

Projet à réformer, d'une requête au Roi.

30. A SA MAJESTÉ TRÈS-CHRÉTIENNE.

30 décembre 1774.

Jacques d'Étallonde de Morival, écuyer, natif d'Abbeville en Picardie, frère du chevalier de Bœncourt, capitaine au régiment de Champagne, neveu de deux chevaliers de Saint-Louis, tués au service du Roi ;

Demande très-humblement à Sa Majesté la permission de poursuivre au parlement de Paris, son juge naturel, la justice qui lui est due.

Il représente qu'étant dans une extrême jeunesse,

(1) Voyez cet opuscule, t. XLVIII, p. 32, des œuvres de Voltaire.

en 1765, il apprit en Gueldre, où il apprenait alors l'allemand, qu'il était impliqué dans une affaire criminelle devant quelques gradués d'Abbeville, et même par-devant un juge qui n'était pas gradué;

Que cette exécrable affaire était suscitée par une cabale qui voulait nuire, à quelque prix que ce fût, à madame de Brou, abbesse de Villancour, ce qui n'est que trop connu;

Que malgré sa jeunesse, son indignation fut si grande, qu'il résolut de ne jamais revoir une ville troublée par des intrigues si odieuses;

Qu'il aima mieux se faire soldat à Vesel, dont il se trouva très-proche alors;

Qu'il regarda la profession d'un bon et sage soldat comme honorable, et ne dérogeant point à sa qualité de gentilhomme;

Qu'ayant fait son devoir pendant trois années entières avec exactitude, le roi de Prusse, exactement informé de tout le détail de ses régiments, et ignorant qui il était, daigna le faire officier;

Qu'il se consacra pour jamais au service du roi de Prusse, son bienfaiteur et son maître, et ne s'occupa que de la partie des mathématiques qui regarde la guerre;

Que les généraux sous lesquels il a servi ont rendu de lui les témoignages les plus avantageux;

Que, par un hasard extraordinaire, il a été enfin informé de cet ancien procès criminel intenté contre lui, et de sa sentence de contumace portée par les gradués et non gradués d'Abbeville, contre les lois du royaume. Qu'ayant reçu copie des charges, elles ónt paru illégales et absurdes à quiconque les a lues;

Que les cinq années données pâr la loi pour se représenter étant écoulées, et son service'dans les troupes du roi son maître (service dans lequel il doit vivre et mourir) ne lui ayant pas permis de venir demander justice, il est forcé de requérir des lettres pour purger sa contumace.

Et supplie qu'il lui soit donné le temps nécessaire pour venir se présenter à Paris.

A Vesel, ce......

31. A CONDORCET.

16 janvier 1775.

Raton avait adressé quelques exemplaires d'un écrit (1) à MM. Bertrand (2); il avait envoyé ce chiffon sous l'enveloppe de M. Rosni-Colbert (3). Il ignore si M. Rosni-Colbert l'a fait passer à MM. Bertrand. On soupçonne que sa modestie l'en aura empêché; on ose croire pourtant que ce chiffon était très-vrai et très-raisonnable. Il répondait par des faits incontestables aux sophismes de Linguet contre la liberté du commerce des blés, liberté à laquelle sa province est très-intéressée.

Raton prépare autre chose pour MM. Bertrand. Il s'agit aujourd'hui de l'affaire très-sérieuse de l'offi-

____

(1) *Petit écrit sur l'arrêt du conseil*, t. XLVIII, page 82, des œuvres de Voltaire.

(2) D'Alembert et Condorcet.

(3) Turgot.

cier prussien (1). Nous envoyons par ce courrier à madame la duchesse d'Enville et à l'ambassadeur du roi de Prusse, un projet de mémoire et de requête, par lequel nous demandons un sauf-conduit d'un an qui nous est absolument nécessaire, et pendant lequel nous aurons le temps de mettre tout en usage et en règle, pour parvenir à nous faire rendre justice, supposé que Raton vive encore un an.

C'est à M. le comte de Vergennes à donner ce sauf-conduit, puisqu'il est pour un officier au service d'une puissance étrangère. Nous désirons beaucoup qu'il soit conçu dans les termes que nous proposons. Cette petite faveur, très-légère en elle-même, mais très-importante, dépend uniquement de M. de Vergennes, qui ne la refusera pas si M. de Maurepas la demande. Nous supplions madame la duchesse d'Enville et M. le duc de la Rochefoucault d'obtenir pour nous la protection de M. le comte de Maurepas. Nous en donnons part à M. d'Argental. Nous supplions l'un des Bertrand de souffler de toutes leurs forces le feu qui est dans le cœur généreux de madame d'Enville.

Elle leur fera voir le modèle de la requête et le modèle du sauf-conduit; ils le corrigeront, le réformeront, afin qu'il soit fait selon l'usage du pays. Cette bonne action nous suffira et sera pour nous un véritable gain de cause, sans offenser personne et sans rien risquer. Nous aurons ensuite tout le temps d'agir ouvertement, d'aller sur les lieux, d'écarter tous les obstacles, et de faire enfin triompher l'innocence et la vérité.

(1) D'Étallonde.

Je ne mets point dans cette lettre la copie des papiers qui sont entre les mains de madame la duchesse d'Enville, pour ne pas rendre le paquet trop gros.

Les premiers marrons que j'enverrai seront adressés à M. de Rosni-Colbert.

Les vieilles petites pattes de Raton se joignent pour vous embrasser.

V.

32. A CONDORCET.

21 janvier 1775.

Madame Denis et moi, nous avons l'un et l'autre au chevet de notre lit le portrait de M. de Rosni-Colbert-Turgot.

Je n'ose croire que nous le tenions de ses bontés, mais enfin, nous l'avons, et si nous allions à Paris ce carême, nous n'enverrions pas chercher nos poulardes à l'Hôtel-Dieu (1).

Quelle rage avait donc saisi ce diable de Linguet? Il avait écrit d'abord contre la mauvaise habitude de manger du pain, et aujourd'hui il écrit contre la précieuse liberté de ce commerce nécessaire!

Raton prie vivement l'un des deux Bertrands d'écrire à Frédéric à la première occasion, et de louer prodigieusement ce Frédéric de la protection éclairée qu'il donne à mon cher et vertueux d'Étallonde.

____

(1) L'Hôtel-Dieu avait autrefois le privilége exclusif de vendre de la viande en carême. Turgot abolit ce privilége, et par là s'attira la haine des dévots.

Mes Bertrands, mes dignes Bertrands, si vous pouviez voir mon d'Étallonde, vous seriez tentés d'exterminer les auteurs d'un arrêt par lequel on devait couper la main qui dessine mieux qu'aucun ingénieur, des plans de fortifications, de siéges, de batailles, et des cartes géographiques; arracher avec des tenailles ardentes une langue qui ne parle qu'à propos et qu'avec la plus grande modestie, et jeter dans les flammes une figure douce et aimable, qui n'a jamais commis le moindre excès. Les pleurs me viennent aux yeux, et la rage me vient à l'âme, quand je considère qu'un seul bigot d'Abbeville (1) a produit toutes ces horreurs, cent fois plus infernales que l'assassinat des Calas.

Nous aurons la preuve que toutes ces accusations contre d'Étallonde sont autant de calomnies. Souvenez-vous bien, mes bons Bertrands, que nous ne demandons qu'un sauf-conduit honorable, tel qu'on le doit à un officier de Frédéric. Songez bien que c'est à M. de Vergennes à donner ce sauf-conduit, qu'on ne peut refuser; que nous nous sommes adressés à madame la duchesse d'Enville, pour qu'elle fasse parler à M. de Vergennes par M. de Maurepas (2); et qu'en même temps nous avons envoyé à M. l'ambassadeur du roi de Prusse le modèle du sauf-conduit demandé. Madame la duchesse d'Enville sentira que nous n'avons pu nous empêcher d'instruire de tout le ministre du roi de Prusse, parce qu'il a des ordres

(1) Belleval, lieutenant de l'élection d'Abbeville.
(2) Voyez cette lettre, t. XIX, p. 181, des œuvres de Voltaire.

réitérés du roi son maître d'agir en faveur du jeune homme.

Nous savons bien qu'il y a des cas où il ne faudrait pas se servir de la recommandation de Frédéric; mais ici on ne peut se dispenser de l'employer en faveur d'un de ses officiers, surtout quand lui-même ordonne à son ministre de suivre une affaire si juste.

M. de Maurepas doit sentir plus que personne l'atrocité et l'absurdité du jugement d'Abbeville, dont nous sommes bien résolus de ne demander la cassation qu'au conseil du roi, et de ne la demander que quand nous serons moralement sûrs de l'obtenir. Je vous réponds d'avance que nous aurons des moyens suffisants et très-simples. Figurez-vous qu'un dévot avec un monitoire intimida et menaça de l'enfer cent quarante témoins pour les faire déposer contre le chevalier de La Barre et d'Étallonde, et que de ces cent quarante témoins il n'y en a eu cependant qu'un seul qui ait déposé une chose un peu grave. Figurez-vous que les Pilates d'Abbeville n'étaient que trois; figurez-vous que des vingt-cinq Pilates de la grand'-chambre des pairs, il n'y en eut que deux qui firent passer l'abominable arrêt. D'Hornoy le sait; d'Hornoy me l'a écrit. Quoi! deux voix de plus suffisent pour dévouer deux enfants innocents au supplice des parricides! Les anciens avaient des juges dans les enfers, nous avons eu des furies sur les fleurs du lis!

J'ai tant de choses à dire que je ne dis plus mot. Mais si je vis encore six mois, j'espère dire sur cette affaire des vérités terribles. Raton y brûlera ce qui peut lui rester de pattes. Il ne se sert à présent de ses pattes que pour vous embrasser tous deux le plus tendrement qu'il est possible.

33. A CONDORCET.

6 février 1775.

Raton reçoit une lettre un peu consolante du 30 janvier, de celui en qui il a mis ses plus chères espérances. Il ne s'agit ici ni du carré des distances, ni des cubes des révolutions; il n'est question que de diminuer, s'il est possible, le mal qui surcharge et qui dévore ce malheureux globe. Je vous soumets, digne bienfaiteur de l'humanité, mes desseins et mes démarches. Mon premier soin est d'obtenir pour ce jeune homme (1) une place, un titre de la part de son maître. C'est ce que je sollicite et que j'ose espérer, puisque cela ne coûte rien. Ce préambule servira beaucoup à mon infortuné, et lui procurera des avantages solides dans le pays où il sert; il pourra même agir en France avec plus de dignité, et n'être pas regardé chez les Welches comme un expatrié qui vient demander grâce.

Je tâche d'intéresser son maître à cette bonne action.

Ce premier pas fait, je vous enverrai le mémoire (2).

(1) D'Étallonde, au service du roi de Prusse. Voltaire avait écrit deux jours auparavant à Frédéric, sollicitant pour d'Étallonde le titre d'ingénieur, qu'il obtint. Voyez sa lettre du 4 février 1775.

(2) *Le cri du sang innocent.*

Ce mémoire prouvera, par des pièces que j'ai dans mes mains :

1º Qu'un homme abhorré dans son pays (1) jura de perdre la tante du chevalier, parce qu'elle n'avait pas voulu donner en mariage au fils de cet homme une demoiselle riche qu'elle protégeait ;

2º Que cet homme exécrable, qui était un conseiller du siége, fit jeter des monitoires, inventa des accusations absurdes qui tombèrent d'elles-mêmes ;

3º Qu'enfin il se réduisit aux charges qui ont opéré une partie de ses desseins ;

4º Qu'il ne jugea qu'avec deux assesseurs ; que de ces deux il y en eut un qui, à la vérité, s'était fait recevoir docteur ès lois à Reims pour 45 fr., comme l'honnête du Jonquay, à Paris (2), mais qu'il ne fut jamais que procureur et marchand de cochons dans sa ville. J'ai la lettre du magistrat du pays qui l'atteste ;

5º Que les lois ne permettent pas qu'on juge ainsi un gentilhomme dans un présidial ;

6º Que si cette exécrable sentence, que j'ai vue à la fin de six mille pages d'écriture, fut confirmée par un arrêt, c'est que le tribunal qui rendit cet arrêt ne put (à ce qu'on dira) examiner l'énorme procès : c'était dans la guerre civile des billets de confession. Le feu était dans le royaume : il fallait

(1) Duval de Saucourt. Voyez, sur cet homme, *Le cri du sang innocent*, tome XLVIII, page 126, des œuvres de Voltaire.

(2) Du Jonquay, dans l'affaire du comte de Morangiès contre les Véron. Voyez tous les écrits relatifs à cette affaire dans le tome XLVII des œuvres de Voltaire.

que cette respectable compagnie, uniquement occupée du bien public, courût au danger le plus
pressant.

Quand ce mémoire, approuvé de vous, sera lu
par le chef de la justice, il en sera touché, et nous
verrons alors quel parti nous devons prendre.

J'ai adressé à M. de Rosni (1) un petit livret où
l'on vous rend bien faiblement une partie de la justice qui vous est due.

J'en ai envoyé cinq ou six exemplaires aux deux
Bertrands. J'ignore s'ils sont arrivés à bon port, et
s'il y a des écueils sur la route. Je vous supplie de
vous en informer.

Je comptais vous faire une petite visite au printemps, mais il n'y a plus de printemps pour Raton.

34. A CONDORCET.

26 février 1775.

Raton a été bien malade dans son trou. Raton
a de fréquents avertissements de partir pour aller
trouver ses confrères Dupré de Saint-Maur et Châ-
teaubrun, qui ne tiraient pourtant pas les marrons
du feu. Voilà pourquoi il a été si longtemps sans remercier les deux Bertrands, ses seigneurs et maîtres.
Il n'en peut plus, ce pauvre Raton ; il se gardera bien
de brûler ce qui lui reste de pattes par trop de précipitation dans l'affaire du jeune homme qu'on a

(1) Turgot.

voulu brûler tout entier. Il attend et il attendra tant qu'il faudra, car le maître du jeune homme lui accorde tout le temps nécessaire, et il ne fera rien assurément, Monsieur, sans vous le communiquer.

J'ai bien des grâces à rendre à M. de Malesherbes, et je les lui rends du fond de mon cœur dans une lettre que je lui écris. Je profite de l'adresse que vous avez eu la bonté de me donner pour vous faire passer deux exemplaires de la seconde édition de *Don Pèdre*. La première ne se trouve plus à Genève, et je la crois tout entière à Paris. Je vous prie seulement de daigner jeter un coup d'œil sur la dernière note de *la Tactique*, qui se trouve à la fin de l'ouvrage. Elle est curieuse par les faits, et malheureusement elle sera inutile au genre humain. La guerre est le second fléau de la terre, et le premier est celui qui égorge, qui met en pièces et qui jette dans les flammes deux jeunes gentilshommes d'un rare mérite, pour n'avoir pas salué une procession de capucins. Je suis à vos ordres et à vos pieds jusqu'au moment de ma destruction.   V.

35. A CONDORCET.

A Ferney, 10 avril 1775.

Je profite du départ d'un jeune officier suisse pour ouvrir mon cœur à l'un de mes deux chers Bertrands. J'ai écrit à l'autre par M. Maximilien de Rosni. Mais il faut que je vous représente le tort irréparable que me font le chevalier de Morton et le comte de Tressan (1). Il n'y a pas le sens commun dans toute cette équipée. On ne sait ce qu'ils veulent; ils frappent à droite et à gauche, bien ou mal, à propos ou sans propos. Il n'y a de clair dans ces deux épîtres que l'envie de se faire de fête.

J'ai eu beau mander à M. de Tressan (2) que je ne suis point le chevalier de Morton; que je n'ai jamais vanté les soupers du prétendu Épicure-Stanislas, qui était très-loin de ressembler à Épicure, et qui n'a jamais donné de souper à personne.

J'ai eu beau lui répéter deux fois que les prétendus vers composés dans ces soupers *ne pullulaient point dans les cours de l'Europe.*

J'ai dit en vain qu'on ne *déchire pas l'enveloppe des infiniment petits.*

J'ai représenté inutilement que je ne fais point de vers semblables à ceux-ci :

> Louis voulait régner; il ne se trompa guère.
> Un prince avec les arts mène un peuple en lisière.

J'ai voulu lui faire sentir combien il est ridicule

(1) Il avait publiquement attribué à Voltaire une *Épître au comte de Tressan sur ces pestes publiques qu'on appelle philosophes.* L'épître était de Cubières; mais la vanité de M. de Tressan trouvait mieux son compte à se tromper. Il riposta par une épître qui débute par cette exclamation :

> O Voltaire! ô mon maître! ô mon illustre ami!

Cette ridicule méprise causa beaucoup de chagrin à Voltaire. Voyez sa lettre du 22 mars 1775 à M. de Tressan; à Cubières Palmezeaux, du 26 avril, et au duc de Richelieu, du 27 avril.

(2) Dans une lettre du 22 mars 1775.

de mettre sur la même ligne Pythagore et le roi de Prusse, Montagne et Vanini.

Enfin, après lui avoir dit tout ce que je devais lui dire, je ne l'ai point persuadé. Il m'a répondu que vous et M. D'Alembert vous approuviez très-fort la mauvaise épître du chevalier de Morton, dans laquelle il se trouve à la vérité quelques vers détachés assez bien faits, comme il s'en trouve partout.

Le résultat de toute cette équipée sera infailliblement que le garde des sceaux sacrifiera tous les Ratons du monde, au moindre Pastophore qui demandera vengeance.

Voilà la troisième fois qu'on m'affuble d'ouvrages que je n'ai point faits et qui doivent irriter les Pastophores. Je suis le Marforio à qui l'on attribue toutes les pasquinades. S'il arrive que je sois compromis dans l'affaire de notre jeune homme(1), il est perdu et moi aussi.

L'équipée de M. de Tressan, qui fait imprimer ses vers avec des notes(2), est très-dangereuse : elle gâtera tout. Ce que je vous dis n'est que trop vrai.

Le seul remède qu'on pourrait apporter à cette faute énorme qu'il a faite, serait de prouver par écrit que les vers du chevalier et du comte ne valent pas grand'chose, et qu'on m'a compromis bien mal à propos dans cette brochure. Mais je ne veux pas me brouiller avec M. de Tressan, que j'ai toujours aimé.

Je vous demande en grâce de lui parler vrai, et

(1) D'Étallonde.

(2) Sa réponse au faux Morton, qu'il appelle tout simplement Voltaire.

de l'engager à ne me plus imputer les vers d'un prétendu Écossais. Tout cela m'afflige infiniment, surtout dans les circonstances présentes.

J'attends les ordres du roi de Prusse sur l'affaire du jeune homme. Il lui permet déjà de prendre le titre de son ingénieur et de son aide de camp : il ne manque à tout cela que des appointements. Nous espérons qu'on en donnera au jeune homme à son retour, et qu'il n'aura jamais besoin de demander des grâces à qui que ce soit. Il pourra se borner à couvrir ses juges d'opprobre aux yeux de l'Europe. Il s'élèvera à lui-même un tribunal dans lequel, étant soutenu par le roi son maître, il jugera lui-même ses infâmes juges. C'est, à mon avis, le seul parti qu'il doive prendre. Nous consulterons nos chers Bertrands quand il en sera temps; mais aujourd'hui il faut nous taire.

Conservez-moi vos bontés, et soyez très-sûr que je n'ai eu jamais la moindre envie de faire le voyage de Paris. Je n'irai pas plus dans cette Babylone que saint Pierre n'a été à Rome.

36. A CONDORCET.

A Ferney, 21 avril 1775.

Je vous remercie très-sincèrement, Monsieur, de l'excellent mémoire que vous m'avez envoyé sur la liberté du commerce des grains, et même de tout autre commerce (1). Ce petit ouvrage ne peut être que d'un philosophe citoyen, ami du meilleur mi-

(1) Tome XI, page 99.

nistre qu'ait jamais eu la France. Il devrait être imprimé au Louvre par un ordre exprès du roi ; mais
je vois bien qu'on respecte encore certains anciens
préjugés et certaines gens, qui, à mon gré, ne sont
guère respectables. Quoi qu'il en soit, j'envoie l'ouvrage à un imprimeur qui vient d'achever la grande
Encyclopédie.

Je vous ai écrit un petit mot par un voyageur ;
je vous ai exposé mon très-juste chagrin de la méprise de M. de Tressan (1). Vous sentez combien il
serait dangereux, dans le moment présent, de m'imputer un ouvrage dans lequel le roi de Prusse est
comparé à Vanini. Cet excès de ridicule pourrait
être très-funeste dans les circonstances dans lesquelles vous savez que nous sommes. Je ne suis
guère moins fâché contre mon neveu (2), qui, avec
les meilleures intentions du monde, a toujours la
rage des formes, en qualité de conseiller au parlement, et qui veut des lettres en chancellerie dont
nous ne voulons point du tout, et que notre brave
et très-sage officier refuserait avec horreur si on les
lui présentait.

Je profiterai incessamment des bontés et de la
philosophie de M. de Vaines. Je lui enverrai un mémoire pour mon neveu (3); il le lira, il vous le mon-

(1) Voyez ci-dessus la lettre du 10 avril.

(2) M. d'Hornoy, qui dirigeait les démarches de Condorcet et
de D'Alembert, pour la révision du procès La Barre.

(3) Un exemplaire du *Cri du sang innocent*, destiné à M. d'Hornoy, neveu de Voltaire. L'exemplaire fut adressé avec une lettre
à M. de Vaines, trois jours après, le 24 avril. Voyez la lettre
suivante.

trera, et si vous n'êtes pas tous deux saisis d'indignation, si les larmes ne vous viennent pas aux yeux, je serai bien étonné. J'en ai longtemps versé sur cette exécrable aventure. Elle est plus atroce que celle de Calas et celle de Sirven. J'en viendrai à bout, ou je mourrai dans ce combat.

Je vous embrasse, mon cher philosophe intrépide, avec tendresse et avec respect.   V.

37. A CONDORCET.

Lundi, 24 avril 1775 (1).

Je n'aurai que ce soir, mon cher philosophe citoyen, cet ouvrage aussi agréable que solide, dont vous m'avez confié le manuscrit (2).

En attendant, en voici un autre qu'on met sous votre protection; j'envoie le paquet tout ouvert à M. de Vaines, votre ami, qui est si digne de l'être. Vous feriez une bien belle action de donner vous-même ce mémoire à Élie de Beaumont, et d'en raisonner avec lui.

Il est bien triste qu'on ait déjà pris le parti de demander des lettres de grâce à M. le garde des sceaux. Ce mot de *grâce*, comme je le mande à d'Hornoy, déchire l'oreille et le cœur. Nous rejetterions ces

____

(1) Cette lettre fut envoyée, sous le couvert de M. de Vaines, avec l'exemplaire du *Cri du sang innocent* dont il est question dans la lettre précédente. Voltaire y joignit des papiers pour Élie de Beaumont, avocat des Calas, des Sirven et de d'Étallonde. Voyez la lettre à M. de Vaines, du 24 avril 1775.

(2) Les *Réflexions sur le commerce des blés*. Voyez lettre 40, page 80.

lettres avec horreur si on nous les présentait. Nous n'en avons jamais voulu, et nous sommes cruellement affligés qu'on se soit obstiné à les demander malgré nous.

D'Étallonde ne veut qu'un mot des avocats : *la sentence d'Abbeville portée par des juges incompétents est illégale.*

Il faudra bien qu'Élie de Beaumont en convienne. Il ne pourrait, sans prévarication, nous refuser une chose si juste. Si, contre toute attente et contre toute raison, les avocats ne voulaient pas nous donner aujourd'hui le même délibéré que huit autres avocats donnèrent en 1766, après l'assassinat du chevalier de La Barre (1), alors on s'adresserait au roi lui-même à son sacre, et à l'Europe entière, dans un mémoire beaucoup plus fort et beaucoup plus court.

D'Étallonde, protégé par le roi son maître (2), n'a besoin de personne en France. Il n'a autre chose à faire, à mon avis, qu'à manifester l'infamie de ses juges, en attendant qu'il puisse un jour ouvrir la tranchée devant Abbeville.

Votre indignation est égale à la mienne. Parlez, je vous en prie, fortement à Beaumont ; faites-le rougir ; forcez-le à servir la raison et l'innocence.

Que ne puis-je moi-même venir lui parler avec vous !

Voilà encore une occasion où Raton doit griller ses pattes.   V.

Je vous supplie de donner ce petit billet à M. de

(1) Supplicié le 9 août 1765.
(2) Le roi de Prusse.

Beaumont, non pas à l'archevêque, mais à l'avocat, en lui donnant ce paquet de notre Prussien.

38. A CONDORCET.

26 avril 1775.

Le premier point de mon sermon est l'abominable superstition populaire et parlementaire qui s'élève contre la liberté du commerce des blés et contre la liberté de tout commerce. Vous voyez les horreurs qu'on vient de commettre à Dijon (1). Dieu veuille que les fétiches n'aient pas excité sous main cette petite Saint-Barthélemy! Il semble qu'on prenne à tâche de dégoûter le plus grand homme de la France (2) d'un ministère dans lequel il n'a fait que du bien. La nation des Welches est indigne de lui. Mais il y a des Français à qui sa gloire sera toujours chère, et qui combattront sous ses étendards, qui sont ceux de la vertu et du bien public.

Les Welches sont fous et barbares; mais les vrais Français sont honnêtes.

On dit qu'on crie à Paris parce que le pain blanc est renchéri de deux liards. Nous sommes moins difficiles dans notre petit canton ignoré; le blé vaut actuellement chez nous 42 liv. le setier de Paris, et nous ne crions point, parce que nous savons très-bien que notre terrain n'est pas celui de Babylone, ou d'Égypte, ou de Sicile.

(1) Il y avait eu une émeute violente, dans laquelle on avait jeté deux cents setiers de blé à la rivière. Voyez les lettres à Mme de Saint-Julien, du 5 mai, et à M. de Vaines, du 8 mai 1775.

(2) Turgot.

Je dirais volontiers à celui que vous aimez (1) :
Tu ne cede malis sed contra audentior ito (2); mais il
se le dit à lui-même.

Au reste, vous recevrez, je crois, par la première
poste, le pain mollet que vous avez ordonné (3).

Mon second point est la vertueuse fermeté d'âme
de mon jeune Prussien d'Abbeville. Il s'obstine à demander justice. Il regardera toujours une grâce
comme un opprobre. Vous verrez s'il a raison par le
mémoire que vous devez avoir reçu. Je vous prie
instamment de vouloir bien donner ce mémoire à
Beaumont, et de l'encourager à bien faire.

Mon troisième point roulera sur la faiblesse et sur
la méprise de M. de Tressan (4). Il n'est pas pardon-
nable à un lieutenant général des armées du roi de
se donner ainsi en spectacle au monde, et de faire
imprimer des vers si hardis sur des matières si délicates. Je conviendrai bien avec vous qu'il y a quelques
beaux vers dans l'épître de ce prétendu chevalier de
Morton. Mais tout géomètre que vous êtes, vous
savez bien que des vers qui ne sont pas parfaits ne
valent rien; vous savez qu'un mot impropre gâte la
plus belle pensée, et qu'une seule idée qui n'est
pas à sa place rend tout un discours ridicule. Ainsi,

(1) Turgot.
(2) Virg., *Æneid.*, VI.
(3) Des exemplaires de la brochure sur le commerce des blés,
que Voltaire faisait imprimer à Genève pour Condorcet. Voyez
page 80, lettre 40.
(4) Au sujet de l'épître du prétendu chevalier de Morton.
Voyez ci-dessus la lettre du 10 avril, p. 70.

vous me permettrez de vous dire que, malgré quelques beaux vers détachés, M. le chevalier de Morton est un très-mauvais poëte. Je suis indigné qu'on m'impute cet ouvrage, très-indiscret d'ailleurs, très-dangereux et très-mal placé.

Voilà mes trois points; je vous prie de répondre à tous les trois avec amitié et vérité.

39. A CONDORCET.

27 avril 1775.

Vous devez à présent avoir reçu les papiers d'un infortuné digne d'être heureux, et je ne doute ni de vos bontés ni de votre vertu courageuse.

Il est bien triste qu'un ridicule très-dangereux vienne empoisonner les consolations que je ressens. Il faut que je vous parle encore des suites très-désagréables qu'ont eues la faiblesse et la méprise de de M. de Tressan. Voilà donc deux Ratons au lieu d'un, et dans quel temps! lorsqu'il était si important de se taire. C'est pour la troisième fois que je me vois la victime d'imprudences que je n'ai pas à me reprocher : la lettre de l'abbé Pinzo, *La lettre du théologien* (1), et la témérité du prétendu chevalier de Morton.

Le comte de Tressan, à qui j'ai fait de très-justes plaintes, m'a mandé que vous et M. D'Alembert vous aviez beaucoup approuvé son épître et celle

_____

(1) Tome V, page 273, et la lettre 23, p. 39.

de votre chevalier, que vous l'aviez exhorté à faire imprimer tout cela.

Je ne puis croire que vous ayez donné un si détestable conseil. Je conviens que l'épître de ce Morton est semée de quelques vers détachés fort beaux ; mais ils ne peuvent servir qu'à nous susciter des ennemis implacables, et à réveiller la rage des anciens persécuteurs. Pour les autres vers de ce Morton, ils sont très-mauvais, et c'est me déshonorer que de me les attribuer. Figurez-vous qu'un chevalier de Cubières de Palmezeaux, faisant des vers (qui demeure aux écuries de la reine), vient de m'écrire : *A M. le chevalier de Morton, au château de Ferney* (1). Je serai dans la triste obligation d'écrire pour détromper le public. On aurait bien dû épargner à ma vieillesse ces désagréments insupportables ! Mais je dois les oublier en faveur du bien que vous allez faire à ce brave et sage d'Étallonde.

Ce n'est pas en attaquant maladroitement et hors de propos la Sorbonne et Riballier qu'un Écossais, nommé Morton, réussira à faire rendre justice à un

(1) Ce Cubières, qui se faisait appeler tantôt Dorat-Cubières, tantôt Cubières de Palmezeaux, était précisément l'auteur de la fameuse épître du chevalier Morton à M. de Tressan ; c'était pousser la plaisanterie jusqu'à l'insolence. Heureusement pour le coupable, Voltaire n'en soupçonnait rien, et dans sa réponse, en date du 26 avril 1775, il proteste ingénument à ce Cubières de n'être point le chevalier Morton, et tente de le lui prouver par la critique des vers dudit Morton. Les œuvres de Cubières, en 5 petits volumes in-18, ornaient il y a vingt ans tous les parapets de la Seine ; elles ont disparu même de cet asile.

Picard, nommé d'Étallonde. Cette disparate m'accable de douleur; réparez-la, je vous en conjure, en faisant entendre raison à Beaumont (1).

Adieu, Monsieur; mon chagrin est extrême; il n'est balancé que par mon espérance en vous.

V.

40. A CONDORCET.

4 mai 1775.

J'envoie à l'orateur de la raison et de la patrie quelques exemplaires de son ouvrage sur les blés (2), qui m'arrive dans le moment. Veut-il qu'on lui en fasse passer d'autres?

Il sera servi sur-le-champ.

J'attends la continuation des lettres qui soutiennent les opinions d'un sage (3) contre les systèmes d'un banquier (4). Ce procès doit intéresser toute la nation et l'Europe entière.

Je suis très-fâché qu'un banquier défende une si mauvaise cause. Je suis fâché aussi d'avoir prié les Bertrands de demander l'avis de Beaumont et de Target. Quand on veut conduire ses affaires à cent lieues de chez soi, on les fait toujours mal. A peine a-t-on écrit une lettre qu'il survient un incident qui change tout, et c'est à recommencer.

N'allez point chez des avocats, messieurs Bertrands, ne faisons rien, et attendons.

(1) Élie de Beaumont, avocat de d'Étallonde.
(2) *Réflexions sur le commerce des blés*. (Voy. t. XI, p. 99.) Imprimé à Genève par les soins de Voltaire.
(3) Turgot.
(4) Necker.

Mais surtout je vous conjure de ne jamais écrire à *mon cher Tressan, que d'étranges machines, fiers feux follets d'un instinct perverti, vont persécutant l'écrivain sans parti* (1).

Je ne suis pas étonné que M. le garde des sceaux n'ait rien entendu à cet abominable galimatias. Il faut bien se donner de garde de faire courir de pareilles sottises, qui seraient capables de faire un tort irréparable.

A l'égard du jeune homme sacrifié par les bœufs-tigres (2), c'est à son maître à prendre vivement ses intérêts. C'est à lui de protéger les gens qui pensent comme lui. Il ne donne pas dans cette affaire un grand exemple de magnanimité; s'il ne fait pas rougir et trembler les bœufs-tigres, je ne le regarde que comme un singe.

41. A CONDORCET.

8 mai 1775.

Si vous n'avez point vu les avocats, ne vous abaissez point à les voir et ne vous ennuyez point à leur verbiage. Ayez la bonté de me renvoyer ma lettre pour Beaumont.

Secrétaire de la raison et de l'éloquence, j'ai le bonheur d'être entièrement de votre avis. Il faut at-

___

(1) Vers de l'épître du chevalier Morton.

(2) Ce sobriquet désigne le conseiller au parlement Pasquier, qui détermina l'arrêt contre le chevalier de La Barre, et fut rapporteur dans le procès de Lally.

tendre que le maître de ce jeune homme lui fasse un sort digne de tous deux, et s'il ne le fait pas, on y suppléera autant qu'un particulier peut suppléer à ce que doit faire un grand prince.

Mais surtout je vous conjure, au nom de l'amitié que vous m'avez toujours témoignée, de ne plus souffrir qu'on m'impute des choses que je ne puis avoir faites (1), et qui, en me perdant sans ressources, me mettraient hors d'état d'être utile à cet infortuné dont vous prenez le parti avec tant de grandeur d'âme. Vous me flattez d'un côté, mais vous me percez de l'autre; ma situation est plus affreuse que vous ne pensez.

Je vous envoie quelques exemplaires de l'ouvrage que vous m'avez confié (2). Je me donnerai bien de garde d'en envoyer à M. de Trudaine. Je vous ai servi et je vous servirai toujours; mais je ne veux pas passer pour être l'auteur d'un écrit auquel je n'ai nulle part, et dont je me sens d'ailleurs très-incapable. Je vous aime autant que je vous estime. Je vous suis solidement attaché; mais dans les circonstances délicates et fatales où je me trouve depuis si longtemps, épargnez-moi, je vous en conjure.

V.

42. A CONDORCET.

7 juillet 1775.

Sachez d'abord, mon respectable et cher philo-

---

(1) Comme l'épître du chevalier de Morton.

(2) *Réflexions sur le commerce des blés*, que Voltaire s'était chargé de faire imprimer. Voyez les lettres n°s 37 et 40.

sophe, que le roi de Prusse vient d'appeler auprès
de lui à Potsdam, M. de Morival (1), qu'il lui donne
une pension, qu'il le fait capitaine, et le nomme son
ingénieur. Il m'a écrit sur cela une lettre telle que
Marc-Aurèle ou le grand Julien l'aurait écrite (2). Il
sied bien alors à Morival de présenter au roi de
France une requête dans laquelle il ne lui demande
rien. C'est la première qu'on ait faite dans ce goût.
J'espère que cette pièce fera quelque effet sur les
bons esprits, et que les méchants seront obligés de
se taire, surtont si vous parlez.

Continuez à aimer un peu le vieux malade de Ferney, et à faire goûter aux hommes la vérité en tous
genres.

43. A CONDORCET.

7 auguste 1775.

Ah! la bonne chose, la raisonnable chose, et même
la jolie chose que la lettre au prohibitif (3)! Cela
doit ramener tous les esprits, pour peu qu'il y ait
encore dans Paris de bon sens et de bon goût. Je ne
puis assez vous remercier, Monsieur, d'avoir bien

(1) D'Étallonde.

(2) En date du 12 juillet 1775.—Correspondance, t. IX, p. 307.

(3) *Lettre d'un laboureur de Picardie à M. N.* (Necker), *auteur
prohibitif.* Voyez le t. XI, p. 1.

« M. de Condorcet m'a envoyé la lettre d'un fermier de Picar-
« die. Ce fermier est un homme de très-grand sens et de très-
« bonne compagnie. Je voudrais bien souper avec lui. » (A M. de
Vaines, 7 auguste 1775.)

6.

voulu me faire parvenir cet excellent ouvrage. C'est à mon gré un service essentiel que vous rendez au bon goût et à la patrie. Le livre que votre Picard foudroie me paraît ressembler en son genre à *la Henriade* de Fréron et de la Beaumelle. La seule différence est, que l'une est une sottise de gredins, et l'autre une sottise de Trimalcion.

J'ai craint un moment que le mémoire de mon jeune homme ne déplût à quelques ministres, mais j'apprends que mes terreurs étaient mal fondées ; au reste, il ne demande rien, il s'est contenté de dire la vérité. On ne peut assurément lui en savoir mauvais gré.

Voilà un terrible fou que cet homme qui veut exterminer *l'Encyclopédie* (1). Il n'y a qu'un homme en France aussi insolent que lui, et c'est son frère (2).

Continuez, mon cher et respectable philosophe ; éclairez le genre humain dans tous les genres ; tâchez que Raton meure en paix, et puisse-t-il avoir le bonheur de vous voir avant de mourir.

V.

44. A VOLTAIRE.

Ce samedi, 12 août 1775.

L'ami J. G. (3) est entré dans l'assemblée du clergé, et y fait un beau discours contre la philosophie, et il a dit : « Qui le croirait, Messieurs ? *le sanctuaire*

______

(1) Lefranc de Pompignan.
(2) Jean-George Lefranc, évêque du Puy, en Velay.
(3) Jean-George Lefranc.

des lettres est devenu le repaire de l'incrédulité et de l'irréligion. » « Mais, Monsieur, a dit un autre archevêque, vous n'y songez pas! nous sommes sept évêques dans l'Académie. » J. G. a repris : « *Que serait-ce si, malgré les règles immuables de la prudence, et les maximes de la plus saine politique, la protection accordée à l'impiété venait à entrer dans les vues du gouvernement ?* » Chacun se disait à l'oreille : Cet homme-là prend donc l'assemblée pour un concile d'oies? mais nous ne sommes plus au temps de saint Grégoire de Nazianze. Alors J. G. a tiré de sa poche un projet de lettre au roi, car dans cette famille on aime à écrire au roi (1). D'abord, le clergé devait y rappeler à Sa Majesté les sages lois de saint Louis, de François Ier, de Louis XIV, etc., etc., contre les blasphémateurs ; et on ajoutait qu'il fallait établir des peines plus sévères contre les écrivains qui, non contents de blasphémer, donnaient des leçons de blasphèmes. « Monsieur, a dit un des évêques, mais les lois de Louis XIV condamnent les blasphémateurs à avoir la langue coupée ; vous demandez un supplice plus grave pour les philosophes, et cela ne peut signifier qu'une peine de mort. Savez-vous que nous ne pourrions pas signer une telle lettre sans devenir *irréguliers*, et, qui est pis, ridicules et odieux ? » J. G. a remis son papier dans sa poche,

---

(1)   Lefranc de Pompignan dit à tout l'univers
         Que le roi lit sa prose et même encor ses vers.

                    (Voltaire, *Le Russe à Paris.*)
    « Il faut que tout l'univers sache que le roi s'est occupé de mon
« discours (à l'Académie). » (*Mémoire de Lefranc de Pompignan.*)

et il disait à un de ses confidents : « *L'incrédulité a pénétré jusque dans l'assemblée.* Je ne vois plus pour la religion d'appuis fidèles que M. l'archevêque, mon frère et Fréron. » Car Fréron a l'intendance des petits dogues qu'on élève contre la philosophie; il les dresse à aboyer, et il les enivre, mais ce n'est pas de gloire.

Papillon Philosophe (1) voit bien mauvaise compagnie s'il voit des gens qui vous attribuent *le Bon sens* (2). C'est comme les écoliers à qui les colporteurs disent que les turpitudes qu'ils leur apportent sont de vous, pour les vendre un écu de plus. Jamais les gens *censés* ou *sensés* n'ont entendu parler de ces imputations. On vous reproche au contraire d'avoir trop crié contre les athées. Je conviens qu'ils ont eu tort d'écrire des déclamations, et de les écrire très-longuement. Je conviens que s'il est dangereux que le déisme ne mène à la superstition, il était inutile de le dire, à présent qu'il est question d'aller de la superstition vers le déisme. Je conviens que c'est une grande maladresse de vouloir faire dépendre la chute d'une superstition absurde et sanguinaire de la décision d'une question de métaphysique qui demeurera obscure encore longtemps, et peut-être toujours. Mais les athées sont sous le couteau, et le couteau qui les égorgerait se plongerait bientôt dans le sang des déistes; et si on permettait de rechercher les athées, Christophe de Beaumont et

(1) Madame de Saint-Julien.

(2) *Le Bon sens*, ou *Idées naturelles opposées aux idées surnaturelles*, par le baron d'Holbach.

Denis Pasquier appelleraient athée quiconque élèverait des doutes sur la dévotion du sacré cœur ou sur l'infaillibilité du parlement.

Ne disons donc pas de mal des athées.

45. A CONDORCET.

27 septembre 1775.

J'avais déjà lu M. de Guibert ; j'avais déjà pensé qu'il fallait deux prix (1). Raton est très-sensible au souvenir de l'un des deux Bertrands. On a enfin achevé de lui griller les pattes, il ne peut plus envoyer des marrons. En voici de M. Laffichard (2), homme fort célèbre autrefois dans *le Mercure*. On dit que ce M. Laffichard est actuellement retiré du monde, et qu'il a très-bien fait.

Messieurs Bertrands sauront que Luc (3) a écrit à Raton ces mots de sa main : *Je vais m'occuper à faire*

(1) Il s'agit de l'*Éloge de Catinat*, mis au concours par l'Académie, et traité par M. de Guibert et par La Harpe.

(2) *Le Temps présent*, par M. Joseph Laffichard. Condorcet y est mis en scène sous le nom d'Ariston :

> Ariston, mon ami, survint dans ces bocages
> Que j'avais attristés par ces sombres images.
> On connaît Ariston, ce philosophe humain,
> Dédaignant les grandeurs qui lui tendaient la main :
> De la vérité simple, ami noble et fidèle,
> Son esprit réunit Euclide et Fontenelle.

(OEuvres, t. XIV, p. 299.)

(3) Par ce sobriquet, qui paraît une anagramme injurieuse, Voltaire et D'Alembert désignaient Frédéric.

du bien à saint d'Étallonde, le martyr de la philoso-
phie (1).

Cela console un peu Raton de tout le mal qu'on fait ailleurs; il sera fort fâché de mourir sans avoir eu la consolation d'embrasser les deux Bertrands.

46. A VOLTAIRE.

Ce jeudi,   décembre 1775.

On vous a peut-être mandé, mon cher et illustre maître, que sur la délation d'Éprémesnil et la réquisition de maître Séguier, la cour avait supprimé une petite feuille (2) dont j'étais véhémentement soupçonné d'être l'auteur, et qu'il y avait en même temps des voix pour me brûler en papier? Il n'y a rien de plus vrai et de plus ridicule. L'Éprémesnil est un petit Américain qui, à force de faire donner des coups de fouet à ses nègres, est parvenu au point d'avoir assez de sucre et d'indigo pour acheter une charge de conseiller du roi brûleur de papier. Mais vous ne savez pas qu'au moment où je vous écris, on porte au parlement la suppression des conseillers du roi *languayeurs de porcs*, et que les autres conseillers du roi se préparent à prendre la défense de leurs confrères.

(1) « J'ai honte de vous envoyer des vers : c'est jeter une goutte
« d'eau bourbeuse dans une claire fontaine; mais j'effacerai mes
« solécismes en faisant du bien à *Divus Etallundas*, martyr de la
« philosophie. »   (De Frédéric, 8 septembre 1775.)

(2) *Sur l'abolition des corvées*, publiée sans titre ni nom d'auteur. T. XI, p. 87.

Il y a six édits : 1° la suppression des corvées ; 2° celle des communautés de marchands et d'artisans pour Paris et Lyon ; 3° celle de mille vingt-cinq conseillers du roi ; 4° celle de la caisse de Poissy ; 5° celle des règlements de police pour l'approvisionnement de Paris, règlements qui, s'ils avaient été exécutés, auraient infailliblement amené la famine ; 6° diminution et administration plus raisonnable des droits sur les suifs.

Je vous prie d'observer que les mille vingt-cinq conseillers du roi levaient chacun pour leur part un impôt sur le peuple ; que le Châtelet et le parlement en levaient un autre par les frais des procédures sans fin que les maîtrises occasionnaient ; que les corvées étaient un impôt énorme, plus nuisible encore par l'avilissement où il tenait le peuple que par ce qu'il lui coûtait ;

Que l'impôt pour la réparation et la construction des chemins ne coûtera point à la nation entière le tiers de ce que les corvées coûtaient au peuple seul, et que cependant les édits ne pourront être enregistrés qu'en lit de justice, à moins que, par une faiblesse aussi lâche que la résistance serait absurde, la cohorte des assassins de La Barre n'accepte aujourd'hui ce qu'elle détestait il y a huit jours. Je ne fermerai point cette lettre que je ne sache ce qu'ils auront fait.

J.-F. Montillet (1) se meurt : c'est le prince Ferdi-

---

(1) Archevêque d'Auch, qui, en 1764, avait publié un mandement contre les parlements en faveur des jésuites expulsés.

nand de Rohan (puisque prince y a) qui lui succède; celui-là fera moins de mandements que de battues de lièvres. Le cardinal de Luynes, votre confrère et le mien, est en apoplexie, ou plutôt en paralysie. Vous voyez que l'épizootie gagne Paris. Mais si, comme celle des bœufs, elle n'étend ses ravages que sur une seule espèce, et qu'elle se renferme dans les bêtes à mitres, comme l'autre dans les bêtes à cornes, la vigne du Seigneur sera en friche, et le champ de la raison humaine n'en sera que plus fécond.

L'assemblée des robes et des perruques n'est que pour ce matin : ils ne feront que nommer des commissaires; ainsi, je ferme ma lettre. N'ayez aucune inquiétude sur tout ceci : notre cause et la cause publique n'ont rien à craindre dans ce moment. Je vous embrasse.

Le roi a montré dans l'affaire des édits une raison, un amour de l'application, un esprit de justice, un désir de faire le bien de ses peuples, et un courage qui doivent bien consoler ceux qui s'intéressent à la chose publique.

Cette pièce, considérée comme un libelle diffamatoire, fut brûlée de la main du bourreau, et il en coûta à l'archevêque, pour l'avoir signée (elle est du jésuite Patouillet), *dix mille écus d'amende.*

De nos jours, Montillet et Patouillet ont trouvé des imitateurs; mais la juste sévérité de Louis XV n'en a point trouvé. Voyez plus loin la lettre n° 49.

47. A CONDORCET (1).

11 janvier 1776.

Vous augmentez ma joie, mon respectable philosophe, en la partageant. C'était une belle fête de voir dix ou douze mille hommes répandus dans la campagne, reconduire avec des huées les troupes du roi David, bénir M. Turgot, et chanter leur liberté. Tout le monde s'embrassait, tout le monde dansait, tout le monde s'enivrait.

Je ne suis qu'un pauvre malade; j'ai reçu des compliments dans mon lit, mais je me suis cru le plus heureux des hommes.

Je regarde sans doute ce petit événement comme un essai qu'Hercule (2) fait de ses forces : il finira par nettoyer toutes les étables du roi Augias. Les

(1) Voltaire avait présenté, en faveur du pays de Gex, un mémoire pour obtenir le dégrèvement de l'impôt. Ce mémoire eut un plein succès. Cependant, et malgré les ordres précis du contrôleur général, les employés de la ferme voulurent continuer à percevoir les taxes abolies. Ils furent accueillis comme l'on voit par cette lettre. Voltaire, dans sa joie, en écrivit le même jour (11 janvier) deux autres : l'une à M. de Vaines, l'autre à Mme de Saint-Julien. (Correspondance, t. XIX, p. 477 et 478.) Voyez aussi p. 472, dans une lettre à M. Fabry, quelle indignation causèrent au patriarche les violences des commis : « On ne doit regarder « que comme des assassins les scélérats qui, à la faveur d'une « ancienne bandoulière, viennent voler sur les grands chemins et « dans les maisons des sujets du roi, etc. »

(2) Turgot. Voltaire lui adressa, le 8 janvier, une lettre de remercîments avec un mémoire.

reptiles qui infectent depuis si longtemps ces étables auront beau siffler : Augias verra sa maison nette, supposé qu'il soit assez heureux pour avoir toujours dans Hercule une confiance entière.

Pour Messieurs de l'*Avertissement aux fidèles*, je les crois toujours plus dangereux que les gens de finance ; ce sont des basilics dont on ne pourra détruire la race. C'est beaucoup de les avoir rendus méprisables aux yeux de tous les honnêtes gens, mais cela ne suffit pas : les honnêtes gens sont en trop petit nombre. Il y aura toujours dix fois plus de prêtres que de sages, et c'est malheureusement dans cette guerre que Dieu est toujours pour les plus gros bataillons. J'ai passé ma vie à escarmoucher; mais vous êtes un excellent général d'armée, et je me flatte que les deux Bertrands formeront des milliers de Ratons.

On m'a dit qu'il y a du refroidissement entre Brutus et Cassius; je ne le crois pas : il faut que vous soyez toujours unis. Saint Jérôme a pu se brouiller avec saint Augustin, mais nos deux généraux doivent toujours être animés du même esprit. Que ne puis-je avant ma mort me trouver encore entre vous deux ! Conservez-moi votre amitié : elle répand un charme sur le peu de jours qui me restent encore à vivre. RATON.

48. A CONDORCET.

27 janvier 1776.

Votre lettre du 16 janvier, mon cher et respectable philosophe, est arrivée saine et sauve, et vous pouvez écrire en toute assurance à ce vieux malade qui vous sera tendrement attaché jusqu'à sa mort.

Je me doutais bien que le prétendu refroidissement de deux grands hommes faits pour s'aimer, était une de ces absurdes calomnies dont votre ville de Paris est continuellement inondée. Une nouvelle plus vraie me désole : c'est la goutte et la fièvre du meilleur ministre des finances que jamais la France ait eu.

Je suis tombé dans le malheureux contre-temps de lui envoyer un long mémoire, en qualité de commissionnaire de nos petits États (1). Je ne pouvais deviner qu'un accès de goutte le mît au lit dans le même temps que je lui écrivais. Je l'avais prié de me faire réponse par M. Dupont, en marge de mon mémoire ; et si vous voyez M. Dupont, je vous serai très-obligé de vouloir bien lui en dire un mot.

Je ne crains point la compagnie du métier de saint Matthieu, que vous appelez la canaille du sel : notre grand ministre nous en a délivrés pour nos étrennes, et probablement pour jamais. Sa déclaration est enfin enregistrée au parlement de Dijon. Ce parlement s'est réservé de faire des remontrances ; mais elles seront bien peu importantes et assez inutiles : il faut bien lui laisser le plaisir de se faire valoir.

Les deux autres canailles dont vous me parlez me

______

(1) Voyez la lettre précédente, n° 47. — Le mémoire en question se trouve t. XLVIII, p. 172, des œuvres de Voltaire.

font toujours trembler. J'ai été trop heureux de tirer d'Étallonde des griffes de l'une ; mais je vois avec douleur qu'on ne pourra jamais ôter à l'autre le droit de faire du mal, surtout quand ces deux canailles sont jointes ensemble pour nuire au genre humain (1). Vous avez vu, par l'aventure arrivée à La Harpe, combien cette réunion est à craindre.

Je vous conjure encore une fois de ne pas souffrir qu'aucun de vos amis se donne le funeste plaisir de m'imputer des ouvrages qui m'exposent à la fureur de ces persécuteurs éternels (2). Soyez très-sûr que le ministère n'oserait jamais soutenir un homme qui serait poursuivi par eux. Vous avez vu que M. Turgot lui-même n'a pu ni voulu défendre dans le conseil un petit ouvrage qui était uniquement à sa gloire (3), et qu'il a laissé condamner M. La Harpe, pour avoir loué cet ouvrage dans le *Mercure*.

Il y a une autre canaille à laquelle on sacrifie tout, et cette canaille est le peuple. C'est elle, il est vrai, que les trois autres réduisent à la mendicité, mais c'est pour elle qu'on va à la messe, à vêpres et au salut ; c'est pour elle qu'on rend le pain bénit ; c'est pour elle qu'on a condamné le chevalier de La Barre et d'Étallonde au supplice des parricides. On voudra toujours mener cette canaille par le licou qu'elle s'est donné elle-même. C'est pour elle qu'on touchera

(1) Cette seconde canaille est Fréron.

(2) Encore une allusion au comte de Tressan et à l'épître du chevalier Morton. Voyez ci-dessus les lettres n° 35, 38, 39, 41.

(3) L'écrit *Sur l'abolition des corvées.* Voyez t. XI, p. 87, et la lettre n° 46.

toujours les écrouelles; c'est pour elle-même qu'on laissera subsister les moines qui dévorent sa substance. Nous ne pourrons jamais détruire des abus qu'on a le malheur de croire nécessaires au maintien des États, et qui gouvernent presque toute l'Europe.

Ces abus sont le patrimoine de tant d'hommes puissants, qu'ils sont regardés comme des lois fondamentales. Presque tous les princes sont élevés dans un profond respect pour ces abus. Leur nourrice et leur précepteur leur mettent à la bouche le même frein que le cordelier et le récollet mettent à la gueule du charbonnier et de la blanchisseuse. Tout ce qu'on pourra faire, sera d'éclairer peu à peu la jeunesse qui peut avoir un jour quelque part dans le gouvernement, et de lui inspirer insensiblement des maximes plus saines et plus tolérantes. Ne nous refroidissons point, mais ne nous exposons pas; songez que les premiers chrétiens mêmes laissaient mourir leurs martyrs; soyez sûr qu'on soupait gaîment dans Carthage le jour qu'on avait pendu saint Cyprien.

Vous me parlez des esclaves de la Franche-Comté : je vous assure que ces esclaves ne feraient pas la guerre de Spartacus pour sauver un philosophe; cependant il faut les secourir puisqu'ils sont hommes. J'attends le moment favorable pour faire présenter une requête à M. Turgot et à M. de Malesherbes. Nous avons retrouvé un édit minuté sous Louis XIV, par le premier président de Lamoignon, bisaïeul de M. de Malesherbes : cet édit abolissait la mainmorte par tout le royaume, selon les vues de saint Louis, de Louis le Hutin et de plusieurs de nos rois. L'accomplissement d'un tel ouvrage serait bien digne du gouvernemént présent. Je ne doute pas que vous n'en parliez à ces deux dignes ministres , avec votre éloquence de la vertu, quand cette requête sera envoyée dans un temps favorable.

J'attends les nouveaux ouvrages de M. Turgot, contre lesquels on se déchaîne sans les connaître : il ne faut courir ni deux lièvres ni deux édits à la fois.

Je vous embrasse tendrement vous et votre digne ami M. D'Alembert. Je vous demande en grâce de m'écrire ce que vous pensez tous deux de ma lettre. Conservez-moi l'un et l'autre une amitié qui fait la consolation de mes derniers jours. V.

49. A VOLTAIRE.

Ce 11 février 1776.

Mon cher et illustre maître, les grandes robes ont enregistré l'édit de la cour de Poitiers, et nommé des commissaires pour les cinq autres. Ces commissaires ont déjà approuvé celui qui supprime les conseillers du roi, et l'on présume que tout se passera doucement. C'est à la fermeté du roi que nous devons ce miracle. M. le prince de Conti, quoique mourant, se traîne à toutes les assemblées de commissaires, pour tâcher de conserver à la France le bonheur d'avoir des corvées, et pour établir ce grand principe, que le peuple est de sa nature corvéable et taillable. Mais ce grand prince a beau faire, les corvées et lui s'en iront ensemble.

Voici une facétie du Châtelet de Paris. On dénonce à la chambre un livre intitulé *Philosophie de la Nature* (1), qui se vend avec permission tacite, et qui porte au frontispice 1776. Le livre est brûlé ; on informe contre les libraires, contre l'auteur ; on espère prouver à tout l'univers que le lieutenant de police actuel, qui ne peut manquer d'être un scélérat puisqu'il est l'ami de M. Turgot, a permis la distribution d'un livre abominable. Point du tout : on découvre que l'ouvrage, approuvé par un janséniste zélé pour la bonne cause, a été permis il y a cinq ou six ans (2), et que le frontispice est une ruse de libraire, et le Châtelet est trop heureux d'étouffer sa sottise.

J.-F. Montillet (3) est dans le sein d'Abraham. C'est, dit-on, l'évêque de Châlons, Juigné, qui lui succède. Le bénéfice vaut près de quatre cent mille livres de rentes.

Nous nous trouvons fort bien ici d'avoir en quarante volumes ce qui était en cinquante-quatre (4); mais soyez sûr qu'à l'exception de cette commodité pour le public et de l'argent qu'elle rapportera au

____

(1) Par de Lisle de Sales.

(2) Davantage. La première édition est de 1769, en trois volumes in-12.

(3) Archevêque d'Auch, de l'Académie française. Voyez la lettre n° 46.

(4) L'édition des œuvres de Voltaire, faite à Genève par Cramer et Bardin, qui causa tant d'inquiétude à Voltaire. Voyez la lettre à D'Alembert du 8 février 1776, une autre lettre à d'Argental, du 6 mars 1776, et plus bas la lettre n° 52.

7

libraire, il ne résultera rien de cette opération de commerce. Personne n'en parle ici. Comme il n'y a personne ayant un peu de livres, qui n'ait au moins une collection à peu près semblable, il est impossible qu'elle fasse le moindre bruit.

Adieu, je vous embrasse et vous exhorte à ne pas laisser si aisément troubler votre repos. Empêchez seulement que la querelle de Cramer ne fasse de l'éclat, non qu'elle pût vous compromettre, mais parce qu'elle est scandaleuse.

50. A CONDORCET.

16 février 1776.

Nos lettres se sont croisées, mon cher et respectable philosophe. Le sauvage américain dont vous me parlez (1) ne m'étonne point; mais il m'effraye, car je sais, à n'en pouvoir douter, qu'il est de la horde des autres sauvages français qui ont juré une haine immortelle à la raison.

Je crois vous avoir parlé d'une autre aventure qui est poussée beaucoup plus loin que la vôtre. Il s'agit d'un M. de Lisle de Sales, persécuté en 1776, pour un livre trop orthodoxe, intitulé *la Philosophie de la nature*, écrit il y a quinze ans, et imprimé en

----

(1) D'Esprémenil. « L'Esprémenil est un petit Américain qui, « à force de faire donner des coups de fouet à ses nègres, est « parvenu au point d'avoir assez de sucre et d'indigo pour ache- « ter une charge de conseiller du roi brûleur de papier. » Page 88.

1770 (1) en Hollande. Les sauvages, qui n'entendent pas encore le français, ont cru que le mot *théiste* signifiait *athée*, que tolérance voulait dire *impiété*, et vertu, *sacrilége*.

Je crois vous avoir dit qu'on avait donné un décret de prise de corps contre l'auteur; je crois aussi vous avoir fortement conjuré de ne jamais hasarder les pattes de Raton, qui ne peut plus marcher, qui n'aurait plus de trou pour s'y retirer, et qui serait infailliblement mangé par les chats fourrés (2). J'ai dit à peu près les mêmes choses à l'autre Bertrand, et je vous prie tous deux de vous informer de l'affaire de ce pauvre de Lisle de Sales.

Qu'est-ce donc qu'un avocat nommé Blondel, qui s'est avisé d'écrire des horreurs contre M. de Vaines, votre ami, et qui n'a pas épargné M. Turgot, votre autre ami? Est-il vrai que ce maraud est à la Bastille? Je ne puis croire que les apédeutes (3) aient la hardiesse de refuser leurs griffes au sage et bienfaisant ministre père du peuple, et s'ils faisaient les difficiles, je pense qu'ils trouveraient à qui parler, et bientôt à qui ne plus parler.

Est-il vrai que le cardinal de Luynes se meurt? Ne seriez-vous pas tenté de purifier notre Académie en lui succédant? Vous nous rendriez un grand ser-

______

(1) En 1769. Voyez ci-dessus la lettre n° 49.

(2) Voyez au livre Ier de *Pantagruel*, ch. XIV et XV, qui sont les chats fourrés, et comment ils vivent de corruption.

(3) Voyez *Pantagruel*, livre Ier, ch. XVIII. Les apédeutes ou apédeftes sont les gens de justice.

vice. Nous avons beaucoup trop de prêtres, et nous n'avons pas assez d'hommes.

Mille tendres respects.

RATON.

51. A CONDORCET.

26 février 1776.

Eh bien, mon cher et respectable philosophe, à quand la Saint-Barthélemy? Savez-vous que le fameux libraire Saillant, l'un des plus honnêtes hommes de Paris, qui avait imprimé la *Philosophie de la nature*, a été dénoncé par son propre fils, et que pour comble d'horreur ce fils est médecin?

Savez-vous que Dupré de Saint-Maur, neveu du traducteur de Milton et conseiller au parlement; Clément de Barville, avocat général à la cour des aides, et deux conseillers du même nom, poursuivent avec fureur un pauvre ex-oratorien philosophe, soupçonné d'être l'auteur de cette philosophie?

Savez-vous qu'ils ont donné de l'argent aux sergents et aux recors, qui sont venus pour saisir l'ex-oratorien auprès de Pontoise?

Savez-vous qu'enfin nous sommes prêts de revenir au temps des Guincestre, des Aubry, des Clément, des Châtel et des Ravaillac?

Il me paraît absolument nécessaire que les honnêtes gens se tiennent serrés en bataillon. Il faut que vous soyez de notre Académie avec M. l'abbé Morellet: votre nom et votre éloquence en imposeront du moins à la secte des sicaires qui s'établit dans Paris.

Concertez-vous sur cela avec M. D'Alembert. Il n'y a pas un moment à perdre. L'Église des gens de bien est en danger. Soutenez-la sur le penchant du précipice; empêchez que les assassins des La Barre ne triomphent. Je sais que les scélérats aiguisent leurs poignards contre moi: je sais tout ce qu'ils préparent. Il est d'une nécessité absolue que madame Suard force son frère (1) à ne se point charger d'une détestable édition (2) annoncée par un nommé Bardin dans plusieurs journaux. Panckoucke est déjà soupçonné; il sera bientôt accusé et perdu. Je suis plus instruit qu'on ne pense.

Encore une fois, faites-moi l'honneur et le plaisir d'être mon confrère.   V.

52. A CONDORCET.

28 février 1776.

Je vous excède peut-être de mes lettres, mais il faut pardonner aux jeunes gens qui ont de grandes passions, et qui se trouvent dans des situations violentes.

Il est certain que la faction des sicaires qui persécute M. de Lisle de Sales, affile ses poignards et charge ses arquebuses. Il est certain que Panckoucke

(1) Le libraire Panckoucke.

(2) En 40 volumes au lieu de 54. Voyez la lettre à d'Argental, du 6 mars 1776, et ci-dessus la lettre n° 49.

est perdu si on trouve chez lui un seul exemplaire de cette infâme édition annoncée par un nommé Bardin, dans le journal de Bouillon (1).

J'ai averti sa sœur, madame Suard; elle ne me répond point. Vous êtes son ami; tout ce qu'on me mande me fait voir évidemment qu'il n'y a pas un moment à perdre. S'il est vrai qu'en effet Bardin, ou quelque autre, ait vendu cette misérable édition au frère de madame Suard, il n'a d'autre parti à prendre qu'à la renvoyer ou à la brûler.

C'est à moi plus que personne de me plaindre. Il y a dans cette collection vingt ouvrages qui font frémir la religion chrétienne, et qu'on a la barbare impudence de mettre sous mon nom : si ce nom malheureux n'est pas en toute lettre à la tête de ces indignes ouvrages, il y est si bien désigné qu'on ne peut s'y méprendre. Je sais que le parti est pris de procéder contre Panckoucke et contre moi : je n'en puis douter; et je ne veux pas, dans ma quatre-vingt-troisième année, mourir ailleurs que dans mon lit (2). Je ne veux pas être la victime de l'imprudente ava-

(1) Voyez ci-dessus les lettres nᵒˢ 49, 50, 51.

(2) « Je ne plaisante point : je sens combien il est dangereux « d'être accusé, et combien il est ridicule de se justifier. Je sens « aussi qu'il serait bien triste, à mon âge de quatre-vingt-deux « ans, de chercher une nouvelle patrie, comme d'Étallonde. « J'aime fort la vérité; mais je n'aime point du tout le martyre. »
(A D'Alembert, 8 février 1776.)

En effet, le martyre des amis de la vérité ne profite qu'aux amis du mensonge. Servir la vérité le plus possible, et être martyr le moins possible, c'est là le problème. Voltaire l'a résolu, et Condorcet y a succombé.

rice de je ne sais quel libraire nommé Bardin.

J'avertis que je serai le premier à me plaindre si on débite dans Paris un seul exemplaire de cette collection abominable de Bardin ; que je demanderai la protection de M. le garde des sceaux contre ce Bardin; que je poursuivrai ce Bardin jusqu'à ma mort, et que je chargerai mes héritiers de poursuivre ce Bardin.

Je vous prie encore une fois, mon illustre philosophe, de tirer le frère de madame Suard de ce précipice.

Je suis outré contre elle de ce qu'elle ne m'a point répondu. Il est très-nécessaire que son frère et elle m'instruisent de tout. Un libraire de Paris ne doit pas regarder une telle affaire comme un objet de commerce, mais comme un objet de potence. Soyez très-sûr qu'on n'épargnera personne, et que le même esprit de fanatisme et de rage qui vient de porter Saillant le fils à dénoncer son propre père (1), portera les sicaires à de plus sanglantes extrémités.

Je vous embrasse tendrement; je pleure sur le genre humain. Je compte sur votre amitié, sur votre zèle et sur vos bontés.

Permettez-moi de vous adresser ce petit mot que j'écris à M. Gaillard ; faites-moi l'amitié de le lui remettre. Envoyez-moi sa réponse par M. de Vaines; pardonnez-moi mes importunités et mes inquiétudes.

(1) Pour avoir imprimé la *Philosophie de la nature*. Voyez la lettre n° 5ı.

53. A CONDORCET.

1er mars 1776.

Nos lettres se croisent, mon illustre ami. Je reçois la vôtre du 23. Tout ce que vous dites sur les apédeutes (1) tenant la cour d'ignorance et de fanatisme est très-vrai.

Le grand ministre que ces marauds-là détestent, doit bien se repentir de les avoir tirés de leurs cachots pour les faire rasseoir sur les fleurs de lis, lesquelles leur siéraient bien mieux sur leurs épaules que sous leur derrière. Ce sont eux qui ont fait agir le Châtelet contre de Lisle (2); c'est la faction des Clément qui a déclaré cet ex-oratorien criminel de lèse-majesté divine et humaine. Ils se sont réunis avec le frénétique inventeur des billets de confession (3), et lorsqu'une dame de la plus haute considération a voulu adoucir ce capelan, il lui a répondu : *Madame, nous en tenons un, par la grâce de Dieu, il faut qu'il serve d'exemple aux autres.*

Jam proximus ardet

Ucalegon (4).

Vous voyez comment ce putassier de Seguier en a usé avec l'homme respectable qui devrait être à sa place dans l'Académie.

(1) L'ancien parlement rétabli.
(2) De Lisle de Sales.
(3) Christophe de Beaumont, archevêque de Paris.
(4) Virg. *Æneid.*, II.

L'affaire de Panckoucke (1) est cent fois plus pressante et sera cent fois plus affreuse. Je prends mes mesures pour n'être point obligé de m'en mêler ; mais je suis indigné contre Panckoucke et sa sœur (2), qui ne me font point de réponse ; il m'en faut une, et très-positive, et très-détaillée. Il faut que Panckoucke renvoie à Genève les poisons qu'il y a achetés. S'il en garde un seul dans sa boutique, il sera infailliblement empoisonné, comme Locuste le fut dans son laboratoire. Cela va faire un vacarme abominable. Cramer est heureux ; il a gagné quatre cent mille francs avec mon seul nom, tandis que les gredins de la littérature pensent que j'ai vendu mes ouvrages à Cramer. Ce Génevois dans Genève, *fruitur diis iratis* (3). Mais je ne veux pas être la victime de son bonheur. Je ne veux l'être de personne, et il n'y a point d'extrémité où je ne me porte, plutôt que de souffrir qu'on vende sous mon nom des infamies auxquelles je n'ai nulle part, et dont tous les auteurs sont connus. Je saurai quitter la ville que j'ai bâtie et les jardins que j'ai plantés. Je saurai mourir ailleurs ; mais que Panckoucke ne me regarde pas comme un homme qu'on puisse offenser impunément.

Je vous ouvre mon cœur, mon illustre ami ; il est navré de douleur.

Je viens de lire un mémoire à consulter sur *l'existence actuelle des six corps, et la conservation de*

(1) Voyez ci-dessus, lettres 49, 51, 52.

(2) Madame Suard.

(3) Juvénal, parlant de Marius : *Exul ab octava Marius bibit et fruitur diis iratis* (I, 49).

leurs priviléges, signé Lacroix, avocat. Voilà donc un procès qu'on intente à M. Turgot devant les chambres assemblées! Ce factum paraît une réponse à un M. le président Bigot de Sainte-Croix. Si vous aviez le mémoire de M. Bigot, seriez-vous assez bon pour me le faire tenir contre-signé Turgot? Mais surtout je vous supplie de mettre dans votre paquet la feuille que M. Seguier vous a attribuée (1).

M. de Vaines me ferait tenir tout cela bien aisément. Je vais passer quelque temps dans une maison de campagne que j'ai en Suisse, à une lieue de Ferney. La lecture de votre feuille égayera ce petit voyage. Un écrit fait par vous et condamné par Seguier doit être excellent.

Mais au nom de Jésus-Christ, mon sauveur, soyez de notre Académie!

54. A VOLTAIRE.

Ce jeudi,   1776.

J'ai reçu toutes vos lettres jusqu'à celle du 1er mars, mon cher et illustre maître. Ne soyez pas en colère contre madame Suard, elle vous aime autant qu'elle vous admire. Elle s'occupe de vos inquiétudes avec l'intérêt le plus touchant. Mais avant que de vous répondre, elle a voulu savoir quelque chose de positif sur l'objet de vos inquiétudes.

L'affaire de M. de Lisle (2) se civilise. Le parlement

(1) Voyez ci-dessus la lettre n° 46.
(2) De Lisle de Sales, décrété de prise de corps par le Châtelet pour sa *Philosophie de la nature.*

s'en est saisi sur l'appel de M. de Lisle. Il a converti le décret de prise de corps en assigné pour être ouï, et tout ira doucement. C'est un dédale d'intrigues et de contre-intrigues dont il est impossible de confier le secret au baron Rigolei (1), mais qui vous ferait rire à pleurer.

Quant à l'auto-da-fé (2), il est suspendu. On a écrit à M. le procureur général de se conformer à l'édit de rétablissement, et de ne souffrir aucune dénonciation qu'elle ne lui fût remise, de n'en faire lui-même aucune sans en avoir prévenu le ministère. Je tâcherai d'avoir ces *Inconvénients des droits féodaux* (3) et de vous les envoyer; vous serez surpris, en lisant ce livre, des qualifications que Seguier lui a données. Ce Seguier est un des plus vils coquins que nous ayons à Paris. Il ressemble au Wasp de l'Écossaise, qui ne mordait que par instinct de bassesse.

Adieu, soyez tranquille et comptez sur vos amis.

55. A CONDORCET.

6 mars 1776.

Mon illustre ami, vous voyez que les monstres noirs mordent hardiment le sein qui les a réchauffés.

(1) Rigoley d'Ogny, intendant des postes. Voyez plus loin p. 115.

(2) Du livre de de Lisle de Sales.

(3) Par M. de Boncerf, caché sous le nom de Francaleu. Voyez la note de M. Beuchot, au tome XIX, page 545, des œuvres de Voltaire.

Notre Rosny a contribué à les rétablir, et ils veulent le perdre, cela est dans l'ordre. Ils viennent de faire brûler par leur bourreau le livre le plus sage et le plus patriotique que j'aie jamais lu (1), sur les corvées, sur toutes les oppressions que le peuple souffre et que notre grand homme veut détruire; ils pourront brûler leur barbe en brûlant cet ouvrage. Il faut espérer qu'ils en feront tant, qu'ils obligeront la main qui les a tirés de l'abîme à les y laisser retomber.

En attendant, il n'y a sorte d'horreur que la secte des convulsionnaires ne prépare. Il faut que Panckoucke ait perdu le sens commun, s'il ne renvoie pas sur-le-champ l'infâme édition qui va le perdre (2). Je conçois encore moins le silence de sa sœur; il y a dans tout cela un esprit de vertige. Je suis très-instruit, et je leur prédis malheur. Je souffre de leurs peines et des miennes.

Envoyez-moi, je vous prie, par M. de Vaines, la feuille que vous savez (3).

(1) *Les inconvénients des droits féodaux*, par M. de Boncerf, premier commis de Turgot. Voyez les lettres à M. Christin, du 5 mars 1776; à M. de Vaines, du 6 mars; à M. de Boncerf lui-même, du 8 mars (t. XIX, p. 538, 539 et 545, des œuvres de Voltaire). M. de Boncerf avait été décrété de prise de corps; mais le roi défendit au parlement de donner suite à cette affaire.

(2) Voyez lettres n°s 49, 50, 51, 52.

(3) Qu'on lui attribuait, et que M. Seguier avait poursuivie. Voyez lettre n° 54.

56. A CONDORCET.

16 mars 1776.

Vraiment, mon éloquent philosophe, vous aviez grand tort de ne me pas envoyer le chef-d'œuvre qui commence par *Bénissons le ministre bienfaisant* (1), accompagné de la comédie de *l'Esprit de contradiction*, relativement à l'édit de Henri III.

Il me fallait un tel ouvrage pour me réveiller de l'assoupissement où certains discours académiques venaient de me jeter. Je vous répète que si vous ne me faites pas l'honneur d'être des nôtres cette fois-ci, je m'en vais passer le reste de ma jeunesse à l'Académie de Berlin ou à celle de Pétersbourg. Il faut que M. D'Alembert et vos autres amis remuent le ciel et la terre pour écarter les hommes médiocres.

On me mande que ces Messieurs ont fait de belles remontrances, *parfaitement bien reçues*, et qu'ils en vont faire d'itératives.

Nous en avons fait aussi dans notre petit pays. Vous n'y trouverez que la simplicité helvétique, et vous nous pardonnerez la liberté grande.

Je remercie du fond de mon cœur M. et Mme Suard; mais j'opère toujours mon salut avec crainte et tremblement (2).

Je reçois dans ce moment votre lettre du 10 mars (3). Voici le siècle de Marc-Aurèle.

(1) *Sur l'abolition des corvées*, tome XI, page 87. Voyez les lettres n°s 46 et 48.

(2) Relativement à l'édition de ses œuvres en 40 volumes. Voyez la lettre précédente.

(3) Elle manque.

Je prends la liberté de dire à son ministre que Messieurs ne sont pas tout à fait le sénat romain.

Madame Denis est enchantée de votre style et de votre intrépidité. Continuez et rendez ces gens-là bien ridicules et bien méprisables, jusqu'à ce qu'on les renvoie aux gémonies dont on les a tirés.

Ces Welches de Paris aiment tendrement leurs rois; ils n'en ont encore assassiné que trois, et n'ont condamné au bannissement perpétuel que Charles VII.

57. A CONDORCET.

3 avril 1776.

Enfin donc, mon respectable ami, les partisans de la raison et de M. Turgot triomphent. Grâce à Dieu et au roi, nous voilà dans le siècle d'or jusqu'au cou.

On a fait courir dans Paris une lettre que j'avais écrite à M. de Boncerf, le brûlé (1). Je ne m'en défends pas, si on l'a donnée telle que je l'ai écrite; mais puisque mes lettres courent ainsi le monde, en voici une au roi de Prusse que je serai fort aise qu'on connaisse, *ne varietur* (2).

Il est assez plaisant d'ailleurs qu'on sache combien ce monarque et moi, chétif, nous nous sommes mutuellement pardonné : *Amantium ira amoris redintegratio.*

Il me semble que les pères de la patrie ont fait

______

(1) Premier commis de Turgot, auteur des *Inconvénients des droits féodaux.* Voyez lettre 57. La lettre de Voltaire à M. de Boncerf est du 8 mars 1776.

(2) Du 30 mars 1776. Voyez la correspondance de Voltaire.

un furieux pas de clerc; on dit qu'on chante par toute la France : *ô les fichus pères! ô gué! ô les fichus pères* (1)!

Si vous n'êtes pas à Paris, ayez la bonté de me renvoyer ma lettre prussienne par M. de Vaines. Vous m'avez trouvé là un bon correspondant. Je vous en remercie de toute mon âme.   V.

58. A VOLTAIRE.

Ce 23 avril 1776.

Je ne sais rien, mon cher et illustre maître, de l'affaire de M. de Lisle de Sales. M. le garde des sceaux ne lui trouve d'autre ressource que d'appeler au parlement de la sentence du Châtelet, et il peut tenter cette voie sans danger, parce qu'il le peut faire de loin (2). Mais le parlement convertirait son décret en un décret plus doux, il faudrait le subir, comparaître, et peut-être essuyer un arrêt ridicule.

Rousseau a eu un sauf-conduit dans un cas plus dangereux, mais il est étranger.

M. de Lisle a fait autrefois la correspondance du roi de Prusse pour Thiriot. Le roi pourrait le naturaliser Prussien, le faire membre de son académie, de son université, et demander ensuite un sauf-conduit. Mais il faudrait encore savoir si ce sauf-conduit met à l'abri des effets civils du décret.

(1) Voyez, sur cette chanson, la lettre à M. de Vaines, également du 3 avril, et la note de M. Beuchot, t. XX, p. 3.

(2) C'est aussi ce qu'il fit, et le parlement, en mai 1777, réforma le jugement du Châtelet, et se contenta d'admonester l'auteur.

Le parlement va donc faire des remontrances en
faveur des corvées et des maîtrises, dont en 1581 il
refusa l'établissement pendant deux ans. Il est moins
avancé vers la raison qu'il ne l'était il y a deux siècles. Remarquez que dans le seizième siècle, Montagne, la Boëtie, Hubert Languet, Bodin, Viète, et tant
d'autres étaient magistrats; que dans le suivant, vers
le commencement, Frénicle, Fermat, de Thou, la
Mothe le Vayer, l'étaient également. Depuis, la robe
n'a produit qu'un seul homme d'un véritable mérite,
Montesquieu, dont l'esprit de cet état a gâté l'ouvrage. La magistrature, composée autrefois de l'élite
des esprits, n'en a plus que la lie. On ne reste dans
le parlement que lorsqu'on est incapable de rien
faire de raisonnable. Montesquieu lui-même quitta
son corps dès l'instant où il se sentit du talent. Ne
soyons donc pas surpris du mépris que les corps de
magistratures méritent et qu'ils ne sont pas loin d'obtenir.

Il y aura un lit de justice la semaine prochaine,
à ce qu'on prétend. Celui que vous nommez Rosni (1),
et qui vaut bien mieux que Rosni, est inaltérable. Le
roi a dit en apprenant les remontrances : Je vois bien
qu'il n'y a que M. Turgot et moi qui aimions le peuple. Ce discours est très-vrai. Ne craignez rien pour
le salut de la France attaché à cette affaire. J'oserai
dire : pour le salut du genre humain. Si M. Turgot
succombe jamais à la rage des trois canailles (2), qui
n'en font qu'une, il restera dans la tête des hommes

(1) Turgot.
(2) Voyez ci-dessus la lettre n° 48.

que les gens éclairés et vertueux ne sont pas propres
au gouvernement, et l'univers demeurera condamné
aux ténèbres et au malheur.

Adieu, je vous embrasse, ne craignez rien, espérez et aimez-moi un peu.

59. A CONDORCET.

5 juin 1776.

Je vous supplie, mon vrai philosophe, de me dire
quis, *quid*, *ubi*, *quibus auxiliis*, *cur*; je ne sais que
quomodo et *quando* (1). Vous et moi nous sommes
bien affligés, et une de mes douleurs est de mourir
sans vous voir.

Écrivez-moi, je vous en conjure, par votre digne
ami M. de Vaines.

Le vieux malade de F.....   V.

60. A VOLTAIRE.

Ce mercredi,   1776.

Je ne vous ai point écrit, mon cher et illustre
maître, depuis l'événement fatal (2) qui a ôté à tous
les honnêtes gens l'espérance et le courage. J'ai attendu que ma colère fût un peu passée, et qu'il ne
me restât plus que de l'affliction. Cet événement a
changé pour moi toute la nature. Je n'ai plus le
même plaisir à regarder ces belles campagnes où il
eût fait naître le bonheur. Le spectacle de la gaîté du

(1) Ce que Voltaire désire savoir, ce sont les circonstances du
renvoi de Turgot, qui quitta le ministère le 11 mai 1776; il fut
remplacé par M. de Clugny.

(2) Le renvoi de Turgot, qui avait eu lieu le 11 mai 1776.

peuple me serre le cœur : ils dansent comme s'ils n'avaient rien perdu. Les loups dont vous avez délivré le pays de Gex (1) vont s'élancer sur le reste de la France, et deux ans d'abstinence ont changé en rage la soif qu'ils avaient du sang du peuple. Croyez-vous qu'ils ont osé demander qu'il ne fût pas permis d'écrire contre eux ; que cette vile postérité des laquais, des catins, des traitants du dernier siècle, prétend être respectée, et qu'elle le sera ? Ils veulent nous mettre un bâillon, de peur que les cris que la douleur nous arrache ne troublent leur repos. Voilà où nous sommes tombés, mon cher et illustre maître, et de bien haut !

Voilà donc enfin La Harpe de l'Académie ! J'en ai été bien aise pour lui. Quant à la littérature, je la crois perdue avec tout le reste. Vous ne sauriez croire quel ressort et quelle activité deux ans d'oppression ont donnés à la canaille, et comme elle va profiter de la liberté qu'elle a recouvrée. On ne fera point de mal positif, on ne persécutera point ; mais on laissera tous ces fripons subalternes voler, nuire et persécuter à leur gré.

Je tâcherai d'avoir une occasion de vous écrire librement ; mais vous savez qu'il y a un certain Rigolei (2), parent d'un autre Rigolei, et que ce Rigolei

(1) Les commis de la ferme.

(2) Rigoley d'Ogny, intendant des postes, dont il a déjà été question p. 107, frère de ce Rigoley de Juvigny, avocat de Dijon, qui avait colporté le libelle de Travenol, violon de l'Opéra, contre Voltaire. Ce Rigoley a fait présent au public de l'édition en 7 volumes des œuvres complètes de Piron, son compatriote, qu'il appelle *le plus grand poëte du siècle*, pour humilier Voltaire.

est le chef en titre d'un bureau d'espionnage, et de l'espionnage de la plus vile espèce. Or cet homme montre, non pas nos lettres, il ne l'oserait, mais des extraits de nos lettres, non pas au roi, qui est trompé, et que certainement M. Rigolei ne veut pas détromper, mais à toutes les personnes puissantes. Les secrets de toutes les familles, de toutes les amitiés étaient livrés par lui, il y a quatre ans, à madame du Barri et à sa séquelle. Je ne sais à qui il les livre à présent.

Adieu, mon cher et illustre maître; nous avons fait un beau rêve, mais il a été trop court. Je vais me remettre à la géométrie et à la philosophie. Il est bien froid de ne plus travailler que pour la gloriole, quand on s'est flatté pendant quelque temps de travailler pour le bien public.

61. A VOLTAIRE.

12 juin 1776.

Mon cher et illustre maître, M. Panckoucke me met à portée de vous écrire la vérité tout entière.

Vous connaissez le comte de Maurepas, sa faiblesse, sa frivolité, et sa jalousie contre tous les talents supérieurs.

C'était par une impulsion étrangère qu'il s'était déterminé à faire M. Turgot contrôleur général. Le caractère, la vertu, les grandes vues de M. Turgot

Voltaire parle de Rigoley d'Ogny comme d'un homme à qui « sa colonie a les plus grandes obligations. » (Lettre à d'Argental, 19 avril 1776.

l'étourdissaient et l'humiliaient. Tout alla cependant assez bien jusqu'au temps des émeutes (1). Mais alors l'activité et la force d'âme que déploya M. Turgot, fit, avec l'indifférence et la nullité du premier ministre, un contraste que celui-ci ne put digérer. On fit cette chanson contre lui :

> « Monsieur le comte, on vous demande :
> « Si vous ne mettez le holà,
> « Le peuple se révoltera.
> « Dites au peuple qu'il attende ;
> « Il faut que j'aille à l'Opéra. »

Il y avait été réellement le jour de l'émeute, et l'on savait que M. Turgot avait passé trois nuits de suite. M. Lenoir, espèce de valet aux gages de tous les ministères, plaisait assez à M. de Maurepas: M. Turgot le fit renvoyer par le roi, sans en avoir prévenu l'autre. Le parlement, qui voulait augmenter les soulèvements en faisant semblant de les calmer, fut réduit au silence. On n'avait su combien cet acte était nécessaire qu'à onze heures du soir. M. Turgot partit pour Versailles ; il réveilla le roi. Le conseil fut assemblé pendant la nuit, le lit de justice résolu, les affiches d'un arrêt séditieux couvertes avant le jour. M. de Maurepas, étonné, effrayé, avait laissé faire ; mais il lui resta contre M. Turgot une jalousie d'autant plus grande, qu'incapable de sentir l'âme de M. Turgot, il le regarda comme un rival dangereux. Le garde des sceaux (2) s'aperçut de ce senti-

---

(1) La révolte des blés, en 1775.
(2) Maupeou.

ment, et eut soin de le nourrir. Il devait la dignité
de chef de la magistrature à son talent pour jouer les
Crispins, et au mérite d'avoir fait rire madame de
Maurepas et ses femmes en jouant des parades à Pont-
Chartrain. Livré toute sa vie à la crapule, il joignait
le ton le plus bas à l'âme la plus vile. Dans les temps
où l'on payait les parlements, il avait reçu quatre
cent mille francs pour payer ses dettes. Malheureusement, il avait assez d'esprit pour sentir combien M. Turgot devait le mépriser, et qu'il ne pourrait, tant qu'il serait en place, ni se faire donner de
l'argent ni en prendre. Les édits de M. Turgot étaient
dressés, il fallut les communiquer à M. de Maurepas, au garde des sceaux et à M. de Malesherbes.
Le garde des sceaux, après avoir d'abord combattu
celui des jurandes, sut, par ses émissaires, que l'é-
dit des corvées était celui qui offensait le plus les
parlements. Plus de la moitié des membres de ce
corps, sortis ou de la finance ou de la valetaille du
siècle dernier, tenait fortement aux priviléges de la
noblesse. Le garde des sceaux dirigea en conséquence ses efforts contre l'édit des corvées. Il donna
au roi un mémoire digne des charniers Saint-Inno-
cent. M. Turgot eut la bonté d'y répondre en détail.
Le roi lut tout cela, il parut convaincu. Dès lors le
garde des sceaux n'osa plus s'opposer directement,
il se contenta de soulever en secret les parlements.
Il fit dire au roi, par M. de Maurepas, que M. Turgot
était un ennemi de la religion et de l'autorité royale,
et qu'il allait bouleverser l'État.

On chargea Seguier de faire des réquisitoires, tantôt contre un livre *sur les droits féodaux*(1), et tantôt contre un dictionnaire théologique, ensuite contre un monarque accompli. On insinuait adroitement que M. Turgot voulait anéantir les priviléges de la noblesse, et que depuis son ministère l'impiété et la sédition marchaient tête levée. Il n'eut pas de peine à faire sentir au roi l'absurdité du parlement. Mais M. de Maurepas montrait de son côté les parlements révoltés, la noblesse dans l'inquiétude, les financiers prêts à faire banqueroute. Le roi, peu éclairé, n'ayant aucun principe fixe, porté naturellement à la défiance, penchant que M. de Maurepas augmentait en lui disant du mal de tous les gens honnêtes, était ébranlé.

M. de Malesherbes eut alors l'imprudence de confier à M. de Maurepas le dessein qu'il avait de se retirer. Né avec beaucoup d'esprit, de facilité pour les sciences, et d'éloquence naturelle, il a, soit par goût, soit par défaut de rectitude dans l'esprit, un penchant pour les idées bizarres et paradoxales; il trouve dans son esprit des raisons sans nombre pour défendre le pour et le contre, et n'en trouve jamais aucune pour se décider. Particulier, il avait employé son éloquence à prouver aux rois et aux ministres qu'il fallait s'occuper du bien de la nation; devenu ministre, il l'employait à prouver que le bien est impossible.

Quelques dégoûts qu'il a éprouvés; la perte de sa considération dans le public, causée parce qu'on ne voyait sortir de son département ni lois utiles, ni

(1) Par M. de Boncerf. Voyez les lettres 54 et 57.

réformes d'abus; la perte de sa considération dans
la magistrature, qui lui reprochait d'avoir été de
l'avis du lit de justice; la tournure de son esprit,
absolument opposé à celui d'administration, et qui
lui rendait sa place insupportable, tout cela le détermina à quitter. M. de Maurepas, qui n'aurait osé
attaquer M. Turgot et lui, voulut profiter de sa retraite pour perdre le restaurateur de la nation et
l'ami du peuple. Il s'y prit avec adresse. Il savait
qu'une réforme dans la dépense de la maison du roi
était nécessaire; que sans cela, au lieu de diminuer
les dettes et les impôts, il faudrait les augmenter
incessamment, et que M. Turgot était prêt de présenter au roi un mémoire qui lui montrerait l'é-
tat de ses finances et la nécessité de réformer la
cour, si on ne voulait ni se déshonorer par une banqueroute, ni se rendre odieux en écrasant le peuple. Il n'y aurait eu alors que deux partis : ou consentir à la réforme, ou laisser partir M. Turgot. Le
roi n'aime pas le faste; il a naturellement le sens
assez droit; son âme n'est point encore corrompue;
il est faible, mais sans passions. Il pouvait accepter
le plan, et dès lors M. Turgot devenait inattaqua-
ble. Il était donc nécessaire de prévenir ce moment.
M. de Maurepas imagina d'insinuer au roi de prendre M. Amelot pour ministre. Vous le connaissez :
on ne lui reproche qu'une bêtise au-dessus de l'ordre
commun; mais il était aisé de prévenir cette objection. Ce projet réussit, et la réforme devenant impossible avec M. Amelot, il fallait, ou que M. Turgot quittât, ou qu'il attendît jusqu'à ce que l'impos-

sibilité de payer sans faire des manœuvres malhon-
nêtes, le forçât à s'en aller.

M. Turgot fut averti de l'affaire de M. Amelot : il
en parla avec force; il écrivit au roi; il lui montra
de nouveau la nécessité d'une réforme que M. Ame-.
lot ne ferait pas; que la ruine de la nation et de la
gloire du roi serait la suite de cette nomination; que
le garde des sceaux avait par ses intrigues ameuté
les parlements contre l'autorité; qu'on cherchait de
toutes parts à augmenter les difficultés de faire le
bien. Le roi eut la faiblesse de montrer cette lettre à
M. de Maurepas. Il n'y avait plus à reculer. Il revint à
ses anciennes inculpations contre M. Turgot; il fit dire
par M. d'Ogni (1), qui ouvre les lettres à la poste, que
le mécontentement était général en France, et avait
M. Turgot seul pour objet. Ce d'Ogni était l'ennemi
personnel de M. Turgot, qui l'avait traité avec le mépris que mérite l'infamie du métier qu'il fait. D'ailleurs il sentait que, si jamais M. Turgot devenait
ministre prépondérant, cet odieux espionnage serait
détruit.

M. Turgot était décidé à la retraite, et il ne voulait que parler au roi encore une fois : il alla chez lui
le samedi, mais le roi était à la chasse; il y retourna,
mais le roi était au débotté, et il fallait l'attendre.
M. Turgot remit au travail du lendemain; mais M. de
Maurepas, qui avait craint cette entrevue, fit entendre que l'on ne devait pas attendre la démission de
M. Turgot, qu'il ne fallait pas laisser dire qu'il s'en
allait pour n'avoir pu faire le bien, mais annoncer

(1) Voyez la note p. 115.

qu'on l'avait renvoyé parce qu'il n'était pas propre à sa place. Voilà les intrigues de M. de Maurepas auprès du roi ; voici° maintenant ce qu'il a voulu montrer au public.

Le comte de Guines a été accusé par son secrétaire d'avoir joué dans les fonds publics à Londres, et de l'avoir ensuite désavoué pour se dispenser de payer. Sa réponse est que, sachant la paix faite, il n'aurait pu jouer qu'à jeu sûr. Mais elle ne vaut rien ; il est prouvé au roi, à M. de Maurepas et aux ministres, que M. de Guines ne savait rien de la négociation relative à cette paix ; et que lorsque le chargé d'affaires lui en rendait compte par pure politesse, il le communiquait à tort ; il est prouvé qu'il ne savait pas la négociation finie lorsqu'il a joué. Le comte de Guines est donc coupable. Mais la reine, que l'on n'en a pas instruite, et qui le croit victime de M. d'Aiguillon, le protége. M. de Maurepas a déterminé le roi à faire M. de Guines duc, malgré ce qu'il en savait, et il l'a été apprendre à la reine, espérant se réconcilier avec elle ; charger auprès d'elle MM. Turgot et Malesherbes du rappel de M. de Guines ; la charger auprès du public du renvoi de M. Turgot ; en obtenir le rappel de M. d'Aiguillon, neveu de sa femme, et la consoler par là du renvoi de M. Turgot, parce que, tout en désirant son départ, elle avait trouvé cette forme indécente.

Ce beau projet n'a point réussi. M. de Maurepas comptait sur le peu d'esprit de la reine ; mais il oubliait que, n'ayant pas comme lui le bonheur d'être eunuque, elle avait un peu d'âme. Elle lui a donc refusé le retour de M. d'Aiguillon; a déclaré hautement qu'elle n'était pour rien dans le renvoi de M. Turgot; a traité M. de Maurepas avec le mépris le plus froid et le plus gai, et a répété tout haut ce qu'elle lui avait dit.

M. de Saint-Germain a témoigné la plus grande joie du renvoi de l'homme à qui il devait sa subsistance et sa place. Le motif est aussi noble que l'action. Il demandait 350 mille livres pour son établissement. M. Turgot voulait! qu'en ce cas l'argenterie et les meubles passassent à son successeur; il espère que M. de Clugny sera moins difficile. Son ordonnance est un chef-d'œuvre d'hypocrisie : il la commence par déclarer que le roi ne souffrira aucun officier connu par son irréligion ou ses mauvaises mœurs. Il aurait donc fallu chasser des armées nonseulement le prince Eugène, le maréchal de Saxe, le grand Condé, le roi de Prusse, mais M. le comte de Saint-Germain lui-même. D'ailleurs il n'aurait pas dû prendre pour adjoint un coureur de filles, ni donner des régiments aux gens de la cour les plus décriés par leurs mœurs.

Le successeur de M. Turgot (1) est ce qu'on appelle un fripon, dur, emporté, ivrogne, joueur et débauché. M. de Maurepas lui a communiqué son goût pour les fermiers généraux : il a déclaré qu'il ne ferait rien qui pût leur déplaire.

« A quels maîtres, grands dieux! livrez-vous l'univers! »

Lorsque le Clugny a été reçu à la chambre des

(1) M. de Clugny.

comptes, M. de Nicolaï lui a fait un compliment qui était une satire de l'administration précédente. La raison en est que M. Turgot lui a refusé de l'argent pour son frère.

On dit tout haut que tout ce qui compose le ministère sera chassé incessamment pour faire place à M. de Choiseul.

Je vous embrasse et vous aime comme vous savez.

62. A CONDORCET.

11 juillet 1776 (1).

Mon esprit et mon cœur vous remercient, intrépide et vrai philosophe, d'avoir bien voulu me faire l'analyse de cette pièce de théâtre (2). Je ne la connaissais que par des récits infidèles : vous m'en parlerez comme un grand connaisseur. Le héros principal est un Caton ; mais les Caton ne sont pas faits pour réussir chez une nation qui n'aime plus que l'opéra-comique. Je voudrais pouvoir voir l'auteur avant de mourir. Je fais actuellement un recueil de tous ses ouvrages que j'ai pu rassembler. Il me paraît que c'est une collection unique, elle sera un jour bien précieuse. Si vous le voyez, je vous prie instamment de lui dire combien je révère et combien j'aime son génie et son caractère.

(1) Cette lettre est celle que Voltaire envoyait à M. de Vaines (éd. B., t. XX, p. 89), et que M. Beuchot croyait perdue.

(2) L'intrigue par laquelle Maurepas fit renvoyer Turgot, exposée dans la lettre 61.

Pour vous, je vous crois enfoncé dans la géométrie; je vous le pardonne, si vous faites dans les mathématiques des découvertes nouvelles, comme ont fait sir Isaac et le capitaine Halley; mais n'oubliez pas, je vous en prie, notre académie. Il faut que vous nous fassiez l'honneur d'en être à la première occasion : nous avons besoin d'un homme tel que vous. Alors je dirai *nunc dimittis.....* Pourquoi faut-il que je sois si éloigné de vous? que je ne puisse vous parler, et surtout vous entendre? Vous ranimez ma vieillesse un moment par votre lettre, mais je retombe bientôt après dans mon anéantissement. Où est le temps où vous rallumiez mon feu avec M. D'Alembert? Où est le temps encore plus éloigné où notre Caton (1) daigna passer quelques jours aux Délices dans la chambre des fleurs? Je suis de tous les côtés livré aux regrets, et malheureusement je suis sans espérance; c'est le pire de tous les états. C'est même le signal que nous donne la nature pour sortir de ce monde; car quel motif nous y peut retenir quand l'illusion de cette espérance est perdue?

Conservez-moi du moins la consolation réelle de votre amitié, j'en ai besoin. J'ai vu dans l'espace de plus de quatre-vingts ans bien des choses affreuses, et je crains d'en voir encore si ma vie se prolonge.

Pétrarque disait : *Povera e nuda vai filosofia.* Ai-je pu trouver un asile dans mes déserts sur la fin de mes jours? Je n'en sais rien.

(1) Turgot.

Je vous aime de tout mon cœur, et je vous suis
bien respectueusement dévoué.

63. A CONDORCET.

7 septembre 1776.

Ce Monsieur de Castillon de Berlin est en vérité
un grand philosophe. Tout ce que Monsieur de Condorcet pourra faire sera de lui ressembler; mais il
ne le surpassera jamais (1).

Je suis dans une amertume continuelle depuis
qu'on nous a ôté le protecteur du peuple et celui
de ma province. Depuis ce jour fatal, je n'ai suivi
aucune affaire, je n'ai rien demandé à personne, et
j'ai attendu patiemment qu'on nous égorgeât.

Je me suis un peu dépiqué contre cet étonnant
Welche (2), qui est assez insolent, assez fou, assez
Gilles, pour nous proposer de mettre Shakspeare à
la place de Corneille.

Si l'excès de sa turpitude doit nous faire vomir,
l'excès de son insolence orgueilleuse devait nous
faire horreur. Je ne puis croire qu'il se trouve un
seul Français assez sot et assez lâche pour déserter
nos troupes, et pour servir sous ce misérable transfuge de Letourneur : mais personne ne se joindra-
t-il à moi pour le combattre? serai-je le seul qui

(1) Castillon, de l'Académie de Berlin, est le pseudonyme sous
lequel Condorcet publia l'éloge de Pascal, suivi de remarques sur
les *Pensées*.

(2) Letourneur.

défendrai la patrie après avoir été maltraité par elle?

Je reviens à M. Castillon et à M. Bitaubé, mes deux consolateurs. Que je les remercie de m'avoir fait connaître Blaise! Ce Blaise touchait donc à la fois à l'extrême force d'esprit et à l'extrême folie? Cela est bon à savoir, on en peut tirer d'étranges conclusions. Je connaissais déjà son éloge; M. de Bitaubé, qui m'honore de son amitié, m'avait envoyé le manuscrit; il était un peu plus ample, et il y a des différences. Je suis maintenant dans le grenier à blé. M. Bitaubé en chasse les charançons et les rats, et fait de belles avenues de tous côtés, pour qu'on arrive librement à son grenier. Je l'en félicite et je l'en remercie. J'aime passionnément que les portes du temple de Cérès soient toujours ouvertes. Conservez-moi, je vous en prie, mon brave et grand philosophe, les bontés de ce M. Bitaubé, à qui je serai attaché tout le reste de ma vie avec un très-tendre respect. V.

64. A VOLTAIRE.

La Roche-Guyon, ce 6 octobre 1776.

J'ai reçu avec bien du plaisir, mon cher et illustre maître, votre lettre sur Shakspeare (1). C'est une démonstration, ou il n'y en a point en matière de goût, et je ne crois pas qu'à l'exception des gens qui savent juste en quelle année les planètes ont

(1) *Lettre de M. de Voltaire à l'Académie française*, t. LXVIII des œuvres de Voltaire.

été détachées du soleil, personne ne s'avise de la révoquer en doute. J'ai été édifié de la colère que vous a causée tout le galimatias physique du comte de Buffon ; mais il faut ou le laisser passer sans mot dire, ou s'en moquer : un savant se rendrait ridicule s'il allait combattre sérieusement de telles chimères. Cela est du même genre que le peuple qui habitait la Sibérie, lorsque le globe de la terre n'était pas aussi froid que de nos jours. Mais qu'importe, les sottises passent, les vérités restent, et ce sont précisément ces sottises qui avertissent les ignorants en place, de l'existence des sciences et qui excitent leur curiosité. C'est la parade qu'on joue à la porte pour engager les passants à entrer.

Letourneur n'est plus secrétaire de la librairie ; on lui a ôté cette place dans le temps que les honnêtes gens étaient à la mode. Vous savez que cette mode était venue avec celle des coiffures hautes, et qu'elle a duré moins de temps.

Je voudrais que nos blés fussent de votre goût. C'est une lâcheté que de remettre à d'autres les intérêts publics qui s'attachent aux nôtres.

> Joignons à la douceur de venger nos amis
> La gloire qu'on emporte à servir son pays.

Il m'est tombé entre les mains un commentaire des aumôniers du roi de Prusse, sur un livre fort ancien (1). C'est dommage que le commentaire ne

______

(1) *La Bible enfin expliquée par les aumôniers du R. D. P.* M. Beuchot prétend que ces initiales R. D. P. doivent se traduire

soit pas complet, et que les aumôniers se soient dégoûtés trop vite.

J'ai connu un fort brave homme qui avait voyagé en Amérique; il avait vécu chez une peuplade de sauvages qui savait lire, et dont les idées sur les nombres n'allaient pas au delà de 3 (La Condamine en parle). Eh bien, ce bon homme eut la patience de faire un très-gros livre pour leur prouver que deux et deux font quatre.

J'ai vu aussi un livre beaucoup plus intéressant: c'est l'histoire d'un homme très-célèbre (1). Je suis fâché que cet homme célèbre ait enlevé aux gens de lettres, ses concitoyens, l'honneur d'avoir songé à lui élever une statue, qu'il accorde cet honneur à une étrangère (2). Le fait n'est pas exact. L'idée est venue à un homme de lettres. Tous ceux à qui on l'a communiquée l'ont reçue avec transport; mais il fallait s'assembler pour convenir de ces faits, et

le *roi de Pologne*, et non le *roi de Prusse*, et que c'était la pensée de Voltaire.

Il n'y aurait eu aucun sel à supposer un commentaire sur la Bible, par les aumôniers du roi de Pologne, qui était dévot, et avait effectivement des aumôniers ou un aumônier. Pour Frédéric, c'est une autre affaire, et c'est en quoi consiste la plaisanterie de ce titre : d'ailleurs le passage de Condorcet prouve, contre M. Beuchot, qu'on a raison d'interpréter *R. D. P.* par le *roi de Prusse*.

(1) *Commentaire historique sur les œuvres de l'auteur de la Henriade*, t. XLVIII des œuvres de Voltaire.

(2) Madame Necker, chez qui le projet fut arrêté. Condorcet l'appelle madame de Montauron, parce que Necker était un financier, comme ce Montauron à qui Corneille dédia *Cinna*.

surtout il fallait dîner. L'étrangère prêta sa maison et son cuisinier. Ainsi l'homme célèbre s'est trompé en faisant à madame de Montauron un hommage qu'elle ne mérite nullement. Il faut être juste avant d'être galant.

Je suis depuis quelque temps avec un de vos amis (1), à qui votre *lettre à l'Académie* a fait autant de plaisir qu'à moi. Il lit l'Arioste; il fait des expériences de physique, et il aurait oublié tout ce qui s'est passé depuis deux ans, si le spectacle des maux qu'il voulait ou soulager ou prévenir ne l'en faisait souvenir quelquefois.

Adieu, mon cher et illustre maître. M. de Villevieille m'a mandé de Ferney des choses qui m'ont fait grand plaisir.

65. A CONDORCET.

18 octobre 1776.

Il y a toujours dans vos lettres, mon respectable philosophe, de petits mots qui donnent à penser pendant des années entières. Le galimatias physique de M. le comte (2) me fait faire de profondes réflexions sur les réputations et sur l'adresse qu'on a eue de se faire passer pour un esprit supérieur, quand on a donné au public la dimension de la queue d'un singe, et la manière dont l'univers a été formé.

(1) Turgot
(2) De Buffon.

I.9

L'autre charlatan (1) qui, sans connaître Gilles Shakspeare, veut nous le faire adorer, et qui a formé une grande cabale à la cour pour empêcher qu'on ne se moquât de lui, n'est pas moins ridicule; mais il n'a pas été si heureux.

Vous me parlez de ces Sauvages qui comptent jusqu'à trois. Hélas! je sais bien qu'on ne leur apprendra jamais que deux et deux font quatre. Il y a parmi ces barbares une foule de polissons de bonne foi, qui m'assassinent continuellement de lettres anonymes, telles que frère Garasse en aurait écrit à Théophile. J'ai lu comme vous le commentaire des aumôniers. Je ne m'étonne pas qu'ils se soient dégoûtés de leur travail; car, en vérité, le sujet est horriblement dégoûtant, et ceux que leur intérêt attache au texte sont horriblement fripons.

J'avais toujours cru que c'était une étrangère (2) qui avait imaginé le squelette en marbre, et je l'avais cru parce qu'on me l'avait fait croire.

Le grand homme qui lit l'Arioste (3) a bien raison; il vaut mieux voyager avec Astolphe dans la lune, que de s'obstiner à faire du bien malgré certaines gens, ce qui était en effet vouloir prendre la lune avec les dents. Je souffre beaucoup à cause de ce juste. Sa patrie ne le méritait pas.

Continuez à faire honneur à cette patrie qui ne le mérite guère, et conservez-moi un peu d'amitié,

(1) Letourneur.
(2) Mme Necker.
(3) Turgot, disgracié.

je vous en prie; elle me console sur la fin d'une vie un peu orageuse.

66. A VOLTAIRE.

Ce 25 octobre 1776.

Vous savez, mon illustre maître, ce qui vient de nous arriver. Neckre succède à M. Turgot: c'est l'abbé Dubois qui remplace Fénelon. Vous retrouvez les folies et la corruption des temps de votre jeunesse. M. de Vaines a quitté; c'est une action noble, digne d'un ami de M. Turgot. Il n'a pas voulu servir sous les assassins de son ancien général (1).

J'ai reçu de vous une lettre charmante. Je fais l'éloge de Linnæus. M. le comte (2) n'en sera pas content; il n'a jamais pardonné à Linnæus de s'être moqué de ses phrases.

Neckre fait un peu oublier Shakspeare. Des gens qu'on veut écorcher tout entiers, sont indulgents pour qui se contente d'écorcher leurs oreilles avec de mauvaises tragédies. Le nouveau Law est grand partisan de Shakspeare, parce qu'il s'imagine être admiré en Angleterre, et que Garrick a joué pour lui.

Adieu; espérez que dans peu nous verrons de beaux jours : il y a des choses qui ne sauraient durer.

(1) Condorcet, qui n'en dit rien ici, en fit autant : « Pour n'avoir aucune relation avec Necker, il donna sa démission d'inspecteur des monnaies. » (*Biogr. univ.*) Voyez, dans la correspondance générale, la lettre n° 7, à M. de Maurepas.

(2) De Buffon.

Quand je saurai des détails, je tâcherai de trouver moyen de vous les envoyer sans que la canaille de la poste intercepte mes lettres.

67. A CONDORCET.

1ᵉʳ novembre 1776.

Raton n'avait que parcouru Pascal pendant qu'il faisait relier les *Réflexions sur le commerce des blés* (1). Raton a été tout étonné de se sentir intéressé par cet ouvrage, qui ne roule que sur des pauvretés humaines, après s'être vu enlevé par la sublime métaphysique, et par les grands objets qui se présentent dans Blaise. Il y a je ne sais quoi de divin dans ce mélange de Blaise Condor; mais les *Réflexions sur le commerce des blés* sont si humaines, que Raton y est entré tout de suite avec un extrême plaisir, quoi qu'il eût la tête encore pleine de l'éloge de Blaise, de l'argument de Locke, de l'incertitude de nos connaissances naturelles, d'Épictète et de Montagne, de l'addition et de l'amulette mystique.

Raton, revenant donc de ce troisième ciel dans notre monde, a été charmé quand il a lu, l'*homme aime mieux dépendre de la nature que de ses semblables; il souffre moins à être ruiné par une grêle que par une injustice; il a ri à la grandeur des riches, à* l'ENVELOPPE *des principes dans la pensée* (2). Il se souvient d'avoir fort connu celui qui disait : J'aime

(1) Vol. XI, p. 99.
(2) Expressions tirées d'un écrit de M. Necker.

bien ma maison de campagne, mais j'aime mieux Dieu et la vertu. C'était le plus ladre vert qui fût à cent lieues à la ronde. C'était lui qui disait : On en veut toujours à ces pauvres riches !

Raton est écrasé dans sa chatière. Raton perd le fruit de tout ce qu'il avait entrepris depuis six ans. Il avait cent maisons bâties devenues inutiles. *In vanum laboraverunt qui œdificant eam.* Il est écrasé de toutes façons, et cependant il est engagé à la reconnaissance envers la compagne de *l'enveloppe des pensées* (1). Parce qu'au bout du compte, cette compagne et ce même monsieur de l'Enveloppe se sont chargés de sa chatière, il y a quelques années, et que les services ne doivent jamais s'oublier.

Raton ne sait plus comment se conduire avec ce monde qu'il va bientôt quitter ; il miaule plus qu'il ne raisonne ; il se prosterne devant Monsieur plus que Fontenelle.

68. A VOLTAIRE.

Ce 14 novembre 1776.

Mon cher et illustre maître, on prétend que vous avez fait des vers en l'honneur de madame de l'Enveloppe (2). C'est toujours bien fait de louer les dames quand elles sont jolies et qu'elles savent l'hébreu. Mais

(1) Mme Necker. L'expression ridicule de M. Necker, citée plus haut, lui valut, dans la correspondance des deux amis, ce sobriquet de M. de l'Enveloppe.

(2) Mme Necker.

vous ressemblez aux gens qui, lorsqu'il y a relâche au théâtre de Zaïre, vont applaudir à celui d'Arlequin. Ce monsieur de l'Enveloppe a passé sa vie à gagner de l'argent et à souffler des boules de savon. Il fera par vanité une partie des bonnes choses que Caton (1) faisait par vertu; mais comme de l'admiration à l'imitation il n'y a qu'un pas, je me rappelle avec tremblement que Colbert commença son ministère par une banqueroute, et le finit par de la fausse monnaie. Savez-vous que l'imitation est déjà en train, et que monsieur de l'Enveloppe ne veut pas plus avoir été commis-banquier, que Colbert ne voulut être fils d'un marchand? D'ailleurs je ne puis rien espérer d'un homme qui croit que les tragédies de Shakspeare sont des chefs-d'œuvre, et qui s'extasie quand on lui va conter qu'une comète a détaché les planètes du soleil, et que notre globe se gèlera dans 74 mille ans. L'esprit qui fait arriver à ces belles choses, est l'opposé de celui qui sert à bien administrer les États. Que voulez-vous que devienne un pauvre peuple, dont le contrôleur général calculerait en finance comme M. de Buffon calcule en astronomie? Au reste, monsieur de l'Enveloppe a obtenu le rappel des économistes exilés. C'est toujours une bonne chose, et quoiqu'il eût été l'agresseur dans leur querelle, il est toujours beau de faire du bien à ses ennemis.

Je ne connais pas vos vers sur les deux Enveloppes; on ne les montre point par modestie ou par

_____

(1) Turgot.

vanité. Je suis fâché de ces vers. Vous ne savez pas assez quel est le poids de votre nom, et que vous n'avez pas besoin de louer un sous-ministre pour qu'il respecte tout ce qui tient à vous. Ces espèces d'hommages rendus successivement à des gens de partis différents nuisent à la cause commune. L'Enveloppe, avec toute sa vanité, ne croira jamais que vous puissiez le mettre sur la même ligne que Caton. Il sent qu'il aura beau s'enfler et qu'il crèvera plutôt que d'y atteindre. Ainsi vous lui avez fait moins de plaisir, que vous ne faites de peine aux partisans de Caton. Or ce parti est celui de la raison et de la vertu. Adieu, je vous embrasse et vous aime très-tendrement.

On dit que vous louez Caton dans vos vers à l'Enveloppe. Je me rappelle un jeune étranger qui me disait : *J'ai vu trois grands hommes en France, M. de Voltaire, M. D'Alembert et M. l'abbé Voisenon.*

69. A CONDORCET.

22 novembre 1776.

Raton, mon respectable philosophe, est depuis vingt ans l'ami de madame l'Enveloppe, et lui a eu en divers temps quelques obligations. Il ne faut point être ingrat envers ses amis parce qu'il leur arrive quelque bonne fortune.

On n'a point envoyé ce qui s'appelle des vers à la louange, des vers à mettre dans le *Mercure;* on a écrit une lettre familière, en vers familiers, selon son usage, et on ne l'a montrée à personne.

Je n'ai jamais été de l'avis de ceux qui dénigrent Jean-Baptiste (1). Je ne crois point du tout qu'il ait commencé par une banqueroute, puisque ses premières opérations furent de diminuer la taille de deux millions, et de faire baisser le prix du pain en temps de famine. L'année de sa mort fut la seule où la dépense se trouva égale à la recette, et cela n'est jamais arrivé depuis lui. Il créa en peu de temps une marine formidable qui ne serait pas inutile aujourd'hui. Je l'ai toujours regardé comme un très-grand homme, quoi qu'il eût des défauts, et même des ridicules. Je suis à Caton, mais je ne puis abandonner Jean-Baptiste.

Toutes ces disputes sont des balivernes. L'essentiel pour moi est que la petite ville que je bâtissais tout doucement est détruite avant d'être achevée, et que ses ruines m'écrasent. Je ne pourrai pas dire en ce moment :

Urbem ridiculam statui, mea mœnia vidi,
Et nunc parva meî sub terras ibit imago.

Mes pauvres horlogers qui avaient fondé la ville sont persécutés. Je ne suis pas assez sot pour les soutenir. J'abandonne tout; je meurs ruiné. *Jean s'en alla comme il était venu!*

Cependant Gilles Shakspeare et maître Guénée (2)

(1) J.-B. Colbert.
(2) L'abbé Guénée, auteur des *Lettres de quelques Juifs à M. de Voltaire.*

triomphent. Peut-être tout cela changera dans soixante et quatorze mille ans, quand tout sera gelé (1).

Je vous embrasse très-tendrement du fond de ma caverne.

70. A VOLTAIRE.

Ce 28 novembre 1776.

Mon cher et illustre maître, je vous demande vos bontés pour le journal de feu Linguet (2). Vous avez dû y voir avec quel zèle M. de La Harpe y défend la cause du bon goût et de la raison. Je voudrais que, dans une lettre ostensible, vous voulussiez bien dire de ce journal ce que vous en pensez. Votre suffrage vaudra beaucoup de souscriptions. Vous ferez grand plaisir à M. de La Harpe, qui vous est tendrement attaché, et nous ne vous demandons, au nom de la littérature française, que quelques lignes de prose. Nous ne sommes pas si difficiles que madame de l'Enveloppe (3), à qui il faut des vers. Je les ai vus enfin. C'est Caton qui me les a envoyés ; M. de l'Enveloppe n'a pas trouvé l'encens assez fort pour les montrer.

J'ai bien peur que nous ne nous battions bientôt pour les déserts, que les Espagnols et les Portugais disputent aux chacals du Brésil. Depuis le mois de

(1) Suivant la prédiction de Buffon.
(2) *Journal de politique et de littérature.*
(3) Mme Necker. Voy. lettre n° 68.

mai je fais des efforts pour prendre toutes ces choses-là en patience. J'en suis encore loin, mais cela viendra. Adieu, je vous embrasse, et je vous aimerai toujours pour qui que ce soit que vous fassiez des vers. Taillez votre plume : l'Enveloppe se prépare à nous donner dans Notre-Dame le spectacle d'une belle abjuration (1); il ne veut plus rien avoir de commun avec Rosny.

71. A CONDORCET (2).

6 décembre 1776 (3).

Je suis toujours fâché, Monsieur, quand je vois que, dans le *Journal de politique et de littérature*, la politique tient tant de place et la littérature si peu. Je vous avoue que j'aime beaucoup mieux de bons vers et une pièce d'éloquence que toutes les nouvelles du Nord et du Midi, qui sont détruites le lendemain par d'autres nouvelles. Il est vrai que cette partie qu'on nomme politique est écrite par un homme supérieur (4); mais permettez-moi de préférer les belles-lettres, qui bercent ma vieillesse, aux intérêts des princes, auxquels je n'entends rien.

Les dissertations de M. de La Harpe n'ont, à mon gré, qu'un seul défaut : c'est d'être trop courtes. Je

(1) M. Necker était protestant.

(2) OEuvres de Voltaire, t. LXX, p. 184.

(3) C'est la lettre *ostensible* demandée par Condorcet pour servir à La Harpe. Voyez la lettre précédente.

(4) Mallet du Pan. B.

trouve chez lui une chose bien rare : c'est qu'il a
toujours raison, c'est qu'il a un goût sûr. Et pourquoi se connaît-il si bien en vers? c'est qu'il en a
fait d'excellents.

Les gens instruits et disant leur avis pleuvent de
tous côtés; mais où trouver des hommes de génie
qui veuillent bien se consacrer au triste et dangereux
métier d'apprécier le génie des autres? L'abbé Desfontaines n'était pas sans esprit et sans érudition ;
mais il avait malheureusement traduit les *Psaumes*
en vers français. La destinée de cet ouvrage entièrement ignoré (1) altéra son humeur et son goût, qui
devinrent aussi dépravés que ses mœurs. L'auteur de
Mélanie n'est pas dans ce cas. Si Racine a laissé quelques héritiers de son style, il m'a paru qu'il avait
partagé sa succession entre M. de La Harpe et M. de
Champfort.

Je n'ai point vu le *Moustapha* (2) de ce dernier,
et je suis fâché qu'on s'appelle Moustapha; mais je
me souviens d'une *Jeune Indienne* qui était une bien
jolie petite créature, et qui me parut toute raci-
nienne : car, voyez-vous, sans Racine point de salut.
Il fut le premier, et longtemps le seul, qui alla au
cœur par l'oreille.

Componit furtim subsequiturque decor (3).

A propos, il faut que vous jugiez, entre le duc de

(1) « Voyez la note, t. XXXVII, des œuvres de Voltaire. »
p. 558. B.
(2) Voyez lettre 7229. B.
(3) Tibulle, livre IV, élégie XI, vers 8. B.

La Rochefoucauld et Confucius, qui des deux a le mieux défini la gravité. Le seigneur français a dit : « La gravité est un mystère de corps, inventé pour « cacher les défauts de l'esprit. » Le seigneur chinois a dit : « La gravité n'est que l'écorce de la sagesse, « mais elle la conserve. »

Je ne veux et je n'ose avoir un avis que quand vous m'aurez dit le vôtre.

72. A CONDORCET.

20 décembre 1776.

J'ai envoyé à Monsieur plus que Fontenelle, plus que Pascal, la lettre qu'il demandait concernant mon nouveau confrère, M. de La Harpe (1). Il m'a semblé que cette lettre devait avoir l'air tout à fait impartial, en rendant à M. de La Harpe la justice qui lui est due. Je lui ai adjoint M. de Champfort, que je ne connais que par la *Jeune Indienne*. Je me souviens que quand M. de La Harpe était à Ferney, il était l'intime ami de ce jeune Champfort. J'ai donc cru servir à la fois deux amis et remplir vos intentions. J'ai le malheur de ne les remplir guère sur Jean-Baptiste (2). Si vous n'étiez pas si animé contre lui, j'oserais vous représenter que ce Jean-Baptiste avait affaire à un maître enivré de sa puissance et de sa gloire, et que quand il s'agissait de trouver cinq cents millions sur-le-champ, pour affermir cette

(1) C'est la lettre précédente.
(2) Colbert.

gloire et cette puissance, il fallait les trouver et les fournir, sous peine d'être écrasé par l'impitoyable Louvois.

Je vous prierais de remarquer que Jean-Baptiste, à sa mort, laissa une fortune fort au-dessous de celle de son rival, et que Sceaux a coûté quatre fois moins que Meudon. *Maximus ille est qui minimis urgetur* (1).

Je vous dirais encore de songer que Jean-Baptiste débrouilla le chaos, et que ce chaos existait depuis le très-chrétien Clovis. Jean-Baptiste était meilleur courtisan que citoyen. Je regrette toujours un homme qui était citoyen et point du tout courtisan (2). Je vous avouerai même que, dans le moment présent, je suis la victime du bien qu'il a voulu faire à la petite patrie que je me suis choisie. Mes derniers jours sont un peu persécutés en littérature et en affaires. Il faut savoir souffrir et mourir, c'est l'état de l'homme. Je souffrirai et je mourrai en vous aimant et en vous révérant.

73. A VOLTAIRE.

Ce 1er janvier 1777.

Mon cher et illustre maître, j'ai reçu vos deux lettres (3). Je trouve que Confucius a mieux défini la

(1) Il y a dans Horace : *optimus* ille est.
(2) Turgot.
(3) Lettres 71 et 72. Voyez, à la fin de la première, la question à laquelle Condorcet répond ici.

gravité d'un sage, et La Rochefoucault la gravité d'un sot. Cela vient peut-être de ce qu'à la Chine la gravité est la contenance, tandis qu'en France elle est le masque des sots. Je ne me souviens pas d'avoir vu en France un seul homme grave qui ne fût un homme médiocre; il en est sans doute autrement à la Chine.

Le *Journal de littérature* ne fera point usage de votre lettre par pure modestie; ce journal a un succès fort au-dessous de son mérite. On trouve que M. de La Harpe parle de lui trop longuement et trop souvent; qu'il juge trop durement ses ennemis, qu'il loue trop certaines gens. Le public n'est indulgent que pour les Linguet; il juge les gens de mérite avec rigueur : on achetait le Linguet en disant qu'il était détestable; on n'achète point le nouveau journal parce qu'il n'est pas absolument parfait.

Je crois que vous revenez un peu sur Jean-Baptiste (1); j'en suis fort aise. Eh bien, il a fait tout le bien qu'il a pu, en faisant tout le mal qui lui était nécessaire pour conserver sa place. Il est demeuré au-dessous de la fortune du marquis de Louvois, quoique celle qu'il a laissée ait été immense. Je conviens de tout cela; je conviendrai même qu'à l'exception de quelques savants anglais, dont le nom était inconnu en France, personne alors n'en savait plus que Colbert, et que ses opinions étaient celles de son siècle; mais il fut un tyran, et c'est assez pour ne jamais lui pardonner.

Je désire que l'année qui commence soit moins

(1) Colbert.

désastreuse que celle qui vient de s'écouler. J'ai vu Papillon Philosophe (1); il est fort aimable et vous aime à la folie. Adieu, je vous embrasse. Vous connaissez mon respect et mon tendre attachement. Je voudrais bien que l'année ne se passât point sans que je fisse un pèlerinage à Ferney.

74. A CONDORCET.

8 janvier 1777.

Je vous renvoie, mon vrai philosophe, votre convive, M. de Villevieille, qui est philosophe aussi et bien digne d'être votre ami. C'est lui qui m'a apporté Blaise (2). Le succès de votre Blaise est une grande époque. Je me souviens du cri public qui s'éleva, et de la persécution dioclétienne que certain pauvre diable essuya, quand il osa toucher du bout du doigt à cette idole (3). Les cuistres d'Ignace, qui avaient alors un très-grand crédit, n'osèrent pas même refuser de jeter des pierres au blasphémateur. Enfin vous avez montré au peuple le dedans de la

(1) Madame de Saint-Julien.

(2) L'éloge de Pascal, et les remarques sur ses pensées, vol. III, p. 567.

(3) Voltaire lui-même, qui avait publié en 1774, à la suite des *Lettres philosophiques sur les Anglais*, quelques remarques sur Pascal. On sait comment les *Lettres philosophiques* furent condamnées et brûlées à la sollicitation du clergé, et toute la persécution qu'elles attirèrent sur leur auteur, parce que cet auteur y soutenait le système de Locke et combattait les idées innées. Cela se passait dans le temps des miracles de saint Paris et du jésuite Girard.

tête de Sérapis, et on y a vu des rats et des toiles d'araignée. On dit qu'en disséquant celle du père Jacquier (1), vous avez trouvé le secret de dire des choses utiles et neuves, dont le défunt ne se serait pas douté. J'ai le malheur de n'avoir rien vu de tout ce que vous avez fait depuis longtemps. Il serait beau à vous de me soulager dans ma misère ; vous devriez m'envoyer le pain sacré dans mon ermitage. C'est ainsi qu'on en usait autrefois avec les fidèles. Ne me laissez pas mourir d'inanition, je suis assez mourant d'ailleurs ; ayez pitié de ma longue agonie.

Est-il bien vrai que, dans l'Encyclopédie, *Étymologie, Existence, Extensibilité*, sont de Caton (2)?

Notre voyageur part. Je finis en vous embrassant et en vous révérant plus que je ne puis vous dire.

Qui est l'échappé de Bicêtre, page 70 (3)? V.

Qu'il est beau de faire lire aujourd'hui les dernières lignes de la page 78 (4)?

75. A VOLTAIRE.

17 février 1777.

Mon cher et illustre maître, je vous envoie ce petit éloge de Leseur (5) que vous avez paru désirer ; mais c'est par pure obéissance que je vous présente une pareille misère.

(1) Voyez l'éloge du P. Leseur, t. II, p. 130, de cette édition.
(2) Turgot.
(3) Tome III, p. 622 de cette édition.
(4) Tome III, p. 627 de cette édition.
(5) Tome II, p. 130.

Vous recevrez aussi un exemplaire des remontrances du parlement contre M. Turgot. Vous n'avez pas besoin de cette pièce pour connaître la turpitude de ces messieurs ; mais elle est assez curieuse par son absurdité, pour que vous soyez bien aise de la lire.

Nous n'avons rien ici de nouveau. Nos sottises et notre honte vont toujours croissant : le Génevois (1) emprunte de tous côtés ; le garde des-sceaux empêche le plus qu'il peut d'imprimer des choses raisonnables ; M. de Maurepas se joint à eux deux pour corrompre le roi le plus qu'il est en eux , et ils tâchent de ne lui épargner aucun des vices dont sa constitution le rend susceptible.

Le cardinal de La Roche Aymon va mourir : c'est un fripon et un hypocrite de moins. Il sera remplacé par l'évêque d'Autun, qui est un homme honnête et si peu fait pour le reste du ministère, que je regarderai comme un miracle s'il peut y rester.

M. de Saint-Germain et l'archevêque ont voulu établir une communauté d'ex-jésuites ; la troisième chambre des enquêtes ne l'a point voulu, et l'a emporté.

Toute la canaille qui nous domine se fait une guerre sourde, elle ne tardera pas à éclater ; mais qu'importe, le peuple payera toujours les frais de la guerre.

Adieu, je vous embrasse et vous aime bien tendrement. Madame Suard vous remercie de la lettre charmante que vous lui avez écrite, et je dois vous

____

(1) M. Necker.

en remercier encore plus. Je serais glorieux de tout
ce que vous daignez dire de moi, si je ne croyais
que votre amitié et mon zèle pour la bonne cause
exagèrent à vos yeux le peu que je vaux.

76. A CONDORCET.

28 février 1777.

Raton a souvent recours aux bontés et aux instructions de l'intrépide philosophe.

Connaît-il un livre intitulé : *Aux mânes de
Louis XV et des grands hommes qui ont vécu sous son
règne?* Sait-il quel est cet auteur qui parle de tout,
et qui semble même se connaître à tout (1)?

On nous avait flatté que l'illustre secrétaire nous
avertirait incessamment du jour et de l'heure où
notre globe de verre s'en irait en fumée, et quand
la comète qui produisit autrefois la terre reviendrait
la détruire (2). Si on a besoin de quelques montagnes
élevées par le flux de la mer à deux mille toises de
hauteur, j'en ai vis-à-vis mes fenêtres une douzaine
à votre service. Je vous prierai de vouloir bien m'envoyer quelques molécules organiques pour me payer
de mes montagnes. Il y a un libraire qui n'est point
janséniste, et qui veut imprimer Pascal (3). Voulez-

(1) C'est Gudin de la Brenellerie. Il avait envoyé son livre à
Voltaire, qui apprit, par d'Argental, le nom de l'auteur, et le
remercia dans une lettre du 7 mars 1777.

(2) Raillerie contre les idées de Buffon et celles de Bailly.

(3) L'Éloge, suivi de remarques sur les Pensées, par Condorcet, vol. III, p. 567.

vous me permettre de lui envoyer celui que je possède? Je ne peux m'en défaire qu'à condition qu'on multipliera cet excellent volume, qui n'est pas fait pour tout le monde, mais que tout le monde devrait étudier.

Le vieux Raton a bien besoin de consolations; il en cherche dans les écrits et dans l'amitié dont le plus que Pascal et plus que Fontenelle veut bien l'honorer.

77. A VOLTAIRE.

Ce 5 mars 1777.

Mon cher et illustre maître, l'auteur des *Mânes* (1) est M. Gudin, qui a fait autrefois une tragédie intitulée : *Le royaume en interdit* ou *Lothaire*, dans l'intention, disait-il, de mériter l'honneur de la Bastille. Malheureusement sa mère l'obligea à retrancher les mots dont il avait fortifié sa pièce, et il eut l'humiliation de conserver sa liberté. Les Mânes de Louis XV ne la lui feront point perdre. Il n'y a dit de mal que de ce que vous savez (2), et les gens qui ont de la puissance ne se soucient de ce que vous savez, que lorsqu'elle leur fournit un prétexte pour nuire aux gens de bien, dont ils craignent les lumières et le courage.

J'ignore absolument si la terre sera gelée ou si elle sera réduite en poussière par le choc d'une comète,

(1) Voyez lettre 76.
(2) De la religion.

si elle sera brûlée par une explosion du feu central
ou si elle retournera dans le sein du soleil. Il n'y a
que M. le comte de Buffon et frère illuminé Bailly
qui sachent toutes ces belles choses.

Quant aux montagnes, je suis fort ignorant encore
sur cet objet. Il paraît clair que celles qui contiennent des coquilles dont les analogues se trouvent
dans la mer, ont été formées par elle, mais quand et
comment? Nous le saurons peut-être un jour; mais,
ce qui est prouvé, c'est que la manière dont on l'a
expliqué dans la grande histoire naturelle répugne
un peu aux lois de l'hydrostatique.

Quant au livre dont vous me parlez (1), l'auteur a
donné le manuscrit aux imprimeurs de Deux-Ponts,
qui ont eu la bonté de faire un petit présent à son
copiste; ainsi il n'est plus le maître de cet ouvrage.
Nous attendons avec impatience qu'il sorte quelque
chose de dessous l'Enveloppe (2). Jusqu'ici nous
n'avons rien vu que quelques imitations de Mont-
martel. Je ne sais si les frères l'Enveloppe imiteront
en tout les frères Pâris, qui eurent tant de part au
voyage de Bourges, en 1749. Au reste, la musique
de Piccini et celle de Gluck ont excité une guerre si
vive, que l'on pourra bouleverser le ministère et la
finance sans que les Welches s'en daignent apercevoir.

Adieu, mon cher et illustre maître, je vous embrasse. On a parlé d'un *Alexis Comnène*, d'un *Nicé-*

____

(1) Le Pascal avec les notes de Condorcet, que Voltaire demandait l'autorisation de faire imprimer. Voy. lettre 76.

(2) M. Necker. Voyez ci-dessus, lettre 67.

phore (1). Si on ne s'est pas trompé, je me recommande à vos bontés. M. de Vaines est administrateur des postes, et vous pouvez m'envoyer des paquets sous son couvert.

78. A CONDORCET.

9 avril 1777.

La nature m'a joué un mauvais tour, mon très-respectable philosophe. Je combats un peu contre elle, mais je serai bientôt vaincu. Je veux que vous me promettiez pour ma consolation de daigner prendre ma place à l'académie des paroles, quoique vous soyez le soutien de l'académie des choses, et d'être reçu par M. D'Alembert. J'irai me présenter là-haut ou là-bas, ou nulle part avec plus de confiance.

J'ai lu votre Cassini (2) et votre Leseur (3). C'est dans votre académie qu'il faudra poser votre buste, sans attendre la triste coutume de ne payer à un grand homme ce qu'on lui doit que quand il n'est plus.

On m'a envoyé six volumes de la *Philosophie de la nature* (4), qu'on met sous le nom d'Helvétius, et dont le véritable auteur est en prison au Châtelet, en attendant qu'il subisse le bannissement perpétuel

(1) C'est *Irène.*
(2) Vol. III, p. 168.
(3) Vol. II, p. 130.
(4) Par De Lisle de Sales. C'est la seconde édition : la première était en trois volumes ; la troisième est en dix.

auquel ces polissons l'ont condamné. Je ne sais si le livre méritait un tel honneur; mais il ne méritait pas une telle barbarie. Le fanatisme est donc plus violent que jamais dans Paris, et l'on verra toujours dans cette ville des marionnettes d'un côté et des auto-da-fé de l'autre. J'ai bien fait d'aller mourir sur les frontières de la Suisse : il y a plus de philosophie chez les ours de Berne que chez les papillons de Paris, et, sans vous et sans vos amis, je ne vois pas qu'il fût possible à un honnête homme de demeurer dans votre capitale.

Adieu, belle âme et grand génie, faites donc vite connaître tout Blaise, et daignez dire un mot de moi à l'autre respectable philosophe, M. T*** (1).

79. A VOLTAIRE.

Ce 17 avril 1777.

Mon cher et illustre maître, les tigres qui ont voulu manger M. De Lisle (2) ont peur de la griffe de Raton, qui sait se faire sentir de plus loin que la leur. Ils ont promis de faire patte de velours, si Raton voulait leur garantir les coups de griffe. Vous sentez combien peu de telles espèces méritent de confiance; mais ce que nous écririons ne ferait que nuire dans ce moment, où la canaille de toutes les livrées est réunie contre la raison. Ainsi je crois que le plus sûr est de profiter de la peur que Raton sait inspirer. C'est l'a-

(1) Turgot.
(2) Voyez lettre 49.

vis de personnes très-graves et très-bien intention-
nées. Ainsi, mon cher et illustre maître, taisons-
nous et espérons.

L'empereur (1) est arrivé; il a banni toute étiquette et refusé tout compliment. Les Welches en
sont surpris, et craignent qu'il n'ait pas assez de
dignité, et qu'il ne leur fasse pas sentir assez qu'il
est au-dessus d'eux, et même un peu d'une autre
espèce.

Adieu, je vous embrasse; je répondrai à votre
lettre une autre fois.

80. A VOLTAIRE.

Ce 20 juin 1777.

Mon cher et illustre maître, M. de Vaines m'a
communiqué une lettre que vous écriviez à M. de
La Harpe sur Montesquieu et le chevalier de Chastellux. Plusieurs de vos amis l'ont lue comme moi, et
tous pensent avec moi que vous ne devez pas la
rendre publique (2).

1° Le nom de Montesquieu est l'objet de la vénération publique, non-seulement en France, mais
dans toute l'Europe; si son ouvrage contient des
fautes, elles sont bien rachetées par la foule des vérités grandes et utiles dont il est rempli. Le livre *De
la félicité publique* (3) n'a eu aucun succès; on ne

(1) Joseph II. Il voyageait sous le nom de comte de Falken-
tein.

(2) On n'a pas cette lettre.

(3) Duchevalier de Chastellux.

lui a pas même rendu justice à Paris. L'idée que le monde doit aller en se perfectionnant n'est pas de l'auteur : cette opinion est celle des économistes, qui l'ont beaucoup mieux prouvée. On sera toujours blessé de voir comparer ces deux ouvrages. Montesquieu n'y perdra rien, et l'on couvrira de ridicule l'auteur mis en parallèle avec lui. D'ailleurs on rapprochera ce que vous dites aujourd'hui de Montesquieu des éloges que vous lui avez donnés autrefois : ses admirateurs, blessés de la manière dont vous lui reprochez ses inexactitudes dans ses citations, iront rechercher dans vos ouvrages des inexactitudes semblables, et il est impossible qu'ils n'en trouvent pas. On a bien trouvé des inexactitudes dans les Commentaires de César racontant ses propres campagnes.

2° On ne songe plus à ce que vous avez dit de *La félicité publique*, ni à ce qu'on a répondu. L'auteur de la réponse est un jeune homme très-honnête, qui annonce des talents, qui vous admire plus que personne.

3° La *Feuille du jour* est une bagatelle fort peu importante, mais qui peut devenir utile et qu'il ne faut pas décourager.

4° Le chevalier de Chastellux a été très-content de la lettre insérée dans la *Feuille du jour*, et vous lui feriez de la peine en détruisant son illusion.

5° Les maréchaux de Chastellux ne font rien au mérite de son livre; et comme les gens qui ne l'aiment pas l'accusent d'attacher trop de prix à sa naissance, son intérêt même demande que vous n'insistiez pas sur cet article.

6° Ce que vous dites du chancelier d'Aguesseau est exagéré. Comment pouvez-vous louer ainsi un chancelier mort après 1750, et qui a laissé un manuscrit sur la divinité du Verbe; qui n'a pas voulu détruire le droit d'aubaine, parce que *c'était la loi la plus ancienne de la monarchie;* qui, en trente ans de ministère, n'a fait que trois ou quatre ordonnances sur des objets peu importants, et qui occasionnent plus de procès qu'elles n'en préviennent; qui, après sa première disgrâce, s'est comporté avec la plus grande faiblesse; un homme fort inférieur à son siècle, et dont tout le mérite est d'avoir eu une érudition prodigieuse?

7° Vous dites que Montesquieu ressemble à Montaigne, et le chevalier de Chastellux à Charron. Je doute que le chevalier fût content de ce parallèle; car Charron est oublié, et Montaigne ne le sera jamais. Ainsi, la publication de votre lettre serait désagréable pour vous; elle soulèverait les admirateurs de Montesquieu, qui sont aussi vos admirateurs; et comme un journal se répand beaucoup plus vite que tout autre ouvrage, le déchaînement serait très-grand. Cette publication serait désagréable pour l'auteur de *La félicité publique,* parce que si quelqu'un s'avisait d'attaquer son ouvrage, il en serait fort tourmenté; elle nuirait à la bonne cause, parce que la canaille, qui se déchaîne contre Montesquieu et contre vous, triompherait de la division qui s'élèverait dans le camp des défenseurs de l'humanité.

Voilà, mon cher et illustre maître, ce que j'ai cru devoir vous écrire par amitié pour vous plus que par tout autre motif. J'espère que vous me pardonnerez de ne pas être d'un avis auquel vous paraissez attaché. Mon amitié doit vous dire ce qui vous est avantageux et non ce qui peut vous plaire, et, si je vous aimais moins, je n'aurais pas le courage de vous contredire. Je sais les torts de Montesquieu avec vous, et j'ai soin de les apprendre à ceux qui sont blessés du mal que vous en avez dit quelquefois; mais il est digne de vous de paraître les avoir oubliés. Adieu, je vous embrasse et je vous aime comme je vous admire.

81. A CONDORCET.

2 juillet 1777.

Il n'y a pas un mot à répondre à ce qu'un vrai philosophe m'a écrit le 20 juin (1). Je l'en remercie très-sincèrement. On voit toujours mal les choses quand on les voit de trop loin. Je ne savais pas l'aventure de la divinité du Verbe et celle du droit d'aubaine, cela est curieux. Il ne faut jamais rougir d'aller à l'école, eût-on l'âge de Mathusalem.

Je suis bien fâché que vous ne vouliez pas être des nôtres cette fois-ci. Vous nous êtes bien nécessaire. On dit que le philosophe de l'Académie française se console (2), qu'il se porte bien, qu'il ne va pas en Prusse. Je lui en fais mon compliment, et je vous

(1) Voyez la lettre précédente.
(2) D'Alembert, qui avait perdu mademoiselle de Lespinasse le 23 mai de cette même année.

renouvelle ma sincère reconnaissance de ce que vous m'avez écrit le 20 juin.

82. A CONDORCET.

A Ferney, ce 22 octobre 1777.

(Cette lettre est de M. de Villevieille; le post-scriptum est de Voltaire.)

Je suis ici depuis huit jours, mon cher philosophe; j'y passerai quelques mois, peut-être l'hiver, que sais-je? j'aurai donc le temps d'y recevoir de vos nouvelles, et j'espère que vous nous en donnerez.

On me permet de vous parler d'une, de deux tragédies. *Agathocle, tyran de Syracuse*, sujet singulier! Le héros est un disciple de Platon. *Athènes a cultivé ses mœurs et son génie*, etc.... Il y a un rôle de prêtresse que j'aime fort, un fort beau cinquième acte et un dénoûment auquel on ne s'attend point. C'est fait pour être joué sur le théâtre de Venise plutôt que sur celui de Paris, et il faudrait peut-être à cette pièce Caton, Brutus, des philosophes comme vous, pour auditeurs. Au reste, elle est écrite d'un bout à l'autre avec la pureté, l'élégance et la correction de Racine. Mais venons à *Alexis Comnène* (1), dont je vous parlai l'année dernière, et qui n'était alors qu'une esquisse informe. Oh! ici l'auteur de *Zaïre*, d'*Alzire*, d'*Adélaïde du Guesclin*, a fortifié les crayons de Racine; c'est vraiment une tragédie, on tire le mouchoir. L'intérêt commence au premier vers, marche

(1) Jouée sous le titre d'*Irène*.

et croît toujours; il y a un rôle de moine de Saint-Basile, qui sera neuf; en un mot, M. de Voltaire paraît avoir brisé ses anciens moules et en avoir fondu un tout neuf et tout exprès pour cette pièce. Comme je n'en ai encore entendu que trois actes, j'y reviendrai dans ma première lettre. Le courrier me presse aujourd'hui : je me hâte donc de vous dire combien je vous aime. Croyez que mon attachement pour vous sera toujours un des plus vifs et des plus tendres sentiments de mon cœur.

Villevieille.

Protégez, je vous prie, mon hommage respectueux auprès de madame la duchesse d'Anville, et rappelez-moi au souvenir de M. D'Alembert.

(Le reste est de l'écriture de Voltaire.)

Ce sont *somnia senectutis* dont vous parle M. de Villevieille; mais je ne sais ce que c'est que les vers pour M. Necker dont vous me parlez. Si c'est d'une ancienne lettre à madame sa femme, je n'ai point tort. Je suis désespéré de ce qui se passe au tripot des quarante. Vous êtes si au-dessus de tous les tripots! et même au-dessus du tripot de Port-Royal! Je vous adore. V.

83. A CONDORCET.

24 novembre 1777.

J'ai lu plusieurs fois l'éloge de Kepler, et j'ai toujours reconnu l'auteur; mais ayant cru trouver Fénelon dans la lettre qui lui est attribuée, j'en ai douté à une seconde lecture, et je crois même actuellement qu'elle n'est pas de lui (1). Je ne peux pas m'imaginer qu'un précepteur des enfants de France ait fait une démarche aussi imprudente et aussi fanatique, ni qu'un homme vertueux ait eu la bassesse d'écrire une lettre anonyme contre l'archevêque de Paris et contre le confesseur du roi. Il ne me paraît pas vraisemblable qu'un homme qui aspirait aux premières places, eût pu faire un crime au roi de s'être emparé de Strasbourg, ayant gagné les membres de l'hôtel de ville, et ayant surtout un extrême besoin de cette ville qui donnait une entrée continuelle aux armées de l'Empire.

Je trouve d'ailleurs dans cette lettre des répétitions, du vague. Je crois bien que l'auteur des *Maximes des Saints* avait une tête exaltée; mais il y a, ce me semble, une si énorme folie à écrire une pareille lettre, que je n'ose en croire Fénelon capable. Du moins, si l'avoir écrite est d'un fou, l'avoir supprimée est d'un sage. J'ai vu des manuscrits de la main de Fénelon, et je crois que je reconnaîtrais l'écriture, si quelque jour je pouvais voir l'original de cette lettre.

Je suis très-affligé de ce qui se passe dans notre Académie. Je serai tendrement attaché, tant que je respirerai, à celui qui fait la gloire de l'Académie des sciences, et je souhaite qu'il daigne un jour faire la nôtre.

Je le remercie de la bonté qu'il a eue de m'accor-

______

(1) La lettre de Fénelon à Louis XIV est très-authentique. Elle a été publiée en 1825 par M. Renouard père, qui en possédait l'original, de la main même de Fénelon.

der une lecture de cette singulière lettre que je lui renvoie.

M. de Villevieille, mon rival dans le culte d'hyper-dulie que j'ai pour vous, dit qu'il vous embrasse aussi tendrement que moi.

84. A VOLTAIRE.

Ce 21 décembre 1777.

Mon cher et illustre maître, je ne saurais être de votre avis sur la lettre de Fénelon (1). 1° Les maximes de droit public sur les usurpations que des traités, suite d'une guerre injuste, ne peuvent légitimer, me paraissent dignes de Fénelon. Si en politique la prescription peut établir un droit légitime, ce ne peut être en faveur de la personne même de l'usurpateur; 2° la conquête de Strasbourg, ville libre, fut un vol dont aucun casuiste ne pouvait absoudre sans exiger la restitution. En vain dira-t-on que le conseil de la ville était d'accord avec Louis XIV. Prétendra-t-on que les brigands ont droit de garder les effets volés dans un coche, parce que le cocher était complice? Je ne trouve point de bassesse à écrire sous un nom en l'air ce qu'il est impossible d'écrire sous le sien. Une lettre comme celle de Fénelon n'est pas plus un libelle anonyme que *les Provinciales*, c'est également une espèce d'apologue. Une lettre anonyme qui ne sera pas criminelle étant signée, ne l'est point lorsqu'elle est sans signature. Cacher son

(1) Voyez la lettre précédente.

nom peut être un défaut de courage; mais il n'y a point de courage à braver inutilement un despote entouré de deux cent mille satellites. Il y aurait de l'imprudence à dire son nom lorsque, loin de servir à l'objet qu'on se propose, il ne ferait qu'y nuire. Or c'est ici le cas où était Fénelon, précepteur des enfants de France. Louis XIV eût trouvé mauvais qu'il se mêlât des affaires d'État; Louis XIV eût regardé comme la lettre d'un fou cette lettre signée de Fénelon, et il pouvait la regarder comme la lettre d'un saint en la croyant d'un solitaire inconnu.

L'archevêque de Paris (1) et le père La Chaise sont traités comme ils méritent de l'être. Savez-vous que cet archevêque avait défendu d'enseigner dans son diocèse la philosophie de Descartes, dont il prenait en secret des leçons? il était encore plus hypocrite et persécuteur que débauché. Voici donc ce que je crois de cette lettre. Fénelon l'aura écrite de concert avec le duc de Beauvilliers et madame de Maintenon, pour faire parvenir à Louis XIV la vérité qu'ils n'osaient lui dire tout entière. On y aura dit un peu de mal d'eux pour que Louis XIV ne regardât point cette lettre, dont le fond était d'accord avec leurs sentiments, comme concertée avec eux; la lettre existe, écrite et raturée par Fénelon (2); mais il paraît vraisemblable que jamais elle n'a été envoyée.

(1) Harlay de Chanvallon, prêtre dissolu, qui refusa la sépulture à Molière.

(2) D'Alembert l'avait eue sous les yeux; car sur la copie qui a servi pour l'impression, il a mis en marge cette note : *L'original que nous avons vu est écrit tout entier de la main de Fénelon.*

J'ai lu et relu *le prix de la justice et de l'humanité* (1). Il doit exciter le zèle de tous les vrais philosophes. Il n'y a rien à espérer pour la France; mais l'exemple de l'Europe entière, qui tend à se rapprocher de la raison sur ces objets, influera peut-être un peu sur nous.

Paris ne nous offre rien de bien intéressant; nous passons notre vie entre des chansons et des loteries. On joue *Mustapha et Zéangir* (2). Cette pièce m'a paru vide de passions et d'idées, mais bien écrite et remplie de choses communes très-bien tournées. Adieu, mon cher et illustre maître, pensez à moi quelquefois, et soyez sûr que vous n'avez ici personne qui vous aime et vous respecte plus que moi.

85. A CONDORCET.

12 janvier 1778.

Mon philosophe universel dont les lumières m'étonnent, et dont l'amitié m'est de jour en jour plus chère, je suis affligé et honteux d'avoir été d'un autre avis que vous sur l'adorable Fénelon (3), et sur la dernière tentative d'un vieillard de quatre-vingt-quatre ans (4). J'avais cru, sur la foi de quelques

(1) Tome L des œuvres de Voltaire.
(2) De Champfort.
(3) Voyez ci-dessus lettres 83 et 84.
(4) Sur la tragédie d'*Irène*. La lettre où Condorcet exposait ces réflexions ne s'est malheureusement point retrouvée. Après avoir vu Condorcet contredire Voltaire sur Montesquieu et sur Fénelon, il eût été intéressant de lui entendre dire la vérité sur Vol-

pleurs que j'ai vu répandre à des personnes qui savent lire, et qui savent se passionner sans chercher la passion, que si cette esquisse était avec le temps bien peinte et bien coloriée, elle pourrait produire à Paris un effet heureux. Je m'étais imaginé qu'il n'était pas absolument impossible d'adoucir la rage de certaines gens, et qu'enfin je pourrais venir vous embrasser et avoir la consolation de mourir entre vos bras. Je me suis malheureusement trompé (1).

Je conviens d'une grande partie des vérités que vous avez la bonté de me dire, et je m'en dis bien d'autres à moi-même. Je travaillais à faire un tableau de ce croquis, lorsque vos critiques, dictées par l'amitié et par la raison, sont venues augmenter mes doutes. On ne fait rien de bon dans les arts d'imagination et de goût, sans le secours d'un ami éclairé.

Je n'entrerai ici dans aucun détail, j'enverrai à M. d'Argental le résultat de vos réflexions et de mes efforts, si je suis réduit à me dire *solve senescentem*, je mourrai entre mes montagnes dans mon inutilité. Mais je mourrai avec un cœur aussi pénétré de votre bonté et de votre mérite, que mon esprit sera incapable de profiter de vos lumières.

Si vous voyez M. d'Argental, je vous supplie de lui dire qu'il ne montre le tableau à personne, et qu'il attende les derniers coups de pinceau du trop

taire à Voltaire lui-même. On voit du moins quel bon esprit accueillait ces franchises inspirées par une amitié sincère.

(1) Voltaire partit de Ferney le 5 février; il arriva le 10 à Paris, à trois heures du soir, et mourut le 30 mai.

vieux barbouilleur, qui vous est tendrement attaché, à vous et à vos amis.

86. A VOLTAIRE.

Ce 19 janvier 1778.

Mon cher et illustre maître, vous êtes trop bon
d'attacher quelque prix à mes réflexions (1); c'est
l'amitié qui me les a inspirées. M. Suard, qui a lu
la pièce comme censeur des spectacles, M. Turgot,
à qui on a cru pouvoir la laisser lire sans vous déplaire, pensent à peu près comme moi. Nous trouvons également que si vous daignez faire quelques
corrections et vous rendre sévère à vous-même, il
ne vous faudra qu'un peu de temps et de patience
pour produire deux ouvrages (2) qui feront époque
dans la littérature. Je ne suis point surpris de l'effet
que la lecture des deux pièces a faite à Ferney; j'y
ai trouvé de quoi justifier l'enthousiasme et les larmes. Mais songez que vous nous avez accoutumés à
la perfection dans les convenances, dans les caractères, comme Racine nous avait accoutumés à la
perfection dans le style; que vous seul avez réuni
ces deux perfections, et que si on est sévère, c'est
votre faute. M. d'Argental fera ce que vous souhai-
tez. J'ai reçu votre nouveau factum en faveur du
genre humain (3). J'en avais déjà un exemplaire

(1) Sur la tragédie d'*Irène*.
(2) *Irène* et *Agathocle*.
(3) *Le prix de la justice et de l'humanité*, t. L des œuvres de
Voltaire.

que M. Bitaubé m'a apporté. Vous pouvez l'envoyer par la poste à M. Turgot. C'est le plus beau sujet de prix qu'aucune académie ait proposé.

Les petits enfants de madame la duchesse d'Enville partiront vers la fin de février pour Genève; quoique très-fâchés de quitter la maison paternelle, l'espérance de vous voir les a presque consolés. Je vous écrirai par eux sur quelques objets que je ne me soucie de communiquer ni à la canaille qui ouvre les lettres à la poste, ni à celle qui s'est opposée à l'abolissement de cette violation de toutes les lois de l'équité et de la décence. Si les méchants voulaient bien s'abstenir seulement des infamies qui ne leur sont bonnes à rien, le genre humain serait délivré de la moitié de ses maux. Adieu, mon cher et illustre maître, vous connaissez mon respect et ma tendre amitié.

Je viens d'apprendre par M. d'Argental (1) que vous voulez que Nicéphore ne soit pas trop odieux; il me paraît que vous ne pouvez guère disculper Alexis qu'en faisant de Nicéphore un tyran, et un tyran qui a formé le projet de faire périr sa femme, projet dont l'arrivée d'Alexis puisse seule empêcher l'exécution. Le respect d'Irène pour son mari coupable en

(1) Voltaire écrivait à d'Argental, le 14 janvier 1778 :
« Vous sentez combien il est difficile de nuancer tellement les
« choses, qu'Alexis soit intéressant en étant pourtant un peu
« coupable, et que Nicéphore ne fût point odieux, afin qu'ils
« servent l'un et l'autre à augmenter la pitié que l'on doit avoir
« pour Irène. » C'est évidemment à ce passage que se rapporte
celui de Condorcet.

serait plus intéressant, les espérances d'Alexis un peu mieux fondées, et le sacrifice d'Irène d'autant plus intéressant qu'il ne serait plus absolument indispensable. *Il ne s'agit pas de frapper juste, mais de frapper fort.* Vous souvenez-vous de ce mot, qui vaut mieux que toute la poétique d'Aristote?

CORRESPONDANCE

ENTRE

TURGOT ET CONDORCET.

1. A TURGOT.

Dimanche de Pâques, avril 1770.

Monsieur, on dit le roi de Prusse malade, et son banquier, qui n'en a point de nouvelles, est fort inquiet. M. de Choiseul réforme dans nos troupes cinq hommes par compagnie. Il prétend qu'il n'y a point d'autres moyens de faire les retranchements ordonnés. Madame Louise (1) est partie de Versailles mercredi matin, pour se faire carmélite à Saint-Denis; il y a dix-huit ans qu'elle en a formé le projet, et n'a pu que cette année obtenir la permission du roi. On dit que M. d'Invaux ira en ambassade à Venise.

Voici les vers que je vous ai proposés (2):

On distinguait dans la cohorte noire
Un homme au teint de couleur d'écritoire,

(1) Louise-Marie de Bourbon, quatrième fille de Louis XV.
(2) Ces vers avaient été attribués jusqu'ici à Turgot. La *Bio-*

> Qui pérorait ânonnant, ânonnant,
> Gesticulait, dandinant, dandinant,
> Et raisonnait toujours déraisonnant.
> C'était Omer, de pédante mémoire,
> Qui des catins de tous temps le héros
> Est maintenant le soutien des dévots;
> Omer fameux par maint réquisitoire,
> Qui depuis peu vient d'enterrer sa gloire
> Sous un mortier, pour jouir en repos
> De son mérite et du respect des sots.
> Un peu plus loin sortait d'une simarre
> Un teint blafard surmonté d'un poil blond,
> Un plat visage, emmanché d'un cou long :
> Le Saint-Fargeau (1), qui, saintement barbare,
> Offrait à Dieu les tourments de La Barre.

> Très-digne fils de son très-digne père,
> Déjà Michau (2) pour être commissaire
> Se présentait : mais l'avocat Séguier
> Dit qu'on devait cet honneur à Pasquier,
> Grand magistrat, sévère justicier,
> Porteur d'esprit du président d'Aligre.
> Deux gros yeux bleus où la férocité
> Prête de l'âme à la stupidité,

graphie universelle, qui en cite deux sur le conseiller Pasquier, conclut qu'ils prouvent dans le caractère de Turgot « beaucoup « de penchant pour la satire. » On voit ici que ces vers sont réellement de Condorcet.

(1) Michel Lepelletier de Saint-Fargeau, avocat général au parlement de Paris. Turgot fit, en 1769, une satire dont il est un des héros, et à laquelle Condorcet propose d'ajouter ces vers.

(2) Michau de Montaron de Montblin. La satire contre Michel et Michau fut attribuée à Voltaire. Voyez la lettre de D'Alembert à Voltaire, du 15 octobre 1769, et celle du 9 novembre.

L'ont depuis peu fait nommer le *bœuf-tigre* (1).
Jamais surnom ne fut mieux mérité.
Dans sa jeunesse, un certain cailletage
L'insinua chez le monde poli ;
Voulant plus vieux jouer un personnage,
De nos prélats il se fit l'ennemi.
Son coup d'essai ne fut pas applaudi ;
Mais il a bien repris son avantage,
Et s'est acquis un honneur infini
En inventant le bâillon de Lalli.

La vérité est que Pasquier a la modestie de donner la gloire de cette invention au premier président et au procureur général, attendu qu'il est assez riche sans cela.

Il paraît un livre de M. Groslei, intitulé *Londres* : c'est un voyage en Angleterre, de trois volumes in-douze. Mandez-nous si vous le voulez. Il y a aussi une traduction du poëme de l'empereur de la Chine (2).

Mademoiselle de l'Espinasse ne peut encore vous écrire ; la fièvre l'a ressaisie ces jours-ci, soit pour avoir pris du quinquina, soit pour avoir fait quelques stations de jubilé.

Mademoiselle de l'Espinasse et tous vos amis prennent la part la plus vive à vos embarras, et surtout à vos peines. Voir tant de malheureux et ne pouvoir les soulager, est une situation bien cruelle pour une âme sensible.

(1) Ce sobriquet se rencontre souvent dans les lettres de Voltaire et dans celles de Condorcet.

(2) *Les Embellissements des environs de Moukden*, par l'empereur Kien-Long. Voltaire lui adressa une épître à ce sujet. Voy. t. XIII de ses œuvres.

Adieu, Monsieur; comptez sur les tendres sentiments que je vous ai voués pour la vie.

2. A TURGOT.

Ce 28 juin 1770.

Je suis d'autant plus fâché, Monsieur, du retard de
votre lettre, qu'il faudra vraisemblablement qu'elle
aille me chercher à Paris, où je vais retourner. J'y
serai, je crois, dans huit jours. J'ai lu à Ferney (1)
la plus grande partie des deux nouveaux volumes (2).
Il y a des articles qu'il n'aurait pas dû faire, comme
quelques-uns qui roulent sur les sciences. Il y en a
d'autres qui nous sont assurément fort inutiles; mais
le sont-ils pour tout le monde? Il en est de ce qu'il
fait sur cette matière comme de ses satires contre
Pompignan : il n'a cessé que lorsque tout le public
a été las de rire aux dépens du psalmiste, et que
ses ennemis mêmes ont crié grâce. Il attend pour le
reste que le public soit également las de s'en moquer, que le mépris soit devenu du dégoût. En cela
il travaille moins pour sa gloire que pour sa cause,
et il ne faut pas le juger comme philosophe, mais
comme apôtre. Il aime passionnément l'Arioste ; mais
je doute qu'il se chargeât d'une entreprise de longue
haleine. La haine contre l'intolérance et la superstition est le seul sentiment qui puisse lui donner la
force d'écrire encore de longs ouvrages.

(1) Où il était allé avec D'Alembert.
(2) Des *Questions sur l'Encyclopédie.*

J'ai vu la nouvelle procédure, et j'ai bien peur qu'il n'en soit de cette ordonnance comme de celle de 1767, et que nous ne soyons bientôt réduits à dire du monstre de la chicane :

> Et ses griffes, en vain par Maupeou raccourcies,
> Se rallongent déjà, toujours d'encre noircies (1).

Adieu, Monsieur, portez-vous mieux ; je n'ai point été content de votre santé depuis votre arrivée ici. Vous travaillez trop, et vous croyez que votre corps ne cherchera pas à se venger de la préférence que vous accordez à la tête. Les corps ne sont point accoutumés à être ainsi négligés. Vous m'avez appris une bien bonne nouvelle, en me mandant que j'aurai le plaisir de vous voir beaucoup à Paris l'hiver prochain.

3. A TURGOT.

Ce 27 novembre 1770.

Notre correspondance, Monsieur, va enfin recommencer. Vous savez sans doute notre retour à Paris (2) et le succès de notre voyage. M. D'Alembert se porte beaucoup mieux qu'avant son départ, et je ne crains pour lui que ses inquiétudes et l'ennui de ne point s'occuper de géométrie. J'ai cherché à faire les commissions dont vous m'avez chargé, et je n'ai

---

(1) Ses griffes, vainement par *Pussort* raccourcies,
Se rallongent déjà, toujours d'encre noircies.

(Boileau, *Le Lutrin*.)

(2) De Ferney, où il avait accompagné D'Alembert pour le distraire d'une maladie noire.

pu rapporter que l'*Electricitas vindex*, qu'on m'a donné à Genève. M. Desmarets en a été curieux ; je le lui ai prêté, et il s'est chargé de vous l'envoyer. Je ne sais rien de nouveau (1) ; nous gardons le silence comme des armées en bataille, et nous attendons le 3 décembre.

J'ai trouvé Voltaire si plein d'activité et d'esprit, qu'on serait tenté de le croire immortel, si un peu d'injustice pour Rousseau et trop de sensibilité aux sottises de Fréron, ne faisaient apercevoir qu'il est homme. Il fait dans son canton plus de bien que n'en ont jamais fait les évêques d'Annecy depuis François de Sales ; mais il fait à Genève plus de mal que les ducs de Savoie. Ces pauvres Génevois, qui donnaient une retraite à Voltaire, avaient Rousseau pour concitoyen, et que D'Alembert avait rendus dans l'*Encyclopédie* respectables et intéressants, ont trouvé le secret de chasser Voltaire, de décréter Rousseau et de faire une querelle à D'Alembert. Aussi personne ne s'avisera-t-il plus de dire du bien d'eux, et Genève ne sera plus qu'une petite ville de commerce sans gloire, et, qui pis est, assez mal gouvernée. Nous avons trouvé les chemins du Languedoc beaucoup plus beaux que tous autres, et cela nous a donné occasion de crier contre les corvées, et de bénir ceux qui, comme vous, ont eu le courage de les abolir. Il est singulier que souvent il n'en soit pas besoin pour nuire aux hommes : ils se laissent

(1) Dans l'affaire du parlement. Voyez les deux lettres suivantes du 2 et du 4 décembre.

tranquillement faire du mal; mais quand on s'avise
de vouloir leur faire du bien, alors ils se révoltent
et trouvent que c'est *innover*. Il y a sur ce sujet un
charmant commentaire de Voltaire sur ce proverbe,
Ne nous renvoyez pas aux glands. C'est à l'article
Blé. Nous avons lu ces articles jusqu'à F inclusive-
ment. L'article *Épopée* est rempli de traductions en
vers de poëtes étrangers ou anciens, et ces traductions sont charmantes.

Adieu, Monsieur; notre correspondance avait cessé,
mais non pas notre amitié, du moins de ma part. On
m'a fait trembler en me disant que vous ne revien-
driez pas plus cet hiver que le précédent; j'aurais
de la peine à m'accoutumer à cela. Mais il faut espérer que nous n'aurons pas à la fois la guerre, la peste
et la famine. Ce sont les économistes qui sont cause
de tout cela, avec les dénombrements qu'ils mettent
tous les mois dans les éphémérides. Ces dénombrements portent malheur à l'espèce humaine : celui de
David a valu la peste au bon peuple de Dieu ; vous
savez ce que nous a valu le dénombrement d'Auguste.

4. A TURGOT.

Ce dimanche, 2 décembre 1770.

Si vous n'avez pas aujourd'hui un volume du
Suétone de M. de La Harpe, c'est ma faute ; je vous
en demande pardon, et j'espère, Monsieur, la réparer mardi. Je suis fâché que M. de La Harpe compare Henri Quatre à César, parce qu'ils ont fait tous
deux la guerre en France, et qu'ils ont été tous deux

assassinés. Je suis fâché aussi que, dans la préface d'une traduction des Douze Césars, il parle de Fréron, de Dorat, du chevalier Grandisson, etc. La traduction est d'ailleurs un peu faite à la hâte, et il n'a pas toujours mis le mot propre.

Notre Parlement est en feu; le roi lui a envoyé une déclaration qui lui ôte le droit de faire des remontrances plus d'une fois, lui défend de s'assembler sans l'aveu du premier président, prononce la peine de la privation des offices contre ceux qui cesseraient le service, interdit toute correspondance entre les parlements, et proscrit les termes de classe, d'association, et tous les mots techniques du système d'unité parlementaire. Il est dit dans le préambule que l'esprit qui tend à détruire la religion et les mœurs, s'est glissé jusque dans la magistrature. Ainsi, voilà Messieurs accusés d'être encyclopédistes; ils doivent au roi justice pour cette calomnie. Voilà du moins ce que j'ai saisi au travers un déluge de paroles, que j'ai eu le malheur d'entendre sortir de la bouche de Pasquier. Il serait heureux pour l'humanité qu'il n'en fût jamais sorti que des sottises. Je prends peu d'intérêt à cette affaire : il m'est impossible de m'intéresser à une tragédie dont Michel, Michau et le bœuf-tigre (1) sont les héros, et qui se dénouera par des amphigouris.

Voltaire est très-affligé de la mort de l'abbé Audra (2), qu'il croit être mort des persécutions qu'on

(1) Michel Lepelletier de Saint-Fargeau, Michau de Montaron de Montblin et Denis Pasquier. Voyez ci-dessus p. 166.

(2) Docteur de Sorbonne, d'abord professeur de philosophie,

lui a suscitées à Toulouse pour avoir enseigné son Abrégé de l'histoire universelle. L'archevêque, qui est bon et honnête, apprendra par là qu'il doit retenir avec bien du soin le zèle de ses prêtres ostrogoths. Il n'a osé ni consoler, ni protéger ce malheureux, et je trouve qu'il a poussé trop loin la prudence. Elle ne doit pas aller jusqu'à tolérer l'oppression, et consentir à en paraître le complice. Il est sans doute encore plus affligé que Voltaire du dénoûment de cette tracasserie. Adieu, Monsieur; comptez sur ma plus sincère amitié, et conservez-moi la vôtre.

5. A TURGOT.

Ce mardi, 4 décembre 1770.

Monsieur, le Parlement a arrêté hier des remontrances qui ont été portées sur-le-champ au roi par le premier président. Après une longue énumération des services rendus à la monarchie par le Parlement, depuis l'arrêt contre Charles VII jusqu'à l'arrêt contre le *Système de la nature* (1), ils demandent au roi justice des calomnies que contient le préambule de sa déclaration, et le prient de vouloir bien leur remettre les calomniateurs, afin qu'ils puissent les ju-

---

puis professeur d'histoire à Toulouse, avait fait imprimer un abrégé de l'*Histoire générale de Voltaire*, à l'usage des collèges. Voltaire lui adressa plusieurs lettres. Au sujet des regrets dont il est ici question, voyez œuvres de Voltaire, t. XVI, p. 246, et la note de M. Beuchot.

(1) Du baron d'Holbach.

ger selon les lois fondamentales du royaume. *Il m'a donné un soufflet, et je lui ai bien dit son fait,* disait Pourceaugnac. On délibérera aujourd'hui sur la réponse du roi, et j'aurai soin de vous mander dimanche ce qui résultera de toute cette affaire, qui, je crois, se terminera à l'amiable.

Il y a eu dans plusieurs provinces autour de Paris des inondations moins terribles que celles qu'éprouvent quelquefois les provinces méridionales, mais qui ont fait périr quelques hommes, beaucoup de bestiaux et produit la disette en emportant les moulins. Personne ne pense ici à ce désastre : le Parlement et un début à la Comédie-Française (1) absorbent tout l'intérêt du public. Il est question de savoir si Le Kain sera remplacé et le chancelier déplacé, et non pas si le peuple de l'Orléanais et du Gâtinais aura du pain et des maisons. L'intendant d'Orléans s'est donné beaucoup de peines pour cela; on ne lui en sait aucun gré, et l'on admire uniquement, selon qu'on est affecté, ou M. de La Rive, qui a débité de beaux vers avec grâce sur le théâtre de la Comédie-Française, ou Pasquier, qui a déclamé gauchement de maussade prose dans l'assemblée des chambres.

Adieu, Monsieur. Mademoiselle de l'Espinasse va beaucoup mieux : elle sortirait sans un effort de raison. Je ne sais encore si Suétone partira aujourd'hui (2); je l'ai demandé en feuilles, et on ne me l'a pas encore

(1) Celui de La Rive.
(2) La traduction de Suétone, par La Harpe.

apporté. Quand reviendrez-vous voir vos amis ? Ce qui
les console un peu de votre absence, c'est que vous
ne les quittez que pour faire du bien. Je voudrais
que vous en pussiez faire à Paris, et plus en grand :
on y gagnerait de toute manière.

6. A TURGOT.

Lundi, 10 décembre 1770.

Monsieur, c'est moi seul qui suis cause de ce que le
premier volume de Suétone est arrivé le dernier. J'a-
vais sur ma table les deux volumes cachetés, et j'ai
envoyé l'un pour l'autre ; je vous demande pardon
de ma bêtise. L'abbé Alari est mort. Je ne sais si on
vous a mandé que le président de Brosse (1) se présentait : il serait fâcheux qu'il réussît ; car il a écrit
à Voltaire, dans une discussion d'argent, que quand
on écrivait contre la religion on devait ménager les
présidents. La philosophie a pour ennemis secrets
ou connus bien des gens qui en devraient être les
défenseurs : ils y gagnent d'être vilipendés pendant
leur vie, et dévoués par Voltaire à un ridicule éternel ; ils n'ont point été employés même dans l'éducation de nos princes, et le zèle n'est plus le chemin
de la fortune.

Je vous envoie de petits vers de M. de La Harpe
à M. de Marchais. Mercredi, il en lira de grands (2)

(1) Voir une lettre de Voltaire, 1771, n° 6056.
(2) Sa tragédie de *Barnevelt* Voyez la lettre suivante.

chez mademoiselle de l'Espinasse. Je vous enverrai dimanche un précis de la pièce et quelques vers. Adieu, Monsieur; vous avez bien raison de compter sur une amitié solide et tendre de ma part. Je ferai vos commissions auprès de mes amis (1). Nous désirons tous trois de vous voir; mais nous trouvons que la vie des Limousins (2) doit aller avant nos plaisirs. Si les gens qui gouvernent pensaient de même, tout le monde aurait du pain.

7. A TURGOT.

Ce 23 décembre 1770.

Monsieur, j'ai entendu la pièce de M. de La Harpe (3) : c'est une traduction du *Marchand de Londres*. Il l'a un peu accommodé à nos mœurs; mais l'assassinat qu'on est supposé ne pas voir', et la maîtresse de Barnevelt qu'on voit peu, sont encore beaucoup trop révoltants. La pièce n'a point paru faire d'effet à la lecture; mais elle est en général écrite avec élégance, et remplie de beautés de détail. En voici deux morceaux : l'un de Lucie, fille du négociant chez qui Barnevelt a été élevé, et que la conduite de ce jeune homme qu'elle aime plonge dans la mélancolie :

> Je ne sais si mes sens ainsi que ma raison
> Furent dans mon enfance atteints du noir poison

(1) M. et Mme Suard.
(2) Turgot était alors intendant du Limousin.
(3) *Barnevelt*, imité ou traduit de Lillo.

Qui répand parmi nous sa sinistre influence,
Et qui, nous inspirant l'horreur de l'existence,
Sur le bord du tombeau qu'on balance à s'ouvrir,
Nous tourmente longtemps du besoin de mourir.

L'autre est une prière de Barnevelt dans sa prison :

Je m'adresse à toi seul, arbitre incorruptible !
Aux yeux du monde entier je suis un monstre horrible :
Il voit mon attentat et ne voit pas mon cœur;
Toi seul peux comparer mon crime et ma douleur ;
Tu vois nos passions des yeux de la sagesse ;
Des yeux de ta bonté tu vois notre faiblesse,
Et lorsque tout m'accuse et doit me condamner,
Je ne connais que toi qui puisse pardonner.

Le Parlement s'est assemblé deux fois, jeudi et hier; on dit que l'unanimité chancelle de plus en plus, quoique personne n'ait encore quitté la partie. Les pères de la patrie s'ennuient de ne plus juger et de ne plus aller à la comédie; car ils se sont interdit les spectacles du jour où ils n'ont plus eu rien à faire. Cependant ils ont refusé d'obtempérer à deux lettres de jussion, et ils se rassembleront samedi. Adieu, Monsieur. Si le peuple avait du pain et des juges qui fissent leur métier gratis, on pourrait se consoler du reste, et attendre avec patience la chute infaillible de la superstition et de tout ce qu'elle produit ou protége.

8. A TURGOT.

Mardi, 25 décembre 1770.

Monsieur, hier, M. de Choiseul et M. de Praslin ont été disgraciés et exilés, l'un à Chanteloup, l'autre à Praslin; le roi a fait donner ordre à M. de Choiseul de se retirer de la cour, vers midi, un moment après son départ pour la chasse. On lui a permis de rester à Paris jusqu'au mercredi matin. M. de Praslin était malade : on lui a donné jusqu'à jeudi, parce qu'il avait mandé que ce jour-là il pourrait se rendre au conseil.

Voici en détail l'histoire de l'abbé Morellet. Le roi de Pologne, en donnant une abbaye au prince de Chimay, alors l'abbé d'Alsace, l'avait chargé de pensions, entre autres d'une pour l'abbé Morellet. L'abbaye a été ensuite rendue aux réguliers, qui se sont engagés à continuer le payement des pensions. M. l'évêque d'Orléans vient de la remettre en commende et de la donner au précepteur des enfants de madame de Forbach, qui a épousé le duc de Deux-Ponts de la main gauche, et ce précepteur ne veut payer ni l'abbé Morellet, ni l'abbé Porquet, ni les autres pensionnaires. Ceux-ci agissent, et finiront par plaider si cela est nécessaire. Voilà ce que m'a dit ce pauvre abbé, qui joint une fluxion douloureuse sur les dents à ses autres malheurs, et qui est très-sensible à l'intérêt que vous prenez à lui.

Je suis assez de votre avis sur le Suétone de M. de La Harpe; mais il est bien malheureux. Il y a contre lui un déchaînement si général, qu'il faut qu'il renonce à l'Académie. On l'accable d'épigrammes, d'injures et d'imputations odieuses. On ne haïssait pas plus Voltaire il y a quarante ans, quoique Voltaire fût bien plus haïssable, puisqu'il avait fait *la Henriade* et *Alzire*.

On a annoncé à M. de La Harpe une liste de ses contre-sens, avec le texte de Suétone et la traduction de *la Pause* (1), en trois colonnes. Heureusement que c'est Fréron qui s'est chargé de ce travail, et que la traduction de *la Pause* est encore plus inexacte. Adieu, Monsieur; vous connaissez notre amitié pour vous; elle durera toujours parce qu'elle est fondée sur des motifs et des rapports qui ne changeront jamais. Je consulterai mademoiselle de l'Espinasse pour savoir s'il faut vous envoyer les *Lettres Portugaises* mises en vers par Dorat. On dit qu'il y a *des vers heureux dans le genre médiocre.*

9. A TURGOT.

Ce 14 janvier 1771.

Monsieur, on a donné avant-hier aux Français une tragédie bourgeoise de M. de Falbaire (1) : elle est lourdement tombée. Les mœurs insipides de la petite bourgeoisie y étaient peintes avec une vérité dégoûtante.

On assure que la paix est signée; du moins mylord Harcourt dit publiquement qu'elle est assurée. Si nous évitons la guerre et que nous ayons du pain, nous supporterons avec plus de patience l'inquisition qui s'appesantit sur notre littérature, et nous nous pas-

(1) De Lisle de Sales, caché sous le pseudonyme d'Ophellot de la Pause.

(2) *Le Fabricant de Londres.* Fenouillot de Falbaire réussit mieux dans le drame de *l'Honnête criminel* (1778) et dans *Les deux avares*, opéra-comique mis en musique par Grétry.

serons de penser et d'écrire plus facilement que de manger; car on mange deux fois par jour et on vit fort bien quatre-vingts ans sans jamais penser. Mademoiselle de l'Espinasse est beaucoup mieux que je ne l'ai vue depuis longtemps, et elle vous aime toujours de même. M. D'Alembert est assez bien.

L'Académie française a élu l'évêque de Senlis, que les politiques ont mis en avant pour écarter Gaillard, et lier plus à leur aise la partie de M. de Brosse. Il a manqué au prélat douze voix sur vingt-neuf, et si ces douze voix nous avaient manqué dans une pareille occasion, nous serions désespérés d'avoir eu la pluralité. M. de Senlis n'est pas du même goût; l'avantage d'avoir eu contre lui les encyclopédistes lui servira auprès du clergé, et lui tiendra lieu de quelques simagrées.

Adieu, Monsieur, vous connaissez ma tendre amitié.

10. A TURGOT.

Ce dimanche, 20 janvier 1771.

Vous recevrez, Monsieur, une *Théorie du luxe*, dont je ne connais ni l'auteur ni le mérite; elle est en deux volumes. Notre littérature ne produit rien cette année, grâce à l'éteignoir de la police. On ne veut pas même permettre une tragédie des *Druides* (1), parce qu'on s'y élève contre les sacrifices de sang humain, ce qui choquerait beaucoup les assassins de

____

(1) De l'abbé Le Blanc.

La Barre, et parce qu'un prêtre y dit en parlant de
Dieu :

> Si j'en crois ma raison,
> Plus il est tout-puissant, plus il doit être bon.

On a sincèrement exigé de l'auteur qu'il ôtât ces
deux vers, ainsi qu'un autre où le mot de raison se
trouvait. Vous trouverez cependant dans le *Mercure*
que *le moyen le plus sûr de rendre les hommes meilleurs et plus heureux est de les éclairer, et que l'estime
de ceux qui éclairent les nations peut seule consoler
des peines du gouvernement.* Voilà ce qu'écrivent des
princes ; mais ces princes, élevés par des philosophes, n'ont aucune idée de la politique noble, éclairée, honnête, de nos grands hommes d'État. Adieu,
Monsieur ; mademoiselle de l'Espinasse vous écrira
pour vous faire compliment sur l'élection de M. Desmarets, qui a réussi malgré tous les opposants. Je
crois que nous avons fait une bonne acquisition.
Vous connaissez mes sentiments pour vous, ainsi je
ne vous en parle plus. Je voudrais vous revoir et
causer avec vous sur les malheurs de la raison et de
l'humanité, sur nos espérances, s'il en reste encore,
et sur les consolations que nous devons attendre du
temps, qui met les hommes et les choses à leur place,
mais qui ne répare point les maux passés et en
amène sans cesse de nouveaux.

11. A TURGOT.

Ce 17 février 1771.

Monsieur, notre littérature a été longtemps sans

rien produire; enfin la traduction de la vie de Charles-Quint par Robertson vient de paraître, et nous allons avoir la nouvelle édition du poëme des *Saisons* (1). Les Français ont donné une comédie intitulée *le Persifleur* (2) : des moralités communes, des sorties contre les drames, les philosophes, les financiers, etc., ont un peu soutenu auprès du parterre cette pièce, qui est dans le genre ennuyeux. L'auteur a peint les gens du monde d'après les romans de Crébillon et la société de quelques actrices. Il n'est pas question dans la pièce de peindre le cœur humain. C'est un genre que, depuis Molière, on n'a pas même tenté de ressusciter. Je vais, en attendant *les Saisons*, vous envoyer Robertson et un *Fabricant de Londres*, drame sifflé de M. de Falbaire, mais dont les deux derniers actes m'ont paru n'être pas sans intérêt. Il est vrai que je n'y suis pas difficile, et que mon âme s'attendrit aisément, soit sensibilité, soit mobilité. Il y a une tragédie intitulée *les Druides*, dont on arrête la représentation. Je vous en ai peut-être déjà parlé, parce que je m'en occupe beaucoup. Les théologiens, que M. de Sartine consulte sur la comédie, trouvent très-mauvais que l'auteur n'ait pas mis des chrétiens dans les Gaules du temps de César, et qu'on n'oppose que la raison au fanatisme des Druides. Quand on raisonne aussi mal, on est sûr d'avoir raison.

Adieu, Monsieur; nos amis se portent aussi bien

(1) De Saint-Lambert.
(2) Du marquis de Bièvre.

qu'ils peuvent. Vous vous êtes trompé sur le président de Brosse (1). Grâces en soient rendues à notre ami (2) et au prince Louis (3), qui a été beaucoup plus brave qu'il n'appartient à un évêque et à un homme de cour. Je compte sur les lumières que vous voulez bien me faire espérer pendant mon séjour à Ribemont.

12. A TURGOT.

Vers juin 1771.

J'ai l'honneur de vous envoyer, Monsieur, le premier volume de *Londres* (4) et l'*Éloge des environs de Moukden* (5). Mademoiselle de l'Espinasse a eu encore hier un frisson très-violent, suivi d'une forte fièvre; c'est le septième accès depuis la rechute. On avait jusqu'ici laissé agir la nature, mais hier on a ordonné les eaux de Sedlitz. Elle est persuadée que le jubilé n'entre pour rien dans sa maladie; elle n'est

(1) C'est-à-dire qu'il n'a pas été élu membre de l'Académie.

(2) Voltaire, qui se donna beaucoup de mouvement pour empêcher cette élection. Voyez surtout une lettre à Richelieu, du 9 janvier 1771, où il proteste que si le président de Brosse est nommé, *il en mourra*.

(3) Le prince Louis de Rohan, évêque de Strasbourg, très-dévoué aux philosophes, le même qui fut si tristement célèbre par l'affaire du collier.

(4) Par Grosley.

(5) C'est le poëme composé par l'empereur de la Chine Kien-Long. Voltaire en parle, tomes XIII, XLVII et XLVIII de ses œuvres, édit. Beuchot.

restée qu'un quart d'heure dans l'église de Saint-Germain, et elle prétend que si un si court espace de temps passé dans une église produisait un aussi fâcheux effet, ce serait une chose plus terrible contre la religion qu'aucune épigramme de Voltaire. Je ne sais si vous lisez le *Mercure*; il y a dans le dernier une énigme en huit vers, par une société de gens de lettres. La voici :

> Je règle les ressorts de mon art infaillible;
> Je concerte si bien leur jeu sûr et terrible,
> Que chacun se rompant par un rapport secret,
> Des autres sur-le-champ précipite l'effet;
> Et ce dédale obscur de chemins innombrables,
> Partout entrecoupés, partout impénétrables,
> Est plein de fils trompeurs dont le sombre embarras
> Égare sans retour et conduit au trépas.

Ces huit vers se trouvent dans Gaston et Bayard, à la fin du premier acte. Tout le monde avait cru que le mot de l'énigme était *une toile d'araignée dans une cave*, et il se trouve que c'était d'une conspiration que parlait Du Belloi.

La Comédie-Française a ouvert son nouveau théâtre par *Phèdre*, et il ne m'a pas été possible de rien apprendre sur les avantages ou désavantages de cette salle.

Notre cour est en combustion à cause du mariage du duc de Bourbon : les Montmorency sont indignés qu'on ait accordé aux Rohan plus qu'à eux.

Madame Louise (1) dit et fait les plus belles choses

____

(1) Qui venait de se faire carmélite à Saint-Denis.

du monde, comme vous l'imaginez bien. On va juger
Billard et l'abbé Grizel (1).

Les petites filles de la paroisse Saint-Paul ont fait
leur première communion, et on les a régalées ensuite de soupe au lait; mais en guérissant l'âme on
a empoisonné le corps : un très-grand nombre s'est
trouvé fort mal; malheureusement personne n'est
mort, car, étant en état de grâce, elles seraient devenues des anges, état bien au-dessus de celui d'une
fille, quelque jolie qu'elle puisse être. On soupçonne
le vert-de-gris de s'être mêlé au pain des anges, et
d'avoir envié à la farine ce privilége exclusif de devenir Dieu.

Adieu, Monsieur, je vais partir; mademoiselle de
l'Espinasse va perdre son second secrétaire, mais le
meilleur lui reste (2), et je regretterai beaucoup de
n'être plus chargé de ses commissions pour vous, de
perdre les occasions d'entretenir un commerce si
agréable pour moi. Daignez me conserver la même
amitié, et comptez sur toute la mienne.

(1) Ce cher monsieur Billard et son ami Grizel,
    Grands porteurs de cilice et diseurs de missel,

avaient fait banqueroute de compagnie : le premier était caissier
général des postes; il fut condamné au pilori et au bannissement;
l'autre était jésuite et directeur de dévotes illustres : il avait converti Mme d'Egmont, et lui avait ensuite volé cinquante mille
francs. On le mit en liberté, et il revint chanter une messe d'actions de grâces à Notre-Dame, où il était sous-pénitencier. Voltaire l'a mis dans l'enfer de *la Pucelle*, dans l'*Épître au roi de la
Chine*, et dans l'*Épître à Horace*.

(2) D'Alembert.

15. A TURGOT.

21 juillet 1771.

J'ai reçu hier votre lettre (1), Monsieur, je l'ai lue avec bien du plaisir et de l'utilité, et j'espère d'ici à quelque temps vous en pouvoir parler avec plus de détail. Mademoiselle de l'Espinasse ne vous écrit pas aujourd'hui, elle est souffrante depuis quelques jours. On a vu ici, le 17, à dix heures et demie du soir, un météore remarquable : M. Bailly, qui était alors à Chaillot, occupé à observer Jupiter, a aperçu à peu près au zénith, mais du côté de l'orient, une lame de feu qui, au bout de quelques minutes, a éclaté en globules de feu blanc comme les étoiles brillantes des artifices ; leur lumière était tellement grande, que M. Bailly a été ébloui et a cessé de voir les étoiles, et même Jupiter, qui était alors très-brillant. L'explosion n'a été entendue qu'environ deux minutes après la dissolution du météore, et elle a semblé un bruit souterrain. Le phénomène a été vu sûrement à Senlis, à Versailles, à l'extrémité de la forêt de Saint-Germain, à la Chapelle, chez M. de Boulogne. On dit même en beaucoup d'endroits bien plus éloignés ; mais cela est moins sûr.

Adieu, Monsieur, vous connaissez toute mon amitié pour vous.

J'aurai soin de vous mander tout ce que j'apprendrai du météore, et des édits sur lesquels le Parle-

(1) Cette lettre manque.

ment présente mercredi ses secondes remontrances ; le jour qu'il les a arrêtés, on a battu des mains à sa sortie.

14. A CONDORCET.

A Limoges, le 26 juillet 1771.

J'ai vu aussi, Monsieur, ce phénomène du 17 (1), et c'est parce que je l'avais trop mal vu que je n'ai pas daigné vous en faire mention. Cependant l'éclat qu'il a fait à Paris et la distance des lieux mérite qu'on en recueille jusqu'aux moindres circonstances. J'étais à mon bureau à écrire ; le hasard m'ayant fait tourner les yeux vers la fenêtre, j'aperçus une clarté comme d'une étoile tombante, mais d'un éclat plus vif et occupant un peu plus d'espace ; elle me paraissait accompagnée, comme ces phénomènes le sont ordinairement, d'une espèce de traînée pareille à celle des fusées volantes, mais beaucoup plus faible. Malheureusement je ne vis cette clarté qu'au moment même où elle se plongeait derrière un toit qui bornait de fort près mon horizon, en sorte que je ne pus porter aucun jugement sur la forme, ni sur le diamètre apparent du phénomène. Je jugeai seulement à son éclat qu'il était beaucoup plus considérable que ne le sont les étoiles tombantes, et qu'il devait être du genre de ces globes de feu dont j'ai beaucoup entendu parler sans en avoir jamais vu. Mon valet de chambre était dans une chambre au second étage,

____

(1) Voyez la lettre précédente.

dont la fenêtre était ouverte ; il m'a dit que pendant près d'une minute il fut frappé d'une clarté extraordinaire. Mais comme il est peu curieux, il ne s'avisa que fort tard de regarder à la fenêtre, et il n'eut que le temps d'apercevoir une espèce d'éclair très-vif qui se plongeait à l'horizon. Je n'ai pas connaissance que personne ici ait rien vu de mieux. L'on n'a point entendu de bruit, et cela n'est pas étonnant, vu l'éloignement où nous sommes de Paris ; mais cet éloignement prouve à quel point ce phénomène était élevé dans l'atmosphère. Pour aider à en porter un jugement plus sûr, j'ai fait prendre avec un graphomètre l'angle que fait avec la méridienne la direction dans laquelle j'ai vu de mon bureau cette lumière se plonger sous le toit qui me l'a dérobée, et j'ai fait prendre l'élévation du bord de ce toit. Il en résulte que lorsque ce phénomène s'est caché à mes yeux, je le voyais sous un angle de 5 à 6 degrés de hauteur, et du côté du nord, dans une direction qui déclinait de la méridienne, de 15 à 16 degrés vers l'orient. Vous comprenez que je ne vous donne pas ces angles comme mesurés avec précision, puisque ce n'est que de mémoire que j'ai pu fixer le point où j'ai vu disparaître le phénomène. La position de Limoges est suffisamment connue. Il est à souhaiter qu'il parvienne à l'Académie des observations plus précises et de différents lieux éloignés, pour bien constater la hauteur du lieu de l'explosion. L'intervalle de deux minutes entre l'explosion et le bruit en annonce déjà une bien étonnante.

Le nouveau Parlement a dû être bien surpris de

s'entendre applaudir; les membres de l'ancien ont raison, à ce que je vois, de faire liquider leurs offices. Adieu, Monsieur, recevez les assurances de mon inviolable attachement.

P. S. Deux de mes secrétaires qui se promenaient le 17, à dix heures et demie du soir, dans un chemin creux, ont cru voir une masse de feu assez considérable qui leur paraissait s'élever de terre à la hauteur, m'ont-ils dit, de 30 pieds. Un instant après, le phénomène s'est dissipé, toujours en paraissant monter; mais, en se dissipant, il a répandu une clarté plus vive.

15. A TURGOT.

Dimanche, 28 juillet 1771.

Monsieur, le roi a accordé aux itératives remontrances du Parlement la diminution d'un quart sur la taxe des nouveaux nobles, et a promis quelque adoucissement à l'impôt sur les ventes. M. d'Aiguillon a fait rendre à M. de la Chalotais ses pensions qui avaient été suspendues. On n'est pas sûr qu'il n'y ait eu qu'un météore le 17 (1), et quelques personnes pensent qu'il en faut supposer plusieurs pour accorder toutes les observations. Mais comme il n'y a aucun endroit où on en ait vu deux à la fois, et que ce phénomène ayant été éblouissant, on ne doit faire aucune attention au rapport de ceux qui ont cru voir du feu par terre ou autour d'eux, je crois encore que le météore était unique.

(1) Voyez les deux lettres précédentes.

Je ne suis pas de votre avis sur le changement des *us* en *a* (1) dans les traductions. En lisant le latin, je ne pense jamais au sexe qui parle ou à qui on parle. Le changement est très-bon dans une traduction en vers; mais dans une en prose comment faire quand la moitié de la pièce, pour être dans nos mœurs, devrait être adressée à une femme par un homme, et l'autre moitié à un homme par une femme? quand, au lieu d'un trait de la fable, il en faut un autre, peut-on appeler cela une traduction? D'ailleurs on traduit, ou pour faciliter la lecture de l'original, et alors ce changement nuit au but de la traduction ; ou bien c'est pour en faire connaître le génie, les pensées, les sentiments, et tout cela modifié par les mœurs et les usages du siècle et du pays, et alors il faut dire dans la traduction ce qu'a dit Tibulle ou Catulle, et non point ce qu'ils auraient dû dire s'ils avaient eu des mœurs plus pures. J'ai remis à M. Desmarets le Perse et le Clément. Je lui donnerai incessamment un livre de M. Anquetil sur les Indes et les Indiens. Adieu, Monsieur, j'irai passer au Boulai quelques jours, et alors je répondrai à la longue et excellente lettre.

16. A TURGOT.

Ce dimanche, 18 août 1771.

Monsieur, M. Blin de Saint-More a envoyé à l'Aca-

____

(1) Par exemple, *Galla* pour *Gallus*. Turgot traduisait alors les églogues de Virgile.

démie française une *épître à Racine*. Cette épître n'a
point eu le prix; aussitôt que l'auteur apprend qu'il
est donné, il court chez tous les académiciens pour
savoir le sort de sa pièce; chacun lui répond qu'il
n'en a jamais entendu parler. Cette réponse le surprend un peu ; il s'informe si elle a été remise, et il
trouve enfin qu'on a essayé de la lire, qu'elle est
tombée des mains du lecteur, et que tout le monde
l'avait absolument oubliée. En conséquence, il vient
de la faire imprimer pour que le public jugeât entre
lui et l'Académie, et le jugement du public a été
qu'il était impossible de lire la pièce de M. Blin de
Saint-More.

L'édit sur le papier n'aura pas lieu, il ruinait les
libraires et le commerce du papier. Les évêques n'auraient plus vendu ni heures ni catéchismes, les
philosophes n'auraient pu éclairer les hommes, et
M. l'abbé Terrai tuait d'un même coup la raison et
la religion.

> Grippe-minaud le bon apôtre,
> Jetant des deux côtés sa griffe en même temps,
> Mit les plaideurs d'accord en croquant l'un et l'autre.

Adieu, Monsieur; vous connaissez ma tendre amitié pour vous, je compte bien sur la vôtre, et c'est
un sentiment bien doux pour moi. Il est si bon pour
l'âme de pouvoir s'appuyer sur l'objet de son estime
et de sa vénération.

17. A TURGOT.

Lundi au soir, 26 août 1771.

Monsieur, mademoiselle de l'Espinasse et ses secrétaires sont bien affligés : nous aimons tendrement M. Suard et sa femme, nous craignons qu'il ne perde *la Gazette;* et même si ce malheur ne nous paraissait pas aussi affreux, nous en serions sûrs. Je ne sais si vous connaissez madame Suard, combien elle est sensible et touchante; avec quelle tendresse et quel désintéressement elle aime son mari : au moment de tomber dans une indigence cruelle, elle ne craint, ne regrette rien pour elle; elle n'est touchée que de ce que son mari aura à souffrir; le mari n'est occupé que du malheur de sa femme. Il est impossible d'être plus malheureux qu'ils ne vont le devenir, et de mériter plus de bonheur. Ils sont la victime de la haine des bureaux; et des hommes vertueux, des gens de lettres d'un mérite rare sont sacrifiés à une troupe de fripons insolents. Cette idée m'indignerait si je souffrais moins du malheur de mes amis; je ne puis ni fixer l'étendue de celui de madame Suard, ni m'en distraire. Personne ne connaît mieux que moi jusqu'où va sa passion pour son mari et sa sensibilité. J'étais le confident de l'excès de son bonheur, il n'avait d'autre source que sa passion pour son mari, et cette passion ne lui fera plus éprouver que des déchirements; elle n'aura plus de plaisir à aimer.

Le maréchal de Richelieu part jeudi pour casser

le parlement de Bordeaux, et le comte de Périgord, à qui on a donné la place de M. de Beauvau, part demain pour casser celui de Toulouse. Je vous envoie par ce courrier les discours qui ont eu le prix et l'accessit, la pièce de vers couronnée et une autre. Je ne vous dis rien de la santé de mademoiselle de l'Espinasse; elle ne sent rien depuis hier qu'elle a appris le malheur de ses amis, et ne sent pas si elle est mieux ou moins bien. Ses douleurs sont, à ce qu'elle croit, un peu diminuées. Je vous écrirai à Clermont dimanche prochain, et je vous manderai où nous en serons : nous avons encore pour demain une légère espérance; mais elle est faible. Je n'ai jamais senti comme aujourd'hui le malheur d'être pauvre, sans place, sans crédit. Je haïssais les persécuteurs et ceux qui assassinaient légalement : il faut donc haïr aussi les chefs de bureau! je m'étais jusqu'ici borné à les mépriser.

Adieu, Monsieur; pardonnez-moi de ne vous parler que de cette seule chose. J'ai eu par mademoiselle de l'Espinasse des nouvelles de votre santé: elle vous permet de voyager; mais ce n'est point pour venir nous revoir et nous consoler.

18. A TURGOT.

Ce mardi, 3 septembre 1771.

Monsieur, nous n'espérons plus pour nos amis (1) qu'une pension de mille écus chacun. Il n'y a rien

(1) M. et Mme Suard. Le roi avait retiré à M. Suard le privilége de la *Gazette*.

au monde de plus touchant que le courage et le calme de M. Suard et de sa femme. Elle n'a point, dit-elle, la force de s'affliger, puisque son mari est tranquille. Elle oublie la perte qu'ils font pour ne voir que l'indépendance où il va être; et elle sent que puisque son mari sera heureux, et qu'elle conservera ses amis, les privations ne sont rien pour elle. La contradiction d'être obligé de quitter son appartement l'afflige, parce que c'est le lieu où son bonheur a commencé et où elle a été heureuse pendant six ans. Ce sentiment prouve bien le calme de son âme, et me fait grand plaisir. Elle est si douce, si sensible et si habituée à un sentiment unique et pur, que le trouble et l'agitation lui seraient mortels.

19. A TURGOT.

Ribemont (1), ce vendredi 11 octobre 1771.

Monsieur, je suis arrivé ici samedi dernier; j'y ai trouvé une de vos lettres, et j'en ai reçu une depuis. Je me suis remis à la géométrie avec bien du plaisir. Il me faut une occupation forte pour écarter les idées tristes que j'emporte dans la solitude. Ma santé n'est pas mauvaise; je n'ai rien eu autre chose que de ces indispositions qu'on appelle mal de nerfs. Le grand intérêt de mes amis a pu seul y attacher quelque importance. Je suis aussi peu content que vous de la plupart des traductions, et surtout de celles que je fais (2). Je suis trop paresseux pour

(1) Village de Picardie où était né Condorcet.

(2) Il s'amusait à traduire Sénèque pour Mme de Meulan la jeune.

être fort exact, et je ne traduis que parce que je sais que ma traduction ne sera vue que d'une femme qui ne sait pas le latin. Le mot propre me paraît souvent aussi difficile à trouver qu'une équation à résoudre : je me contente d'un équivalent ; et au lieu d'examiner s'il est exact, j'essaye seulement s'il ne fait pas la même impression ; et s'il se trouve un endroit que je n'entende pas, je le passe.

L'affaire de M. Suard est une énigme pour moi comme pour vous ; nous n'entendons rien aux intrigues, ni aux manœuvres des commis et des écrivailleurs. Tout ce que j'entrevois, c'est que la pension sera de deux mille cinq cents francs au plus, qu'elle ne sera pas réversible sur la tête de madame Suard. Cette dernière clause est plus fâcheuse que la première. La pauvreté est peu de chose pour des gens aussi vertueux ; mais il serait affreux que M. Suard vécût entre la crainte de laisser sa femme sans ressource et un travail forcé. Il est paresseux, et la nécessité de faire quelque chose lorsqu'il n'est pas entraîné par son goût, est un malheur pour lui. Sa femme le sait, et l'idée d'être cause que son mari souffre, en sera un bien plus grand pour elle. S'il fallait que madame Suard travaillât pour son mari, je ne serais embarrassé de rien.

Tâchez de vous rendre *inutile* en Limousin (1), et venez-nous consoler de votre absence.

(1) Turgot était intendant du Limousin. Condorcet fait allusion au mot de Fontenelle au cardinal Dubois, ancien gouverneur du Régent : « Monseigneur, vous avez travaillé dix ans à vous ren-

20. A TURGOT.

Ribemont, ce mercredi 11 décembre 1771.

Monsieur, je n'ai point encore deviné votre secret, mais j'ai lu avec plaisir une traduction harmonieuse bien sentie d'un des ouvrages les plus touchants de l'antiquité (1). Vous êtes bien bon de me promettre des nouvelles. Je désire qu'il n'y en ait point. Avec l'esprit qui nous conduit, les changements doivent faire plus de mal que de bien. On m'a parlé d'un nouveau roman de madame Riccoboni, et des sottises de l'abbé Voisenon. J'ai demandé le roman, et même les sottises si elles sont courtes. Vous voyez, Monsieur, que je suis votre conseil à la lettre, et que j'emploie pour me distraire toute sorte de moyens. Personne ne m'a rien dit ni de *Pierre le Cruel* (2), ni du *Bourru Bienfaisant* (3), ni de l'élection de l'Académie. J'espère toujours qu'elle n'aura point donné Du Belloy pour confrère à Voltaire, et fait aux vers de *Bayard* le même honneur qu'à ceux d'*Alzire*. Adieu, Monsieur, vous connaissez ma tendre amitié.

« dre inutile. » Les lourdauds de Hollandais imprimèrent à vous rendre *utile*. Cela leur paraissait bien plus juste.

(1) La traduction des églogues de Virgile en vers métriques, par Turgot.

(2) Tragédie par Du Belloy.

(3) Comédie de Monvel.

21. A TURGOT.

Paris, mardi 19 mai 1772.

Monsieur, moins de nouvelles, moins de sottises, dit Friport (1); mais nous avons ici beaucoup de sottises et point de nouvelles. Le maréchal de Richelieu à été à l'Académie samedi dernier pour dire qu'il n'avait eu aucune part aux exclusions (2); il a répondu au recteur de l'Université qu'il serait toujours disposé à servir l'abbé Delille dans la suite; qu'il s'était trompé sur son âge, et qu'on lui avait dit qu'il n'avait que vingt-huit ans. Chabanon s'est retiré. Le mystère de l'élection est impénétrable, et le laurier académique, flétri, comme celui de Mahon, par les intrigues du maréchal, ne peut se placer que sur une tête indifférente pour moi; je ne tenterai point de le pénétrer. On donne demain la *Cruelle*, tragédie de Du Belloy (3). Mademoiselle Dubois joue le premier rôle avec les talents que vous connaissez. M. de La Harpe lui disait un jour :

> Vous avez corrompu tous les dons précieux
> Que pour un autre usage ont mis en vous les dieux.

Mon affaire du secrétariat (4) va assez bien. M. de

(1) Dans *l'Écossaise.*
(2) De Suard et de Delille, dont le roi avait refusé de sanctionner l'élection, parce que le premier était en disgrâce de la cour, et le second trop jeune.
(3) *Pierre le Cruel.*
(4) De l'Académie des sciences.

Trudaine l'a prise avec intérêt; je crois que je vous en dois la plus grande partie. Adieu, Monsieur; mademoiselle de l'Espinasse vous dit mille choses tendres. Nous sommes tous comme vous nous avez laissés, vous aimant beaucoup et n'aimant guère les choses de la vie.

22. A TURGOT.

Dimanche, 24 mai 1772.

Monsieur, l'Académie française a élu hier M. de Bréquigni et M. Bauzée : ils ont vingt et une voix sur vingt-quatre. Le directeur a proposé d'arrêter que chaque académicien emploierait son crédit particulier pour obtenir du roi la levée de l'exclusion, et la permission de concourir pour MM. Delille et Suard (1). Cette proposition a été unanimement adoptée.

Les comédiens français viennent de renvoyer leur perruquier en faisant une pension à sa femme. Le maréchal de Richelieu leur a envoyé ordre de le reprendre : sur cet ordre, Brizard a été député au maréchal, et lui a dit qu'il aimerait mieux porter sa tête sur un échafaud que de permettre à cet homme de toucher ses cheveux... Enfin, M. de Duras, dont l'esprit conciliateur est bien connu, s'est mêlé de l'affaire, et il a été décidé que les comédiens seraient libres de se faire friser par qui ils voudraient. *Pierre le Cruel* a été sifflé mercredi pendant trois heures; les comédiens voulaient le redonner, mais avec des

(1) Voyez la lettre précédente.

changements ; l'auteur a répondu, comme le général des jésuites, *sint ut sunt aut non sint*, et les comédiens ont pris le même parti que la cour de France.

Nos prêtres ont essayé de faire observer dans la chapelle de Versailles l'office d'Hildebrand, dont les papes ont fait un saint sous le nom de Grégoire (1). Le roi, qui a vu ce nom dans le bref de sa chapelle, l'a fait rayer de l'avis de son conseil. On a, dit-on, nommé une commission à ce sujet, pour examiner les brefs des communautés religieuses, et voir s'ils ne font point la fête d'Hildebrand ou de quelque autre maraud.

23 A TURGOT.

Le 7 juin 1772.

Monsieur, M. de Bréquigni a fait une histoire des orateurs grecs; une vie de Mahomet, imprimée dans les mémoires de l'Académie des inscriptions; un beau discours sur les communes à la tête des ordonnances qu'il est chargé de recueillir. C'est un homme honnête, doux et modeste, qui a cinquante-cinq ans, écrit noblement et purement. L'Académie l'a choisi parce qu'il était plus éligible que la plu-

---

(1) Grégoire VII, dont la France n'a jamais voulu reconnaître la canonisation, fondée sur ce que Grégoire VII a soumis les rois aux papes, le temporel au spirituel. Aujourd'hui les jésuites ont introduit partout le culte de *saint Grégoire VII*. Ils le proclament dans leurs livres, dans leurs journaux et du haut de la chaire. L'autorité laisse faire. Nous sommes, comme l'on voit, moins avancés qu'en 1772. Aussi avons-nous fait deux révolutions!

part des concurrents, et qu'il n'y avait pas de meilleur choix à faire sans s'exposer à une exclusion. Nous espérons que la conduite douce de l'Académie ramènera la cour (1), et nous sommes doux comme des moutons, mais sans pourtant nous *laisser-manger la laine sur le dos*.

L'actrice nouvelle (2) est d'une sensibilité charmante et remplie de défauts ; mais elle a dix-sept ans, elle peut se corriger ; et la sensibilité demeure même lorsqu'elle ne sert qu'au tourment de ceux qui l'ont.

M. de Mora (3) a eu un crachement de sang ; il a été saigné trois fois et est hors d'affaire ; mais il n'avait pas mérité cet accident, et cela est bien effrayant pour ses amis. Savez-vous quelle est la cause finale des crachements de sang, des toux convulsives, de la goutte, de tous les maux qui tourmentent mes amis ? J'avoue, à la honte de ma philosophie, que cela suffit pour que je ne me rende jamais à aucun raisonnement, en faveur de la sagesse des lois générales. Nous avons à vous envoyer le poëme de Bernard intitulé *Pauline :* je l'ai trouvé froid et ennuyeux (4). Je joins à cette lettre deux petits morceaux de Voltaire.

(1) Qui excluait Delille et Suard.

(2) Mademoiselle Sainval cadette.

(3) Connu par la passion qu'il avait inspirée à mademoiselle de l'Espinasse.

(4) Aussi est-il, comme le savent trop ceux qui ont lu *Phrosine et Mélidore*, qui s'appelait d'abord *Pauline et Théodore*.

24. A TURGOT.

Ribemont, ce dimanche 14 juin 1772.

J'ai enfin quitté Paris, Monsieur, aussi las de la vie active que j'y menais que fâché de ne plus voir les gens que j'aime.

Vous êtes bien heureux d'avoir la passion du bien public et de pouvoir la satisfaire; c'est une grande consolation et d'un ordre supérieur à celle de l'étude. Pour bien finir mon emploi de correspondant, voici un madrigal de l'abbé Arnaud.

> De l'inquiet amour je connais les alarmes ;
> De la tendre amitié je connais les douceurs :
> L'un n'a que des plaisirs fugitifs et trompeurs,
> Et sur tous les instants l'autre répand des charmes.
> Je le sais ; mais en vous voyant
> Je donnerais, belle Sylvie,
> Le bonheur de toute la vie
> Pour le bonheur d'un seul instant.

Voltaire a envoyé au vieux maréchal une pièce de vers sur les troubles de l'Académie (1). Je ne l'ai point vue, et je crains de la voir. Que notre vieux maître ne ressemble point au premier général des capucins qui, après avoir enlevé une fille à 70 ans, est mort socinien. On dit cependant qu'à la fin de la pièce il y a un petit morceau de prose ironique en l'honneur de son vieil Alcibiade.

Adieu, Monsieur ; mon encre est blanche comme

_____

(1) *Les Cabales* (œuvres de Voltaire, t. XIV).

du lait, et mes plumes sont comme des bâtons. Savez-vous que j'ai pour me divertir un commentaire de dix volumes sur la Bible par le vieux de la Montagne, par Émilie, par son jeune amant (1) : tout cela tiré de la bibliothèque de Cirey.

Écrivez-moi un peu à Ribemont ; j'ai besoin que mes amis me consolent du regret de ne les plus voir.

25. A CONDORCET.

A Usel, le 21 juin 1772.

J'ai reçu, Monsieur, votre lettre du 14, timbrée de Chauni. Quoi que vous en disiez, je crois la satisfaction résultante de l'étude supérieure à celle de toute autre satisfaction. Je suis très-convaincu qu'on peut être, par elle, mille fois plus utile aux hommes que dans toutes nos places subalternes, où l'on se tourmente, et souvent sans réussir, pour faire quelques petits biens, tandis qu'on est l'instrument forcé de très-grands maux. Tous ces petits biens sont passagers, et la lumière qu'un homme de lettres peut répandre doit, tôt ou tard, détruire tous les maux artificiels de l'espèce humaine et la faire jouir de tous les biens que la nature lui offre. Je sais bien qu'avec cela il restera encore des maux physiques et des chagrins moraux, qu'il faudra supporter en pliant la tête sous la nécessité. Mais le genre humain gagnerait beaucoup à s'abonner à ceux-là. Je vous avoue que la goutte ne m'a point empêché

(1) Voltaire, Mme du Chatelet, Saint-Lambert.

de continuer à croire aux causes finales (1). Je savais bien qu'aucun individu, ni même aucune espèce n'était le centre du système des causes finales, et que l'ensemble de ce système n'est ni ne peut être connu de nous. Cracher du sang, tousser, avoir la goutte, pleurer ses amis, tout cela n'est que l'exécution en détail de l'arrêt de mort prononcé contre tout ce qui naît; et si nous ne mourons que pour renaître, il sera vrai encore que la somme des biens sera supérieure à celle des maux, toujours en mettant à part les maux que les hommes se font à eux-mêmes, maux passagers, à ce que je crois, pour l'espèce, et qui le seraient aussi pour l'individu, si l'individu pensant et sentant, avait plusieurs carrières successives à parcourir.

Je me flatte que ceux qui pourront un jour naître Limousins ne seront pas privés de la commodité des hottes, grâce au soin que vous voulez bien prendre de nous envoyer un vannier. Je vous remercie du madrigal de l'abbé Arnaud, dont la pensée est agréable, mais les vers un peu duriuscules. J'ai reçu de Genève un morceau sur les probabilités qui est une espèce de plaidoyer pour M. de Morangiés (2). Cela vaut mieux que de faire des vers au vieil Alcibiade (3). J'avoue que je ne pardonne pas non plus aux académiciens d'avoir été dîner chez ce fat suranné devenu délateur de ses confrères. Je persiste à croire que

(1) Combattues par Condorcet. Voyez la lettre précédente.

(2) *Essai sur les probabilités en fait de justice*, dans le tome XLVII des œuvres de Voltaire.

(3) *Les Cabales*, adressées au maréchal de Richelieu.

le choix de M. de Bréquigni, en pareille circonstance, est un acte de timidité qui ne fera qu'enhardir et fortifier le parti des faux frères.

Adieu, Monsieur, conservez-moi votre amitié.

J'ai vu un commentaire sur la Bible, par Émilie, mais il n'avait que deux volumes in-4°. Il a pu faire la pelote de neige entre les mains de son jeune amant (1) et du vieux de la Montagne (2). Ce serait une chose intéressante qu'un pareil commentaire; mais je le voudrais fait sans passion, et de façon à tirer aussi du texte tout ce qu'on en peut tirer d'utile, comme monument historique précieux à beaucoup d'égards. L'envie d'y trouver des absurdités et des ridicules, qui quelquefois n'y sont pas, diminue l'effet des absurdités qui y sont réellement, et en assez grand nombre pour qu'on n'en cherche pas plus qu'il n'y en a.

26. A CONDORCET.

A Limoges, le 14 juillet 1772.

J'ai bien des reproches à me faire, Monsieur, car il y a bien longtemps que je ne vous ai écrit, et quoique d'un côté ce ne soit pas tout à fait ma faute, et que de l'autre je vous connaisse indulgent, il est toujours fâcheux de ne pas répondre comme on le voudrait, non pas à l'amitié, mais aux témoignages qu'on en reçoit.

(1) Saint-Lambert.
(2) Voltaire.

J'attends votre vannier (1), qui sans doute est parti; car je n'imagine pas que vous ayez suspendu son départ, et que vous ayez douté de l'acceptation de vos conditions. Je ferai mon possible pour qu'il soit content et pour tirer parti du talent de sa femme. S'il arrive pendant le petit séjour que je vais faire à Verteuil, il s'adressera à l'ingénieur de la province, M. Tresaguet. J'ai pris le parti pour votre graine de raves de l'envoyer sous une double enveloppe à M. Bertin, et j'ai prié mademoiselle de l'Espinasse de lui en demander la permission.

J'ai été fort content des *Cabales* et des *Systèmes* (2), à quelques bagatelles près. On a beau dire, cet homme ne vieillit point, et donne le démenti à son extrait baptistaire, pour mieux le donner à son baptême.

Avez-vous eu des orages comme nous et des grêles épouvantables? Nous avons aussi eu des aurores boréales très-fréquentes; mais je les ai peu observées, parce que pendant mes courses je me couchais de très-bonne heure. J'en ai pourtant remarqué une le 28 juin sur les dix heures du soir, à Limoges, d'autant plus remarquable qu'elle ressemblait très-peu aux aurores boréales ordinaires. Ce n'était qu'une clarté blanchâtre, qui tapissait le fond du ciel, et qu'on apercevait à travers les nuages légers dont le ciel était parsemé, et qui rendaient, comme on dit, le temps pommelé. Mais les nuages semblaient être

(1) Turgot, pour répandre dans le Limousin l'art de la sparterie, avait demandé à Condorcet de lui envoyer un vannier picard.

(2) Deux pièces de Voltaire. Voyez le tome XIV de ses œuvres.

le fond, parce qu'ils étaient obscurs, et c'était le fond blanchâtre entrecoupé qui formait l'apparence d'un ciel pommelé. Une autre particularité de cette aurore boréale, c'est qu'elle était principalement répandue vers le sud, quoiqu'il y eût dans la partie sereine du ciel quelques colonnes lumineuses qui rasaient la grande Ourse.

J'ai souvent vu des nuages bordés de blanc; comme s'ils avaient été éclairés par la lune, quoiqu'elle ne fût pas sur l'horizon. J'ai vu aussi des nuages blanchâtres isolés dans des parties du ciel fort éloignées du nord. Une fois, c'était, je crois, le 18 février 1764, j'ai vu une espèce de bande lumineuse qui s'étendait presque d'un bout à l'autre de l'horizon, et qui était d'une largeur à peu près égale partout. Elle suivait à peu près la direction du zodiaque, et n'était point la lumière zodiacale, 1° parce qu'elle était détachée de l'horizon; 2° parce qu'elle était beaucoup plus étendue; 3° parce que sa largeur était uniforme, et qu'elle ne se terminait pas en pointe; 4° parce qu'elle avait un mouvement parallèle à elle-même assez lent, mais très-sensible. Je ne me souviens plus si c'était au midi ou au nord. Plus je vois ce phénomène et les différentes formes qu'il prend, plus je me convaincs que ce sont de véritables nuages qui n'appartiennent qu'aux parties les plus élevées de l'atmosphère, et que la matière qui les compose s'enflamme par une combustion réelle, tantôt lente et paisible comme celle du charbon, tantôt rapide et se communiquant au loin, comme dans la flamme et dans des traînées de matières combustibles. Je ne serais pas surpris que ces inflammations eussent quelque rapport avec le fluide électrique, fluide expansible qui doit s'étendre beaucoup plus haut que l'air, et qui, certainement, est chargé de beaucoup de phlogistique, qui peut-être est l'intermède par lequel le phlogistique que le soleil nous envoie se combine avec les corps solides et fluides où nous le trouvons. Peut-être est-il aussi l'intermède par lequel la chaleur écarte les parties mêmes de l'air, et des autres corps devenus expansibles par la vaporisation. L'affectation des aurores boréales à occuper la partie septentrionale du ciel tiendrait à un mouvement que je soupçonne depuis longtemps dans la partie supérieure de l'atmosphère, de l'équateur au pôle, et qui me paraît une suite nécessaire de son expansibilité combinée avec la force centrifuge et la pesanteur. Il y a bien longtemps qu'il m'a passé par la tête d'expliquer par là le mouvement du fluide magnétique; mais les faits relatifs à ce magnétisme sont encore trop peu connus et trop peu analysés. Pardon de vous faire part de mes rêveries: j'oublie que les géomètres n'aiment pas les systèmes, et qu'il leur faut des calculs. Malheureusement je n'en sais pas faire, et mon imagination s'égare sans frein.

Mademoiselle de l'Espinasse m'apprend que vous travaillez sur quelque objet de littérature; je ne crois pas qu'il y ait d'indiscrétion à vous demander sur quoi. Je viens enfin d'achever l'*Histoire des Deux-Indes* (1). En admirant la facilité et la brillante énergie du style de l'auteur, je vous avoue que je suis

(1) De l'abbé Raynal.

un peu fatigué des excursions multipliées et des paradoxes incohérents qu'il rassemble de toutes les parties de l'horizon; il entasse ceux de tous les auteurs les plus paradoxaux et les plus opposés, tous les systèmes moraux, immoraux, libertins, romanesques; tout est également revêtu des couleurs de son éloquence, et soutenu avec la même chaleur: aussi ne résulte-t-il rien de son livre. Je voudrais aussi qu'il s'abstînt de déraisonner physique. Il aurait souvent besoin qu'on lui donnât le même avis que vous avez donné à La Harpe, lorsque celui-ci définissait l'octaèdre, une figure à huit angles.

Adieu, Monsieur; donnez-moi quelquefois de vos nouvelles, et de celles des choses qui vous intéressent, sans user de représailles avec moi.

27. A TURGOT.

Ce 1er octobre 1772.

Je profiterai avec grand plaisir de vos remarques sur l'éloge de Fontaine, Monsieur; j'y ajouterai sûrement un mot sur l'obscurité nécessaire du compte que je rends de ses principaux ouvrages, et en même temps j'en ferai sentir l'utilité éloignée. Si vous voulez, je vous enverrai cette addition à part; vous la ferez coudre à votre copie.

J'ai été fort content de l'éloge d'Helvétius (1), à cela près que je crois qu'il le place un peu trop haut; il le met sur la même ligne que Locke, que Montesquieu, et dût-on m'accuser de jalousie, et dire que

(1) Par le marquis de Chastellux. C'est lui que désigne *il* dans la phrase suivante.

jë cherche à *déraciner avec un canif un chéne planté dans un terrain ferme*, je ne pourrai me résoudre à regarder Helvétius comme un grand génie. Mais quel rapport trouvez-vous entre le livre *de l'Esprit*, qui se lit avec plaisir, et le poëme (1), qui est mortellement ennuyeux?

Adieu, Monsieur; je vous écris à Limoges, parce que votre lettre m'a trouvé au retour d'un voyage de huit jours, et qu'ainsi je n'ai pu vous répondre sur-le-champ. Voici le temps où je dois m'inquiéter de votre retour à Paris. Dites-moi quand j'aurai le plaisir de vous y revoir.

28. A TURGOT.

Ce 5 novembre 1772.

Il y a longtemps que je vous ai écrit à Limoges, Monsieur; je vous parlais avec la douceur d'un agneau qu'on va tondre, des précautions sublimes qu'on se prépare à prendre pour nous faire mourir de faim; ainsi je ne puis croire que mes bêlements aient tenté les commis de la poste, et je crois que ma lettre s'est perdue par les chemins.

Je ferai votre commission pour M. Montagne. Je savais que nous avions dans notre grenier quelques mauvais instruments; mais je ne savais pas que nous en prêtassions, et j'ai peur que M. l'évêque de Rhodez ne se soit trompé. Au reste, cet évêque n'est pas bon catholique; il cherchait l'année dernière un

(1) Sur *le bonheur*.

professeur de physique pour son collége! Notre évêque de Laon a des idées bien plus chrétiennes; on vient de décider que dans le collége de Laon on n'enseignerait plus la physique, à cause que cette science était dangereuse pour la foi: on y fera deux ans de logique, parce que la logique prépare à goûter la théologie. C'est cette année 1772 que cette belle décision a été faite par le cardinal de Rochechouart, des anciens vicomtes de Limoges, et par conséquent gentilhomme limousin comme Pourceaugnac, mais *qui n'a pas étudié en droit.*

Adieu, Monsieur; je ne vous écrirai plus que de Paris.

29. A TURGOT.

Ce 29 novembre 1772.

Monsieur, on va bientôt jouer *les Lois de Minos* (1); c'est, dit-on, l'apologie de M. le chancelier (2). Il est vrai que Minos chasse des hypocrites et des fanatiques qui faisaient des sacrifices de sang humain, et que les gens chassés par M. de Maupeou ont bien quelque chose d'approchant à se reprocher (3). M. d'Argental a ordre de ne plus paraître à la cour comme ministre de Parme; mais on lui a écrit pour lui témoigner qu'on n'a aucun mécontentement particulier. L'Espagne et la France ont d'ailleurs supprimé

(1) Tragédie de Voltaire. Elle ne fut jamais représentée.
(2) Maupeou.
(3) L'ancien parlement qui avait condamné La Barre.

les pensions et rappelé leurs ministres. Vous aurez l'*Épître d'Horace* (1) par le courrier de dimanche. On a donné aujourd'hui *l'Anglomanie* de M. Saurin : c'est son *Orpheline* réduite à un acte.

30. A TURGOT.

Ce lundi, décembre 1772.

Vous avez donc la goutte, Monsieur, et nous n'osons plus rien espérer pour votre retour. Pourquoi donc avoir tant retardé? Si vous étiez resté pour toute autre chose que pour faire des chemins sans corvées, nous aurions bien de la peine à vous pardonner. Mais ce que nous ne pardonnons point à la Providence, c'est le décret en vertu duquel elle vous donne la goutte.

Mes *Éloges* vont s'imprimer. J'aurai contre moi à l'Académie le Paulmy, ce qui me fait croire que je ne suis point sans quelque mérite.

Nous avons ici *les Trois siècles de la littérature*. C'est une rapsodie infâme faite par un abbé Sabatier, protégé par Bergier (2) et par Cogé (3), aidé par Clément et Palissot. Ce nouvel athlète a été nourri par Helvétius : il dit que son protecteur était le plus

(1) Par La Harpe. C'est une réponse à l'épître de Voltaire à Horace.

(2) L'abbé Bergier, auteur de plusieurs ouvrages de théologie, plus estimés du clergé que des hommes tolérants.

(3) L'abbé Cogé, que Voltaire appelait *Cogé pecus*, était régent au collége Mazarin; il rédigea avec Riballier, principal du même collége, la censure du *Bélisaire* de Marmontel.

14.

honnête homme du monde, mais au demeurant un sot, un lâche et un hypocrite; que M. D'Alembert n'a point de génie en géométrie, attendu qu'il a dit à M. Sabatier qu'il écrivait du style d'un laquais. D'ailleurs Cogé a proposé pour sujet de prix à l'Université, la proposition suivante : *Non magis Deo quam regibus infensa ista quæ hodie vocatur philosophia* (1). Ce qui prouve surtout que Cogé n'entend pas le latin.

Savez-vous qu'on dit que Voltaire a voulu faire l'écolier avec une Génevoise; et que ses efforts ont produit un évanouissement (2)? Sophocle faisait des tragédies à quatre-vingts ans, mais avait-il des bonnes fortunes? Je vous en souhaite le désir à l'âge de Voltaire; vous serez trop sage pour abuser de vos forces, et vous ne jouiriez que du plaisir de pouvoir.

Adieu. En vérité on ne peut rien dire de mademoiselle de l'Espinasse. J'espère beaucoup de l'oxymel scillitique qu'on lui fait prendre.

31. A TURGOT.

Décembre 1772.

Voilà, Monsieur, les nombres que vous m'avez

---

(1) Voltaire remarque avec raison que Cogé a pris *magis* pour *minus*. Il voulait dire : *non minus Deo infensa est quam regibus*. Il est bon de noter que ce même sujet a été donné à traiter sous la Restauration.

(2) Cette aventure est racontée par Voltaire dans une lettre du 21 décembre 1772 au maréchal de Richelieu. Voyez aussi sa lettre du 4 janvier à Condorcet, page 11.

demandés, tels que j'ai pu les tirer des bureaux de
M. de Lalande. Comme je suis très-peu exercé en
ce genre, j'ai cru faire pour le mieux. Quant à ce
que vous me demandez sur les tables de logarithmes,
nous en causerons.

Nous avons ici une actrice nouvelle qui tourne les
têtes (1); elle joue les rôles de mademoiselle Clairon;
c'est une si belle tête, une si belle taille, de si grands
bras; enfin c'est une merveille. Je ne l'ai point encore vue; elle n'a encore joué que du Pompignan;
j'attends qu'on vienne à du Voltaire.

Je ne sais si je vous ai parlé de ces cuistres de
l'Université, avec leurs discours contre la philosophie (2). Ce qui en console, c'est une belle lettre du
roi de Prusse à Voltaire, pleine de galanterie pour lui
et de mépris pour les antiphilosophes. Le roi avait
envoyé à Voltaire une jatte de porcelaine où il y avait
des lyres, des Amphions portés sur des dauphins,
des couronnes de laurier. Voltaire a répondu que
les gens de Sa Majesté mettaient ses armes partout. Le
roi a répliqué (3) que tout cela était allégorique;
que la mer où nageait Amphion était l'image du
temps; que les dauphins étaient l'image des princes
qui soutenaient les grands pendant les tempêtes, et
que c'était tant pis pour les dauphins quand ils n'aimaient pas les grands hommes.

Adieu, adieu; mais revenez donc.

(1) Mademoiselle Sainval cadette.

(2) C'est l'affaire de Cogé, pédant du collége Mazarin. Voyez
la lettre précédente.

(3) Cette lettre de Frédéric est datée du 4 décembre 1772; elle
porte, dans l'édition Beuchot, le n° 6449, t. LXVIII.

32. A TURGOT.

(1772 ou 1773.)

Il faut que je vous interrompe encore, Monsieur, pour vous parler de mon affaire (1), dont je suis sûrement plus ennuyé que vous. M. de Trudaine me paraît désirer que l'Académie obtienne une augmentation de fonds; il me paraît y attacher même beaucoup d'intérêt. Je serais très-fâché d'être un obstacle à ses vues, et je vous prie de vouloir, en traitant avec lui, oublier que je suis au monde. Tout ce que je puis dire sur ce sujet, c'est que lorsque M. de Fouchy (2) se retirera, ou j'aurai des appointements assurés égaux à ceux de Fontenelle, ou que je n'en accepterai point. Je ne veux pas recevoir d'augmentation de pension, à la volonté du premier commis, comme cela se pratique.

J'ai pris la liberté de dire à M. de Trudaine que l'idée de donner 12,000 livres pour des expériences me paraissait fort peu avantageuse aux sciences. Si on en excepte la géométrie, que le nom de M. D'Alembert défend dans l'Académie, on n'y lit aucun mémoire approfondi sur aucune science. Si quelqu'un veut approfondir l'objet qu'il traite, on ne l'écoute point; toutes les assemblées et tous les volumes sont rem-

(1) Sa nomination à la place de secrétaire perpétuel de l'Académie des sciences.

(2) Grandjean de Fouchy, secrétaire perpétuel de l'Académie des sciences. Condorcet lui succéda en 1773, et a fait son éloge. Voyez t. III, p. 310.

plis par de la physicaille, dont toute l'Europe se moque; et si y on ajoute un intérêt de faire cette physicaille, il n'y aura plus de place pour les choses utiles. Ni Newton, ni Franklin, ni Galilée, ni Stahl, ne se sont fait payer leurs expériences. Il faut donner à un savant de quoi vivre, de quoi suivre son génie, et le laisser faire ce qu'il veut. Jamais un homme de génie n'ira soumettre à une académie un plan d'expérience. Cela n'est bon que pour les gens à vues, toujours gros de découvertes et qui n'accouchent jamais. Ces gens-là disent qu'ils se sont ruinés en expériences; il faut les laisser dire et leur demander ce qu'ils ont trouvé.

Adieu, Monsieur; je vous demande cette marque d'amitié, de ne songer qu'au bien des sciences en traitant cette affaire avec M. de Trudaine, et je consens, pour ce temps-là seulement, à être absolument oublié de vous.

33. A TURGOT.

Ce 14 novembre 1773.

Mademoiselle de l'Espinasse vous a parlé de mes succès, Monsieur, et de ceux de madame de Forcalquier; ainsi il ne me reste plus rien à vous dire d'intéressant, à moins de vous parler de la querelle de M. Cassini et de M. de Lalande, au sujet de l'anneau de Saturne. Lalande a fait imprimer une lettre où il tourne Cassini en ridicule, d'une manière très-outrageante (1). Cassini veut faire pendre Lalande, c'est-

(1) « Lettre sur l'anneau de Saturne, écrite par M. Lalande à

à-dire le faire exclure de l'Académie, ce qui est une peine capitale pour un académicien. On dit que nous allons juger cette affaire. Le plaisant est que Lalande n'a point publié sa lettre, que Cassini est presque le seul qui en ait eu un exemplaire, et qu'il va partout apprenant à tout le monde le mal qu'on a dit de lui. Le prince de Conti a, dit-on, promis à Cassini que, si l'Académie ne chassait pas Lalande, il l'en débar-rasserait en l'assommant. Vous voyez que l'anneau de Saturne produit des querelles encore plus vives que l'exportation.

Adieu, Monsieur ; l'ambassadeur de Naples (1) doit me mener à la Roche-Guyon (2). Je n'ai que le temps de vous dire que personne ne vous aime plus que moi.

Les nouvelles lettres de madame de Sévigné paraissent. L'opéra de Marmontel (3), musique de Grétry, est tombé à la répétition.

34. A TURGOT.

Ce 20 novembre 1773.

L'anneau de Saturne ne causera plus de guerre, Monsieur. Lalande a demandé pardon (4), et Cas-

M. Cassini, au sujet de son avis imprimé dans le journal politique d'août 1773. » In-8°. Toulouse.

(1) Caraccioli.

(2) Terre de madame la duchesse d'Enville.

(3) *Céphale et Procris.* Voyez p. 218.

(4) Lalande supprima sa *lettre à Cassini*, pleine de personnalités. Voyez la note p. 215.

sini a pardonné. Ce Lalande est insupportable; qu'il dise ce qu'il voudra de Cassini, mais qu'il laisse Voltaire en repos : lui et La Condamine lui ont écrit des injures au sujet des comètes, et ils ont trouvé le secret de ne savoir trop ce qu'ils disent.

L'abbé Morellet vous prie de lui rapporter le livre de l'abbé Galiani sur les monnaies.

Je compte aller passer un jour à la Roche-Guyon avec l'ambassadeur de Naples; je vous l'ai peut-être déjà mandé.

Adieu, Monsieur. — A propos, M. Necker a enfin été prendre sa médaille à l'Académie. Tout est bien ensemble : style, opinions et conduite, tout est également gauche et entortillé; mais je ne dis mot; entendez-vous?

35. A CONDORCET.

A Limoges, le 23 novembre 1773.

Le temps a tout l'air, Monsieur, depuis quelques semaines, de s'arranger pour mettre MM. les astronomes dans l'impossibilité de vider leurs querelles sur l'anneau de Saturne. Nous n'avons pas vu ici *une étoile qui ait montré le bout de son nez* (1). Ce M. de Lalande me paraît un peu hargneux; car il vient de mettre dans Fréron (2) une lettre qu'il a faite ou fait faire contre Voltaire, dont il a cru que les plaisan-

(1) *Le Sicilien*, de Molière, sc. 1ʳᵉ.
(2) Dans *l'Année littéraire*, de Fréron.

teries étaient dirigées contre lui, auquel je crois que Voltaire n'avait guère pensé. Cela n'est ni adroit ni prudent. M. Cassini devrait laisser faire Voltaire, qui le vengera mieux que l'Académie. A propos d'astronome, M. Montagne est à Paris. Il doit prier M. Desmarets de vous le présenter, et je vous prie de le recevoir avec bonté.

Je ne dis pas que je vous souhaite beaucoup de plaisir dans le voyage que vous devez faire à la Roche avec M. de Caraccioli ; mais je vous envie le plaisir que vous aurez l'un et l'autre.

Je ne suis point surpris que l'opéra de Marmontel et de Grétry (1) soit tombé à la répétition ; c'est peut-être de peur qu'il ne réussît trop à la représentation.

Adieu, Monsieur ; vous savez combien vous devez compter sur mon amitié. Ne m'oubliez pas auprès de mademoiselle de l'Espinasse et de nos autres amis.

Il vient précisément de s'élever un vent froid qui vient d'éclaircir l'horizon. Nos astronomes pourront s'amuser cette nuit, et je me hâte de me rétracter, parce que j'aime l'exactitude, quoiqu'elle soit le sublime des sots.

(1) *Céphale et Procris*, représenté d'abord à Versailles en 1773, pour le mariage du comte d'Artois ; ensuite à Paris, le 2 mai 1775 seulement, « avec un médiocre succès, tant à Versailles qu'à Paris. »   (*Mémoires de Grétry*, I, 279.)

36. A TURGOT.

Ce 4 décembre 1773.

Monsieur, vous jugez le livre *de l'Esprit* (1) avec
une sévérité qui me fait peur; je prétends contre vous
que c'est un bon livre : 1° parce qu'il nous donne
le portrait naïf de l'âme d'Helvétius dessous les replis
de son amour-propre, de l'occupation continuelle
où il était de se comparer avec les autres, et de tâcher de se trouver supérieur : or il vaut mieux avoir
le portrait par l'homme même et sans qu'il ait voulu
le faire, que d'après les observations d'un moraliste.
2° Ce portrait est celui d'une foule d'*honnêtes gens*,
comme dit madame de Beauveau, dont Helvétius a dit
le secret. 3° Il y a beaucoup de gens que la nature ou
l'éducation ont destinés à être fripons, et qui ne deviendront honnêtes gens qu'à la manière et par les
principes d'Helvétius. 4° Il aura beau dire, il ne m'empêchera pas d'aimer mes amis; il ne me condamnera
pas à l'ennui mortel de penser sans cesse à mon mérite ou à ma gloire. Il ne me fera pas croire que, si
je résous des problèmes, c'est dans l'espérance que
les belles dames me rechercheront; car je n'ai pas
vu jusqu'ici qu'elles raffolassent des géomètres. Ainsi,
il ne me fera aucun mal, ni à moi ni aux autres
bonnes gens. 5° Il prêche avec beaucoup de force
contre l'intolérance de tous les clergés. Sa plus grande
faute me paraît d'avoir déclamé contre le despotisme

(1) Cette lettre, où Turgot jugeait le livre d'Helvétius, ne
s'est point retrouvée.

de manière à faire croire, non pas aux despotes qui ne lisent guère, ni à leurs vizirs qui lisent encore moins, mais aux sous-vizirs ou à leurs espions, que tous les gens d'esprit sont leurs implacables ennemis, ce qui peut exciter une persécution contre les gens d'esprit.

Nous vous attendons avec beaucoup d'impatience ; nous raisonnerons sur tout cela, et nous ne parlerons plus d'exportation. J'ai l'air d'avoir été abîmé sous le poids de la gloire de M. Necker, lequel a été loué dans tous les journaux, parce que les journaux louent toujours les livres des gens riches. On dit que Voltaire a dit en voyant cet écrit : *J'ai vu de meilleurs papiers de lui.*

Adieu, Monsieur, etc., etc.

37. A TURGOT.

Ce lundi, 13 décembre 1773.

Je viens de recevoir, Monsieur, votre profession de foi (1), et voici la mienne. Lorsque je suis sorti du collége, je me suis mis à réfléchir sur les idées morales de la justice et de la vertu. J'ai cru observer que l'intérêt que nous avions à être justes et vertueux était fondé sur la peine que fait nécessairement éprouver à un être sensible l'idée du mal que souffre un autre être sensible.

Depuis ce temps, de peur que d'autres intérêts me rendissent méchant, j'ai cherché à conserver ce

(1) On n'a pas retrouvé cette lettre où Turgot faisait sa profession de foi sur Helvétius et le livre *de l'Esprit*. C'était la seconde sur ce sujet. Voy. la note, p. 219.

sentiment dans toute son énergie naturelle. J'ai renoncé à la chasse, pour qui j'avais eu du goût, et je ne me suis pas même permis de tuer les insectes, à moins qu'ils ne fassent beaucoup de mal. Je ne suis donc pas de l'avis d'Helvétius, puisque j'admets dans l'homme un sentiment dont il ne me paraît pas qu'il ait soupçonné la force et l'influence.

Je trouve avec vous que ce livre peut faire beaucoup de tort à ce qu'on appelle les *philosophes*, parce qu'on regardera toujours ses opinions comme les principes secrets de tous les gens qui pensent avec liberté sur la religion et sur le gouvernement.

Je n'aime pas aussi qu'un homme qui écrit si fortement contre le despotisme, prodigue l'encens à des despotes qui n'ont fait que du mal à l'humanité, et dont tout le mérite est d'avoir loué l'auteur et ses ouvrages.

Je pense avec Helvétius qu'on peut être très-juste, très-bienfaisant et très-scrupuleux; que surtout on peut être un grand homme de guerre, un grand philosophe, un grand poëte, et avoir des mœurs détestables; et qu'en établissant de l'ordre entre les vertus, il faut mettre la justice, la bienfaisance, l'amour de la patrie, le courage (non pas celui de la guerre qu'ont tous les chiens de basse-cour), la haine des tyrans, bien loin au-dessus de la chasteté, de la fidélité conjugale, de la sobriété. Mais je crois qu'il faut distinguer, en fait de mœurs, ce qui n'est que local de ce qui est de tous les temps et de tous les lieux. Par exemple, il peut être permis ou défendu de jouir de toute femme qui y consent avec plus ou moins de restriction : cela n'est que local; mais il est sûr que les autres espèces de débauches et les orgies des mauvais lieux, et la violation de la promesse faite à une autre de lui être fidèle, sont partout, ou un manque de probité, ou des actions dégoûtantes et qui avilissent l'humanité.

J'ai été presque aussi en colère que vous, lorsque j'ai lu que *que les enfants haïssent leur père, que nous n'aimons que les gens que nous pouvons mépriser*, et d'autres choses qu'il serait bien malheureux qui fussent vraies.

Mais c'est M. du Muy qui a succédé absolument à Colbert dans la facilité à me mettre en colère. Sa conduite à Lille est un mélange de dureté, d'hypocrisie, d'espionnage et d'injustice qui font horreur.

Adieu, Monsieur.

38. A TURGOT.

Lundi, 20 décembre 1773.

Monsieur, mademoiselle de l'Espinasse avait été passablement depuis mon arrivée; il y a environ huit jours qu'elle va en empirant. L'insomnie et l'accablement augmentaient, et la toux est revenue hier. Peu de personnes ont été plus maltraitées, et l'ont moins mérité. Elle n'a pas même le tort de trop admirer le nouvel Helvétius, et vous avez bien moins besoin d'indulgence que moi. Elle prétend que je dois vous mander ce qui est arrivé au bon M. de Goëzman. Voici ce que j'en sais : ce grave magistrat s'est, dit-on, avisé de faire un enfant à une autre qu'à madame de Goëzman, apparemment dans une de ces époques où madame n'a pas sa tête (1). Cet enfant, il l'a fait baptiser, et ensuite par décence il a signé sur l'acte un autre nom que le sien. Beaumarchais a découvert ce trait de pudeur; il l'a envenimé, et, sur la dénonciation de M. le procureur général, son digne confrère a été décrété d'ajournement personnel. Au reste, on dit que Beaumarchais a eu défense de faire paraître un mémoire contre Marin, qui a seul le privilége de diffamer qui il lui plaît. Que l'ordre de la justice soit violé pour un grand, c'est sans doute un horrible mal; mais qu'il soit violé pour un homme tel que Marin, c'est, selon moi, le comble de l'avilissement et du scandale.

Savez-vous que les professeurs d'Auxerre ont été condamnés aux galères (2) par le bailliage? L'évêque est impliqué dans cette abomination. Leur crime est d'avoir mal parlé de personnes très-respectables.

Nous avons enfin des nouvelles du comte de Crillon. Il est à Berlin : il a vu Frédéric, il l'admire. Diderot baise à Saint-Pétersbourg les mains de l'impératrice.

Gráces au ciel, ces mains ne sont pas criminelles !

(1) « Mme Goëzman (dans son second récolement) prétend « qu'elle ne savait ce qu'elle disait, et n'avait pas sa tête à elle, « étant dans un temps critique. — Critique à part, madame, lui « dis-je, en baissant les yeux pour elle, etc..... »

(Beaumarchais, suppl. au *Mém. à consulter.*)

(2) Voyez plus loin deux lettres de janvier 1774, n°s 41 et 42.

Et moi :

> Je hais tous ces héros, et Nembrod et Cyrus
> Et le roi si brillant qui forma Lentulus.   (Voltaire.)

M. du Muy n'a jamais refusé le ministère (1). Il est maintenant en horreur au militaire. D'ailleurs il peut être dévot de bonne foi, car il est persécuteur.

Adieu, Monsieur; revenez-vous? et votre orteil? Envoyez-moi ou apportez-moi encore un peu de graine de raves du Limousin.

39. A TURGOT.

Ce lundi, 27 décembre 1773.

Monsieur, mademoiselle de l'Espinasse est plus fatiguée de sa toux que jamais; elle ne nous a point vus depuis deux jours.

On dit que M. de Monteynard (2) repart, et que M. d'Aiguillon lui succède, et réunit la marine à son département.

(1) Condorcet paraît mal informé. La Biographie universelle cite textuellement la lettre à Louis XV, où M. du Muy expose au roi les raisons de son refus.

(2) Ministre de la guerre. Condorcet semble faire allusion à un vaudeville qui courut alors, et que Bachaumont rapporte à la date du 30 décembre 1773 :

> C'est monsieur de Monteynard
> Qui repart
> Après avoir par hasard
> Occupé le ministère
> Sans penser et sans rien faire.

On dit que le pauvre hippopotame (1) est décrété pour être ouï (2), ainsi que le nigaud de Bertrand (3). C'est ce Bertrand et le Gardanne qui voulaient escroquer de votre ami Dupont (4) une pension de cent pistoles pour Marin, et qui ont fait supprimer les *Éphémérides*. Vous savez que dans une certaine phrase, Beaumarchais parle de l'espionnage de Marin. Marin, dans une requête pour réparation qu'il a imprimée, cite cette phrase, mais il n'a osé copier le fatal mot d'espionnage : c'est le cri de la conscience. Il prétend qu'en cas de déni de justice, il ira se vautrer aux pieds du roi.

On va donner *Sophonisbe* (5).

40. A CONDORCET.

A Limoges, le 28 décembre 1773.

Ce que vous me mandez, Monsieur, de l'état de mademoiselle de l'Espinasse m'afflige beaucoup, et d'autant plus que l'hiver ne fait que commencer.

Je lui dois d'autant plus de reconnaissance de ce

----

(1) Marin, littérateur de bas étage et censeur royal, rendu célèbre par Beaumarchais.

(2) Dans le procès de Beaumarchais contre Goëzman.

(3) Bertrand Dairolles, célèbre dans les *Mémoires* de Beaumarchais.

(4) Dupont de Nemours, rédacteur des *Éphémérides du Citoyen*, plus tard secrétaire de Turgot devenu ministre. Sur le docteur Gardanne, voyez Bachaumont, 15 janvier et 25 février 1774.

(5) De Voltaire. Voyez, p. 233, la lettre du 16 janvier 1774.

que dans cet état elle pense à moi, et de ce que, non contente de me pardonner mes sorties contre Helvétius, elle me rend le bien pour le mal en m'envoyant le *Mémoire* de Beaumarchais, et en vous chargeant de me faire part de la nouvelle aventure de M. Goëzman (1). Ce Beaumarchais est bien méchant d'aller ainsi envenimer le respect d'un de Messieurs pour la décence publique! Je trouve cependant comme vous que la défense qu'on lui fait de publier son *Mémoire* contre Marin (2) est très-tyrannique, et d'autant plus tyrannique que son *Supplément* m'a paru plus amusant.

Je ne sais point l'histoire des professeurs d'Auxerre. Je serais fâché que l'évêque eût eu part dans une pareille affaire. Cela est pis que d'admirer Frédéric (3) et de baiser les mains de Catherine seconde (4).

Je ne connais point M. du Muy par moi-même; mais des gens que j'estime, et qui ne sont point dévots, l'aiment et l'estiment. Il est sûr que s'il est persécuteur et délateur, il mérite toute votre colère, quelque terrible qu'elle soit. On dit que l'affaire du P. Boscowich (5) l'a aussi allumée; je n'ai jamais su de

(1) Voyez ci-dessus p. 223.

(2) *Addition au supplément du mémoire à consulter.* (Œuvres de Beaumarchais, t. III.)

(3) Comme M. de Crillon. Voy. p. 223.

(4) Comme Diderot, page 223.

(5) Le P. Boscowich, jésuite, professeur à l'Université de Pavie, fut appelé en France en 1773, pour occuper la place de directeur de l'optique de la marine, avec 8,000 liv. de pension. Forcé bientôt de renoncer à ce poste *par quelques désagréments*, dit la *Biogr. univ.*, il se retira à Milan, où il mourut en 1787.

quoi il s'agissait que d'une manière générale par mademoiselle de l'Espinasse. Cet homme méritait un sort, mais non pas d'être mieux traité que des gens qui valent mieux que lui.

Je voulais vous écrire sur Helvétius. Nous sommes presque d'accord. Cependant il y a encore un article sur lequel nous aurions à disputer, et peut-être beaucoup, et sur lequel j'imagine encore que, malgré la différence de nos énoncés, nous pourrions bien finir par nous accorder presque tout à fait; mais la dispute demande du temps, et je n'en ai point. Je vous dirai seulement que je ne crois pas que la morale en elle-même puisse être jamais locale. Ses principes sont partout fondés sur la nature de l'homme et sur ses rapports avec ses semblables, qui ne varient point, si ce n'est dans des circonstances très-extraordinaires. Mais le jugement à porter des actions des individus est un problème beaucoup plus compliqué, et infiniment variable, à raison des opinions locales et des préjugés d'éducation. Je suis, en morale, grand ennemi de l'indifférence et grand ami de l'indulgence, dont j'ai souvent autant besoin qu'un autre. C'est, je crois, faute d'avoir bien distingué ces deux points de vue si différents sur la manière de juger la moralité des actions que les uns donnent dans un rigorisme excessif, en jugeant les actions individuelles d'après les idées générales de la morale, sans égard aux circonstances qui excusent l'individu ; et que les autres regardent toute action comme indifférente, et n'y voient que des faits de physique, parce qu'il en est peu qui ne puissent être excusés dans quelque circonstance donnée.

Adieu, Monsieur; recevez les assurances de toute mon amitié.

J'ignore encore le moment où je partirai.

41. A TURGOT.

Janvier 1774.

Monsieur, votre distinction entre l'indifférence en morale et l'indulgence me paraît infiniment juste. Reste à savoir s'il n'en est pas un peu de la vertu comme des talents. Il y a un degré au-dessous duquel on est sot; mais au delà de ce degré on ne cultive guère un talent qu'aux dépens d'un autre : aussi, il pourrait se faire qu'en morale on ne pût éviter absolument certains vices peu dangereux, sans risque de perdre de plus grandes vertus. En général, les gens scrupuleux ne sont pas propres aux grandes choses : un chrétien perdra, à dompter les aiguillons de la chair, le temps qu'il aurait pu employer à des choses utiles à l'humanité. Il n'osera s'élever contre les tyrans, de peur d'avoir formé un jugement téméraire, etc.

L'abbé de La Ville va être fait évêque *in partibus;* il aura le titre de directeur des affaires étrangères (1).

(1) L'abbé de La Ville, de l'Académie française : « M. l'abbé de La Ville, sacré évêque dimanche, est mort le jeudi suivant. Sa perte devient nulle quant aux affaires étrangères; car il est décidé aujourd'hui que la place de directeur général, qu'on avait créée pour lui, n'était qu'un vain titre dont on avait décoré sa vanité, afin de l'éconduire plus agréablement. »

(Bachaumont, 16 avril 1774.)

M. d'Aiguillon restera ministre. Vous voyez à quoi cela prépare. J'ai lu le mémoire des professeurs d'Auxerre (1) : c'est une grande infamie que cette affaire! Je ne sais trop si l'évêque pourra s'en laver. Mais vouloir faire perdre leur place à ces professeurs, et pour cela leur susciter un procès criminel; les accuser de discours séditieux; les juger sur des dépositions d'écoliers, parents des juges, de tonsurés vendus à l'évêque, de nouveaux professeurs actuellement en procès avec eux; faire un crime d'avoir fait lire Nicole et l'Ancien Testament de Mezangui , c'est une grande barbarie, une plus grande absurdité, et surtout une effroyable bassesse de la part des Auxerrois.

Adieu, Monsieur; revenez donc nous voir. Mademoiselle de l'Espinasse est mieux depuis quelques jours.

42. A TURGOT.

Ce 10 janvier 1774.

J'ai lu le mémoire des Auxerrois, Monsieur, et j'ai bien peur que leur évêque ne se lave pas aisément du reproche d'être complice d'une des plus lâches atrocités qu'on ait encore vues. Jusqu'ici les noms de conspirations, de magie, etc., avaient servi de voile à ces actes de tyrannie; mais ici c'est une bassesse avouée; il y a eu plus de perversité et de

_____

(1) Ils furent condamnés aux galères. Voyez les lettres 38, 40 et 42.

cruauté dans l'affaire d'Urbain Grandier, il y a ici plus d'avilissement. L'évêque d'Auxerre n'a d'autre traité à faire avec les honnêtes gens que celui que les Hollandais proposèrent à Louis XIV aux conférences de Gertrudenberg : il faut qu'il chasse lui-même les juges qu'il a protégés et rendus insolents.

Il paraît une *Gazette de littérature* pour laquelle il vous faudra souscrire à votre retour. Mademoiselle de l'Espinasse a un torticolis qui a succédé à la toux, parce qu'il est apparemment nécessaire qu'elle souffre. M. de Monteynard (1) est toujours en place. J'ai vu sa lettre circulaire. Est-ce que depuis l'éloge des administrateurs de cet été, ils se croient obligés d'en imiter le style? On a joué hier *Eugénie* (2) à la Comédie-Française : elle a été reçue comme *Tancrède;* on a crié qu'on voulait le *Barbier de Séville*, pièce du même auteur, interrompue, comme vous savez, par le coup de poing que M. le duc de Chaulnes lui donna l'année passée (2); les rieurs sont pour Beau-

(1) Ministre de la guerre.

(2) C'est une reprise d'*Eugénie;* la première représentation est de 1767. Bachaumont parle de cette reprise et de ces cris du parterre à la date du 12 février 1774.

Le *Barbier de Séville* ne fut joué que le 23 février 1775; mais depuis plus de deux ans la pièce était célèbre dans le public par les hésitations de la police, qui tour à tour la permettait et la défendait.

L'affaire de Beaumarchais avec le duc de Chaulnes retarda beaucoup la pièce : le duc de Chaulnes, jaloux de Beaumarchais, qu'il avait lui-même introduit chez sa maîtresse, devait se battre en duel avec son rival préféré. Dans son impatience, il ne put attendre jusque-là, et, dans sa propre maison, il se précipita sur

marchais. J'ai entendu la musique de Gluck hier : un air sublime pour le pathétique; mais cet air est ancien (1), et ceux de son nouvel opéra, que j'ai entendus après, m'ont paru pauvres et mesquins en comparaison.

Adieu, Monsieur; revenez. Mais on dit que vous avez ici de bonnes actions à faire, que des malheureux vous y attendent; vous reviendrez donc, car vous avez le défaut d'aimer mieux vos devoirs que vos amis, et vous ferez plus pour le plaisir de cette bonne action que vous n'auriez fait pour nous.

43. A CONDORCET.

A Limoges, le 14 janvier 1774.

J'avais mandé, Monsieur, à mademoiselle de l'Espinasse, par le dernier courrier, qu'il ne fallait plus m'écrire. Je suis obligé, à mon grand regret, de me rétracter. Une colique d'estomac assez vive, que j'ai eue avant-hier, et dont il me reste encore quelques ressentiments très-légers, m'a décidé à retarder mon départ, en partie parce que je veux avoir le temps

Beaumarchais, qui fut réduit à se défendre à coups de pied et à coups de poing. Les domestiques, accourus au bruit, se mêlèrent à ce combat tragi-comique, dont le dénoûment se fit par le commissaire. « Il a fallu, dit Bachaumont, donner un garde à M. de Beaumarchais, pour le garantir des fureurs de son adversaire, dont on cherche à guérir la tête. »   (17 février 1773.)

(1) Probablement un air d'*Orphée*, qui était gravé à Paris depuis dix ans lorsqu'on le mit à la scène. Le nouvel opéra ne peut être qu'*Iphigénie en Aulide*, jouée le 19 avril suivant.

de m'assurer entièrement contre le retour de cet accident, en partie parce qu'il m'a fait perdre quatre jours de travail sur lesquels j'avais compté et qu'il faut remplacer. J'écrirai mardi, et je manderai si l'on peut encore m'écrire le dimanche.

Je ne suis pas trop d'avis que les vertus soient opposées les unes aux autres, si ce n'est lorsque l'on entend par vertus certaines qualités actives, qui sont peut-être autant des talents que des vertus. Au surplus, tous ces mots ont été pris dans tant d'acceptions différentes, et ont presque toujours été si mal définis, qu'on peut aisément disputer des siècles sur ces matières, sans s'accorder.

La morale roule encore plus sur les devoirs que sur ces vertus actives, qui, tenant aux caractères et aux passions, sont en effet rarement réunies dans un haut degré dans le même individu; mais tous les devoirs sont d'accord entre eux. Aucune vertu, dans quelque sens qu'on prenne ce mot, ne dispense de la justice; et je ne fais pas plus de cas des gens qui font *de grandes choses* aux dépens de la justice, que des poëtes qui s'imaginent produire de grandes beautés d'imagination sans justesse. Je sais bien que l'exactitude excessive amortit un peu le feu de la composition et celui de l'action; mais il y a un milieu à tout. Il ne s'est jamais agi dans nos disputes d'un capucin qui perd son temps à dompter les aiguillons de la chair (quoique, par parenthèse, dans la somme du temps perdu, le terme qui exprime le temps perdu pour les satisfaire, soit vraisemblablement beaucoup plus grand); il ne s'agit pas non plus d'un sot qui craint de s'élever contre les tyrans, de peur de faire un jugement téméraire.

A propos de jugement téméraire, on ne juge donc point l'affaire de Beaumarchais (1)? Messieurs craignent apparemment de juger témérairement.

Voltaire s'est mieux tiré que je l'aurais espéré, de la proposition de travailler à l'éloge du maréchal de Richelieu, dans la *Galerie des Hommes illustres*.

Adieu, Monsieur; recevez les assurances de mon amitié. Est-il vrai qu'on ait découvert un complot pour assassiner le comte du Muy? Ce sont les nouvelles de Marin qui parlent de ce fait.

44. A TURGOT.

Ce dimanche, 16 janvier 1774.

On a joué hier *Sophonisbe* (2), qui n'a pas été trop bien reçue. L'auteur y a laissé des familiarités qui ont fait rire, et des longueurs qui ont impatienté le parterre. Le commencement du cinquième acte a été sifflé, jusqu'au moment où Lekain dit à Scipion, en lui montrant Sophonisbe expirante : *Sur ces bras tout sanglants viens essayer tes chaînes.* Ce vers a été dit avec tant de force et de vérité, que le parterre a

(1) Le jugement, rendu un mois après, le 26 février 1774, condamne les quatre mémoires publiés par Beaumarchais à être lacérés et brûlés de la main du bourreau; ce qui fut exécuté le 5 mars suivant.

(2) De Voltaire, qui la donna comme celle de Mairet, *réparée à neuf par M. Lantin.* La première représentation (à Paris) eut lieu le 15 janvier 1774.

passé en un moment du rire à la terreur. Enfin, Lekain est venu l'annoncer pour mercredi ; il semblait demander grâce : cela a réussi, on a beaucoup applaudi. D'ici à mercredi, M. de La Harpe fera des retranchements, quelques corrections, et j'espère que tout ira bien. Il y a cinquante-cinq ans qu'on a joué *OEdipe*. Vous savez sans doute la mort du vicomte de Rohaut, que M. de La Moussetière a tué il y a un mois environ, parce qu'il était l'amant de sa femme? Elle était hier à l'agonie. Elle meurt de douleur. Cette femme n'a que vingt-cinq ans, et son lot n'aurait pas été mauvais si sa mort eût été plus prompte; elle a été heureuse, ou du moins elle a eu de grandes jouissances pendant un an qu'a duré sa passion. Cela vaut mieux que de vivre aussi longtemps et aussi tristement que les autres.

Ne pourriez-vous pas me rapporter encore un petit sac de graines de raves?

Le parlement a condamné le *Bon sens* (1) et le livre d'Helvétius(2), toujours à être lacérés et brûlés, à l'exemple de l'empereur Tibère de glorieuse mémoire (3). Adieu, Monsieur ; j'espère que je ne vous écrirai plus de cet hiver.

(1) Du baron d'Holbach.

(2) *De l'Esprit.*

(3) La *Gazette de France*, copiant le *Journal des Débats*, a accusé Condorcet d'avoir fait brûler, en 1792, sur la place Vendôme, *les immenses travaux des congrégations savantes.* Voyez dans ce volume la note qui précède un fragment intitulé: *Brûler les livres.*

· 45. A CONDORCET.

A Limoges, le 21 janvier 1774.

Je suis fâché et vraiment surpris, Monsieur, du mauvais succès de *Sophonisbe* (1). La pièce est en général très-bien écrite, et je n'y vois point ces familiarités qui ont fait rire le parterre, et que M. de La Harpe doit, dites-vous, retrancher. Je n'y vois pas non plus de longueurs sensibles, et le cinquième acte me paraît terrible et de la plus grande beauté. Je l'avais même vu représenter à Limoges (2) par des acteurs très-médiocres, à l'exception de celui qui jouait Massinissa, et le cinquième acte faisait sur moi un grand effet. Il faut, ou que je ne me connaisse point du tout en effet théâtral, ce qui est très-possible, ou que la cabale des Clément et consorts dominât dans le parterre.

J'espère que, pour cette fois, c'est tout de bon que je vous mande de ne plus m'écrire. Ce n'est pas que je n'aie encore un peu souffert de ma colique d'estomac; mais je me ménagerai tant, que je me flatte de pouvoir partir la semaine prochaine.

Adieu, Monsieur; chargez-vous, je vous prie,

(1) Voyez la lettre précédente.

(2) On pourrait s'étonner que Turgot eût déjà vu représenter à Limoges une pièce dont la première représentation avait eu lieu, à Paris, sept jours seulement avant la date de sa lettre. C'est que *Sophonisbe* était imprimée depuis 1770, lorsqu'on la joua, le 15 janvier 1774, sur le Théâtre-Français. Les comédiens de province avaient pris les devants sur ceux de Paris.

d'être mon interprète auprès de mademoiselle de l'Espinasse et de tous nos amis.

46. A TURGOT.

Ce 22 avril 1774.

Mademoiselle de l'Espinasse et madame d'Enville (1) vous ont donné de mes nouvelles, Monsieur, et c'est ce qui m'a empêché de vous écrire jusqu'ici. Cependant je veux vous remercier moi-même de toutes les marques de votre amitié, et vous dire combien je regrette la perte de votre société. J'espère vous revoir à mon retour, c'est-à-dire à la fin du mois prochain, où je compte revenir prendre mes fonctions (2). Vous m'y donnerez vos observations sur l'éloge de La Condamine, et j'en profiterai avec docilité pour le rendre moins indigne du succès que la manière de lire de M. D'Alembert et les suffrages de mes amis lui ont fait obtenir.

Personne ne m'a parlé de Gluck; j'en conclus que Larrivée (3) est encore enrhumé, ou que les membres de l'Académie royale de musique ne veulent pas reprendre leurs démissions. On sera forcé de former un nouveau parlement avec la troupe de Nicolet, troupe subalterne que l'Académie royale

(1) La duchesse d'Enville, amie de Voltaire, dont elle mettait beaucoup de zèle à propager les œuvres. Elle était liée avec les philosophes, et protégea vivement les Calas. Voyez la correspondance de Voltaire.

(2) De secrétaire perpétuel de l'Académie des sciences.

(3) Qui chantait le rôle d'Agamemnon dans *Iphigénie en Aulide*.

avait persécutée, précisément comme le parlement avait vexé le grand conseil.

Il fait un temps effroyable qu'on dit être excellent pour les biens de la terre, c'est-à-dire ici pour le blé et surtout pour l'avoine et le foin, dont nous consommons beaucoup.

Adieu, Monsieur; écrivez-moi quelques nouvelles quand il y en aura, et surtout donnez-moi des vôtres.

47. A CONDORCET.

Paris, le 26 avril 1774.

Je suis tout honteux, Monsieur, que vous m'ayez prévenu. Mais chaque jour je suis de plus en plus gagné par le temps. Je ne sais comment vous faites pour faire tant de choses, et être encore autant à vos amis et à la société. Je souhaite que votre santé n'en souffre pas, et vous exhorte à profiter de votre séjour à la campagne pour ménager surtout vos yeux.

Vous avez vu le cheval Pégase (1): n'en êtes-vous pas enchanté? Pour moi, j'ai vu enfin cet opéra de Gluck (2). Il y a des morceaux qui m'ont fait le plus grand plaisir : tels sont le chœur de l'arrivée d'Iphigénie, les adieux d'Achille et d'Iphigénie, des deux parts; les morceaux que chante Clytemnestre à la fin du troisième acte, et le quatuor de la fin. Ces morceaux m'ont paru de la plus grande beauté. Il y en a d'autres qui m'ont fait plaisir; mais je n'y ai pas

(1) *Dialogue de Pégase et du vieillard*, par Voltaire.

(2) *Iphigénie en Aulide*, jouée pour la première fois le 19 avril 1774. Ce fut le début de Gluck à l'opéra de Paris.

trouvé en général assez de morceaux de chant; et tant de récitatifs, parlés ou obligés, ou d'airs qui se rapprochent beaucoup du récitatif, m'ont laissé désirer quelque chose. C'est peut-être la faute du poëte, qui n'a point donné au musicien des paroles bien coupées, liées à l'action et propres au chant. Peut-être aussi le musicien a-t-il sur cela un faux système. Je trouve, comme l'abbé Arnaud, que les chœurs gagnent plus à être en action qu'ils ne perdent à être moins compliqués que ceux de Rameau. L'ouverture m'a plu comme chant (1), mais je n'y ai rien vu de tout ce que l'enthousiasme de l'abbé Arnaud lui a fait voir. J'ai été très-flatté, dans mon ignorance, de voir que mon impression était assez conforme au jugement de l'ambassadeur de Naples (2). Le pauvre ambassadeur nous quitte sans rémission à la fin de la semaine.

Il n'y a d'ailleurs aucune nouvelle; les politiques prétendent que les cobrigands de la Pologne (3) vont se diviser, et que M. de Lascy fait sa cour à madame, et même à M. Dubarry, pour tâcher de nous entraîner dans cette querelle. Pour moi, j'espère beaucoup de notre sagesse et un peu de notre impuissance. Adieu, Monsieur; je voulais vous parler de vos affaires et de physique, mais je n'ai que le temps de vous embrasser avec la plus véritable amitié. Mademoiselle de l'Espinasse a souffert depuis

(1) On la fit répéter à la première représentation.
(2) Caraccioli.
(3) Les trois puissances qui s'étaient partagé la malheureuse Pologne : la Russie, la Prusse et l'Autriche.

votre départ ; mais elle est mieux. Madame d'Enville est arrivée, et vous fait mille compliments.

48. A CONDORCET.

A Paris, ce 2 mai 1774.

Quand vous seriez, Monsieur, dix fois plus actif que vous n'êtes, c'est-à-dire quarante fois plus que moi, je vous défierais de vous agiter autant que le font en ce moment tous les habitants de la fourmilière de Versailles. Vous savez ou vous apprendrez par tout le monde que le roi a la petite vérole. Elle est confluente. Il est fort affaissé, et si peu à lui, qu'il n'a pas demandé les sacrements. Madame Dubarry l'a vu avant-hier, et hier pendant le souper de Mesdames ; mais il ne lui a point parlé. L'archevêque, qui lui-même est très-mal, a été malgré les chirurgiens à Versailles ; il a vu le roi. Mais les douleurs de sa néphrétique l'ont pris ; il a pissé du sang, a rendu une pierre, et n'a point parlé au roi de sacrements. On dit que le grand aumônier s'en est chargé. L'archevêque est revenu à Paris. A minuit et demi, le roi était très-mal ; on prétend que les boutons s'aplatissaient, on en augure très-mal (1). Cependant il n'avait point encore été question de sacrements. Mesdames, qui n'ont point eu la petite vérole, le voient toutes trois.

Vous aurez par moi ou par vos amis des nouvelles tous les jours. Madame d'Enville a été hier à Ver-

(1) Louis XV mourut huit jours après, le 11 mai 1774.

sailles; mais elle n'a pu que remettre à M. de Beauveau le mémoire que nous avons fait pour une pension (1). M. de Maurepas en donnera un de son côté.
Mais vous jugez bien que dans ce moment-ci tout
est en l'air.

Le roi de Prusse a fait une chute, et on le dit
dans un véritable danger. Dieu veuille que les changements qui peuvent résulter des événements ne
nous amènent pas la guerre.

J'écrirai demain à M. de Rhodez. Je vous embrasse.
L'ambassadeur de Naples (2) a, comme de raison, retardé son départ.

49. A TURGOT.

Ce samedi, fin de mai 1774.

Monsieur, quoi! vous aussi vous êtes la dupe de
frère Félix (3)! Vous consentez à boire de ce tonneau jusqu'à la lie! Vous ne savez pas qu'il n'en sortira jamais que du sang et de la boue? Nous ne sommes pas si désespérés que vous pouvez le croire.
Est-ce que frère Grisel et frère Billard (4) sont
morts? C'est dommage que frère Fréron se soit
adonné à l'ivrognerie, au lieu de se donner entière-

(1) Pour M. Suard.
(2) Le marquis de Caraccioli.
(3) Louis-Nicolas-Victor de Félix, comte du Muy, maréchal
de France et ministre de la guerre en 1774, dans le même ministère dont Turgot fit partie, sous Maurepas. Le maréchal du Muy
mourut le 10 octobre 1775.
(4) Voyez la note sur la lettre n° 12 de juin 1771, p. 185.

ment à l'hypocrisie. Il y a encore l'abbé Nonolte, l'abbé Patouillet, l'abbé Bergier, l'abbé Boscowich (1), qu'on pourrait faire ministres de la guerre. Il y a l'abbé Caveyrac. Si tous ces honnêtes gens refusent le ministère, alors on pourra l'offrir au tonneau (2); mais ce serait un grand malheur, quoiqu'il soit un pauvre guerrier : il est encore plus accoutumé au sang que ces Messieurs, et il le verrait couler comme de l'eau, pourvu que ce ne soit pas le sien , qu'il a toujours bien conservé pour la gloire de Dieu.

Si le tonneau est ministre, nous serons brûlés avec des fagots verts. Il ressemble comme deux gouttes d'eau à Jehan Chauvin, à l'esprit près; car Jehan Chauvin en avait, et beaucoup, et frère Félix est un sot. Je ne dis pas une bête, prenez garde : bêtise exclut friponnerie, et sottise ne l'exclut pas. Au reste, l'Évangile dit qu'on ne doit pas mettre de vin nouveau dans de vieux tonneaux; ainsi nous devons espérer qu'on ne laissera dans celui-ci que la fange qui y croupit depuis trente ans. Je suis tenté de me mettre dans une grosse colère quand je vois que vous vous rendez le protecteur d'un du Muy.

> Ces petits protégés, sans place, sans mérite,
> Ennemis des talents, des arts, des gens de bien,
> Qui se sont faits dévots de peur de n'être rien.

Que serait le frère Félix s'il n'eût dupé le Dauphin par sa dévotion (3)?

(1) Voy. p. 226.
(2) A M. du *Muid*.
(3) Il avait été menin du Dauphin, fils de Louis XV, qui écri-

I.   16

Mes recherches sur la force des projections n'ont pas même l'honneur d'être physiques : elles ne sont que mathématiques.

J'ai appris, par une des dernières gazettes, que..... était de l'avis de M. Nèckre sur l'exportation. Est-ce que M. Nèckre lui donne à dîner avec M. Le Brun, dont il est l'ami depuis longtemps? Je trouve que Marin a encore plus parlé de vertu que le comte du Muy. Ne sera-t-il pas ministre? Adieu, Monsieur; ai-mez-moi toujours, et tâchez de n'avoir pas assez de vertu pour être la dupe des hypocrites. Je serai à Paris le lundi d'après la *Fête-Dieu.*

50. A TURGOT (1).

Ce lundi, juillet 1774.

Il a paru depuis votre départ, Monsieur, un petit ou-vrage intitulé *Lettre d'un théologien à l'auteur du Dic-tionnaire des Trois siècles* (2). Il réussit assez bien. Je l'ai trouvé fort agréable, et j'aime l'esprit dans lequel il a été composé. Si l'on ne peut donner la chasse aux bêtes féroces, il faut du moins faire du bruit pour les em-pêcher de se jeter sur les troupeaux. Mais toutes ces

vit un jour sur les *heures* du comte cette prière : « Mon Dieu, protégez votre fidèle serviteur du Muy, afin que si vous m'obli-giez à porter le pesant fardeau de la couronne, il puisse me sou-tenir par sa vertu, ses leçons et ses exemples. »

(1) Ministre d'état. Turgot entra au ministère le 20 juillet 1774; ainsi la lettre est postérieure à cette date.

(2) Condorcet avait publié cet écrit (V. t. IV, p. 273), laissant ignorer à tous ses amis qu'il en fût l'auteur, même à Turgot et à Voltaire.

brochures ne sont que des coups d'épingles, que le colosse de la superstition peut à peine sentir, et qui ne font qu'exciter sa fureur sans lui ôter de ses forces. Votre entrée dans le ministère est un coup de foudre. Le théologien parle des sciences en homme qui a bien lu la préface des bons livres. Je voudrais que tous les littérateurs en fissent autant; ils perdent par leur ignorance une source de grandes beautés, ou ils s'exposent à dire des choses ridicules.

On dit à Paris que vous réussissez à merveille auprès du roi; je le désire pour bien des raisons. Je ne voudrais pas que l'arrangement du parlement se fît sans vous.

Qu'il y a de choses à faire pour le bien public! Proscrire le fanatisme et faire justice des assassins de La Barre; assigner pour chaque crime une peine légale; supprimer la question et des supplices barbares, trop éloignés de nos mœurs; établir enfin un tribunal où le particulier insulté par un magistrat, ou qui aurait un procès avec lui, serait jugé par d'autres que par les confrères de son adversaire. C'est le défaut d'un pareil tribunal qui avait rendu les anciens parlements si insolents dans leurs capitales, et si haïs dans leurs ressorts.

On m'a dit qu'il était question de disperser les régiments de cavalerie et de dragons dans les villages. C'est une source abondante de corruption et de misère pour les campagnes, et une source d'indiscipline pour les troupes. J'ai peur que l'esprit petit et étroit de cet homme (1) ne nous fasse beaucoup

(1) Maurepas.

de mal, et qu'à force de faire des sottises il ne vienne à bout de persuader que M. de Choiseul est un homme nécessaire. Prenez garde aux dévots! Imbéciles ou fripons, il n'y a pas de milieu dans ce siècle pour ceux qui n'ont pas toujours été confinés dans une capucinière; ils trament des méchancetés ou servent d'instruments aux méchants.

Adieu; il me semble qu'il y a déjà bien longtemps que je vous ai quitté; je ne puis plus me consoler en attendant de longues lettres. Je commence à sentir que j'ai perdu à votre ministère, et j'ai besoin de réflexion pour me consoler. Il faut que je pense à nos colonies, à leurs malheureux habitants, opprimés par des gens déshonorés en Europe, et qu'on envoie chercher la fortune aux Indes; à ces nègres que Louis XIII a abandonnés à la barbarie de leurs maîtres, dans la sainte espérance qu'on pourrait les rendre chrétiens à force de coups de fouet. Je vois d'avance le bien que vous ferez à ces infortunés. J'en jouis, et il me semble que rien ne ressemble plus à un ange envoyé du ciel pour réparer les maux de la terre, qu'un vaisseau arrivant aux colonies, chargé de vos ordres consolateurs.

51. A TURGOT.

Ce dimanche, juillet 1774.

Celle-ci est, Monsieur, pour le ministre de la marine (1).

(1) Bernardin de Saint-Pierre, revenu depuis trois ans d'un voyage à l'Ile de France, sollicitait d'être envoyé par terre aux

Je crois qu'il résulterait un grand avantage du voyage de M. de Saint-Pierre.

1° Il vous rapporterait des plantes très-utiles.

2° Il pourrait deviner le secret de plusieurs préparations et l'origine de plusieurs substances qui sont des objets de commerce ou qui servent aux arts.

3° Il nous éclairerait sur l'histoire naturelle et politique de l'intérieur de l'Asie, et il pourrait en résulter de nouvelles vues pour le commerce.

4° Il examinerait si, actuellement que le commerce de la mer Noire est libre, il nous sera aussi utile qu'on le croit. M. de Bori prétend qu'il y aurait de l'avantage à faire venir par là nos bois de construction. Cela seul mériterait un voyage jusque-là. Le chevalier de Saint-Pierre se contenterait d'une récompense modique. Je lui disais l'autre jour que je voudrais que vous établissiez à Hyères un jardin botanique, dans lequel on cultiverait les plantes des pays chauds, afin de tâcher de naturaliser celles qui seraient le plus utiles. Il ne voudrait, m'a-t-il dit, d'autre récompense de son voyage que l'intendance de ce jardin.

Indes, pour reconnaître le golfe Persique, la mer Rouge et les bords du Gange. (Voyez, à la suite de la correspondance, sa lettre à mademoiselle de l'Espinasse.) Mademoiselle de l'Espinasse et Condorcet firent tout leur possible pour faire obtenir à Bernardin ce qu'il demandait, mais ils n'y purent réussir. M. Aimé-Martin, qui a rempli un volume de la vie de M. de Saint-Pierre, n'a pas fait la plus légère mention de cette affaire; en revanche, il représente partout Condorcet et mademoiselle de l'Espinasse comme les plus cruels ennemis de son héros. Voyez la note p. 248.

52. A TURGOT.

Lundi, juillet 1774.

Vous vous souvenez du livre du chevalier de Saint-Pierre (1), et quoique vous n'ayez point partagé notre enthousiasme, vous devez convenir que c'est l'ouvrage d'un homme d'esprit et d'un homme honnête. Il a même des vertus, de la noblesse, du désintéressemeut, de la reconnaissance; il souffre le malheur et la pauvreté avec courage. Il dépend de votre département, et vous pouvez le servir et l'employer. Vous avez un si grand besoin de gens honnêtes pour opposer à toute la canaille des colonies, des ports et des bureaux, que je me crois obligé de vous annoncer tout ce que je connais d'honnêtes gens.

Adieu, Monsieur; faites-moi dire quand vous pourrez me voir. Si M. Duperron se présente à votre audience, je vous prie de lui recommander l'Académie des sciences.

53. A TURGOT.

Dimanche, juillet 1774.

Voici, Monsieur, un mémoire dont j'ai déjà eu l'honneur de vous parler, et que vous m'avez promis de mettre dans la liste de ceux à qui vous vous proposez de faire attention dans la suite.

Je vous envoie aussi une lettre du chevalier de

(1) Le voyage à l'Ile de France.

Saint-Pierre, à qui mademoiselle de l'Espinasse avait écrit d'aller vous trouver (1). Il y a un peu de Jean-Jacques dans son affaire, mais vous ne haïssez pas Jean-Jacques.

54. A TURGOT.

Ce jeudi, août 1774.

Le chevalier de Saint-Pierre attend une réponse. Si, comme on le dit, la paix des Turcs laisse libre la mer Noire, il s'y formera de nouvelles branches de commerce, et le voyage du chevalier de Saint-Pierre dans ces contrées sera fort utile. M. de Bori m'a dit autrefois qu'il y aurait de l'avantage à tirer des bois de construction par la mer Noire.

Je vous envoie une requête de M. de Voltaire (2); je n'ai pas besoin de la recommander. Je voudrais qu'elle fût discutée dans le conseil, que le roi vît que le plus grand écrivain de la nation est aussi un des hommes les plus bienfaisants et un des meilleurs citoyens. C'est vraiment un homme bien extraordinaire, et, quoi qu'on en puisse dire, si la vertu consiste à faire du bien et à aimer l'humanité avec passion, quel homme a eu plus de vertu? L'amour du bien et de la gloire sont les seules passions constantes qu'il ait connues. Ces passions deviennent celles de tous les hommes éclairés, et c'est pourquoi il y a contre eux une ligue si puis-

(1) Voyez, à la fin de la correspondance, la réponse de Bernardin à cette lettre de mademoiselle de l'Espinasse.

(2) En faveur du pays de Gex. Voyez les œuvres de Voltaire, t. XLVIII.

sante; ils ont pour ennemis tous ceux qu'agitent leurs petites passions particulières. Au reste, à l'exception de l'impossibilité d'être utiles, où peut-être ne pourra-t-on pas même les réduire absolument, le reste doit leur être bien indifférent.

Adieu, Monsieur; je vous embrasse de tout mon cœur, malgré votre humeur.

55. A TURGOT.

Août 1774.

On commence à savoir dans le monde que le clergé ne paye point les corvées, et on en est un peu indigné. On vous accuse de faiblesse, ce qui n'est pas juste. Vous pourriez, pour réparer cela, faire imposer à la taille les fermiers d'église, proportionnellement au prix de leur bail et à la somme que la généralité où ils sont paye pour les chemins, et remettre au peuple une quantité de taille égale. Cela ne serait pas injuste envers ces fermiers que vous exemptez de la corvée : vous auriez par là les déclarations des biens d'église, et vous soulageriez le peuple.

Mademoiselle de l'Espinasse est toujours souffrante; elle n'en est que plus ardente pour tirer les malheureux de peine; elle m'a reparlé du chevalier de Saint-Pierre. Tâchez donc de faire quelque chose pour lui (1), quand ce ne serait que de lui assurer les

(1) C'est la cinquième lettre de Condorcet pour solliciter en faveur de Bernardin de Saint-Pierre. La réponse de Turgot se trouve dans une lettre d'ailleurs sans intérêt, et que l'on n'imprime

cent pistoles qu'on lui donne. Il sait d'ailleurs assez
de mathématiques pour conduire des travaux, pour
lever des plans, et vous pourriez l'employer. Car

point par ce motif : « Je ne crois pas trop possible ce que me
« propose M. de Saint-Pierre; mais je chercherai sûrement à
« l'employer. » (De Compiègne, le 17 août 1774.)

Il est donc hors de doute que Bernardin de Saint-Pierre eut à
Condorcet des obligations et lui devait de la reconnaissance.

Il est curieux de voir comment M. Aimé-Martin, dans la biographie formant le Ier volume des œuvres de M. de Saint-Pierre,
présente les relations de Condorcet avec son héros, ou, pour
mieux dire, son dieu : « Le plus dangereux de tous (les ennemis
« de M. de Saint-Pierre), ce fut le marquis de Condorcet. Ce phi-
« losophe était en même temps géomètre, académicien, journa-
« liste, représentant du peuple et président du comité d'instruc-
« tion publique; le tout par amour pour l'égalité. Il fit à M. de
« Saint-Pierre le plus grand mal qu'un homme puisse faire à un
« autre, en l'empêchant de faire le bien. A cette époque, on par-
« lait de détruire la ménagerie de Versailles; M. de Saint-Pierre
« demanda qu'elle fût transportée à Paris....... Condorcet répon-
« dit à ces projets d'utilité publique par la destruction de la mé-
« nagerie de Versailles : tous les animaux rares furent tués ! Cet
« établissement eut aussi ses septembriseurs! Mais le savant
« géomètre ne s'en tint pas là : l'Europe l'entendit avec surprise
« demander à la tribune nationale de faire reconnaître comme
« incontestables les opinions scientifiques adoptées par l'Acadé-
« mie. Un des motifs de cette singulière proposition était d'obliger
« M. de Saint-Pierre d'approuver, *au nom de la loi*, les systèmes
« combattus dans les *Études*. Le philosophe voulait appuyer l'au-
« torité de Newton par celle de la république; mais il n'eut pas le
« bonheur de réussir, etc. » Pages 260, 261.

Il n'est pas impossible que M. Aimé-Martin ait rédigé cette
page sur des notes de Bernardin de Saint-Pierre lui-même. Ceux
qui connaissent le véritable caractère de cet homme sensible n'en
seraient point surpris. Dans tous les cas, on porte à M. Aimé-

vous ne devez avoir aucune confiance aux gens des ponts et chaussées : Peyronnet voulait, l'autre jour, faire l'aqueduc de l'Yvette en forme d'escalier.

Martin le défi public de prouver ses assertions relativement à la ménagerie de Versailles et à la proposition sur les opinions académiques. Ce qui a été dit à la tribune nationale, ce que l'Europe a vu et entendu, doit avoir laissé quelque trace. Le *Moniteur* est là, l'inflexible *Moniteur*; M. Aimé-Martin peut y recourir : nous l'attendons. Mais en attendant, voici quelques réflexions qui pourront aider le jugement du lecteur et le mettre à même de décider provisoirement, bien entendu.

La ménagerie de Versailles, après le 10 août, avait été pillée par le peuple. M. Isidore Geoffroy Saint-Hilaire a consigné ce fait à la page 45 de son bel ouvrage, monument de piété à la mémoire de son illustre père.

Il restait encore *cinq animaux étrangers*, lorsque M. de Saint-Pierre, alors Intendant du Jardin des Plantes de Paris, demanda que ces cinq animaux y fussent apportés; ce qu'il obtint sur-le-champ. Dans cette affaire, le nom de Condorcet ne fut pas même prononcé. Cependant, à en croire M. Aimé-Martin, il y aurait eu un projet officiel de destruction : « On parlait de détruire la ménagerie de Versailles. » Ce projet, la réclamation de M. de Saint-Pierre, l'intervention barbare de Condorcet pour la rendre inutile, enfin les *massacres de septembre* de la ménagerie de Versailles, tout cela s'enchaîne et se suit. C'est un roman : lorsque M. de Saint-Pierre réclama, il n'y avait déjà plus de ménagerie à Versailles.

Nous engageons M. Aimé-Martin à lire, pour s'édifier, le Mémoire de M. de Saint-Pierre *sur la ménagerie*, tome XVIII de l'édition in-18 donnée par M. Aimé-Martin.

Nous nous en remettons ensuite à M. Aimé-Martin lui-même, pour savoir qui doit porter la responsabilité de son erreur.

Quant à la motion faite à la tribune nationale pour ériger en dogmes, de par la loi, les opinions de l'Académie des sciences, il est superflu de réfuter des allégations de cette espèce. C'est à celui qui les publie à les prouver autrement que par le témoignage

Je vous embrasse en attendant mardi. Écrivez-nous la lettre pour les eaux-de-vie, pour que Tenon, notre directeur, puisse nommer mercredi des commissaires.

Êtes-vous content de mes vins?

56. A TURGOT.

Jeudi, 16   (? 1774).

On dit que l'argent ne vous coûte rien, quand il s'agit d'obliger vos amis. Je serais au désespoir de donner à ces propos ridicules quelque apparence de fondement. Je vous prie donc de ne rien faire pour moi dans ce moment; quoique peu riche, je puis attendre quelque temps. Laissez-moi faire la place de

vague de l'Europe surprise, car l'Europe ne saurait prendre la parole pour démentir M. Aimé-Martin. L'Europe a des occupations plus pressées. Il n'était pas besoin d'une loi du gouvernement pour faire déclarer fausse et ridicule la fameuse *Théorie des marées*, de M. de Saint-Pierre. On connaît le mot de Napoléon, obsédé de la démonstration de cette théorie : « Monsieur de Saint-« Pierre, savez-vous le calcul intégral ? — Non, sire. — Eh bien, « allez l'apprendre. »

On sait que M. Aimé-Martin a épousé chaudement toutes les opinions et les doctrines de M. de Saint-Pierre; mais on ne sait d'où lui vient ce zèle à noircir et rendre odieuse la mémoire d'un homme qui ne voulut jamais que le bien, qui ne fit que du bien à tout le monde en général, et à M. de Saint-Pierre en particulier. C'est apparemment le titre de *philosophe* qui soulevait, en 1820, l'animosité de M. Aimé-Martin; mais il faut être juste, même envers les philosophes, et M. Aimé-Martin ne l'a été ni envers Condorcet ni envers mademoiselle de l'Espinasse. (Voyez, à la suite de cette correspondance, une lettre de Bernardin de Saint-Pierre à mademoiselle de l'Espinasse.)

M. de Forbonnais (1); chargez-moi de m'occuper du travail important de la réduction des mesures, et attendez que mon travail ait mérité quelque récompense.

Je ne me fais pas un scrupule de recevoir de l'État une aisance qui me mettrait à portée de travailler davantage, et j'ai assez de vanité pour croire que l'encouragement ne serait pas au-dessus de l'utilité de mon travail. Je ne demande donc que d'attendre un an, deux ans, si cela est nécessaire. Je n'y mettrai ni ostentation ni empressement. L'Académie attendrait avec moi, ou vous pourriez lui donner deux mille écus, et ne différer que ce qui me regarde.

Ne faites aucune difficulté sur les événements (2) qui pourraient faire manquer ce dont je vous propose le retard. S'ils arrivaient, vous savez bien que ce ne serait ni pour vous ni pour moi que je m'en affligerais.

Gardez-moi le secret sur ce que je vous mande, et, s'il faut que vous en parliez à M. de Maurepas, dites-lui que ma reconnaissance sera toujours la même.

57. A TURGOT.

Ce 23 septembre 1774.

J'attends avec bien de l'impatience un édit ou arrêt sur les corvées. C'est peut-être le seul bien général, prompt, sensible, que vous puissiez faire dans ce

(1) Inspecteur général des monnaies, membre de l'Institut, mort en 1800.

(2) La sortie de Turgot du ministère.

moment. Toutes les provinces attendent de vous le
même bien que vous avez fait au Limousin. Leurs
transports éclateront de manière à vous faire plaisir;
et peut-être l'effet que ce bien produira ne sera-t-il
pas inutile à la réussite du reste. Ce mot de bien revient sans cesse, mais c'est votre faute.

Vous souvenez-vous de frère Damilaville (1), qui,
après avoir été fort ennuyeux toute sa vie, a fait
depuis sa mort des ouvrages remplis d'esprit (2)? La
femme de son frère m'a conjuré, par M. de Voltaire,
par M. D'Alembert et par les mânes de frère Damilaville, de vous demander pour son mari, ou la continuation de son état, ou une direction des vingtièmes.
Frère Damilaville vous a peut-être ennuyé; mais il
est mort, il ne reste de lui que ses ouvrages posthu-
mes et son frère. Si vous pouvez rendre service à ce
frère, vous obligerez beaucoup M. de Voltaire (3), et
moi par contre-coup.

Vous avez dû recevoir ma généalogie par la poste.
Je vous prie de me la renvoyer ici. J'ai renoncé à
mon projet d'être frère de l'ordre de Saint-Lazare.

Ne croyez-vous pas que, de toutes les dépenses
inutiles, la plus inutile comme la plus ridicule serait
celle du sacre (4)? Trajan n'a point été sacré.

______

(1) Mort en 1768.
(2) Voltaire mit sous le nom de Damilaville les *Éclaircissements historiques*, réponse à un libelle de l'abbé Nonotte.
(3) Voltaire, sollicité par cette belle-sœur de Damilaville, avait
recommandé l'affaire à Condorcet et à D'Alembert. Voyez sa lettre
à D'Alembert du 27 auguste 1774.
(4) Louis XVI fut sacré à Reims le 11 juin 1775.

Je ne me permettrai point d'autres questions pour cette fois.

Adieu, Monsieur ; faites-nous toujours du bien, et songez que cela fait le bonheur de votre ami en même temps que celui de la France. Si vous songez à son plaisir, il sera trop heureux.

58. A TURGOT.

Janvier 1775.

Il y a six mois que la *Lettre d'un théologien* (1) est sortie des mains de son auteur, qui ne pouvait recourir après. Ainsi ce n'est pas sa faute si elle a paru mal à propos. Ce dont pourtant je ne conviens pas, il y a longtemps qu'on laisse reposer cette canaille ; ils se croient protégés, ils deviennent plus insolents, ils intriguent pour faire revenir les jésuites ; ils prêchent des sermons où M. de Voltaire est nommé et outragé, etc., etc. Il est utile de leur donner parfois des leçons d'humilité, quand ce ne serait que pour montrer qu'ils n'ont pas tout le crédit dont ils se vantent.

L'auteur avait envie de ne point borner là sa carrière ; il avait entre autres le projet d'une tragédie en prose, au sujet d'un moine nommé saint Dunstan, qui a assassiné une reine d'Angleterre parce qu'elle était jolie. Cela aurait pu faire un ouvrage curieux. Le fait est authentique ; Hume le raconte avec beaucoup de détail, et Henri, qui en convient, trouve la

(1) Tome V, page 277 des œuvres de Condorcet.

conduite du saint assez ecclésiastique. La devise de l'auteur est : *Qui malis parcit, bonis nocet.*

Je persiste à croire qu'il n'y a aucune raison ni prétexte pour rétablir les parlements, sans les avoir assujettis à des conditions qui mettent les citoyens à l'abri de leur oppression, et avoir réformé ce qu'il y a de plus défectueux dans nos lois. Ces réformes deviendront plus difficiles après le rétablissement. A la vérité, ils ont demandé autrefois des conférences pour examiner et corriger l'ordonnance criminelle : mais quel horrible présent serait-ce faire à la nation qu'un code dressé par les assassins de Lalli, de de La Barre, etc., et quelle honte, dans un siècle éclairé, de charger d'un emploi si important des gens inférieurs de trois siècles à leur temps et ridicules par leurs préjugés ! Je ne vois pas que rien soit bien pressé, excepté le rappel des exilés, qu'on peut regarder comme fort indépendant du reste. Il vaut mieux garder des tribunaux civils encore quelque temps que d'établir des tribunaux tyranniques. D'ailleurs le but secret de toutes ces intrigues est le retour de M. de Choiseul dans le ministère. C'est pour nous donner un ministre déprédateur que l'on veut nous rendre un parlement oppresseur. J'espère que vous n'êtes point la dupe de ce projet, à la tête duquel sont des gens de vos amis, d'esprit accort et souple, qui, selon le vent qui souffle, veulent nous donner tantôt les jésuites, et tantôt le parlement qui les a détruits.

Après le mal d'avoir une religion intolérante, dont la morale dirigée par les prêtres est nécessairement abjecte et cruelle, le plus grand mal est de voir les principes de la morale publique être la risée de tous les gens éclairés. Or, c'est le point où nous en sommes. Le colosse est à demi détruit ; mais il faut achever de le briser, parce qu'il est important de mettre quelque chose à sa place. D'ailleurs, quoiqu'il ait perdu de sa funeste influence, il fait encore beaucoup de maux ; la plupart de ceux qui nous affligent sont l'ouvrage du monstre et ne peuvent finir qu'avec lui.

Le nombre des imbéciles diminue dans le clergé, et celui des dévots politiques, des intrigants, augmente tous les jours. Un de ceux-là que nous rencontrons quelquefois, et qui, pour devenir évêque, joue, selon les maisons, tantôt le rôle de dévot, tantôt celui d'homme raisonnable, disait l'autre jour qu'il fallait brûler l'auteur de la lettre à l'abbé Sabatier (1). « Monsieur l'abbé, lui répondit-on, votre « propos prouve que l'auteur a parfaitement raison. » Ne demandez jamais d'évêché pour l'abbé de Puiségur.

Pourquoi, au lieu de s'en remettre au temps pour détruire les préventions du roi, ne ferait-on pas faire pour lui un ouvrage clair, modéré, bien muni d'autorités, qui contiendrait le récit de tous les assassinats, massacres, séditions, guerres, supplices, empoisonnements, noirceurs et scandales, qui forment depuis 1774 ans l'histoire du clergé catholique ?

____

(1) La *Lettre d'un théologien*, de Condorcet.

Je n'approuve pas du tout que le roi, qui jusqu'ici n'a montré d'autre désir que celui de faire le bien, soit réduit à l'approbation des marchands de tisane; qu'on n'ait pas voulu, par exemple, que Voltaire, que les autres célébrassent le choix qu'il a fait d'un homme vertueux; qu'il vît la différence que mettait le public éclairé entre ce choix et les autres. Tout ce qu'on lui a dit à l'oreille du premier homme de la nation, les courtisans le lui diront d'un imbécile dont ils attendent de l'argent; au lieu que ce qu'on aurait dit de vous en prose et en vers, personne n'aurait osé l'imprimer d'un autre. Vous n'aurez à opposer à l'intrigue que vos talents, vos vertus et votre renommée; il ne fallait donc pas en étouffer l'éclat, etc.

59. A TURGOT.

Octobre 1775.

On veut que je vous écrive encore sur l'affaire de ces rats qui incommodent mon oncle (1); le clergé de Paris a pris son parti. Autrefois on savait se débarrasser des sauterelles et des rats par une simple excommunication. A présent l'Église de Dieu a besoin d'arrêts du conseil. On vous enverra un mémoire qui mettra la justice de cette affaire dans tout son jour.

Mon oncle voudrait aussi que vous lui accordassiez vos bons offices auprès de M. le garde des sceaux. Le clergé doit demander au roi un arrêt fulminant contre une consultation que les curés du

(1) M. de Condorcet, évêque de Lisieux, qui avait quelques difficultés avec les prêtres de son diocèse.

diocèse de Lisieux ont opposée à une ordonnance de leur évêque. On doit surtout leur interdire de s'assembler pour défendre leurs droits quand ils seront lésés. Le clergé veut aussi que le roi lui accorde le droit de punir, à la première assemblée, les curés qui auront osé résister à leurs évêques (1). Tout cela m'a paru si juste, si noble et si chrétien, je me suis trouvé si petit personnage entre le roi et son clergé, que j'ai répondu qu'il ne me convenait pas de me mêler d'une affaire qui intéressait en général la juridiction ecclésiastique, vu surtout que, si elle dépendait de moi, je n'aurais garde d'accorder au clergé ou à mon oncle ce qu'ils demandent. Si cette affaire se discute au conseil, je vous prierai seulement d'empêcher, autant qu'il sera en vous, que mon oncle n'ait des désagréments personnels; mais je crois qu'un des meilleurs moyens d'empêcher ce qui reste de fanatisme dans certaines têtes, de troubler la paix, serait de diminuer autant qu'il est possible l'autorité des évêques sur les curés, d'empêcher ces synodes que mon oncle veut établir, et qui ne servent qu'à nourrir le fanatisme, à engager les curés à mettre dans la morale des raffinements qui troublent la conscience des paysans et les rendent fous. Ce serait d'ailleurs une bien mauvaise chose que

(1) On voit que la tendance de l'épiscopat à opprimer le clergé inférieur n'est pas nouvelle. Mais alors le bas clergé avait quelque moyen de résistance; il n'en a plus depuis que Napoléon l'en a dépouillé et l'a livré pieds et poings liés à la merci des évêques, qui abusent terriblement de leur pouvoir. L'affranchissement du clergé inférieur est une des mesures les plus urgentes à prendre contre le jésuitisme en faveur de la religion.

de laisser ces assemblées du clergé, qui ne sont faites que pour imposer les décimes, s'ériger en tribunaux et en conciles. Je crois que les protestants du Hainaut ont beaucoup gagné à perdre M. de Muy (1). L'archevêque de Cambrai a un zèle qui n'est pas absolument selon la science, et, sans M. de Taboureau, on en aurait arrêté dès cet été.

J'espère avoir le plaisir de vous voir à Fontainebleau vers le 8; il faut que je parle à M. de Malesherbes de mes tracasseries académiques.

60. A TURGOT.

Fin de janvier 1776.

Vous ne revenez point à Paris, et, malgré l'intérêt personnel, je trouve que c'est un parti bien sage. Mais comme je m'étais chargé auprès de vous d'une grande affaire, il faut que je vous en écrive.

M. de Saint-Lambert, qui a pour vous une vraie passion, trouve que, dans ce moment où la voix du public, qui n'est pas la voix publique, est contre vous, où vos édits vont exciter cent clabauderies, il serait fort agréable aux gens de lettres de vous donner une marque de leur vénération, en vous nommant à la place de M. le duc de Saint-Aignan (2); que c'est peut-être la seule occasion que l'Académie puisse avoir d'élire un ministre en place, sans faire une espèce de platitude; il m'a chargé de vous en parler. Voici maintenant l'état des choses. M. de Malesherbes doit, après avoir vu M. de Maurepas, par-

(1) Ministre de la guerre, mort le 10 octobre 1775. Il fut remplacé par M. de Saint-Germain.

(2) Mort le 22 janvier 1776.

17.

ler au roi de M. de La Harpe. Si le roi approuve ce vœu des gens de lettres, il me paraît tout simple de les laisser faire ; mais s'il ne l'approuvait pas, alors vous rendriez vraiment service à l'Académie en entrant dans les vues de M. de Saint-Lambert. 1° L'Académie a envie d'élire M. de La Harpe, et, ne le pouvant pas, il est plus honnête pour elle d'être toujours à portée de donner à M. de La Harpe la première place d'homme de lettres ; elle n'a plus l'air d'être contredite dans son vœu, et elle n'est plus forcée à choisir celui qu'elle ne croit point le plus digne. 2° L'Académie ferait un choix qui lui ferait honneur, qui augmenterait sa considération, au lieu que le choix de M. Colardeau, qui fait bien des vers, mais qui n'a d'autre existence morale que celle d'ami de mademoiselle Verrière (1), et d'être un bon enfant, ne fortifierait pas beaucoup l'Académie. On n'élira pas M. de Chabanon, qui, dit-on, n'a pas de talent, mais qui est du moins un homme. Il ne peut être question, par différentes raisons, de M. de Guibert ni de l'abbé Raynal. Les autres choix seraient ridicules. Mettez-moi, je vous prie, en état de répondre à M. de Saint-Lambert le plus tôt possible.

On dit, dans le monde, que l'édit des banalités n'est pas de cette fois-ci. J'avoue que, si cela est vrai, je n'en serais peut-être point fâché, quoique j'abhorre ce genre de vexation. Vous n'auriez fait

---

(1) Courtisane du grand ton, maîtresse du maréchal de Saxe, célèbre par son luxe et son goût pour les gens de lettres. Marmontel eut avec elle une intrigue qu'il raconte dans le Ier vol. de ses *Mémoires d'un père, pour servir à l'instruction de ses enfants.*

que les pallier; dans deux ans, vous les ôterez tout
à fait, si vous voulez. Il m'est venu sur cette matière
une idée qui pourrait être utile. Je vous la donnerai
une autre fois.

61. A CONDORCET.

Versailles, 3o janvier 1776.

Remerciez pour moi M. de Saint-Lambert; ce n'est
pas encore dans ce moment-ci qu'il me convient de
fixer sur moi les yeux du public, pour un autre objet que les affaires de ma place. Je crois qu'il faut
tâcher de faire nommer La Harpe. Si on ne peut pas
y réussir, pourquoi l'Académie ne prendrait-elle pas
l'abbé Barthélemy?

Je trouve qu'on traite trop sévèrement M. Chaba-
non. Il n'est point, quoi qu'on en dise, sans talent.
Il est vrai qu'il n'a donné aucun ouvrage complet.
On n'a pas toujours été aussi sévère.

Vous avez donc été dénoncé et supprimé (1). Je suis
fâché de cette aventure, surtout dans ce moment.
Adieu, je vous embrasse.

62. A CONDORCET.

A la Roche-Guyon (2), le 31 mai 1776.

Madame d'Enville, Monsieur, m'a montré votre

(1) Il s'agit de l'écrit *Sur l'abolition des corvées* (t. XI, p. 87),
poursuivi par M. Séguier et supprimé au mois de décembre 1775,
sur la délation de d'Éprémesnil. Voyez plus haut, p. 88, la lettre
46, de Condorcet à Voltaire; voyez aussi p. 94, note 3; p. 106,
note 1; et p. 109.

(2) Terre de la duchesse d'Enville.

lettre. Vous êtes bien aimable de venir voir les gens disgraciés (1), et plus aimable encore d'avoir pensé à leur faire voir la lumière des étoiles divisée en sept couleurs et réunie. Nous n'avons ici qu'un grand télescope de réflexion, et j'ai peur qu'il ne perde trop de lumière, et de grands télescopes à l'antique très-difficiles à mouvoir. Peut-être vaudrait-il mieux apporter la lunette même dont se sert M. l'abbé Rochon. J'ai bien de petites lunettes de poche de Dollond, avec lesquelles on voit les satellites de Jupiter, et dont l'une a quatre oculaires de forces différentes. Si elles pouvaient suffire, M. Desnaux pourrait vous les remettre.

J'ai vu dans la *Gazette des Deux-Ponts* l'annonce d'une édition des Pensées de Pascal (2), qui doit être intéressante. Je vous serai obligé de vous informer si on peut l'avoir.

Adieu, Monsieur, vous connaissez mon inviolable amitié. Mille tendres compliments à M. D'Alembert.

63. A TURGOT.

Ce 21 juin 1776.

L'éloge que M. de La Harpe a fait des édits (3) n'a point fait l'impression que j'en espérais. C'est un peu

(1) Turgot venait de quitter le ministère des finances, où il eut pour successeurs d'abord M. de Clugny, et bientôt après M. Necker.

(2) De Condorcet lui-même, qui n'y mit pas son nom.

(3) Dans son discours de réception à l'Académie, le 20 juin 1776.

la faute de l'éloge qui n'était qu'agréablement tourné, mais qui manquait de physionomie. Marmontel a fait, en lui répondant, un portrait intéressant de l'aménité, de la douceur de mœurs, de la modestie de Colardeau (1), et puis : *voilà, Monsieur, un caractère bien intéressant dans un homme de lettres*, et un grand silence. Aussitôt le public en a fait l'application au récipiendiaire et a battu des mains un quart d'heure. Marmontel a repris par l'éloge du courage de La Harpe, en observant que ce courage avait été pris pour de l'orgueil, et sur-le-champ nouvel applaudissement. Ensuite il a parlé des critiques de M. de La Harpe qu'on avait accusé de manquer de modération, et on a encore battu des mains. Le récipiendiaire et le directeur étaient dans un égal embarras. Enfin Marmontel a fini par dire que la philosophie n'avait que deux ennemis, le fanatisme et la tyrannie, et de là est venu l'éloge du roi et de la liberté de la presse dont nous avons le bonheur de jouir. La Harpe a lu alors un chant de sa traduction de *Lucain*. Il n'y avait plus là de compliments pour les rois. M. D'Alembert termina la séance par l'éloge de Sacy, traducteur des lettres de Pline, et auteur d'un traité de l'amitié, inséré dans les œuvres de madame de Lambert; elle était son amie, et elle lui a survécu de quelques années. Cette circonstance fournit à M. D'Alembert un morceau sur l'amitié, qui a fait un plaisir

---

(1) Nommé à la place du duc de Saint-Aignan, et mort avant sa réception. La Harpe le remplaçait, et Marmontel, répondant à La Harpe, fit l'éloge de ses deux prédécesseurs.

d'autant plus grand, qu'il avait un rapport avec sa situation actuelle (1).

Adieu, je vous embrasse de tout mon cœur. J'écrirai demain à madame d'Enville.

64. A CONDORCET.

A la Roche-Guyon, le 22 octobre 1776.

Mercredi matin.

Nous apprenons dans l'instant la nomination de MM. Taboureau (2) et Necker. Cela est plus qu'incroyable. M. de Maurepas exerce notre foi, et le gouvernement va devenir aussi mystérieux que la théologie. Ce mystère-ci est une véritable trinité. La finance sera gouvernée comme le monde. Le chef du conseil a tout à fait l'air du Père éternel, dont la place doit être vacante depuis quelque temps dans la rue de Sèvres. M. Taboureau représentera l'enfant Jésus ou l'agneau, dont il aura la mansuétude. Pour M. Necker, c'est assurément le Saint-Esprit, et il faut lire les actes des apôtres pour avoir idée du fracas qui accompagnera sa venue. Si cette plaisanterie courait, n'allez pas en nommer l'auteur, et encore moins la prendre sur votre compte. Je plaisante, mais je suis vraiment affligé. Je crains que cet homme dont vous avez blessé l'orgueil n'ait

(1) A cause de mademoiselle de l'Espinasse, morte un mois juste auparavant, le 23 mai 1776.

(2) Taboureau des Réaux, nommé contrôleur général en remplacement de M. de Clugny, successeur immédiat de Turgot. M. de Clugny était mort le 18 octobre.

le pouvoir de vous ôter votre place de la monnaie. J'attends avec tremblement le détail du partage des fonctions. Je crains aussi pour de Vaisne, qu'on ne veuille lui faire garder une place où il ne peut pas honnêtement rester sous M. Necker.

65. A CONDORCET.

A la Roche-Guyon, le 29 novembre 1776.

Je crois qu'en effet M. Necker a envoyé ou donné à M. de Maurepas différents mémoires, soit pendant, soit depuis mon administration; mais aucun ne m'a été renvoyé, du moins sous son nom. Je me rappelle seulement un projet d'emprunt par voie de loterie, que M. de Maurepas me remit un jour, et qui ressemblait aux mille et un projets de ce genre que chaque ministre des finances reçoit chaque année. J'ignore si ce projet était de M. Necker, mais il est vrai que je n'en fus pas fort émerveillé.

Je ne sais pas si le public le sera davantage de la traduction qu'il nous donnera sans doute bientôt de ses grandes pensées; mais j'ai peur qu'il ne fasse de miracles qu'en qualité de saint, ce qui suppose au préalable sa conversion au catholicisme.

L'abbé Delille a bien pris son moment pour nous venir voir, car il arrive précisément le même jour que M. Morel, auteur de *la Théorie des Jardins*, que madame d'Enville veut consulter sur les embellissements qu'elle veut faire à ses promenades. Ce que l'un fera, l'autre le chantera. Cela ressemble à ces héros qui mènent avec eux des peintres et des poëtes pour transmettre leurs exploits à la postérité. Adieu, je vous embrasse de tout mon cœur.

66. A TURGOT.

Ce 20 octobre 1776.

J'attendais pour vous écrire le départ de M. d'Anlezi, mais il l'a retardé jusqu'à lundi. Je suis au milieu de mon déménagement, et obligé de m'en occuper. Je n'ai pu encore me procurer ces vers à *la femme de l'Enveloppe des pensées* (1). On ne les montre pas.

Madame Geoffrin a fait demander il y a deux jours le laquais de madame Suard, le matin, avant que sa fille fût levée (2). Elle lui a dit que son état l'empêchait de voir ses amis, mais qu'elle les aimait toujours, qu'elle voulait savoir de leurs nouvelles. Elle est entrée dans beaucoup de détails sur de petits présents qu'elle voulait leur faire. Le laquais l'a trouvée fort défigurée et fort affaiblie; il a pleuré beaucoup, et elle aussi. Il paraît qu'elle sent la tyrannie de sa fille, et qu'elle n'a pas la force de s'en délivrer.

Le roi de Prusse a encore écrit à M. D'Alembert une lettre très-tendre (3), que vous verrez dans le

(1) A Mme Necker. Voyez p. 132, note 2.

(2) Mme de la Ferté-Imbault, qui, par dévotion, chassait les anciens amis de sa mère. Voyez dans la correspondance de Voltaire, t. LXX, deux lettres de D'Alembert à ce sujet : l'une p. 137, l'autre p. 172. Voyez aussi la lettre suivante de Turgot.

(3) Relativement à la mort de mademoiselle de l'Espinasse,

journal en grande partie, en attendant que M. D'A-
lembert vous la lise tout entière. Madame de la
Ferté-Imbault, honteuse de la lettre qu'elle a écrite
à M. D'Alembert, en a fait une autre qu'elle montre à ses amis. M. de Maurepas l'a vue en conséquence, et a dit à son beau-frère (1) que cette lettre
n'était pas si ridicule qu'on le disait. M. de Nivernois a demandé l'original et le lui a montré; M. de
Maurepas l'a trouvé tout différent du brouillon qu'elle
lui avait fait lire, et en a jugé comme tout le monde.

Vous croyez bien que je me trouve fort malheureux d'être séparé de vous pour si longtemps.

Présentez, je vous supplie, mon respect à madame d'Enville et à toute sa famille.

67. A CONDORCET.

A la Roche-Guyon, le 21 novembre 1776.

Nous sommes ici plus au courant que vous, car
nous avons les vers (2) à madame Necker, et l'on
en fait actuellement une copie qui partira avec cette
lettre. La pensée y est assez enveloppée pour que
l'homme aux enveloppes (3) s'en contente. Quoique
plus d'un chemin mène au paradis ainsi qu'à la gloire,

arrivée le 23 mai 1776. La lettre de Frédéric est du 9 juillet
1776.

(1) M. de Nivernois.

(2) De Voltaire.

(3) Sobriquet de M. Necker dans les lettres de Voltaire, Condorcet et Turgot. Voyez p. 132.

on veut que M. Boursouffle (1) ait pris celui de Conflans, et qu'il y ait eu de longues conversations avec M. l'Archevêque, auquel M. Tronchin, son compatriote, l'a présenté. Si M. de Beaumont opère cette conversion, il n'aura pas à regretter celle du prince de Conti. Si le néophyte ne sauve pas l'État, il sauvera du moins son âme, et M. de Maurepas en tirera grand honneur dans l'autre monde, ainsi que madame de la Ferté-Imbault (2) de sa lettre et de la seconde édition. Je plains cette pauvre madame Geoffrin de sentir cet esclavage, et d'avoir ses derniers moments empoisonnés par sa vilaine fille.

Je suis fort aise que le mémoire de Desmarets ait réussi. Je compte le voir, quoiqu'il ait peur de moi.

Je crois que madame d'Enville vous écrit; je suis un peu plus content de sa santé. Je ne sais encore quand je retournerai à Paris. Une des choses qui me le font plus désirer, est l'espérance de vous voir souvent, et d'y jouir de votre amitié, qui me sera toute ma vie bien précieuse.

Voici une copie des vers (3). J'ignore s'il n'y en a pas une autre dans la lettre de madame d'Enville; dans ce dernier cas, vous en enverriez une des deux à madame Blondeli. Je vous embrasse.

---

(1) Necker. *Le comte de Boursouffle*, personnages de deux comédies de Voltaire : *L'Échange* et *Les Originaux*.

(2) Fille de Mme Geoffrin, très-indigne de sa mère. La lettre dont il est ici question fut écrite à D'Alembert par Mme de la Ferté-Imbault, pour lui interdire de voir Mme Geoffrin, malade à l'extrémité. Voyez la note 2, p. 266, et la p. 267.

(3) De Voltaire à Mme Necker.

68. A TURGOT.

(? 1776.)

Comme je n'ai pu vous voir seul hier et avant-hier, je n'ai pu vous parler d'une affaire sur laquelle je n'ai voulu prendre de parti qu'après vous avoir consulté.

M. de Nivernois (1) a chargé M. de Keralio de m'avertir que l'on a dit à M. de Maurepas que j'étais l'auteur d'une lettre contre M. Necker (c'est précisément celle que je n'ai pas lue); que M. de Nivernois m'avait défendu en disant que ce n'était pas du tout mon style; que M. de Maurepas avait peine à se persuader que je fusse capable d'écrire un ouvrage qui pouvait nuire au crédit public. En conséquence, M. de Nivernois pensait que je devais écrire à M. de Maurepas, non pour lui dire que j'admirais M. Necker, et que je serais bien fâché d'écrire contre lui (car il avait prévu cette objection), mais pour l'assurer simplement que je n'étais pas l'auteur de la lettre, et que, bien loin d'écrire des ouvrages nuisibles à l'État, je serais au contraire fort aise de lui être utile.

J'ai de la répugnance à écrire cette lettre : 1° parce que cette démarche ne me paraît bonne à rien; 2° parce qu'aucun homme raisonnable ne peut de bonne foi m'attribuer cette pièce; 3° parce que l'habitude de désavouer ce qu'on n'a point fait peut conduire à la nécessité de nier ce qu'on a fait; 4° parce

(1) Le duc de Nivernois, beau-frère de M. de Maurepas.

que, si M. de Maurepas ne veut pas me croire auteur de la lettre, il se moquera de mon désaveu, et que, s'il veut faire semblant de le croire, il dira qu'il n'en est pas la dupe.

En tout, cependant, les inconvénients d'écrire et ceux de ne pas écrire me paraissent si peu de chose, que je ne puis avoir d'avis bien déterminé, et que la répugnance à assurer de mon respect un homme que je suis fort loin de respecter, est peut-être ma raison la plus forte pour la négative. Je vous demande votre avis. Si vous croyez que je dois écrire, je vous porterai ma lettre en sortant de l'Académie; si vous êtes d'avis contraire, je donnerai à M. de Keralio dans une lettre toutes les raisons de ne pas écrire, qui ne peuvent blesser ni M. de Maurepas ni son beau-frère. M. de Nivernois attache quelque prix à cette lettre, quoique ni lui ni son beau-frère ne se soucient de Necker plus que moi ou que de moi. Cependant M. de Keralio m'assure que M. de Nivernois m'aime beaucoup.

69. A TURGOT.

(1777.)

Madame d'Enville vous a écrit fort au long sur mon affaire. Je suis absolument de son avis; j'écris de nouveau à M. D'Alembert. Il est vrai que je risquerais plus à faire l'Éloge (1), et que je risquerais d'être persécuté pour une sottise, au lieu de l'être pour une chose raisonnable. Je n'ai point fait l'Éloge

(1) Du duc de la Vrillière, beau-père de M. de Maurepas, mort le 27 février 1777, à soixante-treize ans.

en entier, mais je l'ai arrangé dans ma tête il y a
déjà quelque temps; et il est sûr qu'on me l'aurait
moins pardonné de cette façon que mon silence.

Je reviendrai la semaine prochaine; je verrai
M. Dupuy (1). Mais, fît-il l'Éloge, je crois devoir m'en
dispenser. L'éloge de M. de Trudaine serait un autre
moyen de déplaire à M. de Maurepas. Ainsi j'aurai
l'avantage de gagner Pâques sans lui déplaire, et
peut-être d'ici à ce temps aura-t-il autre chose à
faire (2). Je ne sais point jusqu'où je puis craindre
une exclusion pour l'Académie française; mais il est
certain que l'éloge de M. de la Vrillière et celui de
M. de Trudaine, tels que je les aurais faits, auraient
donné des armes contre moi. D'ailleurs, je regarde M. de la Vrillière non loué comme une bataille gagnée, et les parents des *espèces* que nous
avons à l'Académie n'auront plus rien à me dire.
Adieu; je vous embrasse. J'ai peur que ce Necker ne
nous fasse mourir de faim en voulant faire avancer
ses plans sans convulsion. C'est une triste chose que
vingt millions d'hommes ballottés entre des fous,

(1) Secrétaire perpétuel de l'Académie des inscriptions, comme
l'était Condorcet de l'Académie des sciences.

(2) Condorcet n'évita point les inconvénients dont il parle ici.
« Chargé en 1777 de prononcer l'éloge du duc de la Vrillière,
« académicien honoraire, et Maurepas lui reprochant qu'il tar-
« dait trop, Condorcet lui répondit qu'il ne louerait jamais un
« pareil ministre, odieux dispensateur des lettres de cachet sous
« le règne de Louis XV. Cette liberté piqua Maurepas, qui l'em-
« pêcha, tant qu'il vécut, d'être de l'Académie française. » (*Biogr.
univ.*, art. CONDORCET.) Condorcet attendit son admission jusqu'en 1782.

des imbéciles et des fripons. Je suis fort aise du canal de Picardie. Si on écoute l'abbé Bossut, ce sera toujours cela de sauvé.

70. A TURGOT.

Ce mardi (fin de mai 1778).

Le mandement a manqué son coup, le grand homme est sauvé (1), et il n'y aura qu'un prêtre de mort. Le curé de Saint-Sulpice (2) est arrivé hier tout courant, pour tâcher d'avoir un corps ou une âme. On lui a dit que le corps n'était pas dans le cas d'être enterré, et que, pour l'âme, depuis qu'elle avait pris de l'opium, on ne savait ce qu'elle était devenue. Elle revient peu à peu. L'affaissement est moindre, la fièvre est calmée, et M. Tronchin répond presque du malade, s'il ne se tue pas.

On a fait une plaisanterie qui me paraît assez bonne; on a mis au bas d'un de ses portraits ces quatre vers :

> Aux cris religieux d'un parterre idolâtre,
> En face de lui-même, au milieu du théâtre,
> Paris, à ce grand homme, érigeant un autel,
> A couronné son front d'un laurier immortel.
>
> (Par M. Gilbert.)

(1) Voltaire. Il mourut peu de jours après cette lettre, le 30 mai.

(2) Faydit de Tersac. Voltaire lui écrivit le 4 mars 1778. (Voyez cette lettre et la réponse, t. XL, p. 452, 453, des œuvres de Voltaire. Voyez aussi ce que dit Condorcet de ce curé de Saint-Sulpice, dans la *Vie de Voltaire*, t. IV, p. 162 de cette édition.)

Ce sont, à quelques mots près, les vers de sa satire (1).

On prétend que M. d'Orvilliers (2) n'a pas eu d'attaque d'apoplexie, mais qu'il a pris aussi trop d'opium, et qu'ainsi on peut bien lui confier le commandement de la flotte. M. de Voltaire va mettre cet accident à la mode.

J'espère vous voir dimanche au plus tard. Dites, je vous prie, à madame la duchesse d'Enville que Moultou (3) s'est enfin determiné à me venir voir, quoi qu'on puisse en juger au contrôle (4). C'est une belle action pour un Genevois, et dont je me trouve bien indigne d'être l'objet.

71. A TURGOT.

Aux Loges, ce samedi, 1779.

Me voici dans la maison de campagne de mon oncle(5), et je suis le seul laïque. Je partirai mercredi; et je serai jeudi à la Roche-Guyon. Je crois qu'il ne résultera de mon voyage qu'un devoir rempli de ma part et beaucoup de politesse de celle de mon oncle. Je l'ai trouvé vieilli et affaibli, avec des douleurs qu'il appelle de la néphrétique. Ce dernier point m'a fait de la peine pour lui, parce qu'à son âge ce genre de douleurs est rarement sans des suites fort tristes. Nous avons eu exactement à la Roche-Guyon

(1) Intitulée *Mon apologie*.

(2) Le lieutenant général comte d'Orvilliers, commandant l'armée navale réunie au port de Brest.

(3) Ministre évangélique à Genève, ami de J. J. Rousseau.

(4) Chez M. Necker, contrôleur général.

(5) M. de Condorcet, évêque de Lisieux, par qui Condorcet avait été élevé. Voyez p. 255.

des nouvelles de Mme Blondeli, et celle de la chaise longue que vous avez empruntée nous a fait beaucoup de plaisir. M. Watelet est donc sauvé à très-peu près? J'en suis fort aise, quoiqu'il ne veuille pas que je sois de l'Académie française, ce que beaucoup de gens de lettres appellent être leur ennemi capital; mais comme je suis fort tolérant, je prends les choses fort peu au tragique.

J'espère vous voir à la Roche-Guyon, où je resterai jusqu'au 6; je n'ai point d'éloges et je suis moins pressé. J'aurai pour Pâques Joseph de Jussieu (1) et le chevalier d'Arcy (2). J'ai été fâché de sa mort; il était au fond un assez bon homme, quoique fou et un peu brutal. Il avait fait dans notre Académie tout le mal qu'il pouvait faire, et de temps en temps il pouvait empêcher quelques turpitudes.

Adieu; je vous embrasse bien tendrement. J'ai trouvé ici un chanoine à qui on peut parler raison à demi, c'est encore beaucoup. Sans cela je serais seul. Je n'ai trouvé de livres dans la maison que le *Courrier de l'Europe*, Fréron, et le livre de Villet de Saussures.

(1) Frère d'Antoine et de Bernard de Jussieu, mort le 11 avril 1779. Vol. II, p. 357.

(2) « On trouvera une analyse très-détaillée de tous les travaux « de d'Arcy dans l'éloge qu'a fait de lui Condorcet. Cet éloge fait « autant d'honneur au caractère qu'au talent de Condorcet, qui « avait été constamment l'objet de la haine la plus animée comme « la plus injuste de la part de d'Arcy, et qui paraît s'être attaché « à relever, avec une recherche particulière, tous les genres de « mérite qui pouvaient honorer la mémoire de l'académicien dont « il avait tant à se plaindre. » (*Biogr. univ.*)

—

Voici la lettre de Bernardin de Saint-Pierre à mademoiselle de l'Espinasse, dont il a été question page 245.

Mademoiselle,

Pour ne pas sembler repousser la fortune, et encore moins les marques de votre attention et de votre bon cœur, permettez-moi de vous demander à quel titre, pourquoi et comment je dois aller chez M. Turgot, dont je ne suis pas connu. Si la vertu se plaisait à être applaudie indifféremment de tout le monde, j'irais lui dire : Vous avez fait du bien en Europe, mais ce qui est plus difficile, vous allez empêcher le mal aux Indes. Vous avez le courage de la vertu, que le ciel vous en donne la récompense, et que votre nom soit béni sur mer comme il l'a été sur terre. Mais on voit bien, Mademoiselle, que vous ne voyez les ministres que chez vous. On ne les aborde qu'un papier à la main quand on les aborde, et que mettre dans ce papier? Je ne suis point officier de marine et je ne veux point vivre aux colonies. Je l'ai dit plusieurs fois. Qui a lu mon voyage (1) peut le penser; mais qui me connaît doit le croire.

Il est vrai que la réputation de M. Turgot le mettra à même de servir de son crédit ceux qu'il ne pourra obliger par sa place. Il va devenir tout-puissant. Un pauvre homme assis sur les marches de l'hôtel de ville, disait un jour pendant qu'on tirait la loterie : Mon Dieu, si vous pouviez me faire tomber le gros

(1) Le voyage à l'Ile-de-France.

lot! Quelqu’un lui dit : Voyons votre numéro. — Je n’ai point de billet, dit-il, mais le bon Dieu est bien puissant. — Encore, lui dit l’autre, ne peut-il vous faire gagner un lot, si vous n’avez un billet à la loterie. J’ai cru donc, Mademoiselle, que si j’allais chez M. Turgot, ce devait être avec un mémoire et quelque projet utile, et je n’en ai point imaginé qui le fût davantage à la marine qu’un voyage par terre aux Indes pour connaître le golfe Persique, la mer Rouge, les bords du Gange, et d’autres lieux mal connus et même tout à fait abandonnés. Quant à demander des consulats, des pensions ou quelque autre place en France, c’est le fruit de la faveur, et je n’ai point de titre pour la demander. Comment pourrais-je la solliciter, moi qui vis sans brigue, loin des protecteurs et des protégés? Combien ces illusions m’ont fait perdre de temps et de pas! Combien je me suis troublé de l’inquiétude et de la mauvaise foi d’autrui! J’ai nagé trop longtemps vers ces faux rivages où l’on se noie dix fois avant de mourir. Maintenant je laisse faire ma destinée; tout enfin tombe dans l’Océan.

Je donne aux Muses le temps qui nous est prêté; aux Muses qui consolent du passé et rassurent sur l’avenir. Je vis content, heureux, et je ne le serai davantage qu’en le partageant avec l’amitié.

Agréez les assurances de respect, d’estime et de reconnaissance avec lesquelles je ne cesserai d’être,

Mademoiselle,

Votre très-humble et très-obéissant serviteur,

DE SAINT-PIERRE.

Je vous prie d'en présenter autant à M. D'Alembert (1).

A Paris, le 29 juillet 1774.

(1) M. Aimé-Martin, dans son *Essai sur la vie et les ouvrages de Saint-Pierre*, raconte que D'Alembert « accueillit avec em-
« pressement *le protégé d'un ambassadeur*, et l'introduisit chez
« mademoiselle de l'Espinasse. M. de Saint-Pierre se félicita d'y
« rencontrer des hommes qui remplissaient alors l'Europe de leur
« renommée. Séduit par l'admiration générale, il n'approcha
« d'eux qu'avec respect, et son âme simple et confiante bénissait
« le ciel de l'avoir conduit à la source de tant de lumières. Mais
« quelle fut sa surprise lorsqu'il vit ces sages précepteurs du
« genre humain divisés en sectes ennemies, n'ayant d'autre but
« que le mal, d'autre passion que la vanité, niant Dieu pour ado-
« rer l'ouvrage de leurs mains ; et dans cette lutte orgueilleuse,
« *où la vertu ne se montra jamais*, etc., M. de Saint-Pierre sentit
« que tant d'inconséquence et si peu de vertu annonçait la disso-
« lution de la société : *il osa le dire ;* il osa combattre ceux qu'il
« avait admirés ; il leur disait :.... » (P. 183-185 de l'édit. in-18.)
Je passe une longue prosopopée religieuse et sentimentale pour
arriver à une anecdote où mademoiselle de l'Espinasse joue le
principal rôle. M. de Saint-Pierre raconte chez elle que son libraire l'a volé effrontément sans qu'il s'y opposât. (On sait à quel
point Bernardin de Saint-Pierre était désintéressé !) — « D'Alem-
« bert se récrie sur sa faiblesse de ne pas tuer un pareil coquin ;
« un évêque janséniste dit en souriant que M. de Saint-Pierre
« avait l'âme très-chrétienne ; Condorcet applaudit à ce bon mot,
« et mademoiselle de l'Espinasse ajouta d'un ton moitié sérieux,
« moitié railleur : Voilà une vertu de Romain ! puis ouvrant une
« des boîtes de bonbons qui étaient toujours sur sa cheminée :
« Tenez, dit-elle, *vous êtes doux et bon !.....* » Dès ce moment,
à en croire M. Aimé-Martin, M. de Saint-Pierre se vit en butte
aux sarcasmes, au mépris, et il fut jeté dans un tel *délire* par ces
odieux traitements, qu'il prit la résolution d'avoir un duel à mort
avec le premier qui le regarderait en face ! Heureusement per-

sonne ne regarda M. de Saint-Pierre en face, et il fut réduit à se retirer en faisant cette réflexion : « Si j'avais été adultère, j'au-« rais trouvé des protections; si j'avais été flatteur, des emplois; « si j'avais été impie, des richesses et des honneurs. On m'a tout « refusé parce que j'ai voulu être bon ! » (P. 195.)

Cela se passait juste dans le même temps que Bernardin re-merciait mademoiselle de l'Espinasse de son attention et de son bon cœur, et l'assurait de son respect, de son estime et de sa re-connaisance, et *autant à M. D'Alembert !*

Voyez la note p. 245 et p. 248.

CORRESPONDANCE

GÉNÉRALE.

---

1. Mᵉˡˡᵉ DE L'ESPINASSE A CONDORCET.

Ce vendredi, 27 juillet 1770.

Venez à mon secours, Monsieur, j'implore tout à la fois votre amitié et votre vertu. Notre ami, M. D'Alembert est dans un état le plus alarmant; il dépérit d'une manière effrayante; il ne dort plus, et ne mange que par raison; mais ce qui est pis que tout cela encore, c'est qu'il est tombé dans la plus profonde mélancolie; son âme ne se nourrit que de tristesse et de douleur; il n'a plus d'activité ni de volonté pour rien; en un mot, il périt si on ne le tire par un effort de la vie qu'il mène. Ce pays-ci ne lui présente plus aucune dissipation; mon amitié, celle de ses autres amis ne suffisent pas pour faire la diversion qui lui est nécessaire. Enfin, nous nous réunissons tous pour le conjurer de changer de lieu et de faire le voyage d'Italie : il ne s'y refuse pas tout à fait; mais jamais il ne se déterminera à faire ce voyage seul, et moi-même je ne le voudrais pas; il a besoin des secours et des soins de l'amitié, et il faut qu'il trouve tout cela dans un ami tel que vous, Monsieur,

vous êtes selon son goût et selon son cœur; vous
seul pouvez nous l'arracher à un état qui nous fait
tout craindre. Voici donc ce que je désirerais, et que
je soumets bien plus à votre sentiment qu'à votre
jugement; c'est que vous lui écrivissiez qu'il serait
assez dans vos arrangements de faire le voyage d'I-
talie cette année, parce qu'il vous est important
de profiter du séjour qu'y doit faire M. le cardinal
de Bernis. Vous partiriez de ce texte pour lui dire
que vous désireriez qu'il voulût bien faire ce
voyage avec vous, et que vous pensez que cette
espèce de dissipation le remettrait en état de travailler, et par conséquent de jouir de la vie, ce
qu'il ne fait point depuis qu'il est privé du plus
grand intérêt qu'il y eût, qui est le travail, etc., etc.
Vous sentez bien que cette tournure est nécessaire,
parce que, quelque confiance qu'il ait en votre amitié, il craindrait d'en abuser en vous demandant de
faire ce voyage dans ce moment-ci. D'ailleurs, il ne
veut rien assez fortement pour solliciter, il faut aller
au-devant de lui; il me dit sans cesse qu'il n'y a plus
pour lui que la mélancolie et la mort, et il s'y livre
d'une façon à désoler ses amis. Vous partagez mon
sentiment, Monsieur, et il n'y a que vous qui puissiez nous conserver l'ami le plus sensible et l'homme
le plus vertueux. Ne perdez point de temps, Monsieur, il faudrait pouvoir partir à la fin de septembre. Je croirais vous blesser en vous parlant des difficultés personnelles que vous aurez sans doute à
vaincre; mais vous êtes sensible et vertueux, vous
aurez l'activité, la générosité et la force nécessaire;

et c'est M. D'Alembert qui est votre ami. S'il fallait faire un sacrifice dans votre vie, y eut-il jamais personne qui le méritât plus que votre malheureux ami? J'ai le cœur navré; je vous parlerais d'ici à demain sur le même sujet, et j'attristerais peut-être votre âme, et j'aurais à me reprocher de l'affaiblir, et il vous faudra de la force. Courage, Monsieur, vous êtes dans cet heureux âge où la vertu a toute son énergie. Vous comprenez bien qu'il faut que M. D'Alembert ignore que je vous ai écrit.

M. D'Alembert me surprend à vous écrire, et je viens de lui avouer de bonne foi que je vous proposais le voyage d'Italie. Il m'y paraît décidé. Partez de là, Monsieur, pour prendre tous vos arrangements avec lui, mais promptement. Il ne faut pas laisser refroidir une volonté qui sera aussi salutaire à sa santé, et par conséquent aussi nécessaire au bonheur de ses amis. Venez, venez, ou du moins n'ayez pas une pensée, ni ne faites pas un mouvement qui ne soit relatif à cet objet (1).

2. CONDORCET AU COMTE PIERRE VERRI (2).

Ribemont, ce 7 novembre 1771.

J'ai enfin reçu, Monsieur, l'ouvrage que vous aviez eu la bonté de me destiner (3). Je l'ai lu avec bien du

(1) Les deux amis partirent ensemble, mais ils ne dépassèrent point Ferney.

(2) Frère aîné de l'auteur des *Nuits romaines.*

(3) *Meditazioni sull' economia politica.* (Milan, 1771.) Cet ouvrage eut en moins de deux ans sept éditions.

plaisir, et j'espère que nous en aurons bientôt une traduction, et que ceux qui ont le malheur de ne pas entendre la langue de l'Arioste et des philosophes de Milan, ne seront point privés des lumières que vous avez répandues sur une matière également obscure et importante.

Vous avez développé dans votre ouvrage deux grandes vérités: l'une, qu'il était de l'intérêt des despostes de laisser au peuple toute la liberté qui ne nuit point à la constitution établie; l'autre, que des lois sages et une administration équitable sont le meilleur moyen d'augmenter la reproduction, et par conséquent la puissance et les revenus de l'État. Le bonheur public ne peut être le but immédiat de nos gouvernements absolus; plus on a d'argent, plus on a de troupes, plus on peut résister à ses ennemis et opprimer ses sujets. L'augmentation de l'argent du fisc est donc la fin à laquelle tout se rapporte, et rien ne serait plus utile pour les hommes, que de persuader aux rois que les mêmes moyens qui rendent les sujets moins malheureux, enrichissent le maître. Il y a des pays où les soins du gouvernement se bornent à faire en sorte que le peuple ne meure de faim qu'à la longue, et où l'art de la finance consiste à ne laisser aux citoyens que ce qu'il faut pour qu'ils puissent avoir quelque chose à perdre en se révoltant. Ces principes-là ne sont ni les vôtres ni ceux des honnêtes gens, ni ceux des philosophes qui ont étudié les sciences économiques; mais ce sont ceux des gens en place, lorsqu'on les choisit parmi des ignorants élevés dans l'intrigue et vieillis dans le brigandage, et de pareils choix ne sont que trop communs. Vous avez à Milan l'avantage d'avoir un ministre philosophe, qui veut que le peuple soit libre, éclairé et heureux, qui aime la gloire, et qui sait que plus son âme et ses principes seront connus, plus il sera honoré dans cette terre heureuse. Vous avez pu, sans trahir la vérité, parler des intentions bienfaisantes et de l'esprit sage et juste du gouvernement. L'Europe est plus éclairée sans doute que dans le siècle précédent; les vrais principes de l'économie politique sont établis; l'utilité d'une administration douce et juste, d'une liberté indéfinie dans le commerce est bien prouvée; mais tout cela n'existe que pour ceux qui lisent, et par conséquent est nul pour les nations où les ministres ne savent pas lire, et croient que pour gouverner les hommes, un esprit éclairé est moins nécessaire qu'une âme inaccessible à la pitié et aux remords. J'ai ouï dire à des voyageurs qu'il y avait en Europe, quelques peuples où la nature humaine était réduite à ce point d'esclavage et d'avilissement. Je plains ces peuples, et je prie Dieu pour que les ministres de la génération suivante apprennent à lire, et que ce soit dans votre livre.

Pardonnez, Monsieur, si un géomètre a osé vous faire une observation sur un endroit de votre livre où vous employez le langage de la géométrie. Vous dites que le prix est en raison inverse du nombre des vendeurs, et en raison directe de celui des acheteurs. Je sais bien que le prix augmente quand le nombre des acheteurs augmente, et qu'il diminue quand celui des vendeurs s'accroît; mais est-ce dans le même rapport? C'est ce que je ne crois pas. Ainsi le langage géométrique dans ce cas, et dans tous les autres de cette espèce, bien loin de conduire à des idées plus précises, me semble induire en erreur; on se dit que l'auteur se serait contenté du langage ordinaire, s'il n'avait pas entendu parler d'une propor- tion rigoureusement exacte.

Vous dites ailleurs que, dans tous les États, c'est toujours par l'avis du plus grand nombre que tout est réglé. Il me semble que cela est tout au plus vrai dans les démocraties. Est-ce que presque partout le plus grand nombre aurait été d'avis de se sacrifier pour le plus petit, de se priver du nécessaire pour que quelques hommes regorgeassent de richesse, de s'excéder de travail pour que leurs oppresseurs fus- sent rassasiés et encore dégoûtés de plaisirs? Je ne le crois pas. Dans les États où règne un gouvernement absolu, le plus grand nombre désuni est forcé de se soumettre au plus petit, faute de pouvoir se réunir et s'entendre. Mais votre proposition me paraît vraie en général, pour le commerce, les affaires d'argent, les choses d'opinion, en un mot dans tout ce qui ne peut être forcé par la nature; mais, malheureuse- ment, ces choses-là sont ce qui importe le moins au bonheur de la plus grande partie des hommes, et les mauvaises lois, insuffisantes pour arrêter le cours de la volonté générale, sont au moins suffisantes pour empêcher le bien qui en naîtrait.

Vous voyez, Monsieur, avec quelle liberté je vous parle. Je vous regarde comme un philosophe ami

des hommes, qui ne cherche et n'aime que la vérité.
Il n'y a point d'ouvrage où j'aie vu, sur les matières
que vous traitez, des principes plus vrais, mieux
analysés, plus approfondis. Mais vous avez, à ce
que je crois, trop bonne opinion de la nature humaine, non pas de cette espèce malheureuse qui
souffre et se tait, mais de celle qui jouit et qui op-
prime. Je crois les hommes naturellement bons;
mais je suis toujours tenté de faire une exception en
faveur de ceux qui veulent être les maîtres des autres. Vous tâchez, sans les révolter, de leur faire entendre que leur véritable intérêt est de faire le bonheur du peuple : vous avez raison de prendre cette
manière de faire aux hommes, le peu de bien qu'ils
peuvent espérer dans l'état où ils sont. Mais ne crai-
gnez-vous point d'avilir un peu le peuple aux yeux
de ses maîtres, de le leur faire voir comme des bêtes
de somme qui ne valent que ce qu'elles rapportent?
Adieu, Monsieur, excusez mes observations, recevez
mes remercîments; comptez-moi au nombre de vos
admirateurs et de vos disciples, et que ne puis-je
dire au nombre de vos amis !

3. CONDORCET AU COMTE PIERRE VERRI.

1773.

Je relis avec bien du plaisir, Monsieur, vos *Méditations sur l'économie politique*, telles qu'elles paraîtront pour la sixième édition. Permettez-moi de vous
faire mes observations à mesure qu'elles se présente-
ront à moi.

Je ne puis être de votre avis sur la manière dont vous faites dépendre le prix du nombre des acheteurs et des vendeurs. En supposant que s'il y a cinquante vendeurs, par exemple, ils n'aient à vendre que la moitié des marchandises que cent vendeurs auraient à vendre, et de même pour les acheteurs (en sorte que chaque individu ait toujours une quantité égale à vendre ou à acheter), leur nombre n'est plus qu'une quantité abstraite, et non le nombre réel des acheteurs ou des vendeurs. D'ailleurs, indépendamment de la quantité totale des marchandises ou demandées ou exposées en vente, les variations de ces nombres peuvent influer sur le prix. Ainsi, de quelque manière que vous entendiez ces nombres, je ne crois pas qu'ils puissent être regardés comme les seuls éléments du prix. Mais quand cela serait vrai, comment pourrait-on prouver que le prix est égal au rapport de ces deux nombres multipliés par une quantité invariable? Les faits ne peuvent donner de ces mesures précises, et paraîtraient plutôt contredire celle-là. Quant au raisonnement analytique que votre éditeur emploie, son analyse est fort ingénieuse; mais les conditions par lesquelles il détermine sa fonction ne sont pas suffisantes : il y a une infinité d'autres fonctions qui y satisferaient. Ainsi, Monsieur, je crois qu'il vaudrait mieux vous borner à déterminer les qualités variables qui, en augmentant, peuvent faire augmenter le prix, et celles qui le peuvent faire diminuer, sans même aller jusqu'à déterminer comment elles peuvent se compenser les unes les autres. Il me semble que ni les faits, ni les raisonnements ne peuvent nous conduire plus loin.

Pardonnez-moi de revenir encore ainsi à la charge sur cet emploi du langage de la géométrie. Il peut conduire à traiter d'une manière abstraite des questions qui ne doivent jamais être traitées que d'après l'expérience, et les faits, et les idées les plus lumineuses en elles-mêmes, les plus conformes à la vérité, comme celles que vous nous donnez sur ce que c'est que le besoin ou l'abondance lorsqu'il s'agit du prix des denrées, cessent de l'être lorsque vous les assujettissez à cette rigueur analytique, et que vous voulez les considérer comme des nombres abstraits. La quantité de la marchandise universelle, celle d'une marchandise particulière, peuvent être rapportées à des nombres ; mais l'envie d'acheter et celle de vendre ne sont susceptibles d'aucun calcul, et cependant les variations du prix dépendent de cette quantité morale, qui dépend elle-même de l'opinion et des passions. C'est une belle idée que de vouloir tout soumettre au calcul ; mais, Monsieur, voyez les plus grands géomètres de l'Europe, les D'Alembert et les Lagrange. Eh bien, ils cherchent le mouvement de trois corps qui s'attirent : ils supposent que ces corps sont des masses sans étendue, ou des corps très-peu différents d'une sphère, et cette question, toute limitée qu'elle est par cent conditions qui la facilitent, les a occupés depuis vingt-cinq ans, et les occupe encore. L'effet des forces qui agissent sur la tête du commerçant le plus borné, est bien plus difficile à calculer ; et il y a de plus les principes à poser, les lois des forces, et leur manière d'agir, à connaître et à déterminer. Aussi, dans tous les problèmes économiques où il s'agit de quantité, devons-nous nous estimer très-heureux quand nous savons que l'une augmente et l'autre diminue dans un cas ou dans un autre; que l'une est positive et l'autre négative, grande ou petite, et ne pas chercher à en avoir la mesure. Je dis les problèmes économiques, et non les faits; car, par exemple, on peut savoir combien un pays contient d'hommes un tel jour; on peut prouver que si on y détruisait le célibat monastique, la population y augmenterait; mais on ne peut calculer quelle serait la mesure de cette angmentation.

J'ai été bien sensible, Monsieur, à l'estime que vous avez daigné faire de mes opinions et de mes raisonnements. Je tâcherai de la mériter toujours. Mais, du moins, je suis sûr de l'intention que j'ai en discutant avec vous ces matières importantes. Je ne considère que la chose en elle-même, et, sans être embarrassé de mon ignorance, j'ose quelquefois combattre vos opinions, parce que je compte sur votre indulgence et votre amour pour la vérité. Adieu, Monsieur, regardez-moi toujours comme un disciple et un ami qui combat, sous vous, les ennemis de l'humanité, et qui discute quelques points du plan de campagne que vous avez formé.

4. CONDORCET A LA HARPE(1).

Juillet 1774.

Recevez, Monsieur, tous mes remercîments des

(1) Cette lettre fut écrite à la demande de Voltaire pour servir

choses flatteuses que votre amitié pour moi vous a inspirées sur l'éloge de M. de la Condamine. Si cet ouvrage a quelque mérite, c'est d'être écrit simplement, et il est fâcheux d'être obligé de regarder cela comme un mérite. J'ai saisi avec plaisir l'occasion de rendre justice à un vieillard illustre sur lequel tous les insectes de notre littérature s'acharnent avec tant de bassesse et d'indécence. Je n'ai pu dire qu'un mot de ses *Éléments de la philosophie newtonienne;* sans cela j'aurais fait observer que cet ouvrage est encore le seul où les hommes qui n'ont point cultivé les sciences, puissent acquérir des notions simples et exactes sur le système du monde et sur la théorie de la lumière; que ces éléments, bien loin de renfermer des fautes grossières, comme l'ont imprimé des gens qui n'étaient pas en état de les entendre, ne renferment même aucune erreur qu'on puisse imputer à M. de Voltaire. Car, s'il y en a quelques-unes, ce sont des opinions qu'il a adoptées d'après le témoignage des auteurs les plus accrédités. J'aurais pu faire observer encore que, lorsque M. de Voltaire donna cet ouvrage, le premier des géomètres de l'Europe, Jean Bernoulli, combattait encore le newtonianisme; que plus de la moitié de l'Académie des sciences était cartésienne; que Fontenelle enfin, si supérieur à tous les préjugés de secte ou de nation, Fontenelle, qui n'avait pas trente ans lorsque le système de Newton parut, et qui était du petit nombre de gens qui pouvaient l'entendre, que

La Harpe. Voyez ci-dessus la lettre de Voltaire, du 18 juillet 1774, p. 34, où il remercie Condorcet de sa complaisance.

Fontenelle était resté opiniâtrément attaché à ses premières opinions. Si on ajoute à tout cela que le premier livre classique où l'on ait développé en France
les théories de Newton, ne parut que dix ans après
l'ouvrage de M. de Voltaire, on ne peut se dispenser
de convenir qu'il y avait bien du mérite, en 1738,
à donner ce que notre illustre maître appelle avec
tant de modestie son petit catéchisme d'attraction.

Vous avez raison de remarquer qu'on ne pardonna
point alors au même homme d'avoir fait *Zaïre*, et
de vouloir faire entendre Newton. Mais il y a des
gens plus difficiles, qui ne peuvent souffrir ceux
même qui sont purement géomètres. L'abbé Desfontaines était de ce genre : il dit quelque part que,
quand *l'esprit d'un géomètre sort d'un angle, il paraît
presque toujours obtus ;* que tel géomètre ou physicien *qui, dans son genre, est un aigle, est, en tout
autre genre, ou un bœuf, ou un canard, ou un han-
neton, trois sortes d'animaux qui ont l'honneur de
partager la ressemblance de la plupart.* Cet abbé
Desfontaines reprochait à Fontenelle son style, et
l'accusait de corrompre le goût.

Ce journaliste a laissé une postérité nombreuse et
digne de lui. Je lisais dans une de leurs rapsodies
(car on peut en lire comme on s'arrête quelquefois
dans les rues pour écouter les propos du peuple),
j'y lisais donc que des problèmes n'immortalisaient
personne ; que si Pascal allait à la postérité, ce ne
serait pas comme géomètre ; et on citait pour exemple
des géomètres qui n'ont pas été à la postérité,
MM. Clairaut, Fontaine et Euler. Heureusement que,

malgré la décision du critique, M. Euler est encore plein de vie et de génie; qu'il n'est pas mort et que son nom ne mourra point. Le même Aristarque décidait que M. D'Alembert était un géomètre sans invention. Cela vaut à peu près le jugement de l'abbé Desfontaines, qui imprimait dans ses feuilles *que Newton n'avait point d'autre philosophie dans la tête que quelques termes de logique.*

Peut-on se fâcher après cela, lorsque les mêmes gens trouvent plus de génie dans Suréna que dans Mahomet, et préfèrent le *Brutus* de Fontenelle à celui de M. de Voltaire? Tous ces jugements ne peuvent nuire ni à la philosophie ni aux beaux-arts; mais les délations et les calomnies nuisent à ceux qui cultivent la philosophie et les arts. Voilà ce qui est vraiment détestable; le reste n'est que ridicule.

Adieu, Monsieur; aimez-moi toujours. Je compte avoir bientôt le plaisir de vous embrasser, en attendant celui de pleurer aux *Barmécides*, qui, malgré mes critiques dans lesquelles je persiste, sont un chef-d'œuvre d'éloquence (1).

5. MADEMOISELLE DE L'ESPINASSE A CONDORCET.

Ce jeudi, août 1774.

Premier intérêt : c'est de vous voir; ainsi, bon Condorcet, si vous arrivez de bonne heure, je vous espérerai. Vous m'avez fait tous ces temps-ci ma part un peu courte; mais c'est un regret et point une plainte. Mon Dieu, se plaindre du bon Condorcet!

(1) Cette lettre fut insérée dans le *Mercure de France*, de juillet 1774.

Eh bien, M. Turgot veut-il que j'aille dîner chez lui demain vendredi? veut-il de M. de Guibert? Je lui dirai aujourd'hui oui ou non.

Bon Condorcet, trouvez le moment de demander à M. Turgot si l'affaire de Châlons se fera, et si M. de Beaumont voudra bien lui faire savoir. Et puis je n'abandonne pas mon malheureux de Bicêtre; encore un mot à M. Dupont (1), je vous prie.

Si vous pouviez aussi parler de ce malheureux chevalier de Saint-Pierre (2). Je le recommande à votre bienfaisance.

6. CONDORCET A M TARGET,
AVOCAT AU PARLEMENT.

Ce mercredi, avril 1775.

J'ai appris, Monsieur, qu'on avait remis en vos mains la cause de la raison et de l'humanité (3).

Vous savez comment l'atrocité hypocrite de quelques membres du parlement de Paris fit assassiner juridiquement le chevalier de La Barre, et comment ils livrèrent un innocent à la torture et à un supplice cruel, pour avoir l'honneur d'être regardés dans leur quartier comme de bonnes âmes. Il serait question non pas de réparer cette injustice, mais d'effacer le déshonneur qu'elle fait dans toute l'Europe à la nation française, mais d'empêcher que les mêmes

(1) Dupont de Nemours, secrétaire de Turgot.

(2) Voyez, p. 248, la lettre n° 35 de Condorcet à Turgot, sur la reconnaissance dont furent payés Condorcet et mademoiselle de l'Espinasse; voyez la note p. 277.

(3) Nous rappellerons que l'idée de faire réviser le procès de La Barre appartient à Condorcet, et que ce fut lui qui poussa Voltaire. Voyez la note p. 45.

hommes qui, à la honte du parlement, ont gardé leurs places, ne puissent avoir encore la même audace. J'avais imaginé que le meilleur moyen pour cela, serait de commencer par demander la réhabilitation du chevalier de La Barre. Si on l'obtenait, si l'opinion publique avait flétri ses assassins, alors M. d'Étalonde pourrait se présenter sans risques. Mais on dit qu'il n'y a pas de moyen de cassation, et c'est ce que je ne puis croire. N'en est-ce pas un, Monsieur, qu'une peine de mort prononcée sans y être autorisé par une loi, sans avoir même aucun exemple? Or, nous n'avons aucune loi qui porte la peine de mort contre les blasphèmes. Celles qui pour ce crime infligeaient des peines corporelles seulement, et que saint Louis avait portées, ont été, même en ce temps de barbarie et de persécution, désapprouvées par le pape.

La déclaration de Louis XIV dit que, pour les blasphèmes *énormes*, les juges pourront ordonner de plus grandes peines que celles qui sont portées par la loi; mais le mot de *peine de mort* ne s'y trouve point. Le parlement croit-il avoir le droit de condamner à mort qui il lui plaît? et le conseil, qui casse les arrêts lorsqu'ils sont contraires au texte de l'ordonnance pour la procédure, ne peut-il pas les casser lorsqu'ils s'écartent du texte de la loi pénale, lorsqu'ils infligent un supplice qu'elle ne prononce pas, lorsqu'au lieu d'être des juges, les magistrats ne sont plus que des assassins? Car la loi seule, et une loi claire, précise, peut autoriser un citoyen à prononcer la mort d'un autre, et, dans tout autre cas, celui qui la prononce est coupable de meurtre. Il peut bien, s'il est puissant, échapper au supplice; mais il ne peut échapper à l'infamie. Je vous ai dit que les juges de La Barre n'avaient pas même pour eux la jurisprudence des arrêts. J'ai parcouru la liste des assassinats juridiques commis par le parlement de Paris, et je n'y ai vu aucun blasphémateur simple.

Morin était un fanatique séditieux; Petit avait fait des chansons impies; le juif de la rue des Billettes, le cocher de l'hôtel de Guise, étaient des sacriléges; Herbé était sorcier. Aucun de ces cas ne peut s'appliquer au chevalier de La Barre. On ne peut punir du même supplice, celui qui fait une chanson blasphématrice et celui qui la chante.

Ainsi, quoi qu'on en dise, l'assassinat de La Barre est un assassinat d'un genre nouveau en France, une atrocité réservée à notre siècle. On objecte à M. d'Étalonde le bris du crucifix. Eh bien, je dis encore qu'aucune loi ne prononce la peine de mort pour ce crime. Voyez la loi de Charles IX, dont on s'appuie : c'est un article de l'édit de pacification; il n'y est question que des bris d'images qui pourraient renouveler les troubles. La lettre le porte, *et tous autres actes scandaleux et séditieux*. Il est difficile d'étendre ce texte à une insulte faite de nuit. Il n'y a point eu d'autre sédition à Abbeville, que l'impertinente procession de l'évêque d'Amiens.

Toute cette affaire a été à Abbeville l'ouvrage de l'animosité et de la haine, comme à Paris elle a été celui du fanatisme et de l'hypocrisie. Mais n'est-ce pas un moyen de cassation que d'avoir choisi pour

assesseur un gradué des derniers du siége, à qui
même on contestait cette qualité, sans que les officiers en titre et les plus anciens gradués se fussent
déportés? Combien ne serait-il pas dangereux que le
lieutenant criminel d'un bailliage choisît à son gré
ses assesseurs?

On vous parlera de lettres d'abolition. Je sais qu'à
la place de M. d'Étalonde, je les refuserais avec horreur : M. d'Étalonde serait sauvé, et l'honneur du
parlement de Paris avec lui. Voilà ce qu'on veut. On
craint qu'une plume éloquente, en défendant la mémoire de La Barre, ne couvre les assassins d'un opprobre éternel; on craint qu'un arrêt solennel comme
celui de Calas, ne révèle la turpitude de notre jurisprudence. Mais je suis sûr, Monsieur, que ces craintes
ne vous arrêteront pas, que tous les petits intérêts
de corps disparaîtront à vos yeux devant ceux de la
raison et de l'humanité; que vous aurez, s'il est nécessaire, le courage de déplaire aux protecteurs du
fanatisme et de l'hypocrisie. Au reste, je ne sais ce
qui peut arrêter même les amis des juges de La Barre;
n'ont-ils pas été cent fois dénoncés à l'Europe entière comme des assassins également féroces et absurdes? Ne les a-t-on pas nommés en toutes lettres?
Ne s'est-on pas élevé contre la faiblesse de leurs
confrères qui souffrent que ces assassins siégent avec
eux? Il s'agit de venger l'humanité et l'honneur du
nom français; quant à celui des juges, ils n'ont rien
à perdre : eux, leurs complices, leurs fauteurs, sont
dévoués dès longtemps à l'opprobre et à l'exécration
publique. Je vous demande en grâce, Monsieur, de

ne pas prendre un parti décisif sur cet objet, sans avoir eu une conversation avec moi. Je compte aller demain à Versailles à onze heures; mais si vous n'avez que demain à me donner, je sacrifierai ce voyage, quelque plaisir que j'aie à voir M. Turgot. Donnez-moi, je vous supplie, vos ordres, et comptez sur mon inviolable dévouement (1).

LE MARQUIS DE CONDORCET.

Rue Louis-le-Grand.

7. CONDORCET A M. LE COMTE DE MAUREPAS.

Octobre 1776.

Vos anciennes bontés pour moi, Monsieur le Comte, me font espérer que vous me pardonnerez de m'adresser directement à vous. M. Turgot, qui connaissait mon peu de fortune et qui voulait me mettre à portée de me fixer à Paris, où son amitié pour moi lui faisait croire que je pourrais me rendre utile, m'a donné une place d'inspecteur des monnaies, avec cinq mille francs d'appointements et un logement. Je viens d'apprendre que le contrôle général est partagé entre M. Taboureau et M. Necker; mais j'ignore dans quel département la place que j'ai se trouvera. J'ai prononcé trop hautement mon opinion sur les ouvrages de M. Necker et sur sa personne, pour que je puisse garder une place qui dépendrait de lui. Je serais fâché d'être dépouillé, et encore plus d'être épargné par un homme dont j'ai dit ce que j'ai dit de M. Necker. Daignez donc, je vous prie, M. le Comte, si vous conservez encore

(1) Voltaire avait voulu que l'on consultât Élie de Beaumont et Target; il s'en repentit ensuite. Voyez sa lettre du 4 mai, p. 80.

quelque bonté pour moi , me faire savoir si je dois
dépendre du département de M. Necker, et je vous
supplierai dans ce cas de vouloir bien permettre que
ce soit entre vos mains que je remette ma démission.

8. CONDORCET AU SECRÉTAIRE DE L'ACADÉMIE DE CHALONS,

AU SUJET DE CETTE QUESTION :

Quels sont les moyens d'extirper la mendicité?

(FRAGMENT.)

Paris, 1781.

Je suis charmé que vous ayez reçu de bonnes
pièces sur la question importante que vous avez proposée. Il y a dans cette question une partie mécanique qui mériterait d'être traitée à part, et où l'on
exposerait les moyens d'adapter à différents métiers
des machines telles, qu'un aveugle, un manchot,
un homme sans mains, un homme privé des jambes, etc., pût, sans presque aucun apprentissage,
gagner sa subsistance, du moins en partie. On pourrait aussi en inventer pour faire travailler les paresseux, qui sont une espèce d'estropiés. Celle qu'on
emploie dans les maisons de force de Hollande me
paraît un peu cruelle : on descend le fainéant dans
un bassin profond, où l'eau tombant sans cesse par
un tuyau, il se voit inondé de manière à se noyer, s'il
ne tourne incessamment une manivelle pour pomper
l'eau qui le gagne. On a soin de proportionner le
volume de ce fluide et la durée de ce travail à ses
forces ; de sorte qu'on augmente tous les jours par

gradation. Cet exercice lui dégourdit les membres, et lui fait désirer un travail moins rebutant...... (1).

9. CONDORCET A MALESHERBES.

Du vendredi saint 1782.

J'aurais bien voulu, Monsieur, pouvoir me rendre à l'invitation que vous avez eu la bonté de me faire; mais je suis retenu à Paris par mes affaires du secrétariat. Il faut que je fasse l'éloge de M. de Maurepas et de M. de Courtanvaux. Je me trouve dans l'embarras où vous vous êtes trouvé en 1775 pour l'éloge de ce vieux conseiller de la cour des aides, mort dans l'exil, et dont il n'y avait rien à dire sinon qu'il était mort; mais je n'ai pas ce qu'il me faudrait pour m'en tirer aussi bien que vous.

J'ai envoyé votre lettre à M. de Lamanon. Vous a-t-il raconté son histoire? vous a-t-il dit qu'étant chanoine d'Arles, ayant la promesse d'une pension, il renvoya le tout un beau jour, ne voulant pas être ministre d'une religion qu'il avait, comme on dit, le malheur de ne pas croire; que son père, qui n'avait pas prévu ce changement d'habit, l'avait réduit à sa légitime, c'est-à-dire à cent écus de rente; qu'alors son frère, que vous avez vu, l'obligea à partager avec lui, moitié par moitié, la totalité de la succession; que, croyant en 1776 qu'il n'y avait plus rien à espérer pour la France, il partit à pied de Salon en Provence, parcourut la France, l'Angleterre, la Hollande et la Suisse, resta longtemps dans le Valais, et

<hr>

(1) Ce fragment a paru dans le *Magasin encyclopédique* de Millin.

finit par revenir en Provence, où il trouva que, à tout prendre, on était aussi bien qu'ailleurs? Il a envie maintenant d'aller en Sibérie voir sur la place les prétendues dents d'éléphants. Ce qui le charme surtout, ce sont les soufflets que l'histoire naturelle donne à Moïse, à chaque pas que l'on fait sur le globe.

Jeudi prochain, nous délibérons à l'Académie française sur la fondation d'un prix de vertu qu'on nous propose. Nous couronnerons chaque année l'action la plus vertueuse, faite dans l'étendue du royaume, et nous en ferons au public un récit bien tourné. Il faut que l'auteur de l'action ne soit ni gentilhomme, ni même bourgeois ayant pignon sur rue. Le prix est de 1,200 francs. On fera imprimer le récit, qu'on présentera à M. le Dauphin, afin de lui apprendre à connaître les hommes.

Avez-vous eu la patience de lire mon discours à l'Académie?

Agréez, je vous prie, Monsieur, les assurances de mon inviolable et respectueux dévouement.

10. AU ROI DE PRUSSE (1).

A Paris, le 22 décembre 1783.

Sire,

L'ami de M. D'Alembert ose se flatter que Votre Majesté daignera ne pas désapprouver la liberté qu'il

(1) Les lettres de Condorcet et du roi de Prusse, hormis la seconde, avaient été déjà publiées, soit dans les œuvres de Frédéric, soit dans celles de Condorcet, mais sans notes, sans ordre, et même avec des erreurs de dates.

prend de lui parler d'une douleur qu'elle partage (1). Honoré de la confiance intime de cet homme illustre, je sais, Sire, quelle était pour lui l'estime, et, j'ose dire, l'amitié de Votre Majesté. Cette expression semble autorisée en quelque sorte par l'égalité avec laquelle Votre Majesté a toujours traité les hommes d'un génie supérieur, parce qu'elle n'a pu se dissimuler sans doute qu'eux seuls étaient véritablement dignes d'être vos égaux.

M. D'Alembert, qui avait paru craindre les souffrances et les infirmités de la vieillesse, a vu venir la mort avec un courage tranquille et sans faste. Dans ses derniers jours, il s'amusait à se faire lire les énigmes du Mercure, et les devinait. Il a corrigé la surveille de sa mort une feuille de la nouvelle édition qu'il préparait de sa traduction de Tacite. Il s'occupait, avec autant de sang-froid que de bonté, des moyens d'assurer après sa mort des récompenses à ses domestiques, des secours à ceux que sa bienfaisance faisait subsister. C'est dans cette vue qu'il a bien voulu me choisir pour son héritier, et me donner cette dernière marque de son amitié et de sa confiance.

Il n'a voulu payer aucun tribut, même extérieur, aux préjugés de son pays, ni rendre hommage en mourant à ce qu'il avait fait toute sa vie profession de mépriser.

J'affligerai peut-être Votre Majesté, ou plutôt j'exciterai son indignation, en l'instruisant de ce qui a suivi la mort d'un homme, l'honneur de sa patrie.

(1) D'Alembert était mort de la pierre le 29 octobre 1783, âgé de soixante-six ans.

Son curé n'a pas osé, à la vérité, lui refuser la sépulture. Il savait que j'aurais le courage d'invoquer contre cet acte de fanatisme l'autorité des lois, et que cette réclamation serait écoutée; le prêtre s'est donc orné à refuser la sépulture dans l'église, distinction absurde en elle-même, mais encore en usage parmi nous, qu'on ne refuse point à ceux qui la payent, et à laquelle les amis de M. D'Alembert attachaient quelque prix, parce qu'elle leur donnait le droit de lui ériger un monument. Le curé a joint à ce refus celui de tous les petits honneurs qu'il pouvait ne pas accorder sans se compromettre; et M. D'Alembert a été porté, sans appareil, au milieu d'un peuple étonné que ses prêtres traitassent avec tant d'indécence un homme dont ces mêmes prêtres n'avaient jamais en vain sollicité la bienfaisance, dans les besoins extraordinaires des pauvres.

M. D'Alembert a laissé un volume d'ouvrages de mathématiques, et plusieurs volumes de philosophie et de littérature, prêts à être imprimés. Je me propose de donner une édition complète de ses œuvres philosophiques et littéraires, et j'ose demander à Votre Majesté la permission de la faire paraître sous ses auspices. C'est au nom seul de M. D'Alembert que je sollicite cette grâce; le mien est trop obscur et trop peu connu de Votre Majesté.

M. D'Alembert m'a remis, la surveille de sa mort, sa correspondance avec Votre Majesté et tous ses papiers. Il a conservé, pendant cette opération, qui a été longue et bien douloureuse pour l'amitié, une fermeté, une présence d'esprit, un calme dont il était impossible de n'être pas attendri, en admirant son courage. Les lettres de Votre Majesté ont seules paru, dans cecruel instant, lui causer des regrets et réveiller sa sensibilité. Son intention était, depuis long-temps, que ce dépôt fût confié après sa mort à M. Watelet, de l'Académie française, son ancien ami. Le paquet, cacheté en présence de M. D'Alembert, a été remis à M. Watelet dans le même état.

Il a laissé d'autres marques précieuses des bontés de Votre Majesté, et n'a disposé que d'un des portraits qu'il avait reçus d'elle, en faveur de madame Destouches, la veuve de son père (1), femme respectable, qui, depuis l'enfance de M. D'Alembert, n'a cessé de lui donner des marques d'amitié et de considération.

Je regarde les autres portraits comme un dépôt dont je ferai l'usage que Votre Majesté daignera me prescrire.

La raison, Sire, a fait en Europe, depuis quelques années, des pertes multipliées et très-difficiles à réparer. Il lui reste encore un appui bien honorable pour elle ; et tous ceux qui s'intéressent à ses progrès font des vœux pour la conservation de Votre Majesté.

Je suis, etc.

11. DU ROI DE PRUSSE (*inédite*).

A Berlin, le 7 de janvier 1785.

Monsieur le marquis de Condorcet, je vous suis

____

(1) D'Alembert était fils naturel de Mme de Tencin, de M. Des-

fort obligé des ouvrages de feu D'Alembert, que vous m'avez envoyés avec votre lettre du 23 octobre de l'année dernière (1). J'en ai eu quelques essais qui ont paru dès le commencement. C'est dommage qu'il n'ait pas traduit Tacite en entier. Mais un homme qui était original lui-même, et qui a fourni une infinité d'ouvrages sur des matières scientifiques, ne devait pas passer sa vie à traduire ce que d'autres avaient fait. Tacite est peut-être, de tous les auteurs de l'antiquité, celui qui était le plus propre pour être traduit par un géomètre, parce qu'il est serré, énergique et plein de force. Je ne sache d'ailleurs pas qu'aucun de nos grands géomètres ait traduit des ouvrages de l'antiquité. Newton fit un commentaire sur l'Apocalypse; mais feu D'Alembert lui est bien supérieur par le choix qu'il a fait, car il n'y a pas de comparaison à faire des sages réflexions de Tacite aux balivernes de saint Jean. Sur ce, je prie Dieu qu'il vous ait, Monsieur le marquis de Condorcet, en sa sainte et digne garde.   Frédéric.

12. DU ROI DE PRUSSE.

Potsdam, 6 avril 1785.

Autrefois M. D'Alembert m'a fait le plaisir de me procurer quelques bons sujets pour l'Académie des sciences. Il vient de m'en manquer deux, et vous me rendriez un véritable service, si vous pouviez m'en

touches, commissaire d'artillerie, qu'on appelait Destouches-Canon, pour le distinguer de l'auteur du *Glorieux*.

(1) Cette lettre manque.

procurer. L'un, c'est M. Thiébault, qui était grammairien et puriste (1). Je crois que l'abbé Beauzée (2) serait le plus capable de le remplacer, s'il voulait accepter la place. Les appointements pris ensemble montent à 1,200 risdalers, et le logement à part.

L'autre qui nous a quittés, c'est M. Prévôt qui avait le département de la philosophie et des belles-lettres. Personne n'est plus capable que vous de trouver des sujets dignes de le remplacer. Cela ajouterait, s'il était possible, à l'estime que votre caractère et vos ouvrages m'ont inspirée pour votre personne.

Sur ce, je prie Dieu qu'il vous ait en sa sainte et digne garde.

(1) Thiébault (Dieudonné), né à Laroche, bailliage de Remiremont, auteur d'un assez grand nombre d'ouvrages, la plupart très-oubliés aujourd'hui, et dont on peut voir la liste dans la *Biographie universelle*. Il écrivit beaucoup sur la langue française, le style, la grammaire, etc. Il avait commencé par être jésuite (sans être prêtre) et professeur au collége de Nancy. Plus tard, ayant quitté cet ordre, il fut nommé professeur de grammaire générale à l'école militaire de Berlin, que fondait Frédéric II. Il passa vingt ans en Prusse, pendant lesquels il recueillit les matériaux du seul ouvrage destiné à faire survivre son nom, ses *Souvenirs de Berlin*. Il quitta la Prusse à la fin de 1784, et revint se fixer en France, où il mourut en 1807, proviseur du lycée de Versailles.

(2) Beauzée (Nicolas), successeur de Duclos à l'Académie française, et de Dumarsais à l'*Encyclopédie*, est assez connu comme traducteur et grammairien. Je ne sais où Frédéric avait pris qu'il fût abbé. Il avait donné une nouvelle édition des *Synonymes*, de l'abbé Girard; de là peut-être l'erreur du roi de Prusse. Il mourut en 1789.

13. AU ROI DE PRUSSE.

A Paris, ce 2 mai 1785.

Sire,

L'ouvrage que j'ai l'honneur de présenter à Votre Majesté (1) traite d'objets très-importants. J'ai cru qu'il pourrait être utile d'appliquer le calcul des probabilités à celle des décisions rendues à la pluralité des voix ; et comme j'ai toujours aimé presque également les mathématiques et la philosophie, je me suis trouvé heureux de pouvoir satisfaire deux passions à la fois.

Je n'ose désirer que Votre Majesté daigne jeter les yeux sur un discours, beaucoup trop long peut-être, où j'ai exposé les principes et les résultats de l'ouvrage, dégagés de tout l'appareil du calcul. Je prendrai seulement la liberté de lui parler de deux de ces résultats. L'un conduit à regarder la peine de mort comme absolument injuste, excepté dans les cas où la vie du coupable peut être dangereuse pour la société. Cette conclusion est la suite d'un principe que je crois rigoureusement vrai : c'est que toute possibilité d'erreur dans un jugement est une véritable injustice, toutes les fois qu'elle n'est pas la suite de la nature même des choses, et qu'elle a pour cause la volonté du législateur : or, comme on ne peut avoir une certitude absolue de ne pas condamner un innocent ; comme il est même très-probable que, dans une longue suite de jugements, un innocent sera

(1) *Essai sur le calcul des probabilités.*

I. 20

condamné, il me paraît en résulter qu'on ne peut sans injustice rendre volontairement irréparable l'erreur à laquelle on est nécessairement et involontairement exposé.

Le second résultat est l'impossibilité de parvenir, par le moyen des formes auxquelles les décisions peuvent être assujetties, à remplir les conditions qu'on doit exiger, à moins que ces décisions ne soient rendues par des hommes très-éclairés : d'où l'on doit conclure que le bonheur des peuples dépend plus des lumières de ceux qui les gouvernent que de la forme des constitutions politiques ; et que plus ces formes sont compliquées, plus elles se rapprochent de la démocratie, moins elles conviennent aux nations où le commun des citoyens manque d'instruction ou de temps, pour s'occuper des affaires publiques; qu'enfin il y a plus d'espérance dans une monarchie que dans une république, de voir la destruction des abus s'opérer avec promptitude et d'une manière tranquille.

Les conséquences peuvent être importantes, ne fût-ce que pour les opposer à cette espèce d'exagération qu'on a voulu porter dans la philosophie; mais j'ai cru qu'il fallait se borner à les indiquer dans un ouvrage sorti des presses d'une imprimerie royale.

Je demande pardon à Votre Majesté de lui parler si longtemps de mes idées; et je la supplie de ne regarder la liberté que je prends de lui présenter mon ouvrage, que comme un témoignage de mon admiration et de mon respect.

Je ferai tous mes efforts pour répondre à la confiance dont Votre Majesté m'a honoré. Je ne puis encore lui proposer qu'un seul sujet qui pourrait remplacer M. Thiébault dans l'Académie, et donner des leçons de grammaire. C'est M. Dupuis (1); il est professeur depuis longtemps dans l'université de Paris. Sa conduite et son amour pour le travail lui ont mérité l'estime générale ; mais son goût dominant pour l'érudition l'a conduit à entreprendre un grand ouvrage sur les théogonies anciennes, sur l'origine des constellations, et il ne peut continuer ce travail et le publier sans offenser des gens qui ont encore ici quelque crédit. Ce n'est pas qu'il veuille attaquer directement les choses établies; mais les conséquences qui résultent de ces discussions ne peuvent pas toujours se concilier avec les idées communes. Il n'a pu même, en voilant ces conséquences au hasard d'affaiblir le mérite de son travail, éviter de déplaire à une partie des membres de notre Académie de belles-lettres, qui ont voulu l'engager à faire sa profession de foi sur l'antiquité du monde. Dans cette position cruelle pour un homme sage, mais honnête et ferme, il accepterait avec reconnaissance une place dans votre académie et une chaire dans votre école militaire. Un seul obstacle l'arrête : il serait dans dix-huit mois ce qu'on appelle émérite, et aurait une re-

(1) L'auteur de *l'Origine des cultes* (1794).

« Condorcet le proposa au grand Frédéric pour la chaire
« de littérature au collége de Berlin, en remplacement de
« M. Thiébault, qui avait donné sa démission. » (*Biogr. univ.*,
art. Dupuis.) La mort de Frédéric (17 août 1786) rompit l'engagement de Dupuis et supprima son voyage.

traite assurée de 1,400 livres de notre monnaie; au lieu qu'en quittant aujourd'hui il perdrait dix-huit ans de sa vie, employés dans l'espérance de cette retraite. Mais Votre Majesté pourra aplanir cet obstacle. Les professeurs qui voyagent par ordre du roi peuvent conserver leur titre en se faisant remplacer; et si Votre Majesté paraissait y prendre quelque intérêt, cet ordre ne serait pas difficile à obtenir.

Par là elle acquerrait un très-bon professeur de grammaire, un académicien d'une érudition très-distinguée, et qui a su y porter de l'esprit et une philosophie très-rare parmi cette classe de savants. Je pourrais proposer à Votre Majesté d'autres hommes de mérite, mais aucun qui fût du même ordre. D'ailleurs une longue habitude d'enseigner, et une conduite exempte de reproches dans un corps où ses opinions et son mérite lui ont fait des ennemis et des jaloux, semblent des avantages que bien peu d'hommes de lettres auraient au même degré.

M. Beauzée, dont Votre Majesté m'a fait l'honneur de me parler, est âgé, assez dévot, très-flatté de siéger à l'Académie française; et, quoique peu riche, il a pour lui-même et pour ses enfants des espérances qui le retiennent ici.

J'espère pouvoir bientôt remplir les intentions de Votre Majesté pour un professeur de philosophie et de belles-lettres : mais elle connaît trop bien l'état de notre littérature et de notre philosophie, pour ne pas me pardonner un peu de lenteur dans l'exécution de cette partie de ses ordres.

Je suis avec le plus profond respect, etc.

14. DU ROI DE PRUSSE.

Potsdam, 29 juin 1785.

J'ai reçu votre lettre, mais j'attends votre ouvrage (1), qui n'est pas encore arrivé. Je vous remercie de me l'avoir communiqué, et je m'en tiendrai à la préface, comme vous me l'indiquez ; car les ignorants de ma classe se contentent du résultat de vos calculs, sans sonder les profondeurs infinies.

A l'égard de vos opinions touchant la peine du délit, je suis bien aise que vous soyez du même sentiment que le marquis Beccaria. Dans la plupart des pays, les coupables ne sont punis de mort que lorsque les actions sont atroces. Un fils qui tue son père, l'empoisonnement et pareils crimes, exigent que les peines soient grièves, afin que la crainte de la punition retienne les âmes dépravées qui seraient capables de le commettre.

Pour ce qui concerne la question, il y a près de cinquante ans qu'elle est proscrite ici, comme en Angleterre. La raison est des plus convaincantes : elle ne dépend que de la force ou de la vigueur du tempérament de celui auquel on l'applique. Un moyen qui peut produire un aveu de la vérité, ou un mensonge que la douleur extorque, est trop incertain et trop dangereux pour qu'on puisse l'employer. Je comprends malheureusement que la philosophie n'ose pas marcher tête levée dans tous les pays.

(1) L'*Essai sur le calcul des probabilités*. Voyez la lettre précédente.

Je vous suis très-obligé de la personne que vous me proposez à la place de M. Thiébault (1); je l'accepterai très-volontiers, si vous pouvez l'y disposer; et, au cas qu'on ne puisse lui obtenir cette pension dont il espère de jouir en France, on pourra lui en accorder une sur sa retraite, s'il ne pouvait plus vaquer à des emplois. J'écrirai d'ailleurs au baron de Goltz, pour essayer d'obtenir cette pension de la France; et, en cas de refus, j'arrangerai le tout. Pour sa *Théogonie* (2), il pourra la publier ici selon son bon plaisir. En gros, je suis de son opinion, que les planètes et le globe que nous habitons sont infiniment plus anciens qu'on ne le débite; et, de toutes les hypothèses que l'on soutient sur ce sujet, celle de l'éternité du monde est la seule où se rencontre le moins de contradictions et celle où il y a le plus d'apparence de vérité.

Je conçois que, pour trouver un professeur de philosophie et de belles-lettres, il faut du temps et du choix; ainsi je ne vous presserai pas sur ce sujet, si ce n'est que je vous prie de vous ressouvenir quelquefois d'un nombre de jeunes gens rassemblés dans une académie, attendant avec empressement des instructions qui leur manquent pendant l'absence d'un professeur. Sur ce, etc.

(1) Dupuis. Voyez la lettre précédente.
(2) Le livre de *l'Origine de tous les cultes*, auquel Dupuis travaillait alors, et qui ne parut qu'en 1794.

15. DU ROI DE PRUSSE.

Potsdam, 14 mai 1785 (1).

Je vous suis très-obligé de la peine que vous vous donnez pour me procurer des instituteurs dont notre Académie a grand besoin. Je conçois qu'il y a des lenteurs tant pour le choix des sujets que pour les déterminer à accepter les postes qu'on leur propose; et je ne doute point que vous ne réussissiez à me procurer des gens habiles, de quoi je vous aurai une grande obligation.

J'en viens à l'article des lois que M. de Beccaria a bien expliquées, et sur lesquelles vous avez également écrit. Je suis entièrement de votre sentiment, qu'il ne faut pas que les juges se pressent à prononcer leurs sentences, et qu'il vaut mieux sauver un coupable que de perdre un innocent. Cependant je crois m'être aperçu, par l'expérience, qu'il ne faut négliger aucunes des brides par lesquelles on conduit les hommes, savoir : les peines et les récompenses; et il y a tels cas où l'atrocité du crime doit être punie avec rigueur. Les assassins et les incendiaires, par exemple, méritent la peine de mort, parce qu'ils se sont attribué un pouvoir tyrannique sur la vie et sur les possessions des hommes. Je conviens qu'une prison perpétuelle est en effet une punition plus cruelle que la mort; mais elle n'est pas si frap-

______

(1) L'édition de 1789 met *octobre*; c'est une erreur que le contenu de la lettre rend visible. L'erreur contraire avait été commise à la lettre 19 de cette édition. Voyez la note p. 315.

pante que celle qui se fait aux yeux de la multitude, parce que de pareils spectacles font plus d'impression que des propos passagers qui rappellent les peines que souffrent ceux qui languissent dans les prisons. J'ai fait dans ce pays-ci tout ce qui a dépendu de moi pour réformer la justice et pour obvier aux abus des tribunaux. Les anges pourraient y réussir, s'ils voulaient se charger de cette besogne; mais n'ayant aucune connexion avec ces Messieurs-là, nous sommes réduits à nous servir de nos semblables, qui demeurent toujours beaucoup en arrière dans la perfection.

Sur ce, je prie Dieu, etc., etc.

16. AU ROI DE PRUSSE.

(1785.)

Sire,

Un capitaine d'artillerie, nommé M. de Saint-Remy, a proposé un prix de 600 livres pour un éloge de M. D'Alembert au jugement de l'Académie française. Quelques-uns de ses amis se sont réunis avec M. de Saint-Remy pour faire frapper la médaille. Il n'en existe qu'une encore, et j'ai cru devoir en faire hommage à Votre Majesté.

L'Académie française n'a reçu aucun discours, et elle est obligée de remettre le prix à une autre année. J'en ai été affligé, non pour la gloire de M. D'Alembert, mais pour notre littérature. La plupart de ceux qui travaillent ordinairement pour ces prix avaient des obligations de plus d'un genre à M. D'Alembert, et leur silence les expose au reproche d'ingratitude, à moins qu'ils ne permettent de le regarder comme un aveu de leur ignorance. Cette ignorance est la plaie secrète de notre littérature et de notre philosophie. On fait des phrases, parce qu'on n'a point d'idées; on écrit d'un style extraordinaire, parce qu'on n'a que des choses communes à dire, et on débite des paradoxes, faute de pouvoir trouver des vérités qui ne soient pas triviales.

Je suis avec le plus profond respect, etc.

17. DU ROI DE PRUSSE.

Potsdam, 9 août 1785.

J'ai reçu la médaille de M. D'Alembert que vous avez eu la bonté de m'envoyer. J'aurais voulu qu'on lui eût laissé sa perruque, comme il la portait d'ordinaire, parce que rien ne contribue plus à la ressemblance que de graver les hommes dans l'ajustement où on était accoutumé de les voir. Il est singulier que M. de Saint-Remy ait fondé un prix pour les médailles des philosophes, et que beaucoup de gens de lettres qui avaient des obligations à M. D'Alembert se soient dispensés d'en faire l'éloge. Rien de plus rare dans le monde que la reconnaissance : toutefois la mémoire de M. D'Alembert n'y perd pas grand'chose, et il vaut mieux n'être point loué que de l'être mal. Les beaux jours de la littérature sont passés, il n'y a que des trônes vacants et pas de postulants dignes de s'y placer. Vous qui avez été l'élève du grand homme que nous regrettons, vous seul pouvez lui succéder. Sur ce, etc., etc.

18. AU ROI DE PRUSSE.

Paris, 19 septembre 1785.

Sire,

Je n'ai reçu la lettre dont Votre Majesté m'a honoré que depuis peu de jours, au retour d'un voyage que j'ai fait en Bretagne et en Berry pour y examiner des projets de navigation.

J'espère que M. Dupuis obtiendra de notre gouvernement la grâce pour laquelle Votre Majesté a daigné témoigner quelque intérêt (1). Le corps de l'Université, loin de s'y opposer, a paru flatté de l'honneur que reçoit M. Dupuis, et qui rejaillit sur le corps même. L'intrigue de quelques hommes médiocres, jaloux de M. Dupuis, qui sont d'ailleurs bien sûrs de n'être jamais appelés hors de leur collége, a fait naître quelques légers obstacles ; mais M. le comte de Vergennes pourra aisément les lever.

J'ai en vue un homme de mérite (2) pour la place de professeur de belles-lettres et de philosophie ; mais avant d'avoir l'honneur de le proposer à Votre Majesté, je dois prendre encore quelques informations.

Nous sommes malheureusement encore bien éloignés, en France, de ne punir de mort que pour des crimes atroces. Nos lois assujettissent à cette peine pour plusieurs espèces de vols, et ces vols ont été

(1) De pouvoir quitter la France immédiatement, sans perdre ses droits à la retraite, acquis par dix-huit années de service dans l'Université.

(2) Lévesque (Pierre-Charles). Voyez p. 318 et 322.

classés, non d'après des principes fixes, mais par des motifs particuliers, et d'après ce qu'ont paru exiger des circonstances passagères. Notre jurisprudence criminelle est inférieure à celle de la plupart des nations de l'Europe. Au commencement de ce siècle, l'Angleterre seule avait sur nous quelque avantage. Un des premiers soins de Votre Majesté a été de perfectionner cette partie de la législation dans la monarchie qu'elle gouverne, et plusieurs souverains depuis ont suivi son exemple.

Une seule considération m'empêcherait de regarder la peine de mort comme utile, même en supposant qu'on la réservât pour les crimes atroces : c'est que ces crimes sont précisément ceux pour lesquels les juges sont le plus exposés à condamner des innocents. L'horreur que ces actions inspirent, l'espèce de fureur populaire qui s'élève contre ceux qu'on en croit les auteurs, troublent trop souvent la raison des juges, magistrats ou jurés, et il y en a eu des exemples très-fréquents en Angleterre comme en France.

Je suis avec le plus profond respect, etc.

19. DU ROI DE PRUSSE.

Potsdam, 11 octobre (1) 1785.

Je vous suis très-obligé des *Éloges* que vous avez bien voulu m'envoyer ; et pour vous parler avec

---

(1) L'édition de 1789 porte *mai*; c'est une erreur. Il paraît que ces mots *mai, octobre*, ont été transposés par un hasard de typographie. Voyez la note p. 311.

toute la sincérité possible, j'avoue que je les trouve bien supérieurs à ceux de M. D'Alembert, qui avait pris un style trop simple et trop familier, qui ne s'adapte pas trop à ce genre d'écrire, qui exige quelque élévation sans enflure. La manière de M. de Fontenelle était peut-être trop satirique, comme il paraît par quelques-uns de ses *Éloges*, qui sont plutôt des critiques que des panégyriques. Je souhaite que la France vous fournisse des sujets qui méritent, par leur génie et par leurs talents, qu'on en fasse des éloges dignes de tenir leur place à côté de ceux de leurs prédécesseurs.

Sur ce, je prie Dieu, etc.

20. AU ROI DE PRUSSE.

A Paris, ce 11 novembre 1785.

Sire,

La bonté avec laquelle Votre Majesté a daigné accueillir quelques-uns de mes Éloges académiques m'enhardit à lui offrir ceux des savants morts pendant l'année 1782. Cette année a été funeste à l'Académie, et lui a enlevé la dixième partie de ses membres.

Votre Majesté trouvera dans ces Éloges celui de Vaucanson, qu'elle a voulu appeler à Berlin au commencement de son règne, et qui n'a dû qu'à cette marque de son estime la fortune dont il a joui depuis dans sa patrie; et c'est elle encore qui eut la bonté de nous avertir, quelque temps après, que M. D'Alembert était un homme de génie. Nous aurons souvent besoin, et en plus d'un genre, des leçons de Votre Majesté.

Elle a trouvé un peu trop de familiarité dans les derniers Éloges de M. D'Alembert. Les plus grands écrivains sont exposés à tomber dans ce défaut lorsqu'ils vieillissent. Voltaire lui-même n'en a pas été exempt, surtout dans ses vers, et n'a pu le cacher dans sa prose qu'à force d'esprit et de grâces. Nous y sommes portés naturellement; nous ne l'évitons qu'en veillant continuellement sur nous-mêmes, et cette vigilance continue nous lasse et nous fatigue, lorsque nos organes commencent à perdre de leur force et de leur souplesse. J'espère avoir bientôt l'honneur de soumettre au jugement de Votre Majesté le reste de la collection des Éloges de mon illustre ami, et j'ose me flatter qu'elle y trouvera un grand nombre de morceaux nobles ou piquants, dont la philosophie fine et profonde obtiendra grâce pour les négligences qu'elle y remarquera.

Les gazettes nous avaient alarmés faussement (1). L'Europe entière n'attend que de Votre Majesté le maintien de la tranquillité dont elle jouit. C'est une gloire qui vous était réservée, et qu'aucun héros guerrier n'avait encore méritée.

Je suis avec le plus profond respect, etc.

21. DU ROI DE PRUSSE.

Potsdam, 12 décembre 1785.

Je vous suis infiniment obligé des Éloges académiques que vous venez de m'envoyer (2). Je suis

(1) Sur la santé de Frédéric.

(2) Les Éloges des savants morts en 1782; c'était le second envoi de ce genre. Voyez la lettre précédente.

de votre avis, que l'âge affaiblit aussi bien le style des prosateurs que la verve des poëtes, et qu'il faut dire avec Boileau à tous les hommes de lettres âgés :

Malheureux, laisse en paix ton cheval vieillissant,
De peur que tout à coup efflanqué, sans haleine,
Il ne jette, en tombant, son maître sur l'arène.

Je compte toujours que vous voudrez bien vous donner la peine de me procurer un certain M. Lévesque (1), dont j'ai entendu dire beaucoup de bien, pour remplir la place de professeur de philosophie dont mon Académie a si grand besoin. Je suis sensible à la part que vous prenez à ma santé. A mon âge (2), il faut toujours avoir un pied dans l'étrier, pour être prêt à partir quand le quart d'heure de Rabelais sonne.

Sur ce, je prie Dieu qu'il vous ait en sa sainte et digne garde.

22. AU ROI DE PRUSSE.

Janvier 1786.

Sire,

M. Lévesque accepte avec reconnaissance la place à laquelle Votre Majesté a bien voulu le destiner. J'ose me flatter qu'il la remplira bien. Il est à la fois disciple de Locke et disciple des anciens; et joindra, à la justesse et à la précision de l'analyse moderne, cette vigueur des principes qui nous plaît tant encore

(1) Lévesque, historien et traducteur.
(2) Il avait 73 ans, étant né le 24 janvier 1712.

dans la philosophie morale des Grecs et des Romains. Je ne me consolerais point du malheur d'avoir mal répondu à la confiance de Votre Majesté, la première fois qu'elle m'en a honoré.

Nous venons de perdre M. Watelet, de l'Académie française et de celle de Votre Majesté (1). Il était le dépositaire des lettres qu'elle a écrites à M. D'Alembert, et il n'a fait aucune disposition. Elles seront vraisemblablement remises à M. le duc de Nivernois. J'ai cru, par respect pour Votre Majesté et par intérêt pour la mémoire de M. D'Alembert, devoir l'instruire de ces détails, et veiller, autant qu'il est en moi, sur ce dépôt précieux pour les lettres, la philosophie et l'humanité, jusqu'à ce que Votre Majesté ait daigné faire connaître ses intentions sur cet objet.

Je suis avec le plus profond respect, etc.

23. DU ROI DE PRUSSE.

Potsdam, 6 février 1786.

Je vous ai beaucoup d'obligation de ce que vous voulez avoir soin que cette correspondance que j'ai eue avec feu M. D'Alembert ne paraisse pas. Mes lettres ne méritent que d'être vouées à Vulcain (2); elles ne sont ni amusantes, ni intéressantes pour le public. On est d'ailleurs déjà assez surchargé dans

(1) Mort le 12 janvier 1786.

(2) Réminiscence classique :

Et quæ
Componis dona Veneris, Thelesine, marito.   (JUVÉNAL.)

ce siècle, plus abondant en mauvais ouvrages qu'en bons écrits, sans y ajouter encore les miens. Vous m'avez rendu un vrai service en me procurant un puriste et un autre professeur (1) pour l'académie militaire ; ces jeunes gens attendent avec impatience leur arrivée, parce que leur éducation est négligée jusque-là.

Sur ce, etc., etc.

24. AU ROI DE PRUSSE.

A Paris, ce 26 mars 1786.

Sire,

Je n'ai point cessé de faire tous mes efforts pour préserver de toute espèce d'indiscrétion la correspondance de Votre Majesté avec M. D'Alembert. M. Watelet était receveur général des finances ; la chambre des comptes a mis le scellé sur ses papiers, et tout ce que la rigueur des formes a pu permettre, c'est que la correspondance fût remise à M. de Nicolaï, premier président de cette chambre, qui la gardera jusqu'à ce qu'une personne chargée des ordres de Votre Majesté la réclame en son nom.

Si elle veut bien en charger M. le baron de Grimm, ou si elle daigne permettre que ce dépôt si précieux pour la gloire de mon ami et pour celle des lettres me soit confié, il cessera d'être exposé aux différents genres d'indiscrétion qui peuvent se commettre. Je puis répondre à Votre Majesté qu'il ne sortirait jamais

(1) Dupuis et Lévesque.

d'entre mes mains, et que je prendrais les précautions les plus certaines pour qu'aucun événement ne pût l'exposer de nouveau.

M. Lévesque sera prêt à partir vers la fin d'avril. Un homme de lettres, père de famille, très-peu riche, a besoin de plus de temps qu'un autre pour arranger ses affaires, quoique très-peu compliquées. Toute négligence peut être fatale à une petite fortune.

M. Dupuis ne pourrait partir que vers le mois de septembre (1). C'est alors qu'il deviendra libre. Car il a été impossible de lui obtenir une grâce que méritent ses talents, et que l'intérêt que Votre Majesté a daigné lui témoigner lui aurait sûrement fait accorder, si des corps, et surtout des corps composés comme l'Université de Paris, pouvaient se conduire comme des particuliers.

Je suis avec le plus profond respect, etc.

25. DU ROI DE PRUSSE.

1786 (2).

Si quelqu'un a de justes prétentions sur mes lettres à feu M. D'Alembert, c'est assurément vous, Monsieur; mais elles n'ont pas été écrites pour voir le jour; ce ne sont que des balivernes aussi peu propres à instruire qu'à amuser. Ainsi je vous tiendrai grand compte, si vous voulez bien faire tout ce que vous croirez le plus propre à empêcher qu'on ne les

(1) Frédéric mourut le 17 août de cette même année.

(2) L'édition de 1789 porte, par erreur typographique ou autre, 1784.

publie. Pour parvenir à cette fin, vous n'aurez donc qu'à vous faire remettre cette correspondance, comme un dépôt qui ne saurait tomber dans de meilleures mains.

J'ai fait payer à Paris les frais de voyage pour M. Lévesque. S'il s'est assez bien trouvé de son séjour à Pétersbourg, où j'ai appris qu'il a passé quelques années (1), il trouvera toujours moins de différence dans le climat et les mœurs de ce pays-ci, en se rapprochant d'autant plus de sa patrie. Sur ce, etc., etc.

26. AU ROI DE PRUSSE.

A Paris, ce 6 mai 1786.

SIRE,

J'ai été vivement touché de la bonté avec laquelle Votre Majesté a daigné me permettre de réclamer ses lettres à M. D'Alembert, et de conserver entre mes mains ce dépôt précieux. Cette marque de sa confiance me sera toujours chère; j'en garderai une éternelle et respectueuse reconnaissance: mais je n'aurai pas l'avantage d'en profiter.

Votre Majesté verra par la lettre de M. de Vergennes, dont j'ai l'honneur de lui envoyer une copie, qu'il avait déjà disposé de ce dépôt (2); c'est qu'il a trouvé

______

(1) Lévesque, sur la recommandation pressante de Diderot, avait été nommé, par Catherine II, professeur de belles-lettres à l'école des cadets nobles, en 1773. Il était rentré en France en 1780.

(2) Voici cette lettre :

« J'ai reçu, Monsieur, la lettre que vous m'avez fait l'honneur

plus prudent de deviner que d'attendre les intentions de Votre Majesté. M. de Nicolaï, premier président de notre chambre des comptes, qui avait positivement promis de garder les lettres, qui ne les avait reçues qu'à cette condition, ne s'est pas cru obligé de remplir ses engagements.

Il doit m'être permis d'en être affligé. Votre Majesté est la seule personne qui puisse ne pas sentir tout le prix de ses lettres; et l'intérêt que je prends à la

de m'écrire le 1er de ce mois, et la copie de celle du roi de Prusse que vous y avez jointe (1). C'est avec regret, Monsieur, que je me trouve dans l'impossibilité de satisfaire à la réclamation que vous formez. Instruit, par des personnes dignes de foi, que le roi de Prusse désirait que la partie de sa correspondance, recueillie à la mort de M. Watelet, ne fût point rendue publique; instruit, d'ailleurs, que sa publicité ne pouvait rien ajouter à la gloire de ce monarque, vu la nature des matières qui y étaient traitées, il a paru que le moyen le plus efficace pour assurer au présent et à l'avenir l'effet de la volonté de Sa Majesté prussienne était de supprimer à jamais cette correspondance. C'est ce que j'ai fait en présence de M. le premier président de la chambre des comptes (2). Je n'ai pas négligé, Monsieur, d'en faire prévenir le roi de Prusse, et je me flatte qu'il applaudira à cette prévoyance.

« Je ne doute pas, Monsieur, que cette correspondance n'eût été très-sûrement dans vos mains; mais les hommes ne sont pas immortels, et leurs vues ne sont pas toujours remplies par ceux qui leur succèdent.

« Je suis, etc. »

A Versailles, le 3 mai 1786.

(1) C'est la lettre précédente (n° 25) par laquelle Frédéric autorisait Condorcet à se faire remettre et à conserver en dépôt sa correspondance avec D'Alembert.

(2) M. de Nicolaï.

gloire de M. D'Alembert peut-il me laisser voir avec indifférence la destruction du plus beau monument qui pût honorer sa mémoire? Mais les regrets, loin de diminuer les sentiments que la bonté, que la confiance de Votre Majesté m'ont inspirés, ne peuvent que les augmenter.

Daignez, Sire, en agréer l'hommage, et me permettre de vouer pour toujours à Votre Majesté quelque chose de plus que du respect et de l'admiration.

Oserai-je joindre mes vœux à ceux de l'Europe (1)? Il est sans exemple qu'un roi, qu'un héros ait excité chez les nations étrangères un intérêt si vif, si général, si profondément senti; il a été unique comme le grand homme qui en était l'objet.

Je suis, etc.

27. DU ROI DE PRUSSE.

Potsdam, 25 mai 1786.

J'envisage comme une chose très-favorable le sort que mes lettres ont eu d'être brûlées (2); c'était le moyen le plus sûr d'en empêcher l'impression; car il m'eût été désagréable de voir courir dans le public des lettres qui n'étaient pas faites pour lui. Il n'appartient qu'aux quarante plumes dépositaires de la pureté du langage français, de vous donner des chefs-d'œuvre en tous les genres qui méritent l'honneur de l'impression.

(1) Pour le rétablissement de la santé du roi.
(2) Par M. de Vergennes. Voyez sa lettre à Condorcet, en note, p. 323.

Je ne sais ce que deviennent les deux professeurs pour mon école militaire. Ces jeunes gens sont trop longtemps sans instruction, pendant que je suis convenu de leurs doubles pensions, frais de voyage, etc. Je ne comprends donc pas ce qui peut les arrêter, et j'avoue qu'un plus long retard pourrait nuire à l'idée que je m'étais faite d'eux ; mais cela ne diminue en rien les obligations que je vous ai, et je sens tout le prix des peines que vous avez eues dans cette affaire. Sur ce, etc., etc.

28. CONDORCET AU MARQUIS JÉROME LUCCHESINI DE LUCQUES.

(1785.)

Monsieur le Marquis, permettez-moi de vous remercier de l'intérêt que vous avez bien voulu prendre à M. Lévesque. Il vous en a témoigné sa reconnaissance dans une lettre dont M. le baron de Goltz s'est chargé. Il a eu en même temps l'honneur d'écrire au roi. Il se mettra en marche aussitôt que la saison sera devenue supportable. J'espère que vous en serez content. C'est un homme d'un bon esprit et qui a beaucoup d'instruction en plus d'un genre.

Vous avez la bonté de croire que je pourrais travailler avec quelque utilité sur l'arithmétique politique. C'est à présent l'objet presque unique de mes recherches. Je compte publier cette année un petit ouvrage sur l'application du calcul aux questions de droit. Je crois devoir donner encore quelques morceaux séparés avant d'entreprendre un ouvrage élémentaire et méthodique sur cette science, qui n'existe que par fragments. Je pense depuis longtemps, comme vous, que les princes pourraient tirer un parti très-avantageux de la noblesse instruite qui existe dans leurs États.

C'était aussi l'opinion de M. Turgot. Il voyait avec peine qu'en France, par exemple, les places d'administration du second ordre ne pussent être remplies que par des maîtres des requêtes, qui sont en très-petit nombre, qui achètent leurs charges, ce qui suppose des gens pris au hasard et des commis qui, n'ayant pas reçu la même éducation que les ministres, n'ayant pas vécu dans les mêmes sociétés, ne sont pas connus de ceux qui les emploient. Il en résulte encore un autre mal : c'est que l'homme de la cour qui parvient au ministère n'a pu s'instruire de son métier en travaillant en second dans les bureaux, et se trouve par là dans une dépendance presque absolue de ses commis.

J'espère que l'affaire de M. Dupuis s'arrangera dans le courant de cet été, si le roi veut bien lui conserver les mêmes bontés. M. de Fresne, qui aura l'honneur de vous remettre cette lettre, s'est chargé d'un exemplaire des ouvrages de M. Dupuis, qu'il doit vous présenter. C'est le petit-fils du chancelier d'Aguesseau, à qui il n'a manqué qu'un peu de philosophie pour être un de nos plus grands hommes, et qui a laissé une mémoire si respectée. Le petit-fils est plus philosophe que son grand-père, et nous le comptons dans le petit nombre des jeunes magistrats qui nous donnent, pour l'avenir, l'espérance de quelques réformes utiles dans les lois ou dans l'administration.

On imprime actuellement en Hollande une vie de M. Turgot dont je suis l'auteur; si elle vient jusqu'à vous, je la recommande à votre indulgence. Vous pourrez voir aussi cette année un moyen de payer les dettes de la France, trouvé dans les papiers de feu M. Damilaville; mais je vous prie de ne point me parler de ces bagatelles dans les lettres qui vont par la poste. Nous sommes dans un pays où il faut se cacher pour dire la vérité, moitié par prudence, moitié pour l'intérêt même de la vérité.

Daignez agréer les assurances de mon inviolable et respectueux dévouement.

DE CONDORCET.

M. de Fresne s'est intéressé à l'affaire de M. Dupuis, dont il aura l'honneur de vous parler en détail.

29. CONDORCET A M***.

(1790.)

Monsieur, vous vous doutez bien que je ne me soucie d'aucun titre; mais je n'approuve pas les motions que l'on fait pour les détruire; il doit être permis à tout le monde d'ajouter un sobriquet à son nom, et il n'importe qu'il soit placé avant ou après. Ne gênons en rien les actions privées qui ne blessent point le droit d'autrui; les Américains nous en ont donné l'exemple : on ne voit aucun titre dans les actes émanés de la puissance publique; mais, dans les actes

privés, prend et donne qui veut le titre d'*esquire*.
Ce qu'on pourrait faire aujourd'hui (et cela ne serait
pas sans utilité), ce serait d'établir pour les noms
un système régulier, comme il y en avait un à Rome.
Mais point de noms de baptême, parce que la théologie ne vaut pas mieux que la féodalité.

Je ne sais ce qu'on a pu vous dire de moi, mais
je sais qu'une cabale qui cherche à rendre odieux
ou suspects ceux qui ont le mieux servi la cause de
la liberté, me fait l'honneur de me ranger dans cette
classe. Si on vous a dit que je m'occupe des moyens
d'établir deux chambres, c'est une grande bêtise;
car je crois avoir arithmétiquement démontré que
cet établissement est absurde; et quand on m'objecte
la manière dont certains décrets passent à l'Assemblée, je réponds qu'il y a vingt moyens d'assujettir
un corps unique à des formes qui préservent de ces
inconvénients. Je n'aurais même voulu de *veto* royal
que pour les objets sur lesquels le roi exerce un pouvoir dont l'usage ne peut être soumis à des règles
précises, c'est-à-dire, suivant moi, pour la défense
et les relations extérieures seulement. La responsabilité peut bien empêcher que les ministres ne fassent la guerre en traîtres; mais elle n'empêchera jamais qu'ils ne fassent mollement une guerre qui leur
déplaît.

Si on vous a dit que je regardais M. de La Fayette
comme le plus sûr appui de notre liberté, on vous
a dit la vérité. Mais comme, longtemps avant la révolution, j'étais le confident de tous ses projets pour
la liberté; comme je connaissais de quel genre

de gloire il était jaloux, de quelle espèce d'ambition il pouvait être susceptible, il m'est impossible de sacrifier mon opinion à celle de gens qui, pendant que nous discutions les moyens d'arriver à la liberté, passaient leur vie à solliciter des places. J'estime beaucoup tous ceux qui, avant la révolution, ont, comme M. de La Mettrie, prouvé qu'ils aimaient la liberté ; quant à ceux dont la passion date de l'année passée, qui soutenaient, il y a un an, les opinions qu'ils reprochent aujourd'hui comme des crimes, j'avoue qu'il m'est impossible de ne pas m'en défier, de ne pas voir en eux des gens destinés à être toujours du parti qui leur offre le plus d'avantage. J'avoue encore que je ne puis estimer ceux des amis de la liberté qui, liés avec les planteurs, ou planteurs eux-mêmes, votent pour la conservation de la traite, et font refuser la parole aux gens qui défendent la cause de l'humanité ; non plus que ceux qui veulent que les assemblées primaires soient permanentes à Paris, et ne le soient pas dans le reste de l'empire. Je me défie encore plus de ceux qui se plaisent dans le trouble, qui applaudissent aux violences, qui cherchent à multiplier le nombre des mécontents par des rigueurs plus nuisibles qu'utiles. Les hommes qui ont des lumières et des talents n'ont pas besoin de tous ces moyens pour être quelque chose ; ceux qui ont de l'humanité, de véritables vertus, ne voudraient pas les employer.

Voilà ma profession de foi. Est-ce là ce que vous appelez être un vrai jacobin ?

Agréez, je vous supplie, Monsieur, les assurances de mon inviolable attachement.

Signé : DE CONDORCET.

30. AU ROI DE POLOGNE.

17 avril 1791.

SIRE,

Les preuves multipliées que Votre Majesté a données de son zèle éclairé pour tous les intérêts de l'humanité, ne me permettent pas de douter qu'elle ne reçoive avec bonté l'ouvrage que je prends la liberté de lui offrir.

Les avantages qui résultent pour le commerce de l'établissement d'une mesure universelle, invariable, offrant partout des divisions correspondantes à l'échelle arithmétique; la communication plus facile entre les différents peuples qui en serait la suite, ne sont pas, aux yeux de Votre Majesté, le seul bien que cette grande opération puisse produire. Elle en verra naître un plus important encore, une égalité plus grande entre les différentes classes, un moyen de placer au même niveau, dans un très-grand nombre de transactions de la vie commune, l'homme qui a pu recevoir une éducation, et celui dont le soin de sa subsistance a occupé l'existence entière. Ce dernier genre d'utilité doit surtout frapper un roi qui, placé dans un pays où d'anciens préjugés ont partagé l'espèce humaine en deux races d'hommes différentes, n'a rien négligé pour affaiblir cette distinction réprouvée par la nature et condamnée par la raison.

Vous daignerez, Sire, employer quelques-uns de vos moments à faire valoir auprès de la diète de Pologne les avantages de l'adoption générale du plan que l'Assemblée nationale de France a formé.

L'Europe voit aujourd'hui un spectacle nouveau dans l'histoire du monde : deux rois occupés de fonder sur les seuls principes de la justice naturelle, une constitution vraiment libre et renfermant en elle-même les germes de son perfectionnement. Aucun sacrifice d'autorité ou de prérogative ne leur a coûté dès qu'il leur a paru utile à des vues si grandes et si généreuses. On a vu souvent des rois élus prodiguer tous les artifices de la politique, tous les moyens de l'ambition pour assurer à leur famille un sceptre indépendant de la volonté publique; il était réservé à Votre Majesté d'en montrer un occupé d'établir l'hérédité pour le seul intérêt du peuple, et donnant l'exemple du désintéressement le plus pur dans ce qui avait été avant lui le dernier terme de l'ambition humaine.

Je supplie Votre Majesté d'agréer l'hommage de la reconnaissance que je dois à toutes les marques d'intérêt et de bonté dont elle m'a comblé.

Je suis avec le plus profond respect, Sire, de Votre Majesté le très-humble et très-obéissant serviteur.

Signé : CONDORCET.

31. STANISLAS, ROI DE POLOGNE, A CONDORCET.

Varsovie, le 14 mai 1791.

Monsieur le marquis de Condorcet, j'ai reçu avec reconnaissance l'ouvrage que vous avez bien voulu m'envoyer sur l'établissement d'une mesure universelle. Quand elle sera généralement adoptée, on aura à vous regarder comme un des bienfaiteurs du genre humain. Je me ferai une gloire d'y contribuer, dès que cela sera possible. Heureusement nous sommes parvenus ici depuis peu à surmonter quelques-uns de ces préjugés, contraires au bien général de l'humanité dont vous me parlez.

Je dois à la vérité l'aveu que rien ne m'a autant aidé à remporter ces victoires de la raison, que la lecture, grandement multipliée depuis quelque temps en Pologne, des bons livres écrits sur ces matières en France, dont la langue est la plus généralement répandue en Pologne, après celle du pays. Puisse la France produire beaucoup de citoyens qui vous ressemblent, comme hommes, comme savants et comme auteurs! C'est le vœu de celui qui vous porte beaucoup d'affection, parce qu'il vous porte beaucoup d'estime.   STANISLAS AUGUSTE, *roi*.

32. CONDORCET A PRIESTLEY (à Londres).

Paris, le 30 juillet 1791.

Monsieur et très-illustre confrère, l'Académie des sciences m'a chargé de vous exprimer la douleur dont elle a été pénétrée au récit de la persécution dont vous avez été la victime. Elle sent tout ce qu'ont perdu les sciences par la destruction des travaux que vous aviez préparés pour elles. Ce n'est pas vous, Monsieur, qui êtes à plaindre : votre vertu et votre génie vous restent; et il n'est pas au pouvoir des hommes de vous ôter le souvenir du bien que vous leur avez fait; ce sont les malheureux dont de coupables manœuvres ont égaré la raison, et dont les remords ont déjà puni le crime.

Vous n'êtes point le premier ami de la liberté contre lequel les tyrans aient armé ce même peuple dont il défendait les droits. C'est le moyen qu'ils se réservent contre celui que son désintéressement, l'élévation de son âme et la pureté de sa conduite, mettent également à l'abri de leurs séductions et de leurs vengeances. Ils le calomnient, parce qu'ils ne peuvent ni l'intimider ni le comprendre; ils arment contre lui les préjugés, quand ils n'osent même essayer d'armer les lois; et ce qu'ils ont fait contre vous est l'hommage le plus glorieux que la tyrannie puisse rendre à la probité, aux talents et au courage.

Il se forme actuellement en Europe une ligue contre la liberté générale du genre humain; mais depuis longtemps il en existe une autre occupée de propager, de défendre cette liberté sans autres armes que la raison, et celle-ci doit triompher. Il est dans l'ordre nécessaire des choses que l'erreur soit passagère et la vérité éternelle; sans cela, elle ne serait pas la vérité. Les hommes de génie, soutenus de leurs vertueux disciples, mis dans la balance avec la tourbe des intrigants corrompus, instruments ou complices des tyrans, doivent finir par l'emporter sur elle.

Ce beau jour de la liberté universelle luira pour nos descendants; mais, du moins, nous en aurons vu l'aurore, nous en aurons goûté l'espérance, et vous, Monsieur, vous en aurez accéléré l'instant par vos travaux, par l'exemple de vos vertus, par l'indignation qui, dans l'Europe entière, s'est élevée contre vos persécuteurs, par l'intérêt d'attendrissement et d'admiration qu'a excité ce malheur, qui n'a pu atteindre jusqu'à votre âme.

Je suis avec un inviolable et respectueux attachement, Monsieur et très-illustre confrère, votre, etc.

CONDORCET,

Secrétaire de l'Académie des sciences.

53. CONDORCET A UN JEUNE FRANÇAIS QUI SE TROUVAIT A LONDRES.

(1792.)

J'apprends avec plaisir, Monsieur, que mes lettres ne vous ont point été inutiles. Si vous voyez mylord Stanhope, dites-lui, je vous prie, de ne regarder l'événement du 10 août ni comme la suite d'un complot, ni comme celle d'un simple mouvement populaire. Il y avait plusieurs mois que je ne voyais d'autre moyen de conserver la liberté, et avec elle l'ordre établi par la constitution, si l'Assemblée ne prenait pas une marche ferme, sage, active, qui réduisît la cour à l'impossibilité de tramer des complots contre la liberté, et d'exciter sans cesse les inquiétudes du peuple par une conduite moitié audacieuse, moitié perfide et surtout inconséquente. Il fallait pour cela qu'il se formât dans l'Assemblée une majorité constante; et la cour, à force de libelles et de corruption, l'empêchait constamment de se former; elle n'était occupée que d'avilir l'Assemblée nationale et de répandre que les patriotes n'y étaient qu'une petite fraction. Qu'en est-il résulté? L'opinion générale que l'Assemblée ne pouvait pas sauver la chose publique dans l'extrême danger, frappait tous les yeux, et le peuple a voulu se sauver lui-même. La modération du peuple dans la journée du 20 juin, et, ce qui est bien plus caractéristique encore, le ruban placé sur la terrasse des Tuileries pour séparer le terrain de l'Assemblée nationale de celui du roi, et que personne n'osait passer, tout annonçait que le mécontentement général prenait ce caractère calme et réfléchi qui le rend terrible pour les tyrans. En même temps, l'Assemblée ne portant que des coups timides, même à des ministres méprisés qui se succédaient de semaine en semaine, s'enveloppant dans les subtilités constitutionnelles, semblait dire au peuple : *Je ne puis rien, venez à mon secours.* Ainsi cette conduite, qui était l'ouvrage des partisans de la cour, aurait été une combinaison très-adroite pour amener les événements du 10 août, si elle avait été inspirée par le parti contraire. Mais le parti de la liberté n'avait ni la volonté ni les moyens de suivre une telle politique : il agissait au jour le jour, suivant l'impulsion de ses lumières et de sa science, et attendait les événements, puisque la faiblesse du reste ne lui laissait pas les moyens de les prévenir. Heureusement que les nombreuses pétitions pour la déchéance du roi avaient forcé d'examiner cette question, et qu'il s'était formé une opinion assez générale; et cette opinion était : 1° que nous pourrions prononcer la déchéance du roi, parce que, s'il était réellement tombé dans les cas *d'abdication légale* établis par la constitution, ce n'était point par des actes assez motivés pour dispenser d'une instruction et d'un jugement; 2° que nous ne pourrions toucher au pouvoir royal sans recourir au peuple, parce qu'autrement nous nous emparions d'un pouvoir qu'il ne nous avait pas donné; 3° que, dans ce recours au peuple, nous n'avions droit de le soumettre à aucune forme, que nous devions simplement l'inviter à préférer celle d'une convention, et à lui en présenter l'organisation ; 4° que si l'impossibilité de laisser au roi, sans danger pour la nation, l'exercice de son pouvoir, était une fois prouvée, nous pourrions le suspendre provisoirement. Le moment de crise est arrivé, et alors nous n'avons eu qu'à rédiger cette opinion. La Convention nationale était nécessaire. Quant au roi, nous n'avions que trois partis à prendre : la déchéance; on la demandait d'une manière assez menaçante, mais nous ne pouvions la prononcer sans montrer de la faiblesse, sans contredire les autres résolutions; 2° la suspension; elle est prévue par la constitution ; alors nous avions l'avantage de pouvoir marcher suivant une loi établie; 3° un moyen terme entre l'état précédent et la suspension. Il n'était plus temps. Ce moyen eût perpétué les troubles, n'eût remédié à rien, et il pouvait tout perdre.

La Convention nationale nous sauvera-t-elle? Je l'espère; mais il n'y avait que ce moyen de nous sauver. Il n'y a eu en Angleterre, comme dans notre constitution, aucun moyen de se tirer d'affaire, si le roi et la chambre des communes s'obstinaient à marcher en sens contraire. Mais, depuis 1688 jusqu'en 1712, le ministère ayant soigneusement évité que ce vice ne fût aperçu, et la constitution anglaise ayant pu prendre pendant ce temps une marche régulière, ce défaut, destructeur de la nôtre, a été insensible en Angleterre. Louis XVI n'était pas un Guillaume, voilà la cause de tout ce qui s'est passé.

Agréez, je vous supplie, Monsieur, les assurances de mon dévouement. *Signé*, CONDORCET (1).

(1) L'original de cette lettre appartient à la bibliothèque de la ville de Besançon.

LETTRE

AUX AUTEURS DU JOURNAL DE PARIS (1).

Messieurs,

Je ne saurais comment concilier le séduisant éloge qu'on trouve des habitants du Valais, dans votre journal du 23 et 28 mai, avec ce qu'on en lit dans les *Recherches philosophiques de M. de Paw*, Londres, 1771, vol. II, page 13, si je n'étais en état de vous donner l'explication de cette contradiction singulière. Voici les propres termes de M. de Paw; je ne copierai pas tout l'article, on peut le lire dans l'ouvrage même :

« On ne saurait mieux comparer les blafards, dit
« M. de Paw, quant à leurs facultés, à leur dégéné-
« ration et à leur état, qu'aux *crétins* qu'on voit en
« assez grand nombre dans le Valais, et principale-
« ment à Sion, capitale de ce pays. Ils sont sourds,
« idiots et presque insensibles aux coups, et portent
« des goîtres prodigieux qui leur descendent jusqu'à
« la ceinture; ils ne sont ni furieux ni malfaisants,
« quoique absolument ineptes et incapables de pen-
« ser. Ils n'ont qu'une sorte d'attrait assez violent
« pour les besoins physiques, et s'abandonnent aux

---

(1) Cette lettre n'est point de Condorcet, mais elle est néces-saire pour l'intelligence de la réponse que fit Condorcet à la der-nière partie de cet écrit. L'anecdote sur M. de Paw et les crétins du Valais a paru mériter aussi d'être conservée.

« plaisirs des sens de toute espèce, sans y soupçon-
« ner aucun crime, aucune indécence. *Les habitants*
« *du Valais regardent ces crétins comme les anges*
« *tutélaires des familles, comme des saints, et ceux*
« *qui ont le malheur de n'en avoir pas dans leur pa-*
« *renté se croient sérieusement brouillés avec le ciel.*
« On ne les contrarie jamais...... Il y en a des deux
« sexes, et on les honore également, soit qu'ils soient
« hommes ou femmes. Le respect qu'on porte à ces
« personnes atteintes du *crétinage* est fondé sur leur
« innocence ou leur faiblesse ; ils ne sauraient pécher,
« parce qu'ils ne distinguent pas le vice de la
« vertu, etc., etc.

« La plupart de ces détails, dit M. de Paw dans
« une note, sont tirés d'un mémoire de M. le mar-
« quis de M***, lu à la Société royale de Lyon. »

Voici le fait. Il y a environ 25 à 28 ans que feu
M. le marquis de M***, mestre de camp de cavalerie,
jeune encore, plein d'esprit et de vivacité, fit un
voyage en Suisse pour son amusement ; il y porta la
gaieté naturelle et tout le pétillant d'un vin de Champagne mousseux. Ce qui a fait dire au Nestor du
Parnasse :

Ce vin de nos Français est l'image brillante.

Cette humeur contraste si fort avec les mœurs
tranquilles et le ton réfléchi qui règne en Suisse,
qu'elle y fut prise pour de l'étourderie ; moins tolérants et pleins de franchise, les habitants de Sion
entre autres témoignèrent au marquis de M*** qu'ils
étaient choqués de ses plaisanteries, du ton qu'il

prenait avec eux, et de l'espèce de mépris qu'il mar-
quait pour leur honorable simplicité. On finit par
lui fermer la porte de toutes les maisons. Outré de
cet affront, le marquis revint en France, et il demanda à l'Académie des sciences et belles-lettres de
Lyon, dont il était associé, de lire à la rentrée publique un extrait de son voyage en Suisse. C'est là
que, pour se venger de MM. de Sion et des honnêtes Valaisins, il plaça tout son persiflage et la fable
ridicule des *crétins*. Il eût été facile au secrétaire de
l'académie (1) de s'informer de la vérité des faits;
les Suisses tiennent à Lyon un rang si distingué dans
le commerce, qu'il aurait eu par leur correspondance
les éclaircissements les plus sûrs. Au contraire, il en-
voya à tous les journalistes l'extrait de la séance publique de l'académie. On y lut la fable des crétins,
et c'est là que M. de Paw a trouvé ce fait, qu'il a placé
dans ses *Recherches philosophiques*, si l'on peut
donner ce nom au tissu de conséquences absurdes
qu'on prétend tirer d'une multitude de faits insérés
dans cet ouvrage, et la plupart aussi faux que celui
des *crétins*.

Cependant MM. de Sion trouvèrent des vengeurs;
on s'inscrivit en faux contre le marquis de M***; on
remplit les journaux de l'apologie des Valaisins;
mais, selon Machiavel, qui a dit : *Calomnie toujours,
et la plaie restera*, je connais encore des gens qui
croient aux crétins, sur la foi d'un jeune homme, et
sur le rapport indiscret d'un auteur qui croit écrire

(1) Feu M. Noyel de Belleroche.

philosophiquement, en imprimant, pour favoriser son système, des faussetés que lui-même il ne croit pas.

Je ne sais, Messieurs, si vous voudrez faire usage de mes observations ultérieures sur cette singulière anecdote. Rien ne fait plus de tort aux préjugés de la saine philosophie que ce défaut d'exactitude dans le rapport des faits, que nos sages n'approfondissent pas, avant que de les livrer au grand jour de la presse. On les en croit d'abord sur leur parole; mais, quand un rayon de la vérité vient à briller sur un fait hasardé, tel que celui des *crétins* d'aujourd'hui, on est indigné d'avoir été trompé; tous les raisonnements appuyés sur des faits controuvés s'écroulent, et l'on devient incrédule ou sceptique par la négligence, le défaut de critique ou la mauvaise foi de ceux qui les ont avancés.

Je pardonne encore moins à d'illustres personnages, qui n'ont aucunement besoin de ces petits moyens pour persuader, de se permettre l'altération des faits, l'invention même, pour donner des preuves de leurs raisonnements, ou pour amuser les lecteurs avides de ridicule. Tous ceux qui ont vécu avec feu M. l'abbé Velli connaissent cette anecdote. Occupé sérieusement de la rédaction de l'histoire de France, il lut avec étonnement, dans des mémoires pour servir à l'histoire universelle, que les seigneurs de la cour de saint Louis, qui l'accompagnèrent dans l'expédition de la terre sainte, n'avaient rien eu de plus pressé, à leur arrivée dans la Palestine, que de donner un bal où toutes les dames du pays furent invitées. L'abbé de Velli n'avait rien lu de pareil dans les mémoires du temps. Le sire de Joinville, Hugues de Berci, Mathieu Pâris n'en disaient mot; aucun historien n'en avait fait mention. Il relut tout, il compulsa, il mit à contribution les dépôts précieux et les manuscrits de toutes les bibliothèques; enfin il prit le parti d'écrire à l'auteur et de le prier de lui indiquer la source dans laquelle il avait puisé le récit du bal que les seigneurs français avaient donné aux belles Syriennes : « Vous ne le « trouverez aucune part, lui répondit-on; mais il « m'a paru si conforme à l'humeur enjouée et à la « galanterie de la nation, de célébrer son arrivée « par une fête que les chevaliers français durent donner aux dames, que le fait à coulé de ma plume « comme certain, etc., etc. »

J'ai l'honneur d'être, etc., etc.

PROPATRIA.

Vendredi, 30 mai 1777 (1).

AUX AUTEURS DU JOURNAL DE PARIS.

Messieurs,

Permettez qu'un vieillard, désabusé de tout, excepté de la recherche des vérités utiles aux hommes, vous présente quelques observations sur différents articles de votre journal.

La musique y tient seule plus de place que toutes

____

(1) *Journal de Paris*, n° 150.

les sciences ensemble. Ne pourrait-on pas vous dire à vous, Messieurs, et aux philosophes qui s'occupent comme vous de la période musicale : *Relinquite istum ludum litterarium philosophorum, qui rem magnificentissimam ad syllabas vocant, qui animum, minuta docendo, demittunt et conterunt* (Sen. Epist. 71). Lisez le programme de la société de Harlem ; elle demande qu'on lui indique *les moyens d'augmenter les lumières, d'épurer les mœurs dans la classe des hommes condamnés à gagner leur subsistance par un travail journalier.* Ce sont des objets de ce genre qui devraient vous occuper. Votre correspondant, M. *Propatria*, nous annonce qu'il se propose de dire des *vérités utiles* sans blesser personne, mais qu'il commencera par nous parler des *établissements de Paris.* Cela ressemble un peu trop à l'éducation du marquis de la Jeannotière, où, après avoir examiné le fort et le faible de toutes les sciences, on décide que M. le marquis apprendra à danser.

Vous parlez presque toutes les semaines du bien qui a résulté de la liberté rendue à l'art de la peinture. C'est toujours beaucoup que d'avoir détruit un établissement absurde. Mais je lis dans les constitutions américaines que ces braves et généreux colons ont défendu l'importation des nègres. Songez donc, Messieurs, qu'il n'y a plus que vingt-trois ans d'ici à la fin du dix-huitième siècle, et que si, avant ce temps, l'esclavage des nègres n'est pas aboli, la postérité n'appellera point notre siècle le siècle de la raison et de l'humanité, mais celui des raisonnements et des phrases. J'en serai bien fâché. Il y a longtemps que je n'ai plus d'amour-propre pour moi ; mais j'en ai encore pour mon siècle et pour mon pays.

Je ne puis souffrir qu'on s'amuse à calomnier ceux qui leur font honneur, et j'ai vu avec peine, dans votre numéro 150, l'anecdote qui termine la lettre sur les crétins. Cette anecdote, qui est absolument fausse, n'est rien moins que nouvelle ; mais l'auteur de la lettre 150 l'a défigurée. Il a mis les *seigneurs* qui suivirent saint Louis à la place des croisés qui prirent Constantinople, et un bal donné aux *belles Syriennes* au lieu d'une partie de débauche, faite dans l'église de Sainte-Sophie. En effet, il n'est pas question, dans l'*Essai sur l'histoire générale*, du bal donné en Syrie par les courtisans de saint Louis. Il n'eût donc fallu que consulter cet ouvrage pour reconnaître la fausseté de l'anecdote, puisqu'on y trouve des détails sur le sac de Constantinople, et pour s'assurer que ces détails sont rapportés par l'historien grec Nicétas, cité dans l'*Essai sur l'histoire générale*. M. de Voltaire les a même beaucoup adoucis, et l'abbé de Fleuri, cet écrivain si impartial et si exact, n'a pas craint de les copier presque en entier, quoique tirées d'un écrivain suspect, parce que le récit de Nicétas est confirmé par une lettre que le pape Innocent a écrite au marquis de Montferrat, un des généraux des croisés, et où il leur reproche les mêmes abominations. Il fallait ouvrir trois ou quatre volumes ; mais, comme vous voyez, l'anecdote est toujours fausse, même en rétablissant sa véritable leçon. J'ai vérifié un grand nombre d'imputations semblables, hasardées contre le même écrivain : toutes étaient fausses. On a cru longtemps qu'il n'y avait d'historiens exacts que ceux qui écrivaient pesamment, et qu'il n'y avait que les sots qui eussent du bon sens.

UN ERMITE DE LA FORÊT DE SÉNART.

Lundi, 9 juin 1777 (1).

AUX MÊMES.

Messieurs,

Il a déjà paru dans vos feuilles trois lettres où l'on parle de moi. Il y aurait de quoi me donner de l'amour-propre, si, à mon âge, on pouvait avoir encore de l'amour-propre.

Je dois des excuses à M. *Propatria*, et je conviens de mon peu de pénétration. Je ne m'étais pas aperçu que, pour nous accoutumer peu à peu à entendre parler de choses utiles, il commençait par ne nous annoncer que des choses frivoles : à peu près comme M. Comus, qui a commencé par des tours de gobelets, et qui finit par des expériences de physique.

Je ne sais point d'ailleurs pourquoi il se moque de moi, parce que je ne propose point de moyen pour détruire l'esclavage des nègres. Les Anglo-Américains n'ont-ils pas trouvé et employé ce moyen? Ils ont défendu l'importation des nègres : que veut-

____

(1) *Journal de Paris*, n° 160.

on de plus ? Lorsque le pape Clément XIV proscrivit un usage abominable que le goût pour les airs de bravoure avait introduit dans ses États, on ne le vit pas s'occuper des moyens d'avoir des soprano d'une autre manière.

Je conviens qu'il y a de profonds politiques qui prétendent que les vingt-deux millions de blancs ou à peu près blancs que nourrit la France, ne peuvent être heureux, à moins que trois ou quatre cent mille noirs n'expirent sous les coups de fouet, à deux mille lieues de nous. Ils ajoutent que ce moyen est le seul d'avoir du sucre et de l'indigo à bon marché. C'est ainsi qu'au temps où Louis Hutin vendit la liberté aux serfs de ses domaines, on prétendit que, puisqu'ils seraient libres de travailler ou de ne rien faire, toutes les terres allaient rester en friche. Les mêmes politiques disent encore que l'esclavage des nègres n'est pas si fâcheux qu'on le prétend ; que c'est une chose fort agréable pour un Africain que d'être arraché de son pays, entassé dans un vaisseau, où il se trouve si bien, qu'on est obligé de ne lui laisser aucun mouvement libre, de peur qu'il ne se donne la mort, d'être ensuite exposé en vente comme une bête de somme, et condamné lui et sa postérité au travail, à l'humiliation et aux coups de nerfs de bœuf. Mais enfin les blancs n'ont aucun droit de faire ce bien aux noirs malgré eux, et cela suffit. On demandait à Démosthène quelle est la première partie de l'orateur ? *C'est l'action.* Quelle est la seconde ? *C'est l'action.* Et la troisième ? *C'est encore l'action.* Je dirai de même, si l'on me demande quelle est la première règle de la politique? *C'est d'étre juste.* Quelle est la seconde? *C'est d'étre juste.* Et la troisième? *C'est encore d'étre juste.*

Je ne répondrai point aujourd'hui à la deuxième lettre. Je soupçonne celui qui l'a écrite d'avoir voulu se moquer aussi de moi, avec son projet de mettre l'agriculture et la morale en chansons. Il a peut-être plus raison qu'il ne croit. Je compte bien lui dire quelque chose un jour sur la manière de rendre le peuple meilleur en l'amusant. Mais je me contente-rai, dans ce moment, de vous envoyer une lettre(1) dont le hasard m'a fait avoir une copie, et qui peut réveiller beaucoup d'idées sur l'instruction qui con-vient au peuple, et les moyens de lui inspirer des vertus.

Je ne dois que des remercîments à l'auteur de la

(1) Cette lettre est celle d'un M. Delahaye, curé de Pavant. Elle est insérée dans le *Journal de Paris*; du 21 juin 1777.

Le roi, ayant accordé à M. Delahaye six cents livres de pen-sion, en récompense des services rendus pendant les émeutes de 1775, le bon curé fit l'abandon de cette somme à la paroisse de Pavant, tant qu'il en serait curé. Deux ans après, c'est-à-dire en mai 1777, M. Delahaye fut nommé à la cure de Nogent; on vint le féliciter avec une gaieté apparente; mais, à la messe, il aperçut des larmes dans tous les yeux. Alors il monte en chaire, et dé-clare à ses paroissiens qu'il renonce à son avancement, et ne les quittera pas. A ce mot, une allégresse sincère et bruyante éclate, malgré le respect du lieu : on crie, on s'embrasse, on pleure de tendresse, et le pasteur et les brebis allèrent dîner tous ensemble; après quoi l'on tira des boîtes et l'on fit un feu de joie.

Tel est en bref le contenu de cette lettre, rédigée en style un peu diffus et déclamatoire.

troisième lettre. Je conviens avec lui que les arts pouvaient en Grèce être très-utiles; leurs productions y avaient toutes le caractère de la grandeur, parce qu'elles étaient payées par le public. Chez nous elles ont trop souvent un caractère mesquin, parce qu'elles sont payées par les gens riches. Si je crains qu'on ne s'occupe trop des arts, si je crains que ce goût ne serve qu'à augmenter notre frivolité, ce n'est pas la faute des arts. Quant à la musique, je l'entends quelquefois avec plaisir; mais je suis indigne d'en parler. Je me souviens d'avoir fait autrefois une petite lettre pour prouver que Destouches avait donné, dans *Callirhoé*, le modèle de la meilleure des musiques possibles. Je lus cette lettre à un de mes amis, grand musicien et grand philosophe; il l'écouta avec beaucoup de sang-froïd: « Est-ce que « vous auriez l'oreille fausse? » me dit-il après l'avoir entendue. J'en convins avec un peu de honte. « Eh « bien, ajouta-t-il, n'écrivez jamais sur l'opéra. Un « aveugle peut donner des leçons d'optique; mais il « n'apprendra jamais aux gens qui voient clair à ju- « ger un tableau. »

UN ERMITE DE LA FORÊT DE SÉNART.

Dimanche, 22 juin 1777 (1).

(1) *Journal de Paris*, n° 173.

AVERTISSEMENT.

L'entrevue de Condorcet avec Svédenborg n'a rien de réel :
c'est une fiction littéraire que l'auteur a choisie pour offrir sous
cette forme, plus vive et plus commode, un précis de la doctrine
de Svédenborg. On ne lui prête rien qui ne soit tiré de ses ouvrages ; par exemple, l'anecdote du dîner à Londres et de l'apparition céleste qui l'interrompit, est racontée par Svédenborg lui-
même dans la préface du traité *de cœlo et inferno*, et il met à cette
aventure, qui décida sa vocation et son rôle mystique, la date
de 1743 : c'est justement l'année de la naissance de Condorcet.

Pour lever tous les doutes au sujet de cette prétendue conversation, il suffira d'observer que le dernier voyage de Svédenborg en France est de 1736, et que Condorcet n'alla jamais en
Angleterre, où le célèbre Suédois mourut en 1772 (1).

Ce morceau n'a d'épistolaire aussi que la forme. Il eût été déplacé dans la *Correspondance*, autant que le seraient dans celle de
Voltaire les lettres sur les Anglais, la lettre de M. de la Visclède,
la lettre sur la *Nouvelle Héloïse*, à l'Académie française, à la noblesse de Gévaudan, etc., etc.; et tant d'autres lettres qui, adressées à des correspondants imaginaires, sont arrivées à leur adresse
sans avoir jamais été mises à la poste.

Je n'ai pu découvrir la date précise de cet écrit; cela d'ailleurs
n'importe guère. J'ai adopté comme vraisemblable celle de 1782,
parce que, en 1782, parut la traduction de dom Pernety du livre
de cœlo et inferno, où Condorcet paraît avoir puisé principalement.   F. G.

(1) Voyez l'éloge de Svédenborg, par M. de Saudel, lu à l'Académie de Stockholm, en 1772.

LETTRE

SUR SVÉDENBORG A M***.

(1782.)

—

Je vous ai promis , Monsieur, un précis de ma conversation avec Svédenborg ; mais je crains que vous n'ayez oublié cette promesse. Une maladie assez longue, pendant laquelle je n'ai pu que faire sur moi-même quelques observations métaphysiques, a interrompu notre correspondance.

Supposez-moi maintenant assis à côté de Svédenborg et le suppliant de m'instruire de sa doctrine et de la manière dont elle lui a été révélée.

« J'étais à Londres, me répondit-il, et je dînais seul pour être moins interrompu dans mes méditations sur les choses spirituelles. Tout à coup ma vue se trouble , la chambre s'obscurcit, et le plancher se couvre à mes yeux de reptiles venimeux ; ils disparaissent peu à peu , une douce lumière succède à l'obscurité ; j'aperçois, au coin de la chambre, un jeune homme vêtu de rouge et d'une figure céleste, et j'entends distinctement ces mots : «Abstiens-toi. » Je reçus avec docilité cette leçon de tempérance ; j'en fus récompensé la nuit suivante. Le même homme m'apparut, et daigna m'apprendre qu'il était le Sauveur du monde. Depuis ce temps , j'ai eu constamment le bonheur de converser avec lui et avec les anges, et j'ai fini par être admis dans le ciel, dans la demeure éternelle des esprits.

— « Mais que devient, pendant ce temps, le corps de Svédenborg?

— « Il reste sur la terre, et paraît aux autres hommes dans un état de contemplation et d'extase; mais il est affranchi des besoins ordinaires. J'ai passé une fois dix-sept jours dans le ciel, sans que mon corps ait souffert du défaut de nourriture. Pendant ce temps, j'avais le plaisir de contempler le soleil de justice, et de m'instruire des grands mystères que j'ai été chargé de révéler aux hommes.

— « Qui avez-vous trouvé dans le ciel?

— « Les esprits, les hommes justes et vertueux, élevés au plus haut degré de gloire et de bonheur. Mais les chrétiens seuls y peuvent être admis à l'instant de la mort. Il faut que les autres, qui n'ont pas connu la vérité, et ceux qui l'ont combattue, aient eu le temps de la comprendre et de l'aimer. Les derniers y restent plus longtemps dans un état de trouble et de doute qui est leur opinion. J'ai reconnu Cicéron, et j'ai jugé par ses discours qu'il approchait du moment où, absolument délivré de ses anciennes erreurs, il serait digne d'être admis parmi les esprits bienheureux. J'ai rencontré aussi des Chinois : ils me paraissaient si étonnés de ce qu'ils voyaient, que je crois qu'ils ont encore longtemps à attendre.

— « Mais qu'arrive-t-il à ceux qui ont commis de mauvaises actions?

— « Ceux-là sont confinés dans un lieu particulier. Comme ils sont d'autant plus coupables qu'ils ont été plus éclairés, ils sont aussi d'autant plus punis; car ils ont un désir violent d'aller contempler ce soleil de justice dont ils sont éloignés. Mais à peine sont-ils frappés de ses premiers rayons, qu'ils voient toute l'horreur de leurs actions, ce qui leur cause un sentiment de terreur et de dégoût si insupportable, qu'ils se hâtent de retourner dans la demeure qui leur est assignée.

— « On m'a dit que vous aviez fait un livre sur le mariage des morts?

— « C'est un des plus grands mystères du ciel : chaque esprit s'unit d'une manière indissoluble à un autre esprit, et leur bonheur redouble par la communication de leurs sentiments et de leurs pensées. Au reste, ces unions sont indépendantes du sexe qu'avaient eu dans ce monde les corps des esprits qui se marient dans l'autre. Le mariage terrestre n'est qu'une image de cette union des esprits. Ce n'est que pour cela que l'adultère est un si grand péché. J'ai beaucoup travaillé à en dégoûter mes compatriotes, et vous ne sauriez croire combien ce zèle m'a valu de mauvaises plaisanteries. Il y avait entre autres un certain général qui passait sa vie à se moquer de moi. Savez-vous ce qui lui est arrivé?

— « Quoi donc?

— « Il est mort. Eh bien, je l'ai trouvé là-haut, persistant dans son péché, riant encore des mauvais tours qu'il avait joués aux maris de ce monde. Oh ! je vous réponds que celui-là ne verra de long-temps le soleil de justice.

— « Vous l'avez vu sans doute?

— « J'en ai vu deux : l'un qui ressemble au soleil, l'autre qui ressemble à la lune. On voit le premier par l'œil droit, et le second par l'œil gauche. Mais n'allez pas croire que l'on passe l'éternité à les regarder : on se permet des distractions dans le ciel. Les esprits des savants vont se promener de planètes en planètes, d'unions en unions ; ceux qui ont habité notre terre volent dans Sirius pour savoir comment tout s'y passe. Vous sentez combien la science de ces esprits surpasse celle d'un homme qui connaît à peine un petit coin de notre petit globe. Tous ces mondes sont habités, et le ciel, qui doit contenir la plupart des hommes de tous les siècles, occupe un espace infiniment plus grand que celui de cet univers naturel.

— « Mon cher Svédenborg, ne vous est-il jamais arrivé, dans vos extases, surtout dans les premières, de vous frotter les yeux un peu fortement ?

— « Non. J'aurais craint de me priver du spectacle merveilleux qui m'enchantait, et de mériter de perdre la grâce qui m'a été accordée.

— « Vous ne vous souvenez donc pas d'avoir ouï dire, dans le temps où vous n'étiez qu'un philosophe terrestre, qu'il est très-commun de voir des fantômes, soit la nuit, soit en fixant un objet qui n'arrête pas l'attention, soit en fermant les yeux, lorsqu'on a la vue fatiguée, ou qu'une cause interne met cet organe en état de contraction ? Les fantômes sont quelquefois assez bien terminés pour faire une véritable illusion ; mais, si on est importuné, on les fait disparaître en se frottant les yeux. Un autre ébranlement succède au premier, et l'illusion se dissipe.

— « Je vois, me dit gravement Svédenborg, que

vous vous moquez aussi de moi. J'en suis fâché pour vous. Vous ne verrez peut-être pas le soleil de justice avant mille ans d'ici; mais vous le verrez un jour, car vous êtes un bon homme. »

Nous nous séparâmes, et je vis clairement que Svédenborg n'était devenu fou que pour avoir négligé de faire une petite expérience de physique. Il avait pris pour des vérités les fantômes produits par l'irritation de ses yeux, et était parvenu à mettre de l'ordre dans ces fantômes, comme les hommes apprennent à en mettre dans leurs sensations et leurs idées. Il avait conservé toute sa raison, et était précisément dans le cas d'un homme qui, n'ayant pas d'idée de la lanterne magique, aurait pris pour des objets réels tout ce qu'elle fait voir, et bâti un système d'après ces illusions. On sent combien, pour peu que les objets fussent bizarres et mal terminés, il aurait de facilité pour faire cadrer ce système avec ses opinions et ses idées.

DIALOGUE

ENTRE

DIOGÈNE ET ARISTIPPE.

(1783.)

DIOGÈNE.

Philosophe, tu passes ta vie à la cour d'un tyran.

ARISTIPPE.

Un philosophe doit être où les hommes ont le plus besoin de lui.

DIOGÈNE.

Aristippe flatte l'oppresseur de Syracuse.

ARISTIPPE.

Oui, mais il le désarme ; il a sauvé de la mort des amis imprudents ; la flatterie et le mensonge ne sont plus des crimes dès qu'ils sont utiles aux hommes.

DIOGÈNE.

Pour sauver ces amis, on t'a vu baiser les pieds de Denys.

ARISTIPPE.

N'importe, si c'est là que la nature a placé ses oreilles.

DIOGÈNE.

Jadis un philosophe sorti de l'école de Pythagore, si fertile en ennemis des tyrans, n'eût paru à Syracuse que pour réveiller dans l'âme des citoyens l'amour de la liberté et de la patrie; il eût donné à un peuple faible, qui ne sait que trembler et haïr, le courage et les moyens de punir. Et si le sort conduisait Diogène à *Syracuse*, crois-tu qu'il s'abaisserait à faire rire un vil tyran? Je lui reprocherais ses barbaries, ses voluptés et ses vers boursouflés. Denys se croit un Dieu; je lui ferais apercevoir qu'il n'est pas même un homme.

ARISTIPPE.

Denys, maître d'un peuple désarmé, est entouré des guerriers qui ont chassé les vengeurs des Africains et de la renommée de ses victoires. Il mourra sur le trône. Que gagnerais-je à le braver? Le vain honneur d'avoir montré du courage et de lui faire commettre un crime de plus, et j'aime mieux lui en épargner. J'ose lui déplaire quand il le faut pour être utile. Je ne crains point la mort, mais je ne hais point la vie; je ne veux pas la sacrifier à une gloire inutile, mais je suis prêt à la donner pour le bien des hommes.

DIOGÈNE.

Aristippe, accoutumé aux plaisirs, est devenu l'esclave de la volupté. Il craint moins la mort qu'une vie austère.

ARISTIPPE.

Le plaisir ne m'amollit point. Dans une âme ardente et inflexible comme la tienne, la volupté devient une fureur. Elle tient lieu de tout, et le rend capable de tout. La mienne, plus flexible et plus modérée, sait en jouir et peut s'en passer; je ne suis ni assez sot pour la mépriser, ni assez emporté pour

la craindre. Je me livre gaiement aux fêtes tumul-
tueuses de Denys. J'en ai banni la débauche. Ses
courtisans, qui bravaient la nature et les lois, craignent qu'Aristippe les accuse de manquer de goût.
Les moments où je vois que le plaisir a réveillé l'âme
de Denys, et que sa douce ivresse en chasse la défiance, j'en profite pour le rappeler, non à la justice, les tyrans ne peuvent la connaître, mais à la
compassion, dont la voix n'est jamais étouffée sans
ressource. Je sais qu'il ne peut faire du bien par vertu
ou par système, et je tâche qu'il en fasse par caprice.
On lui amena, il y a quelque temps, trois belles esclaves que des pirates avaient enlevées : elles pleuraient. Le tyran blasé ne vit ni leur beauté ni leurs
larmes. Je venais de louer une de ses tragédies. Aristippe, me dit-il, choisis une de ces esclaves. Je les
prends toutes trois, répondis-je. Pâris s'est trop mal
trouvé d'avoir fait un choix. Il rit. J'emmenai ces
trois esclaves, et le lendemain je les renvoyai à leurs
parents.

DIOGÈNE.

Confondu dans une foule de vils flatteurs, l'ingénieux Aristippe se charge du soin de distraire un
tyran de ses remords et de ses craintes. Ta voix le
rassure contre la haine; ton suffrage l'encourage
contre le mépris. D'autant plus coupable que tu as
plus d'esprit et de crédit sur l'opinion, que tu peux
et le corrompre et l'excuser. En vain te vantes-tu
de lui épargner des crimes, si tu fortifies ses vices.

ARISTIPPE.

Je détruis par une flatterie plus adroite le mal que

ferait celle des esclaves. Ils vantent sa puissance et la terreur qu'il inspire; ils lui peignent les méchants ligués contre lui, mais contenus, malgré leur fureur, par sa vigilance et la sévérité de sa justice. Alors il s'irrite, il n'est occupé qu'à rechercher des coupables et des supplices, qu'à imaginer de nouvelles persécutions. Il paraît agité par les furies. Seul libre au milieu de sa cour, je suis le seul qu'il croie sans intérêt de lui nuire; il me confie sa fureur et son effroi. Seigneur, lui dis-je, toutes ces précautions avertissent les Syracusains que vous croyez mériter leur haine, et le leur feront croire. Craignez de les augmenter assez, ces précautions, pour qu'un homme de cœur puisse trouver de la gloire à les tromper. Ce ne sont point vos gardes qui vous défendent, c'est votre nom; on respecte en vous le libérateur et le vengeur de la Sicile, le protecteur des arts, qui a rendu Syracuse la rivale d'Athènes. Ce sont ces titres honorables qui font votre sûreté. Denys alors appelle dans son palais des hommes éclairés et vertueux; il s'adoucit dans leur société; il s'indigne que les Carthaginois aient encore des places dans la Sicile; il s'occupe des moyens de les en chasser, et laisse respirer Syracuse.

DIOGÈNE.

Mais Démarate et Agathocle, qu'il a bannis, disent que vous avez insulté à leur malheur; ils remplissent la Grèce de leurs plaintes et de la bassesse d'Aristippe.

ARISTIPPE.

Lorsque Démarate et Agathocle furent bannis, les

courtisans s'empressèrent d'applaudir à Denys, qui venait, disait-on, de punir des insolents qui l'avaient outragé. Les ennemis du tyran croyaient qu'il sacrifiait au plaisir de se venger, les citoyens les plus utiles. Je disais aux uns et aux autres : Si ces hommes n'eussent pas été ses ennemis, il eût dû les punir plus sévèrement. Souvenez-vous de ce malheureux étranger qu'ils immolèrent aux dieux : c'est sa mort que Denys a vengée, et non ses propres injures. Est-ce que Diogène estimerait Démarate et Agathocle plus que Denys?

DIOGÈNE.

Non, je méprise et je hais tous les gens injustes et cruels, et si je hais plus Denys, c'est qu'il fait plus de mal. Mais si vous, Aristippe, avez une âme vraiment noble et élevée, ramperiez-vous à la cour d'un tyran? Content de pouvoir alléger quelques-uns des maux qu'il peut faire, pourquoi ne pas vivre dans une république, où vous formeriez des hommes par vos leçons, où vous les élèveriez par vos exemples, et où vous seriez plus utile et où vous ne vous aviliriez point?

ARISTIPPE.

Tout homme qui a des lumières et du courage peut faire du bien dans une ville libre. Aristippe seul peut être utile à une ville opprimée : souffre qu'il y vive. Il vaudrait mieux sans doute que Syracuse fût affranchie et eût de bonnes lois; mais si ce mieux est impossible, faisons, sans nous irriter contre le destin, tout le bien que nous pouvons faire, et ne désespérons jamais d'en faire, même sous un tyran, pourvu qu'il aime la gloire et qu'il haïsse la superstition.

DIOGÈNE.

Mais tes yeux ne sont-ils pas fatigués du spectacle de l'esclavage, et n'es-tu pas dégoûté de vivre avec des esclaves?

ARISTIPPE.

Oui, c'est pour cela que je suis venu dans la Grèce voir des hommes libres, et causer avec Diogène.

DIOGÈNE.

Aristippe, si tu savais vivre comme moi, tu n'irais pas dans le palais des tyrans.

ARISTIPPE.

Diogène, si tu savais vivre avec les hommes, tu ne coucherais pas dans un tonneau. Pardonne-moi ma facilité et mes plaisirs en faveur de ma douceur et de ma gaieté. Ton courage et ta sublime abstinence me font oublier ta dureté et ton orgueil.

DIOGÈNE.

Aristippe serait-il capable de partager le pain de Diogène, et de boire avec lui de l'eau dans le creux de sa main?

ARISTIPPE.

Oui; malgré la gourmandise qu'on me reproche, j'ai plus de plaisir à entendre un bon mot que de boire du vin dans une coupe d'or, le meilleur de la Sicile.

OBSERVATIONS

DE CONDORCET

SUR LE VINGT-NEUVIÈME LIVRE

DE

L'ESPRIT DES LOIS.

LIVRE XXIX.

DE LA MANIÈRE DE COMPOSER LES LOIS.

Chapitre Ier. De l'esprit du législateur. — Chapitre II. Continuation du même sujet.

Je n'entends pas ce premier chapitre.

L'esprit d'un législateur doit être la justice, l'observation du droit naturel dans tout ce qui est proprement loi. Dans les règlements sur la forme des jugements ou des décisions particulières, il doit chercher la meilleure méthode de rendre ces décisions conformes à la loi et à la vérité ; ce n'est point par esprit de modération, mais par esprit de justice, que les lois criminelles doivent être douces, que les lois civiles doivent tendre à l'égalité, et les lois d'administration au maintien de la liberté et de la propriété.

Les deux exemples cités sont mal choisis. La simplicité des formes n'est pas contraire à la sûreté, soit de la personne, soit des biens, pour le maintien de laquelle les formes sont établies. Montesquieu semble le croire; mais il ne le prouve nulle part; et les injustices causées par les formes compliquées rendent l'opinion contraire au moins vraisemblable.

Le second exemple est ridicule. Qu'importe à la science de composer les lois que Cécilius ou Aulu-Gelle aient dit une sottise?

Par esprit de modération, Montesquieu n'entendrait-il pas cet esprit d'incertitude qui altère par cent petits motifs particuliers les principes invariables de la justice? (Voyez le chapitre 18.)

Chapitre III. Que les lois qui paraissent s'éloigner des vues du législateur y sont souvent conformes.

Le premier devoir d'un législateur est d'être juste et raisonnable. Il est injuste de punir un homme pour n'avoir pas pris un parti, puisqu'il peut ou ignorer quel est le parti le plus juste, ou les croire tous deux coupables. Il est contre la raison de prononcer la peine d'infamie par une loi : l'opinion seule peut décerner cette peine. Si la loi est d'accord avec l'opinion, la loi est inutile; et elle devient ridicule, si elle est contraire à l'opinion.

Montesquieu ne se trompe-t-il pas sur l'intention de Solon? Il semble qu'elle était plutôt d'obliger le gros de la nation à prendre parti dans les querelles entre un tyran, un sénat oppresseur, des magistrats iniques, et les défenseurs de la liberté, afin d'assurer à ceux-ci l'appui des citoyens bien intentionnés, mais que la crainte aurait empêchés de se déclarer.

C'était un moyen de changer en guerre civile toute insurrection particulière; mais ce motif était conforme à l'esprit des républiques grecques.

Chapitre IV. Des lois qui choquent les vues du législateur.

Un bénéfice étant ou une fonction publique, ou une récompense, doit être donné au nom de l'État; et on doit savoir à qui l'État l'a donné. Un procès pour un bénéfice est donc une chose ridicule.

Si on regarde, au contraire, un bénéfice comme une propriété, et le droit de le donner comme une autre espèce de propriété, alors la loi citée est évidemment injuste.

Comment, dans *l'Esprit des lois*, Montesquieu n'a-t-il jamais parlé de la justice ou de l'injustice des lois qu'il cite, mais seulement des motifs qu'il attribue à ces lois? Pourquoi n'a-t-il établi aucun principe pour apprendre à distinguer, parmi les lois émanées d'un pouvoir légitime, celles qui sont injustes et celles qui sont conformes à la justice? Pourquoi, dans *l'Esprit des lois*, n'est-il question nulle part de la nature du droit de propriété, de ses conséquences, de son étendue, de ses limites?

Chapitre V. Continuation du même sujet.

Je ne sais pourquoi Montesquieu appelle une loi

ce serment qui était aussi imprudent que barbare.
Une loi qui ordonnerait de détruire une ville, parce
que ses habitants en ont détruit une autre, peut
être très-injuste; mais elle ne serait pas plus contraire aux vues du législateur que la loi qui décerne
la peine de mort contre les assassins, dans la vue
d'empêcher les meurtres.

Il existe près de nous tant de lois importantes, qui
contrarient les vues pour lesquelles le législateur les
a établies, qu'il est bien étrange que l'auteur de *l'Esprit des lois* ait été choisir ces deux exemples.

Cette observation se présente souvent, et l'on peut
en donner la raison. (Voyez chap. 16.)

Chapitre VI. Que les lois qui paraissent les mêmes, n'ont pas toujours le même effet.

La loi de César était injuste et absurde. Quelle
était donc la tyrannie de cet homme si clément, s'il
s'était arrogé le droit de fouiller les maisons des citoyens, d'enlever leur argent, etc., et, s'il n'employait pas ces moyens, à quoi servait sa loi? D'ailleurs elle devait augmenter la masse des dettes; et
elle n'aurait pu être utile aux débiteurs qu'en diminuant l'intérêt de l'argent. Or la liberté du commerce est le seul moyen de produire cet effet. Toute
autre loi n'est propre qu'à faire hausser l'intérêt au-
dessus du taux naturel.

La loi de César n'était vraisemblablement qu'un
brigandage, et celle de Law était de plus une extra-
vagance. (Voir Dion Cassius, liv. 41.)

Chapitre VII. Continuation du même sujet. — Nécessité de bien composer les lois.

L'ostracisme était une injustice. On n'est point criminel pour avoir du crédit, des richesses ou de grands talents. C'était de plus un moyen de priver la république de ses meilleurs citoyens, qui n'y rentraient ensuite qu'à la faveur d'une guerre étrangère ou d'une sédition.

Et comment la nécessité de bien composer les lois, et, ce qui en devrait être la suite, les principes d'après lesquels on doit les composer, sont-ils établis par l'exemple de deux mauvaises lois, établies dans deux villes grecques ?

Il s'agit de donner aux hommes les lois les plus conformes à la justice, à la nature et à la raison ; il s'agit de composer ces lois de manière qu'elles puissent être bien exécutées et qu'on n'en abuse point ; et l'auteur de *l'Esprit des lois* fait l'éloge d'une loi absurde des Athéniens ! Jamais d'analyses, jamais de discussions, jamais aucun principe précis ; toujours un ou deux exemples, qui, le plus souvent, ne prouvent qu'une chose, c'est qu'il n'y a rien de si commun que les mauvaises lois.

Chapitre VIII. Que les lois qui paraissent les mêmes n'ont pas toujours eu le même motif.

La liberté de faire des substitutions dérive, dans les lois romaines comme dans les nôtres, du principe que le droit de propriété s'étend jusqu'à la disposition des biens après la mort. Ce principe est assez généralement établi, parce que, presque partout, ce sont les possesseurs actuels qui, dans l'origine, ont fait les lois. Si les Romains voulaient perpétuer certains sacrifices, comme nous voulons perpétuer certains titres, il est vraisemblable que la vanité en était également le motif. C'était toujours un représentant qu'on se choisissait dans l'avenir.

Chapitre IX. Que les lois grecques et romaines ont puni l'homicide de soi-même, sans avoir le même motif.

Dans quel pays de la Grèce punissait-on le suicide, et quelle était la peine établie?

Montesquieu n'en dit rien : aussi trouve-t-on que Platon ne parle dans ce dialogue d'aucune loi établie, mais de celle qu'il faudrait établir. Il veut, par exemple, qu'un esclave qui tuerait un homme libre en se défendant soit puni de mort, etc. Quant aux suicides, Platon conseille à leurs parents de les enterrer sans cérémonie, sans inscription, et de consulter dévotement les prêtres sur la forme des sacrifices expiatoires.

Enfin ce mot, *sera puni*, n'est pas dans Platon ; et voilà comment Montesquieu cite Platon, et comment il prouve qu'en Grèce on punissait le suicide.

A Rome, si l'on se donnait la mort avant d'être condamné, on évitait la confiscation des biens, la privation de la sépulture, etc. Les empereurs déclarèrent donc que les accusés qui se tueraient pour prévenir la condamnation seraient traités comme s'ils avaient été condamnés. Les lois qui prononçaient la confiscation après la condamnation étaient injustes; celles qui privent les condamnés de la sépulture peuvent être barbares; mais il ne s'agit pas dans tout cela de peine contre le suicide.

On fait grâce en Angleterre de certaines peines à ceux qui savent lire. Supposons qu'on eût fait une loi pour priver de cette grâce ceux qui apprennent à lire pendant le procès, dira-t-on qu'on a établi des peines en Angleterre contre ceux qui apprennent à lire?

Chapitre X. Que les lois qui paraissent contraires, dérivent quelquefois du même esprit.

Pour que l'exemple répondît au titre, il faudrait que la loi française eût pour motif le principe de respecter l'asile d'un citoyen.

Et pour que le titre répondît à l'exemple, il faudrait dire qu'on étend plus ou moins, dans différents pays, les conséquences d'un même principe.

Mais alors le titre n'eût pas eu l'air profond.

Montesquieu aurait pu observer que du même principe, du respect pour la vie des hommes, on peut déduire ou des lois douces, ou des lois sévères jusqu'à l'atrocité; et il aurait fallu en conclure que tout autre principe que celui de la justice peut conduire à de fausses conséquences.

Chapitre XI. De quelle manière deux lois diverses peuvent être comparées.

Pour que le principe établi dans ce chapitre fût

vrai, il faudrait qu'un système de lois, où il en entrerait d'injustes, pût être bon. Autrement, il est beaucoup plus simple de juger séparément chaque loi, de voir si elle ne choque pas la justice, le droit naturel. Si elle y est contraire, alors il faut la rejeter, et, dans le cas où elle aurait une utilité locale, la remplacer par une autre loi qui aurait les mêmes effets sans blesser la justice.

Dans l'exemple cité, il fallait : 1° distinguer le faux témoignage, regardé en lui-même comme un crime, et le faux témoignage considéré seulement comme un attentat contre la vie, l'honneur d'un citoyen, et prouver que c'est sous ce point de vue seul qu'il est un délit. 2° Il fallait montrer que la loi de France, non-seulement n'est pas nécessaire, mais qu'elle est mauvaise : non en ce qu'elle punit de mort, dans une affaire capitale, celui qui a causé par un faux témoignage la mort d'un innocent, mais parce qu'elle autorise à poursuivre comme faux témoin celui qui, après la confrontation, se rétracterait, ou dont le faux témoignage serait découvert; qu'elle n'est par conséquent qu'un obstacle de plus opposé à la justification d'un innocent accusé. 3° De ce qu'il est difficile, en Angleterre, de faire périr un innocent par un faux témoignage, il ne s'ensuit pas que l'on ne doive point regarder ce crime, lorsqu'il est commis, comme un crime capital.

Ainsi, non-seulement le principe exposé dans ce chapitre est très-incertain, mais le fait employé comme exemple ne s'y applique point.

Qu'on nous permette seulement d'être un peu

surpris que la barbarie de la torture, le refus injuste et tyrannique d'admettre à la preuve de faits justificatifs, et la loi équivoque et peut-être trop rigoureuse contre les faux témoins, soient présentés par Montesquieu comme formant un système de législation dont il faille examiner l'ensemble. Si c'est un persiflage, il n'est pas assez marqué.

Chapitre XII. Que les lois qui paraissent les mêmes, sont réellement quelquefois différentes.

Ce chapitre ne contient rien que de juste. Mais le titre semble annoncer la prétention de dire une chose extraordinaire, que le chapitre ne justifie pas. Cette proposition : Le recéleur doit être puni de la même peine que le voleur, n'est pas une loi, mais une maxime générale, vraie ou fausse. Si elle est vraie, la loi de France et la loi romaine sont également bonnes ou mauvaises, soit lorsqu'elles statuent contre le voleur, soit lorsqu'elles statuent contre le recéleur. Si elle est fausse, toutes deux sont nécessairement mauvaises par rapport à l'un des deux.

Chapitre XIII. Qu'il ne faut point séparer les lois de l'objet pour lequel elles sont faites. — Des lois romaines sur le vol.

La distinction entre le vol manifeste et le vol non manifeste, n'a pas besoin d'une explication tirée des lois de Lacédémone. La différence de la peine peut n'avoir eu d'autre motif que la certitude de l'un de ces vols, et la difficulté de prouver l'autre. Et comme le second n'était puni que par une amende, cette

distinction n'est pas déraisonnable, parce qu'un recéleur, un acheteur imprudent ou à demi de mauvaise foi, pouvaient être sans injustice condamnés
à cette amende du double. Il y a des cas où nos tribunaux font grâce de la vie et condamnent aux galères perpétuelles un assassin, un empoisonneur,
sous prétexte qu'ils ne sont pas absolument convain-
cus, mais seulement à très-peu près. C'est une jurisprudence assez naturelle chez un peuple encore
à demi sauvage, qui regarde la punition des crimes
plus comme un acte de vengeance réglé par la loi
que comme un acte de justice.

La distinction entre la peine des pubères et des
impubères n'a pas besoin, pour être entendue, ni
des lois de Lacédémone, ni des raisonnements de
Platon sur les lois de l'île de Crète. Elle est fondée
sur ce que les impubères sont supposés n'avoir ni
l'usage de leur raison, ni la connaissance distincte
des lois de la société.

Chapitre XIV. Qu'il ne faut pas séparer les lois des circonstances
dans lesquelles elles ont été faites.

J'avouerai qu'il m'est encore impossible d'apercevoir la moindre liaison entre le titre de ce chapitre
et le premier article. On voit clairement que Montesquieu avait rassemblé une foule de notes sur les
lois de tous les peuples, et que, pour faire son ouvrage, il les a rangées sous différents titres. Voilà
toute cette méthode dont on lui a fait tant d'honneur, et qui n'existe que dans la tête de ceux qui
refont son livre d'après leurs idées.

De ce qu'un médecin, qui ne réussit pas dans le traitement d'un malade qui lui a donné sa confiance librement, n'appartient à aucun corps, il ne s'ensuit pas qu'on doive le punir ; et qu'au contraire il ne mérite aucune punition, lorsque, ayant un privilége exclusif de me traiter, il m'a empéché, en vertu de son privilége, de m'adresser à un autre qui m'aurait guéri.

Est-ce qu'en France les chirurgiens et les apothicaires ne sont pas interdits ou condamnés à des dommages, lorsqu'ils se rendent coupables d'impéritie? Si on ne punit pas les médecins, c'est qu'il serait très-rare de pouvoir les convaincre d'avoir eu tort; au lieu que la preuve contre les chirurgiens et les apothicaires est souvent très-facile (1).

Chapitre XV. Qu'il est bon quelquefois qu'une loi se corrige elle-même.

Tout homme qui tue un autre homme est coupable d'homicide, sinon d'assassinat, à moins qu'il ne l'ait tué à son corps défendant, pour sauver sa vie ou celle d'un autre; et, pour être regardé comme innocent, il faut que cette excuse soit au moins probable.

La loi des Douze Tables était mauvaise. D'ailleurs

(1) Ajoutons : Qu'est-ce qu'un médecin d'une condition plus basse qu'un autre médecin? Et cette condition plus basse est-elle une bonne raison de condamner ce médecin à la mort, pour la même faute pour laquelle le médecin d'une condition un peu relevée n'est condamné qu'à la déportation ? Tout cela fait frémir le bon sens.

Montesquieu veut-il dire autre chose, sinon qu'une loi peut exiger quelques modifications, distinguer certaines circonstances? Tout cela est vrai et commun, et il pouvait le dire d'une manière simple et plus utile.

Chapitre XVI. Choses à observer dans la composition des lois.

L'auteur commence dans ce chapitre à traiter le sujet annoncé par le titre du livre. Ce qu'il dit est vrai en général, mais n'est ni assez approfondi ni assez développé. (Voyez les remarques sur le chapitre 19.)

D'ailleurs ce chapitre 16 renferme beaucoup de choses inexactes.

Le testament attribué à Richelieu emploie une expression vague; mais cette phrase n'est pas une loi; et Montesquieu pouvait trouver dans nos lois, ou dans celles des peuples voisins, des exemples plus frappants. Le chancelier de L'Hôpital crut devoir faire déclarer Charles IX majeur à quatorze ans commencés; mais ni lui, ni personne, n'imaginèrent jamais d'en donner d'autres raisons sérieuses que celles qu'on ne pouvait avouer publiquement.

Ce n'est pas dans des lois qu'on a cité la rondeur de la couronne, ni les nombres de Pythagore.

L'édit de proscription de Philippe II n'est pas une loi.

Quoi ! notre jurisprudence criminelle est remplie de lois vagues, qui conduisent des juges ignorants et féroces à des barbaries honteuses ; et Montesquieu dédaigne d'en parler, et il va chercher ses exemples dans des lois oubliées!

Il reproche aux lois du Bas-Empire leur style; mais c'est confondre le préambule d'une loi avec la loi. Lorsqu'un peuple se donne à lui-même des lois, il n'a pas besoin d'en développer les motifs; et souvent il n'en pourrait donner d'autres que sa volonté. Mais lorsqu'un homme dicte des lois à toute une nation, le respect dû à la nature humaine lui impose le devoir de rendre raison de ses lois, de montrer qu'il ne prescrit rien que de conforme à la justice, à la saine raison, à l'intérêt général.

Les ministres des empereurs eurent tort, s'ils écrivirent ces préambules comme des rhéteurs; mais ils avaient raison de les regarder comme nécessaires, et Montesquieu devait faire cette distinction (1).

(1) Ou plutôt il ne devait pas la faire. Tout délégué du peuple, agissant pour lui, doit lui rendre compte de ses motifs : et quand il serait possible que le peuple entier agisse, il ferait encore bien de se rendre compte à lui-même de ses raisons.

Il en agirait plus sagement. Condorcet lui-même dit, au chapitre XIX, que tout législateur, pouvant se tromper, doit dire le motif qui l'a déterminé; et il explique les différents avantages de cette précaution, et la manière de l'exécuter.

Il y a encore une raison pour que tout législateur donne ses motifs; c'est que ces motifs, fussent-ils bons, s'ils ne sont pas de nature à être goûtés généralement, il n'est pas encore temps de rendre la loi; et qu'au contraire, s'il parvient à les faire goûter, il est bien plus près d'amener la nation à toutes les bonnes conséquences qui en dérivent, que s'il avait fait passer la loi toute seule, par autorité ou par surprise.

(Note de M. le comte Destutt de Tracy, pair de France.)

Chapitre XVII. Mauvaise manière de donner des lois.

Les lois doivent statuer sur des objets généraux,
et non sur des questions particulières ; et les rescrits
des empereurs ne peuvent être regardés que comme
des interprétations données par le législateur. Or,
de telles interprétations ne peuvent avoir ni effet ré-
troactif, ni force de loi, tant qu'elles ne sont pas re-
vêtues de la forme authentique qui caractérise les
lois.

Une loi de Caracalla était une loi, et pouvait être
une loi absurde ; un rescrit de Marc-Aurèle ou de
Julien, fût-il un oracle de sagesse, ne devait pas être
regardé comme une loi avant qu'un édit lui en eût
donné la sanction.

Justinien put avoir tort de donner force de loi à
plusieurs de ces rescrits, s'ils contenaient des dispositions absurdes ; mais ce n'était point parce qu'ils
avaient été faits par les jurisconsultes, qui écrivaient
au nom de Caracalla ou de Commode. Les empereurs ne faisaient pas plus leur rescrit que Louis XIV
n'a fait l'ordonnance de 1670.

Ce Macrain, qui avait été gladiateur et greffier,
puis rédacteur des rescrits de Caracalla, qui régna
quelques mois, et perdit l'empire et la vie par sa
lâcheté, est une singulière autorité à citer dans l'*Esprit des lois*.

Chapitre XVIII. Des idées d'uniformité.

Nous voici à un des chapitres les plus curieux de

l'ouvrage. C'est un de ceux qui ont valu à Montesquieu l'indulgence de tous les gens à préjugés, de tous ceux qui haïssent les lumières, de tous les protecteurs des abus, etc. Il faut l'examiner en détail.

1° Les idées d'uniformité, de régularité, plaisent à tous les esprits, et surtout aux esprits justes.

2° Le grand esprit de Charlemagne peut-il être cité au dix-huitième siècle, dans la discussion d'une question de philosophie? Ce n'est sans doute qu'une plaisanterie, contre ceux qui avaient les idées que Montesquieu voulait combattre.

3° Nous n'entendons pas ce que signifient les mêmes poids dans la police, les mêmes mesures dans le commerce.

Le commerce emploie des poids et des mesures; la police se mêle des uns et des autres, et ne devrait s'en mêler que pour savoir s'ils ont réellement la valeur qui leur a été supposée, et pour en conserver d'exacts, avec lesquels on puisse comparer ceux qui sont employés.

4° L'uniformité de poids et de mesures ne peut déplaire qu'aux gens de loi qui craignent de voir diminuer le nombre des procès, et aux négociants qui craignent tout ce qui rend les opérations du commerce faciles et simples. Ce qu'on a proposé à cet égard, avec l'approbation universelle de tous les hommes éclairés, c'est de déterminer une mesure naturelle, fixe et invariable, qu'on pût toujours retrouver; de l'employer à former des mesures de longueur, de superficie, de contenance et de poids; de manière que les divisions successives en mesure et

en poids moindres fussent exprimées par des nombres simples et commodes pour les divisions ; d'établir ensuite d'une manière publique et légale, et par
les moyens exacts que fournit la physique, le rapport précis de toutes les mesures usitées dans un
pays avec la mesure nouvelle, ce qui prévient pour
jamais toute espèce de procès pour la valeur de ces
mesures. La nouvelle mesure aurait été adoptée par
le gouvernement, les assemblées d'états, les communautés, etc. Les particuliers auraient eu la liberté de
se servir de telle mesure qu'ils auraient voulu. Ce
changement se serait donc fait sans aucune gêne,
sans aucun trouble pour le commerce, et jamais personne n'a proposé une autre opération.

5° Comme la vérité, la raison, la justice, les droits
des hommes, l'intérêt de la propriété, de la liberté,
de la sûreté, sont les mêmes partout, on ne voit pas
pourquoi toutes les provinces d'un État, ou même
tous les États, n'auraient pas les mêmes lois criminelles ; les mêmes lois civiles, les mêmes lois de commerce, etc. Une bonne loi doit être bonne pour tous
les hommes, comme une proposition vraie est vraie
pour tous. Les lois qui paraissent devoir être différentes suivant les différents pays, ou statuent sur
des objets qu'il ne faut pas régler par des lois, comme
sont la plupart des règlements de commerce, ou bien
sont fondées sur des préjugés, des habitudes, qu'il
faut déraciner ; et un des meilleurs moyens de les
détruire est de cesser de les soutenir par des lois.

6° L'uniformité dans les lois peut s'établir sans
trouble, sans que le changement produise aucun mal.

On en convient pour l'établissement d'une bonne jurisprudence criminelle. Mais quel trouble produira celui d'un code civil? Il changera l'ordre de la distribution des successions ; mais une succession qu'on attend n'est pas un droit de propriété : il ne résulte de même aucun droit d'un testament, avant la mort du testateur. Les conventions faites avant la nouvelle loi lui conserveront toute leur force, à moins qu'elles ne soient contraires au droit naturel. Les conventions sont de trois espèces : ou leur exécution est instantanée, ou elle dure un temps fixe, ou elle est perpétuelle. Dans les deux premiers cas, l'exécution des conventions faites avant la loi nouvelle, peut être jugée d'après l'ancienne jurisprudence, sans nuire à l'uniformité des lois. Dans le dernier, elle y pourrait nuire ; mais l'exécution perpétuelle d'une convention ne peut naître du droit de propriété ; elle est uniquement fondée sur la sanction de la loi ; et, par conséquent, le législateur doit, par la nature des choses, conserver le droit de changer ces conventions, en conservant le droit véritable et originaire de chacune des parties ou de ses ayants cause.

Si on établit un mode de jurisprudence uniforme et simple, il s'ensuivra que les gens de loi perdront l'avantage de posséder exclusivement la connaissance des formes ; que tous les hommes sachant lire seront également habiles sur cet objet ; et il est difficile d'imaginer qu'on puisse regarder cette égalité comme un mal.

7° Ce n'est point une petite vue que l'idée d'une

uniformité qui donnerait à tous les habitants d'un pays, des idées précises sur des objets essentiels, une connaissance plus nette de leurs intérêts, et qui diminuerait l'inégalité entre les hommes, relativement à la conduite de la vie et des affaires.

8° Un fermier général disait aussi en 1775 : Pourquoi faire des changements ? Est-ce que nous ne sommes pas bien ?

La répugnance à changer ne peut être raisonnable que dans ces deux circonstances : 1° lorsque les lois d'un pays approchent tellement d'être conformes à la raison et à la justice, que les abus sont si petits, que l'on ne peut espérer du changement aucun avantage sensible ; 2° dans celle où l'on croirait qu'il n'y a aucun principe certain, d'après lequel on puisse se diriger d'une manière sûre dans l'établissement des lois nouvelles. Or toutes les nations qui existent sont bien éloignées du premier point, et on ne peut plus être de la seconde opinion.

9° La grandeur du génie est une de ces phrases vagues qui frappent les petits esprits et qui les séduisent, qui plaisent aux hommes corrompus, et sont adoptées par eux. Les uns, parce qu'ils ne voient rien, aiment à croire que la lumière n'existe pas ; les autres, qui la craignent, voudraient que personne ne s'avisât d'ouvrir les yeux.

10° Lorsque les citoyens suivent les lois, qu'importe qu'ils suivent la même ? Il importe qu'ils suivent de bonnes lois ; et, comme il est difficile que deux lois différentes soient également justes, également utiles, il importe encore qu'ils suivent la même,

par la raison que c'est un moyen de plus d'établir
de l'égalité entre les hommes. Quel rapport le céré-
monial tartare ou chinois peut-il avoir avec les lois?
Cet article semble annoncer que Montesquieu regardait la législation comme un jeu, où il est indifférent de suivre telle ou telle règle, pourvu qu'on
suive la règle établie, quelle qu'elle puisse être. Mais
cela n'est pas vrai, même des jeux. Leurs règles, qui
paraissent arbitraires, sont fondées presque toutes
sur des raisons que les joueurs sentent vaguement,
et dont les mathématiciens, accoutumés au calcul
des probabilités, sauraient rendre compte.

Chapitre XIX. Des législateurs.

Montesquieu confond ici les législateurs avec les
écrivains politiques qui ont proposé des systèmes
de législation.

Est-il bien sûr qu'Arioste ait eu une intention si
marquée de contredire Platon?

Ce que nous savons des républiques grecques,
nous donne lieu de croire que leur législation était
très-imparfaite, à quelques égards, et surtout très-
compliquée. Plus la législation d'un État sera simple,
mieux il sera gouverné.

Qu'a de commun César Borgia avec la législation?
Les discours de Machiavel sur Tite-Live, son histoire
de Florence, renferment beaucoup de vues politiques qui annoncent, si l'on a égard au siècle où vivait Machiavel, un esprit vaste et profond : mais il

n'a certainement pas songé, en les écrivant, à César Borgia. Quant au livre intitulé : *Le Prince*; quant à la vie de Castracani, etc., ce sont des ouvrages où Machiavel développe comment un scélérat peut s'y prendre pour voler, assassiner, etc., avec impunité. César Borgia passa quelque temps pour être un bon modèle en ce genre; mais il ne s'agit point là de législation.

Pourquoi Montesquieu n'a-t-il pas compté Locke parmi les législateurs? Est-ce qu'il a trouvé les lois de la Caroline trop simples?

Nous sera-t-il permis de placer ici quelques idées sur le sujet de ce livre? Nous distinguerons d'abord le cas où il s'agirait de donner à un peuple une législation nouvelle; celui où l'on ne statue que sur une branche plus ou moins étendue de la législation; celui enfin où la loi n'a qu'un objet particulier.

Dans le premier cas, il est d'abord essentiel de fixer les objets sur lesquels le législateur doit statuer.

Ces objets sont :

1° Les lois qui ont pour but de défendre les citoyens contre la violence ou contre la fraude; ce sont les lois criminelles.

2° Les lois de police : elles se partagent en deux classes; les unes ont pour objet de déterminer les sacrifices que chaque citoyen peut être obligé de faire de sa liberté, au maintien de l'ordre et de la tranquillité publique. C'est un véritable droit que l'homme acquiert en vivant en société; et, par conséquent, il n'est pas injuste de soumettre les individus à sacrifier à ce droit une partie de leur liberté. La deuxième espèce des lois de police a pour objet de régler la jouissance des choses communes, comme les rues, les chemins, etc.

3° Les lois civiles, qui se distinguent en cinq espèces : celles qui déterminent à qui doit appartenir la propriété, comme les lois sur les successions, etc.; celles qui règlent les moyens d'acquérir la propriété, comme les lois sur les ventes; celles qui règlent l'exercice du droit de propriété, dans le cas où cet exercice peut nuire à la propriété d'un tiers; celles qui assurent la propriété, comme les lois sur les hypothèques, sur les débiteurs, etc.; celles enfin qui statuent sur l'état des personnes.

Sur tous ces objets, il faut des lois de deux espèces : les premières sont les principes d'après lesquels chaque question doit être décidée; les autres règlent la forme suivant laquelle elle doit l'être.

Les lois politiques, qui règlent : 1° l'exercice du droit de législation; 2° la manière d'employer la force publique au maintien de la sûreté extérieure; 3° les moyens de l'employer à assurer l'exécution des lois; 4° la manière de traiter, au nom de la nation, avec les étrangers; 5° les dépenses qui doivent être faites aux frais de la nation; 6° les impôts.

Nous ne parlons pas des lois de commerce, parce que le commerce doit être absolument libre, et n'a besoin d'aucune autre loi que de celles qui assurent les propriétés.

Ensuite il faut sur chaque partie réduire à des questions générales, simples, et en un aussi petit nombre qu'on pourra, toutes les questions particulières qui peuvent se présenter, et examiner pour chacune :

1° Si elle doit être décidée par une loi;

2° Si, d'après les règles de la justice, la raison ne fournit pas une réponse à la question.

Si la raison fournit une réponse, il faut la suivre; sinon, on choisira le parti qui paraîtra le plus conforme à l'utilité publique.

Il ne suffit pas que ces lois soient claires, il faut qu'elles ne contiennent que des mots d'un sens précis et déterminé; et toutes les fois qu'une loi en emploiera d'autres, ces mots seront définis avec une exactitude scrupuleuse. Comme tout législateur peut se tromper, il faut joindre à chaque loi le motif qui a décidé à la porter. Cela est nécessaire, et pour attacher à ces lois ceux qui y obéissent, et pour éclairer ceux qui les exécutent; enfin pour empêcher des changements pernicieux, et faciliter en même temps ceux qui sont utiles. Mais l'exposition de ces motifs doit être séparée du texte de la loi; comme dans un livre de mathématiques, on peut séparer la suite de l'énoncé des propositions, de l'ouvrage même qui en contient les démonstrations. Une loi n'est autre chose que cette proposition : Il est juste ou raisonnable que..... (Suit le texte de la loi.)

Si l'on ne veut donner qu'une branche particulière de législation, il faut avoir soin de la circonscrire avec exactitude; examiner, après l'avoir réglée selon la raison et la justice, si elle n'est en contradiction avec aucune loi établie, et détruire soigneusement toutes celles-ci; comme on détruit toutes les racines d'un mal qu'on veut extirper. Cependant il vaudrait mieux laisser subsister une bonne loi, en contradiction avec une mauvaise qu'on n'aurait pu détruire, que de laisser la mauvaise seule.

Pour une loi particulière, si l'on veut être sûr qu'elle soit bonne, il faudra l'examiner, non pas isolée, mais dans son rapport avec toutes celles qui doivent entrer dans un bon système de lois, pour la branche de législation à laquelle elle appartient, et avec l'état actuel de cette branche de législation. Alors il peut arriver, ou que la loi qu'on veut faire, doive entrer dans un bon système de législation, ou qu'elle ne soit utile et juste que parce qu'elle s'oppose à l'injustice qui résulte d'une mauvaise loi qu'on ne peut changer.

Dans le premier cas, il faut se conformer à la justice absolue; dans le second, à la justice relative. Dans le premier, la loi doit être présentée comme une véritable loi; dans le second, comme une modification de la mauvaise loi qu'elle corrige.

Plus l'objet de la loi est particulier, plus il importe que le législateur expose ses motifs. Il est beaucoup plus aisé de saisir l'esprit d'une législation générale, ou d'une branche de législation, que celui d'une loi isolée.

Il serait bon de régler, dans une législation générale, un moyen de réformer les lois qui entraînent des abus, sans qu'on soit obligé d'attendre que l'excès de ces abus ait fait sentir la nécessité de la réforme.

Il y a des lois qui doivent paraître au législateur

faites pour être éternelles; il y en a d'autres qui doivent vraisemblablement être changées. Ces deux classes de loi doivent être distinguées dans la rédaction. Par exemple, cette loi : Les impôts seront toujours établis proportionnellement au produit net des terres, peut être regardée comme une loi fondée sur la nature des choses (1). Mais la loi qui fixe la manière d'évaluer le produit, peut être variable, parce qu'il est possible de perfectionner la méthode qu'il faut employer dans ces évaluations.

Il est encore plus important de distinguer les lois qui ne sont que pour un temps. Le chancelier de L'Hôpital, dans un édit de pacification, porta peine de mort contre ceux qui briseraient des images. Il est clair que cette loi trop rigoureuse n'avait pour objet que de prévenir des imprudences qui pouvaient rallumer la guerre civile; et c'est en vertu de cette loi, regardée comme perpétuelle contre toute raison, que le parlement de Paris a eu la barbarie de condamner le chevalier de La Barre. Même en supposant la loi juste, il eût fallu statuer qu'elle cesserait d'être exécutée au bout de tant d'années, à moins que la continuation des troubles n'obligeât de la renouveler.

(1) On voit qu'à l'époque où Condorcet a écrit ceci, il partageait encore les opinions des économistes français les plus exclusifs. Il prouve lui-même la sagesse profonde de l'expression dont il vient de se servir : il y a des lois qui doivent paraître au législateur faites pour être éternelles. Les hommes, en effet, ne peuvent jamais répondre de l'avenir sous aucun rapport.

(Note de M. le comte Destutt de Tracy, pair de France.)

Ce que dit Montesquieu, chapitre 16, sur les énonciations en monnaie, n'est pas suffisant; non-seulement il faut y ajouter toujours leur évaluation en valeurs réelles, mais il faut, suivant les cas, faire cette évaluation, ou en métal, ou en denrées; et l'évaluation en denrées doit être faite d'après le prix moyen du blé en Europe, du riz en Asie, parce que la denrée qui sert de nourriture principale et habituelle au peuple, est la seule dont on puisse regarder la valeur comme constante; et si la manière de vivre changeait, il faudrait faire une autre évaluation.

Nous avons dit qu'il y avait des choses qu'il faut évaluer en métal (1). Tel est l'intérêt d'une somme d'argent prêtée, qui doit toujours être la même partie du poids total; tel est l'intérêt de l'achat d'une maison, d'un meuble, etc., tandis que l'intérêt de l'achat d'une terre doit être évalué en denrées.

Les lois doivent être rédigées suivant un ordre systématique, de manière qu'il soit facile d'en saisir l'ensemble et d'en suivre les détails.

C'est le seul moyen de juger s'il ne s'y est pas glissé de contradictions ou d'omissions, si les questions

(1) Cette distinction n'est point fondée. Une somme d'argent est une valeur déterminée au moment où on la prête. On doit faire en sorte que l'intérêt qu'on en paye soit toujours la même portion qu'il a été convenu de donner annuellement de cette valeur, telle qu'elle était au moment du prêt. L'emprunteur a pu en acheter tout de suite une valeur égale de biens susceptibles d'accroissement ou de décroissement.

(Note de M. le comte Destutt de Tracy, pair de France.)

qui se présentent dans la suite ont été prévues ou non.

C'est le seul moyen de bien voir, lorsqu'une réforme devient nécessaire, sur quelle partie de l'ancienne loi elle doit porter; et alors la réforme doit être faite de manière qu'on puisse, sans altérer l'unité du système de la loi, substituer la loi nouvelle à celle que l'on réforme.

Ces réflexions sont simples : elles ne forment qu'une petite partie de ce qui doit entrer dans un ouvrage sur la manière de composer les lois ; elles sont nécessaires, et Montesquieu n'a pas daigné s'en occuper.

DISCOURS

PRONONCÉ

DANS L'ACADÉMIE FRANÇAISE,

LE JEUDI 21 FÉVRIER 1782,

A la réception de M. le marquis DE CONDORCET.

Messieurs,

L'honneur d'être admis parmi vous doit sans doute réveiller les illusions de l'amour-propre dans l'homme de lettres qui regarde cet honneur comme le prix de ses talents; mais une adoption si glorieuse ne peut exciter en moi que le sentiment de la reconnaissance. Je sais combien vos justes égards pour l'illustre compagnie qui m'a honoré du titre de son interprète, ont influé sur vos suffrages : en m'admettant dans vos assemblées particulières, vous avez voulu qu'il ne me manquât aucun moyen de répondre, d'une manière digne d'elle, à la confiance qu'elle daigne m'accorder.

J'aime à devoir vos bontés au même sentiment d'amour pour les sciences, qui vous fait décerner un éloge public à la mémoire du plus célèbre de mes prédécesseurs, dans une carrière où je marche si loin de lui. Vous avez cru qu'un philosophe qui, sans avoir enrichi les sciences d'aucune découverte, a contribué peut-être à leurs progrès autant que les génies les plus féconds, devait avoir part aux mêmes honneurs; et vous avez traité Fontenelle comme Descartes, parce que Fontenelle a rendu communes et populaires les vérités que Descartes n'avait révélées qu'aux sages.

Cette union entre les sciences et les lettres, dont vous cherchez, Messieurs, à resserrer les liens, est un des caractères qui devaient distinguer ce siècle, où, pour la première fois, le système général des principes de nos connaissances a été développé; où la méthode de découvrir la vérité a été réduite en art, et, pour ainsi dire, en formules; où la raison a enfin reconnu la route qu'elle doit suivre, et saisi le fil qui l'empêchera de s'égarer. Ces vérités premières, ces méthodes répandues chez toutes les nations et portées dans les deux mondes, ne peuvent plus s'anéantir; le genre humain ne reverra plus ces alternatives d'obscurité et de lumière auxquelles on a cru longtemps que la nature l'avait éternellement condamné. Il n'est plus au pouvoir des hommes d'éteindre le flambeau allumé par le génie; et une révolution dans le globe pourrait seule y ramener les ténèbres.

Placés à cette heureuse époque, et témoins des derniers efforts de l'ignorance et de l'erreur, nous avons vu la raison sortir victorieuse de cette lutte si longue, si pénible, et nous pouvons nous écrier enfin : La vérité a vaincu; le genre humain est sauvé! Chaque siècle ajoutera de nouvelles lumières à celles du siècle qui l'aura précédé; et ces progrès, que rien désormais ne peut arrêter ni suspendre, n'auront d'autres bornes que celles de la durée de l'univers.

Cependant n'est-il pas un terme où les limites naturelles de notre esprit rendraient tout progrès impossible? Non, Messieurs : à mesure que les lumières s'accroissent, les méthodes d'instruire se perfectionnent ; l'esprit humain semble s'agrandir, et ses limites se reculer. Un jeune homme, au sortir de nos écoles, réunit plus de connaissances réelles que n'ont pu en acquérir, par de longs travaux, les plus grands génies, je ne dis pas de l'antiquité, mais même du dix-septième siècle. Des méthodes toujours plus étendues se succèdent, et rassemblent, dans un court espace, toutes les vérités dont la découverte avait occupé les hommes de génie d'un siècle entier. Dans tous les temps, l'esprit humain verra devant lui un espace toujours infini ; mais celui qu'à chaque instant il laisse derrière soi, celui qui le sépare des temps de son enfance, s'accroîtra sans cesse.

Toute découverte dans les sciences est un bienfait pour l'humanité ; aucun système de vérités n'est stérile. Nous avons recueilli le fruit des travaux de nos pères : gardons-nous de croire que ceux de nos contemporains puissent rester inutiles, et jouissons d'avance du bonheur qu'ils répandront un jour sur nos neveux, comme un père voit avec plaisir croître et s'élever l'arbre dont l'ombrage doit s'étendre sur sa postérité.

Il me serait facile de confirmer cette vérité. Témoin nécessaire du progrès des sciences, je vois chaque année, chaque mois, chaque jour, pour ainsi dire, marqués également par une découverte nouvelle et par une invention utile. Ce spectacle, à la fois sublime et consolant, est devenu l'habitude de ma vie et une partie de mon bonheur. Ces sciences, presque créées de nos jours, dont l'objet est l'homme même, dont le but direct est le bonheur de l'homme, n'auront pas une marche moins sûre que celle des sciences physiques; et cette idée si douce, que nos neveux nous surpasseront en sagesse comme en lumières, n'est plus une illusion.

En méditant sur la nature des sciences morales, on ne peut, en effet, s'empêcher de voir qu'appuyées comme les sciences physiques sur l'observation des faits, elles doivent suivre la même méthode, acquérir une langue également exacte et précise, atteindre au même degré de certitude. Tout serait égal entre elles pour un être qui, étranger à notre espèce, étudierait la société humaine comme nous étudions celle des castors ou des abeilles. Mais ici, l'observateur fait partie lui-même de la société qu'il observe, et la vérité ne peut avoir que des juges ou prévenus ou séduits.

La marche des sciences morales sera donc plus lente que celle des sciences physiques; et nous ne devons pas être étonnés si les principes sur lesquels elles sont établies ont besoin de forcer, pour ainsi dire, les esprits à les recevoir, tandis qu'en physique ils courent au-devant des vérités, et souvent même des erreurs nouvelles. Mais pendant que, dans les sciences morales, l'opinion encore incertaine semble quelquefois retourner sur ses pas et s'attacher aux mêmes erreurs qu'elle avait abjurées, les sages s'occupent loin d'elle à enrichir par d'heureuses découvertes le système des connaissances humaines; la voix de la raison se fait entendre aux hommes éclairés; elle instruit les enfants dont les pères l'ont méconnue, et elle assure le bonheur de la génération qui n'existe point encore.

Grâce à l'imprimerie, cet art conservateur de la raison humaine, un principe utile au bonheur public a-t-il été découvert, il devient en un instant le patrimoine de toutes les nations. En vain s'obstinerait-on à rejeter une vérité nouvelle, déposée dans les livres : elle survit aux hommes qui l'ont dédaignée, et, dans le temps même où ils la croient anéantie, elle prépare en silence son empire sur les opinions.

Peut-être le progrès nécessaire des sciences physiques aurait-il suffi pour assurer le progrès des sciences morales, et nous préserver du retour de la barbarie.

L'union entre ces deux ordres de connaissances agrandit la sphère des sciences morales, et peut seule y donner aux faits cette exactitude, aux résultats cette précision, qui distinguent les vérités dignes d'entrer dans le système des sciences d'avec les simples aperçus de la raison. Elle rend à la fois les savants plus respectables, en rendant leurs spéculations plus directement utiles; et les philosophes plus sages, en leur faisant prendre l'habitude de cette marche lente, mais assurée, à laquelle l'étude de la nature est assujettie, en leur apprenant à tout espérer du temps, dont l'effet infaillible est d'amener et les révolutions heureuses, et les grandes découvertes.

Mais puisqu'il est impossible de contester le progrès général de toutes les sciences, pourquoi une voix puissante s'élève-t-elle pour attaquer leur utilité? Depuis les temps les plus reculés, chaque siècle s'accuse d'être plus corrompu que ceux qui l'ont précédé. L'opinion que la nature humaine dégénère et se dégrade sans cesse, semble avoir été l'opinion commune de tous les âges du monde; elle ose encore se reproduire parmi nous, et, dans ce siècle même, l'éloquence a plus d'une fois employé, pour la défendre, son art et ses prestiges.

Parmi ces détracteurs de notre siècle dont il ne s'agit point ici d'approfondir ou de dévoiler les motifs, je m'adresserai seulement à ces hommes vertueux, qui méprisent le siècle où ils vivent, parce que leur âme est plus blessée du spectacle des maux qu'ils voient que du récit des maux passés, et qui s'irritent contre leurs contemporains par l'excès même de l'interêt qu'ils prennent à leur bonheur : s'ils semblent prévoir des maux plus grands encore pour la postérité, c'est par la seule crainte qu'indocile aux leçons des sages, elle sache ne point prévenir le malheur qui la menace.

Je leur dirai : Ne m'accusez pas d'être insensible aux maux de l'humanité; je sais que ses blessures saignent encore; que, partout, le joug de l'ignorance pèse encore sur elle; que, partout où l'homme de bien jette les yeux, le malheur et le crime viennent contrister sa vue et briser son cœur. L'ignorance et l'erreur respirent encore, il est vrai : mais ces monstres, les plus redoutables ennemis du bonheur de l'homme, traînent avec eux le trait mortel qui les a frappés, et leurs cris mêmes, qui vous effrayent, ne font que prouver combien les coups qu'ils ont reçus étaient sûrs et terribles.

Vous nous croyez dégénérés, parce que l'austérité de nos pères a fait place à cette douceur qui se mêle à nos vertus comme à nos vices, et qui vous paraît ressembler trop à la faiblesse ! Mais la vertu n'a besoin de s'élever au-dessus de la nature que lorsqu'elle lutte à la fois contre les passions et l'ignorance. Songez que les lumières rendent les vertus faciles ; que l'amour du bien général, et même le courage de s'y dévouer, est, pour ainsi dire, l'état habituel de l'homme éclairé. Dans l'homme ignorant, la justice n'est qu'une passion incompatible peut-être avec la douceur ; dans l'homme instruit, elle n'est que l'humanité même, soumise aux lois de la raison. Le projet de rendre tous les hommes vertueux est chimérique : mais pourquoi ne verrait-on pas un jour les lumières, jointes au génie, créer pour des générations plus heureuses une méthode d'éducation, un système de lois qui rendraient presque inutile le courage de la vertu ? Dirigé par ces institutions salutaires, l'homme n'aurait besoin que d'écouter la voix de son cœur et celle de sa raison, pour remplir par un penchant naturel les mêmes devoirs qui lui coûtent aujourd'hui des efforts et des sacrifices : ainsi l'on voit, à l'aide de ces machines, prodiges du génie dans les arts, un ouvrier exécuter, sans intelligence et sans adresse, des chefs-d'œuvre que l'industrie humaine, abandonnée à ses propres forces, n'eût jamais égalés.

Cette même douceur que vous nous reprochez, c'est elle qui a rendu les guerres plus rares et moins désastreuses, qui a mis au rang des crimes cette fureur des conquêtes, si longtemps décorée du nom d'héroïsme. C'est à elle enfin que nous devons la certitude consolante de ne revoir jamais ni ces ligues de factieux, plus funestes encore au bonheur des citoyens qu'au repos des princes, ni ces massacres, *ces proscriptions des peuples*, qui ont souillé les annales du genre humain.

Daignez comparer votre siècle à ceux qui l'ont précédé : tâchez de le voir avec les yeux de la postérité, et de le juger comme l'histoire. Vous verrez, dans ces âges dont vous regrettez les vertus, une corruption plus grossière s'unir dans les mœurs avec la férocité, une avidité plus basse se montrer avec plus d'audace; des vices, presque inconnus aujourd'hui, former le caractère et les mœurs des nations entières, et souvent même le crime compté au nombre des actions communes et journalières.

Les jugements des historiens sont peut-être les preuves les moins suspectes des principes et des mœurs du temps où ils ont écrit. Consultez ceux des siècles passés : voyez à quelles barbaries, à quelles injustices ils ont prodigué des éloges, lors même que la crainte ou l'intérêt ne pouvaient plus les dicter. Observez, dans les détails de leur vie, les hommes dont nos pères ont célébré les vertus, et dont les

panégyriques retentissent encore autour de nous;
vous en trouverez peu à qui nous ne puissions reprocher des actions que, de nos jours, le mépris
public eût flétries d'un opprobre ineffaçable.

Vous-mêmes cependant vous les comptez parmi
les hommes vertueux. Eh ! n'est-ce pas avouer que
leurs vices furent de leur siècle; que, pour les rendre justes, il eût suffi de les éclairer ? Plaignez-les
donc avec nous d'avoir vécu dans ces temps d'ignorance où l'homme de bien, qui ne pouvait trouver
dans une raison grossière encore des principes
immuables et sûrs, était forcé de prendre pour guide
l'opinion de son siècle, et de borner sa vertu à s'interdire, même dans le secret, les actions que cette
opinion avait placées au rang des crimes.

Voyez maintenant, d'un bout de l'Europe à
l'autre, les hommes éclairés réunir tous leurs efforts
pour le bien de l'humanité, et tourner vers cet objet seul toutes leurs forces avec un courage et un
concert dont aucun siècle n'a donné l'exemple. L'u-
sage barbare de la torture est presque aboli; la voix
publique, cette voix si impérieuse lorsque l'humanité l'inspire et qu'elle est dirigée par la raison, demande d'autres réformes dans cette partie des lois,
et elle les obtiendra de la justice des souverains.

L'Américain, en rompant ses chaînes, s'est imposé
le devoir de briser celles de ses esclaves; et, de tous
les peuples libres, il a le premier appelé tout ce qui
cultivait la même terre, aux mêmes droits et à la
même liberté. La souveraine du Portugal, en gémis-
sant de ne pouvoir imiter en tout ce grand exemple,

a ordonné du moins que dans ses vastes États l'homme ne naîtrait plus esclave. Tout semble annoncer que la servitude des nègres, ce reste odieux de la politique barbare du seizième siècle, cessera bientôt de déshonorer le nôtre.

Cet autre esclavage, qui jadis a privé du droit de propriété presque tous les hommes de l'Europe, s'éteint peu à peu dans les pays où la rudesse des mœurs et la faiblesse des gouvernements l'avaient conservé : ce fruit de l'anarchie disparaît avec elle; et la puissance publique, plus unie et plus forte, a chassé devant elle la foule des oppresseurs.

Les infortunés, que la privation de ce sens qui lie l'homme à ses semblables condamnait à l'imbécillité et à une solitude douloureuse, ont trouvé une ressource inespérée dans l'heureuse application de l'analyse métaphysique à l'art du langage; replacés au rang des hommes et des citoyens utiles, ils deviennent un monument touchant et immortel du génie philosophique qui caractérise notre siècle.

Des secours, dirigés par un art bienfaisant et sûr, ont rendu à la vie des milliers d'hommes livrés à une mort apparente, et que l'ignorance eût plongés vivants dans le tombeau. Des sociétés de savants, respectables par leur zèle et par leurs lumières, veillent sur la santé du peuple et sur la conservation des animaux nécessaires à sa subsistance. La bienfaisance des monarques a égalé, surpassé même, dans ces institutions paternelles, ce que l'esprit public a inspiré dans les constitutions populaires.

La voix de l'humanité a osé se faire entendre même

au milieu du tumulte de la guerre; et le vaisseau de Cook, respecté sur les mers, a prouvé que la France regarde les lumières comme le bien commun des nations. Déjà l'on voit s'abaisser ou s'ouvrir ces barrières qui gênaient le commerce des différents peuples. Nuisibles, surtout, à celui qui les élève, elles ne servaient qu'à fomenter les haines nationales et à corrompre les mœurs, par la contradiction nécessaire qu'elles font naître entre l'espérance d'un gain facile et le devoir, entre l'opinion du peuple et celle de la loi. Plusieurs souverains ont enfin reconnu que le véritable intérêt d'une nation n'est jamais séparé de l'intérêt général du genre humain, et que la nature n'a pu vouloir fonder le bonheur d'un peuple sur le malheur de ses voisins, ni opposer l'une à l'autre deux vertus qu'elle inspire également : l'amour de la patrie et celui de l'humanité. Ils ont senti que la véritable grandeur d'un prince se mesure sur la félicité de son peuple. Législateurs plutôt que monarques, ils ont fait du pouvoir absolu l'organe pur et sacré d'une raison éclairée et bienfaisante.

Qu'il est doux à la France de voir son jeune roi donner au monde le spectacle d'un souverain qui, dans ses premières lois, a montré le désir de rendre à ses sujets cette liberté personnelle, cette propriété libre, ces droits primitifs que l'homme tient de la nature, et que toute constitution doit lui conserver; d'un souverain, dont la première alliance politique est une protection généreuse accordée à ce peuple si nouveau et déjà si célèbre, que l'oppression forçait à chercher un asile dans la liberté, dont enfin

la première guerre n'a eu pour objet que l'égalité
des nations, l'indépendance des mers, et le maintien
ou plutôt l'établissement d'un code qui manquait à
la sûreté du commerce et au repos de l'Europe!

C'est au milieu de cette guerre, entreprise pour
une cause si nouvelle dans les annales du monde,
que le destin de la France accorde à nos vœux un
petit-fils de Henri IV et de Léopold de Lorraine, les
deux princes de l'histoire moderne dont les noms
ont été les plus chers à leurs peuples. Entouré d'exemples domestiques, placé dans le siècle le plus éclairé,
au milieu de la nation où la lumière plus vive est
aussi plus également répandue, il croîtra pour le
bonheur de cette nation même; il sera le bienfaiteur
d'un siècle moins infecté encore que le nôtre des
restes de la barbarie. Ne craignez pour lui, ni les
séductions, ni l'orgueil du pouvoir absolu : élevé
sous les yeux d'une mère en qui les grâces simples
et naturelles tempèrent la majesté du trône, il apprendra d'elle à préférer, aux respects qu'on doit
à la puissance, ces hommages volontaires que le cœur
aime à rendre à la bonté; comme elle, il ne se souviendra de sa grandeur que pour pardonner les injures, soulager l'infortune, et protéger l'innocence
calomniée, lorsque le mensonge est dans toutes les
bouches, et que la crainte a laissé la vérité sans défenseurs. C'est pour les rois dépourvus de lumières
que l'ivresse du pouvoir est dangereuse. Aux yeux
d'un prince éclairé, qu'est-ce donc que la puissance
souveraine, sinon un devoir immense, pénible même,
lorsque le sentiment du bien qu'il a fait ne vient pas

le consoler? Peut-être le courage de la vertu est-il moins nécessaire aux rois qu'un esprit juste et les lumières. Dans tous les hommes, l'ignorance est la source la plus féconde de leurs vices : mais c'est surtout pour les hommes revêtus d'un pouvoir suprême que cette vérité est incontestable; c'est pour eux surtout qu'il est vrai que l'intérêt personnel et la justice, leur bonheur et celui de leurs concitoyens, sont liés par une chaîne indissoluble. Eux seuls peuvent opposer aux faibles intérêts de leurs passions, et l'opinion de l'univers, dont l'œil inquiet et sévère les observe et les juge, et la destinée de tout un peuple attachée à un instant d'égarement ou de faiblesse.

Parmi les philosophes qui ont regardé le progrès des lumières comme le seul fondement sur lequel le genre humain pût appuyer l'espérance d'un bonheur universel et durable, plusieurs ont cru que ces mêmes progrès pouvaient nuire à ceux des lettres et des arts; que l'éloquence et la poésie languiraient dans une nation occupée de sciences, de philosophie et de politique.

Cependant les principes des arts sont le fruit de l'observation et de l'expérience; ils doivent donc se perfectionner, à mesure que l'on apprend à observer avec plus de méthode, de précision et de finesse.

Les hommes, en s'éclairant, acquièrent plus d'idées, et ces idées sont plus justes; les nuances qui séparent les objets deviennent à la fois plus fines et plus distinctes. Les langues doivent donc alors se perfectionner et s'enrichir; car leur véritable richesse ne consiste pas dans le nombre des mots qu'elles emploient, mais dans l'abondance de ceux qui expriment avec précision des idées claires. Elles seront, il est vrai, *moins hardies et moins figurées*. L'orateur qui ne demande que des applaudissements, ou qui cherche à séduire, pourra se plaindre de l'austérité ou de la sécheresse des langues; mais elles offriront un instrument plus flexible et plus parfait à celui qui ne voudra qu'éclairer les hommes.

Les lumières doivent également influer sur le talent même; elles l'étendent et l'agrandissent. Voyez Voltaire méditant un grand ouvrage : il rassemble autour de lui, et tout ce qu'une lecture immense lui a révélé des secrets de la nature, et les trésors qu'il a puisés dans l'histoire, et l'étude profonde qu'il a faite des opinions et des mœurs; il semble n'oser lutter seul contre les difficultés de son sujet; et s'il a été si grand, s'il est unique jusqu'ici dans l'histoire des lettres, c'est qu'il a joint à un désir immense de gloire une soif inépuisable de connaissances, et qu'il a su réunir sans cesse l'étude au travail, les lumières au génie.

La justesse de l'esprit s'accroît par la culture des sciences; et elle est si nécessaire dans les arts, que ces hommes rares, en qui la justesse de l'esprit ne frappe pas moins que la supériorité du talent, sont les seuls qui aient été placés au premier rang par la voix unanime de tous les peuples. Cette justesse est peut-être même la seule qualité qui distingue le grand homme que nous admirons, de l'homme extraordinaire qui ne fait que nous étonner.

Instruits à ne mesurer notre estime que sur l'utilité réelle, nous ne regarderons plus les beaux-arts que comme des moyens dont la raison peut et doit se servir pour pénétrer dans les esprits et pour étendre ses conquêtes; ces arts, soumis à des lois plus sévères, proscriront ces beautés de convention, fondées sur des erreurs antiques, sur des croyances populaires: mais ils les remplaceront par des beautés plus réelles, que l'austère vérité ne désavouera plus. Si des esprits frivoles croient voir dans ce changement la décadence des arts, le philosophe y reconnaîtra l'effet infaillible du perfectionnement de l'esprit humain. Nous y perdrons peut-être quelques vains plaisirs; mais l'homme doit-il regretter les hochets de son enfance?

Loin que les progrès de la raison soient contraires à la perfection des beaux-arts, si ces progrès pouvaient s'arrêter, si nous étions condamnés à ne savoir que ce qu'ont su nos pères, ces arts seraient bientôt anéantis : car, puisqu'ils sont fondés sur l'imitation, comment pourraient-ils ne pas s'arrêter, ne pas déchoir, si les objets qu'ils doivent peindre ne se multipliaient pas sans cesse; si, toujours plus observés et mieux connus, ces objets ne présentaient pas au génie de nouvelles nuances, des combinaisons nouvelles? Pourquoi le règne de l'éloquence et de la poésie a-t-il été si court dans la Grèce et dans Rome? c'est que celui des sciences n'y a pas été prolongé. Leurs poëtes, à qui la philosophie ne fournissait plus d'idées nouvelles, ne furent bientôt que des imitateurs faibles ou exagérés des anciens poëtes; leurs littérateurs

ne surent que commenter, dans des phrases caden-
cées avec art, les maximes de l'académie ou du por-
tique. L'empire des lettres sera plus durable parmi
nous, parce que chaque âge, marqué par des vérités
nouvelles, ouvrira au talent du poëte ou de l'orateur de nouvelles sources de beautés. Ces grands phénomènes, qui ont frappé les regards des premiers
hommes et réveillé le génie des premiers inventeurs
des arts, n'offriraient à leurs successeurs que des
peintures usées qu'il ne serait plus au pouvoir du talent d'animer ou de rajeunir, si les philosophes, en
déchirant le voile dont les fables et les systèmes ont
si longtemps couvert la vérité, n'avaient montré aux
yeux des poëtes un nouveau monde agrandi par leurs
découvertes. Dans des siècles livrés à l'erreur, Ovide
et Lucrèce ont embelli des couleurs de la poésie les
systèmes de Pythagore et les rêves d'Épicure. La loi
éternelle de la nature nous est-elle enfin révélée?
Voltaire saisit ses pinceaux; il peint, avec la palette
de Virgile, le tableau de l'univers tracé par le com-
pas de Newton.

Aussi, Messieurs, avez-vous toujours combattu
par vos ouvrages et par vos exemples cette opinion
qui fait regarder le progrès des sciences comme un
avant-coureur de la chute des beaux-arts, opinion
qui en serait la satire la plus cruelle et un aveu de
leur inutilité.

On vous a vus toujours appeler parmi vous les hommes que les sciences ont illustrés, et dont la culture
des lettres épurait le goût et embellissait le génie. Le
philosophe profond, à qui nous devons le tableau

le plus éloquent des progrès de l'esprit humain ; le
géomètre qui, déterminant le premier les lois suivant
lesquelles les corps obéissent aux forces que la nature leur imprime, a résolu les problèmes les plus
difficiles que Newton ait laissés à ses successeurs ;
l'inventeur enfin d'un nouveau calcul, gloire que sans
lui notre siècle eût enviée à celui qui l'a précédé,
est devenu par vos suffrages l'organe d'une compagnie consacrée à la culture des lettres ; et vous l'avez
souvent entendu instruire, intéresser vos assemblées
par la lecture de ces éloges, où l'on voit cette justesse d'expression, que l'étude des sciences exactes
rend naturelle, s'unir à une grâce, à une légèreté, à
une finesse, dont l'écrivain qui aurait fait de la littérature son unique étude ne pourrait s'empêcher
d'être jaloux.

L'académicien à qui j'ai l'honneur de succéder,
devait une partie de ses succès et de sa réputation
au bonheur qu'il eut d'avoir fortifié sa raison naissante par la culture des sciences mathématiques. Son
père, proscrit en France comme calviniste, et excom-
munié en Suisse pour n'avoir pas été de l'avis de
Calvin, avait renoncé pour toujours à des études
dont il avait été deux fois le martyr : ce ne fut que
dans le sein des sciences qu'il put trouver du repos
sans désœuvrement, et de la gloire sans persécutions.
Il destina son fils à suivre la même carrière. Ses premiers essais, qui annonçaient un digne successeur
de son père, lui méritèrent les suffrages de l'Académie des sciences, mais des circonstances étrangères
à son talent et à sa personne l'écartèrent d'une place

à laquelle les vœux de cette compagnie l'avaient appelé. Il quitta la géométrie pour s'attacher au barreau, et il obtint sans peine la confiance du public et l'estime de ses confrères. Mais il ne put se résoudre à briller dans une carrière où, pour se conformer au goût qui dominait alors, il eût été obligé de substituer une éloquence verbeuse et ampoulée à cette éloquence simple et grave, la seule qui convienne à un orateur chargé, non d'émouvoir la multitude, mais de convaincre des magistrats. M. Saurin, fatigué d'occupations qui contrariaient son amour pour les lettres, espéra trouver, non plus de liberté, mais plus de loisir dans la maison d'un prince; et il vit bientôt que ce n'était pas auprès des princes que la nature avait marqué sa place. Ce ne fut enfin qu'à l'âge de quarante-cinq ans qu'il lui fut permis de se livrer tout entier à la passion qui l'avait toujours entraîné vers la littérature.

Un caractère qui le portait à la méditation, une sensibilité réfléchie et profonde, déterminèrent son goût pour la tragédie; et ses succès ont prouvé que son penchant ne l'avait point égaré. Des plans conçus avec sagesse, des pensées fortes, exprimées avec simplicité et avec énergie, des sentiments toujours naturels et vrais, des beautés vraiment tragiques, sans le mélange d'aucune de ces fautes qui prouvent que le poëte n'a su ni approfondir assez son art, ni méditer assez son sujet, telles sont les qualités qui ont mérité aux tragédies de M. Saurin les applaudissements du public et l'estime des gens de lettres.

On admira dans *Spartacus* le caractère, neuf au

théâtre, d'un héros généreux, armé pour venger l'univers opprimé par les Romains, et l'on applaudit avec transport à un grand nombre de vers qui, pour nous servir d'une expression consacrée par M. de Voltaire, étaient frappés sur l'enclume du grand Corneille.

Blanche eut un succès plus général encore : le poëte y occupait l'âme d'intérêts plus chers à la plupart des spectateurs que la liberté du genre humain ; et ces vers :

> Que pour le malheureux l'heure lentement fuit !
> Qu'une nuit paraît longue à la douleur qui veille !

retentissent encore dans le cœur de tous les hommes sensibles qui ont connu le malheur.

Il est difficile qu'un philosophe qui vit dans la société ne soit pas tenté quelquefois de transporter sur la scène les travers dont il est le témoin. C'est un secret sûr pour les voir sans humeur et sans ennui.

M. Saurin succomba heureusement à cette tentation, et fit *les Mœurs du temps*, *l'Anglomanie*, *le Mariage de Julie*. Ces pièces ont le mérite rare de présenter les caractères, les ridicules tels qu'ils existent dans la société, et de les peindre d'après les originaux eux-mêmes, et non d'après les copies maniérées ou fausses que les romanciers en ont faites. On y reconnaît ce qu'on a vu cent fois sans l'avoir remarqué, et presque même ce que l'on a entendu dire. L'art du poëte semble s'être borné à faire prononcer à ses personnages ce que, dans la société, on se contente de laisser entendre. A ces ouvrages M. Saurin fit succéder un drame, et eut la gloire, unique jusqu'ici, d'avoir laissé au théâtre des pièces dans chacun des trois genres qui partagent la scène française.

L'amour de la nouveauté a fait aux drames presque autant de partisans que le respect pour l'antiquité leur a donné d'ennemis; et ce genre est célébré avec enthousiasme ou dénigré avec fureur, comme un des fruits de la philosophie moderne. Qu'il me soit permis, Messieurs, de soumettre à votre jugement quelques idées sur cette question qui partage encore la littérature; vous daignerez sans doute accorder votre indulgence à un géomètre qui, pour la première fois, ose parler de l'art du théâtre.

Ce langage magnifique, qui semble convenir à des rois ou à des héros, ces applications heureuses de l'histoire, ces peintures si attachantes des mœurs étrangères, cet avantage qu'a le poëte tragique d'animer par des détails imposants, d'orner des richesses de la poésie les scènes sans passion, mais nécessaires à l'intelligence de son sujet; la grandeur qu'impriment à toutes les actions des personnages l'appareil de la puissance, l'effet des grands noms, la liaison des événements avec le bonheur ou le malheur des peuples, tous ces accessoires, qui servent à l'effet théâtral d'une tragédie, qui soutiennent et animent le poëte, qui ouvrent à son génie une carrière si vaste, sont perdus pour l'auteur du drame. Privé de ces ressources, resserré dans un champ plus étroit, il a plus d'efforts à faire pour s'emparer de l'âme des spectateurs, dont un intérêt continu peut seul réveiller et soutenir l'attention.

Les moyens dont il dispose ne peuvent avoir ni la grandeur ni la force des ressorts que le poëte tragique tient dans ses mains; ses personnages n'ont point à leurs ordres une armée ou une troupe de conspirateurs; ils ne paraissent point à la tête d'un sénat; ils ne parlent point au nom des dieux. Dans un drame, les seules passions personnelles peuvent se montrer avec énergie; toutes les autres sont resserrées dans les-limites où l'état des personnages les force de rester. L'ambition ne pourra jamais y déployer sa fierté, ni ses fureurs; l'amour de la gloire, son enthousiasme; les sentiments patriotiques, leur héroïsme et leur dévouement. Les méchants ne peuvent s'y montrer qu'avec toute la bassesse naturelle du vice, et le crime ne peut y paraître sans réveiller dans l'imagination l'idée du supplice honteux qui l'attend. Il n'existe, au contraire, aucune vraie beauté dans un drame, qui ne puisse être transportée avec succès dans une tragédie. Les mouvements doux et naïfs des passions tendres, l'expression touchante et simple de ces mouvements, semblent même y produire plus d'effet encore par le contraste des passions fortes et des grandes idées : aussi ce n'est pas dans la différence des événements, dans l'éclat ou l'obscurité du nom des personnages, qu'il faut chercher le caractère distinctif de ces deux genres; c'est dans la nature du but moral que le poëte doit s'y proposer.

Celui de la tragédie est d'arracher l'homme à lui-même, pour l'occuper des grands intérêts de l'humanité, pour réveiller en lui l'enthousiasme du courage, de la liberté, de la vertu, et, par cette diversion heureuse, chasser de son cœur les faiblesses de l'intérêt personnel et les petites passions qu'il enfante.

Le drame, au contraire, me rapproche de moi-même, me présente le tableau des malheurs où mes passions peuvent me plonger. Il doit me montrer, par des exemples pris dans la classe de mes égaux, ce que j'ai à craindre de la méchanceté humaine ou de ma propre faiblesse. Il me fait sentir quels sont mes devoirs dans des circonstances difficiles, la conduite que prescrit la raison, les sacrifices qu'exige la vertu, et les dédommagements qu'elle promet. Ici la leçon est plus directe, peut-être plus utile; mais elle cessera de l'être, si le poëte n'attaque pas un de ces vices répandus dans la société, que la loi est forcée de laisser impunis, que l'opinion publique semble trop épargner, et contre lesquels la censure du théâtre est un remède à la fois efficace et nécessaire. En s'écartant de ces règles, il manque son but, il ne fait, au lieu d'un drame, qu'une tragédie sans grandeur et sans noblesse.

M. Saurin sut éviter cet écueil. La passion qu'il attaque dans *Béverley* n'est que l'avarice déguisée, à qui le jeu offre le moyen de s'exercer avec une activité que ne peuvent lui donner les métiers mêmes qui conduisent le plus rapidement à la fortune. Les effets de cette passion sont dignes de son origine: mais cachée d'abord sous le masque de l'amusement, de la vanité, du mépris même de l'or qu'on accuse le joueur trop timide de n'oser risquer, ce n'est qu'après s'être enracinée par l'habitude qu'elle dégénère en manie, et qu'elle se montre dans toute son horreur, traînant à sa suite la honte, la misère et le désespoir. Le tableau de *Béverley*, tracé d'après des événements réels, trop communs mais trop oubliés, est adouci par la peinture d'une femme tendre et sensible qui souffre ses malheurs avec ce courage résigné, présent que la nature a fait à son sexe, et qui ne songe, dans la ruine de sa fortune, qu'à la douleur qu'éprouve celui qui l'a causée. Eh! combien cet heureux contraste n'a-t-il pas même servi à l'effet théâtral de la pièce, et redoublé la terreur dans l'âme de ceux à qui cette effrayante leçon est adressée! Si les remords d'entraîner avec nous des êtres innocents et chers, qui, malheureux par nous seuls, ne pleurent que sur nous, n'est pas la plus amère de toutes les douleurs pour ceux que leurs crimes ont déjà précipités dans l'abîme, du moins il n'en est point dont l'idée puisse porter un trouble plus salutaire dans le cœur de ceux en qui les passions n'ont pas étouffé tous les sentiments de la nature. Cette menace peut encore arrêter le joueur effréné, qui s'est familiarisé avec les idées du désespoir et de la mort; elle peut effrayer celui qui ne sait plus craindre pour lui-même. Nous devons donc à M. Saurin un drame intéressant et moral, une pièce qui n'est point une tragédie mise sous des noms vulgaires, un ouvrage qui n'est pas né de l'impuissance de faire parler avec noblesse les héros ou les grands hommes.

En lisant les épîtres morales de M. Saurin, on regrette qu'il en ait fait un si petit nombre : elles sont distinguées de la foule des ouvrages de ce genre, devenu si commun et si difficile, par une philoso-

phie forte sans exagération, par des sentiments profonds, exprimés d'une manière souvent originale et
toujours simple. Une teinte de mélancolie domine
dans toutes ces pièces. Il avait vu périr successivement presque tous les compagnons de sa jeunesse;
il sentait qu'un pouvoir invincible l'entraînait lentement vers le tombeau : tout lui rappelait la nécessité de renoncer à la vie qu'il aimait, qui lui était
devenue plus douce à l'époque où la plupart des
hommes commencent à en sentir les amertumes.
Dans les premiers âges de la vie, le bonheur semble
être également le partage, et de l'homme qui s'occupe à étendre ses lumières, à cultiver sa raison,
et de celui qui s'abandonne au torrent des plaisirs
ou des affaires. Ils peuvent se procurer, avec une facilité presque égale, un aliment aussi sûr pour leur
activité : mais cette égalité cesse à l'époque de la vie
où les forces commencent à s'affaiblir. L'homme qui
a pris l'habitude d'exercer son esprit, a dans lui-même
des secrets infaillibles pour alléger le poids du temps;
préparé d'avance, par la réflexion, aux privations
douloureuses que la nature lui impose, il s'y soumet
sans murmure, et sait trouver dans le silence des
passions, dans la possession tranquille de son âme,
un dédommagement des plaisirs qu'il a perdus.

M. Saurin avait d'autres motifs de sentir que la vie
est encore un bien, même après que les illusions de
la jeunesse se sont évanouies. Né avec un caractère
impétueux, que sa raison avait dompté, avec des
passions ardentes qu'il avait longtemps combattues,
condamné pendant sa jeunesse à sacrifier ses goûts

à la nécessité d'avoir un état, le moment du calme avait été pour lui le moment du bonheur. Enfin, quoiqu'il se fût uni dans un âge avancé à une femme beaucoup plus jeune, il répétait souvent, *qu'il n'avait été heureux que depuis son mariage.* Et si l'on songe combien d'hommes, en se mariant au même âge, n'ont fait que le malheur de deux personnes, et que toute espèce d'inégalité dans un lien si intime est un obstacle presque insurmontable à la félicité commune de ceux qu'il unit, on sentira que ce mot est peut-être le plus bel éloge qu'on puisse faire de M. Saurin, et de l'épouse aimable et sensible, dont la tendresse consolante avait su, pour me servir de sa propre expression, *le rattacher à la vie.*

Son extérieur annonçait un caractère sérieux et même austère; cependant il était naturellement gai, non-seulement de cette gaieté paisible et philosophique, qui ne permet que le sourire; mais de cette gaieté vive et de premier mouvement, qui vient de l'âme et non de la réflexion. Cette nuance de son caractère n'était connue que du petit nombre de ses amis. Comme tous les hommes qui, nés avec un esprit réfléchi et une âme sensible, sont dominés par une douce mélancolie, il avait besoin, pour s'abandonner à sa gaieté, de goûter ce sentiment de confiance, de paix et de bonheur, qu'on n'éprouve que dans la société intime.

Cette raison saine, cet esprit sage et juste, qui caractérisaient tous les ouvrages de M. Saurin, l'ont constamment dirigé dans la conduite de sa vie. Il eut toujours cette dignité simple et modeste qui

convient à l'homme de lettres. Pourrait-il ignorer
que les avantages personnels, les seuls qui soient
réels à ses yeux, n'ont droit qu'à l'estime, et qu'il
ne doit ni prétendre à d'autres distinctions, ni surtout, en affectant de les mépriser, se faire soupçonner d'en être jaloux?

M. Saurin pensait que celui qui a fait de la culture de son esprit et de sa raison l'occupation de sa
vie, loin d'être supérieur aux autres hommes, se
place au-dessous d'eux, si sa conduite ne prouve
point que le premier fruit de ses travaux a été de le
rendre meilleur. Il croyait que l'homme de lettres,
qui ne s'élève pas au-dessus des petitesses de l'amour-
propre, n'est plus en droit de mépriser la vanité des
autres états, et que l'écrivain qui consume son temps
dans les querelles de la littérature, se rabaisse au
niveau de l'homme frivole, qui perd sa vie dans
l'intrigue. Aussi a-t-on vu M. Saurin conserver constamment, dans toutes les disputes littéraires, cet
esprit de paix et cette impartialité qui naît de l'amour
de la justice, et non de la personnalité ou de l'indifférence. Mais ce même amour de la justice ne lui
permettait pas de rester neutre entre ceux qui ho-
norent l'état d'hommes de lettres, et ceux qui l'avilissent; entre les écrivains qui combattent pour la
cause de l'humanité, et ceux qui ont vendu leurs voix
à ses ennemis. Admirateur et ami constant des hommes dont les travaux faisaient la gloire de la littérature et servaient leur patrie, il portait au fond du
cœur, pour leurs adversaires, le mépris et la haine
généreuse de la vertu.

Citoyen attaché à son pays, il applaudissait au bien, et gardait sur le mal un triste silence ; respectant dans les autres le droit qu'a tout homme de dire hautement la vérité, lorsqu'il la croit utile ; applaudissant à ceux qui en avaient le courage ; mais se défiant trop de ses lumières, pour se croire appelé au devoir d'éclairer ses contemporains.

Sa probité était sévère, et sa vertu douce. Il jugeait les autres avec cette indulgence que l'expérience donne toujours à un esprit naturellement juste, excusant les erreurs, gardant sa haine pour les vices réels, la bassesse, la fausseté, l'ingratitude, la dureté, l'injustice ; et pardonnant à la foule des hommes faibles, en faveur des hommes vertueux qu'il avait eus pour amis.

Ce mot me rappelle, Messieurs, que je suis au milieu d'eux. Il ne m'appartient pas de leur peindre ce qu'ils ont connu mieux que moi : chaque mot que je me permettrais d'ajouter encore, retarderait pour l'assemblée, qui a eu l'indulgence de m'écouter, le plaisir qu'elle attend d'un plus digne appréciateur des talents de M. Saurin, d'un juge plus éclairé de son caractère et de ses vertus.

DISCOURS

LU A L'ACADÉMIE DES SCIENCES,

Lorsque la Comtesse et le Comte du Nord (depuis Paul Ier) y vinrent
prendre séance, le 6 juin 1782.

Le temps n'a pu affaiblir parmi nous la mémoire
de ce jour où l'Académie vit pour la première fois
un souverain (1) assister à ses assemblées et s'intéresser au récit de ses travaux; mais ce souvenir nous
est encore plus cher dans ce moment, où l'arrière-
petit-fils de ce prince vient, après soixante-cinq ans,
occuper la même place, et nous montrer, par ce
témoignage d'un amour héréditaire pour les sciences, qu'il est appelé à succéder aux grands desseins
de Pierre Ier comme à son empire.

Avant le czar, aucun souverain n'avait joint le titre
modeste d'académicien, à ces titres réservés aux premiers degrés des grandeurs humaines. Le vainqueur
de Charles XII parut flatté de voir son nom placé
dans une liste que décoraient alors les noms de Newton et de Fontenelle. *Il n'y a de rang dans les sciences*, écrivait-il, *que ceux qu'y donnent l'application
et le génie*. Jaloux de paraître ne rien devoir qu'à
lui-même, et surtout d'en donner l'exemple, il voulut mériter ses titres littéraires par ses travaux,

(1) Pierre le Grand.

comme il avait voulu ne monter aux grades militaires que par ses services. Il n'accepta le titre d'académicien qu'après avoir envoyé à l'Académie un
mémoire sur la géographie de la mer Caspienne,
comme il n'avait pris le titre de vice-amiral qu'après
une victoire. On l'avait vu rechercher avec empressement, dans tous les pays, les hommes qui pouvaient
lui donner des lumières utiles pour ses sujets, ne se
reposant que sur lui-même du soin de les instruire,
comme du devoir de les gouverner : dès lors il fut
aisé de prévoir que les bornes de l'Europe allaient
se reculer, et que les sciences avaient conquis un
nouvel empire.

Cette époque d'une si grande révolution pour la
Russie fut aussi celle d'une révolution heureuse pour
les sciences dans l'Europe entière. Jusque-là, plusieurs
souverains les avaient protégées, soit par un goût
naturel pour quelque genre de connaissance, soit
par un désir ardent de la gloire. Mais le czar a
montré le premier, par sa conduite, qu'un prince
doit regarder la protection accordée aux sciences, et
comme une sage politique dictée par son propre intérêt, et comme un véritable devoir, puisque leurs
progrès sont une des sources de la prospérité des
États et de la félicité des peuples.

Cette opinion est devenue celle des souverains de
toutes les nations policées. Des établissements formés partout en l'honneur des sciences, en ont répandu les principes et inspiré le goût dans les provinces comme dans les capitales. Les heureux effets
de cette protection ont été si prompts et si étendus,

qu'elle a, pour ainsi dire, cessé d'être nécessaire. L'amour de l'étude, le sentiment de l'utilité et de la dignité des sciences est trop général, pour qu'elles aient désormais besoin de secours étrangers ; et l'on peut dire que le plus grand bienfait des princes à leur égard, a été de les rendre indépendantes de leur puissance.

Mais, parmi les travaux nécessaires au progrès des sciences, il en est qui exigent, ou le concours de plusieurs générations, ou le concert de plusieurs peuples. Si ceux qui se livrent à ces travaux pouvaient être témoins en partie de l'utilité qui doit résulter de leurs efforts ; s'ils pouvaient espérer pour récompense, ou le plaisir de connaître des vérités nouvelles, ou la gloire de les avoir découvertes ; si le succès de ces travaux n'exigeait point dans les observations un concert que la diversité des vues, ou peut-être l'amour-propre rendent si difficile, on pourrait tout attendre de l'activité et de la puissance du génie. Tant que le désir du bien des hommes, l'amour de la gloire et le plaisir de saisir une vérité, peuvent être le prix du travail, les sciences n'ont à demander aux princes que la paix et la liberté. Mais pourrait-on espérer des savants, même les plus modestes, que, sans aucune autre récompense que cette froide estime qu'on accorde au travail, à l'exactitude ou au zèle, ils se dévoueront à préparer la gloire de leurs successeurs, à recueillir des matériaux pour la découverte de vérités qu'ils ne doivent jamais entendre, et dont l'utilité est réservée pour des générations qu'ils ne doivent jamais voir ? La vérité de ces réflexions deviendra plus frappante, si l'on jette ses regards sur l'état des sciences en Europe. D'un côté, on sera frappé des progrès rapides qu'elles ont faits depuis un demi-siècle, de cette immense collection de vérités ignorées de nos pères, du grand nombre des méthodes, et, pour ainsi dire, des sciences nouvelles qui ont ajouté à la force de l'esprit humain et à ses richesses. On sera surpris de cette multitude d'hommes que de véritables découvertes ont placés dans cette première classe de l'humanité, celle des inventeurs; mais, en même temps, on verra que plusieurs parties des sciences se sont dérobées à cette impulsion générale, et on observera que ce sont précisément celles où le génie seul ne peut trouver en lui-même, ni ses moyens, ni la récompense de ses efforts; celles où une découverte importante ne peut être le prix que des recherches de plusieurs siècles et des travaux de plusieurs peuples. Qu'il me soit permis de développer ici cette observation et de l'appuyer par quelques exemples : parler en cette occasion de ce que les sciences ont droit d'attendre encore du secours des souverains, c'est nous entretenir de nos espérances.

Tout concourt à prouver que la nature entière est assujettie à des lois régulières; tout désordre apparent nous cache un ordre que nos yeux n'ont pu apercevoir. Il ne peut être connu que par l'observation des faits, dont l'ensemble ou la suite sont nécessaires pour rendre cet ordre sensible à notre faible vue. Il faut donc que ces faits puissent se réunir sous les yeux d'un observateur, ou que, par des expériences, il les force, pour ainsi dire, à se présenter au gré de sa volonté; il faut encore que les lois auxquelles ils sont assujettis, se marquent par des révolutions dont la durée n'excède point ce court espace que la nature a marqué à notre existence. Si cette heureuse réunion de circonstances ne vient point au secours de notre faiblesse, les efforts du génie peuvent rester longtemps inutiles.

Cette foule de phénomènes que nous présente l'atmosphère, ses variations si promptes qu'il nous est impossible de prévoir, suivent cependant des lois générales. Ces phénomènes dépendent de causes constantes, universelles ou locales; mais la nature de ces causes est à peine soupçonnée, et les lois qu'elles suivent nous sont inconnues. Soumis, pour notre existence, pour tous nos besoins, à l'influence de ces phénomènes, en deviner les causes serait presque les maîtriser. Si l'homme pouvait prévoir les révolutions des saisons, il deviendrait en quelque sorte indépendant d'elles; car, dans cette science comme dans presque toutes les autres, toute découverte est une conquête de l'homme sur la nature et sur le hasard. Mais, pour s'élever à cette connaissance, il faudrait connaître et la liaison qu'ont entre eux les phénomènes de l'atmosphère dans les différentes parties de la terre, et les lois de leurs périodes, dont les révolutions s'étendent peut-être à des siècles entiers; il faudrait embrasser dans ses recherches et tous les climats et une longue suite d'années. La terre que nous habitons, les révolutions qu'elle a essuyées, celles que les siècles futurs doivent y amener, nous sont aussi peu connues que le mouvement du fluide qui l'entoure et les phénomènes qui se produisent dans son sein. En vain nous avons parcouru la surface de la terre, fouillé dans ses entrailles, décrit, analysé même les substances qu'elle renferme. Les causes qui ont hérissé le globe de montagnes, qui l'ont sillonné de vallées, qui ont creusé les mers, élevé les îles, distribué sur la terre les combinaisons si diverses d'un petit nombre d'éléments ; les lois qui ont présidé à la formation de ces combinaisons, à la fois si constantes et si variées, tous ces objets nous sont inconnus. Nous avons créé des systèmes; mais à l'instant qu'on a fait un pas de plus sur la surface de la terre, qu'on s'est enfoncé quelques pieds plus avant dans son sein, tous ces fantômes de l'imagination se sont évanouis. Comment un être éphémère surprendra-t-il le secret des opérations que la nature prépare dans des temps si longs pour notre durée? Comment un homme saisira-t-il un ensemble dont les parties sont répandues comme en désordre sur un espace si vaste, qu'en y consacrant sa vie entière, il lui serait impossible, non pas d'en observer toute l'étendue, mais de la parcourir, non de tout examiner, mais de tout voir?

Combien l'histoire de l'homme même est-elle encore ignorée? La terre qu'il habite, sa température, son humidité, son élévation plus ou moins grande, les productions du sol, les travaux de la culture, les différentes espèces d'occupation, la manière de vivre, de se vêtir, les usages, les gouvernements, les lois, toutes ces causes agissent sur la durée de la

vie, sur la fécondité, sur la force de l'homme, sa
santé, son activité, son industrie, son caractère, sa
morale même et son génie. Ces causes sont en même
temps liéesentre elles, dépendent l'une de l'autre, et
peuvent encore être modifiées par l'effet des changements mêmes qu'elles ont produits. Nous n'avons
sur ces objets que des observations générales, mais
vagues, et dont la plupart sont même contestées.
Ici, l'homme, la terre, les influences du climat ont
cédé à la force des lois et des opinions; là, au milieu des révolutions politiques, des changements
dans les préjugés, il a conservé le même caractère
avec sa constitution et son climat. Ici, un peuple
transplanté a changé de mœurs comme de pays; là,
il a porté avec lui son caractère, et ni le temps, ni
les événements, ni les mélanges avec d'autres peuples, n'ont pu en effacer l'empreinte. La liaison qui
existe entre la constitution physique de l'homme,
ses qualités morales, l'ordre social et la nature du
climat où il vit, du sol qu'il habite et des objets qui
l'entourent, ne peut être connue que par une longue
suite de recherches qui embrassent à la fois différents climats, différentes mœurs et différentes constitutions politiques. Il doit en résulter une science
importante, et cette science ne sera véritablement
créée qu'après qu'une collection immense d'observations constantes et précises aura permis d'assujettir
au calcul et les résultats des observations, et la certitude de ces résultats.

Dans ces diverses parties de nos connaissances,
comme dans toutes celles qui nous auraient fourni

des exemples semblables, il peut arriver sans doute qu'au bout d'une longue suite de siècles, un heureux hasard rassemble sous les yeux d'un homme de génie les monuments épars et confus amassés par le temps. Les souverains seuls ont entre leurs mains des moyens de rendre ces succès indépendants du temps et du hasard. Eux seuls peuvent prescrire et faire exécuter sur un même plan ces longs et pénibles travaux dont la gloire ne peut être le salaire. Qui formera ces grandes entreprises, dont l'utilité ne peut être sensible que dans un avenir éloigné, si ce n'est un prince qui sait mesurer ses projets, non sur la durée de la vie d'un homme, mais sur celle des empires? Les souverains seuls peuvent, en se réunissant, donner aux recherches des savants l'étendue qu'exige toute la partie des sciences dont la nature a dispersé les éléments sur la terre entière.

Jamais aucun moment n'a été plus favorable pour les desseins qu'on peut former en faveur des sciences. Jamais leur empire n'a embrassé un si grand espace, jamais elles n'ont réuni un aussi grand nombre de disciples. Les Linnæus et les Bergman ont éclairé l'Europe du fond des mêmes climats, où les savants rassemblés par Christine n'avaient excité que de l'indifférence et du mépris. Un philosophe né sur ces bords où les Anglais n'avaient trouvé dans le siècle dernier que des sauvages barbares, a su deviner la cause de la foudre, la soumettre à ses lois, et désarmer le ciel de la même main qui devait briser les fers du Nouveau-Monde; tandis que dans cette ville, rivale de Rome et de Byzance, qui, presque de nos jours, s'est élevée du sein des marais de la Néva, on voit un homme d'un génie infatigable (M. Euler), produire des découvertes profondes, avec une fécondité qui étonnerait, dans les genres les plus futiles, sans que l'âge lui ait rien ôté de sa force, ni la perte de la vue, de son ardeur ou de son incroyable facilité; semblable (si pourtant ce n'est point rabaisser de grands hommes que de leur comparer des héros fabuleux), semblable à ce Tirésias que les dieux privèrent de la vue pour le punir d'avoir pénétré leurs secrets, mais à qui le Destin les força de laisser cette science divine dont ils avaient été si jaloux.

Si l'on a pu former l'espérance de voir les princes se réunir pour accélérer les progrès de l'esprit humain, c'est sans doute dans l'époque où nous vivons. Les princes, que les connaissances qu'ils ont acquises, et l'état florissant des sciences dans leur empire sembleraient dispenser de recourir à des lumières étrangères, s'empressent cependant, non de les appeler auprès d'eux, mais de les chercher, et mettent leur gloire à remporter dans leur pays ces trésors, les seuls qu'on puisse partager, sans rien ôter à ceux qui les possèdent. Les souverains se hâtent de détruire à la fois les barrières élevées entre les peuples par ces prétendus intérêts nationaux, fantômes créés par la cupidité et par l'ignorance, et celles que des préjugés de toute espèce mettaient entre tous les sujets d'un même empire.

On sait enfin que tous les hommes ne forment qu'une seule famille, et n'ont qu'un seul intérêt. Le nom de l'humanité, de ce sentiment qui embrasse les hommes de tous les pays et de tous les âges, est dans la bouche des souverains comme dans celle des philosophes, et semble réunir dans les mêmes vues ceux dont l'ambition est d'éclairer les hommes, et ceux dont le devoir est de veiller à leur bonheur et de défendre leurs droits.

Le czar a senti le premier qu'un des plus grands bienfaits d'un prince envers ses sujets est de les éclairer. Puisse son petit-fils montrer un jour qu'un des plus grands biens que la nature puisse accorder à une nation, est de lui donner un souverain qui sache à la fois employer pour elle toutes les connaissances de son siècle, et, préparant de nouvelles lumières pour les générations qui n'existent point encore, leur ouvrir des sources inconnues de prospérité et de bonheur!

DISCOURS

PRONONCÉ

PAR M. DE CONDORCET,

A LA SÉANCE PUBLIQUE DE L'ACADÉMIE DES SCIENCES,
LE 12 NOVEMBRE 1783.

La mort nous a ravi M. D'Alembert, lorsque son génie, encore dans sa force, promettait à l'Europe savante de nouvelles lumières. Géomètre sublime, c'est à lui que notre siècle doit l'honneur d'avoir ajouté un nouveau calcul à ceux dont la découverte avait illustré le siècle dernier, et de nouvelles branches de la science du mouvement, aux théories qu'avait créées le génie de Galilée, d'Huyghens et de Newton.

Philosophe sage et profond, il a laissé dans le discours préliminaire de l'Encyclopédie, un monument pour lequel il n'avait point eu de modèle.

Écrivain tantôt noble, énergique et rapide, tantôt ingénieux et piquant, suivant les sujets qu'il a traités, mais toujours précis, clair, plein d'idées, ses ouvrages instruisent la jeunesse et occupent d'une manière utile les loisirs de l'homme éclairé.

La franchise, l'amour de la vérité, le zèle pour les progrès des sciences et pour la défense des droits des hommes, formaient le fond de son caractère.

Une probité scrupuleuse, une bienfaisance éclairée, un désintéressement noble et sans faste, furent ses principales vertus.

Les jeunes gens qui annonçaient des talents pour les sciences et pour les lettres, trouvaient en lui un appui, un guide, un modèle.

Ami tendre et courageux, les pleurs de l'amitié ont coulé sur sa tombe, au milieu des regrets des académiciens, de la France et de l'Europe. Il eut des ennemis pour que rien ne manquât à sa gloire; et l'on doit compter, parmi les honneurs qu'il a reçus, l'acharnement avec lequel il a été poursuivi, pendant sa vie et après sa mort, par ces hommes dont la haine se plaît à choisir pour ses victimes le génie et la vertu.

Honoré par lui, dès ma jeunesse, d'une tendresse vraiment paternelle, personne, dans la perte commune, n'a plus à regretter que moi. Son génie vivra éternellement dans ses ouvrages ; il continuera long-temps d'instruire les hommes ; il reste tout entier pour les sciences et pour sa gloire : l'amitié seule a tout perdu.

La mort de M. D'Alembert avait été précédée de quelques semaines seulement par celle de M. Euler, génie puissant et inépuisable, qui, dans sa longue carrière, a parcouru toutes les parties des sciences mathématiques et reculé les bornes de toutes. Toujours original et profond, mais toujours élégant et clair, il a publié plus de quatre cents ouvrages, et il n'en est pas un seul qui ne renferme une vérité nouvelle, une découverte utile ou brillante. Privé de la vue, son activité, sa fécondité même, n'en avaient point été ralenties. La force singulière de son intelligence répara sans effort cette perte, qui, pour tout autre, eût été irréparable; et la nature semblait l'avoir formé pour être à la fois un grand homme et un phénomène extraordinaire, pour étonner le monde autant que pour l'éclairer.

DISCOURS

DE M. CONDORCET,

En réponse à celui de M. Bailly, le jeudi 26 février 1784.

MONSIEUR,

Uni avec vous, depuis quinze ans, par les liens de la confraternité, je me trouve heureux, dans ce moment, d'avoir à féliciter l'Académie qui vient de vous adopter, et de pouvoir lui répondre qu'elle trouvera dans vous ces vertus douces et simples, ce caractère facile, mais sûr, qui attirent l'amitié en captivant la confiance; un zèle constant pour servir l'humanité par des travaux utiles, ou la soulager par une bienfaisance noble et éclairée ; enfin, la réunion de l'amour des lettres et de l'étude, avec cette modestie sincère qui se fait pardonner les talents et les succès.

Dès vos premières années vous avez parcouru, d'un pas égal, la carrière paisible des sciences, et la carrière plus brillante, mais plus épineuse, de l'éloquence et de la littérature. De la même main qui a calculé les mouvements si compliqués de ces astres de Médicis, dont, il y a deux siècles, on ne soupçonnait pas même l'existence, vous avez tracé un éloge de Leibnitz, couronné par une savante académie. Élève de l'abbé de La Caille, vous avez rendu

un hommage touchant à la mémoire du maître qui
avait guidé vos premiers pas dans l'étude des mathématiques. Cette histoire, où vous avez exposé l'origine et la marche d'une science au progrès de laquelle vous avez contribué, a occupé ceux même à
qui l'astronomie est étrangère, et qui, entraînés par
le plaisir de vous lire et de suivre vos idées, se sont
instruits sans le vouloir, et presque malgré eux.

Dans la dernière partie de cette histoire, vous vous
étiez imposé une tâche bien difficile, celle d'apprécier les ouvrages de savants qui existaient encore ;
et vous l'avez remplie avec justice, avec impartialité
même, si jamais ce mot peut convenir à des hommes. On aperçoit, à chaque page, le plaisir que vous
éprouvez à reconnaître, à encourager, à célébrer le
véritable talent ; et vous avez eu le mérite bien rare,
de faire réussir un ouvrage où beaucoup d'hommes
vivants sont loués.

Vos lettres sur l'*Atlantide* ont eu un avantage
réservé presque uniquement aux romans et aux pièces de théâtre : celui d'avoir pour lecteurs tous ceux
qui savent lire. Vous y établissez votre opinion avec
tant d'adresse, vous l'avez tellement embellie par
des détails ingénieux, qu'on a de la peine à s'empêcher de l'adopter. On est de votre avis, tant qu'on a
votre livre entre les mains ; et il faut le quitter pour
avoir la force de se défendre contre vous. En inter-
prétant Platon, vous l'avez imité dans l'art heureux
de faire aimer les opinions que vous voulez établir ;
et si votre système a jamais le sort qu'ont éprouvé
tant d'autres opinions, et dont le nom ou le génie

de leurs auteurs n'ont pu les préserver, votre ouvrage sera plus heureux, et la postérité vous pardonnera votre peuple hyperboréen, comme elle a pardonné les atomes à Lucrèce, et les tourbillons à l'auteur de la *Pluralité des Mondes*.

Il est possible même que ces systèmes, mêlés avec art à des vérités importantes, aient quelquefois une utilité réelle. Ils peuvent inspirer le goût de l'instruction à ces esprits que l'incertitude, le doute, la méthode lente et rigoureuse des sciences exactes, fatiguent ou rebutent. On a dit qu'il fallait des fables aux hommes pour leur faire supporter la vérité, et ces opinions systématiques sont peut-être la seule mythologie qui convienne à des siècles éclairés.

M. le comte de Tressan, que vous remplacez parmi nous, unissait, comme vous, les sciences et les lettres; il eut le courage de les cultiver au milieu de toutes les illusions de la jeunesse, de l'agitation de la cour, de la dissipation du monde, du tourbillon des plaisirs. Tandis qu'il immortalisait dans ses vers les charmes de l'actrice célèbre à qui les ennemis d'un grand homme ont osé attribuer une partie du succès de Zaïre, il écrivait à Voltaire, à Fontenelle, à Haller, à Bonnet, aux Bernouilli, au vainqueur de Molwitz, au philosophe qui a chanté les saisons; il méditait les ouvrages des savants; il jetait sur la nature un regard observateur. Chaque jour, quelques heures enlevées au plaisir étaient consacrées à l'étude, et il en a reçu la récompense; les lettres ont été la consolation de sa vieillesse.

Dans un âge où les hommes les plus actifs commencent à éprouver le besoin du repos, il devint un de nos écrivains les plus féconds et les plus infatigables. Il publia ces Contes où des tableaux voluptueux n'alarment jamais la décence, où une plaisanterie fine et légère répand la gaieté au milieu des combats éternels et des longs amours de nos paladins : le naturel des sentiments et des images fait oublier le merveilleux des aventures. Rajeunis par lui, nos anciens romanciers ont de l'esprit, et même de la vérité; leur imagination vagabonde n'est plus que riante et folâtre. Enfin, l'Arioste lui-même n'a perdu, entre les mains de M. de Tressan, que ce qu'un grand poëte est condamné à perdre dans une traduction en prose.

La vieillesse est peut-être l'âge de la vie auquel ces ingénieuses bagatelles conviennent le mieux, et où l'on peut s'y livrer avec moins de scrupule et plus de succès. C'est lorsqu'on est désabusé de tout, qu'on a le droit de parler de tout en badinant. C'est alors qu'une longue expérience a pu enseigner l'art de cacher la raison sous un voile qui l'embellisse, et permettre à des yeux trop délicats d'en soutenir la lumière; c'est alors qu'indulgent sur les erreurs de l'humanité, on peut les peindre sans humeur, et les corriger sans fiel.

On n'a plus la force de suivre la vérité qui se dérobe à notre faiblesse; les traits profonds qui peignent les passions, échappent à une âme qui n'en conserve plus que des souvenirs presque effacés. La réalité n'offre à la vieillesse que des regrets : c'est dans un monde idéal qu'elle doit chercher à exister.

La jeunesse poursuit trop souvent, avec ardeur, des chimères sérieuses que son imagination réalise : pourquoi n'excuserions-nous pas la vieillesse, lorsqu'elle s'amuse avec des contes, et qu'elle cherche à jouir un moment de leurs douces et passagères illusions?

M. le comte de Tressan était depuis longtemps associé libre de l'Académie des sciences ; et ces deux compagnies ont toujours vu naître avec plaisir l'occasion de resserrer, par de nouveaux liens, cette union utile à toutes deux. Vous venez de nous montrer combien l'éloquence et la littérature peuvent devoir de beautés à l'étude approfondie de l'homme et de la nature ; mais combien aussi les sciences peuvent-elles avoir d'obligation à l'étude des lettres? La méthode de se former des idées justes est liée à l'art de s'exprimer avec précision ; la clarté de nos idées dépend de l'exactitude du sens que nous attachons à leurs signes : nous n'avons même d'idées bien précises que celles dont nous avons fixé l'étendue en les désignant par un mot. Ce n'est pas seulement en parlant, en lisant, en écrivant, que nous ne séparons point nos idées du mot qui les exprime ; cette liaison se fait sentir dans nos méditations et dans nos recherches. Les idées que nous combinons pour nous élever à des vérités nouvelles, ne se présentent à l'esprit qu'accompagnées du signe que l'habitude ne nous permet plus d'en séparer ; et la perfection de la langue de chaque science contribue, plus qu'on ne l'imagine, à y rendre les découvertes plus promptes et plus faciles.

Longtemps on a paru croire que l'étude des sciences était contraire au goût dans les lettres ; tandis qu'un autre préjugé faisait craindre pour les sciences la distraction où peut entraîner l'amour de la littérature, et la facilité que donne l'art d'écrire pour faire valoir de petits objets ou voiler les défauts d'un ouvrage. Votre exemple, Monsieur, est une réponse de plus, qui doit servir à prouver combien de pareilles craintes sont chimériques. Si ces préjugés, chers à quelques littérateurs ignorants et à quelques savants médiocres, n'ont pour cause que la répugnance avec laquelle ils consentiraient à reconnaître dans un seul homme une double supériorité, votre caractère peut encore les désarmer ; et, par une exception honorable, vous échapperez sans doute à la proscription, que la médiocrité a prononcée contre tous ceux qui osent embrasser deux genres si éloignés en apparence, et ont le bonheur dangereux et rare de réussir dans tous deux.

DISCOURS

DE M. DE CONDORCET,

En réponse à celui de M. le comte de Choiseul-Gouffier,
le jeudi 26 février 1784.

Monsieur,

Des entreprises utiles aux lettres, et de bons ouvrages, donnent également des droits à la reconnaissance publique ; et l'Académie, en vous adoptant à ce double titre, n'a été que l'interprète d'un sentiment commun à tous les amis de la littérature et de la philosophie.

Vous avez offert un grand exemple aux jeunes gens à qui le sort a fait le présent dangereux d'une grande fortune. Dans un âge où le goût de la dissipation obtient facilement l'indulgence, et la mérite peut-être, où l'on appelle sages ceux qui s'occupent de leur avancement ou de leur intérêt, amateur ardent, mais déjà éclairé, de l'antiquité et des arts, vous avez tout quitté pour aller en étudier les débris au milieu des ruines d'Éphèse et d'Athènes, et interroger les monuments de ce peuple si aimable et si grand, à qui nous devons tout, puisque nous lui devons nos lumières.

On vous a vu, entouré des paisibles instruments des arts, visiter les mêmes contrées que vos ancêtres n'avaient parcourues qu'en pèlerins conquérants ;

vous êtes revenu chargé de dépouilles plus précieuses aux yeux de la raison, que celles qu'ils ont obtenues pour prix de leurs exploits : et une compagnie savante, que l'Académie française s'honorera toujours d'avoir vu naître dans son sein, a cru ne pouvoir récompenser votre entreprise d'une manière digne d'elle et de vous, qu'en oubliant tout ce qui vous était étranger, pour ne couronner que vos travaux littéraires.

Tous ceux que les lettres et les arts occupent ou intéressent, ont lu avec avidité ce voyage où la géographie a puisé de nouvelles lumières; où les cartes marines sont perfectionnées; où tant de monuments sont décrits avec précision et dessinés avec goût; où les mœurs, observées sans enthousiasme et sans humeur, sont peintes avec tant de vérité. Un heureux emploi de l'histoire ancienne de la Grèce y offre sans cesse des rapprochements instructifs ou des contrastes piquants. Ce style simple et noble, si convenable à celui qui parle de ce qu'il a vu et raconte ce qu'il a fait; une exactitude scrupuleuse sans longueurs et sans minuties; de la philosophie sans déclamation et sans systèmes : tels sont les caractères de cet ouvrage. L'auteur y paraît constamment animé par l'amour de l'humanité, par un sentiment profond de l'égalité primitive des hommes, qu'il est si doux de trouver dans ceux qui, s'ils n'avaient qu'une âme commune et des talents ordinaires, auraient tout à perdre par la destruction des préjugés. Ce sentiment est au fond de votre cœur comme dans vos ouvrages; et vous avez montré, dans des circonstances difficiles, que le respect pour la qualité d'homme était toujours et votre premier mouvement et votre premier devoir.

Une nouvelle carrière s'ouvre devant vous. Ces mêmes peuples, qui vous ont vu avec étonnement dessiner les monuments antiques que leur indifférence foule aux pieds, vous reverront, trop tôt pour nous, honoré de la confiance d'un prince, leur fidèle et généreux allié. La politique de l'Europe (du moins celle qu'on avouait) fut longtemps dirigée contre cet empire, alors redoutable, et aujourd'hui, celle de plusieurs États semble chercher à le soutenir ou à le défendre : mais, ce qui doit honorer et notre pays et notre siècle, elle ne veut employer que des moyens avoués par la justice et conformes à l'intérêt général de l'humanité. Menacé par des nations puissantes et éclairées, le trône des Ottomans ne peut subsister s'ils ne se hâtent d'abaisser les barrières qu'ils ont trop longtemps opposées aux sciences et aux arts de l'Europe. Cette vaste domination, qui embrasse tant de belles contrées, qui renferme tant de peuples jadis si célèbres, qui, s'étendant des sources du Nil aux rives du Pont-Euxin, réunit tous les climats et devrait réunir toutes les productions, ne peut plus appartenir qu'à une nation qui connaisse le prix des lumières. Les lumières sont le secours le plus efficace que cet empire puisse recevoir de ses alliés ; et l'art des négociations, qui a été si longtemps l'art de tromper les hommes, sera dans vos mains celui de les instruire et de leur montrer leurs véritables intérêts.

Ainsi, cette fausse politique qui fondait la prospérité d'un peuple sur les malheurs ou l'ignorance des nations étrangères, a dû disparaître avec la fausse philosophie qui voulait trouver dans les erreurs populaires la source de notre bonheur et de nos vertus. Une philosophie plus vraie, plus noble, plus conforme à la nature, s'est élevée sur les ruines de ces vaines opinions que le mépris pour l'espèce humaine avait enfantées, et qui ont flatté trop longtemps l'ignorance et la corruption des hommes puissants. Une lumière nouvelle s'est répandue; et, tandis que ceux qu'elle éblouit ne se lassent point d'en prédire les funestes effets, déjà des rives de la Delaware aux bords du Danube, vingt peuples applaudissent au bien qu'elle a fait.

Mais puis-je m'arrêter à vous parler des progrès de la raison, lorsque tout me rappelle que nous avons à gémir sur les pertes qu'elle a éprouvées?

Le grand homme que vous remplacez, et à qui votre amitié juste et courageuse vient de rendre un si noble hommage, fut un des plus dignes appuis de la raison par son génie, par son caractère et par ses vertus.

Au sortir de l'enfance, entraîné vers la vérité par un instinct irrésistible, il se dévoua tout entier à ces sciences où elle règne sans partage, et bientôt il en eut reculé les limites. Si je me bornais à vous citer les problèmes importants qu'il a résolus, les questions épineuses et difficiles qu'il a éclaircies, les méthodes qu'il a inventées ou perfectionnées, les vérités dont il a enrichi le calcul intégral, l'instrument le plus universel et le plus utile que l'esprit humain ait inventé dans les sciences, j'aurais peint un grand géomètre; mais ces traits lui seraient communs avec d'autres hommes qui ont illustré notre siècle. Ce qui caractérise surtout M. D'Alembert, c'est d'avoir inventé un nouveau calcul nécessaire aux progrès des sciences physiques, tandis que les calculs de Newton et de Leibnitz semblaient avoir atteint le terme des forces de l'esprit humain; c'est d'avoir saisi dans la nature un principe général et nécessaire, auquel tous les corps sont également assujettis, et qui détermine leurs mouvements ou leurs formes dès qu'on connaît les forces qui agissent sur leurs éléments; c'est d'avoir tracé le premier la ligne que l'axe de la terre décrit dans les cieux, et calculé les causes qui, en le balançant dans l'espace, lui font accomplir sa longue période, dont elles conservent la lente et paisible uniformité; c'est, enfin, d'avoir illustré son nom par plusieurs de ces grandes découvertes qui survivent aux ouvrages de ceux qui les ont faites, aux méthodes même qui les ont produites, et sont éternelles comme les lois de la nature dont elles ont révélé le secret.

Les sciences se tiennent par une chaîne qui unit chacune d'elles à toutes les autres, et au point où elles se rapprochent, elles se prêtent des secours mutuels. Souvent les mathématiques ne peuvent attendre que d'une saine métaphysique la solution des difficultés qu'elles présentent, tandis que la métaphysique a besoin de la science du calcul pour ne point s'égarer dans ses méditations sur la nature de

la matière ou du mouvement, ou ne peut recevoir
que de la géométrie la faible lumière qui lui permet
d'entrevoir quelques objets dans l'abîme de l'infini.
Philosophe autant que géomètre, M. D'Alembert sut
tirer une partie de sa gloire de ces recherches qui
ont été si souvent l'écueil des métaphysiciens, et
même des géomètres. Il a le premier appris aux mathématiciens à douter des principes du calcul des
probabilités, sur lesquels ils appuyaient avec trop de
confiance leurs savantes théories. La philosophie lui
doit la preuve de cette grande vérité, que les lois
de la mécanique sont une suite nécessaire de la nature des corps. Souvent il a expliqué aux géomètres
des paradoxes où le calcul de l'infini les avait conduits; tandis que, développant aux philosophes la
nature de l'infini géométrique, il les familiarisait
avec cette idée qui étonne toujours notre faiblesse,
et l'a si souvent confondue.

L'étude des lettres, qui n'avait été longtemps que
le délassement de M. D'Alembert, devint pour lui
une ressource nécessaire, lorsque ses organes affai-
blis ne purent soutenir sans fatigue cette attention
forte et continue qu'exigent les méditations mathématiques : son génie, comme il l'a prouvé dans ses
derniers ouvrages, était toujours capable des mêmes
efforts; mais il ne pouvait plus les prolonger si longtemps. Nommé alors secrétaire de cette Académie,
il la regarda comme une nouvelle patrie à laquelle
il se dévoua tout entier; les plus petits détails de ses
fonctions étaient chers et importants à ses yeux; il
savait y plier, sans contrainte et sans dégoût, ce gé-

nie qui avait créé des sciences nouvelles, et franchi l'espace sur le bord duquel Newton s'était arrêté. Il croyait qu'une société d'hommes de lettres, chargée des intérêts de la raison comme de ceux de la littérature, devait, avec un courage égal, opposer une barrière au mauvais goût qui dégrade l'esprit humain, et aux préjugés qui l'égarent ou l'abrutissent; et il veillait avec un zèle infatigable pour que les choix, les jugements, les démarches de la compagnie dont il était l'organe, répondissent à une destination si noble et si utile.

Combien de fois l'avons-nous entendu dans ces assemblées, tantôt combattre les préjugés littéraires avec les armes d'une philosophie sage et lumineuse, tantôt accabler les ennemis de la raison sous les traits de l'éloquence ou de la plaisanterie, n'employant que les ménagements qui étaient utiles à la cause de la vérité, évitant avec adresse de soulever contre elle les esprits timides ou prévenus, mais dédaignant les clameurs dont lui seul était l'objet, et bravant avec courage cette foule impuissante d'ennemis et d'envieux que les vertus et les talents traînent à leur suite!

Il existe dans la littérature et dans la philosophie, un nombre beaucoup plus grand qu'on ne croit d'opinions qui se transmettent d'âge en âge, qu'on regarde comme certaines, parce qu'on les a toujours crues, dont on a mille fois prétendu donner des preuves, et que jamais on n'a examinées. M. D'Alembert se plaisait à combattre ces opinions, à les montrer telles qu'elles étaient, dénuées de tout ce que le temps, l'autorité, l'habitude leur avaient donné d'imposant. Lui reprochera-t-on de n'avoir pas toujours substitué à ces opinions, les vérités dont elles tenaient la place? C'est avoir éclairé les hommes, que de leur avoir appris à douter; et, pour qu'ils marchent librement vers la vérité, il faut commencer par en débarrasser la route des erreurs ou des opinions qui empêchent de la reconnaître ou de la suivre.

Le zèle de M. D'Alembert pour l'Académie, lui fit entreprendre d'en continuer l'histoire, mais sur un nouveau plan, et avec des vues plus profondes. L'éloquent et généreux Pélisson, le savant abbé d'Olivet, s'étaient bornés à raconter avec simplicité les principaux événements de la vie des académiciens, et à rapporter quelques anecdotes sur leurs ouvrages. Mais M. D'Alembert a senti que l'histoire des écrivains célèbres ne doit pas intéresser seulement ceux qui cultivent les lettres; qu'elle doit être l'histoire des travaux et des progrès de l'esprit humain, le tableau de l'influence que peuvent avoir sur la conduite de la vie, sur le caractère ou sur les vertus des hommes, le goût de l'occupation et la culture de l'esprit. C'est là qu'on peut étudier l'homme dans ceux de son espèce qui ont le plus perfectionné leur raison, qu'on peut observer l'empire des préjugés populaires sur les hommes que leur éducation aurait dû y soustraire, et l'influence lente, mais sûre, du jugement des hommes éclairés sur les opinions du peuple. C'est là qu'on peut apprendre à reconnaître la marche des préjugés, qui tantôt remontent du peuple à ceux qui devraient l'éclairer et le détromper, et tantôt commencent par les hommes instruits, descendent d'eux au vulgaire, et gouvernent le peuple longtemps après que ceux qui exercent leur raison ont su les rejeter.

Soixante-dix éloges d'académiciens, différents par leur génie, par leur état, par le genre de leurs productions, ont occupé pendant quelques années les loisirs de M. D'Alembert; et, dans ces ouvrages, variant son style avec ses sujets, toujours ingénieux, toujours clair, il montre partout une raison supérieure, une philosophie vraie et élevée, dont il a souvent l'art d'adoucir les traits pour la rendre plus usuelle, plus utile au grand nombre.

Ce goût exclusif pour ce qui est utile et vrai était un des traits caractéristiques de son génie, et domine dans ses éloges comme dans ses autres ouvrages. M. D'Alembert rejetait avec dégoût tout ce qui, dans les sciences, n'était pas appuyé sur les faits ou sur le calcul. Un système brillant, une théorie incertaine, quelque profonde qu'elle fût, n'étaient à ses yeux que des bagatelles sérieuses, indignes d'occuper des hommes. Dans la philosophie il dédaignait toutes ces opinions spéculatives où l'esprit trouve sans cesse à creuser plus avant dans un terrain toujours stérile; il haïssait la subtilité, et parce qu'elle nous égare, et parce qu'elle consume en de vains travaux notre temps et nos forces; il ne craignait point de trop rétrécir le champ où l'esprit humain peut s'exercer, parce qu'il savait qu'il reste assez de vérités utiles à découvrir pour occuper les hommes de tous les âges.

Plusieurs des éloges de M. D'Alembert ont été lus dans les séances publiques de l'Académie; on se rappelle les applaudissements qu'ils ont excités; l'effet qu'ils ont produit est présent à l'esprit, à l'âme de ceux qui m'écoutent, et qui, encore remplis de ce qu'ils ont entendu, me reprochent peut-être que l'amitié n'ait pu m'élever assez au-dessus de moi, pour exprimer d'une manière plus digne d'eux leur reconnaissance et leurs regrets.

M. D'Alembert, au moment où l'Académie s'est séparée, était persuadé de sa fin prochaine : on l'avait vu supporter avec impatience des infirmités qui lui ôtaient la liberté de travailler et d'agir; mais il vit approcher d'un œil ferme le terme de sa vie. Quand il sentit que sa carrière était finie pour les sciences et pour les lettres, il supporta avec constance des maux qui n'étaient plus que pour lui, et renonça même au désir de prolonger une existence qu'il regardait comme inutile. Supérieur à ce courage d'ostentation qui se plaît à combattre avec la douleur pour avoir l'honneur de la vaincre, il cherchait à s'en distraire et à l'oublier; mais il savait soutenir avec une fermeté tranquille l'idée de sa destruction, lorsqu'il y était ramené par des soins que lui inspirait sa bienfaisance, ce sentiment de toute sa vie, dont il voulut étendre les effets au delà même de son existence. Occupé du progrès des sciences et de la gloire de l'Académie jusque dans ses derniers moments, il jouissait des succès d'un confrère, son ancien ami, qui l'a remplacé dans cette compagnie. Il me parlait du devoir dont je m'acquitte aujourd'hui envers sa mémoire; et, par un sentiment d'amitié qui fermait ses yeux sur tout autre intérêt, il daignait se féliciter que le sort m'eût confié cet emploi douloureux. Il oubliait ses maux, et sortait de son abattement pour s'intéresser à ces expériences qui ont ouvert un nouvel élément à l'activité des hommes. Il versa quelques larmes sur la perte de l'illustre Euler, en voyant avec tranquillité qu'il allait suivre bientôt le seul de ses rivaux que la postérité, plus impartiale et plus éclairée que les contemporains, osera peut-être placer à côté de lui. Mais je sens, Monsieur, que je m'arrête trop longtemps sur ces détails si cruels et si chers. Accoutumés tous deux à regarder son amitié comme une partie de notre bonheur, liés par le sentiment qui nous unissait à lui, et maintenant par celui d'une douleur commune, nous pourrions, dans un entretien solitaire, adoucir nos peines par le plaisir de nous en occuper sans partage; mais les pleurs de l'amitié doivent couler dans le silence, tandis que l'Europe retentit des regrets des savants qui ont perdu celui qu'ils regardaient comme leur maître et leur modèle; que les nations étrangères se plaignent de ne plus entendre cette voix dont les sages leçons leur ont été si utiles; et que le tombeau du Newton de notre siècle est honoré par les larmes du héros qui a égalé Gustave-Adolphe par l'éclat de ses victoires et l'a surpassé par son génie.

DISCOURS

PRONONCÉ

PAR M. DE CONDORCET,

A l'ouverture de la séance de l'Académie royale des sciences,
du 4 septembre 1784 (1).

————o————

MESSIEURS,

Ce jour glorieux pour nous semble retracer à nos
yeux les temps à jamais célèbres où les héros d'Athènes ne dédaignaient pas de venir, au retour de leurs
victoires, entendre dans les écoles la voix d'Anaxagore et de Socrate; où ces Césars, si grands dans le
sénat, si terribles à la tête des légions, déposant
des lauriers cueillis sur les bords de l'Euphrate et du
Rhin, se plaisaient à discuter les principes de la philosophie avec Apollonius, avec Pline, avec Maxime,
ou à rechercher le peu qu'il était alors donné aux
hommes de connaître sur les lois de la nature et sur
les phénomènes de l'univers.

Mais ces temps, qui furent ceux de la gloire ou du
bonheur des nations gouvernées par ces grands hommes, ne forment dans l'histoire qu'un petit nombre
de jours sereins qui ont brillé de loin en loin, au

——————

(1) M. le comte d'OEls (le prince Henri de Prusse) assistait à
cette séance de l'Académie.

milieu d'une longue suite de siècles condamnés à l'erreur et à la misère. Périclès vivait encore quand les Athéniens chassèrent de leur ville Anaxagore, convaincu d'avoir osé dire le premier que le soleil était un globe de feu, et qu'une intelligence avait présidé à la formation du monde. Bientôt après, dociles à la voix d'un vil farceur, ils condamnèrent Socrate à la mort. Chez les Romains, à peine un empereur vertueux a-t-il fermé les yeux, qu'un indigne successeur, s'empressant d'étouffer les dernières lueurs de la raison, livre l'empire à la tyrannie de l'ignorance et de la superstition.

C'est qu'alors les lumières étaient le partage de quelques hommes privilégiés, choisis dans un seul peuple. Aujourd'hui elles ont pénétré dans toutes les classes de la société; elles se sont répandues chez toutes les nations. Chaque peuple exposé à la censure de tous les autres, et contenu par l'opinion commune de l'Europe, ne peut plus ni se livrer à ces excès honteux, ni éteindre un flambeau que ses voisins auraient bientôt rallumé. Nous ne reverrons plus ces jours où Gerbert, Roger Bacon étaient regardés comme des magiciens, parce qu'ils avaient entrevu quelques demi-vérités ; où Galilée, couvert de gloire et d'années, condamné à une prison perpétuelle, était contraint d'abjurer les vérités qu'il avait découvertes; où l'indigence obligeait Kepler à faire des horoscopes ; où Descartes, achetant par un exil volontaire le droit d'instruire les hommes, trouvait encore des Voëtius même dans le pays de la liberté; où le spectacle des maux causés par l'intolérance forçait Huyghens et Roëmer à fuir la patrie qu'ils avaient adoptée.

Aujourd'hui, les lettres, les sciences et la philosophie, longtemps séparées, quelquefois ennemies, ont acquis en se réunissant un empire sur l'opinion des hommes, que rien ne peut plus leur enlever. Loin de croire, comme autrefois, que les préjugés peuvent être utiles, sinon aux peuples, du moins à ceux qui les gouvernent, on sait maintenant qu'il n'est aucun préjugé qui ne puisse devenir une source de malheurs pour les citoyens, une cause de révolutions ou d'affaiblissement pour les États. On sait que, si les hommes éclairés sont les seuls qui soient dignes de donner des lois à leurs semblables, les hommes instruits sont aussi les seuls qui sachent obéir aux lois.

On n'ignore plus que le véritable ennemi du genre humain, c'est l'erreur; qu'elle produit également et les passions qui troublent l'ordre du monde, et la faiblesse qui rend les passions dangereuses; que c'est elle qui inspire à ceux qui commandent des lois contraires à leurs intérêts, comme à l'intérêt général, tandis qu'en séduisant les esprits de la multitude, elle oppose à tout changement utile, une barrière trop souvent insurmontable.

Les sciences ont acquis une si grande étendue, leurs applications se sont tellement multipliées; la philosophie a su connaître si bien la véritable méthode de chercher la vérité, que tous ceux qui s'occupent du bonheur des hommes, de la grandeur et de la prospérité des empires, ou trouvent à chaque pas l'occasion de faire un usage utile des vérités qu'on doit à la philosophie et aux sciences, ou sont arrêtés au milieu de leurs travaux par des questions qu'elles seules peuvent résoudre. L'art de la guerre, cet art qui dépend bien plus du génie que des connaissances acquises; où les héros semblent devoir tout à eux seuls, et rien à ce qu'on a pu leur enseigner; cet art éprouve lui-même, dans presque toutes ses parties, le besoin de ces sciences paisibles, fondées sur l'expérience ou sur le calcul, et ses progrès, qui ont suivi ceux des connaissances humaines, en ont fait, même de nos jours, une véritable science. Aussi, les plus grands maîtres de cet art se sont-ils montrés dans ce siècle les plus dignes protecteurs de la philosophie et des lettres (1); et si cette protection n'avait pas été une suite nécessaire de l'étendue de leurs lumières et de l'élévation de leur caractère, l'intérêt seul de leur gloire leur eût inspiré la même conduite; car les siècles éclairés peuvent seuls assigner la place qu'ils méritent, et sentir la différence du conquérant qui ne doit ses victoires qu'à la terreur qu'inspire sa férocité, et du héros dont le génie maîtrise les événements, et sait encore diminuer les maux de la guerre.

Mais, si ceux qui ont intérêt de craindre le progrès des lumières, n'osent plus supposer qu'elles sont dangereuses, ils ont essayé de rendre du moins

-(1) On connaît les liaisons du maréchal de Villars et du maréchal de Saxe avec Voltaire. Berwick fut l'ami de Montesquieu. On sait que le prince Eugène a donné le premier, à la cour de Vienne, l'exemple de l'amour des lettres et de la philosophie.

odieux les hommes qui cherchent à les répandre. Désespérant d'être désormais assez forts avec le secours de l'ignorance, ils ont voulu soulever les passions en leur faveur, et pour y réussir, ils ont imaginé d'accuser les philosophes, les savants, les gens de lettres, de méconnaître les distinctions établies dans la société, et de réserver uniquement leurs hommages aux talents et aux vertus. Ils espéraient avoir trouvé dans cette accusation un secret sûr de susciter aux lumières utiles des ennemis puissants, implacables, et surtout très-nombreux; car la vanité persuade aisément à des particuliers très-obscurs, qu'ils sont aussi dans une de ces classes qui auraient trop à perdre, si on voulait n'estimer dans chaque individu que son mérite réel. Mais, en supposant même cette inculpation aussi fondée qu'elle l'est peu, du moins elle ne rendrait pas ceux contre qui elle est dirigée, bien coupables aux yeux des hommes dont ils doivent ambitionner le plus les bontés et l'estime.

Supposons, en effet, qu'ils oublient qu'un héros est sorti du sang de Charlemagne ou de Witikind, et que le rang auguste qu'il occupe ne leur impose point; la justice qu'ils rendront à ses qualités personnelles n'en devient-elle pas plus digne de lui? En sauront-ils moins admirer la réunion si rare d'une activité qui ne laisse ni perdre un instant, ni échapper une occasion, et d'une sagesse consommée qui, dans la conduite d'une guerre entière, n'offre pas même l'apparence de la plus légère faute aux yeux des juges les plus éclairés et les plus sévères?

Verront-ils avec moins d'étonnement le même génie
qui combine avec force pendant la guerre les plans
les plus vastes, veiller pendant la paix sur les plus
petits détails qui servent à former les instruments
de ses victoires? Seront-ils moins touchés de cette
humanité toujours agissante, toujours occupée d'a-
doucir ces malheurs, suite trop inévitable de la
guerre, et qui, dans toute une campagne, au milieu
des mouvements les plus importants, et dans les
positions les plus critiques, n'oublie pas un seul instant qu'il existe dans une ville conquise un citoyen
que l'amitié a confié à ses soins? N'applaudiront-ils
pas à un prince ami de la vérité, prompt à se rendre l'appui de ceux qui souffrent pour elle, regardant les hommes célèbres dans les lettres et dans les
sciences, comme les objets les plus dignes de sa curiosité; chérissant la mémoire de ceux qui ne sont
plus, et cherchant avec empressement ce qui reste
d'eux dans les lieux honorés par leur génie? Cette
simplicité de mœurs si estimable, même dans un
citoyen obscur, ne devient-elle pas la preuve la plus
certaine d'un grand caractère, lorsqu'elle se joint à
tant de titres, et surtout à tant de gloire? Enfin, le
stoïcisme le plus exagéré, à quelque degré qu'il puisse
porter l'oubli des distinctions sociales, pourra-t-il
s'empêcher de respecter dans un héros, le frère et
l'ami d'un grand homme?

Mais je sens, Messieurs, combien mon faible organe est au-dessous de vos sentiments, et combien
je dois vous faire regretter la perte d'un savant illustre en qui l'Académie aurait trouvé aujourd'hui un

digne interprète. Comblé des bontés du prince qui nous fait l'honneur d'assister à cette séance, honoré de sa familiarité, il lui eût fait entendre les accents d'une voix qui lui était connue : sans doute il a manqué au bonheur de M. D'Alembert, de n'avoir pas assez vécu pour recevoir dans cette Académie le frère de son premier bienfaiteur, et nous osons croire qu'il manque aussi quelque chose à la satisfaction du prince, lorsque ses yeux cherchent en vain le philosophe qu'il avait jugé digne de son amitié, et dont il ne reste plus, parmi nous, que le souvenir de ses vertus et les monuments de son génie.

DISCOURS

SUR LES

SCIENCES MATHÉMATIQUES,

Prononcé au Lycée le 15 février 1786, par M. de Condorcet.

L'objet de l'institution du Lycée est moins de donner les premières notions des sciences, que d'ajouter des connaissances nouvelles à celles qui ont été acquises par l'éducation; d'exercer des esprits déjà formés, et de leur faire conserver l'habitude de l'application, qu'on perd trop souvent en entrant dans le monde. Aussi les fondateurs du Lycée, en y admettant l'enseignement des mathématiques, ont-ils senti qu'il fallait donner à cet enseignement une forme particulière qui répondît à l'esprit de l'institution, et qui distinguât ce cours de ceux où l'on se propose de donner les éléments de ces sciences, d'en approfondir quelque branche particulière, ou de préparer les jeunes gens à un état dans lequel les mathématiques doivent être la première base de l'instruction.

Un simple coup d'œil sur l'histoire de ces sciences, et quelques réflexions sur leur étendue et sur leur nature, suffiront pour apprécier les motifs d'après lesquels nous avons formé le plan de ce cours, et juger si, du moins, à quelques égards, nous avons su répondre à la confiance dont les fondateurs du Lycée nous ont honorés, et remplir des vues si utiles et si sages.

On ne peut avoir aucune connaissance positive ni du temps, ni du pays où les sciences ont eu leur berceau. Elles ont dû naître également chez tous les peuples dès l'instant où les progrès de la civilisation ont permis à un certain nombre d'hommes de jouir d'un loisir durable, et c'est un bienfait qui répare du moins en partie le mal que l'inégalité des richesses continuera peut-être longtemps encore de faire à l'humanité. Partout on a dû parvenir aux mêmes résultats par les mêmes méthodes, puisque la vérité est une pour tous les hommes, puisque la nature est partout assujettie aux mêmes lois. Enfin, si l'on réfléchit sur ce qu'il faut avoir acquis déjà de connaissance pour savoir régler l'année, on sentira de combien de siècles l'époque de la première origine des sciences a dû précéder celle où un peuple a pu avoir une histoire appuyée sur la chronologie et éclairée par des dates précises.

Aussi le premier fait de l'histoire des mathématiques qui ne soit qu'incertain, est la découverte de la propriété si connue du triangle rectangle; découverte qu'on attribue à Pythagore. Peut-être même ne fit-il qu'apprendre cette vérité des Égyptiens ou des Indiens, mais il eut de plus qu'eux le mérite d'en sentir toute l'importance. Elle le conduisit à observer qu'il existait, entre les grandeurs, des rapports réels et rigoureusement déterminés, rapports que cependant on ne pouvait exprimer par aucun nombre entier, ni fractionnaire. Bientôt, il osa s'élever à cette observation plus générale, que tous les rapports des êtres, toutes les lois de la nature peuvent être exprimées par des quantités du même genre; que le véritable objet des sciences physiques est de savoir déterminer la valeur de ces quantités, et de connaître les lois auxquelles elles sont assujetties, idée sublime et vaste qui est la première et l'unique base de toute la philosophie naturelle.

C'est ainsi que nous devons entendre ces nombres et cette harmonie de Pythagore, qui, chez des hommes trop ignorants pour saisir le véritable sens de ces expressions, ont servi de fondement ou de prétexte aux plus absurdes rêveries. Car tel était le malheur de l'espèce humaine, longtemps livrée à une ignorance stupide ou à de honteuses superstitions : le flambeau allumé par le génie, mais placé à une trop grande distance d'elle, ne lui prêtait qu'une fausse lumière et ne servait qu'à l'égarer.

On attribue aussi à Pythagore la première idée du véritable système du monde, celle de regarder comme immobiles le soleil et les étoiles, et d'expliquer leurs mouvements apparents, en supposant la terre animée d'un mouvement de rotation diurne sur son axe, et décrivant une orbite annuelle autour du soleil.

Il est vraisemblable que Pythagore devina ce système, d'après les nombreuses observations qu'il avait rassemblées dans ses voyages. Ses compatriotes le combattirent d'abord, et l'oublièrent ensuite, soit parce qu'ils ignoraient les détails de ces mêmes ob-

servations, soit parce que, dans les gouvernements
populaires, toute vérité trop opposée aux idées vulgaires expose le savant qui oserait s'en rendre l'apôtre, à des dangers réels ou à la haine d'une multitude
dont on peut mépriser les erreurs, mais dont il faut
capter le suffrage.

Nous préférons cette opinion à celle qui suppose
que Pythagore a dû ces vérités à l'Inde ou à l'É-
gypte. Il fallait en effet, pour imaginer un pareil
système, s'élever trop au-dessus des sens; il fallait
employer une combinaison d'idées trop profonde
pour que l'on puisse, avec quelque vraisemblance,
en attribuer la première invention à des peuples esclaves, dans leurs opinions comme dans leurs personnes, et tremblant avec une égale lâcheté devant
leurs tyrans, devant leurs prêtres ou devant leurs
ennemis. Et ces prêtres (dont on a tant vanté le prétendu savoir), contents des faibles connaissances qui
les rendaient supérieurs à leurs stupides compatriotes, n'ont jamais rien perfectionné (en supposant même qu'on puisse s'en rapporter à leurs his-
toires); sinon l'art de perpétuer l'ignorance du
peuple, de multiplier ses erreurs et d'en profiter.

N'est-il donc pas plus naturel d'attribuer ceux des
premiers progrès des sciences qui ont demandé du
génie, à ce même peuple grec, au génie duquel les
sciences ont dû, depuis, tous leurs progrès; au seul
peuple de l'antiquité chez qui l'on trouve ce don
d'invention, aujourd'hui répandu chez la plupart
des nations de l'Europe, et alors concentré dans l'u-
nique pays où les hommes connussent un autre

empire que celui de la force ou de la superstition.

Les mathématiques firent, en Grèce, des progrès constants et rapides. Platon écrivit sur la porte de son école cette inscription célèbre : *Que celui qui ignore la géométrie n'entre pas ici;* ce qui pourrait faire croire qu'il y enseignait une autre philosophie que celle de ses Dialogues. Il donna la première solution rigoureuse du problème de la duplication du cube. Peu de temps après, ses disciples découvrirent les sections coniques, enseignèrent l'art de les employer à la solution des problèmes qu'on ne pouvait résoudre par la ligne droite et le cercle, et ces deux théories s'élevèrent à leur perfection dans l'école d'Alexandrie.

C'est dans cette même école que se formèrent Aristarque de Samos, qui le premier donna un moyen assez exact de trouver la distance du soleil à la terre, et tenta, mais inutilement encore, de faire adopter aux Grecs le véritable système du monde; Ératosthène, qui mesura le premier un degré du méridien; Hipparque, celui des astronomes grecs qui montra en même temps le plus de hardiesse de génie et une plus grande exactitude; enfin le savant et laborieux Ptolémée, dont les ouvrages, heureusement conservés, ont été le fondement de l'astronomie moderne.

C'est un spectacle curieux dans l'histoire de l'esprit humain, de voir combien les Grecs furent obligés d'employer de sagacité pour reculer successivement les limites de l'univers, depuis Anaxagore, qui eut besoin d'un effort de génie pour deviner

que le soleil était une masse enflammée beaucoup
plus grande que le Péloponèse, jusqu'à Hipparque,
qui sut en déterminer à peu près la distance et les
dimensions. Ces vérités n'osèrent même se montrer ouvertement qu'à la cour des rois d'Égypte.
Anaxagore avait essuyé une persécution violente,
et la populace athénienne eût cru perdre de son
importance en consentant à voir se réduire à si
peu de chose la place qu'elle occupait dans l'univers. D'ailleurs, c'est dans les États populaires
qu'il est le plus difficile de se soustraire à l'empire
des préjugés religieux, et la religion des Grecs,
comme toutes celles qui sont nées dans des siècles
barbares ou chez des peuples ignorants, devait s'opposer aux progrès des sciences, parce que ces progrès
ne pouvaient manquer de dévoiler successivement
les absurdités physiques qui faisaient partie de son
système.

Dans le temps le plus florissant de l'école d'Alexandrie, s'élevait en Sicile cet Archimède qui le premier donna une méthode pour carrer les courbes,
et détermina l'aire de la parabole, trouva le rapport
de la surface de la sphère à celle du cylindre, en-
seigna une méthode d'approximation certaine, pour
avoir avec autant d'exactitude qu'on voudrait l'aire
ou la circonférence du cercle, créa les principes fon-
damentaux de la statique, montra le premier, dans la
solution du problème célèbre de la couronne d'Hié-
ron, comment on peut, à l'aide de l'observation,
découvrir les lois générales des phénomènes, et,
par ces importantes découvertes, fit sortir la géomé-

trie des bornes étroites où elle avait été resserrée, en même temps qu'il ouvrait à ses successeurs un vaste champ fermé jusqu'alors à l'intelligence humaine, dont il a reculé plus d'une limite.

D'heureuses applications de la mécanique ajoutèrent à sa gloire et la rendirent populaire; avantage rare parmi les géomètres, qui, heureusement, ont la sagesse de savoir s'en passer. Personne n'ignore combien il prolongea le siége de Syracuse, et comment, en multipliant des miroirs plans qui faisaient tomber sur un même endroit l'image du soleil, il parvint à enflammer les vaisseaux romains, moyen décrit par les historiens du Bas-Empire, et dont le jésuite Kircher, parmi les modernes, a le premier prouvé la possibilité.

C'est Archimède qui fit connaître aux hommes jusqu'où pouvait s'étendre l'utilité qu'ils devaient attendre des mathématiques; et celui des géomètres anciens qui fut le plus fécond en découvertes, fut aussi celui qui sut les employer avec plus de succès, et mériter à ce double titre le premier rang parmi les hommes de génie dont s'honore l'antiquité.

Les sciences se conservèrent dans l'école d'Alexandrie, même sous la domination des Romains. On est étonné que ce peuple qui, en poésie, en éloquence, en histoire, devint, dès ses premiers efforts, l'égal des Grecs, n'ait rien ajouté à leurs découvertes dans les mathématiques. Mais les Romains dédaignèrent une science qu'ils ne pouvaient employer ni à gouverner le peuple, ni à augmenter

leurs plaisirs, ni à se consoler des malheurs de l'ambition. Ils ne croyaient pas avoir besoin du génie d'un
Archimède, pour subjuguer les peuples barbares qu'il
leur restait à vaincre et à dépouiller. On voit avec surprise Cicéron, à l'instant même où il tire vanité d'a-
voir retrouvé le tombeau d'Archimède, n'oser le
comparer à des hommes tels qu'Archytas et Platon,
moins grands mathématiciens, mais illustrés par des
rêves philosophiques, alors l'objet de l'admiration.
Ces vainqueurs de tant de peuples n'étaient pas même
en état de régler leur année; il fallut que César,
chargé comme grand pontife de cette fonction,
comme de celle de choisir les victimes et de veiller
sur la chasteté des vestales, appelât d'Alexandrie
l'astronome Sosigène, pour réparer le désordre
honteux qui s'était glissé dans le calendrier romain.
Ses successeurs prirent les géomètres pour des as-
trologues, et, dans la crainte qu'ils ne leur prédissent
une mort prompte (prédiction dont leurs extrava-
gances et leurs crimes assuraient l'accomplissement),
souvent ils les chassèrent de la ville et de l'Italie.

Le dernier mathématicien célèbre de l'école d'A-
lexandrie fut Diophante, le premier inventeur connu
de l'algèbre, c'est-à-dire de la science qui a pour
objet le calcul des grandeurs en général, ou des
nombres abstraits. Diophante eut pour premier
commentateur la belle et malheureuse Hypatie, que
les moines d'Alexandrie mirent en pièces dans l'é-
glise patriarcale, et avec elle le flambeau des sciences
s'éteignit dans l'Orient.

Cependant il parut encore de temps en temps, à Cons-

tantinople, quelques hommes qui eurent du moins le
mérite de connaître les découvertes des anciens, de
les conserver, et quelquefois de les employer avec
succès. Proclus brûla la flotte de Vitallien par le
moyen qu'Archimède avait employé contre les galères de Marcellus. L'algèbre, l'astronomie, l'optique, étudiées par les Arabes, firent entre leurs mains
quelques faibles progrès, et tels qu'on les peut attendre du travail et du temps, quand le génie n'en
accélère point la marche, que retardait encore l'influence de la superstition sur un peuple dont les
chefs obéissaient ou faisaient semblant d'obéir à ses
pontifes.

Nous devons néanmoins aux disciples de Mahomet
l'arithmétique dont nous faisons usage, et qu'eux-
mêmes avaient apprise des Indiens. C'est la seule
découverte utile qui nous vienne des Orientaux, et
qui ait échappé au génie des Grecs.

Ce dépôt des anciennes connaissances, conservé
dans des traductions ou des compilations arabes et
dans les livres grecs que les gens de lettres chassés
de Constantinople firent connaître en Italie, y ranima
le goût des sciences. L'algèbre s'enrichit bientôt de
la solution des équations du 3e et du 4e degré, et,
en quelques années, deux ou trois Européens firent
plus, pour les mathématiques, que dix siècles de travaux des Arabes ou des Grecs du Bas-Empire. Dans
l'Italie, alors divisée en un grand nombre de petits
États, comme dans l'ancienne Grèce, des princes
faibles, des républiques mal affermies, sentaient davantage le prix d'un citoyen éclairé ou célèbre; rien

n'y offrait, à l'avidité ou à l'ambition, des objets assez séduisants pour l'emporter sur le goût de l'occupation ou l'amour de la gloire littéraire. Mais bientôt les invasions des étrangers arrêtèrent ces premiers progrès.

Cependant, au milieu des guerres qui épuisaient presque tous les États de l'Europe, et qui ne cessaient que pour faire place à des dissensions intestines, plus cruelles encore, entre les débris que des armées sans discipline laissaient partout sur leur passage, et les bûchers allumés par l'intolérance; tandis que le machiavélisme des princes, l'anarchie des gouvernements, la barbarie des gens de guerre, la fureur religieuse et le fanatisme de la liberté multipliaient dans toutes les nations les crimes, la dévastation et le carnage, l'esprit humain paraissait sortir lentement d'un long sommeil, et l'on voyait déjà se préparer en silence cette heureuse révolution, qui devait changer nos opinions et nos mœurs, et offrir l'espérance d'un état plus doux aux peuples épuisés par tant de siècles d'ignorance, de discorde et de misère. Tout à coup s'élevèrent, dans les différentes contrées de l'Europe, des hommes nés pour éclairer leurs semblables et leur créer une raison nouvelle. Copernic, au nord de la Pologne, ressuscita le système de Pythagore et l'appuya de preuves plus convaincantes. S'il mourut sans avoir pu jouir de sa gloire, du moins il dut à la prudence de n'avoir publié son système que dans sa vieillesse, le bonheur d'échapper à la haine scolastique, et la superstition ne put persécuter que sa mémoire. Kepler trouva ces lois si célèbres du mouvement elliptique des planètes; il vécut dans la misère, et fut obligé, pour subsister, de prostituer son talent à faire des horoscopes et à compiler des prédictions astrologiques. Galilée, armé d'instruments alors nouveaux et perfectionnés par lui, découvre un ciel inconnu aux anciens; oppose des observations certaines et concluantes à la superstition, qui s'obstinait à vouloir que des milliers de soleils fussent emportés dans l'espace, pour que les habitants d'une petite planète pussent avoir l'orgueil de se croire le premier objet de la création de tant de mondes. Il voit des taches sur le soleil malgré la décision d'Aristote, ou plutôt de son école moderne; emploie les observations de celles qui lui paraissent d'une forme constante pour déterminer la rotation de cet astre absolument inconnue avant lui, et trouve les lois du mouvement des corps animés d'une force de pesanteur constante.

Une philosophie solide et la véritable méthode d'étudier les sciences naturelles, brillent dans les ouvrages de Galilée à côté de ces grandes découvertes, mérite que Kepler fut bien éloigné de partager avec lui; mais Galilée vivait dans la patrie de Machiavel, du Tasse, de Fra Paolo, et les compatriotes de Kepler n'étaient encore que des scolastiques. Des injures, la persécution, et la nécessité humiliante de rétracter les vérités qu'il avait découvertes, furent la récompense de Galilée.

Descartes, avec un génie plus vaste et plus hardi, vint mettre la dernière main à la révolution. Il brisa toutes les chaînes dont l'opinion avait chargé l'esprit humain, et, portant à la fois sur tous les objets soumis à notre intelligence, sa philosophie audacieuse et hardie assura pour toujours à la raison ses droits et son indépendance. Il eut l'idée heureuse d'appliquer l'algèbre à la géométrie, de perfectionner l'une par l'autre, et, ce qui est plus encore, de montrer, par ce grand exemple, que tout ce qui est susceptible de suivre des lois régulières peut être soumis au même calcul, à celui de la grandeur, en général, ou des rapports abstraits des nombres; idée grande et féconde à laquelle les sciences mathématiques ont dû tous leurs progrès. Mais Descartes quitte son pays pour éviter la persécution qui le suit en Hollande, et l'oblige d'aller chercher une mort prématurée au milieu des glaces du Nord, dans le palais de Christine, seul asile que la philosophie eût alors en Europe.

L'imagination ardente de Descartes l'entraîna dans un grand nombre d'erreurs; mais, pour combattre la foule de ses sectateurs, il fallut employer les armes qu'il avait données à la raison, et il ne fut corrigé que par des hommes qui lui devaient toutes leurs lumières.

Il avait cherché le premier les lois du choc des corps; mais il ne réussit qu'à en trouver une, et se trompa sur les autres. Huyghens, son disciple, les découvrit toutes. A la théorie du mouvement dans la parabole, donnée par Galilée, il ajouta celle du mouvement dans le cercle, trouva les lois des oscillations des pendules, et, par sa théorie des développées, montra comment toutes les courbes pouvaient être regardées comme une suite d'arcs de cercle, dont les rayons suivaient une certaine loi, et dont les centres étaient placés sur une autre courbe qu'il enseignait encore à trouver.

Newton, en réunissant ces deux découvertes, s'éleva bientôt après à la théorie générale du mouvement dans les courbes ; l'appliqua aux lois observées par Kepler dans les mouvements célestes ; expliqua tous ces mouvements, en supposant ces corps une fois lancés dans l'espace, et attirés l'un vers l'autre par une force réciproque proportionnelle aux masses, et décroissant comme le carré des distances.

Cette loi si simple suffit pour expliquer ces mouvements si compliqués ; elle s'étend même aux phénomènes produits par le mouvement des axes de la terre et de la lune, et à ceux du flux et du reflux de la mer. Alors pour la première fois et pour la seule jusqu'ici, les hommes purent s'enorgueillir de connaître une des lois générales de la nature, et c'est avec justice que le cri unanime de leur reconnaissance a décerné à Newton cette espèce de culte rendu aujourd'hui à son nom, par toutes les nations savantes.

Il partageait en même temps avec Leibnitz la gloire d'avoir inventé ce calcul de l'infini, vers lequel la suite des découvertes des disciples de Descartes semblait conduire, et duquel devait naître une géométrie nouvelle. On pouvait observer déjà les heureux effets que les progrès des lumières avaient produits chez les nations de l'Europe. Nous n'avons plus à gémir sur les malheurs du génie persécuté; Newton et Leibnitz vivent honorés et tranquilles : entourés de disciples qui les admirent, comblés de marques d'honneur et de bienfaits par les souverains, ils terminent en paix leur longue et glorieuse carrière. Dignes émules de ces grands hommes, deux frères du nom de Bernoulli emploient toutes les forces d'un génie puissant et infatigable à enrichir toutes les parties des mathématiques, de découvertes et de théories neuves et importantes.

Dans le même siècle, Fermat, Pascal, Huyghens, avaient osé soumettre au calcul les événements produits par le hasard et cachés dans la nuit de l'avenir, déterminer les rapports de leur probabilité, et créer un art de se conduire d'une manière certaine dans les événements livrés à l'incertitude du sort.

L'astronomie avait acquis entre les mains de Cassini, de Flamstead, de Halley, une étendue, une exactitude qu'on n'eût osé prévoir, et s'était enrichie de méthodes plus certaines et plus simples. Rœmer avait mesuré la vitesse de la lumière, découverte qui depuis conduisit Bradley à celle de l'aberration des fixes.

Cependant il restait encore à trouver des principes par lesquels on pût calculer le mouvement des corps assujettis à de certaines lois ou liés ensemble, suivant différentes conditions, et à appliquer les lois générales de la mécanique rationnelle aux corps finis, aux corps flexibles et aux fluides.

Ces principes furent trouvés par D'Alembert; un nouveau calcul était nécessaire pour en faire l'application aux questions de mécanique, et il ne put échapper à son génie actif et pénétrant. En résolvant enfin le premier, par ces mêmes principes, le problème de la précession des équinoxes, il eut la gloire de mettre la dernière main à l'édifice élevé par Newton, et la France put reprendre parmi les nations savantes le rang dont elle paraissait être tombée depuis le temps de Descartes. Euler, rival et contemporain de D'Alembert, comme Leibnitz l'avait été de Newton, embrassait dans ses travaux immenses toutes les parties des mathématiques et reculait les bornes de chacune. Il sentit que l'analyse algébrique était l'instrument le plus étendu, le plus sûr, que l'on pût employer dans toutes ces sciences, et il sut la rendre d'un usage général. Cette révolution, qui devait mettre le comble à celle que Descartes avait commencée, et que la découverte des nouveaux calculs avait accélérée, a été son ouvrage, et lui a mérité l'honneur, unique jusqu'ici, d'avoir autant de disciples que l'Europe peut compter de géomètres.

L'application du calcul aux questions de la mécanique rationnelle, à celles où l'on considère les corps sous un point de vue abstrait, ne suffit pas à nos besoins, il faut y ajouter celle des théories mécaniques à la physique, c'est-à-dire, aux corps tels qu'ils existent dans la nature. Cette application, qui demande un mélange adroit de calculs et d'expériences, de raisonnements et de démonstrations, est pour ainsi dire une science particulière très-étendue, très-utile, et qui semble former la liaison entre les sciences de calcul et les sciences d'observation. Elle exige la réunion du génie des mathématiques à une sagacité et à une finesse d'esprit non moins rares que le génie. Ce fut le domaine de Daniel Bernoulli, et il y a régné longtemps sans partage.

Ces grands hommes ont laissé des successeurs dignes d'eux, et la postérité se souviendra avec reconnaissance de ces noms, que la crainte de paraître nous ériger en juges de nos contemporains nous empêché de prononcer ici.

Comment donc oser se flatter de rassembler, dans un petit nombre de leçons, cette foule de vérités et de méthodes que doit offrir une science cultivée depuis tant de siècles par des hommes de génie, dont les progrès ont pu s'arrêter, mais qui jamais n'a pu retourner en arrière; où l'invention d'une méthode ouvre un vaste champ à des applications nouvelles, tandis que le besoin de ces applications prépare et nécessite la découverte des méthodes ?

Comment embrasser, dans un espace si resserré, une science à laquelle n'ont pu échapper ni les mouvements de ces globes qui roulent sur nos têtes, ni les lois suivant lesquelles s'unissent les éléments des cristaux qui se forment lentement au sein de la terre, ni le calcul des forces auxquelles l'Océan et l'atmosphère obéissent dans leurs oscillations immenses, ni l'ordre des vibrations qui se succèdent sous les doigts du musicien, ni ces règles invariables et éternelles auxquelles sont soumis tous les mouvements des corps, ni la méthode de découvrir une marche régulière dans les phénomènes dont les irrégularités apparentes semblent se jouer de notre inquiète curiosité, ni enfin l'art d'assujettir le hasard même aux combinaisons du calcul?

Il ne serait pas moins impossible de développer ici les simples éléments de toutes les parties de cette science. L'art de composer les livres élémentaires s'est perfectionné sans doute; on voit de nos jours des hommes qui unissent le talent des sciences à un esprit philosophique, ne pas croire avilir les palmes que les compagnies savantes leur ont décernées, en consacrant une partie de leur vie à donner les éléments des mêmes sciences dont ils ont hâté les progrès, joindre ainsi la couronne civique à leurs lauriers, et à l'honneur d'avoir fait des découvertes, le mérite d'aplanir aux autres le chemin qui y conduit. Mais il reste encore des difficultés que toute la perfection des ouvrages élémentaires ne peut surmonter.

Les sciences mathématiques ont une marche qui leur est propre. Quelque objet qu'elles considèrent, elles le dépouillent de toutes ses qualités sensibles, de toutes ses propriétés individuelles, et bientôt il n'est plus qu'un rapport abstrait de nombre ou de grandeur. On désigne ce rapport par une lettre ou par une ligne; l'objet lui-même est alors oublié; il cesse d'exister pour le mathématicien. Ces signes, arbitraires en apparence, sont l'unique objet de ses méditations; c'est sur eux seuls qu'il opère, et ce n'est qu'après être parvenu au dernier résultat qu'il revient sur les premières opérations, et qu'il applique ce résultat à l'objet réel dont il avait cessé de s'occuper. Les vérités certaines trouvées par cette méthode paraissent au premier coup d'œil n'être que des vérités intellectuelles et abstraites; on a pu les prendre pour des propositions identiques, en oubliant que les combinaisons diverses des mêmes éléments ne sont pas une même chose. On serait encore plus tenté de croire qu'elles n'appartiennent point à la nature physique. Mais ce serait une erreur, car elles sont des vérités réelles lorsque le phénomène auquel vous les avez appliquées existe dans l'univers tel que vous l'avez supposé; et si votre hypothèse n'est pas d'une exactitude rigoureuse, les mêmes méthodes vous feront encore connaître jusqu'à quel point le résultat de vos calculs peut s'écarter de la nature, entre quelles limites la vérité réelle est resserrée, et quel est le degré de probabilité qu'elle soit ou ne soit pas entre des limites plus rapprochées.

Cette méthode, si précise et si sûre, est tellement propre aux sciences mathématiques, tellement éloignée des opérations de l'esprit dans les autres études ou dans la conduite de la vie, que l'habitude seule peut en rendre l'usage facile, en faire disparaître la sécheresse, et dispenser d'une contention d'esprit pénible ceux qui veulent s'y assujettir. Aucun moyen de l'art, aucun don de la nature ne peuvent suppléer à cette habitude, et l'on ne peut faire de progrès que par une étude longue et assidue. Ce n'est pas tout encore : on sait que les mathématiques ont une langue particulière qui a le mérite unique de n'avoir point d'expressions équivoques, et de soumettre les opérations de l'esprit à des formes qui obligent à raisonner juste. Si on essayait de traduire en langage ordinaire ces signes et ces raisonnements, il faudrait souvent plusieurs pages pour exprimer ce qui est contenu dans une demi-ligne, et l'on ne pourrait retenir, sans un effort d'attention et de mémoire presque au-dessus des forces humaines, la même suite de raisonnements qu'un homme accoutumé à ce langage saisit avec facilité d'un seul coup d'œil.

Mais cette facilité est encore le prix du travail et de l'habitude. Il suffirait, pour s'en assurer, de lire les ouvrages des mathématiciens du dernier siècle ; on y verrait souvent des hommes d'un grand génie arrêtés, au moment même où ils touchaient à une découverte importante, par des difficultés de calcul qui, après quelques années d'études, n'embarrasseraient pas aujourd'hui un mathématicien médiocre, familiarisé avec ces opérations devenues élémentaires.

Aussi, dans l'étude de ces sciences on a moins besoin d'un maître que d'un guide. Ce n'est point la science même qu'on peut apprendre de lui, mais la méthode pour l'étudier. Il ne faut pas qu'il vous montre les vérités que vous voulez connaître, mais seulement qu'il vous indique la route qui y conduit, et qu'il aplanisse devant vous les obstacles qui retarderaient votre marche.

Cependant il arrive très-souvent, dans les détails de la vie, dans le cours d'études différentes de mathématiques, de sentir le besoin de ces sciences, d'être embarrassé par les calculs même les plus simples. Plus souvent encore, ceux qui les ont cultivées, étudiées, sentent qu'on ne peut espérer que d'elles la solution précise de questions qui, au premier coup d'œil, y paraissaient absolument étrangères, et sont frappés de ces applications inattendues qui se présentent à eux dans le cours de leurs méditations. Aussi nous pourrions citer des hommes illustres dans l'administration, dans la magistrature, dans les lettres, dans la philosophie, qui, après avoir éprouvé ce besoin, ou n'ont pas dédaigné de se livrer à cette étude au milieu de leurs travaux et de leur gloire, ou ont regretté de n'avoir pu s'y livrer. Il est enfin plusieurs théories mathématiques, comme celle du système du monde, celle des lois des corps sonores, celle du calcul des probabilités, qui ont, pour presque tous ceux qui cultivent leur esprit, un intérêt de curiosité, et peuvent même être regardées comme des parties de la philosophie générale.

Des princes, assez éclairés pour sentir combien il était utile dans leurs États d'arracher le peuple à l'ignorance, presque partout son fléau le plus cruel, ont établi, dans plusieurs villes d'Allemagne, des chaires où l'on enseigne aux artisans les parties des mathématiques qui peuvent leur être utiles.

L'objet de cette institution n'est pas de former des savants, mais de donner, à des hommes qui ne peuvent l'être, la possibilité d'employer les parties des sciences qui leur sont d'une utilité plus immédiate, et de leur faire connaître des principes simples, mais certains, qui les préservent des erreurs dans lesquelles leur propre imagination ou les prestiges des charlatans pourraient les faire tomber.

Nous nous proposons ici de faire, pour les premières classes de la société, ce qu'on a fait ailleurs pour celle que, dans l'opinion, on place une des dernières. Au lieu d'exposer des principes qui doivent régler un ouvrier dans la pratique de son art, le diriger dans la construction d'une machine, ou le préserver de perdre son temps à en inventer de défectueuses ou d'impossibles, nous chercherons à donner aux propriétaires de terre des principes non moins simples, qui les mettent en état de juger par eux-mêmes si les travaux qu'on leur propose sont utiles ou praticables, si les hommes qui sollicitent leur confiance ont de véritables lumières, ou seulement le mérite dangereux de savoir séduire la prodigue et crédule ignorance. Nous chercherons à donner aux gens du monde, sur les vérités fondamentales des sciences, quelques notions justes, qui les préservent du ridicule de prononcer avec prétention des mots scientifiques qu'ils n'entendent pas, ou d'être la dupe de ces systèmes merveilleux, dont les principes inintelligibles, mais d'autant plus féconds qu'ils sont plus vagues, rendent raison de tout, depuis la formation des planètes jusqu'à la cause de la fièvre, et expliqueraient aussi heureusement l'ordre d'un autre univers, s'il avait plu à la nature d'en offrir le spectacle à leurs inventeurs.

Ceux dont l'appareil imposant des phénomènes célestes excite la curiosité, apprendront à connaître quelle est la marche des astres, quelle loi en dirige les mouvements, et leur admiration plus éclairée n'en sera que plus grande encore. Ceux qui aiment à calculer les hasards d'un jeu, les chances d'une loterie, les opérations de finance et de commerce, les accroissements et les diminutions de population, la loi suivant laquelle, dans les différents pays, dans les différents climats, les hommes meurent ou se reproduisent, verront peut-être avec plaisir comment, à l'aide d'un petit nombre de principes clairs et simples, ils parviendront à entendre ces théories, ou à les appliquer aux questions qui les intéressent.

Tel est notre but dans le cours de mathématiques dont nous allons exposer la distribution.

Il commencera par des éléments d'arithmétique, de géométrie et d'algèbre. On se bornera aux propositions principales, aux méthodes qui n'exigent que des calculs peu compliqués; nous ne perdrons jamais de vue que notre principal objet est de présenter des applications utiles ou curieuses, de nous livrer à des recherches qui peuvent exciter l'intérêt des hommes instruits.

Ainsi, nous parlerons, dans l'arithmétique, des différents systèmes de numération, et des principes sur lesquels ces systèmes sont fondés.

Nous exposerons, dans l'algèbre, la manière de calculer par les logarithmes, une théorie abrégée de la doctrine des combinaisons, et celle de quelques séries utiles dans leurs applications, ou singulières par les paradoxes qu'elles présentent.

Nous chercherons à donner une idée juste et facile à saisir de l'infini mathématique, et de quelques-unes de ces questions que des notions inexactes ou fausses de l'infini ont rendues difficiles et célèbres.

Nous examinerons, dans la géométrie, les différentes définitions qu'on a données de la ligne droite, et les difficultés que cette définition présente moins aux géomètres qu'aux physiciens. Nous y traiterons de cette géométrie de situation dont Leibnitz a eu la première idée, science encore bornée à un petit nombre de questions, mais dont il est possible de prévoir l'utilité et l'étendue.

Nous développerons les méthodes les plus simples et les plus usuelles pour l'arpentage, la levée des plans, la pratique du nivellement.

De ces objets nous passerons à la mécanique, et, après en avoir exposé les principes généraux, nous expliquerons la théorie des machines simples; nous appliquerons cette théorie au calcul des différentes machines, d'abord en les considérant d'une manière abstraite, ensuite en ayant égard aux frottements et aux forces perdues. Nous y ajouterons quelques principes généraux sur la manière d'employer à produire un effet donné, une puissance dont on connaît la direction et la quantité.

Nous suivrons la même marche pour l'hydrodynamique; nous nous y arrêterons sur quelques-uns des problèmes que présente la théorie de la construction et de la manœuvre des vaisseaux.

Nous donnerons, à la fin de cette partie, la méthode pour évaluer les différentes forces motrices employées dans les machines, telles que la force des hommes et des animaux, le poids ou le choc d'un corps solide, la pesanteur ou l'impulsion de l'eau, l'action du vent, celle de la vapeur. Nous enseignerons le moyen de comparer ces forces motrices, et de connaître celle qui doit être préférée, suivant le but que l'on se propose ou les circonstances locales.

Une autre division du cours aura pour objet l'application des mathématiques à des questions de physique, comme à l'optique, à l'acoustique, à la mesure des forces électriques et magnétiques, à la méthode pour chercher par les observations la loi d'un phénomène, à la manière de reconnaître la forme primitive des éléments dont sont formés les différents cristaux, et de saisir la loi de ces combinaisons.

Cette partie sera suivie d'une exposition sommaire des phénomènes astronomiques et du système du monde : on y montrera par quelles méthodes on a pu parvenir à connaître les mouvements apparents ou réels des astres, à les calculer, à les prévoir; comment on s'est élevé à la connaissance de cette loi si simple à laquelle toute la nature obéit; comment on a su l'appliquer ensuite à l'ensemble des phénomènes célestes. On entrera dans quelques· détails sur les instruments d'astronomie, sur l'utilité de cette science pour la navigation et la géographie, sur les manières les plus simples de tracer des méridiennes et des cadrans.

Enfin, dans la sixième et dernière partie, on traitera du calcul de l'intérêt de l'argent, de la manière de former des tables de mortalité, ou d'en tirer des résultats, de la méthode d'appliquer aux jeux de hasard la théorie des combinaisons, et de diverses questions relatives au calcul des probabilités.

Telle est la marche qui nous a paru la plus naturelle.

L'étude des mathématiques, considérée sous ce point de vue, peut avoir plus d'un genre d'utilité. Il est très-commun de voir les jeunes gens qui ont cultivé ces sciences dans leur éducation, même avec un succès brillant, les oublier en très-peu de temps, et s'en repentir dans un âge où l'expérience leur en fait sentir tous les avantages. Ils trouveront ici un moyen facile de se préserver de cet oubli.

L'application immédiate et directe de la plupart des théories que nous nous proposons d'enseigner, peut être agréable ou même utile dans tous les états de la société.

On a dit, il y a longtemps, que la géométrie est la meilleure, et peut-être la seule bonne logique : parce que c'est la seule étude où l'on apprenne à ne raisonner que sur des idées claires dont l'étendue est déterminée, et à ne les exprimer que par des signes précis et invariables. Mais, à cette utilité générale se joint encore l'avantage non moins important d'apprendre à raisonner juste sur un très-grand nombre de sujets, où l'influence des connaissances en mathématiques est plus puissante et plus étendue qu'on ne pense. Mon zèle pour cette science m'égare peut-être ; mais je crois avoir vu plus d'une fois des esprits naturellement justes se perdre dans des sophismes, s'enthousiasmer pour des erreurs, être la dupe des plus méprisables prestiges, se livrer à des projets ruineux pour eux-mêmes, ou en protéger de ruineux pour le public, auxquels il n'a manqué, pour échapper à ce malheur, qu'une connaissance élémentaire et une habitude légère des sciences exactes.

De combien de vains systèmes cette étude, si elle était plus répandue, n'eût-elle pas arrêté le progrès toujours nuisible à celui des connaissances réelles. Ces colosses si brillants ont souvent des pieds d'argile, et il ne faut qu'un peu de géométrie pour briser cette base fragile. Combien de fois n'a-t-on pas vu des hommes d'un sens droit être la dupe de calculs fondés sur des suppositions faites au hasard, regarder ces résultats comme démontrés, parce qu'ils les voyaient écrits en chiffres, et adopter sur la foi de ces calculs des opinions fausses ou dangereuses.

Nous avons cru enfin trouver dans ces études une autre espèce d'utilité. Il est dans l'éducation une époque dont on ne sent pas assez toute l'importance. C'est l'époque (et souvent elle n'est pas très-reculée) à laquelle les enfants s'aperçoivent qu'ils savent ou qu'on veut leur apprendre des choses que leurs parents ignorent. L'effet nécessaire de cette observation est, ou de les dégoûter de l'étude, ou d'affaiblir leur respect pour leurs parents. Il serait facile de trouver d'excellentes raisons pour détruire cette impression dans un jeune homme dont l'esprit serait formé; mais je n'en connais pas de bonnes pour un enfant. Ce serait, par exemple, un grand inconvénient dans sa première éducation, si, venant à s'apercevoir qu'il est plus instruit que sa mère, il s'imaginait qu'il peut se dispenser d'étudier, ou qu'il n'a plus de leçons à recevoir d'elle. Lui dira-t-on que les connaissances qu'on cherche à lui donner ne

conviennent qu'aux hommes. Ce serait alors lui inspirer un préjugé dangereux, celui de cette prétendue inégalité entre les deux sexes, qui a rendu les
lois et les principes de l'opinion également injustes
envers les femmes chez presque toutes les nations de
la terre, préjugé que, malgré la galanterie dont les
hommes se vantent chez quelques-unes de ces nations, les lumières n'ont pu affaiblir encore.

Une légère instruction, telle qu'on pourra la pui-
ser dans nos cours, suffira pour retarder une époque
si dangereuse dans l'éducation, jusqu'au moment où
l'enfant plus formé, en s'apercevant qu'il en sait
plus que ses parents, n'éprouvera d'autre sentiment
que celui de la reconnaissance. Pourquoi d'ailleurs
ne chercherait-on pas à différer autant qu'il est possible l'instant où il faut livrer un enfant à des mains
étrangères? Quel bonheur pour lui, si, dans les premiers temps où il doit être soumis au devoir si pénible à cet âge de fixer son attention, ce devoir pouvait être allégé par ces soins que la tendresse maternelle sait employer avec tant de douceur! Les
premiers principes des connaissances perdraient
toute leur sécheresse et toute leur austérité, s'il les
recevait d'une voix si chère. Or les premières notions mathématiques doivent faire partie de l'éducation de l'enfance. Les chiffres, les lignes, parlent
plus qu'on ne croit à leur imagination naissante, et
c'est un moyen sûr de l'exercer sans l'égarer. D'ailleurs, en ce genre, la manière d'enseigner peut se
calculer comme la science même; on peut proportionner la marche de l'éducation à toutes les forces

possibles d'esprit, d'application ou de mémoire, avantage que la plupart des autres connaissances ne peuvent avoir au même degré.

On nous fera peut-être une objection. Vous convenez, nous dira-t-on, que vous ne pouvez donner que des lumières superficielles, et, par là, vous augmenterez les prétentions beaucoup plus que l'instruction ; vous répandrez le jargon scientifique plutôt que la science ; on oubliera les choses, mais on retiendra les mots. Cette crainte est si bien fondée, qu'elle n'est pas même désobligeante pour vos auditeurs. On pourrait citer l'exemple de plusieurs hommes illustres, qui ont fait des termes de mathématiques un usage que la raison et le goût doivent réprouver également.

On vous en citera d'autres, même encore assez célèbres, qui, en répétant ce dont ils se souvenaient mal, parce qu'ils ne l'avaient jamais bien appris, ont cru faire admirer la profondeur de leur doctrine et n'ont réussi qu'à se rendre plus ou moins ridicules.

Mais c'est aussi par cette raison qu'au lieu d'enseigner beaucoup, nous chercherons à bien enseigner, à suppléer par des développements philosophiques à la facilité d'entendre et de retenir que donne l'habitude de l'étude et des calculs, à n'insister enfin que sur les choses dont nous croyons qu'on peut aimer à se souvenir.

Toutes les prétentions naissent également de l'ignorance de l'homme, et de l'ignorance plus grande qu'il suppose à ceux devant lesquels il les montre : ainsi nous croyons que le meilleur moyen de dimi-

nuer le nombre des gens à prétention, c'est de chercher à diminuer celui des dupes qu'ils font ou qu'ils
croient faire. Les lumières superficielles valent mieux
que l'ignorance, pourvu que ces lumières superficielles soient très-répandues; c'est seulement lorsqu'elles sont très-rares qu'elles peuvent inspirer l'orgueil de s'ériger en juge, ou la vanité de se parer du
peu qu'on sait. Toute connaissance réelle, quelque
légère qu'elle soit, est utile lorsqu'elle est commune,
et il n'y en a point qui ne puisse devenir nuisible,
tant qu'un petit nombre d'hommes la possédera
exclusivement.

Si nous sommes assez heureux pour remplir notre
but, si nous ne nous sommes pas trompés en regardant comme praticable le plan d'instruction que
nous avons eu l'honneur de vous exposer, nous en
serons récompensés par le plaisir d'avoir contribué
à vous faire aimer une science à l'étude de laquelle
nous avons consacré notre vie.

M. Lacroix s'est chargé d'un travail que mes
occupations ne me permettaient point d'entreprendre, et dans lequel il apportera tout ce qui m'aurait manqué, un talent distingué pour les sciences,
des connaissances qui embrassent toutes les parties
des mathématiques, et l'habitude d'enseigner. Si j'ai
osé lui servir d'interprète et tracer le plan de ce qu'il
doit exécuter, c'est qu'il a bien voulu me supposer
cette expérience que l'âge peut donner. Sa prévention
en ma faveur et sa modestie lui ont fait une illusion
dont je crains bien que vous n'ayez eu trop à vous
plaindre.

DISCOURS

SUR L'ASTRONOMIE

ET

LE CALCUL DES PROBABILITÉS,

Lu au Lycée en 1787.

Nous avions prévu la difficulté de faire entrer dans l'institution du Lycée l'enseignement d'une science où les maîtres facilitent le travail, mais n'en dispensent pas; où l'on ne peut bien entendre sans avoir acquis l'habitude d'en appliquer les méthodes et d'en exercer les procédés; où enfin il n'existe point de milieu entre savoir très-bien et ne rien savoir.

La simple exposition des vérités élémentaires, de celles que tout homme doit désirer d'apprendre, parce qu'il prévoit des circonstances où elles lui seront utiles, exigerait dans cette forme d'instruction une étude de plusieurs années. Il a donc fallu renoncer à l'idée d'enseigner un cours complet de mathématiques, et se réduire à des traités particuliers sur quelques-unes de leurs parties; mais alors il se présente un autre inconvénient : toutes exigent des connaissances préliminaires de géométrie et d'algèbre, et, la plupart même, celle des lois et des principes généraux de la mécanique. Un cours complet demandait une longue et pénible assiduité dont il nous était impossible de nous flatter; et des traités particuliers n'auraient pu être entendus que par le petit nombre de ceux qui auraient conservé non-seulement la connaissance, mais l'usage de ce qu'on apprend de mathématiques dans l'éducation ordinaire.

Nous avons donc cru devoir changer la manière même d'enseigner ces traités particuliers, donner presque toujours l'esprit des méthodes, plutôt que les méthodes mêmes; indiquer les démonstrations, au lieu de les développer; nous borner à présenter l'ensemble des résultats d'une science, à offrir le tableau philosophique de son histoire, de ses progrès, de ses rapports avec les autres parties de nos connaissances ou avec nos besoins, à marquer enfin les bornes où elle s'arrête aujourd'hui, et le point auquel on peut espérer d'atteindre. Cette manière de traiter les sciences ne doit pas être regardée comme uniquement propre à satisfaire une curiosité frivole. En se rappelant les vérités utiles que nous devons aux mathématiques, en voyant jusqu'à quel point elles nous ont fait avancer dans la connaissance des lois de la nature, en prenant une idée plus précise des moyens qu'elles nous offrent pour y faire encore de plus grands progrès, on saura mieux ce qu'on peut espérer de connaître, ce qu'on peut avoir intérêt d'apprendre. On sera plus en état d'apprécier l'utilité de chaque partie, de chaque degré de ces connaissances. L'histoire seule des mathématiques est une des parties les plus importantes de celle de l'esprit humain. Il n'en est aucune où l'on puisse

observer avec plus de sûreté et d'exactitude les phénomènes qu'il présente dans ses diverses opérations.
Sa marche, si souvent cachée et si irrégulière dans
ses autres travaux, est ici plus simple, plus à découvert, et assujettie à un ordre plus méthodique.
Ainsi, après avoir observé dans les ouvrages des mathématiciens les effets du génie ou du talent, de
l'imagination ou de l'analyse, de la méditation ou
de l'étude, on sera bien plus sûr de les reconnaître
dans les autres genres, même dans ceux qui paraissent les plus éloignés de ces sciences uniquement
consacrées à la sévère et froide vérité.

Nous avons choisi cette année, pour sujet de l'enseignement, l'astronomie physique et le calcul des
probabilités. C'est dans l'astronomie que l'esprit de
l'homme se montre avec le plus de grandeur. Les
philosophes anciens l'ont dit dans un temps où l'astronomie, comme les autres sciences, était encore
dans sa première enfance, et cette observation n'a
pas cessé d'être vraie depuis les progrès successifs
que toutes ont faits avec plus ou moins de rapidité.

En effet, si ces astres placés à des distances qui
n'ont aucune proportion avec celles que nos sens
peuvent embrasser, transportés avec des vitesses
dont aucun des mouvements qui s'exercent autour
de nous ne nous donne l'idée, embrassant, dans les
révolutions de leurs orbites ou de leurs axes, des
espaces de temps auprès desquels la durée de la vie
humaine semble s'évanouir; si leur multitude même
et le spectacle brillant qu'ils nous offrent; si tout,
dans ce vaste ensemble, élève ou effraye l'imagina-

tion ; si on est étonné de voir l'homme déterminer le mouvement d'astres que leur distance dérobe à ses regards, tracer la route de ceux qu'il n'a fait qu'entrevoir, suivre leur marche dans un espace où il ne peut plus les observer, trouver enfin, dans les vastes régions du ciel où l'œil découvre à peine une lumière confuse, cette multitude de soleils dont le nombre et l'éloignement confond l'intelligence : une admiration non moins grande vient frapper la raison elle-même, quand elle se représente à quel degré de perfection il a fallu porter tous les arts pour parvenir à donner aux instruments la justesse qu'exigent des observations précises ; quand on songe à tout ce que les recherches d'optique sur lesquelles la construction de ces instruments est fondée, ont demandé d'expériences délicates, de finesse et de sagacité, et à cette masse d'observations nécessaire pour former de grandes théories ou pour confirmer celles que le génie avait devinées ; quand on se représente enfin cet immense édifice qu'il a fallu que les mathématiciens eussent élevé, pour pouvoir réduire à des lois simples ces mouvements en apparence si irréguliers et si compliqués. Ainsi, loin d'avoir été trompés par l'effet imposant que produit, à la première vue, ce vaste et brillant tableau des efforts et de la puissance de l'esprit humain, nous éprouvons en l'examinant une surprise plus profonde et une admiration plus éclairée.

Nous vous exposerons d'abord comment, pendant une longue suite de siècles, les hommes, quelquefois aidés par le génie, souvent guidés seulement par l'instruction lente que le temps traîne à sa suite, sont parvenus à connaître, et même à prédire l'ordre des changements célestes tels qu'ils se présentent à un observateur placé sur la terre. Nous nous transporterons ensuite au temps où, dans un siècle encore barbare, le génie de Copernic saisit, au milieu du chaos des mouvements apparents des astres, l'ordre simple et plus régulier de leurs mouvements réels, et développa ce système dont on ne peut refuser aux Grecs, et peut-être même à des peuples plus anciens, d'avoir eu la première idée. Mais Copernic se bornait à regarder les orbites des planètes comme peu différentes d'un cercle, et leurs mouvements comme uniformes ou combinés avec d'autres mouvements circulaires ; bientôt après, Kepler découvrit, plutôt par son génie que par une méthode vraiment géométrique, la figure elliptique de ces orbites, et les lois du mouvement variable suivant lesquelles les planètes les parcourent. Dans le même temps, Galilée, armé du télescope récemment inventé en Hollande, aperçut de nouveaux astres, observa les phases de Vénus, détermina, par l'observation des taches du soleil, la rotation de cet astre sur lui-même : et, en même temps qu'il confirmait par des observations victorieuses le système de Copernic, il détruisit par une dialectique adroite les objections que l'ignorance et le préjugé opposaient à l'opinion du mouvement de la terre. Il faut l'avouer : croire que le soleil et les étoiles que nous voyons se mouvoir sont cependant immobiles, et attribuer leur mouvement apparent à la terre, où tout présente à nos sens l'idée de la stabilité; se croire emporté dans l'espace par des mouvements très-rapides, et cependant se sentir en repos; exécuter, sur un globe qui tourne sur son axe avec une vitesse prodigieuse, tous les mouvements possibles sans qu'ils soient dérangés par celui du globe même, il y avait là, sans doute, de quoi étonner l'imagination et révolter les esprits vulgaires. Jamais jusqu'à cette époque la raison humaine n'avait remporté sur les sens une victoire aussi glorieuse.

Ne blâmons point les hommes qui peut-être résistèrent alors trop longtemps aux preuves de la vérité; songeons que sur d'autres objets nous défendons encore tous les jours, avec opiniâtreté, des préjugés qui paraîtront à nos descendants plus grossiers et moins excusables; et ne condamnons que ceux dont l'imbécillité ou l'hypocrisie, employant contre la philosophie les armes de la persécution, osèrent punir Galilée d'avoir détruit des erreurs, et combattirent la raison, au nom du Dieu de qui ils se vantaient de l'avoir reçue.

Voilà, Messieurs, les objets qui vous seront présentés dans les deux premières parties de ce traité; bientôt un spectacle plus grand frappera vos regards. Jusqu'alors l'observation avait tout fait; mais dans le même temps où elle perfectionnait l'astronomie, où la découverte des nouveaux instruments donnait aux observations une précision jusqu'alors inconnue, des hommes de génie posaient les fondements de la science du mouvement. Galilée donna des lois auxquelles sont assujettis des corps animés par une force constante, quant à son intensité et à sa direction, comme est sensiblement la pesanteur à la surface de la terre. Huyghens calcula les forces qui doivent agir sur un corps pour qu'il parcoure un cercle d'un mouvement uniforme; et, en montrant que chaque courbe peut être regardée comme composée d'arcs de cercles dont les rayons sont de grandeurs différentes, et les centres placés à différents points, il prépara la découverte des lois du mouvement dans les courbes en général, découverte qui bientôt après illustra la jeunesse de Newton. Newton eut l'heureuse idée d'appliquer cette théorie aux mouvements célestes, et il trouva que des corps lancés dans l'espace, et attirés vers un point fixe avec une force qui serait en raison inverse du carré de la distance à ce point, décriraient des ellipses autour de leur centre, précisément comme les planètes principales en décrivent autour du soleil, comme la lune en décrit autour de la terre, et qu'ils suivraient dans leur mouvement les mêmes lois auxquelles Kepler avait prouvé que ces planètes étaient assujetties.

La force qui retenait la lune dans son orbite était, dans ce système, cette même attraction de la terre qui fait tomber les corps placés à sa surface, et il fallait prouver que l'intensité de son action était en raison inverse des carrés des distances, où la lune et les corps terrestres se trouvent du centre de notre globe. Mais lorsque Newton voulut comparer ces forces, les observations ne lui parurent point s'accorder avec les résultats de son hypothèse, et il eut

la modestie de condamner à l'oubli des recherches
de géométrie sublimes en elles-mêmes, mais qu'il
croyait inutiles. Heureusement il apprit que de nouvelles recherches avaient fait connaître, d'une manière plus précise, le rapport du rayon terrestre aux
distances de la lune; il s'empressa d'appliquer ses
principes à ces nouveaux éléments. Sa théorie se
trouve conforme aux phénomènes observés, et, pour
la première fois, une des lois générales de la nature
nous fut révélée. En regardant les corps célestes
comme des points, leurs masses comme réunies à
leur centre, les planètes comme assujetties à la seule
action du soleil, et les satellites à celle de la planète
principale, ces corps doivent décrire des ellipses.
Les comètes, qui ne sont visibles que dans une partie de leur cours, si elles appartiennent au système so-
laire, décriront autour de cet astre des ellipses très-
allongées, qui se confondront avec une parabole
pendant l'espace d'une courte apparition. Toutes les
observations s'accordèrent avec cette théorie, d'une
manière assez sensible pour que l'on fût en droit
d'attribuer les différences qui s'y trouvaient aux éléments négligés dans le calcul.

C'est peut-être une observation digne de remarque, que Newton ait découvert la théorie véritable
des comètes, précisément dans le même temps où
Bayle, armé d'une philosophie non moins nouvelle,
détruisait les préjugés qui faisaient prendre leur apparition pour un signe de la colère céleste. L'un,
en apprenant à suivre le cours de ces astres qui pé-
nètrent dans tous les sens les immenses régions du

ciel, détruisait à la fois les chimères anciennes des écoles et les chimères du cartésianisme, que la moitié de l'Europe craignait encore d'admettre comme des vérités trop nouvelles. L'autre, en paraissant ne combattre qu'une terreur populaire, a eu l'art de frapper du même coup toutes les têtes alors si nombreuses de cette hydre des préjugés, qui n'a cessé de dévorer des hommes depuis des temps même antérieurs à ceux où commence pour nous leur histoire (1).

Newton appliqua ensuite son principe au mouvement des astres, en ayant égard à leur attraction mutuelle, au changement qui en résulte dans leurs orbites; aux effets que doit produire l'attraction inégale du soleil et de la lune sur le fluide qui recouvre notre globe, c'est-à-dire, aux phénomènes des marées; aux lois de l'équilibre des corps mobiles placés sur un globe qui est animé en même temps d'un mouvement de rotation, c'est-à-dire à la figure de la terre et à la durée des vibrations d'un pendule aux différentes latitudes; enfin aux irrégularités de ce mouvement de rotation, lorsque les forces attractives ne s'exercent pas sur un astre d'une manière symétrique. La solution de la plupart de ces dernières questions n'était pas complète, et, en les résolvant par des méthodes plus sûres, on pouvait être conduit ou à la confirmation de la loi que Newton avait établie, ou à la nécessité de la modifier et de la changer. Mais bien-

(1) Ce parallèle est inséré dans les Quatre saisons du Parnasse, Hiver, 1806; p. 300.

tôt trois géomètres célèbres, dont deux étaient Français, calculèrent le mouvement de l'apogée de la lune et les perturbations de cette planète, et leur calcul confirma la loi de Newton. La solution si célèbre du problème de la précession des équinoxes, par D'Alembert, l'explication du nouveau mouvement de l'axe de la terre, découvert par Bradley, prouva que cette même loi présidait à ces grands phénomènes. On examina, d'après une théorie plus exacte, les phénomènes des marées, et tout montre qu'elles sont un effet de la même cause : la solution du problème de la libration de la lune, par M. de La Grange, confirma ce que la solution du problème de la précession des équinoxes avait prouvé; et il fut enfin démontré que non-seulement les phénomènes qui appartiennent à la masse totale des corps célestes, mais ceux qui dépendent de l'action de chacune de leurs particules, sont tels qu'ils doivent être, si chacune d'elles est animée de la force de l'attraction newtonienne. La seule comète dont on a pu, d'après la théorie de Newton, prédire et observer le retour, et dont le mouvement devait être altéré par l'attraction de Jupiter et de Saturne, reparut, à l'époque indiquée par Clairaut, avec une légère différence dont M. de La Place a depuis expliqué la cause. Plus de cinquante comètes nouvelles ont toutes suivi la route que Newton leur avait tracée. La planète d'Herschel, découverte depuis quelques années, obéit à la même loi. Enfin, des altérations dans le mouvement de Jupiter et de Saturne, qui jusqu'ici avaient échappé au calcul, maniées par

la main des plus habiles, y ont enfin été assujetties
par M. de La Place. Ainsi, depuis un siècle, tous les
phénomènes célestes que Newton n'a pu connaître,
sont venus comme d'eux-mêmes se ranger sous la
loi que son génie leur a imposée.

Ainsi, chaque nouvelle variation, que des observations plus longtemps continuées, ou des instruments plus parfaits, ont fait remarquer dans le mouvement des astres, chaque méthode nouvelle qui a
permis aux géomètres d'y appliquer le calcul avec
plus de précision, ont servi à confirmer le système
de la gravitation universelle. Si quelques-uns des
phénomènes astronomiques attendent encore que
les progrès du calcul et le temps nécessaire pour
mieux connaître les lois auxquelles ils sont soumis,
permettent de les comparer à ce même système,
l'expérience de plus d'un siècle assure qu'on obtiendra le même résultat; et l'édifice hardi, élevé par
Newton, raffermi par les mains de vingt hommes de
génie et par cent ans de travaux, repose aujourd'hui
sur des fondements inébranlables.

Tel est, Messieurs, le tableau que nous comptons
exposer à vos regards; nous suivrons dans les leçons,
mais sans nous assujettir absolument au même ordre,
la Cosmographie de M. Mentelle, ouvrage où l'on
trouve une exposition claire, complète et précise du
système du monde. On nous pardonnera sans doute
d'ajouter ici quelques réflexions sur le principe de
l'attraction considéré en lui-même. Newton fut accusé d'avoir voulu ramener dans la physique les
causes occultes des anciens, remplacées alors depuis

peu par la philosophie corpusculaire, plus raisonnable dans ses principes, mais dont les explications
n'étaient souvent ni moins vagues, ni moins ridicules, que celles des sectateurs de l'ancienne philosophie. Ces reproches ont été répétés, pendant plus
de cinquante ans, par de véritables philosophes et
par des savants illustres. Aujourd'hui ces mêmes reproches sont oubliés. On s'est dit : Il est démontré
que tous les grands phénomènes de la nature, observés jusqu'ici, sont précisément tels qu'ils devraient
être, si toutes les particules de la matière s'attiraient
réciproquement avec une force qui agirait en raison
inverse du carré de leurs distances. Cette force existe
donc dans la nature; mais est-elle essentielle au
corps? est-elle l'effet d'une cause plus éloignée qui
nous reste à découvrir encore? Telle est la seule question qui reste à résoudre.

La plupart des philosophes et des physiciens,
surtout ceux qui ont été géomètres, l'ont regardée
comme peu importante, particulièrement dans l'état
actuel de nos connaissances. Ils ont mieux aimé calculer les effets qui devaient résulter de cette loi, et
les comparer aux observations, que de rechercher
par quelle cause elle existe. Pourquoi d'ailleurs, si
cette tendance réciproque appartient aux particules
de la matière, si tous les phénomènes nous forcent
d'en reconnaître l'existence, auriez-vous de la répugnance à la regarder comme essentielle à la matière?
Ce mot *essentiel*, appliqué aux objets réels, a-t-il un
autre sens, désigne-t-il autre chose, sinon qu'une
propriété appartient toujours sans exception à tous

les individus d'une certaine classe d'êtres? Y a-t-il une autre différence entre la gravitation et les autres propriétés qui sont regardées comme essentielles à la matière, sinon que celles-ci frappent les yeux du vulgaire, et celles-là les yeux des hommes instruits seulement : ce qui fait qu'elle n'entre point dans les définitions ordinaires des substances matérielles?

Pour chercher à cette propriété une cause étrangère, il faut attendre que l'observation des phénomènes nous ait donné un motif de croire que cette cause existe, nous ait offert quelques moyens de la trouver. Vous préféreriez une loi purement mécanique, un ordre où tous les phénomènes dépendraient à la fois d'un premier ordre une fois établi, et d'un premier mouvement une fois imprimé? Vous avez raison sans doute; mais cette hypothèse peut-elle se concilier avec les lois de la mécanique? N'êtes-vous pas même bien loin d'avoir prouvé que l'univers puisse exister, sans supposer dans les éléments de la matière une force active qui répare les forces perdues? Vous avez présenté cent hypothèses différentes; mais les unes, trop vagues pour être soumises au calcul, n'ont qu'un avantage : leur absurdité, leur contradiction avec les phénomènes, n'est pas rigoureusement démontrée; il n'est pas absolument impossible qu'elles puissent être vraies, et ce n'est pas sans doute une raison suffisante pour les admettre. Les autres, plus malheureuses encore, contredisent les lois générales de la mécanique, et ne s'accordent pas avec les phénomènes.

Nous manquons jusqu'ici de motifs pour croire

qu'il existe une cause mécanique, dont la loi de la gravitation ne soit qu'une conséquence; nous manquons de moyens pour remonter jusqu'à cette cause. Bornons-nous donc à étudier la nature, sans avoir la vaine prétention de l'expliquer. Ainsi, pour nous conformer aux règles d'une saine philosophie, nous devons regarder l'attraction comme une propriété première des corps, du moins jusqu'à ce qu'il nous soit permis de pénétrer plus loin dans la connaissance de la nature.

C'est en vain qu'on veut s'appuyer de l'autorité de Newton lui-même, qui paraît avoir eu l'idée d'expliquer les phénomènes de l'attraction par le mouvement d'un fluide : le passage où il en parle n'existe pas dans la première édition de ses principes. Il l'a depuis ajouté ; mais on ne peut guère le regarder que comme un ménagement qu'il croyait propre à disposer ses contemporains à recevoir plus favorablement un système qui blessait leurs opinions philosophiques, ou bien comme un tribut que son génie payait à ces opinions. Il n'est peut-être aucun philosophe, quelque grand qu'il ait été, auquel les siècles suivants n'aient pu faire avec justice le même reproche, qui n'ait conservé une partie des idées qu'il avait reçues sans examen dans son éducation, et qui ait pu se dire que ses opinions étaient toutes l'ouvrage de sa seule raison.

C'est à des géomètres français que l'on doit le calcul des probabilités. Il n'est peut-être pas inutile de le remarquer. Les autres nations, et souvent des Français eux-mêmes, ont reproché à la nôtre de

manquer de ce don d'invention première, et ne lui
ont accordé que le talent de perfectionner les découvertes étrangères. Sans doute il importe peu de
savoir de quel pays nous vient une vérité, pourvu
qu'on la connaisse et qu'on sache la faire servir au
bonheur des hommes. Mais ces fausses observations
particulières ont l'inconvénient de servir de bases à
des opinions générales toujours nuisibles dès qu'elles
ne sont pas vraies. Qui sait si des philosophes n'auraient pas expliqué ce fait qui n'existe pas, les uns
par la nature du climat, d'autres par la forme du
gouvernement, quelques-uns par le goût de la nation
pour la société, ou par la légèreté qu'on lui reproche? Mais le génie est de tous les climats; la superstition, la barbarie des lois et la férocité des mœurs
sont les seules causes qui aient le pouvoir de l'é-
touffer ou de le forcer à se consumer en efforts inutiles ou nuisibles. Le calcul des probabilités doit son
origine à des questions faites à Pascal par le chevalier de Méré, sur la manière de partager une mise
entre des joueurs, qui, après être convenus qu'elle
appartiendrait à celui qui aurait gagné le premier un
nombre donné de parties, seraient obligés de quitter le jeu avant qu'aucun d'eux eût gagné. Fermat et
Pascal résolurent ces questions, et donnèrent les
premiers principes de cette nouvelle analyse. Les
géomètres se bornèrent assez longtemps à la théorie
des jeux de hasard, objet frivole en lui-même, et
eux seuls prévoyaient alors que les mêmes méthodes
devaient s'appliquer un jour à des recherches plus
importantes, et qu'en se livrant à cette espèce d'a-

musement, ils posaient les fondements d'une science aussi vaste qu'utile.

Jacques Bernoulli, dans son ouvrage posthume, intitulé : *Art de former des conjectures*, fit sentir le premier les liaisons de cette branche des mathématiques avec presque toutes les parties de la philosophie; et Nicolas Bernoulli, son neveu, prit pour sujet d'une thèse de droit, soutenue à Bâle en 1709, l'application du calcul à des objets de jurisprudence. Il y cherche, par exemple, au bout de quel temps on peut supposer qu'un absent, d'un âge donné, a cessé de vivre, et où l'on a de sa mort une probabilité assez grande pour ordonner en conséquence un partage provisoire de ses biens; il donne une méthode d'évaluer une rente viagère, et de fixer la partie d'un droit sur les successions, à laquelle un usufruitier peut être assujetti; il traite des assurances maritimes, objet utile et encore trop peu connu, ainsi que des loteries, qui n'avaient pas alors l'importance funeste qu'elles ont acquise depuis en Europe. Il examine quelle part un fils peut réclamer dans la succession de son père, lorsqu'il a laissé une veuve dans l'état de grossesse; il va même jusqu'à essayer d'appliquer le calcul à la probabilité des témoignages. Cet ouvrage mérite de faire époque dans l'histoire des sciences, moins peut-être par la manière dont la plupart de ces questions sont résolues, que parce qu'il est le premier où l'on ait donné l'idée de cette application de calcul à des questions de jurisprudence, et surtout, parce qu'il montre en même temps dans combien d'erreurs grossières sont tombés les jurisconsultes en voulant résoudre ces mêmes questions sans employer le calcul, leçon qu'il était utile de leur donner. Un des plus grands maux que nous ayons à reprocher aux siècles d'ignorance, est peut-être de classer les hommes en espèces de corporations, dont les membres, exerçant exclusivement certaines fonctions, se sont persuadés qu'ils devaient posséder aussi exclusivement les connaissances nécessaires pour les bien remplir. C'est encore aujourd'hui la principale cause pour laquelle certains hommes, au lieu de profiter des progrès rapides que l'esprit humain a faits depuis un demi-siècle, nous citent la chute de leurs préventions et de leurs erreurs comme une preuve de sa décadence et de sa dépravation. Ils voient avec peine s'établir l'opinion que le titre d'homme suffit pour donner, à celui qui juge une vérité utile, la liberté de la croire et le droit de la dire. Nous avons encore, par exemple, des jurisconsultes assez dignes de ces temps antiques, pour savoir mauvais gré à quelques philosophes d'avoir regardé la raison et l'expérience comme des guides plus sûrs, que les légistes du Bas-Empire et leurs obscurs commentateurs.

Depuis l'ouvrage de Nicolas Bernoulli, le calcul des probabilités est devenu l'objet des recherches des philosophes comme des travaux des mathématiciens; on s'est occupé d'en approfondir les principes comme d'en multiplier les applications et d'en perfectionner les méthodes. Ce sont les éléments de ce calcul que nous nous proposons d'enseigner. Nous chercherons d'abord à donner une idée juste des principes sur lesquels il est fondé, et de la nature des vérités auxquelles il conduit. Nous distinguerons, dans ces vérités, ce qui est une proposition mathématique, un résultat du calcul, de ce qu'on peut regarder comme une vérité réelle. Nous prouverons que le motif de croire à ces vérités réelles, auxquelles conduit le calcul des probabilités, ne diffère de celui qui nous détermine dans tous nos jugements, dans toutes nos actions, que parce que le calcul nous a donné la mesure de ce motif, et que nous cédons, par l'assentiment éclairé de la raison, à une force dont nous avons calculé le pouvoir, au lieu de céder machinalement à une force inconnue.

Nous chercherons quelle est la nature de ce motif, et la manière dont il agit sur nous; nous montrerons comment il est d'autant plus irrésistible que sa force réelle nous est moins connue, et comment il semble plus faible et toujours accompagné de doutes, lorsque nous sommes parvenus à le mesurer avec quelque exactitude; car ici, comme dans le reste de la vie, la confiance diminue à mesure que les lumières augmentent; et elle est moins forte, en même temps qu'elle s'appuie sur une base plus solide. On verra enfin comment les connaissances que nous nommons certaines ne sont réellement que des connaissances fondées sur une très-grande probabilité; et cependant c'est du sein de cette espèce de phénomène que nous tirerons les véritables preuves de l'absurdité du scepticisme absolu des philosophes de l'antiquité.

De ces connaissances préliminaires nous passerons

aux applications de ce calcul, qui nous ont paru les plus piquantes ou les plus utiles, en ayant soin de faire plus souvent usage du raisonnement que de l'algèbre, d'être très-courts sur les méthodes mathématiques, mais d'en développer les résultats.

Les jeux de hasard et les loteries se présentent d'abord; c'est le cas le plus simple, puisque le nombre des combinaisons possibles est connu et fini, et que la probabilité de chacune est déterminée. Mais on ne trouve, dans cette première application, qu'une seule espèce d'utilité, celle de prouver combien sont vaines toutes les espérances dont ceux qui se livrent à ces jeux sont trop souvent les dupes et les victimes : peut-être un géomètre, en démontrant le ridicule de leurs spéculations, fera-t-il plus d'effet qu'un moraliste qui en exposerait les suites désastreuses. Le meilleur moyen sans doute de détruire les vices serait de démontrer qu'ils sont des erreurs; on est plus sûr de faire rougir les hommes de leur ignorance que de leur corruption. D'ailleurs il existe en Europe un grand nombre de loteries publiques; et les amis de l'humanité, après avoir vainement cherché à éclairer les gouvernements sur le danger de cette funeste ressource, ne doivent pas renoncer même à la plus faible espérance de dégoûter les particuliers de se livrer à ces ruineuses spéculations.

Nous traiterons ensuite des probabilités de la vie humaine, des moyens que donnent les tables de mortalités pour assujettir au calcul, soit ces rentes viagères où l'on sacrifie si souvent à la jouissance du moment le bien-être durable des familles; soit ces caisses pour les veuves, pour les enfants, pour le temps de la vieillesse, où l'on retranche au contraire de sa propre aisance, dans la vue d'assurer ou sa subsistance dans l'âge des infirmités, ou celle des êtres dont le bonheur est un de nos devoirs. Ces derniers établissements sont à peine connus encore; mais il serait injuste d'en accuser la corruption humaine. Les avantages futurs sont trop grands, le sacrifice actuel est trop faible, pour que l'égoïsme, porté à ce degré, puisse être jamais un vice commun; et si ces établissements ont eu jusqu'ici peu de succès, c'est uniquement parce qu'ils supposent une confiance qui s'étende à des époques très-éloignées.

Nous nous attacherons donc à montrer comment, dans un pays où cette confiance pourrait exister, des établissements de cette espèce produiraient en peu de temps une révolution heureuse, dans les mœurs comme dans l'industrie et dans la richesse nationale.

La théorie des assurances et leur utilité, la manière d'évaluer des droits éventuels, objet important dans tous les pays où les lois ont besoin de réformes, qui ne peuvent souvent s'exécuter qu'en remplaçant ces droits incertains par la valeur moyenne qui les représente, sont encore une application du calcul des probabilités qui nous paraît mériter d'attirer nos regards.

Nous nous élèverons ensuite à des objets plus importants; nous vous exposerons comment ce calcul peut nous conduire à la connaissance des vérités naturelles, nous apprendre jusqu'à quel point il est probable que tel phénomène est assujetti à des lois constantes, est produit par une cause régulière, nous faire connaître le degré de probabilité de nos opinions et de nos conjectures; et assigner dans chaque genre les limites qui séparent le doute de la vraisemblance, et la vraisemblance de cette grande probabilité, d'après laquelle on peut fixer sa croyance et diriger sa conduite.

Nous terminerons ce cours par une application du calcul à la probabilité des témoignages, à l'influence que le peu de vraisemblance des faits en eux-mêmes peut avoir sur cette probabilité, enfin à celle des décisions rendues à la pluralité des voix, et à celle des jugements, surtout de ceux qui décident de la vie des hommes. Peut-être verrez-vous avec quelque plaisir le calcul vous conduire par une route certaine, et, en ne considérant que l'intérêt commun et la justice, à ces mêmes maximes d'humanité et de douceur que vous trouvez au fond de vos cœurs, et vous apprendre que le premier cri de la nature ne vous a point égarés. L'orgueil et les préjugés sont souvent barbares; mais il est rare que la voix de la raison et celle de l'humanité, ne rendent pas la même réponse à l'homme éclairé qui les consulte.

Sans doute cette partie des mathématiques ne vous offrira pas un spectacle aussi imposant que l'astronomie physique, mais elle vous rappellera plus souvent aux grands intérêts de l'humanité; elle parlera moins à votre imagination, mais elle occupera davantage ce zèle pour le bien commun des hommes, qui, devenu le caractère de ce siècle, précisément parce qu'il est le premier où il ait existé de véritables lumières, domine surtout dans ces sociétés libres, formées, comme la vôtre, par l'amour des connaissances utiles.

Puissions-nous être assez heureux, Messieurs, pour vous faire sentir l'importance de cette application du calcul aux objets qui intéressent le bonheur public, dans un temps où les défenseurs des préjugés antiques regardent comme un ridicule, et osent presque placer au rang des crimes, non-seulement l'amour de la vérité, mais la douce pitié, cette vertu de tous les pays et de tous les siècles, et jusqu'à l'humanité même. Quelle arme resterait-il à la raison contre de tels détracteurs, si elle ne pouvait leur opposer la force tranquille et irrésistible de l'évidence ?

RÉCIT

DE

CE QUI S'EST PASSÉ AU PARLEMENT DE PARIS,

Le mercredi 20 août 1786 (1).

———◦———

M. Séguier, dans son réquisitoire, a prouvé d'abord que les informations faites depuis l'arrêt contre les accusés de Chaumont en Bassigny, tendaient à les faire croire coupables, sinon du vol probable pour lequel ils avaient été condamnés à la roue, du moins de quelque autre crime.

Il a ensuite, avec beaucoup d'éloquence, exposé ce principe, que, quand la loi a parlé, la raison doit se taire : principe qu'assurément tout esprit libre, toute âme élevée ne peut refuser d'admettre.

Il a fait voir enfin la supériorité par où notre jurisprudence criminelle, si fidèlement imitée de celle que les inquisiteurs ont imaginée dans des siècles d'humanité et de raison, l'emporte si évidemment sur les coutumes anglaises, qui semblent avoir été dictées exclusivement par un respect puéril pour la qualité d'homme, et une crainte pusillanime de condamner

(1) Voyez dans le tome VII, p. 141, *Réflexions d'un citoyen non gradué sur un procès très-connu.*

des innocents; et il a conclu à la suppression du mémoire en faveur des trois accusés, et à une injonction à l'avocat qui l'a signé d'être plus circonspect à l'avenir; afin de montrer par un arrêt solennel la fausseté et le danger de cette opinion trop commune aujourd'hui, que *tout accusé a le droit de se défendre*, et que tout homme a le droit de défendre un accusé qu'il croit innocenter.

On a été aux voix.

M. le président *Rolland*, de l'Académie d'Amiens, a dit qu'il fallait sévir contre le mémoire en faveur des trois accusés, avec d'autant plus de rigueur, qu'il avait produit sur les esprits un plus grand effet, afin de prouver au public à quel point le parlement méprise son opinion. Cependant quelques conseillers, comme MM. de *Barillon, du Séjour, d'Outremont, de Brétignières*, presque toute la première chambre des enquêtes, furent d'avis, les uns, de remettre la délibération, pour ne rien faire qui pût nuire à la défense des accusés; les autres, de renvoyer au roi le mémoire et le réquisitoire, et de s'en rapporter à la sagesse de Sa Majesté.

M. le président de *Rosambo* et quelques autres ont proposé de demander au roi la réforme de la jurisprudence criminelle. On ne sait ce qui serait arrivé sans M. *d'Ormesson*, second président, à qui l'âge n'a point refroidi le zèle qui lui fit dénoncer autrefois les capucinades du bonhomme *Toussaint*, et demander un décret de prise de corps contre l'abbé *de Prades*, lequel ne croyait pas aux idées innées.

Il fit observer qu'en poursuivant l'auteur du mémoire, Messieurs ne se rendraient pas juges dans leur propre cause, comme plusieurs paraissaient le croire. En effet, dit-il, si nous y sommes attaqués, c'est comme magistrats. Nous sommes impassibles; donc, sans scrupule, nous pouvons venger nos injures. L'effet terrible qu'a produit le mémoire annoncé, ajouta-t-il, doit excuser la sévérité de la cour. Lorsqu'on ne nous fermait point la porte, on nous recevait avec froideur, on osait nous interroger. Enfin ce magistrat conclut à ce que le mémoire fût brûlé par la main du bourreau, et qu'on ordonnât une information contre l'auteur. L'un de Messieurs, *M. de Barillon*, répliqua qu'il ne pouvait être de cet avis, par la raison même rapportée par M. le président ; qu'après un pareil arrêt, il craignait de trouver encore moins de portes ouvertes, des mines plus froides, et des questions plus embarrassantes. Un autre fit observer qu'en se rappelant les époques, on trouverait que l'effet dont se plaignait M. le président, avait pour cause, non le mémoire, mais la dénonciation du mémoire; que c'était là ce qui avait indigné le public, qui se plaît aussi à juger, qui ne pardonne pas plus qu'un autre tribunal, et qui n'aime pas qu'on veuille restreindre sa juridiction. Cependant l'avis de M. d'Ormesson a passé à la pluralité de cinquante-cinq voix contre vingt-neuf; hommage que le parlement devait sans doute à la patience vraiment chrétienne avec laquelle ce magistrat avait laissé torturer et exécuter le chevalier *de La Barre*, son neveu à la mode de Bretagne, de son nom, sans se permettre la moindre démarche publique, ni pour prévenir, ni pour arrêter et anéantir un arrêt regardé par l'Europe entière (la cour de parlement exceptée), comme un assassinat juridique, aussi absurde que barbare.

En conséquence, le mémoire pour les trois accusés de Chaumont a été brûlé comme faux, calomnieux, injurieux à la magistrature (dont il loue sans cesse les lumières et l'équité), attentatoire à la majesté royale (à laquelle il demande respectueusement la réforme que l'auteur ose espérer de la justice et des vertus personnelles du roi).

M. Boula de Nanteuil, et quelques autres maîtres des requêtes présents à la séance, ont été de l'avis de l'arrêt, quoique l'exécution de cet arrêt doive anéantir l'autorité du conseil dont ils sont membres.

On assure que M. Dupaty, président du parlement de Bordeaux, a eu un courage d'une autre espèce, celui de se déclarer juridiquement auteur du mémoire, et de se rendre opposant à l'arrêt; mais qu'il n'a pu trouver de procureur qui voulût se charger de son opposition, ni obtenir qu'il en fût nommé d'office; mais un tel déni de justice n'est pas vraisemblable.

DISCOURS

PRONONCÉ

A L'ASSEMBLÉE NATIONALE,

PAR M. DE CONDORCET,

AU NOM DE L'ACADÉMIE DES SCIENCES,

A la séance du 12 juin 1790.

Messieurs,

Vous avez daigné nous associer en quelque sorte à vos nobles travaux; et, en nous permettant de concourir au succès de vos vues bienfaisantes, vous avez montré que les sages représentants d'une nation éclairée ne pouvaient méconnaître ni le prix des sciences, ni l'utilité des compagnies occupées d'en accélérer le progrès et d'en multiplier l'application.

Depuis son institution, l'Académie a toujours saisi et même recherché les occasions d'employer pour le bien des hommes, les connaissances acquises par la méditation, ou par l'étude de la nature : c'est dans son sein qu'un étranger illustre (1), à qui une théorie profonde avait révélé le moyen d'obtenir une

(1) Huyghens.

unité de longueur naturelle et invariable, forma le premier le plan d'y rapporter toutes les mesures pour les rendre par là uniformes et inaltérables. L'Académie s'est toujours plus honorée dans ses annales d'un préjugé détruit, d'un établissement public perfectionné, d'un procédé économique ou salutaire introduit dans les arts, que d'une découverte difficile ou brillante; et son zèle, encouragé par votre confiance, va doubler d'activité et de force. Et comment pourrions-nous oublier jamais que les premiers honneurs publics, décernés par vous, l'ont été à la mémoire d'un de nos confrères? Ne nous est-il pas permis de croire que les sciences ont eu aussi quelque part à ces marques glorieuses de votre estime pour un sage qui, célèbre dans les deux mondes par de grandes découvertes, n'a jamais chéri dans l'éclat de sa renommée que le moyen qu'elle lui donnait d'appeler ses concitoyens à l'indépendance d'une voix plus imposante, et de rallier en Europe, à une si noble cause, tout ce que son génie lui avait mérité de disciples et d'admirateurs?

Chacun de nous, comme homme, comme citoyen, vous doit une éternelle reconnaissance pour le bienfait d'une constitution égale et libre, bienfait dont aucune grande nation de l'Europe n'avait encore joui; et pour celui de cette déclaration des droits, qui, enchaînant les législateurs eux-mêmes par les principes de la justice universelle, rend l'homme indépendant de l'homme, et ne soumet sa volonté qu'à l'empire de sa raison.

Mais des citoyens voués par état à la recherche de

la vérité, instruits par l'expérience, et de tout ce que peuvent les lumières pour la félicité générale, et de tout ce que les préjugés y opposent d'obstacles, en égarant ou en dégradant les esprits, doivent porter plus loin leurs regards, et, sans doute, ont le droit de vous remercier au nom de l'humanité, comme au nom de la patrie.

Ils sentent combien, en ordonnant que les hommes ne seraient plus rien par des qualités étrangères, et tout par leurs qualités personnelles, vous avez assuré les progrès de l'espèce humaine, puisque vous avez forcé l'ambition et la vanité même à ne plus attendre les distinctions ou le pouvoir que du talent ou des lumières; puisque le soin de fortifier sa raison, de cultiver son esprit, d'étendre ses connaissances, est devenu le seul moyen d'obtenir une considération indépendante et une supériorité réelle.

Ils savent que vous n'avez pas moins fait pour le bonheur des générations futures, en rétablissant l'esprit humain dans son indépendance naturelle, que pour celui de la génération présente, en mettant les propriétés et la vie des hommes à l'abri des attentats du despotisme.

Ils voient, dans les commissions dont vous les avez chargés, avec quelle profondeur de vues vous avez voulu simplifier toutes les opérations nécessaires dans les conventions, dans les échanges, dans les actions de la vie commune, de peur que l'ignorance ne rendît esclave celui que vous avez déclaré libre, et ne réduisît l'égalité prononcée par vos lois à n'être jamais qu'un vain nom.

Pourraient-ils enfin ne pas apercevoir qu'en établissant, pour la première fois, le système entier de la société sur les bases immuables de la vérité et de la justice, en attachant ainsi par une chaîne éternelle les progrès de l'art social au progrès de la raison, vous avez étendu vos bienfaits à tous les pays, à tous les siècles, et dévoué toutes les erreurs, comme toutes les tyrannies, à une destruction rapide?

Ainsi, grâce à la générosité, à la pureté de vos principes, la force, l'avarice, ou la séduction, cesseront bientôt de contrarier, par des institutions arbitraires, la loi de la nature, qui a voulu que l'homme fût éclairé pour qu'il pût être juste, et libre pour qu'il pût être heureux.

Ainsi, vous jouirez à la fois et du bien que vous faites, et du bien que vous préparez, et vous achèverez votre ouvrage au milieu des bénédictions de la foule des opprimés dont vous avez brisé les fers, et des acclamations des hommes éclairés dont vous avez surpassé les espérances.

LETTRE

DU

SECRÉTAIRE DE L'ACADÉMIE DES SCIENCES

A

M. LE PRÉSIDENT DE L'ASSEMBLÉE NATIONALE.

———

Monsieur le Président,

Aussitôt que l'Académie des sciences a eu connaissance du décret de l'Assemblée nationale, du 8 mai dernier, concernant les poids et mesures, elle n'a pas attendu qu'il lui en fût donné une communication officielle, et elle s'est empressée d'en exécuter les dispositions en tout ce qui a dépendu d'elle. Tandis que plusieurs de ses membres s'occupent à déterminer, d'une manière plus précise, la véritable longueur du pendule, et cherchent à en déduire des mesures constantes de poids, de longueurs et de capacité, elle a chargé des commissaires de rédiger le projet d'instruction qui doit être adressé par le roi aux quatre-vingt-trois directoires de département du royaume, pour l'envoi des différentes mesures.

La discussion de ce projet d'instruction, qui a eu lieu dans les séances de l'Académie, lui a fait apercevoir que l'exécution littérale du décret de l'Assemblée nationale serait susceptible de beaucoup de difficultés, principalement pour les mesures de grains. Elle a craint que s'il lui était envoyé des étalons de toutes les mesures de cette classe, qui existent dans les municipalités du royaume, le nombre n'en fût si considérable qu'aucun local ne fût assez grand pour les contenir, et qu'on ne se jetât dans un travail immense, où il serait difficile, peut-être impossible, d'éviter la confusion.

L'Académie se serait fait un devoir de surmonter ces difficultés, si elle avait pu espérer, en prenant la route la plus pénible et la plus longue, d'arriver plus sûrement au but que se propose l'Assemblée nationale; mais elle a considéré que la plupart des mesures de grains, déposées dans les municipalités, étaient fort irrégulièrement construites; que plusieurs avaient été altérées, et n'étaient plus conformes aux titres de leur établissement; en sorte que l'Académie, en opérant sur de telles mesures, s'exposerait à consacrer des erreurs ou des infidélités.

Elle a considéré de plus, que le rapport des différentes mesures entre elles était communément déterminé avec une précision suffisante pour les besoins du commerce, dans l'étendue des cantons où elles sont en usage, ainsi que dans les marchés voisins; que ces rapports étaient presque toujours établis par des titres, par des procès-verbaux déposés dans les greffes des tribunaux ou des municipalités, enfin par une tradition constante; que de deux choses l'une : ou les expériences faites à Paris par l'Académie, sur les mesures qui lui auraient été envoyées par les municipalités, s'accorderaient avec les titres et avec la tradition du pays, et alors elles seraient inutiles; ou elles présenteraient des différences, et alors tout ce qu'on pourrait en conclure, c'est qu'il était probable que les mesures avaient été altérées.

Ces considérations ont fait penser à l'Académie qu'il suffirait de demander aux directoires de département et de district, des étalons des seules mesures de différentes espèces en usage dans le chef-lieu de chaque district, avec un mémoire instructif sur le rapport de ces mesures avec toutes celles de l'arrondissement. Ces mémoires seraient accompagnés d'extraits de titres et de procès-verbaux certifiés et revêtus de toutes les formes, et les districts n'auraient point à se plaindre, lorsque ce serait d'après leur propre détermination que les rapports des mesures auraient été fixés.

C'est dans cet esprit, Monsieur le président, qu'a été rédigé le projet d'instruction que nous nous proposions de présenter au roi, et dont nous avons l'honneur de vous envoyer copie. Mais comme cette instruction est conforme à l'esprit du décret, sans être exactement conforme à la lettre, nous n'avons pas cru qu'il nous fût permis d'en faire usage avant de nous être assurés des dispositions de l'Assemblée nationale. Daignez lui communiquer nos observations : si elle les approuve, il sera nécessaire qu'elle rende un décret en interprétation du premier, à l'effet de restreindre les envois à faire au secrétaire de l'Académie, à une seule mesure de chaque espèce par district.

L'Académie des sciences a cru pouvoir se permettre de joindre à l'instruction le projet de décret qu'elle prend la liberté de solliciter.

Déjà elle voit avec joie les vues sages de l'Assemblée nationale pénétrer chez les nations étrangères. Dans les États-Unis d'Amérique, où l'on s'occupait des moyens d'établir l'uniformité des poids et des mesures, et de leur donner pour base une unité naturelle, M. Jefferson, chargé de ce travail, s'est empressé de substituer au pendule du trente-huitième degré, auquel il s'était d'abord arrêté parce qu'il répond au milieu du territoire américain, celui du quarante-cinquième, qui a été proposé par l'Assemblée nationale, comme un terme moyen que tous les peuples peuvent adopter. L'Espagne a envoyé en France un savant chargé de suivre toutes les opérations relatives aux mesures qui seraient faites en vertu de vos décrets, dans l'intention, soit de s'y conformer dans la réforme de ses mesures, soit de faire répéter au quarante-cinquième degré, dans l'hémisphère austral du Nouveau-Monde, les opérations que les Français exécuteront à la même latitude dans l'hémisphère boréal de l'Ancien.

Je suis avec respect,

Monsieur le Président,

Votre très-humble et très-obéissant serviteur,

CONDORCET, *secrétaire perpétuel.*

Paris, le 11 novembre 1790.

———

INSTRUCTION

ADRESSÉE AUX

DIRECTOIRES DES QUATRE-VINGT-TROIS DÉPARTEMENTS
DU ROYAUME,

En exécution de la proclamation du roi, du 22 août 1790, sur le décret de l'Assemblée nationale du 8 mai précédent, concernant les poids et mesures.

———

Les étalons que les directoires de département doivent adresser au secrétaire de l'Académie des sciences, en exécution du décret du 8 mai dernier, et de la proclamation du roi du 22 août, sur les poids et mesures, sont de trois espèces : 1° les étalons de poids; 2° les mesures de longueur et de superficie; 3° les mesures de capacité. Ces trois sortes de mesures exigent des détails particuliers qui feront l'objet d'autant d'articles séparés.

Des étalons de poids.

L'unité de poids la plus généralement usitée en France est la livre, poids de marc. Chaque livre est composée de seize onces, dont chacune se divise en huit gros et chaque gros, en soixante-douze grains.

Cent livres forment ce qu'on nomme un quintal.

Une partie des départements méridionaux du royaume ont une livre qui leur est particulière, et que l'on désigne sous le nom de livre de poids de table; elle n'est composée que de quatorze onces, poids de marc, et par conséquent elle est plus petite d'un huitième que la livre, poids de marc.

Enfin, on se sert, dans quelques villes et dans quelques provinces, de poids particuliers, qui ne sont ni la livre de poids de marc, ni la livre de poids de table, et qui diffèrent même suivant l'espèce de marchandise.

Indépendamment de ces variations, qui ont eu lieu sur l'unité de poids, c'est-à-dire, sur la livre, il existe des usages locaux particuliers. Dans quelques villes, le quintal est de 104 livres, plus ou moins, et les poids particuliers sont étalonnés sur cette proportion.

Les directoires de département sont invités à faire passer le plus tôt possible à M. de Condorcet, secrétaire de l'Académie des sciences, un mémoire détaillé sur les différents usages du commerce à cet égard, dans l'étendue de leur arrondissement. Ils consulteront à cet effet les directoires de district, et ces derniers consulteront les municipalités, conformément à ce que prescrivent le décret de l'Assemblée nationale et la proclamation du roi. Dans tous les lieux où l'on se servira d'une autre livre que celle de poids de marc, et où il y aura un étalon authentique, déposé en un lieu public, il en sera fait un double le plus conforme au modèle qu'il sera possible; la municipalité le fera passer au directoire de district, pour être ensuite adressé au directoire de département. Le procès-verbal d'étalonnage, qui suivra ces envois, sera signé des officiers publics, chargés de la garde de l'étalon, des commissaires du district qui auront été présents à la vérification, et de tous ceux qui pourront donner de l'authenticité aux opérations.

Ces étalons, ainsi que les procès-verbaux qui les accompagneront, seront rassemblés dans le chef-lieu du département, et adressés au secrétaire de l'Académie des sciences, avec les précautions nécessaires pour éviter toute confusion.

Des mesures d'étendue.

Les mesures d'étendue sont de deux espèces : les unes sont destinées à déterminer des longueurs, et on les nomme mesures linéaires ; les autres servent à mesurer des surfaces, et on les nomme mesures de superficie.

Les mesures linéaires les plus usitées en France sont : la toise, la perche, la canne, le pan, l'aune, le pied et ses divisions, telles que le pouce, la ligne et le point. Les mesures de superficie sont : la verge, la perche carrée, l'arpent, le journal, l'acre, la septrée, la boisselée, etc.

Les directoires de département s'adresseront, comme il a été dit à l'égard des poids, aux directoires de district, et ceux-ci aux municipalités, pour recueillir les renseignements nombreux que demande cet objet. Dans toutes les villes où il existera des mesures publiques différentes de celles du roi, telles que toises, aunes, pieds, etc., ils en feront faire des étalons; mais ils éviteront, autant qu'il sera possible, les doubles emplois; et si, par exemple, la toise est composée de six pieds, dans un district ou dans un arrondissement quelconque, il sera inutile d'envoyer un étalon de la toise et un étalon du pied ; mais il suffira d'envoyer l'un ou l'autre. Ces mesures seront le plus conformes au modèle qu'il sera possible ; on gravera dessus le nom de la ville, ou bien on y attachera solidement une étiquette.

Toutes ces mesures seront réunies par le directoire du département, qui les adressera au secrétaire de l'Académie des sciences, avec un mémoire instructif.

A l'égard des mesures de superficie, ils enverront un état général de toutes celles en usage dans l'étendue de l'arrondissement. Ils y énonceront le nombre de perches, de verges ou de chaînes, dont les arpents ou journaux sont composés; le nombre de pieds, de pouces ou de lignes que contiennent les verges, perches et chaînes. Enfin, ils ne devront jamais oublier de désigner l'espèce de pied ou de toise à laquelle ils auront rapporté toutes les autres, si ces mesures élémentaires sont celles de roi ou autres.

Les directoires de département sont invités, pour ces mesures comme pour toutes les autres, à refondre en un seul mémoire, ceux des directoires de district, sans que ce travail les dispense d'envoyer à l'appui tous les mémoires et procès-verbaux en original, qui leur auront été fournis, et qui auront servi de bases à leur travail.

Des mesures de capacité.

Les mesures de capacité peuvent se distinguer en

deux classes : les unes sont destinées à mesurer des matières sèches très-divisées, telles que les grains, graines et grenailles.

Les autres servent à mesurer les liquides.

Les mesures dont on se sert pour le grain sont principalement connues sous le nom de muids, de setiers, de mines, de minots, de boisseaux et de litrons; mais les grandes mesures, telles que le muid, et souvent même le setier, sont des mesures idéales dont il n'existe pas d'étalon, et qui se forment de la répétition d'un certain nombre de mesures plus petites, telles que mines, minots et boisseaux.

Le nombre de ces mesures est tellement multiplié dans le royaume, qu'il serait extrêmement embarrassant de les réunir toutes à Paris dans un même local. Le rapport de ces mesures entre elles est d'ailleurs connu, pour l'ordinaire, avec une précision suffisante pour les besoins du commerce, dans l'étendue des cantons où elles sont en usage, et dans les marchés voisins. L'Assemblée nationale a pensé en conséquence, qu'à l'égard de ces mesures, il suffisait que les directoires de département fissent adresser par ceux de district un étalon de la mesure en usage dans le chef-lieu du district, avec le rapport, constaté authentiquement et par procès-verbaux en bonne forme, de cette mesure, avec toutes les autres en usage dans l'étendue du district.

Lorsque le directoire de département aura réuni toutes les mesures des districts de son arrondissement, il en fera l'envoi au secrétariat de l'Académie, en évitant les doubles emplois en cas d'égalité entre les mesures de plusieurs districts. Les directoires de département et de district pourront consulter les greffes des tribunaux et des municipalités; et il est probable qu'ils y trouveront des actes qui constatent d'une manière juridique et authentique le rapport des différentes mesures des environs.

Les mesures qui seront envoyées à Paris, seront le plus conformes au modèle qu'il sera possible, et assez solidement construites, pour qu'elles ne puissent pas se déformer pendant la route. On prendra d'ailleurs toutes les précautions nécessaires pour qu'elles arrivent bien conditionnées.

Elles devront être accompagnées d'un mémoire instructif auquel seront annexées toutes les pièces justificatives, telles que procès-verbaux d'étalonnage, extraits d'actes tirés des greffes, etc. Ce mémoire contiendra le détail des divisions et subdivisions qu'emploie le commerce : on y énoncera si l'usage est de mesurer *rase*, *grains sur bords*, ou *comble*; si on mesure différemment les différentes espèces de grains; quelle est la différence qui résulte des différentes manières de mesurer : on expliquera ce qu'on entend dans le commerce du pays, par un sac de blé ou de farine, par une chevalée, une charge, une ânée et autres expressions de localité; enfin on ne négligera rien de ce qui peut intéresser le commerce.

Les principales mesures de liquides sont : la velte, le setier, la canne, le pot, la pinte, la chopine, etc. On suivra, pour l'envoi des étalons de ces mesures, les principes qui viennent d'être énoncés à l'égard des mesures de grains.

A l'égard des tonneaux et futailles, les directoires de district adresseront une instruction particulière sur leur contenance en mesures connues, sur les règlements qui en prescrivent les dimensions, sur les motifs qui peuvent exiger que certains départements se servent d'une espèce de futaille plutôt que d'une autre, soit que les formes et les dimensions actuellement en usage soient déterminées par la nature et la qualité des bois, ou par des circonstances relatives à la facilité du transport, etc.

Il est une autre classe de mesures d'un usage moins habituel, et qui n'ont pu être rangées dans aucune des divisions précédentes : ce sont celles des corps solides, tels que le bois à brûler et celui de charpente; le charbon, la pierre, le moellon, la chaux, le plâtre, etc. Les mesures pour le bois à brûler portent le nom de cordes, de moules, d'anneaux, de voies, etc. Il suffira d'en déterminer les dimensions, soit en pieds de roi, soit en toute autre mesure dont le rapport sera connu, ou dont l'envoi aura été fait à l'Académie. Il en sera de même de la pierre et du moellon, qui se mesurent communément par toises cubes, et par voies composées d'un certain nombre de pieds cubes, etc. A l'égard du plâtre et de la chaux, on les mesure le plus communément par muids, par queues, etc. Il sera nécessaire de spécifier ce qu'on entend par ces différentes dénominations.

On désirerait que tous ces détails pussent être

adressés à Paris, deux mois après la réception de la présente instruction.

On donnera avis des envois, par la poste, au secrétaire de l'Académie des sciences.

—

PROJET DE DÉCRET.

L'Assemblée nationale, sur les représentations de l'Académie des sciences, désirant faciliter l'exécution de son décret du 8 mai dernier, sanctionné par le roi le 22 août; considérant qu'une partie des mesures existantes dans les municipalités, principalement pour les grains, sont irrégulières ; que quelques-unes peuvent avoir été altérées par le temps, et n'être plus conformes aux titres en vertu desquels elles ont été établies ; que ce serait consacrer des erreurs ou des infidélités, que de fixer le rapport de semblables mesures, et que le fait se trouverait souvent en opposition avec le droit, elle a Décrété et décrète ce qui suit :

ARTICLE PREMIER.

Les directoires de département se feront adresser, par les directoires de district, un étalon des différentes mesures en usage dans le chef-lieu du district, avec le rapport, constaté authentiquement et par titres, ou procès-verbaux en bonne forme, de ces mesures principales avec toutes les autres mesures en usage dans l'étendue du district.

ART. II.

Aussitôt que ces mesures et les pièces qui doivent les accompagner auront été rassemblées dans le chef-lieu du département, l'envoi en sera fait au secrétariat de l'Académie des sciences, en évitant les doubles emplois, dans le cas d'égalité authentiquement reconnue entre les mesures de plusieurs districts.

LETTRE DE CONDORCET

A L'ASSEMBLÉE NATIONALE.

Paris, 28 janvier 1791.

Monsieur le président,

L'Assemblée nationale a renvoyé à l'examen de l'Académie une solution du problème de la trisection de l'angle, par M. Guérin.

En 1775, l'Académie a pris et rendu publique la résolution de ne plus examiner ni trisection de l'angle, ni duplication du cube, ni quadrature du cercle, ni mouvement perpétuel.

Les problèmes de la trisection de l'angle et de la duplication du cube sont résolus depuis deux mille ans, et, si l'on cherche encore à les résoudre, ce n'est que par une ignorance absolue de ces questions. L'impossibilité de trouver la quadrature du cercle est aussi démontrée que peut l'être une chose de ce genre, et celle d'un mouvement perpétuel l'est également. Ainsi, en renonçant à examiner les prétendues solutions nouvelles de tous ces problèmes, l'Académie a été bien sûre de n'exclure aucun travail utile.

Le motif qui l'a déterminée à les examiner pendant longtemps, a été uniquement la crainte de paraître adopter en corps une opinion, et elle a mieux aimé employer quelquefois de la manière la plus inutile le temps des académiciens, que d'avoir l'air de donner son jugement comme une règle éternelle. Mais le nombre de ceux qui consument en pure perte une partie de leur vie à ces vaines recherches, dont tout le fruit est de nuire à leur fortune, et trop souvent d'altérer leur raison, l'a déterminée à prendre une résolution qu'elle a crue propre à les détourner de cette occupation. Elle a craint que si elle continuait à examiner leur solution, elle pût être accusée de les encourager à s'en occuper, et qu'elle ne se rendît en quelque sorte complice des malheurs qui leur arrivent.

Fidèle à ce principe, l'Académie n'a pas cru devoir faire une exception pour l'ouvrage de M. Guérin ; son examen n'aurait servi qu'à montrer en quoi consistait l'erreur de cette prétendue solution ; et peut-être, en apprenant qu'elle s'occupait encore de ces questions, d'engager quelques autres personnes à se livrer à des espérances de succès, que l'expérience a prouvé être rarement sans danger.

Je suis avec respect, Monsieur le président,

Votre très-humble et très-obéissant serviteur.

Signé, CONDORCET.

SUR LE MOT

PAMPHLÉTAIRE.

(1790.)

La révolution française a enrichi la langue de plusieurs mots nouveaux.

Celui de *pamphlétaire* a été inventé par M. le premier président du ci-devant Conseil souverain d'Artois (1); mais il a oublié d'en déterminer le sens. Il dit que si un roi s'avise de raisonner au lieu d'ordonner, s'il imprime ses observations sur les lois de son pays, il deviendra un *pamphlétaire* comme un autre; d'où il résulte évidemment qu'un *pamphlétaire* est un homme qui, ayant réfléchi sur les lois de son pays, expose à ses frères le résultat de ses réflexions. Cicéron, Locke, Hume, Montesquieu, étaient des *pamphlétaires*.

Autrefois les présidents, qui avaient acheté le droit de juger, avaient les *pamphlétaires* en horreur; ils les accusaient de les empêcher quelquefois de pendre qui ils voulaient.

Quant à la crainte que les rois n'aient envie de raisonner, elle est particulière à M. le président d'Artois; ses confrères priaient autrefois les rois de vouloir bien raisonner avec eux.

(1) Le conseil souverain d'Artois a été supprimé par l'art. 14 de la loi du 11 septembre 1790.

Peut-être trouvera-t-on cette opinion de M. le président un peu injurieuse envers la majesté royale. Mais c'est une affaire à traiter entre les couronnes et les mortiers, et il ne nous appartient pas de nous en mêler.

UN PAMPHLÉTAIRE.

LE VÉRITABLE

ET

LE FAUX AMI DU PEUPLE.

Fragment de Théophraste, nouvellement découvert dans la bibliothèque des moines du mont Athos.

(1790-1791.)

PRÉFACE.

Du temps de Théophraste, les villes grecques n'avaient plus qu'un vain simulacre d'indépendance ou de liberté. Soumises à l'influence des armes et de l'or des successeurs d'Alexandre, qui les divisaient, elles attendaient un maître. La légèreté du peuple d'Athènes, son ingratitude envers ses meilleurs généraux et ses plus dignes citoyens, qu'ils condamnaient par caprice, pour s'en repentir le lendemain ; sa fureur de décider par lui-même de tout ce qu'il ne pouvait entendre, d'être à la fois législateur, juge, administrateur des deniers publics, étaient la principale cause de ses maux ; et les vices des Athéniens étaient le crime de leurs orateurs, qui les flattaient pour en faire l'instrument de leur avarice, de leur ambition, de leur vengeance ; qui n'aspiraient à les conduire que pour les vendre au tyran domestique ou étranger qui voudrait les acheter.

C'est contre ces orateurs, qui achevaient alors de perdre la Grèce, que Théophraste paraît ici avoir dirigé ses traits. Quant à l'ami du peuple Philodème, Théophraste avait vécu du temps de Phocion, et on assure même qu'ils avaient été liés étroitement.

Philodème ne monte à la tribune que pour donner au peuple des conseils nobles ou utiles ; il dit ce qu'il croit vrai, sans songer s'il sera écouté avec applaudissement ou accueilli avec succès. Si le peuple a des opinions fausses, il les combat ; s'il a commis des fautes , il les lui reproche ; quelquefois il l'oblige à les réparer.

Quand il paraît, les bons citoyens espèrent ; mais une terreur secrète agite le cœur des hommes pervers. Accompagne-t-il un citoyen dans la rue, ce n'est jamais celui que la faveur populaire rend le maître de la ville ; c'est celui qui a mérité de la patrie ou que les méchants persécutent. On ne compte aucun homme corrompu parmi ses amis, ni, parmi ses ennemis , aucun de ceux qui peuvent être utiles à la république.

Si le peuple, égaré par les orateurs, a commis des violences, la figure , la contenance de Philodème annoncent l'affliction profonde de son âme ; il se serait exposé à la fureur du peuple pour lui épargner un crime; il s'expose à ses ressentiments, en ne lui cachant ni son indignation ni sa douleur. Il ne cherche point de vaines excuses, puisées dans l'erreur du peuple, dans ses intentions, dans les fautes de ceux sur qui il a exercé ses vengeances : il ne demande pas si le sang répandu était donc *si pur* (1). Il gémit hautement sur la majesté des lois violées, sur les droits de la nature outragés. Il ose dire aux citoyens : Celui que vous avez sacrifié à la vengeance, et qui ne devait être immolé qu'à la loi, était peut-être un déprédateur ou un traître ; mais, vous, vous êtes des assassins (2).

(1) Le mot est de Barnave, à l'occasion de l'assassinat de Foulon et Bertier.

(2) Ceci fait allusion à un fait rapporté par Aulu-Gelle ; il est trop connu pour l'insérer ici. (*Note de Condorcet.*)

Si le peuple a un sentiment exagéré de sa liberté et de son pouvoir ; s'il confond l'obéissance aux lois et la servitude, une république bien ordonnée et la tyrannie des chefs ; s'il veut tout faire par lui-même, pour tout livrer aux intrigants qui le séduisent, Philodème ose lui dire qu'il n'y a de liberté qu'où les lois sont respectées; où le peuple sait obéir aux chefs qu'il s'est donnés ; où les citoyens ne font que ce qu'ils savent faire, ne jugent que ce dont ils peuvent juger.

Cherche-t-on à agiter le peuple par de vaines terreurs, à semer des inquiétudes, des soupçons, pour exciter ses ressentiments, pour travailler ses passions ? Philodème cherche à dissiper ces craintes chimériques, ces absurdes soupçons; tranquille, il annonce qu'il plaint ceux qu'on trompe, autant qu'il méprise les instigateurs. Est-il lui-même l'objet de la calomnie ? Il n'oppose que sa vie entière et de nouveaux services; il n'a pas besoin d'effort pour pardonner aux esprits crédules, et tâche d'oublier jusqu'à l'existence de ses persécuteurs.

———

Démagoras cherche avec soin quelle est l'opinion la plus agréable à la multitude, et il l'exagère; quelles passions agitent le peuple, et il les flatte. Il applaudit aux injustices commises par le peuple; il excuse ses violences, il caresse tous ses défauts. Quelques brigands ont-ils commis des désordres? Le bon peuple ! s'écrie-t-il, je l'en aime davantage. La volonté du peuple est sa loi : il faut donc approuver tout ce que veut le peuple, non dans les assemblées régulières, mais lorsqu'il délibérera en tumulte dans les rues, sous les portiques. C'est là surtout que Démagoras aime à le consulter. Jamais il ne trouve qu'il se soit assez réservé de pouvoir; il lui proposera peut-être demain de faire des plans de campagne, et de diriger lui-même du fond de la place publique ses armées et ses flottes. Le peuple n'a-t-il aucune fantaisie? Démagoras tient à ses ordres des orateurs subalternes, prêts à lui en donner de nouvelles. La seule vue de son cortége fait frémir les bons citoyens; on y voit jusqu'à ceux qui ont accusé et déshonoré son père. Si l'aréopage en poursuit quelques-uns, il dénonce l'aréopage au peuple comme l'ennemi de la liberté.

Un citoyen s'est-il rendu recommandable par ses vertus, ou célèbre par ses talents? A-t-il combattu avec gloire pour la liberté? Démagoras se déclare son ennemi, par amour pour l'égalité.

Il a toujours le mot de liberté à la bouche; mais, lorsqu'il a été question de ne plus enlever par la violence les habitants de la Thrace pour les condamner aux mines, Démagoras, qui a des mines, a fait défendre ce brigandage par Démophage. Démophage, le plus éloquent de ses orateurs, a fait entendre au peuple qu'Athènes serait perdue, si Démagoras avait quelques talents de moins. Démagoras parle sans cesse d'égalité; mais Démagoras, quand le roi de Macédoine était le maître, avait accumulé dans sa famille toutes les grâces dont son peu de splendeur le rendait susceptible; mais Démagoras fait venir de loin un prince nourri dans la corruption, pour en faire le protecteur du peuple. Démagoras sera peut-être encore quelques années le favori du peuple, mais il en deviendra le tyran.

ANNIVERSAIRE

SÉANCE DU 19 JUIN 1790.

(19 juin 1792.)

PROPOSITION DE CONDORCET.

(Condorcet monte à la tribune.)

« MESSIEURS,

« C'est aujourd'hui l'anniversaire de ce jour mémorable où l'Assemblée constituante, en détruisant les hochets de la noblesse, dont elle avait anéanti déjà les prérogatives, a mis la dernière main à l'édifice de l'égalité politique. Attentifs à imiter un si bel exemple, vous l'avez poursuivi jusque dans les dépôts qui servent de refuge à son incorrigible vanité : c'est aujourd'hui que, dans la capitale, la raison brûle, au pied de la statue de Louis XIV, ces immenses volumes, qui attestaient la vanité de cette caste. D'autres vestiges subsistent encore dans les bibliothèques publiques, dans les chambres des comptes, dans les archives des chapitres à épreuves où l'on exigeait des preuves, et dans les maisons des généalogistes ; il faut envelopper ces dépôts dans une destruction commune ; vous ne ferez point garder, aux dépens de la nation, ce ridicule espoir qui semble menacer l'égalité. Il s'agit de combattre la plus ridicule, mais la plus incurable de toutes les passions. En ce moment même, elle médite encore le projet de deux chambres, ou d'une distinction de grands propriétaires, si favorable à ces hommes, qui ne cachent plus combien l'égalité pèse à leur nullité personnelle. Je vous proposerai donc le décret suivant :

« L'Assemblée nationale, considérant qu'il existe dans plusieurs dépôts publics, comme la bibliothèque nationale, dans les greffes des chambres des comptes, dans les archives des chapitres à preuves, etc., des titres généalogiques qu'il serait dispendieux à conserver, et qu'il est utile d'anéantir, décrète qu'il y a urgence.

« L'Assemblée nationale, après avoir décrété l'urgence, décrète ce qui suit :

« ART. 1ᵉʳ. Tous les *titres généalogiques* qui se trouveront dans un dépôt public, quel qu'il soit, seront brûlés.

« ART. 2. Les directoires de chaque département seront chargés de l'exécution du présent décret, et chargeront des commissaires de séparer ces papiers inutiles, des titres de propriété qui pourraient être confondus avec eux dans quelqu'un de ces dépôts. » (*Adopté dans la même séance, et sans discussion.*)

Ce décret a été sanctionné le 24 juin par Louis XVI. *Coll. off. du Louvre*, n° 1799, tom. IX, p. 408, sous le titre de *Loi additionnelle* à la loi concernant le *brûlement* des titres de noblesse existant dans les dépôts publics ; — Procès-verbal manuscrit, p. 522 ; — *Moniteur* du 20 juin, p. 702 de la réimpression in-8°, p. 715 de l'original in-f°.

NOTE. On voit que la motion de Condorcet portait uniquement sur les titres de noblesse, les titres généalogiques. L'abolition des titres nobiliaires avait déjà été ordonnée par un décret du 19 juin 1790, sanctionné par le roi le 23 (1) de la même année.

Il a plu au *Journal des Débats* de transformer ces titres nobiliaires en volumes de documents relatifs à l'histoire de France, laborieusement rassemblés par les Bénédictins de Saint-Maur. Voici le passage; il est curieux :

« Ce ne fut qu'en 1762, sous Louis XV, et durant le ministère
« de M. Bertin, que furent ordonnées les recherches et la réunion
« de tous les *documents historiques* qu'il serait possible de décou-
« vrir dans le royaume..... Dès lors tous les travaux commen-
« cèrent avec une grande activité. Les Bénédictins de Saint-Maur
« s'associèrent à cette entreprise; les manuscrits arrivaient en
« foule, et le premier volume, contenant les chartes et diplômes
« de la première race, allait paraître, lorsque la révolution éclata.
« Les fonds furent supprimés; et une grande partie des documents
« recueillis furent brûlés sur la place des Piques (place Vendôme)
« le 22 février 1793. C'EST CONDORCET QUI AVAIT FAIT LA MOTION
« DE CET ACTE DE VANDALE (2)! »

> (*Journal des Débats*, reproduit par le *Journal général*
>   *de l'instruction publique* du 17 avril 1834.)

Quatre ans après, M. Alfred Nettement publie, dans la *Gazette de France*, une *Histoire politique et littéraire* du *Journal des Débats*, et là, au milieu d'une chaleureuse tirade sur l'impiété

---

(1) Loi en forme de lettres patentes qui abolit la noblesse héréditaire et les titres nobiliaires. *Coll. off. du Louvre*, tom. I, p. 950.

(2) Pour ne laisser dans l'esprit le plus défiant aucun doute sur la nature des pièces brûlées ce jour-là sur la place Vendôme, nous transcrivons les paroles du *Moniteur* :

« PARIS. — Le vendredi 22 février 1793, il sera brûlé, sur la place des Pi-
« ques, 347 volumes et 35 boîtes, formant le reste des *titres et pièces généa-
« logiques* qui composaient le cabinet des anciens ordres. »

Il n'est pas question là des chartes et diplômes de la première race.

Il est superflu de dire qu'il n'existe au *Moniteur* aucune trace d'une motion de Condorcet, ni d'un autre, tendant à faire *brûler des livres*.

féroce et l'absurdité sanguinaire de cette affreuse révolution
française, énumérant les actes qui la dévouent à l'horreur de la
postérité, il s'écrie : « *Sur la motion de Condorcet*, on fait brûler
« *les immenses travaux des congrégations savantes*, comme si sur
« le même bûcher on pouvait anéantir le passé ! »

(*Gazette de France* du 27 mars 1838.)

Notez le progrès, je vous prie : dans le *Journal des Débats*,
Condorcet n'a fait brûler qu'*un premier volume*, compilé par les
seuls Bénédictins; dans la sainte *Gazette*, il a fait brûler *les travaux des congrégations savantes*, tous les travaux, les immenses
travaux de toutes les congrégations savantes ! Il y en avait tant
de savantes !

Voilà comme la congrégation écrit l'histoire, mais ce n'est pas
la congrégation de Saint-Maur. Quelque Loriquet futur recueil-
lera ce fait, et les pères jésuites, devenus enfin les maîtres de
l'instruction publique, le feront apprendre par cœur dans les
colléges.

Condorcet un brûleur de livres ! un ennemi des lumières ! et
c'est la *Gazette* qui l'en accuse ! Cela ne rappelle-t-il pas ces
beaux vers de Régnier, imités de Juvénal :

> Scaures du temps présent, hypocrites sévères !
> Un Claude impunément parle des adultères !
> Milon, sanglant encor, reprend un assassin,
> Gracche un séditieux, et Verrès le larcin !

Le fragment qui suit, incomplet par malheur, semble une réponse préparée par Condorcet pour le *Journal des Débats* et la
Gazette de France.

BRÛLER LES LIVRES.

Le parlement était dans l'usage en France de faire brûler les livres impies, hérétiques, contraires à l'autorité des rois, aux droits particuliers des rois de France; et dans ces derniers temps, ils avaient étendu cette flétrissure jusqu'aux ouvrages où l'on ne respectait pas leurs propres prétentions. Cette peine, qui retomberait sur l'auteur, si elle n'avait été portée le plus souvent contre des livres utiles et des écrivains respectables, n'a été prononcée par aucune loi. C'est une digne invention de Tibère, qui, le premier, l'employa contre un ouvrage de Cremutius Cordus, où Brutus et Cassius étaient appelés les derniers des Romains. Domitien suivit cet exemple contre des livres où l'on avait loué deux sénateurs philosophes mis à mort par Néron.

« Scilicet illo igne vocem populi Romani, et libertatem senatus, « et conscientiam generis humani aboleri arbitrabantur, et pulsis « insuper sapientiæ professoribus atque omni bona arte in exi- « lium acta ne quid usquam honestum occurreret. »   (*Tacite.*)

« Apparemment ils croyaient la voix du peuple romain, la li- « berté du sénat et la conscience du genre humain anéanties dans « le même bûcher, et qu'en chassant de plus les professeurs de « philosophie, en exilant toute espèce d'art libéral, on ne ren- « contrerait plus nulle part rien d'honnête. »

Cette réflexion est de Tacite, et nous n'en opposerons point d'autres aux imitateurs de Tibère et de Domitien.

TABLEAU GÉNÉRAL

DE

LA SCIENCE,

QUI A POUR OBJET

L'APPLICATION DU CALCUL AUX SCIENCES POLITIQUES ET MORALES (1).

Dans les premiers âges des sciences, un seul homme les cultive à la fois; mais elles restent isolées; car on ne doit placer qu'au nombre des rêves scientifiques ces chimériques rapprochements, alors enfantés par quelques imaginations ardentes. Au contraire, lorsque leurs progrès forcent les savants à s'en partager les diverses branches, on voit s'établir entre elles des lignes de communication, et l'application d'une science à une autre en devient souvent la partie la plus utile ou la plus brillante.

Cette application exige, non-seulement que chacune des deux sciences ait atteint une certaine étendue, mais que chacune aussi soit assez répandue pour qu'il se trouve des hommes qui, les possédant toutes deux à la fois, puissent en parcourir la double carrière d'un pas égal et sûr.

L'application du calcul aux sciences morales et politiques n'a donc pu naître qu'à l'époque où les

(1) *Journal d'Instruction sociale* des 22 juin et 6 juillet 1793.

mathématiques ont été cultivées avec succès, chez des peuples dont la liberté ait eu la tranquillité pour compagne et les lumières pour appui. En Hollande, le célèbre Jean de Witt, disciple de Descartes, et en Angleterre, le chevalier Petty, donnèrent les premiers essais de cette science dans le siècle dernier, à peu près à l'époque où Fermat et Pascal créaient le calcul des probabilités, qui en est une des premières bases, et n'osaient l'appliquer qu'aux jeux de hasard, ou n'avaient pas même eu l'idée de l'employer à des usages plus importants et plus utiles.

Maintenant l'étendue de ces applications permet de les regarder comme formant une science à part, et je vais essayer d'en tracer le tableau.

Comme toutes ces applications sont immédiatement relatives aux intérêts sociaux, ou à l'analyse des opérations de l'esprit humain, et que, dans ce dernier cas, elles n'ont encore pour objet que l'homme perfectionné par la société, j'ai cru que le nom de *mathématique sociale* était celui qui convenait le mieux à cette science.

Je préfère le mot *mathématique*, quoique actuellement hors d'usage au singulier, à ceux d'arithmétique, de géométrie, d'analyse, parce que ceux-ci indiquent une partie des mathématiques, ou une des méthodes qu'elles emploient, et qu'il s'agit ici de l'application de l'algèbre ou de la géométrie, comme de celle de l'arithmétique; qu'il s'agit d'applications dans lesquelles toutes les méthodes peuvent être employées. D'ailleurs, la dernière expression est équivoque, puisque le mot analyse signifie tantôt l'algèbre, tantôt la méthode analytique, et nous serons même obligés d'employer quelquefois ce même mot dans le sens qu'on lui donne dans d'autres sciences.

Je préfère le mot *sociale* aux mots *morale* ou *politique*, parce que le sens de ces derniers mots est moins étendu et moins précis.

Cette exposition montrera toute l'utilité de cette science; on verra qu'aucun de nos intérêts individuels ou publics ne lui est étranger, qu'il n'en est aucun sur lequel elle ne nous donne des idées plus précises, des connaissances plus certaines; on verra combien, si cette science était plus répandue, plus cultivée, elle contribuerait, et au bonheur et au perfectionnement de l'espèce humaine.

Deux observations suffiront pour le faire sentir. D'abord, presque toutes les opinions, presque tous les jugements qui dirigent notre conduite, s'appuient sur une probabilité plus ou moins forte, toujours évaluée d'après un sentiment vague et presque machinal, ou des aperçus incertains et grossiers.

Il serait impossible, sans doute, de parvenir à soumettre au calcul toutes ces opinions, tous ces jugements, comme il le serait également de calculer tous les coups d'une partie de trictrac ou de piquet; mais on pourrait acquérir le même avantage qu'obtient aujourd'hui le joueur qui sait calculer son jeu sur celui qui ne joue que d'instinct et de routine.

De plus, les vérités absolues, celles qui subsistent indépendamment de toute mesure, de tout calcul, sont souvent inapplicables et vagues; et pour les choses qui sont susceptibles d'être mesurées, ou de recevoir de nombreuses combinaisons, elles ne s'étendent pas au delà des premiers principes, et deviennent insuffisantes dès les premiers pas. Alors, en se bornant aux raisonnements sans calcul, on s'expose à tomber dans des erreurs, à contracter même des préjugés, soit en donnant à certaines maximes une généralité qu'elles n'ont pas, soit en déduisant de ces maximes des conséquences qui n'en résultent point, si on les prend dans le sens et l'étendue où elles sont vraies. Enfin, l'on arriverait bientôt au terme où tout progrès devient impossible, sans l'application des méthodes rigoureuses du calcul et de la science des combinaisons, et la marche des sciences morales et politiques, comme celle des sciences physiques, serait bientôt arrêtée.

Lorsqu'une révolution se termine, cette méthode de traiter les sciences politiques acquiert un nouveau genre comme un nouveau degré d'utilité. En effet, pour réparer promptement les désordres inséparables de tout grand mouvement, pour rappeler la prospérité publique, dont le retour peut seul consolider un ordre de choses contre lequel s'élèvent tant d'intérêts et de préjugés divers, il faut des combinaisons plus fortes, des moyens calculés avec plus de précision, et on ne peut les faire adopter que sur des preuves qui, comme les résultats des calculs, imposent silence à la mauvaise foi, comme aux préventions. Alors, il devient nécessaire de détruire cet empire usurpé par la parole sur le raisonnement, par les passions sur la vérité, par l'ignorance active sur les lumières. Alors, comme tous les principes d'économie publique ont été ébranlés, comme toutes les vérités, reconnues par les hommes éclairés, ont été confondues dans la masse des opinions incertaines et changeantes, on a besoin d'enchaîner les hommes à la raison par la précision des idées, par la rigueur des preuves, de mettre les vérités qu'on leur présente hors des atteintes de l'éloquence des mots ou des sophismes de l'intérêt; on a besoin d'accoutumer les esprits à la marche lente et paisible de la discussion, pour les préserver de cet art perfide par lequel on s'empare de leurs passions pour les entraîner dans l'erreur et dans le crime; de cet art qui, dans les temps d'orage, acquiert une perfection si funeste.

Or combien cette rigueur, cette précision, qui accompagne toutes les opérations auxquelles s'applique le calcul, n'ajouterait-elle pas de force à celle de la raison! combien ne contribuerait-elle point à en assurer la marche sur ce terrain couvert de débris, et qui, longtemps ébranlé par de profondes secousses, éprouve encore des agitations intestines!

La mathématique sociale peut avoir pour objet les hommes, les choses, ou à la fois les choses et les hommes.

Elle a les hommes pour objet, lorsqu'elle enseigne à déterminer, à connaître l'ordre de la mortalité dans telle ou telle contrée; lorsqu'elle calcule les avantages ou les inconvénients d'un mode d'élection. Elle a les choses pour objet, lorsqu'elle évalue les avantages d'une loterie, et qu'elle cherche d'après quels principes doit être déterminé le taux des assurances maritimes. Enfin elle a en même temps l'homme et les choses pour objet, quand elle traite des rentes viagères, des assurances sur la vie.

Elle peut considérer l'homme, ou comme un individu dont l'existence, quant à sa durée et à ses relations, est soumise à l'ordre des événements naturels, et elle peut aussi s'appliquer à la marche des opérations de l'esprit humain.

Elle considère l'homme comme individu, quand elle fait connaître avec précision, et par les faits, l'influence que le climat, les habitudes, les professions ont sur la durée de la vie; elle considère les opérations de l'esprit, quand elle pèse les motifs de crédibilité, qu'elle calcule la probabilité qui résulte, ou des témoignages, ou des décisions.

Le calcul ne pourrait s'appliquer immédiatement qu'à une seule chose à la fois, et ses usages seraient très-bornés, si les hommes n'avaient été conduits par la nécessité à établir pour les choses une mesure commune de leurs valeurs; mais l'existence de cette mesure commune permet de comparer toutes les choses entre elles, et de les soumettre au calcul, malgré leurs différences naturelles dont alors on fait abstraction.

Cependant la détermination de cette mesure commune, telle qu'elle résulte des besoins de l'homme et des lois de la société, est bien éloignée de cette précision, de cette invariabilité qu'exige une véritable science, et la théorie de la réduction des valeurs à une mesure commune, devient une partie nécessaire de la mathématique sociale.

La valeur d'une chose peut n'être pas la même, si on la considère comme actuellement et absolument disponible, comme ne l'étant que pour un temps, après lequel elle doit cesser de l'être pour le même individu, comme ne devant le redevenir qu'à une certaine époque.

Ces diverses considérations s'appliquent à toutes les choses dont on peut tirer un service quelconque, sans les altérer, ou dont les altérations peuvent être évaluées.

De là naît la théorie de ce qu'on nomme intérêt de l'argent.

Quel que soit l'objet que cette science considère, elle renferme trois parties principales : la détermination des faits, leur évaluation, qui comprend la théorie des valeurs moyennes, et les résultats des faits.

Mais, dans chacune de ces parties, après avoir considéré les faits, les valeurs moyennes ou les résultats, il reste à en déterminer la probabilité. Ainsi, la théorie générale de la probabilité est à la fois une portion de la science dont nous parlons, et une des bases de toutes les autres.

On peut diviser les faits en deux classes : les faits réels, donnés par l'observation, et les faits hypothétiques, résultant de combinaisons faites à volonté. Sur tant d'individus nés le même jour, tant sont morts la première année, tant la seconde, tant la troisième; voilà des faits réels. Je suppose deux dés de six faces, je puis amener avec eux tous les nombres, depuis deux jusqu'à douze ; voilà des faits hypothétiques. On forme le tableau des faits réels d'après l'observation ; celui des faits hypothétiques est la liste des combinaisons possibles.

Parmi ces faits hypothétiques, les uns sont semblables, soit absolument, soit seulement par certains caractères. La méthode de les classer, celle de connaître le nombre des combinaisons différentes, considérées sous tel ou tel point de vue, ou le nombre de fois que chaque combinaison est répétée, dépend de la théorie générale des combinaisons, base première de la science dont nous traitons.

De même, en considérant la suite des faits observés et différents en eux-mêmes, il arrive que l'on a besoin de faire abstraction de quelques-unes de ces différences, et de ranger dans une même classe tous ceux qui sont semblables quant aux autres circonstances, afin de connaître, soit le rapport de nombre entre ceux qui ne diffèrent que dans tel ou tel point, soit quelles sont les autres circonstances qui accompagnent plus ou moins constamment ceux qu'on a rangés dans telle ou telle classe séparée.

Ainsi, par exemple, dans des tables de naissances et de mortalité, on sépare les hommes des femmes, soit pour connaître le nombre des uns et des autres, soit pour examiner l'ordre de mortalité particulier à chaque sexe. C'est par ce seul moyen que, des faits individuels, on peut s'élever à des faits généraux, et connaître ceux qui résultent des observations. Le moyen général de classer les faits observés suivant l'ordre qu'on a besoin de leur donner, et de pouvoir saisir facilement les rapports qu'ils présentent, est, pour ces faits, ce que la théorie des combinaisons est pour les faits hypothétiques. Cet art de déduire les faits généraux des faits observés est encore une des bases de la mathématique sociale ; et il a deux parties : l'une, la recherche des faits généraux ; l'autre, celle des lois générales qui peuvent en résulter ; c'est proprement l'art de faire des découvertes par l'observation.

Un tableau qui exprime pour un nombre d'hommes, nés le même jour, combien survivent après la première année, après la seconde, etc., présente une suite de faits généraux, tels que celui-ci : dans tel pays, la moitié des hommes périt avant d'avoir atteint l'âge de dix ans ; mais si je puis représenter ce même tableau par une formule, alors j'ai une loi générale. Telle serait celle-ci : sur un nombre donné d'hommes de tel âge, il en meurt chaque année un nombre égal, ou, ce qui revient au même, le rapport du nombre des morts, pour chaque année, à celui des survivants, croît suivant une progression arithmétique (1).

Entre les faits donnés par l'observation, souvent on n'en trouvera pas deux qui soient rigoureusement semblables ; cependant, quand leur différence est

______

(1) Cette loi a été proposée par Moivre ; elle est assez d'accord avec l'observation, depuis dix ans jusqu'à quatre-vingts, et on peut, dans plusieurs circonstances, l'employer pour abréger les calculs. Lambert, le citoyen Duvillard, ont présenté d'autres lois de mortalité plus exactes, mais plus compliquées.

très-petite, on est obligé de les regarder comme absolument les mêmes, si on veut parvenir à des résultats généraux, et ne pas se perdre dans l'immensité des détails : alors il faut substituer à ces faits observés un fait unique qui puisse les représenter avec exactitude.

Le même fait individuel, s'il est observé plusieurs fois, peut aussi se présenter avec des différences qui sont une erreur des observations; il faut donc alors chercher, d'après ces mêmes observations, ce qu'on croit le plus propre à représenter le fait réel, puisque, le plus souvent, il n'existe point de motifs pour préférer exclusivement une de ces observations à toutes les autres. Enfin, si nous considérons un grand nombre de faits de la même nature dont il naît des effets différents, soit qu'il s'agisse de faits déjà arrivés, soit qu'il s'agisse de faits futurs également possibles, il en résulte, dans le premier cas, une valeur commune de ces effets, et, dans le second (pour celui qui, devant éprouver un de ces effets, peut les attendre également); il en résulte, dis-je, une situation qu'on doit chercher à évaluer, pour pouvoir comparer, ou cet effet commun, ou cette expectative, à d'autres effets, à d'autres situations du même genre.

La détermination de ce fait unique, qui en représente un grand nombre, qu'on peut substituer à ces faits dans les raisonnements ou dans les calculs, est une sorte d'appréciation des faits observés ou regardés comme également possibles; et c'est ce qu'on nomme une valeur moyenne.

La théorie des valeurs moyennes doit être considérée comme un préliminaire de la mathématique sociale ; car elle n'est pas bornée à cette application particulière en calcul.

Dans toutes les sciences physico-mathématiques, il est également utile d'avoir des valeurs moyennes des observations ou du résultat d'expériences.

Ainsi, la science dont nous traitons ici doit naturellement être précédée par cinq théories mathématiques, qui peuvent être développées indépendamment de toute application :

La théorie des grandeurs susceptibles d'accroissements proportionnels au temps, qui renferme celle des intérêts de l'argent ;

La théorie des combinaisons ;

Celle de la méthode de déduire des faits observés, soit les faits généraux, soit les lois plus générales encore ;

La théorie du calcul des probabilités ;

Enfin, celle des valeurs moyennes.

Dans cette science, comme dans toutes les autres applications du calcul, si des connaissances profondes en mathématiques sont nécessaires pour résoudre certaines questions, pour établir même certaines théories, pour y faire des pas nouveaux, les connaissances élémentaires suffisent pour entendre la solution au moins de la plupart de ces questions, comprendre ces théories, en déduire les applications les plus immédiates à la pratique.

La science ne peut faire de progrès qu'autant qu'elle sera cultivée par des géomètres qui auront approfondi les sciences sociales ; mais elle peut devenir, quant à son utilité pratique, une connaissance presque générale parmi tous ceux qui voudront s'éclairer sur les objets importants qu'elle embrasse.

Il est possible de la traiter d'une manière simple, élémentaire, de la mettre à portée de tous ceux à qui ni les premières théories mathématiques, ni l'habitude du calcul ne sont pas étrangères.

Il a fallu toute la sagacité, tout le génie de plusieurs grands géomètres pour donner une théorie de la lune, d'après laquelle on pût former des tables d'un usage sûr. Mais la formation de ces mêmes tables, mais leur application à la détermination des longitudes, n'exigent que des connaissances élémentaires.

Ce n'est donc pas d'une science occulte, dont le secret soit renfermé entre quelques adeptes, qu'il s'agit ici ; c'est d'une science usuelle et commune ; c'est à la fois, et d'accélérer les progrès d'une théorie dont dépendent ceux des sciences les plus importantes au bonheur public, et de répandre sur plusieurs parties de ces mêmes sciences, des lumières d'une utilité générale et pratique.

OBJETS DE LA MATHÉMATIQUE SOCIALE.

I.

L'HOMME.

1. L'homme individu.
2. Les opérations de l'esprit humain.

II.

LES CHOSES.

Réduction des choses à une mesure commune. Calcul des valeurs (1).

III.

L'HOMME ET LES CHOSES.

Méthode de la science.

1.
Détermination des faits.

—

1. Faits observés.
2. Faits hypothétiques.

—

1. Énumération des faits.
2. Classification des faits.
   Combinaisons (2).
   Probabilité des faits (5).

2.
Appréciation des faits (3).
Formation et usages des valeurs.
Moyennes (4).
Leur probabilité (5).

3.
Résultat des faits.
Probabilité des résultats (5).
Théories préliminaires qui doivent précéder les applications.

(1) Théorie des grandeurs susceptibles d'accroissements proportionnels.
(2) Théorie des combinaisons.
(3) Méthode de déduire, des faits individuels observés, soit les faits généraux qui en résultent, soit les lois générales qui y sont observées.
(4) Théorie générale des valeurs moyennes.
(5) Théorie générale des probabilités.

Je vais maintenant esquisser les divers objets d'économie sociale, auxquels le calcul peut s'appliquer.

I. L'homme considéré comme individu.

On sait combien il est modifié par la température du climat, la nature du sol, la nourriture, les habitudes générales de la vie, les pratiques préservatrices, les institutions sociales; et on peut demander comment ces causes diverses influent sur la durée de la vie, sur le rapport du nombre des individus de chaque sexe, soit à la naissance, soit aux différents âges, sur celui du nombre des naissances, des mariages, des morts, avec le nombre des individus existants; sur celui des célibataires, des mariés, des veufs, soit de chaque sexe, soit des deux classes, avec ce même nombre total.

On verra ensuite de quelle manière ces causes influent sur la mortalité produite par les différentes classes de maladies.

Enfin, jusqu'à quel point on peut en reconnaître l'influence sur la force, sur la taille, sur la forme des individus, ou même sur leurs qualités morales.

On peut considérer, ou l'action séparée de chacune de ces causes, ou l'action de plusieurs réunies entre elles; et il faut à la fois examiner si, dans ce dernier cas, les deux, les trois causes réunies, agissent d'une manière isolée, ou si, se combinant réellement, elles corrigent ou aggravent les effets que chacune d'elles aurait pu produire.

L'observation ne peut faire connaître ici que la coexistence entre le fait regardé comme cause, et celui qu'on regarde comme l'effet. Il reste à déterminer, par le calcul des probabilités, si l'on doit ou non regarder cette coexistence comme résultant d'une loi constante, si l'effet doit être attribué à la cause qu'on lui suppose, ou au hasard, c'est-à-dire, à une cause inconnue.

Si je jette deux dés cinquante fois de suite, et que j'amène vingt-sept fois un nombre impair, et vingt-trois un nombre pair, quoique je sache que des trente-six combinaisons possibles, qui donnent depuis deux jusqu'à douze points, dix-huit produisent un nombre pair, et dix-huit un nombre impair, il ne me viendra pas dans l'idée que je doive attribuer à une inégalité dans les dés cette supériorité des nombres impairs. Mais si je réitère cent fois de suite cette même épreuve de cinquante projections des dés, si alors j'ai amené environ deux mille sept cents fois un nombre impair contre environ deux mille trois cents un nombre pair; si, dans ces cent expériences, quatre-vingt-dix-huit contre deux m'ont présenté cet avantage en faveur des nombres impairs, alors n'aurai-je pas lieu de croire que les dés sont formés de manière que, l'un donnant plus aisément un nombre pair, et l'autre un nombre impair, il en résulte plus de facilité pour amener un nombre impair, en les jetant tous deux à la fois?

On voit que cette même observation s'applique également aux faits naturels, et qu'on s'exposerait à des erreurs même ridicules, si on concluait leur dépendance mutuelle d'un petit nombre de coïncidences; si, par exemple, après avoir trouvé qu'à une telle époque, dans un tel lieu de trois mille habitants, il se trouve six aveugles, et quatre seulement dans un autre de la même population, on allait en conclure que le climat du premier est plus défavorable à la conservation de la vue.

On voit qu'on ne peut ici rassembler les faits qu'avec le secours de la puissance publique; en effet, s'ils sont en petit nombre, ils ne conduisent à aucune conclusion assez probable pour en tirer des conséquences utiles, et les recherches d'un ou de plusieurs individus ne peuvent donner ce qu'on pourrait obtenir facilement par l'examen, soit des registres de naissances, de mariages et de décès, soit des tableaux de citoyens ou de gardes nationales.

Mais alors, si on veut que ces registres soient vraiment utiles à la connaissance de l'homme, il faut leur donner la forme et l'étendue qu'exige ce but jusqu'ici trop négligé. Il faut de plus trouver les moyens de disposer les dépouillements de ces registres nombreux, de manière que les tables qui en résultent puissent offrir à l'observateur tous les faits généraux qui sortent de cette masse de faits, et non pas seulement ceux que l'on aurait eu intention de chercher en dressant ces tables.

II. Les applications du calcul aux opérations intellectuelles, soit d'un homme seul, soit de plusieurs, ne présentent pas une carrière moins vaste.

En les considérant en elles-mêmes, on peut y appliquer la théorie des combinaisons.

La théorie du syllogisme, donnée par Aristote, en est le premier et presque le seul exemple.

Mais, quoique toutes les preuves rigoureuses des vérités intellectuelles puissent se réduire à cette forme, comme elle n'est pas la seule marche qu'on puisse suivre, comme la réduction d'une suite un peu étendue de raisonnements à la forme syllogistique, serait longue ou difficile, il serait utile d'appliquer la théorie des combinaisons, soit à d'autres méthodes, soit aux moyens de faciliter ou de simplifier cette réduction.

Le calcul des probabilités nous apprend à connaître, à mesurer la véritable force des motifs de crédibilité, depuis l'adhésion que nous donnons aux vérités démontrées par le calcul ou le raisonnement rigoureux, jusqu'à l'opinion qui se forme d'après des témoignages ; il nous enseigne à évaluer ceux qui peuvent résulter, soit de la liaison naturelle des faits entre eux, pour la vérité d'un fait qui n'a pu être immédiatement observé, soit de leur ordre en faveur de l'existence d'une intention de les produire.

Le même calcul apprendra également à estimer les motifs de crédibilité de même genre, ou d'une nature diverse, qui peuvent se combiner ou se combattre relativement à une même proposition : comme, par exemple, lorsqu'un fait improbable en lui-même est cependant appuyé sur des témoignages imposants.

L'application du calcul à ces dernières questions aura l'avantage de porter le jour de la raison sur des objets trop longtemps abandonnés aux influences séductrices de l'imagination, de l'intérêt ou des passions.

Au lieu de céder machinalement à la force de certaines impressions, on saura la calculer et l'apprécier. C'est par ce seul moyen que l'on peut à la fois porter les derniers coups à la superstition comme au pyrrhonisme, à l'exagération de la crédulité comme à celle du doute.

C'est alors qu'on verra comment et pourquoi la force du sentiment qui nous porte à croire, s'affaiblit à mesure que les motifs de crédibilité sont appréciés avec plus d'exactitude; et, par conséquent, pourquoi une sorte de défiance accompagne si constamment les grandes lumières, tandis qu'une conviction intrépide est le partage de l'ignorance.

C'est enfin par là qu'on reconnaîtra la véritable différence entre les jugements de l'instinct, qui dirigent impérieusement nos actions habituelles, et ces résultats de la raison, qui nous déterminent dans les actions importantes, ou qui fixent nos opinions spéculatives.

Il faut ensuite fixer les limites de la probabilité, d'après laquelle, suivant la nature de la question, on peut diriger sa conduite, et voir comment, suivant la différence des effets résultant d'une action ou de l'action contraire, on doit ne se déterminer pour un tel parti que sur des preuves, pour tel autre, d'après le plus léger degré de la probabilité.

On doit compter aussi, parmi ces applications aux opérations de l'esprit, les moyens techniques ou même mécaniques, d'exécuter des opérations intellectuelles: tel est l'art de former, soit des tableaux historiques, chronologiques ou scientifiques, soit des tables, soit des registres; tel est celui de former ou de deviner les chiffres; telles sont les machines arithmétiques;

telles seraient celles qu'on emploierait pour trouver plus aisément le résultat d'un scrutin très-nombreux. Si on passe ensuite aux opérations de l'esprit, exécutées à la fois par plusieurs hommes, après en avoir analysé la marche, la théorie des combinaisons peut s'appliquer à la forme, et le calcul, à la probabilité des décisions rendues à la pluralité des voix, à l'examen des avantages et des inconvénients des divers modes d'élire, à la probabilité qui en résulte pour la bonté du choix.

Là se présente la distinction des décisions où l'on peut se contenter d'une simple pluralité, et de celles où l'on doit en exiger une plus forte, où, si elle n'est pas atteinte, il faut, ou invoquer une autre décision, ou la remettre, ou enfin se conduire d'après le vœu de la minorité, parce que l'opinion de la majorité est du nombre de celles qu'il ne faut pas suivre, tant qu'elles restent au-dessous d'un certain degré de probabilité.

De même, dans les élections, on distingue celles qui expriment le vœu de préférence de la majorité ; celles qui n'expriment qu'un jugement en faveur de la capacité absolue des sujets préférés ; celles où l'on donne à la fois à quelques égards un vœu relatif, à d'autres un vœu absolu.

On sent combien l'inégalité des esprits qui concourent à ces opérations, les différences nécessaires, suivant certaines circonstances, dans la probabilité des diverses décisions données par un même individu ; combien la mauvaise foi qu'on peut quelquefois soupçonner, peuvent mêler à des questions simples en elles-mêmes, des considérations essentielles, mais difficiles à soumettre au calcul. On sent enfin qu'il faut trouver le moyen de connaître par des observations, la probabilité d'un jugement d'un seul, ou du moins les limites plus ou moins étroites entre lesquelles on peut renfermer cette probabilité.

Telle est l'esquisse très-imparfaite des deux premières parties de la mathématique sociale.

La théorie des valeurs et des prix qui en expriment les rapports, en les réduisant à une mesure commune, doit servir de base à cette partie de la *mathématique sociale* qui a les choses pour objet.

Sans cela, le calcul ne pouvant s'appliquer qu'aux choses d'une même nature, n'aurait que des applications très-bornées et d'une faible utilité.

Tout ce qui sert aux besoins d'un individu, tout ce qui est à ses yeux de quelque utilité, tout ce qui lui procure un plaisir quelconque ou lui évite une peine, a pour lui une valeur dont l'importance de ce besoin, le degré de cette utilité, l'intensité de ce plaisir ou de cette peine, sont la mesure naturelle.

Comme tous les hommes qui habitent un même pays, ont à peu près les mêmes besoins, qu'ils ont aussi en général les mêmes goûts, les mêmes idées d'utilité, ce qui a une *valeur* pour l'un d'eux en a généralement pour tous.

Si un homme qui, ayant besoin de blé, peut disposer d'une certaine quantité de vin, en rencontre un autre qui a besoin de vin, et dispose d'une certaine quantité de blé, alors il se fait entre eux un échange, et l'un donne à l'autre deux mesures de blé, par exemple, pour une mesure de vin.

On peut dire d'abord que ces deux valeurs sont égales dans ce sens, que ces deux mesures de blé ont, pour l'un de ces hommes, la même valeur qu'une mesure de vin pour l'autre.

De plus, si, dans un même lieu, un pareil échange se fait entre un certain nombre d'individus, suivant un tel rapport, ces valeurs sont encore égales, dans ce sens que chacun peut à son gré avoir deux mesures de blé pour une mesure de vin, ou réciproquement.

Voilà donc un rapport de *valeur* établi entre des quantités déterminées de blé et de vin; et l'on peut dire, vingt-cinq mesures de vin en *valent* cinquante de blé, et en conclure que celui qui a cinquante mesures de vin, celui qui a vingt-cinq mesures de vin et cinquante de blé, et celui qui a cent mesures de blé, possèdent des valeurs égales.

Si, dans ces échanges, une même chose est généralement échangée contre toutes les autres, comme, par exemple, si des peuples sauvages échangent des peaux de bêtes contre les denrées dont ils ont besoin, alors cette chose sert de mesure commune aux valeurs, et on l'en appelle le prix. Ainsi le prix d'un couteau, d'une hache, sera pour ces peuples tant de peaux de bêtes; et dès lors, quand on connaît le prix de deux choses, on connaît aussi leur rapport de valeurs, et on peut faire entrer les valeurs de toutes les choses dans un même calcul, et en tirer des résultats communs pour toutes ces valeurs, en calculant seulement les unités de la chose qui est devenue leur mesure commune.

Mais il faut pour cela, ou choisir pour méthode des choses semblables qui puissent être comptées, ou une seule chose dont l'on puisse avoir constamment des quantités déterminées. Il faut de plus pouvoir supposer que ces choses semblables sont égales entre elles, que cette chose se retrouve toujours la même.

En effet, on se serait aperçu bientôt que, si un couteau vaut deux peaux, et qu'une hache en vaille vingt, on ne peut en conclure qu'une hache vaut dix couteaux, si ces peaux, qui servent de mesure commune, ne sont pas supposées égales entre elles.

Il peut arriver, comme dans cet exemple, que la chose prise pour mesure commune ne soit pas susceptible de cette constance; et, dans ce cas, on a imaginé de prendre pour unité une de ces choses dans l'état de grandeur, de bonté, où elles se présentent le plus souvent dans les échanges réels. Ainsi, par exemple, la mesure commune sera une peau de castor à peu près de telle grandeur, un mouton à peu près de tel âge et de telle taille. C'est une espèce de valeur moyenne qui se forme naturellement, parce qu'on en sent le besoin. De là même on est parvenu à une espèce d'unité abstraite dont on a conservé le nom, même lorsqu'on est convenu de l'attacher à une chose d'une nature toute différente.

D'autres peuples ont imaginé de prendre pour mesure commune des coquillages qui ne peuvent être employés à aucun autre usage, mais qui acquièrent aussi une valeur réelle, parce qu'ils deviennent alors utiles pour faciliter les échanges.

Enfin, dans un état de société plus avancé, on a pris des métaux susceptibles de divisions exactes, homogènes, se trouvant partout les mêmes, le restant en tout temps, ayant une valeur réelle, puisqu'ils servent à d'autres usages, et en prenant une plus grande, à raison de la nouvelle utilité qu'ils acquièrent, lorsqu'on les emploie comme mesure commune des échanges.

Mais si cette mesure commune est de la même nature dans divers pays et dans divers temps, quels résultats réels peut-on tirer des rapports de valeurs que la connaissance des prix peut faire connaître?

Si, par exemple, je sais que l'on a dans la Chine un quintal ou seize cents onces de riz pour une once d'argent, et que l'on aurait, en Europe, deux onces d'argent pour la même quantité de riz, j'en puis conclure qu'un tel poids de riz vaut seize cents fois moins en Chine, et seulement huit cents fois moins en France, qu'un égal poids d'argent.

J'en tire ensuite la conséquence pratique qu'il y a du profit à envoyer de l'argent en Chine, pour en faire venir du riz.

De même, si on avait à Athènes une certaine mesure de farine pour une once d'argent, et que la même mesure en coûtât deux en France aujourd'hui, on pourrait en conclure que le rapport de valeur de poids égaux de farine et d'argent a doublé depuis cette époque.

Mais c'est là que ces conséquences s'arrêtent, et

ces rapports n'apprennent rien sur la masse des besoins qu'on satisfait avec cette quantité de riz ou de farine et sur le prix que, suivant les différents pays et à différentes époques, on attache aux jouissances qui peuvent résulter de la possession de telle ou telle chose.

Il faut porter plus loin ces observations, si l'on veut pénétrer jusqu'à des conséquences plus éloignées.

Et, avant d'y pénétrer, il faut connaître quelle influence les divers systèmes monétaires, soit métalliques, soit représentatifs, ont sur les prix, et calculer les effets de la différence de ces systèmes sur le commerce qu'ont entre eux les pays qui en ont adopté de différents; c'est-à-dire connaître la théorie des monnaies, des changes et des banques.

Il faut aussi apprendre à reconnaître ou à former, à distinguer le prix individuel d'une chose qu'on achète actuellement, le prix commun de cette même chose, dans le même lieu et à la même époque, son prix ordinaire, son prix moyen, soit pour divers pays, soit pour un certain nombre d'années. Il faut voir ensuite comment ce qu'il en coûte pour produire une telle chose influe sur le prix qu'elle doit avoir à chaque époque, dans chaque pays, soit dans le cas où l'on peut regarder la production de cette chose comme bornée dans de certaines limites : tels sont les fruits de la terre, les animaux, les productions naturelles, dont la masse reste en deçà des besoins; soit dans le cas où cette production peut être regardée comme ayant une étendue indéfinie : tels sont certains produits des arts, les dentelles, les estampes, par exemple.

Après avoir appris à ne point confondre ces diverses espèces de prix d'une même chose, après s'être prémuni contre cette confusion d'idées qui naît de l'inexactitude du langage, on verra qu'au delà de cette mesure usuelle et reconnue, et dans laquelle se place l'unité de mesure pour toutes les valeurs d'où naît la possibilité de les soumettre au calcul, on pourra placer une mesure naturelle moins susceptible de variations fréquentes, et indiquer des rapports plus constants et plus importants pour l'ordre général des sociétés.

Telle serait, par exemple, la quantité de la nourriture la plus générale et la plus commune, qui suffit pour un jour à un homme fait, d'une constitution et d'une taille ordinaires. Tel serait le prix commun de la journée d'un homme qui n'a point d'industrie particulière, ou bien la valeur de la dépense annuelle d'un homme sain, borné au plus simple nécessaire.

Ces connaissances préliminaires étant établies, on est naturellement conduit aux moyens d'évaluer avec exactitude la richesse d'une nation, les progrès ou le décroissement de cette richesse.

La reproduction annuelle en est l'unique source dans chaque nation isolée : si la consommation surpasse cette reproduction, la richesse diminue, et avec elle le bien-être et la population. Si, au contraire, la reproduction surpasse la consommation, la richesse augmente, et l'on a un superflu qui produit plus de bien-être pour ceux qui existent, par conséquent plus de moyens de conservation pour les enfants, ce qui conduit à un accroissement de population.

Une portion de la reproduction annuelle est nécessairement employée à s'assurer une reproduction égale pour l'année suivante; le reste forme ce qu'on appelle le produit net.

Ce produit net est ce qu'on nomme aussi produit *disponible*, parce qu'il peut être employé à volonté, sans altérer la reproduction. Une partie en est consommée; le reste peut devenir un accroissement de richesse.

On voit donc naître trois classes d'hommes : ceux qui, travaillant à la culture de la terre, produisent plus qu'ils ne consomment; ceux qui, employant ces productions premières pour en tirer les produits d'un art quelconque, ne font qu'en changer la forme, et rendent à la masse une valeur égale à celle qu'ils ont consommée; enfin les simples consommateurs, qui détruisent et ne produisent point.

On peut même compter une quatrième et une cinquième classe : d'abord celle des commerçants, qui se chargent de conserver, de transporter les productions de la terre ou les produits du travail, et qui les vendent avec l'accroissement d'une valeur égale à celle du travail employé, ou des valeurs consommées pour procurer cette conservation, pour faire ce transport; et ensuite la classe des hommes qui, même sans aucun travail, peuvent par leur volonté conserver, ou même augmenter la valeur d'une portion de ce qui, étant disponible dans leurs mains, aurait pu être consommé par eux. Par exemple, un homme riche consomme 10,000 livres par an à s'habiller avec luxe, à se nourrir avec délicatesse ou avec recherche, etc.; et cette somme de valeurs peut être regardée comme détruite inutilement, quoiqu'elle ait servi à faire subsister les hommes employés par lui, et à maintenir l'industrie. Un autre dépense cette même somme à se procurer des tableaux, des estampes, des livres : alors cette valeur est conservée; il a fait également subsister des hommes, mais en les employant d'une manière plus utile. Un troisième enfin la dépense à dessécher un marais, défricher une terre, et il en naît une augmentation de valeurs, une reproduction nouvelle.

Or, il est aisé de voir quels résultats différents, et pour la richesse nationale, et pour la prospérité publique, peuvent naître de ces divers emplois de valeurs également disponibles, et comment, suivant la direction donnée par l'opinion commune aux mœurs des hommes, à qui la disposition en est remise, l'état de la société peut s'améliorer, se soutenir ou se détériorer.

De cette formation, de cette distribution, de cet emploi des richesses, naissent entre les hommes des relations sociales qui nécessitent une foule d'opérations diverses, dont le but est la circulation des valeurs, et dans lesquelles on emploie nécessairement le calcul. C'est donc ici que l'on doit placer l'application du calcul aux opérations de commerce et de banque.

Tous les calculs appliqués aux théories dont nous venons d'indiquer l'objet, aux faits généraux que nous venons d'exposer, se compliquent naturellement par la nécessité d'y faire entrer, comme élément, l'intérêt des capitaux qui fournissent les avances indispensables dans les opérations relatives à la production des valeurs, à leur changement de formes, à leur transmission.

De là toute la théorie du commerce, où il faut soigneusement distinguer, dans le profit, l'intérêt réel du capital avancé, le salaire des soins du négociant, et le prix du risque auquel il s'expose, depuis la perte qui peut résulter de ce qu'une denrée gardée longtemps aura perdu de sa valeur, jusqu'à celle qui peut naître d'un naufrage dans une expédition lointaine, depuis le petit calcul d'assurance que chaque commerçant pourrait faire pour lui-même, jusqu'à celui des assurances maritimes, prises dans leur plus grande étendue. La théorie générale des assurances de valeurs quelconques, sous quelque forme que ces opérations se présentent, vient ici se rallier au système général de la science.

C'est alors que, connaissant toutes les causes qui influent sur la formation des prix, tous les éléments qui doivent y entrer, il deviendra possible d'analyser les phénomènes que présentent leurs variations, d'en reconnaître les lois, et de tirer, de ces observations, des conséquences vraiment utiles.

On doit s'occuper ensuite du calcul et des résultats du commerce entre les diverses nations, et de la formation de sa véritable balance; balance qu'il ne faut pas confondre avec celle où l'on ne considère que les métaux employés comme monnaies. Alors on verra ce que cette dernière balance, la seule sur laquelle on ait recueilli des faits, peut réellement exprimer, et quelles erreurs ont commises la plupart de ceux qui se sont occupés de cet objet.

Ici la principale utilité de l'application du calcul sera de montrer que l'on a trop souvent adopté, comme des vérités absolues et précises, plusieurs principes qui, susceptibles d'exceptions, et même de modifications, ne sont vrais qu'en général, et ne conduiraient même pas à des résultats suffisamment approchés ; car presque toujours on a raisonné sur ces objets à peu près comme si, dans le calcul d'une grande machine hydraulique, on se bornait à la simple application des principes généraux de la mécanique. Ce sera encore de faire voir que souvent on a oublié d'avoir égard, dans le raisonnement, à des données qu'il ne pouvait être permis de négliger, et qu'enfin, dans cette masse d'opérations exercées, d'une manière indépendante, par un grand nombre d'hommes, et dirigées par l'intérêt, par l'opinion, pour ainsi dire, par l'instinct de chacun d'eux, on a supposé un ordre, une régularité, dont elles n'étaient pas susceptibles.

Jusqu'ici nous n'avons considéré les nations que comme des collections d'hommes occupés de leurs intérêts ou de leurs travaux.

Il nous reste à les considérer comme un corps dont le pacte social a fait, en quelque sorte, un individu moral.

Sous ce point de vue, la défense commune, le maintien de la sûreté, de la propriété, les travaux, les établissements utiles à tous, exigent des dépenses auxquelles on ne peut subvenir que par des impôts.

Ces impôts, ou sont, à peu près, les mêmes chaque année durant un long espace de temps, ou ils n'ont lieu que pour une ou quelques années, à des époques non régulières, déterminées par les conjonctures.

Sur quelle partie de la reproduction annuelle les impôts constants sont-ils nécessairement payés? Comment, suivant leur nature et leur mode, se distribuent-ils entre les diverses portions de cette partie du produit annuel?

Considérant ensuite la somme plus ou moins forte à laquelle ils montent chaque année, les objets qu'ils affectent directement, le mode suivant lequel ils sont tarifés ou répartis, les sommes employées pour les lever, les lois de rigueur nécessaires pour en assurer le recouvrement, on se demandera quels effets ces diverses causes doivent produire sur la richesse nationale, sur sa distribution, sur son accroissement ou sa conservation, et de quelle manière ces mêmes causes agissent sur la culture, l'industrie ou le commerce, sur le taux de l'intérêt.

Le simple raisonnement suffit pour répondre à toutes ces questions; mais le calcul doit donner plus de précision à ces réponses. Il apprend à balancer ceux de ces effets qui peuvent se contredire.

On doit examiner séparément les effets des impôts qui n'ont qu'une durée momentanée. En effet, il est évident que le système total de la richesse nationale doit se modifier d'après l'établissement quelconque d'une masse de contributions à peu près constante dans sa valeur et dans ses formes, et prendre, sous l'influence de cette cause, longtemps continuée, une sorte d'équilibre ou un mouvement régulier. On doit donc chercher quel sera cet état constant, et par quels états intermédiaires on peut y parvenir.

Mais s'il s'agit d'un impôt momentané, il doit seulement produire un dérangement quelconque dans l'économie sociale qui reprendra bientôt après son équilibre, et il faut en connaître les effets.

Cependant ce dérangement est assez entier, ou il se répète assez fréquemment pour produire des altérations durables; alors il faut examiner à la fois, et les effets passagers, et le résultat final de ces mouvements irréguliers.

On verra comment ces dérangements sont presque toujours nuisibles, précisément parce que, changeant nécessairement la distribution des richesses, ils changent aussi celles des moyens de subsistance; car en ce genre tout changement doit être fait de manière que le mouvement se communique paisiblement, et sans causer de secousses dans la chaîne générale de ses effets.

Les emprunts publics sont un moyen d'éviter les secousses, et l'on sent que le calcul seul peut apprendre à choisir, entre les opérations de ce genre, celles qui doivent obtenir le plus de succès, celles dont les conséquences seront le moins onéreuses.

Ici se présente le calcul des loteries, qui peuvent

être à la fois, ou des impôts, ou des emprunts, suivant la manière dont elles sont formées.

On ne doit en parler, sans doute, que pour en démontrer les effets ruineux et funestes, pour ajouter l'autorité d'une vérité calculée, à la force jusqu'ici trop impuissante de la morale.

Les effets que l'existence d'une dette publique ou d'une banque nationale peuvent avoir sur la distribution des richesses, sur la culture, l'industrie et le commerce, sont encore un de ces objets auxquels l'application du calcul ne sera pas inutile.

On peut y ajouter l'examen de l'influence que peuvent avoir les divers systèmes de monnaies.

Plusieurs des dépenses publiques ont aussi, sur la richesse nationale, des effets plus ou moins directs, plus ou moins importants. Telles sont celles qui ont pour objet des secours, des travaux, des établissements publics.

Par exemple, des secours mal distribués peuvent changer, en consommateurs inutiles, des hommes dont le travail eût augmenté la masse, soit des productions du sol, soit des produits des différents arts; et ces secours deviennent alors une source d'appauvrissement.

La dépense d'un ouvrage public peut en excéder l'utilité, et la perte occasionnée par cette dépense, être telle que jamais le bien produit par cet ouvrage ne puisse en dédommager.

Si un établissement d'instruction diminue la dépense nécessaire pour acquérir un genre d'industrie, dès lors il en fera baisser les produits.

La masse entière des institutions et des lois influe sur la richesse, et cette action peut dès lors être soumise au calcul. On peut examiner, par exemple, sous ce point de vue, l'effet de la destruction des ordres privilégiés et des droits féodaux, de l'égalité des partages, de la suppression du droit de tester; examiner surtout avec quelle rapidité ces deux derniers actes de justice influeraient sur une plus égale distribution de propriétés.

Enfin, plusieurs questions de jurisprudence ne peuvent être résolues sans emprunter le secours du calcul.

Telle est d'abord la fixation d'un intérêt légal, c'est-à-dire, de celui qui doit être perçu, mais qui cependant n'a pas été déterminé par une convention particulière.

Telle est la fixation de la valeur d'une chose qu'un individu devait fournir en nature, lorsque l'exécution de la condition se trouve impossible, et qu'elle doit être remplacée par un équivalent.

Tel serait le partage, soit d'une obligation qu'on doit remplir en commun, soit d'une chose à laquelle divers individus ont des droits, toutes les fois que ces droits sont mêlés de considérations éventuelles qui nécessitent le recours au calcul des probabilités, ou qu'ils nécessitent des évaluations pour lesquelles ce calcul ou la théorie des valeurs moyennes sont indispensables.

Tel est le mode suivant lequel doit se résilier un traité entre plusieurs individus, lorsqu'il se trouve annulé par une cause que l'acte même n'a pas prévue, et que des événements incertains ou des évaluations compliquées, influant sur les droits des contractants, obligent encore de recourir aux mêmes moyens.

Cette seconde portion du tableau des objets auxquels le calcul peut s'appliquer, paraît embrasser l'économie politique presque entière ; et cela doit être, puisque l'économie politique ne considère les choses que relativement à leur valeur. Cependant ces deux sciences ne doivent pas être confondues.

Dans toutes les questions de l'économie politique, dans toutes les opérations pratiques dont elle développe la théorie, et qui ne supposent ou n'exigent que des calculs très-simples, la mathématique sociale doit se borner à une exposition générale des méthodes, et ne s'arrêter qu'aux questions où les difficultés de la solution dépendent du calcul même.

Elle ne doit s'occuper de l'analyse des idées ou des faits, qu'autant qu'il le faut pour s'assurer d'appuyer le calcul sur des bases solides.

C'est la faiblesse de l'esprit humain, c'est la nécessité de ménager le temps et les forces, qui nous oblige à diviser les sciences, à les circonscrire, à les classer, tantôt d'après les objets qu'elles considèrent, tantôt d'après les méthodes qu'elles emploient. Dans cette dernière division, les lignes de séparation doivent être plus incertaines : or, c'est d'une division de cette espèce qu'il s'agit ici.

La minéralogie et l'application de l'analyse chimique à la connaissance des minéraux ne sont point une même science, mais elles s'exercent sur le même objet, en employant des méthodes différentes ; elles s'éclairent mutuellement ; on ne peut bien traiter l'une sans le secours de l'autre.

Dans la première, l'observation des minéraux, leur inscription, leur histoire, forment le fond de la science ; mais souvent elle invoque la chimie contre des difficultés que l'observation seule n'eût pu résoudre. Dans l'application de la chimie aux substances métalliques, leur analyse chimique est la base de la science ; mais souvent elle a besoin de s'éclairer par des observations.

De même, quoique l'économie politique emploie l'observation et le raisonnement, cependant on y éprouve à chaque instant le besoin du calcul ; et la mathématique sociale n'apprendrait à calculer que des abstractions, si elle n'empruntait de l'économie politique les données qu'elle doit employer, si celle-ci ne lui indiquait les questions qu'il est important de résoudre.

Il n'est peut-être aucune portion des sciences politiques sur laquelle il reste plus de préjugés à détruire, et où ces préjugés puissent avoir des conséquences plus funestes. Ils ont résisté jusqu'ici à la raison ; abattus plus d'une fois, on les a vus se relever avec plus de force : disparaissent-ils d'un pays, on les voit se rencontrer dans un autre.

Osons espérer qu'attaqués par la raison et par le calcul, nous n'aurons plus à redouter ces résurrections inattendues, ces oscillations entre la vérité et l'erreur.

—

FRAGMENT DE JUSTIFICATION (1).

(Juillet 1793.)

Comme j'ignore si je survivrai à la crise actuelle, je crois devoir à ma femme, à ma fille, à mes amis, qui pourraient être victimes des calomnies répandues contre ma mémoire, une exposition simple de mes principes et de ma conduite pendant la révolution. Elle peut avoir un autre avantage, celui d'empêcher que l'exemple des injustices que j'ai essuyées, ne décourage quelques amis de la liberté; celui d'une justice même tardive peut les aider à s'élever comme moi au-dessus de l'opinion des contemporains.

Persuadé depuis longtemps que l'espèce humaine est indéfiniment perfectible, et que ce perfectionnement, suite nécessaire de l'état actuel des connaissances et des sociétés, ne peut être arrêté que par des révolutions physiques dans le globe, je regardais le soin de hâter ces progrès comme une des plus douces occupations, comme un des premiers devoirs de l'homme qui a fortifié sa raison par l'étude et par la méditation.

Je croyais qu'une constitution, où toutes les lois, préparées par un petit nombre d'hommes choisis par tous les citoyens, seraient présentées ensuite à leur acceptation, où l'action du gouvernement, réduite à une grande simplicité, se bornerait à quel-

(1) Nous imprimons ce fragment sur le brouillon autographe; c'est un premier jet qui n'a jamais été revu. Voyez la note finale, p. 605.

ques soins économiques très-peu étendus, était le terme vers lequel devaient tendre toutes les institutions politiques, et qu'on pouvait s'en rapprocher avec d'autant plus de rapidité, que la masse entière des peuples serait plus éclairée. Je pensais que toutes les lois devaient être des conséquences évidentes du droit naturel, de manière qu'il ne restât à l'opinion ou à la volonté du rédacteur qu'à déterminer des dispositions de pure combinaison ou de forme, dans lesquelles même ce qu'elles présentent d'arbitraire devait successivement disparaître.

Je croyais en même temps que le moyen de s'approcher sûrement et promptement de ce dernier terme, était de ne pas devancer de trop loin l'opinion commune; de ne pas la heurter non plus, et lui rendre odieuses les institutions utiles qu'elle eût sollicitées au bout de quelque temps, si on lui eût laissé le temps de se former.

Au moment de la révolution, l'égalité absolue entre les citoyens, l'unité du corps législatif, la nécessité de soumettre une constitution à l'acceptation immédiate du peuple, la nécessité d'établir des assemblées périodiques qui pussent changer cette constitution, et de donner aussi au peuple un moyen de faire convoquer ces assemblées lorsqu'il croirait sa liberté menacée ou ses droits violés par les pouvoirs existants, me parurent devoir être la base de la nouvelle organisation sociale.

L'idée surtout d'organiser un moyen pour le peuple d'exprimer son vœu sur la nécessité d'une réforme quelconque, tel que jamais une insurrection ne fût nécessaire, me paraissait aussi utile qu'elle était en quelque sorte nouvelle, du moins pour le très-grand nombre.

Ce sont principalement ces vérités que j'ai cherché à répandre par un assez grand nombre d'ouvrages.

L'Assemblée constituante se hâta d'établir une royauté héréditaire, un roi inviolable et même *sacré*, un veto royal, et elle fit dépendre le droit de cité et les autres droits politiques de la quotité des impositions.

J'étais représentant de la commune de Paris, lorsque cette dernière loi fut décrétée, et l'adresse présentée au nom de cette commune, pour demander la réforme de cette loi, est mon ouvrage (1). J'en montrais jusqu'à l'évidence les dangers et surtout l'absurdité. A l'époque de la révision, on détruisit seulement la loi du marc d'argent, que des caricatures avaient rendue ridicule; mais on augmenta la taxe nécessaire pour être électeur. Je combattis cette disposition nouvelle; je montrai que l'homme qui avait sur un territoire une habitation, soit en propriété, soit en location, dont il ne peut être arbitrairement renvoyé, devait y jouir du droit de cité. Ce principe ou l'équivalent a été consacré par la loi du 10 août 1791.

L'opinion générale ne permettait guère de s'élever avec utilité contre les *diverses prérogatives royales*, qui souillaient la pureté des principes constitution-

_____

(1) Tome X, p. 77.

nels et contredisaient la déclaration des droits. Je me contentai de chercher et de proposer quelques moyens d'en diminuer les inconvénients. Par exemple, je développai l'opinion que le pouvoir exécutif devait être absolument dépendant du premier corps constituant, de celui dont le mode d'action n'aurait pas été réglé dans une convention antérieure, et qu'ainsi l'Assemblée constituante devait nommer le ministère.

Je proposai même la formation d'une liste d'éligibles, dans laquelle le roi serait forcé de choisir, ce qui affaiblissait le danger des mauvais choix.

J'avais rempli avec exactitude les fonctions de représentant de la commune, et j'y étais regardé comme un des amis de la liberté. Je n'avais essuyé que deux reproches (je ne parle point ici de ceux des aristocrates) : l'un d'avoir écrit contre le pacte de famille, et d'avoir par là voulu brouiller la France et l'Espagne. J'avais dit seulement que l'alliance avec l'Espagne devait être conservée si elle était utile, mais qu'il fallait l'appuyer sur des bases qui ne fussent pas une violation perpétuelle du droit des peuples, et j'avais tellement raison que, d'après la lettre du pacte de famille, c'est aujourd'hui au roi et aux princes émigrés que l'Espagne doit des secours. Le second reproche était d'avoir combattu la création des assignats. Je ne sais par quelle raison les hommes qui dominaient alors la portion la plus populaire de l'Assemblée constituante, avaient fait d'une affaire de finance une question patriotique, ni comment ils avaient persuadé qu'on ne pouvait vendre les biens nationaux qu'en organisant le papier-monnaie d'une certaine manière. Une discussion sérieuse entre les hommes qui entendaient ces objets eût amené un bon système. En y faisant intervenir les mouvements populaires, on est parvenu à faire triompher son opinion, mais on s'est mis dans la nécessité d'agir au hasard. On a gâté ce que l'établissement d'un papier-monnaie, s'éteignant successivement par la vente des biens nationaux, avait de véritablement utile. On a retardé les rentrées des ventes au lieu de les accélérer.

Ainsi, j'ai pu sans doute me tromper dans quelques parties de mon opinion; mais elle avait pour objet de faciliter la vente des biens nationaux, et surtout d'en accélérer les rentrées. Ainsi, en m'élevant contre l'opinion populaire du moment, je défendais encore la cause du peuple.

On organisa la Trésorerie nationale; on me proposa d'y occuper une place. J'avais publié un ouvrage destiné à prouver que ces places devaient être conférées par une élection populaire, et comme l'Assemblée nationale seule pouvait être alors un corps électoral, agissant au nom des quatre-vingt-trois départements, je désirais qu'elle fût chargée de l'élection. Elle avait préféré donner la nomination au roi. Ceux qui avaient le désir de me voir un des six commissaires suivaient, les uns, leur projet alors très-patriotique de commencer enfin à faire donner les places à des amis de la liberté; les autres me croyaient propre à défendre le trésor public contre les ministres. Je n'ai point trompé cette dernière espérance, et je suis parvenu, non sans quelque peine, à faire insérer dans le plan d'organisation un article qui aurait prévenu l'abus que les ministres pouvaient faire des fonds de leur département.

Il avait été impossible de faire une révolution par un mouvement général de la masse du peuple, et d'établir la liberté et l'égalité d'une manière même imparfaite, sans que les opinions populaires fussent discutées par le peuple même. Il devait en résulter des semences de désorganisation et un moyen facile pour des intrigants d'acquérir la puissance, en flattant la partie ignorante du peuple par l'exagération de ces principes. Il se forma donc un parti désorganisateur. D'un autre côté, les nobles, les riches, qui s'étaient d'abord unis au peuple de bonne foi, se voyaient avec peine confondus avec lui, étaient inquiets de ces mouvements. Ils devaient chercher à rétablir le règne de la loi, et il devait se former parmi eux un parti d'hommes qui, sous l'apparence du zèle pour la paix, pour le maintien de l'ordre, chercheraient à détruire l'esprit public dans le peuple, et à le tenir, au nom de la loi, dans la dépendance de ceux à qui les autorités nouvellement établies devaient être confiées. Il se forma donc un parti d'hypocrites de modération et de sagesse. Tout homme qui n'était pas sans lumières et dont le patriotisme était sincère, devait haïr également ces deux systèmes et se séparer de ces deux partis. C'est ce que je fis : je me séparai des Jacobins, lorsque je les vis les instruments de quelques factieux ; je cessai d'avoir des liaisons relatives aux affaires publiques avec ce qu'on appelait la *minorité de la noblesse*, et je devins l'objet de leur haine commune.

Telle était ma position vers le mois de mai 1791, Je m'aperçus alors, et je n'étais pas le seul, qu'au milieu des querelles de ces deux factions, il se tramait un complot contre la liberté. Quel était ce complot? Je l'ignorais. Mais les factieux perdaient leur ascendant sur les Jacobins; mais cette société renfermait un noyau vraiment précieux d'hommes dévoués à la liberté; mais l'esprit qui l'animait était un esprit vraiment populaire : c'était là le parti du peuple, et je m'y réunis.

J'imaginai alors qu'il serait possible de former une association nombreuse de citoyens qui, convenant entre eux de ne jamais souffrir ni le rétablissement d'aucune distinction héréditaire quelconque, ni la moindre atteinte à l'unité du corps législatif, détruiraient les espérances de ceux qui désiraient ressusciter la noblesse, et de faire créer une seconde chambre : tandis que, d'un autre côté, les adhérents nombreux à ces principes calmeraient le peuple, qu'on agitait en lui inspirant la crainte de voir réaliser ces projets. M. l'abbé Sieyès approuva cette idée; et comme alors quelques membres très-populaires de l'Assemblée constituante avaient le projet d'une division du corps législatif en deux sections, qui délibéreraient séparément, mais qui, en cas de contrariété d'opinion, se réuniraient pour délibérer et prononcer ensemble, il crut qu'il fallait ne pas confondre cette institution avec celles qui détruisaient l'unité, et il rédigea, d'après cette idée très-juste, la partie de la déclaration relative à cette unité. Les deux partis s'élevèrent contre lui avec une fureur égale, dont il était difficile de deviner la cause avant de savoir que leurs chefs s'étaient déjà secrètement coalisés, et n'attendaient qu'un événement pour déclarer cette réunion funeste à la liberté.

Le roi prit la fuite, et cette réconciliation qui, déclarée la veille (1), avait paru le fruit d'une intrigue, fut regardée comme un sacrifice fait au salut public.

La fuite du roi me parut avoir rompu tous les liens qui pouvaient unir encore la nation à Louis XVI, comme ceux de tous les individus, et je crus que le temps était venu où je pourrais, sans craindre de diviser les amis de la révolution, exposer dans toute leur étendue mes opinions sur la royauté. Je le fis dans un discours lu publiquement au Cercle social (2), et imprimé par ordre de cette société nombreuse.

Je réfutai les objections contre l'existence d'une grande république, qui se répétaient avec tant de complaisance dans toutes les monarchies. J'y montrai que toutes ces objections, tirant toute leur force, soit de l'ignorance des principes de l'ordre social, soit de l'inégalité entre les citoyens, soit de la difficulté de parler à la fois à une nation entière, ne pouvaient s'appliquer à un peuple où ces principes sont établis par une déclaration des droits; où l'égalité est la première base de toutes les lois; où, par la découverte de l'imprimerie, on a un moyen

(1) Le 20 juin 1791.
(2) Le 12 juillet 1791. — Tome XII, p. 227.

sûr de parler à la fois aux hommes dispersés sur un territoire immense.

Dans un comité qui se tenait à la Trésorerie nationale, je proposai à des membres de l'Assemblée constituante de suspendre la liste civile (1). Cette idée fut rejetée de manière à me prouver que déjà on avait pris son parti sur la conservation du trône, et qu'on ne voulait perdre aucun moyen de réussir.

On m'accusa d'ingratitude, comme s'il était permis de sacrifier ses devoirs de citoyen à des obligations particulières ; comme si, pour avoir reçu des

(1) Voici le texte de cette proposition, d'après le manuscrit de Condorcet :

« L'Assemblée nationale, considérant les abus qui peuvent naître dans l'administration de la liste civile, dont il n'a été jusqu'ici rendu aucun compte, et qu'il est nécessaire d'arrêter promptement le cours de ces abus, décrète qu'il y a urgence :

« L'Assemblée, etc., etc.

« 1° Il sera établi un mode de comptabilité pour la liste civile.

« 2° L'administrateur et le trésorier de cette liste seront tenus de présenter aux commissaires de la Trésorerie leurs registres, à commencer du 1er juin 1791.

« 3° Il ne sera payé aucune somme à compte sur la liste civile, que l'article précédent n'ait été exécuté, et que les commissaires de la Trésorerie n'aient rendu compte à l'Assemblée nationale de l'état de ses registres.

« 4° Pourront cependant les commissaires de la Trésorerie payer au trésorier de la liste civile, sur des ordonnances du roi, contre-signées par l'administrateur, des à-compte pour les dépenses nécessaires, en se conformant aux lois établies pour la dépense publique, et notamment à l'article..... de la loi sur l'organisation de la Trésorerie nationale. »

places d'un roi fidèle à la loi, on était obligé de défendre la cause d'un roi parjure!

Ceux qui, dans l'Assemblée constituante, défendirent la cause de l'inviolabilité des rois et la nécessité de conserver en France la royauté, m'insultèrent personnellement dans leurs opinions, et trouvèrent excessivement ridicule qu'un géomètre de quarante-huit ans, qui avait cultivé les sciences politiques depuis vingt ans, et y avait appliqué le calcul, eût un avis sur les questions de ce genre.

M. de la Fayette se leva pour déclarer qu'il était de l'avis de l'un de ces discoureurs. J'étais son ami avant la révolution, je l'avais cru longtemps celui de la liberté; mais je le voyais avec peine, depuis les premiers mois de 1790, se laisser diriger par des intrigants de toute espèce; vouloir se mettre à la tête d'un parti en négociant avec tous les autres; mener à la fois vingt projets différents; vouloir, par la crainte de l'Assemblée, gouverner la cour qui le trompait; se servir en même temps de l'influence secrète de la cour pour gouverner l'Assemblée; et, par cette conduite incertaine, perdre sa réputation de probité, de dévouement à la cause du peuple, et se tromper lui-même en trompant les autres, parce que, conservant sa popularité apparente, il ne s'apercevait pas du changement de l'opinion publique. La Fayette faisait profession de haïr les rois, quinze jours avant de voter pour la restauration de Louis XVI. Je l'avais vu rire avec moi, et plus que moi, des plaisanteries de Thomas Payne sur le ridicule de la royauté héréditaire. Sans doute, il pouvait croire nécessaire de la conserver encore en France : une erreur de bonne foi est toujours excusable; mais devait-il faire insulter par des hommes qui lui appartenaient une opinion qui était aussi la sienne? Pouvait-il devenir tout à coup le zélé partisan d'un roi, précisément parce que ce roi avait violé ses serments, et l'ayant par sa fuite exposé lui-même à la fureur populaire, l'avait forcé à recevoir le secours humiliant de ses ennemis déclarés? Comment un républicain pouvait-il se mettre à la tête d'une persécution contre les républicains? Je lui écrivis le 17 juillet 1791 : *Depuis douze ans vous êtes compté parmi les défenseurs de la liberté; si vous ne changez de conduite, encore quelques jours, et vous serez compté parmi ses oppresseurs.* Le soir même, ma prophétie fut accomplie, et je ne l'ai pas revu depuis.

La place que j'avais à la Trésorerie nationale n'était pas soustraite à la dépendance du pouvoir exécutif, et la constitution n'assurait pas assez la liberté contre un roi et des ministres qui en étaient les ennemis, pour que l'on pût regarder la nouvelle Assemblée nationale comme une législature ordinaire. Je devais donc, en perdant l'espérance de servir mon pays dans une place d'administration, désirer de soutenir ailleurs la cause de la révolution, c'est-à-dire, celle d'une liberté réelle, celle de l'égalité.

Je fus nommé député à l'Assemblée législative (1),

____

(1) Le 26 septembre 1791, par l'Assemblée électorale de Paris. Il y eut trois tours de scrutin; Condorcet obtint au troisième tour 351 voix; il fut nommé.

malgré les efforts du ministère et de la partie de l'Assemblée constituante qui lui était alors dévouée, malgré les libelles que la liste civile commandait contre moi, malgré la crainte qu'on cherchait à inspirer de prétendus projets d'établir une république et de détruire la constitution par une révolution nouvelle.

Je jurai de maintenir cette constitution *de tout mon pouvoir*, et j'ai été fidèle à mon serment; car c'était la constitution telle que je l'entendais, et non la constitution interprétée suivant le système des ministres, que j'avais juré de maintenir.

Je n'avais pas non plus juré de la maintenir dans le cas où les événements indépendants de ma volonté rendraient cette constitution incompatible avec la liberté et le salut de l'empire. Je n'avais promis d'être fidèle au roi qu'autant que lui-même garderait ses serments, et que cette fidélité au premier magistrat ne serait pas en opposition avec celle que je devais à la nation. Autrement le serment eût été contradictoire.

Quel était donc ce serment? C'était d'abord celui de ne proposer aucune loi, aucune mesure contraire à la constitution, prise dans le sens le plus favorable à la liberté. C'était ensuite de faire tous mes efforts pour prévenir les événements qui forceraient à s'en écarter; d'en conserver au moins l'esprit lorsque l'observation littérale en serait devenue impossible.

Tel a été constamment le principe de ma conduite. Quel était le vice radical, essentiel de la constitution? C'était la nécessité de la sanction royale pour les décrets du corps législatif qui prononçaient sur les

mesures nécessaires de salut public, sur des questions qu'il fallait absolument résoudre. Quelle était
la cause réelle de cette inquiétude générale, de ces
troubles ou existant déjà, ou prêts à éclater dans
un grand nombre de départements? C'était la conviction intime que le roi était secrètement d'accord
avec la noblesse émigrée ou intrigante, ou avec les
prêtres fanatiques dont il s'obstinait à suivre la religion. Voilà ce que je voyais à l'ouverture de l'Assemblée législative, et je ne devais pas le dissimuler.
C'est alors que je dis ce mot tant répété depuis : *La
France sera tranquille quand le roi et les ministres le
voudront.*

Le premier décret du corps législatif réglait le cé-
rémonial à l'égard du roi (1). Celui que proposa

(1) Voici, sur ce décret, quelques réflexions jetées par Condorcet sur une feuille volante, sans destination connue :

« Ce qui peut vraiment maintenir la paix, ranimer le crédit
public, déconcerter les ennemis de la nation, ce n'est pas de voir
les représentants conserver, à l'égard du roi, les vieilles formules
de la servitude féodale, mais de voir le roi détruire enfin dans
son palais ces absurdes et odieuses distinctions qui ont disparu
du reste de l'empire, de le voir éloigner de lui ces intrigants
trop connus, que la voix publique accuse d'avoir trafiqué de la
confiance du peuple; de le voir n'appeler auprès de lui, ne nommer aux places, ne charger surtout des intérêts de la nation, auprès des puissances étrangères, que des hommes dont les événements de la révolution ont consacré les noms dans les fastes de
la liberté. Qu'il repousse loin de lui ces hommes vils, que l'esprit
de servitude précipite déjà sur les marches du trône, et qui n'ont
pu résister à l'impatience de se déshonorer, et bientôt il verra
que, pour la puissance réelle, comme pour le bonheur, il vaut
mieux avoir des amis que des esclaves. »

M. Couthon était conforme à l'esprit de la constitution, à la dignité des représentants d'un peuple libre. Si le ministère eût voulu réellement maintenir la constitution, si même il avait eu la plus faible idée d'un gouvernement populaire, le décret le servait mieux que la politique la plus adroite. En effet, le roi, en l'approuvant, aurait donné une sorte de gage de son adhésion aux principes de la liberté et d'une constitution représentative. On employa, au contraire, le mensonge et l'intrigue pour faire rapporter le décret dès le lendemain. Il en résultait deux conséquences évidentes : l'une, que l'Assemblée n'avait pas une majorité formée en faveur de la liberté; l'autre, que le roi cherchait à l'influencer par la corruption et l'imposture.

On s'occupa ensuite des mesures à prendre contre les émigrés ; j'en proposai qui étaient compatibles avec la justice, et qui tendaient à convertir en simples voyageurs ceux qui n'avaient pas encore pris la résolution formelle de combattre leur patrie. Ce projet fut rejeté avec humeur après avoir été applaudi, et j'appris par là qu'il se formait dans l'Assemblée un parti populaire plus passionné qu'éclairé, qui servirait la liberté contre le roi, mais qui nuirait par son zèle au succès des moyens propres à la sauver.

On fit contre les émigrés un décret sévère et surtout mal combiné. Le roi refusa la sanction, et en donna les motifs par une proclamation injurieuse à l'Assemblée. Un décret relatif aux troubles religieux eut le même sort, et le refus de sanction fut provoqué par une adresse du directoire de Paris. Les députés commencèrent dès lors à s'apercevoir que les directoires de départements, que les tribunaux appuyaient assez généralement la cause du ministère dans cette guerre qu'il déclara au pouvoir législatif, et qu'ainsi il existait déjà deux conspirations de la cour contre la liberté : l'une, plus secrète, qui se tramait par les confidents du roi avec les princes émigrés et les puissances étrangères ; et l'autre, dirigée par la coalition de l'Assemblée constituante, et qui tendait à faire servir la constitution à l'accroissement du pouvoir royal et à la destruction de la liberté.

Ce fut à peu près vers ce temps que M. de Narbonne entra dans le ministère. Je le connaissais pour un homme d'esprit, et je ne croyais pas qu'il pût se résoudre à n'être que le complice des Duport, des De Lessart, des Bertrand, et l'instrument de la coalition. Je causai avec lui, et il me parut avoir des idées assez justes sur les véritables intérêts du roi, qui devait chercher à regagner la confiance du peuple et à gouverner conformément au vœu de la majorité de l'Assemblée.

Mais j'entendais qu'il fallait que cette majorité s'établît d'elle-même, qu'il fallait bien se garder de chercher à en former une par les clubs des Feuillants, par des intrigues de salon, encore moins par la liste civile. J'entendais qu'il fallait suivre, non l'exemple du ministère anglais depuis le règne de George II, mais celui du ministère anglais sous Guillaume III, parce que ce n'était pas à la majorité de l'Assemblée comme pouvoir qu'il fallait céder, dans un temps où le mouvement révolutionnaire durait encore, mais à la majorité de l'Assemblée comme interprète du vœu national.

Soit que M. de Narbonne ne fût pas de cet avis, soit qu'il n'eût pas dans le conseil assez d'influence pour suivre ce plan, il ne réussit qu'à obtenir pour ses vues une majorité chancelante, formée d'une portion du parti populaire et d'une portion du parti ministériel. Son projet principal était de disperser les émigrés et de détruire par là un des principaux sujets de défiance contre le ministère. Le roi et le conseil parurent approuver ce projet pendant quelque temps ; leur langage se rapprocha de celui des amis de la liberté. Le message au roi de M. de Vaublanc, la déclaration du 29 décembre que j'avais rédigée (1), et surtout le serment du 14 janvier, proposé par M. Guadet, avaient montré dans l'Assemblée une sorte d'unanimité, ou du moins une majorité assez forte pour en imposer aux ennemis de la nation.

Mais bientôt le conseil abandonna une marche qu'il avait paru suivre un moment, dans la crainte de se trop démasquer. Il obtint de la cour de Coblentz une fausse promesse de disperser les émigrés ; tout retomba dans la langueur, et l'on profita, pour renvoyer M. de Narbonne, d'un moment où il avait choqué une portion des patriotes de l'Assemblée.

Peu de jours auparavant, on avait fait venir de Vienne une longue dépêche, où Léopold avait l'air de n'avoir de mauvaises intentions pour la France qu'en haine des Jacobins ; où il assurait que le roi

(1) Tome X, p. 253.

et la saine partie de la nation française étaient de son avis; où les patriotes de l'Assemblée nationale et les citoyens attachés à la liberté étaient présentés comme une troupe de factieux. Cette identité parfaite entre l'opinion du cabinet de Vienne et les discours des partisans du ministère inquiétait d'autant plus, qu'il subsistait entre la Prusse et l'Autriche une alliance uniquement dirigée contre la liberté du peuple français, et que le ministère, par son obstination à maintenir le traité fait en 1748 avec la maison d'Autriche, par sa négligence à former une alliance avec la Prusse, dans un moment où elle était presque en état de guerre avec l'empereur, et à chercher, par le moyen de l'Angleterre, à rompre les premiers liens de ces deux puissances, montrait évidemment qu'il suivait dans les négociations un système contraire aux intérêts du peuple, mais favorable aux intérêts privés de la famille royale.

Le ministre des affaires étrangères fut décrété d'accusation; le conseil, renouvelé en entier, fut formé d'hommes dont quelques-uns étaient amis de la liberté, et d'autres passaient pour l'être. L'empereur venait de mourir. Son successeur, pressé de s'expliquer sur ses intentions, répondit par des injures contre les Jacobins, annonça qu'il ne renoncerait pas à sa ligue offensive contre les droits du peuple français, et parla de griefs qui ne pouvaient se décider qu'après avoir essayé la force des armes. Le conseil fut alors d'avis de commencer la guerre. Le roi la proposa, et elle fut déclarée (1).

(1) Voyez t. X, p. 443.

On en a fait aux patriotes des reproches sévères. Je répondrai, pour moi, que je ne désirais pas la guerre, que j'aurais voulu pouvoir l'éviter. Mais il était évident que le roi de Hongrie ne la différait que pour se donner le temps de faire ses préparatifs; que, par la nature du gouvernement nouvellement établi, les nôtres seraient lents et faibles, tant que le peuple ne serait pas certain que toutes les trahisons ménagées dans nos troupes et dans nos villes éclateraient au moment où l'ennemi nous attaquerait avec toutes ses forces; que, du moins, en nous déclarant sur-le-champ, si la mauvaise volonté de la cour nous empêchait d'avoir des avantages, et surtout de pouvoir protéger et décider l'insurrection des provinces belgiques, du moins elle ne nous empêcherait pas de nous mettre dans un état de défense imposante; qu'enfin la cour ne pourrait ni *achever* aussi aisément de ruiner la nation par des simulacres de préparatifs, ni la trahir avec une impunité si entière.

L'événement a prouvé la justesse de ces idées; car si la guerre n'eût pas été déclarée, l'ennemi n'en serait pas moins entré en France le 20 août, et alors il n'eût trouvé que des places sans défense, des armées nulles, et aurait encore décidé partout les trahisons que la cour avait su ménager en sa faveur.

C'est donc en détestant la guerre que j'ai voté pour la déclarer; c'est parce qu'elle était le seul moyen de déjouer les complots d'une cour conspiratrice. Les patriotes qui auraient voulu qu'avant de combattre, on eût délivré la France d'un roi qui trahissait, ne voyaient pas que cette trahison ne frappait alors les regards que d'une très-faible portion des citoyens; qu'en agissant d'après des soupçons qui ne pouvaient encore être appuyés sur des faits constants, on risquerait de perdre la cause de la liberté; que l'Assemblée était bien loin d'avoir la conduite ferme, soutenue, qui aurait été nécessaire pour arrêter ou mettre au grand jour les complots de la cour.

S'il y avait eu dans l'Assemblée une majorité constante en faveur des moyens d'assurer la liberté, de contenir les intrigants appelés constitutionnels, de mettre la France à l'abri des troubles domestiques et des attaques étrangères, alors sans doute il n'eût pas fallu déclarer la guerre.

D'ailleurs, on avait eu l'adresse d'engager le roi à la proposer comme cédant au vœu de son conseil. Refuser alors aurait été, dans la situation des esprits, détruire toute possibilité de préparatifs, comme tout moyen de prouver que le roi était secrètement d'accord avec les ennemis. En un mot, quoique l'Assemblée n'eût fait que demander des réponses positives à l'empereur Léopold et à son fils, on l'avait amenée au point de ne pouvoir voter pour la guerre sans être accusée de précipitation, de ne pouvoir la refuser sans compromettre la sûreté de l'État, tandis que le roi pouvait, suivant le succès, donner la déclaration de guerre comme une preuve de sa bonne foi, ou soutenir qu'il y avait été forcé par ses ministres.

La lettre que le roi avait écrite en nommant un nouveau ministère, annonçait qu'il l'avait choisi malgré lui et sans lui accorder sa confiance. Il était donc évident qu'on ne perdait pas à la cour l'espérance de trahir. Je crus alors, et je ne crus pas seul, qu'il fallait profiter de ce ministère pour faire passer quelques lois utiles, et propres à diminuer du moins les moyens de nuire que la constitution avait donnés au roi. On le pouvait en lui ôtant toute espèce d'influence sur le trésor public et sur la régie des postes; on le pouvait en diminuant la liste civile que l'Assemblée constituante avait provisoirement établie, et que l'Assemblée actuelle avait, d'après la constitution actuelle, bien entendu, l'obligation et le droit de fixer. Il fut impossible d'obtenir une décision de l'Assemblée sur le premier objet, et sur le second, on se contenta d'un renvoi à la commission extraordinaire : de manière que la révolution du 10 août arriva sans que même cette question eût été portée à l'Assemblée.

Un ministre de la guerre vraiment patriote, instruit du mauvais état de nos forces, de l'esprit d'intrigue répandu dans nos armées ; du projet formé de les donner, sous le nom du roi, aux chefs de la coalition constituante ; des soins qu'on prenait depuis Strasbourg jusqu'à Lille, pour lier à la même faction les divers corps administratifs ; des efforts que l'on faisait à Paris pour réunir la bourgeoisie riche et une partie de la garde nationale, proposa de former en avant de Paris un camp de vingt mille gardes nationaux, destinés à la défense de l'intérieur si les ennemis y pénétraient ; à recevoir, pour les y former aux manœuvres militaires, les bataillons que les départements enverraient aux armées; enfin à maintenir la tranquillité dans l'intérieur. Il fallait que ce projet fût bien bon ; car les conseillers secrets du roi, le parti de la coalition et les agitateurs du peuple, en un mot tous les ennemis de la patrie, se réunirent contre ce plan. Le roi rejeta le décret qu'il avait adopté, et le ministre fut renvoyé avec MM. Clavière et Roland. Leur récompense fut le nom des *trois ministres patriotes*, nom qui leur fut donné par le peuple comme par l'Assemblée, et qui leur est resté.

La coalition donna au roi un ministère de valets ; et il fut prouvé, pour tous les hommes un peu prévoyants, qu'il n'y avait plus de ressource que dans une révolution nouvelle, ou un mouvement qui forcerait le roi à changer de conduite et à laisser sans réserve les rênes du gouvernement à des ministres populaires.

Ce fut dans ces circonstances qu'arriva l'affaire du 20 juin. Les ministres de ce moment la regardèrent comme une excellente occasion de calomnier le peuple de Paris, de rendre les Jacobins odieux, de discréditer Pétion, de donner de la force à la conspiration des corps administratifs, et ils agirent en conséquence.

On m'a reproché beaucoup d'avoir été favorable aux Suisses de Châteauvieux, d'avoir voté pour l'amnistie d'Avignon, d'avoir parlé des événements du 20 juin dans le sens du peuple, d'avoir approuvé le maire de Paris. Mes motifs étaient bien simples : j'ai été d'avis d'admettre les Suisses de Châteauvieux à la séance de l'Assemblée, parce que, d'après la forme, les motifs réels et l'atroce sévérité de leur jugement, on pouvait, et par conséquent on devait regarder comme des hommes seulement séduits ceux qui n'avaient pas été condamnés à mort.

J'ai été d'avis de l'amnistie d'Avignon, parce que je croyais que les hommes qui avaient contribué à la mort de Lécuyer, et ceux qui l'avaient vengé avec tant de barbarie, devaient être traités de même; parce que je regardais d'ailleurs les horreurs d'Avignon comme la suite de cette répugnance du ministère français à détruire le foyer de la contre-révolution qui se tramait dans les départements méridionaux.

Quant aux événements du 20 juin, accoutumé à regarder les rois comme des hommes, ne pouvant douter de la justice des soupçons et des mécontentements du peuple, certain des préparatifs qu'on avait faits contre cette troupe de citoyens mal armés et mêlés de femmes et d'enfants, il m'était impossible de voir dans cet événement autre chose que les effets naturels d'un rassemblement nombreux, formé d'hommes la plupart sans instruction, de mœurs grossières, habitués à des mouvements brusques, à des cris, à un langage énergique, mais où les expressions injurieuses et proscrites du langage épuré sont prodiguées même sans qu'on y attache leur sens réel.

La persécution contre le maire de Paris, qui avait épargné le sang des citoyens et prévenu, concurremment avec les membres de l'Assemblée, des désordres qui auraient pu se commettre au château; les calomnies répandues avec affectation dans la

France entière contre le peuple de Paris; l'usage qu'on voulait faire de cette journée pour embarrasser dans une instruction criminelle les patriotes les plus éclairés ou les plus fermes, à l'aide de lenteurs et de faux témoins, de juges..., de faux complaisants, etc., etc., m'avaient indigné. Cependant, comme j'étais sur la liste, quoiqu'on sût parfaitement au château combien j'étais étranger à tous les événements de ce genre, je fis moins de bruit dans cette occasion que dans celle où l'on avait imaginé de diriger une autre de ces perfidies contre ceux de mes collègues dont j'avais alors à me plaindre.

L'opinion publique à laquelle la cour se soumettait, précisément au point nécessaire pour ne pas trop montrer sa trahison, la força de consentir à l'établissement d'un camp intermédiaire de gardes nationales. Mais si, d'un côté, elle rendit cette précaution presque inutile à la défense extérieure, à force de lenteurs et de fausses mesures, elle se prit elle-même dans le piége le plus dangereux. Les fédérés, au lieu d'être choisis, d'après le vœu réuni de l'Assemblée nationale et du roi, pour former un camp entre Paris et la frontière, furent envoyés d'abord à Paris sans réquisition légale. Le ministre écrivit aux administrateurs des départements pour arrêter leur marche, même par la force. Un décret de l'Assemblée prévint, étouffa ce germe de guerre civile : les fédérés se trouvaient nécessairement composés presque uniquement des amis les plus ardents de la liberté, des hommes les plus disposés aux mouvements populaires. Ils arrivèrent à Paris, moins occupés d'aller défendre les frontières que de rester pour surveiller les complots du château.

Tout annonçait une crise violente : le mot de *déchéance du roi* commençait à se montrer dans des adresses à l'Assemblée, et il était temps qu'elle prît des mesures efficaces, ou pour prévenir la révolution, ou pour la diriger si elle devenait inévitable.

Je crus qu'il serait possible de la prévenir en adoptant un plan qui consistait : 1° à faire une déclaration au roi, dans laquelle l'Assemblée l'avertirait que sa conduite annonçant une connivence coupable avec les émigrés et les rois ennemis de la France, il tombait dans le cas où la constitution avait prononcé l'abdication présumée. Cet avertissement solennel me paraissait exigé par toutes les convenances, et en même temps il était propre à fixer sur cette question l'attention du peuple, à lui montrer qu'il pouvait espérer de l'Assemblée nationale les moyens de sauver la patrie, et c'était alors le seul remède qui pût calmer les agitations. 2° Je proposais ensuite un certain nombre de décrets qui, s'ils avaient obtenu la sanction, auraient ôté au roi les moyens de nuire, auraient donné à l'Assemblée ceux d'agir efficacement pour le salut public; et en même temps, s'ils étaient rejetés, ce refus de sanction aurait prouvé d'une manière si évidente les intentions perverses de la cour, que l'Assemblée aurait pu compter sur l'assentiment général du peuple pour les mesures extraordinaires qu'elle aurait alors été forcée de prendre.

Par l'un de ces décrets, tous les dépositaires du

trésor public étaient à la nomination d'électeurs populaires, et destituables par l'Assemblée nationale
seule; l'administration des postes était absolument
soustraite à l'influence du ministère. Par un autre,
l'Assemblée, dans le cas où elle aurait déclaré que
la tranquillité publique était menacée, se serait trouvée investie du pouvoir de suspendre tous les fonc-
tionnaires publics, même les ministres et les généraux; de soumettre les classes d'hommes suspects à
la déportation ou à la réclusion. Les corps administratifs auraient eu celui de s'assurer des personnes
prévenues de conspiration contre l'État; les décrets
déclarés nécessaires à la sûreté publique devaient
être acceptés ou rejetés dans un très-court intervalle; quelques autres précautions étaient prises
contre les ministres qui auraient osé conseiller des
veto. Enfin on aurait préparé le peuple à l'idée de la
nécessité d'une Convention nationale. Mais la lenteur des travaux dans un comité, et l'impossibilité où
était un membre particulier de l'Assemblée de faire
adopter un système de mesures, rendit impossible
l'exécution de ces idées. Tout annonçait cependant
une révolution, et le respect avec lequel le peuple
s'était gaiement contenu dans les limites de l'étroite
terrasse des Tuileries; cette barrière de ruban, que
personne n'osait violer; cette inscription si énergique: *On brise les fers d'un tyran, on respecte un simple ruban*, tout montrait, à tout homme dont le
royalisme ne fermait pas les yeux, que l'explosion
serait terrible.

Je n'ai point à me reprocher de n'avoir pas averti,

et à plusieurs reprises, et presque tous les jours, ceux qui ne partageaient pas mes opinions, que ces moyens étaient les seuls capables de prévenir un mouvement général, et qu'il fallait, ou enchaîner la cour et se montrer au peuple avec les moyens et la volonté de prévenir les trahisons du roi et des ministres, ou se résoudre à prononcer la suspension au milieu d'une insurrection générale.

J'avais donc fait tout ce qui était en moi pour maintenir la constitution; il ne nous restait plus qu'à chercher les moyens de la respecter autant qu'il serait possible; et surtout de n'usurper aucun pouvoir, lorsque la nécessité nous obligerait à sortir des limites de nos fonctions ordinaires. Le plan proposé par plusieurs membres de l'Assemblée, de se borner à la suspension du pouvoir royal, en invitant le peuple à former une Convention nationale, présentait le mode de formation de cette assemblée non comme une loi impérative, mais comme un conseil; ce plan paraissait réunir la pluralité des suffrages dans le comité chargé de discuter ces objets. Mais un tel décret ne pouvait obtenir le suffrage de l'Assemblée. Le peuple doutait de l'Assemblée, et, malgré mes efforts, malgré ceux de plusieurs autres députés, elle ne faisait rien pour ramener la confiance. Aucune démarche ferme, aucune attaque directe, même contre des ministres au moins suspects, ne calmait le peuple en le rassurant. La manière dont la question qu'on appelait la déchéance du roi, était tantôt repoussée comme une absurdité, tantôt ajournée à un terme prochain, comme une question ordinaire, suivant l'esprit des députés qui remplissaient alors la salle, suivant l'influence que la force avec laquelle le peuple manifestait son vœu exerçait sur les députés faibles ou incertains; rien de tout cela n'était propre à inspirer cette confiance en une volonté quelconque, condition nécessaire pour la tranquillité du peuple d'une grande ville. Le décret sur les déserteurs, le décret sur les représailles et quelques autres, honoraient de temps en temps l'Assemblée; mais l'affaire du général La Fayette acheva de lui ôter la confiance du peuple. Un appel nominal parut prouver qu'il y avait quatre cent six partisans de la cour contre deux cent vingt-quatre amis de la liberté. Je dis qu'il parut prouver, parce que la discussion fut mauvaise et tronquée; parce que l'on n'entendit parmi ceux qui défendaient le général que ses plats enthousiastes, et qu'il était difficile aux auditeurs de deviner qu'une très-grande partie de ceux qui adoptaient les conclusions de ces orateurs étaient très-éloignés d'en adopter les principes.

Le lendemain de cet appel nominal, la veille du jour pour lequel, si la déchéance du roi n'était pas prononcée, on annonçait d'avance une insurrection, il me fut enfin permis de présenter un rapport (1) où j'exposais les difficultés de la question que l'Assemblée s'était proposé de résoudre, et la nécessité d'une discussion étendue. Je présentai aussi une instruction aux citoyens sur l'exercice du droit

_____

(1) Tome X, p. 521 (inédit).

de souveraineté (1), où j'exposais le droit qu'avait le peuple de demander une Convention nationale, et celui qu'avait l'Assemblée de la convoquer, par une simple invitation, sans en prescrire les formes, et en se bornant à les indiquer.

Ces mesures furent d'autant plus inutiles, que des déclamations de M. Vaublanc contre le peuple, et l'assertion également impolitique et fausse, que la demande de la déchéance était l'ouvrage d'une faction de sept à huit cents hommes, auraient déterminé le mouvement, s'il n'avait pas été résolu d'avance.

On sonne le tocsin. J'étais à Auteuil ; je me rendis à Paris. J'arrivai à l'Assemblée quelques moments avant le roi. Je la trouvai plus inquiète qu'effrayée ; courageuse, mais sans dignité. Je n'étais point dans la confidence, et seulement un peu après la canonnade, un de mes amis vint me dire que l'Assemblée serait respectée.

La commission extraordinaire fut respectée. Elle rédigea très-promptement le décret portant la suspension du roi, la création d'un ministère provisoire élu par l'Assemblée, et la convocation d'une Convention nationale. Ses discussions précédentes l'y avaient préparée, et ce fut l'ouvrage d'une demi-heure.

L'Assemblée décréta la *suspension* au milieu de cent mille hommes armés qui demandaient la *déchéance*. Ceux qui connaissaient mal l'esprit du peu-

____

(1) Tome X, p. 531.

ple crurent un moment que ces violences placeraient l'Assemblée entre le danger de lui désobéir et la honte de lui céder. Ils se trompaient : en une heure le peuple sentit les motifs de ses représentants, et vit qu'ils avaient fait tout ce que leur permettaient leurs pouvoirs, tout ce qu'exigeait le salut public.

J'exposai ces motifs dans deux adresses successives (1), qui furent répandues dans toute la France, et qui peut-être contribuèrent à la réunir autour de l'Assemblée nationale. J'y ai dit du moins la vérité, sans flatterie pour le peuple, et sans colère contre les traîtres et les tyrans.

On m'a reproché d'avoir donné ma voix à Danton pour être ministre de la justice. Voici mes raisons. Il fallait dans le ministère un homme qui eût la confiance de ce même peuple dont les agitations venaient de renverser le trône; il fallait dans le ministère un homme qui, par son ascendant, pût contenir les instruments très-méprisables d'une révolution utile, glorieuse et nécessaire; et il fallait que cet homme, par son talent pour la parole, par son esprit, par son caractère, n'avilît pas le ministère ni les membres de l'Assemblée nationale qui auraient à traiter avec lui. Danton seul avait ces qualités : je le choisis et je ne m'en repens point. Peut-être exagéra-t-il les maximes des constitutions populaires, dans le sens d'une trop grande déférence aux idées du peuple, d'un trop grand emploi dans les affaires, de ses mouvements et de ses opinions. Mais le prin-

____

(1) Tome X, p. 545 et 565.

cipe de n'agir qu'avec le peuple, et par lui, en le dirigeant, est le seul qui, dans un temps de révolution populaire, puisse sauver les lois; et tous les partis qui se sépareront du peuple finiront par se perdre, et peut-être par le perdre avec eux. D'ailleurs Danton a cette qualité si précieuse que n'ont jamais les hommes ordinaires: il ne hait ou ne craint ni les lumières, ni les talents, ni la vertu.

Il était nécessaire d'exposer au peuple français, comme aux nations étrangères, les motifs de la conduite de l'Assemblée nationale dans la journée du 10 août. L'exposition (1) qu'elle a publiée, l'adresse (2) qu'elle a faite quelques jours après, pour ajouter une nouvelle preuve à ces motifs, d'après les faits nouvellement découverts, ont été mon ouvrage, et j'y ai dit la vérité sans flatterie pour le peuple, sans ménagement, mais sans colère contre les traîtres et les tyrans.

Les massacres du 2 septembre, cet ouvrage de la férocité comme de la folie de quelques hommes, ont souillé cette révolution. Ils n'ont pas été l'ouvrage du peuple qui, ne se croyant ni la force, ni l'intérêt de les empêcher, en a détourné les yeux. C'est celui d'un petit nombre de factieux, qui ont eu l'art de paralyser la force publique et de tromper les citoyens et l'Assemblée nationale, dont les efforts ont été faibles et mal dirigés, parce qu'elle ignorait le véritable état des choses.

De là cette lutte entre l'Assemblée nationale et la

(1) Tome X, page 545.
(2) Tome X, page 565.

commune de Paris, lutte facile à éviter en s'adressant aux sections qui ne partageaient point l'esprit violent et désorganisateur de cette commune; en se servant de la commune elle-même, qui gémissait sous la tyrannie de quelques vils agitateurs.

Mais ces malheurs pouvaient répandre des soupçons odieux sur les principes des députés qui, zélés défenseurs des droits du peuple, avaient hautement approuvé la révolution nouvelle, et dont la résistance au parti de la cour en avait montré la nécessité et facilité les moyens. Heureusement pendant les massacres du 2 septembre on excitait contre ces mêmes députés la fureur du peuple; on rédigeait contre eux, au nom de la commune, des mandats d'arrêt qu'on n'eut pas l'audace de signer. Le chef des calomniateurs et des assassins, l'infâme et insensé Marat, les dénonçait comme voulant relever le trône, aujourd'hui pour y placer Brunswick, demain pour y remettre Louis XVI. Une autre fois, il les accusait d'avoir fait déclarer la guerre pour donner le commandement à La Fayette, dont il savait cependant que ce général était dès lors l'ennemi déclaré.

J'étais un des premiers objets de la haine de cette cabale, qui est parvenue par la terreur à faire siéger quelques hommes vils et sanguinaires dans la Convention nationale, mais qui ne parviendront pas à la gouverner; qui, surtout, ne parviendront pas à remplir leur premier objet : celui de s'enrichir en vendant des décrets, soit à des intrigants, soit à des tyrans étrangers.

J'ai regardé cette coïncidence d'événements comme une des circonstances où l'ordre éternel du système de l'univers m'avait le mieux servi. Je fus nommé à la Convention par cinq départements, et je ne l'aurais pas été par celui de Paris (non qu'il y existe un seul citoyen, s'il n'est pas imbécile, qui ne me croie un ami ardent de la liberté, un défenseur zélé de la cause populaire, mais parce qu'on voulait souiller la Convention nationale par la présence de quelques-uns de ces chefs d'assassins qui ne pouvaient jamais y arriver), si on n'eût commencé par prouver aux spectateurs des élections, dont les cris seuls les ont déterminés, que le sens commun et l'honnêteté étaient des qualités inutiles pour représenter dignement la nation française.

« Quitté, à ma prière, pour écrire l'*Esquisse des progrès de l'esprit humain.* »

(Note mise sur le manuscrit autographe, de la main de madame de Condorcet.)

ÉPÎTRE

D'UN POLONAIS EXILÉ EN SIBÉRIE

A SA FEMME (1).

(Décembre 1793.)

Pour la septième fois renaît cette journée
Qui vit à tes beaux jours unir ma destinée;
Je n'ai point par des vers célébré mon bonheur;
De ce dépôt sacré je nourrissais mon cœur.
Mais on aime à parler sitôt qu'on est à plaindre;
On charme ses douleurs en songeant à les peindre.
Ne crains pas que jamais je succombe à mon sort;
Je puis le soutenir : je n'ai point de remord.
Ils m'ont dit : Choisis, d'être oppresseur ou victime.
J'embrassai le malheur et leur laissai le crime.
Mais je vis loin de toi, de toi, de mon enfant,
Dont le naïf amour et le souris touchant
De mes yeux abattus ranimaient la faiblesse.
Je ne veux affliger ni flatter ta tendresse :
Viens souffrir de mes maux et lire dans mon cœur.
Sur un frêle navire un triste voyageur,
Parcourant au hasard une mer orageuse,
Entend mugir des vents la voix tumultueuse;
Dans un calme stupide il attend que le sort
Le plonge dans l'abîme ou le ramène au port :
Ses amis, ses enfants, une épouse adorée,
N'existent plus pour lui qu'au fond de sa pensée;

(1) Il est presque superflu d'avertir que cette épître s'adresse
à madame de Condorcet, mariée en 1787. Condorcet était proscrit, réduit à se cacher, lorsqu'il composa ces vers.

Inutile à lui-même en son pressant danger,
Au sort qui le menace il demeure étranger :
Un jour ressemble à l'autre; une vague espérance
Sépare du néant sa fragile existence.
A peine du passé quelque doux souvenir,
Quelque regard furtif jeté sur l'avenir,
Dans son cœur oppressé peut rappeler la vie.
Heureux si, secouru par la philosophie,
Il pouvait loin de lui, par le charme emporté,
Dans un monde idéal suivre la vérité;
D'un aride calcul combiner le système;
Peindre le genre humain pour s'oublier lui-même,
Et de rêves brillants composant son sommeil,
Attendre dans ses bras le moment du réveil.
Quel sera ce réveil? Mais chassons cette idée;
Vers de plus doux objets mon âme est entraînée.
Crois-tu que notre enfant puisse encor retenir
De son père proscrit un faible souvenir?
Que son cœur de mes traits ait gardé quelque image?.....
Dis-lui que je l'aimais; qu'au milieu de l'orage,
Insensible à mes maux, ses pertes, tes malheurs,
Abattaient mon courage et m'arrachaient des pleurs;
Que son portrait, tracé par une main chérie,
Fut un double bienfait pour mon âme attendrie;
Que mes soins, de son sort tendrement occupés,
Préparaient pour son cœur d'utiles vérités.
Et toi, de notre amour conserve la mémoire;
Contre ses ennemis défends un jour ma gloire.
J'ai servi mon pays, j'ai possédé ton cœur;
Je n'aurai point vécu sans goûter le bonheur.

FRAGMENT [1]

(1794.)

Je ne puis regretter la vie que pour ma femme et mon Éliza, elles en auraient embelli les derniers instants. Ma vie pouvait leur être utile. Elle était chère à Sophie. Je l'avais consacrée au bien des hommes, à la défense de leurs droits, et j'en ai sacrifié les restes à la cause de la liberté. C'est pour elle encore que je mourrai si je succombe à la calomnie. Je n'ai eu depuis quatre ans ni une idée, ni un sentiment qui n'ait eu pour objet la liberté de mon pays. Je périrai comme Socrate et Sidney pour l'avoir servi, sans jamais avoir été ni l'instrument ni la dupe, sans avoir jamais voulu partager les intrigues ou les fureurs des partis qui l'ont déchiré. J'ai soutenu le droit du peuple de ratifier expressément au moins les lois constitutionnelles et la possibilité qu'il l'exerçât, la nécessité du mode de révision régulier et paisible de réformer ces mêmes lois; enfin l'unité entière et absolue du corps législatif. Vérités qui, alors peu répandues, avaient encore besoin d'être développées. J'ai soutenu, et soutenu presque seul, que, sous peine de compromettre la liberté, il fallait ôter au pouvoir exécutif toute influence sur le trésor na-

---

(1) Communiqué par madame Vernet, qui l'avait copié sur l'original, aujourd'hui perdu. Ce morceau doit avoir été écrit dans les derniers jours de la vie de Condorcet.

tional, principe trop oublié. Depuis, j'ai démontré la nécessité de faire dépendre l'exercice du droit de citoyen de la quotité des impositions. Quand j'ai vu les ennemis de la liberté chercher à semer la jalousie entre Paris et les départements (1), j'ai essayé de prouver que, dans un grand État, l'intérêt général exigeait d'établir une résidence fixe pour les pouvoirs nationaux; que la prévention presque générale contre les grandes capitales n'est qu'un préjugé né de l'ignorance des lois naturelles de l'économie sociale. Enfin, dans un écrit sur les pouvoirs sociaux chez les peuples libres, dans les rapports sur l'instruction publique, sur la constitution, j'ai établi les conséquences du droit de souveraineté du peuple, et de celui d'égalité, avec plus d'étendue et de force qu'ils ne l'avaient encore été. Tant qu'il n'a pas existé de preuves palpables de la trahison de Louis, je n'ai pu regarder comme possible l'établissement d'une république, vu la force des préjugés monarchiques et l'espèce de popularité que Louis avait conservée. Dans les départements, on n'eût pu le tenter sans exposer la liberté. Je me bornais donc à chercher les moyens les plus sûrs de diminuer les dangers de la puissance royale, et je puis dire, sans amour-propre, que personne en ce genre n'a été plus heureux que moi.

Mais quand Louis, par sa fuite, eut levé le masque et prouvé que toute sa conduite depuis deux ans n'avait été qu'une longue et honteuse conspiration, alors je crus, et que le moment d'établir une

(1) Tome X, page 131.

république était arrivé, et que c'était même désormais le seul moyen de conserver cette demi-liberté conquise par la révolution. J'écrivis pour réfuter les raisons alléguées tant en Angleterre qu'en France en faveur de la royauté. Je combattis surtout les préjugés qui la faisaient regarder comme nécessaire à la liberté d'un grand peuple. Ceux qui ont dit que mes idées républicaines ne convenaient qu'au ministère anglais, ou n'ont pas lu mon ouvrage, ou ont cru que personne ne le lirait. Il me valut la haine implacable des monarchistes; et presque toutes les calomnies répétées aujourd'hui contre moi sont prises dans leurs libelles. Je n'ai su la pétition du champ de Mars qu'au moment du rassemblement, et j'en prévis les suites. L'opinion qu'il fallait un exemple de la loi martiale pour ramener l'ordre, n'était pas un secret, et tout annonçait qu'on en cherchait une occasion.

Ma fille unique, âgée d'un an, manqua d'être victime de cette atrocité, et cette circonstance augmentant encore mon indignation, je la montrai assez hautement pour m'attirer la haine de tout ce qui avait alors quelque pouvoir. Après avoir, heureusement pour très-peu de temps, abattu l'esprit du peuple, on voulut écarter ce qui pouvait le relever. On commença par défendre *l'Ami* et *l'Orateur du peuple*, journaux décriés par leur violence. Je vis dans cette manœuvre une atteinte directe à la liberté de la presse; je réclamai contre cet attentat, de manière à en démasquer les auteurs, qui n'osèrent alors suivre leurs projets. Bientôt après, je fus appelé à la législature...

CONSEILS DE CONDORCET

A SA FILLE.

(1794.)

Mon enfant, si mes caresses, si mes soins ont pu, dans ta première enfance, te consoler quelquefois, si ton cœur en a gardé le souvenir, puissent ces conseils, dictés par ma tendresse, être reçus de toi avec une douce confiance, et contribuer à ton bonheur!

I.

Dans quelque situation que tu sois quand tu liras ces lignes, que je trace loin de toi, indifférent à ma destinée, mais occupé de la tienne et de celle de ta mère, songe que rien ne t'en garantit la durée.

Prends l'habitude du travail, non-seulement pour te suffire à toi-même sans un service étranger, mais pour que ce travail puisse pourvoir à tes besoins, et que tu puisses être réduite à la pauvreté, sans l'être à la dépendance.

Quand même cette ressource ne te deviendrait jamais nécessaire, elle te servira du moins à te préserver de la crainte, à soutenir ton courage, à te faire envisager d'un œil plus ferme les revers de fortune qui pourraient te menacer.

Tu sentiras que tu peux absolument te passer de

richesses, tu les estimeras moins : tu seras plus à l'abri des malheurs auxquels on s'expose pour en acquérir ou par la crainte de les perdre.

Choisis un genre de travail où la main ne soit pas occupée seule, où l'esprit s'exerce sans trop de fatigue ; un travail qui dédommage de ce qu'il coûte par le plaisir qu'il procure : sans cela, le dégoût qu'il te causerait, si jamais il te devenait nécessaire, te le rendrait presque aussi insupportable que la dépendance. S'il ne t'en affranchissait que pour te livrer à l'ennui, peut-être n'aurais-tu pas le courage d'embrasser une ressource qui, pour prix de l'indépendance, ne t'offrirait que le malheur.

II.

Pour les personnes dont le travail nécessaire ne remplit pas tous les moments, et dont l'esprit a quelque activité, le besoin d'être réveillées par des sensations ou des idées nouvelles devient un des plus impérieux. Si tu ne peux exister seule, si tu as besoin des autres pour échapper à l'ennui, tu te trouveras nécessairement soumise à leurs goûts, à leurs volontés, au hasard, qui peut éloigner de toi ces moyens de remplir le vide de ton temps, puisqu'ils ne dépendent pas de toi-même.

Ils s'épuisent aisément, semblables aux joujoux de ton enfance, qui perdaient au bout de quelques jours le pouvoir de t'amuser.

Bientôt, à force d'en changer, et par l'habitude seule de les voir se succéder, on n'en trouve plus

qui aient le charme de la nouveauté, et cette nouveauté même cesse d'être un plaisir.

Rien n'est donc plus nécessaire à ton bonheur que
de t'assurer des moyens dépendants de toi seule
pour remplir le vide du temps, écarter l'ennui, calmer les inquiétudes, te distraire d'un sentiment
pénible.

Ces moyens, l'exercice des arts, le travail de l'esprit, peuvent seuls te les donner. Songe de bonne
heure à en acquérir l'habitude.

Si tu n'as point porté les arts à un certain degré
de perfection, si ton esprit ne s'est point formé,
étendu, fortifié par des études méthodiques, tu
compterais en vain sur ces ressources : la fatigue,
le dégoût de ta propre médiocrité, l'emporteraient
bientôt sur le plaisir.

Emploie donc une partie de ta jeunesse à t'assurer pour ta vie entière ce trésor précieux. La tendresse de ta mère, sa raison supérieure, sauront t'en
rendre l'acquisition plus facile. Aie le courage de
surmonter les difficultés, les dégoûts momentanés,
les petites répugnances qu'elle ne pourra t'éviter.

> Le bonheur est un bien que nous vend la nature,
> Il n'est point ici-bas de moissons sans culture.

Ne crois pas que le talent, que la facilité, ces dons
de la nature, qui tiennent peut-être plus à notre
organisation première qu'à notre éducation ou aux
efforts de notre volonté, soient nécessaires pour arriver à ce moyen de bonheur.

Si ces dons te sont refusés, cherche dans des occupations moins brillantes un but d'utilité qui les relève à tes yeux, dont le charme t'en dérobe l'insipidité.

Si ta main ne peut reproduire sur la toile ni la beauté, ni les passions, tu pourras du moins rendre des insectes ou des fleurs avec l'exactitude rigoureuse d'un naturaliste.

Vers quelque objet que ton goût t'ait portée, s'il t'a trompé sur ton talent, tu trouveras une semblable ressource.

Mais que la nature t'ait maltraitée ou qu'elle t'ait favorisée, n'oublie point que tu dois avoir pour but ce plaisir de l'occupation, qui se renouvelle tous les jours, dont l'indépendance est le fruit, qui préserve de l'ennui, qui prévient ce dégoût vague de l'existence, cette humeur sans objet, ces malheurs d'une vie d'ailleurs paisible et fortunée. Je ne te dirai point d'éviter que l'amour-propre vienne y mêler ses plaisirs et ses chagrins; mais qu'il n'y domine point, que ses jouissances ne soient pas à tes yeux le prix de tes efforts, que ses peines ne te dégoûtent point de les répéter, que les unes et les autres soient à tes yeux un tribut inévitable que la sagesse même doit payer à la faiblesse humaine.

III.

L'habitude des actions de bonté, celle des affections tendres, est la source de bonheur la plus pure, la plus inépuisable.

Elle produit un sentiment de paix, une sorte de volupté douce, qui répand du charme sur toutes les occupations, et même sur la simple existence.

Prends de bonne heure l'habitude de la bienfaisance, mais d'une bienfaisance éclairée par la raison, dirigée par la justice.

Ne donne point pour te délivrer du spectacle de la misère ou de la douleur, mais pour te consoler par le plaisir de les avoir soulagées.

Ne te borne pas à donner de l'argent ; sache aussi donner tes soins, ton temps, tes lumières, et ces affections consolatrices souvent plus précieuses que des secours.

Alors ta bienfaisance ne sera plus bornée par ta fortune : elle en deviendra indépendante, elle sera pour toi une occupation comme une jouissance.

Apprends surtout à l'exercer avec cette délicatesse, avec ce respect pour le malheur, qui double le bienfait et ennoblit le bienfaiteur à ses propres yeux. N'oublie jamais que celui qui reçoit est par la nature l'égal de celui qui donne ; que tout secours qui entraîne de la dépendance n'est plus un don, mais un marché, et que, s'il humilie, il devient une offense.

Jouis des sentiments des personnes que tu aimeras : mais surtout jouis des tiens. Occupe-toi de leur bonheur, et le tien en sera la récompense. Cette espèce d'oubli de soi-même, dans toutes les affections tendres, en augmente la douceur et diminue les peines de la sensibilité. Si l'on y mêle de la personnalité, on est trop souvent mécontent des autres.

L'âme se dessèche, se flétrit, s'aigrit même. On perd le plaisir d'aimer; celui d'être aimé est corrompu par l'inquiétude, par les douleurs secrètes, que trop de facilité à se blesser reproduit sans cesse.

Ne te borne point à ces sentiments profonds qui pourront t'attacher à un petit nombre d'individus; laisse germer dans ton cœur de douces affections pour les personnes que les événements, les habitudes de la vie, tes goûts, tes occupations, rapprocheront de toi.

Que celles qui t'auront engagé leurs services, ou que tu emploieras, aient part à ces sentiments de préférence qui tiennent le milieu entre l'amitié et cette simple bienveillance par laquelle la nature nous a liés à tous les êtres de notre espèce.

Ces sentiments délassent et calment l'âme, que des affections trop vives fatiguent et troublent quelquefois. En défendant d'affections trop exclusives, ils préservent des fautes et des maux où leur excès pourrait exposer. Le sort peut nous ravir nos amis, nos parents, ce que nous avons de plus cher; nous pouvons être condamnés à leur survivre, à gémir de leur indifférence ou de leur injustice; nous ne pouvons les remplacer par d'autres objets; notre âme même s'y refuse : alors ces sentiments, en quelque sorte secondaires, n'en remplissent pas le vide, mais empêchent d'en sentir toute l'horreur. Ils ne dédommagent pas, ils ne consolent même pas; mais ils émoussent la pointe de la douleur, ils adoucissent les regrets, ils aident le temps à les changer en cette tristesse habituelle et paisible, qui devient presque un plaisir pour les âmes devenues inaccessibles à ceux de sentiments plus heureux.

Cette douce sensibilité, qui peut être une source de bonheur, a pour origine première ce sentiment naturel qui nous fait partager la douleur de tout être sensible. Conserve donc ce sentiment dans toute sa pureté, dans toute sa force ; qu'il ne se borne point aux souffrances des hommes : que ton humanité s'étende même sur les animaux. Ne rends point malheureux ceux qui t'appartiendront ; ne dédaigne point de t'occuper de leur bien-être ; ne sois pas insensible à leur naïve et sincère reconnaissance ; ne cause à aucun des douleurs inutiles : c'est une véritable injustice, c'est un outrage à la nature, dont elle nous punit par la dureté de cœur que l'habitude de cette cruauté ne peut manquer de produire. Le défaut de prévoyance dans les animaux est la seule excuse de cette loi barbare qui les condamne à se servir mutuellement de nourriture. Interprètes fidèles de la nature, n'allons pas au delà de ce que cette excuse peut nous permettre.

Je ne te donnerai point l'inutile précepte d'éviter les passions, de te défier d'une sensibilité trop vive ; mais je te dirai d'être sincère avec toi-même, de ne point t'exagérer ta sensibilité, soit par vanité, soit pour flatter ton imagination, soit pour allumer celle d'un autre.

Crains le faux enthousiasme des passions : celui-là ne dédommage jamais ni de leurs dangers ni de leurs malheurs. On peut n'être pas maître de ne pas écouter son cœur, mais on l'est toujours de ne pas l'exciter; et c'est le seul conseil utile et praticable que la raison puisse donner à la sensibilité.

IV.

Mon enfant, un des plus sûrs moyens de bonheur est d'avoir su conserver l'estime de soi-même, de pouvoir regarder sa vie entière sans honte et sans remords, sans y voir une action vile, ni un tort ou un mal fait à autrui, et qu'on n'ait pas réparé.

Rappelle-toi les impressions pénibles que des torts légers, que de petites fautes t'ont fait éprouver, et juge par là des sentiments douloureux qui suivent des torts plus graves, des fautes vraiment honteuses.

Conserve soigneusement cette estime précieuse sans laquelle tu ne saurais entendre raconter les mauvaises actions sans rougir, les actions vertueuses sans te sentir humiliée.

Alors un sentiment doux et pur s'étend sur toute l'existence; il répand un charme consolateur sur ces moments où l'âme, qu'aucune impression vive ne remplit, qu'aucune idée n'occupe, s'abandonne à une molle rêverie, et laisse les souvenirs du passé errer paisiblement devant elle.

Qu'alors, au milieu de tes peines, tu les sentes s'adoucir par la mémoire d'une action généreuse, par l'image des malheureux dont tu auras essuyé les larmes.

Mais ne laisse point souiller ce sentiment par l'orgueil. Jouis de ta vie sans la comparer à celle d'autrui : sens que tu es bonne, sans examiner si les autres le sont autant que toi.

Tu achèterais trop cher ces tristes plaisirs de la vanité : ils flétriraient ces plaisirs plus purs dont la nature a fait la récompense des bonnes actions.

Si tu n'as point de reproches à te faire, tu pourras être sincère avec les autres comme avec toi-même. N'ayant rien à cacher, tu ne craindras point d'être forcée, tantôt d'employer la ressource humiliante du mensonge, tantôt d'affecter dans d'hypocrites discours des sentiments et des principes qui condamnent ta propre conduite.

Tu ne connaîtras point cette impression habituelle d'une crainte honteuse, supplice des cœurs corrompus. Tu jouiras de cette noble sécurité, de ce sentiment de sa propre dignité, partage des âmes qui peuvent avouer tous leurs mouvements comme toutes leurs actions.

Mais si tu n'as pu éviter les reproches de ta conscience, ne t'abandonne pas au découragement : songe aux moyens de réparer ou d'expier tes fautes ; fais que le souvenir ne puisse s'en présenter à toi qu'avec celui des actions qui les compensent, et qui en ont obtenu le pardon au jugement sévère de ta conscience.

Ne prends point l'habitude de la dissimulation ; aie plutôt le courage d'avouer tes torts. Le sentiment de ce courage te soutiendra au milieu de tes regrets ou de tes remords. Tu n'y ajouteras point le sentiment si pénible de ta propre faiblesse, et l'humiliation qui poursuit le mensonge.

Les mauvaises actions sont moins fatales par elles-mêmes au bonheur et à la vertu, que par les vices dont elles font contracter l'habitude aux âmes faibles et corrompues. Les remords, dans une âme forte, franche et sensible, inspirent les bonnes actions, les habitudes vertueuses, qui doivent en adoucir l'amertume. Alors ils ne se réveillent qu'entourés des consolations qui en émoussent la pointe, et l'on jouit de son repentir comme de ses vertus.

Sans doute les plaisirs d'une âme régénérée sont moins purs, sont moins doux que ceux de l'innocence; mais c'est alors le seul bonheur que nous puissions encore trouver dans notre conscience, et presque le seul auquel la faiblesse de notre nature et surtout les vices de nos institutions nous permettent d'atteindre.

Hélas! tous les humains ont besoin de clémence!

V.

Si tu veux que la société répande sur ton âme plus de plaisirs ou de consolations que de chagrins ou d'amertumes, sois indulgente, et préserve-toi de la personnalité comme d'un poison qui en corrompt toutes les douceurs.

L'indulgence n'est pas cette facilité qui, née de l'indifférence ou de l'étourderie, ne pardonne tout que parce qu'elle n'aperçoit ou ne sent rien. J'entends cette indulgence fondée sur la justice, sur la raison, sur la connaissance de sa propre faiblesse, sur cette disposition heureuse qui porte à plaindre les hommes plutôt qu'à les condamner.

Par là tu sauras faire servir à ton bonheur cette foule d'êtres bons mais faibles, sans défauts rebutants mais sans qualités brillantes, qui peuvent distraire s'ils ne peuvent occuper, qu'on rencontre avec plaisir et qu'on quitte sans peine, que l'on ne compte point dans l'ensemble de sa vie, mais qui peuvent en remplir quelques vides, en abréger quelques moments.

Par là tu verras encore ces êtres supérieurs par leurs talents ou par leur âme, se rapprocher de toi avec plus de confiance.

Plus ils sont en droit de croire qu'ils peuvent se passer d'indulgence, plus ils en éprouvent le besoin. Accoutumés à se juger avec sévérité, la douceur d'autrui les attire; et ils pardonnent d'autant moins le défaut d'indulgence, qu'indulgents eux-mêmes, ils sont portés à voir dans le caractère opposé plus d'orgueil que de délicatesse, plus de prétention que de supériorité réelle, plus de dureté que de véritable vertu.

Tes devoirs, tes intérêts les plus importants, tes sentiments les plus chers, ne te permettront pas toujours de n'avoir pour société habituelle que ceux avec qui tu aurais choisi de vivre. Alors ce qui ne t'aurait rien coûté, si, plus raisonnable et plus juste, tu avais pris l'heureuse habitude de l'indulgence, exigera de toi des sacrifices journaliers et pénibles : ce qui avec cette habitude n'eût été qu'une légère contrainte, deviendrait sans elle un véritable malheur.

Enfin, elle est également utile et quand les autres ont besoin de nous, et quand nous-mêmes avons besoin d'eux : elle rend plus facile et plus doux le bien que nous pouvons leur faire ; elle rend moins difficile à obtenir et moins pénible à recevoir celui que nous pouvons en attendre. Mais veux-tu prendre l'habitude de l'indulgence? Avant de juger un autre avec sévérité, avant de t'irriter contre ses défauts, de te révolter contre ce qu'il vient de dire ou de faire, consulte la justice : ne crains point de faire un retour sur tes propres fautes; interroge ta raison; écoute surtout la bonté naturelle, que tu trouveras, sans doute, au fond de ton cœur : car, si tu ne l'y trouves pas, tous ces conseils seraient inutiles; mon expérience et ma tendresse ne pourraient rien pour ton bonheur.

La personnalité dont je voudrais te préserver n'est pas cette disposition constante à nous occuper sans distraction, sans relâche, de nos intérêts personnels, à leur sacrifier les intérêts, les droits, le bonheur des autres; cet égoïsme est incompatible avec toute espèce de vertu, et même de sentiment honnête; je serais trop malheureux, si je pouvais croire avoir besoin de t'en préserver.

Je parle de cette personnalité qui, dans les détails de la vie, nous fait tout rapporter aux intérêts de notre santé, de notre commodité, de nos goûts, de notre bien-être; qui nous tient en quelque sorte toujours en présence de nous-mêmes; qui se nourrit de petits sacrifices qu'elle impose aux autres, sans en sentir l'injustice et presque sans le savoir; qui trouve naturel et juste tout ce qui lui convient, in-juste et bizarre tout ce qui la blesse; qui crie au caprice et à la tyrannie, si un autre en la ména-geant s'occupe un peu de lui-même.

Ce défaut éloigne la bienveillance, afflige et re-froidit l'amitié. On est mécontent des autres, dont jamais l'abnégation d'eux-mêmes ne peut être assez complète. On est mécontent de soi, parce qu'une humeur vague et sans objet devient un sentiment constant et pénible dont on n'a plus la force de se délivrer.

Si tu veux éviter ce malheur, fais que le senti-ment de l'égalité et celui de la justice deviennent une habitude de ton âme. N'attends, n'exige jamais des autres qu'un peu au-dessous de ce que tu ferais pour eux. Si tu leur fais des sacrifices, apprécie-les d'après ce qu'ils te coûtent réellement, et non d'après l'idée que ce sont des sacrifices : cherches-en le dé-dommagement dans ta raison, qui t'en assure la ré-ciprocité, dans ton cœur, qui te dira que même tu n'en aurais pas besoin.

Tu trouveras alors que, dans ces détails de la so-ciété, il est plus doux, plus commode, si j'ose le dire, de vivre pour autrui, et que c'est alors seule-ment que l'on vit véritablement pour soi-même.

TESTAMENT (1).

(Mars 1794.)

Si ma fille est destinée à tout perdre, je prie sa seconde mère (2) d'écouter ces derniers désirs d'un père innocent et malheureux. Je voudrais que ma fille apprît, outre les ouvrages de femme, à dessiner, à peindre, à graver assez bien pour gagner sa vie sans trop de peine et de dégoût. Je voudrais qu'elle apprît à lire et à parler l'anglais. C'était le vœu de sa mère, et, en cas de nécessité, elle trouverait de l'appui en Angleterre chez mylord Stanhope ou mylord Dear, et en Amérique, chez Bache, petit-fils de Franklin, ou chez Jefferson.

Je désire que l'on consulte, sur ce qui l'intéresse, les amis communs de ses parents, qui ont pris part à nos malheurs ; ils indiqueront les ressources qu'elle peut attendre de sa famille maternelle. Elle en peut trouver dans mes ouvrages, quand le moment de la justice sera venu. Les conseils que j'ai écrits pour elle, des lettres de sa mère sur la sympathie (3), serviront à son éducation morale. D'autres fragments de sa mère donneront sur le même objet des vues très-utiles.

Je recommande de lui parler souvent de nous ;

(1) Écrit sur la feuille de garde de l'histoire d'Espagne.
(2) Madame Vernet.
(3) Imprimées à la suite de sa traduction d'Adam Smith : *Théorie des sentiments moraux.*

d'entretenir le souvenir qu'elle en conserve ; de lui faire lire, quand il en sera temps, nos instructions dans les originaux mêmes.

Qu'elle soit élevée dans l'amour de la liberté, de l'égalité, dans les mœurs et vertus républicaines ; qu'on éloigne d'elle tout sentiment de vengeance personnelle ; qu'on lui apprenne à se défendre de ceux que sa sensibilité pourrait lui inspirer ; qu'on le lui demande en mon nom ; qu'on lui dise que je n'en ai jamais connu aucun.

Si elle conserve Sophie (1), je la prie d'apprendre à Éliza à connaître, à aimer sa seconde mère (2). Je prie celle-ci de lui parler de la tendresse de sa mère pour moi, et de son courage pendant tout le temps de cette longue persécution. Je ne dis rien de mes sentiments pour la généreuse amie à qui cet écrit est destiné : en interrogeant son cœur, en se mettant à ma place, elle les connaîtra tous.

(1) Madame de Condorcet.
(2) Madame Vernet.

PORTRAIT

DE

M. LE Mⁱˢ DE CONDORCET,

PAR Mˡˡᵉ DE L'ESPINASSE.

Si vous ne cherchiez que la vérité, et non le plaiir, j'aurais le courage de faire ce que vous exigez de
noi; mais, en peignant un homme supérieur, en
ous faisant connaître une des productions de la
ature les plus originales et les plus extraordinaires,
ous exigez encore que je vous rende les contrastes
ui composent cet homme rare, et que je les rende
l'une manière piquante. Il ne vous suffit pas que je
eigne ressemblant, il faut encore que le dessin soit
xact sans être froid, et que le coloris soit agréable
ans rien faire perdre à l'expression. Ah ! vous m'en
lemandez trop; et si vous m'obligez à m'occuper de
noi, de mon ton et de ma manière, ce sera autant
l'attention que j'enlèverai à l'objet que je veux vous
aire connaître. Je vais donc ne regarder que lui, ne
enser qu'à lui; je le peindrai, et d'après mes obserations, et d'après l'impression que j'ai reçue.

La figure de M. de Condorcet annonce la qualité
a plus distinctive et la plus absolue de son âme, c'est
a bonté; sa physionomie est douce et peu animée;

il a de la simplicité et de la négligence dans le maintien. Ceux qui ne le verraient qu'en passant diraient plutôt : Voilà un bon homme, que voilà un homme d'esprit ; et ce jugement serait une sottise. Car si M. de Condorcet est bon, et s'il est bon par excellence, il n'est point ce qu'on entend par un bon homme. Ce qu'on appelle un bon homme est presque toujours faible et borné ; cette sorte de bonté ne consiste qu'à ne pas faire le mal, et assurément ce n'est point par les qualités négatives que je peindrai M. de Condorcet. Il a reçu de la nature le plus grand esprit, le plus grand talent et la plus belle âme ; son talent aurait suffi pour le rendre célèbre , et son esprit pour le faire rechercher ; mais son âme lui fait des amis de tous ceux qui le connaissent un peu particulièrement. Je ne m'étendrai pas sur son talent ; la réputation dont il jouit en Europe ne me laisse rien à dire sur un genre de mérite qui a si peu de juges, et qui cependant assure la célébrité à tout ce qu'ils apprécient et qu'ils admirent. A l'égard de son esprit, on pourrait lui donner un attribut qu'on n'accorde qu'à Dieu : il est infini et présent sinon partout, du moins à tout ; il est fort et il est fin, il est clair et précis, et il est juste et délié ; il a la facilité et la grâce de celui de Voltaire, le piquant de celui de Fontenelle, le sel de celui de Pascal, la profondeur et la perspicacité de celui de Newton ; il joint enfin aux connaissances les plus étendues les lumières les plus profondes, et le goût le plus exquis et le plus sûr. Et ne dites point que c'est ici un portrait d'imagination, et que la nature n'a jamais produit un homme si extraordinaire ; je vous répondrai : La nature n'a point de bornes ; et si vous croyez que j'aie mis de l'exagération dans ce que je viens de vous dire, jugez vous-même M. de Condorcet ; causez avec lui, lisez ce qu'il a écrit ; parlez-lui philosophie, belles-lettres, sciences, arts, gouvernement, jurisprudence, et, quand vous l'aurez écouté, vous direz cent fois par jour que c'est l'homme le plus étonnant que vous ayez jamais entendu. Il n'ignore rien, pas même les choses les plus disparates à ses goûts et ses occupations : il saura les formules du Palais et les généalogies des gens de la cour, les détails de la police et le nom des bonnets à la mode ; enfin rien n'est au-dessous de son attention, et sa mémoire est si prodigieuse qu'il n'a jamais rien oublié.

Les qualités de son âme sont analogues à celles de son esprit ; elles sont aussi étendues et aussi variées, et, ce qu'il y a de singulier, c'est que, pour peindre M. de Condorcet, on ne doit pas dire : C'est un homme vertueux, parce que le mot de vertu entraîne l'idée d'effort et de combat, et que jamais aucune de ses actions, aucun de ses mouvements ne porte ce caractère. En un mot, que vous dirai-je ? la nature semble l'avoir formé parfait, et ce n'est que la réflexion qui rend vertueux. On admire les effets de la vertu, et toutes les qualités de M. de Condorcet le font chérir. Sa bonté est universelle, c'est-à-dire que c'est un fond sur lequel doivent compter tous ceux qui en auront besoin ; mais c'est un sentiment profond et actif pour ses amis. Il a tous les genres de bonté : celle qui fait compatir, secourir, celle qui rend facile et indulgent, celle qui prévient les besoins d'une âme délicate et sensible ; enfin, avec cette seule bonté, il serait aimé à la folie de ses amis et béni par tout ce qui souffre. Avec cette bonté il pourrait se passer de sensibilité : eh bien, il est d'une sensibilité profonde, et ce n'est point une manière de parler. Il est malheureux du malheur de ses amis, il souffre de leurs maux, et cela est si vrai que son repos et sa santé en sont souvent altérés. Vous croiriez peut-être, comme Montaigne, qu'une telle amitié peut se doubler et jamais se tripler ? M. de Condorcet dément absolument la maxime de Montaigne : il aime beaucoup, et il aime beaucoup de gens. Ce n'est pas seulement un sentiment d'intérêt et de bienveillance qu'il a pour plusieurs personnes : c'est un sentiment profond, c'est un sentiment auquel il ferait des sacrifices, c'est un sentiment qui remplit son âme et occupe sa vie, c'est un sentiment qui, dans tous les instants, satisfait le cœur de celui de ses amis qui vit avec lui. Jamais aucun d'eux n'a pu désirer par delà ce qu'il lui donne, et chacun en particulier pourrait se croire le premier objet de M. de Condorcet.

Mais j'écrirais un livre, et ce ne serait plus un portrait, si je continuais de détailler les effets de toutes ses qualités. Il y en a que je me contenterai d'énoncer. Par exemple, je dirai que son âme est noble et élevée, qu'elle est ennemie de l'oppression, qu'elle méprise les esclaves et hait les tyrans, qu'elle ne connaît ni l'intérêt ni l'envie. Je dirai que son âme est grande et forte ; elle sait souffrir et non plier. Les privations de la pauvreté ne sont rien pour lui, et les soins qu'il faudrait pour rendre sa fortune meilleure lui seraient antipathiques. Il n'a pas cet orgueil qui fait qu'on se met au-dessus des autres ; mais il a cette noble fierté qui fait craindre la dépendance qu'imposent les services et les obligations ; il recevrait de son ami, et il ne demanderait rien à un homme en place.

Mais je vous entends dire : Il n'a donc pas de défauts ? Où sont donc les contrastes que vous m'aviez promis ? Tout ce que vous venez de me dire est du même ton et de la même couleur : après m'avoir peint une bonne qualité, vous m'avez montré une vertu. La vue se lasse, et on veut des ombres et du repos dans tout ce qui fixe l'attention, et surtout dans ce qu'on doit admirer. Ah ! c'est ici où l'art d'écrire ajouterait de l'intérêt à ce que j'ai à dire ; mais il faut y suppléer par la simplicité, il faut se résoudre à tracer d'une manière commune les traits piquants qui caractérisent et distinguent M. de Condorcet. Il y a des portraits aussi ressemblants sur le pont Notre-Dame que dans le cabinet de la Tour. Écoutez-moi donc avec indulgence. Je ne me suis engagée qu'à peindre ressemblant ; si je réussis, ma tâche est remplie.

Je vous ai dit que M. de Condorcet avait tous les genres d'esprit ; vous en concluez que sa conversation est animée et pleine d'agrément. Eh bien, il ne cause point en société : il y parle quelquefois, mais peu, et il ne dit jamais que ce qui est nécessaire aux gens qui le questionnent et qui ont besoin d'être instruits sur quelque matière que ce puisse être. On

ne peut donc pas dire qu'il soit d'une bonne conversation, au moins en société; car il y paraît presque
toujours ou distrait ou profondément occupé. Mais
ce qu'il y a d'extraordinaire, c'est que rien ne lui
échappe; il a tout vu, tout entendu, et il a le tact le
plus sûr et le plus délié pour saisir les ridicules et
pour démêler toutes les nuances de la vanité; il a
même une sorte de malignité pour les peindre, qui
contraste d'une manière frappante avec cet air de
bonté qui ne l'abandonne jamais. Il dédommage bien,
dans l'intimité, du silence qu'il garde en société;
c'est alors que sa conversation a tous les tons. Il a de
la gaieté, de la méchanceté même, mais de celle qui
ne peut nuire, et qui prouve seulement qu'il pense
tout haut avec ses amis, et que rien de ce qui tient
à la connaissance des hommes ne peut échapper à
la justesse de son esprit et à la finesse de son goût.
Je vous ai peint la sensibilité de M. de Condorcet et
les effets de cette sensibilité profonde; les gens qui ne
le connaissent pas intimement doivent le croire insensible et froid. Il n'a peut-être jamais dit à aucun de
ses amis, *Je vous aime*, mais il n'a jamais perdu une
occasion de le leur prouver. Il ne loue jamais ses
amis, et sans cesse il leur prouve qu'il les estime et
qu'il se plaît avec eux; il ne connaît pas plus les épan-
chements de la confiance que ceux de la tendresse.
On ne fait point une confidence à M. de Condorcet, on n'ira point le chercher pour lui dire son secret; mais jamais on n'emploie aucune réserve avec
lui; on ne lui montre pas son âme, mais on la lui
laisse voir. On a avec lui cette sorte d'abandon qu'on

a avec soi-même; on ne craint pas son jugement parce qu'on est sûr de son indulgence; on ne lui confie pas le secret de son cœur, mais on lui ferait la confession de sa vie. Enfin jamais personne n'a inspiré tant de sûreté, et cependant on ne s'avise pas de le louer de sa discrétion, car la discrétion fait taire et cacher ce qu'on sait, et M. de Condorcet n'a aucun de ces deux mouvements : il reçoit et il garde. Il écoutera le récit d'un malheur avec un visage calme et qui vous paraîtra quelquefois riant, et, s'il peut soulager le malheureux dont vous lui parlez, il y volera sur-le-champ sans vous le dire. On lira devant lui une tragédie qui transportera tout le monde d'admiration ou d'attendrissement, et lui n'aura pas eu l'air de recevoir la plus légère impression, on doutera même qu'il ait écouté; et au sortir de cette lecture, il rendra compte de cette pièce, et ce sera avec enthousiasme qu'il en citera les beautés. Il aura retenu les plus beaux vers, il aura tout senti et tout jugé, car il donnera les conseils les plus justes et les plus éclairés à l'auteur, et il sera en état de faire l'extrait de la pièce de manière à la rendre intéressante aux gens qui ne l'auront pas entendue; en un mot, aucun des mouvements de son âme ne se peint sur son visage ni dans ses actions : on le croirait impassible; son activité est entièrement concentrée. En travaillant dix heures par jour, il ne semble pas attacher beaucoup de prix au temps : il a l'air de le perdre, de le donner au premier venu; il agit sans cesse, et il a toujours l'air du repos et de n'avoir rien à faire. On ne l'entend jamais se plaindre

des importuns, et il est accessible à tout le monde.
Jamais sa porte n'est fermée, parce que son premier
besoin est d'être utile aux gens qui viennent le consulter. Il a renoncé à la vie des gens du monde; il a
fait plus encore, car il a sacrifié à son travail la
société des gens de lettres qui le chérissent le plus,
et avec qui il se plaît de préférence. On dirait qu'a-
près un tel renoncement à ses goûts, il doit être
contrarié quand quelques circonstances changent
l'arrangement de sa vie? il ne paraît pas seulement
s'en apercevoir. S'il agit pour rendre service à quelqu'un ou pour faire plaisir à son ami, il ne voit plus
que cela, et il retrouve dans cet intérêt de quoi le
dédommager du sacrifice qu'il fait. Jamais on n'a été
moins personnel, moins occupé de soi, plus prêt à
abandonner son plaisir et ses goûts. Il ne tient fortement qu'à ses affections, il y sacrifierait tout, et,
pour les satisfaire, il s'est affranchi de ce qu'on appelle si improprement devoirs de société. Il ne fait
point de visites, il vit avec ses amis, et il va voir les
gens qu'il peut servir ou ceux à qui il a affaire. Il
aimait les spectacles, il n'y va point parce que cela
prendrait sur les heures qu'il a consacrées à l'amitié,
c'est-à-dire, au premier besoin de son âme. Quoiqu'il
soit peu caressant et peu affectueux, cependant si
par quelques circonstances il a été séparé des gens
qu'il aime, il a besoin en les revoyant de leur donner
une marque de tendresse; il embrasse son ami non
parce que c'est l'usage, mais parce que son cœur a
besoin de se rapprocher de lui.

Cette âme calme et modérée dans le cours ordi-

naire de la vie, devient ardente et pleine de feu, s'il
s'agit de défendre les opprimés, ou de défendre ce
qui lui est plus cher encore, la liberté des hommes
et la vertu des malheureux ; alors son zèle va jusqu'à
la passion ; il en a la chaleur et le tourment, il souffre, il agit, il parle, il écrit, avec toute l'énergie d'une
âme active et passionnée.

A l'égard de la vanité, qui est dans presque tous
les hommes le fond le plus solide de toute leur existence et le mobile le plus commun de toutes leurs
actions, je ne sais pas où s'est placée celle de M. de
Condorcet : je n'en ai jamais pu découvrir en lui ni
le germe ni le mouvement. Je n'ose pourtant affirmer qu'il n'en ait point, parce que je crois qu'elle
est de l'essence de la nature humaine ; mais tout ce
que je puis faire, c'est de vous promettre d'observer
encore M. de Condorcet, et si jamais je découvre en
lui un seul mouvement de vanité, je l'ajouterai en
note à cette longue rapsodie. J'ajoute encore que,
s'il est exempt de vanité et s'il remarque si finement
celle des autres, il ne la blesse jamais : les sots, les
gens ridicules, les ennuyeux, tous les défauts qu'on
rencontre dans la société, ne l'incommodent ni ne
l'importunent ; il laisse tout passer, et il dirait volontiers, comme Helvétius, qu'il n'est pas plus étonnant
que les hommes fassent et disent des sottises, qu'il
ne l'est qu'un poirier porte des poires. Aussi n'af-
fiche-t-il jamais aucun principe, aucune maxime de
morale ; il ne donne ni conseil ni précepte ; il observe, il pense, car je crois en vérité que la nature
ne lui a rien laissé à faire ; elle semble avoir pris

plaisir à le créer pour le bonheur de tout ce qui devait être en liaison avec lui. C'est une production rare dont elle a bien voulu faire jouir quelques gens qui en sont dignes par le prix qu'ils y attachent.

FIN DU TOME PREMIER.

TABLE DES MATIÈRES.

FIN DE LA TABLE DES MATIÈRES.

TABLE ALPHABÉTIQUE

DES

OEUVRES DE CONDORCET.

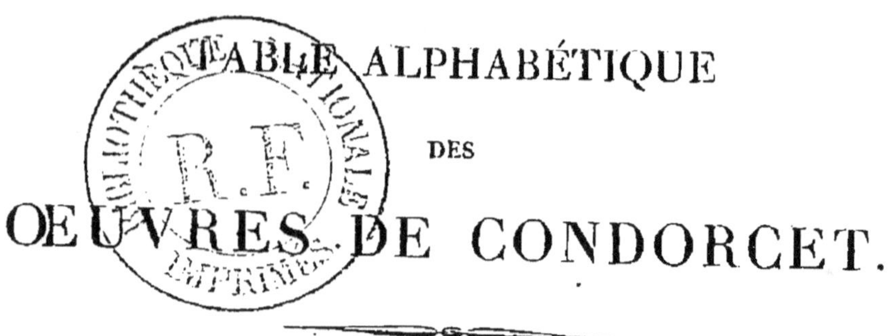

CAISSE D'ACCUMULATION (sur les), XI, 387.

CALCUL appliqué aux sciences politiques et morales, I, 539.

CANAL DE PICARDIE. — Mémoire sur le canal de Picardie, XI, 315.

CITOYENS. — Ce que les citoyens ont le droit d'attendre de leurs représentants, XII, 543. Voir REPRÉSENTANTS.

CLASSES (que toutes les) de la société n'ont qu'un même intérêt, XII, 645.

CLERGÉ. — Sur la nécessité d'ôter l'état civil des citoyens au clergé, XII, 9. *Inédit.* — (Sur la constitution civile du), XII, 1. — Sur le décret du 26 août 1792, relatif au serment imposé par la constitution civile du clergé, XII, 15.

COMITÉS MILITAIRES. — Opinion sur le Rapport des comités militaire, diplomatique, et de l'ordinaire des finances réunies, X, 243. Voir OPINION.

COMMUNAUTÉS DE CAMPAGNE (sur la formation des), IX, 431.

COMMUNES. — Sur la formation des Communes, IX, 403.

CONSEIL ÉLECTIF (sur l'institution d'un), XII, 243. — CONSEILS de Condorcet à sa fille, I, 611.

CONSTITUTION. — Plan de constitution présenté à la Convention nationale les 15 et 16 février 1793, XII, 333. — Sur la nécessité d'établir en France une constitution nouvelle, XII, 529. — D'un avantage particulier à la constitution française, X, 351. — Sur la nécessité de faire ratifier la constitution par les citoyens, et sur la formation des communautés de campagne, IX, 411. — Aux citoyens français sur la nouvelle constitution, XII, 651. CONSTITUTION CIVILE DU CLERGÉ. Voir CLERGÉ.

CONVENTIONS NATIONALES. — Discours sur les conventions nationales, 7 août 1791, X, 207. — Exposition des motifs d'après lesquels l'Assemblée nationale a proclamé la convocation d'une convention nationale, et prononcé la suspension du pouvoir exécutif dans les mains du Roi, X, 545.

DES CONVENTIONS NATIONALES. — Discours dont l'assemblée fédérative des Amis de la vérité a voté l'impression, X, 189.

CONVENTION NATIONALE. Voir CONSTITUTION. — Voir CORSES. — Discours sur la convocation d'une nouvelle convention nationale, en cas que la constitution ne soit pas finie dans un temps déterminé, XII, 581. — LA CONVENTION NATIONALE aux armées de la République, XII, 603. *Inédit.* — Lettre de Condorcet à la Convention nationale, XII, 682.

CORPS LÉGISLATIF. — Opinion sur l'attentat commis contre la liberté des membres du corps législatif, X, 457.

CORRESPONDANCE GÉNÉRALE, I, 279. Les lettres nᵒˢ 1, 2, 3, 5, 6, 7, 11, 28, 30, 31, 33, sont inédites.

CORRESPONDANCE entre Turgot et Condorcet, I, 165. *Inédit.* — entre Voltaire et Condorcet, I, 1, *Inédit,* excepté les lettres nᵒˢ 4, 6, 7, 8, 14, 15, 19, 21 et 71.

CORSES. — La Convention nationale aux citoyens corses, XII, 599. *Inédit.*

CORVÉES. — Réflexions sur les corvées, à mylord...., XI, 59.

CULTIVATEUR. — Ce que c'est qu'un cultivateur ou un artisan français, X, 345.

DÉCHÉANCE DU ROI. — Rapport à l'Assemblée nationale, X, 521.

DÉCLARATION DE GUERRE au roi de Bohême et de Hongrie, X, 443. — DE L'ASSEMBLÉE NATIONALE, X, 253.

DÉPUTÉS. — Les députés du département de l'Aisne à la Convention nationale, aux citoyens de leur département, XII, 569.

DESPOTISME. — Idées sur le despotisme, à l'usage de ceux qui prononcent ce mot sans l'entendre, IX, 145.

DETTE. — Réflexions (nouvelles) sur le projet de payer la dette exigible en papier forcé, XI, 517. Voir PAPIER FORCÉ. — Sur la proposition d'acquitter la dette exigible en assignats, XI, 485. Voir ASSIGNATS.

DIALOGUE sur la flatterie, entre Diogène et Aristippe, I, 357.

TABLE CHRONOLOGIQUE

DES

OEUVRES DE CONDORCET.

1781. Réflexions sur l'esclavage des nègres (docteur J. Schartz), VII, 61.

1781. Recueil de pièces sur l'état des protestants en France, V, 391.

1781. 21 novembre. Éloge de M. le comte de Maurepas, II, 466. — 1781. 30 novembre. — de M. Tronchin, II, 498. — 1782. 14 janvier. — de M. Pringle, II, 513. — 1782. 28 janvier. — de M. d'Anville, II, 528.

1782. 21 février. Discours prononcé à l'Académie française à la réception de M. le marquis de Condorcet, I, 389.

1782. 12 mars. Éloge de M. de Bordenave, II, 540. — 1782. Mars. — de M. Bernoulli, II, 545. — 1782. 5 mai. — de M. de Montigny, II, 580.

1782. 6 juin. Discours lu à l'Académie française en présence du comte et de la comtesse du Nord (depuis Paul Ier), I, 416.

1782. 22 juillet. Éloge de M. Duhamel, II, 610. — 1782. 7 août. — de M. Margraaf, II, 598. — 1782. 21 novembre. — de M. Vaucanson, II, 643.

1782. Lettre sur Swédenborg, I, 351.

1783. Dialogue entre Aristippe et Diogène, I, 357.

1783. 30 mars. Éloge de M. Hunter, II, 661. — 1783. 7 septembre. — de M. Euler, III, 1. — 1783. 29 octobre. — de M. d'Alembert, III, 51. — 1783. 27 septembre. — de M. Bezout, III, 42. — 1783. 31 octobre. — de M. de Tressan, III, 110.

1783. 12 novembre. Discours à l'Académie des sciences, I, 426. — 1783. 13 décembre. Éloge de M. de Wargentin, III, 120.

1784. 15 février. Éloge de M. Macquer, III, 125.

1784. 26 février. Discours en réponse à celui de M. Bailly, I, 429. — 1784. 26 février. — en réponse à celui de M. Choiseul-Gouffier, I, 435.

1784. 9 août. Éloge de M. Morand, III, 161. — 1784. 8 juillet. — de M. Bergman, III, 139. — 1784. 4 septembre. — de M. Cassini, III, 168.

1784. 4 septembre. Discours à l'ouverture de la séance de l'Académie royale des sciences, I, 447. —

1784. 17 septembre. Éloge du comte de Milly, III, 180. — 1785. 15 octobre. — de M. le duc de Praslin, III, 195. — 1785. 4 octobre. — de M. le marquis de Courtivron, III, 187. — 1786. 1er janvier. — de M. Guettard, III, 220.

1786. Vie de Turgot, V, 1.

1786. 15 février. — Discours sur les sciences mathématiques, I, 453.

1786. 2 juin. Éloge de M. l'abbé de Gua, III, 241. — 1786. — de M. le marquis de Paulmy, III, 258.

1786. Récit de ce qui s'est passé au parlement de Paris le 20 août 1786, I, 504.

1786. Réflexions d'un citoyen non gradué sur un procès très-connu, VII, 141.

1786. De l'influence de la révolution d'Amérique sur l'Europe, VIII, 1.

1787. 19 janvier. Éloge de M. Bouvard, III, 272.

1787. Discours sur l'astronomie et le calcul des probabilités, I, 482.

1787—1788. Lettres d'un bourgeois de Newhaven à un citoyen de Virginie, sur l'inutilité de partager le pouvoir législatif en plusieurs corps. IX, 1. — 1788. — d'un citoyen des États-Unis à un Français, sur les affaires présentes, IX, 95.

1788. Essai sur la constitution et les fonctions des assemblées provinciales. Introduction, VIII, 115. Première partie, VIII, 125; seconde partie, VIII, 278.

1788. 28 janvier. Éloge de M. le cardinal de Luynes, III, 306. — 1788. 15 avril. — de M. de Fouchy, III, 310. — 1788. 16 avril. — de M. le comte de Buffon, III, 327. — 1788. 8 décembre. — de M. Lassone, III, 294.

1789. Sur les opérations nécessaires pour rétablir les finances, XI, 363.

I.　　　　　　　　　　　42